リーガルベイシス

民法入門

［第3版］

道垣内弘人

日本経済新聞出版

第3版はしがき

　本書の第2版を出版してから，まだ2年は経過していない。しかし，その間に，相続法の大改正があった。さらに，運送法・海商法に関する商法改正，成人年齢の引き下げに伴う民法改正，消費者法改正など，大立法時代は続いている。そこで，ここに第3版を刊行することにし，それらの改正を組み入れるとともに，本書全体をアップデートした。

　たとえば，第2版までは，テニスサークルの活動の後，みんなで飲みに行くことを「コンパ」と表現していたが，次女から「そりゃ死語だ」と言われてしまった。いまは，普通，「飲み会」という，との指摘である。それでも信じられなかった私は，私の講義を受けている学生に聞いてみたのだが，みんな次女の味方であった。そのような目で読み返すと，2002年に本書の前身である『ゼミナール民法入門』が出版された当時を反映する古めかしい例がいくつか見つかった。今回，そのような例をなくすことに努めたが，なお，著者の年齢を感じさせる例が残っていると思われる。読者のみなさまには，温かい目でそれを許しつつ，優しくご教示くだされば幸いである。

　末尾となったが，第2版の誤記等をご指摘くださった読者のみなさまと，いつもながら丁寧なバックアップをしてくださった日本経済新聞出版社の渡辺一さんに，心から感謝したい。

　　2018年12月

道　垣　内　　弘　人

第2版はしがき

　2014年1月に出版された『リーガルベイシス民法入門』は，その前身となる『ゼミナール民法入門』と同様に，多くの読者に支えられることができた。

しかし，2002年に『ゼミナール民法入門』を公刊したときから，親族法・相続法を含めるべきであるとのご意見をいただいており，また，2017年の通常国会で，民法（債権関係）の改正案が可決・成立し，いわゆる財産法の部分についても大幅な改訂が必要となった。

そこで，既存の財産法の部分について，改正法に則した改訂を行うとともに，親族法・相続法を新たに書き起こし，第2版を刊行することとした。

本書全体を貫くコンセプトは，『ゼミナール民法入門』のときから変わらない。そこで，その説明は，『ゼミナール民法入門』のはしがきを再掲することによって行うこととし，ここでは，改訂の方針について述べておきたい。

第1に，民法（債権関係）の改正への対応についてである。すでに述べたように，改正案は国会で可決・成立した。ただし，施行は成立から3年以内の日で，政令で定める日とされているので，まだである。しかし，本書では，改正法に準拠した説明としている。

もっとも，改正法の内容は，現在の民法の解釈・運用として，判例や学説が示してきた内容とほとんど同じであり，改正は，変更ではなく，明確化である。改正によってまったく新しい法制度が出現するわけではない。この点で，いまだ誤解があるようなので，注意しておきたい。

第2に，親族法・相続法についてである。この部分では統計などを用いて，現在の家族の状況が理解できるように努めた。財産法もそうであるが，民法を学ぶにあたって，自分とは無関係な特殊な世界がそこにある，と思うのは間違いである。自分たちの生きている社会がそこにある。「そうそう」と思いながら，読んでほしい。

末尾となったが，日本経済新聞出版社の渡辺一さんには，今回の改訂についても大変お世話になった。心から感謝したい。

2017年5月

道 垣 内 　 弘 人

『ゼミナール民法入門』初版はしがき

▷基礎的なことをていねいに

　本書は，法律を初めて学ぶ人にも理解できるように，基礎的なことをていねいに説明した民法の入門書である。「基礎的」とか「入門書」とかというと，レベルが低いと思われるかもしれないが，そうではない。

　これまで，民法の入門書というと，「民法にはこんな条文があります。民法を適用するとこういう解決になります」という知識ばかりを羅列したものが多かった。これでは無味乾燥で，最後まで読み通すことは難しい。そこで，本書では，身近な例をたくさん引くとともに，「なぜそうなっているのか」を日常の言葉でていねいに説明することに力を注いだ。何冊にもわたる大部の本でも，これまで，こういった説明は不十分なものが多く，そのため，本書では，通常の教科書類には書かれていない叙述がかなり増えることになった。しかし，そうでなければ「入門書」ではありえない。法律のシステムに慣れている人に細かい知識を伝えることを目的とするのではなく，慣れていない人を民法の世界に誘うことが必要なのだから。

　そして，実は，「なぜそうなっているのか」を理解しておくことは，あまり民法になじみのなかった人が知識を定着させるためにも，また，法律問題の第一線に立ってバリバリと活躍している人が新しい問題を考えていくためにも，重要なのである。

　「詐欺による意思表示の取消は，取消前の善意の第三者に対抗できない」——これをこのまま覚えようとするならば，高校時代に世界史の年号を覚えたのと同じ苦労を背負い込むことになる。「なぜそうなっているのか」を理解するほうがよほどたやすいし，理由さえ理解しておけば，その場で考えても，結論を出すことができる。

　また，法律問題の第一線で活躍する人たちに与えられる問題は，決して教科書に直接に解答が載っているようなものではない。「ある従業員のある具体的な行為について，会社が責任を負うことになるのか」を判断するためには，民法の制度が「なぜそうなっているのか」を理解し，それに照らして，その制度

の射程がその事案に及ぶものなのかどうかを「考える」ことが必要なのである。

右に述べた以外の本書の特徴を，いくつか具体的に挙げておこう。

①法律を初めて学ぶ人にも，無理なく読み進められるように，第一章「民法を学ぶ前に」として，法学入門を置いた。基礎の基礎のところではあるが，法学部の卒業生でも意外にきちんとわかっていない人が多い。

②身近な例を豊富に挙げ，実際の判決例からも，わかりやすく現代的なものをピックアップして説明した。専門用語でごまかすことはしないで，平易な言葉で説明するように努めた。少しでも難しいかもしれない漢字にはふりがなを振った。コラム欄では，肩の凝らないエピソードも紹介した。

③学問的議論の最前線にある問題や，消費者保護，電子マネー，債権流動化など現代的な問題にも積極的に触れた。その意味でも，レベルは落としていない。

④民法以外の法律も，必要とあらば，かなりていねいに説明した。現実の法律問題は，民法の適用だけで解決がつくわけではなく，商法，民事訴訟法，行政法など，様々な法律が入り組んだかたちで発生する。

⑤もっとも，民法のうち，親族編・相続編は扱わなかった。全体の頁数等を配慮したのだが，読者の要望があれば，改訂の折りにでも補足したいと考えている。

筆者は，これまで様々なかたちで民法や法学入門の講義を行ってきた。極端な場合は，五時間で民法全体を講義してくれと頼まれたこともある。短い時間で民法全体を講義するのは，正直言って，気が進まなかった。しかし，その時間内で，いかに民法全体を理解してもらうかについて工夫を重ねたことが，本書のバックボーンとなった。その意味で本書は私の一つの総決算である。しかし，こうやって民法全体について執筆してみて，わかった点，とくにわかっていないということがわかった点も多い。今後，それらについては研究を進めていかなければならない。その意味で本書は私のこれからの出発点でもある。

日本経済新聞社出版局編集部の西林啓二さん，渡辺一さんには，本書の出版にあたって様々な配慮をいただいた。畏友，大村敦志教授には，いつもなが

ら，草稿を通読していただき，いろいろなご教示をたまわった。深く感謝したい。そして，これまで私に講義のチャンスを与えてくださった諸機関，ならびに，聴講してくださった方々にも，お礼を申し上げたい。

2002年5月

道 垣 内　弘 人

目　次

第 **8** 章
物権とその取得

第 **9** 章
各種の物権

第10章
不法行為など

第11章

結婚と離婚

第12章

子どもと高齢者

第13章

相　　続

本書の読み方

本書をお読みいただくにあたり，いくつかの注意を述べておきたい。

1 本書は，はじめて民法，さらには法を学ぶ読者のために，順を追って読んでいただければ理解できる仕組みにしている。したがって，初めて出てくる言葉や考え方を理解するために，後ろのページで説明されている知識が前提となっていることはない。

逆に，後ろのページの理解のために，すでに説明した知識が前提となっていることは多い。その場合，繰り返しもう一度説明したり，簡単に復習を行ったところもあるが，原則として前提となっているところを説明したページの参照を指示している（「→○○頁」というかたちで指示している）。

お読みになっていて，ピンとこないことがあれば，参照ページを読み直してみずから復習してほしい。

2 参照ページとして，現在のページよりも後ろのページを挙げていることも多い。これは，よりくわしくは後で説明する，というものであり，その時点で必ず参照しなければならないわけではない。ただ，興味があれば，その部分を確認してほしい，というわけである。

しかし，一度通読してから，再度お読みいただくときは，参照ページにもざっと目を通しながら読み進んでいただければ，より立体的な理解が可能になるだろう。

3 順を追って読んでいただければ理解できる仕組みにするために，本書では，説明の順序が，必ずしも民法の条文の順序と一致していない。そこで，対照表（→ xx〜xxii 頁）を掲げておくことにした。参考にしていただきたい。

4 　本書では，法律の条文をそのまま挙げているところも多い。気楽に読めるように配慮したつもりなのだが，本当は，手元に『六法』（小さなものでよい）を置き，条文を確認しながらお読みいただければ，それに越したことはない。本書の説明とともに条文を読めば，難しそうな条文に対するアレルギーもだんだんと解消するだろう。

　また，かっこ内に挙げている条数のうち，何法のものかを明示していないものは，原則として民法のものである。つまり，「（177条）」とは，民法177条を示している。これに対して，別の法律の条文を示すときには，たとえば，「（商法535条）」といったように，法律名を示した。もっとも，明らかなときには，法律名を省略していることもある。

5 　読みやすさのため，略語は原則として用いないことにしたが，判例の出典についてだけは，いくつかの略語を用いた。以下のとおりである。

　民録　＝大審院民事判決録
　刑録　＝大審院刑事判決録
　民集　＝大審院民事判例集または最高裁判所民事判例集
　下民集＝下級裁判所民事裁判例集
　判時　＝判例時報
　判タ　＝判例タイムズ

対 照 表

民 法		本書中，主として扱っているところ
第1編　総則		
第1章　通則	（1条，2条）	第2章Ⅳ-2
第2章　人		
第1節　権利能力	（3条）	第2章Ⅰ-1
第2節〜第3節　意思能力，行為能力	（3条の2〜21条）	第2章Ⅲ-2
第4節〜第6節　住所，不在者の財産の管理及び失踪の宣告，同時死亡の推定	（22条〜32条の2）	
第3章　法人	（33条〜37条）	第2章Ⅰ-2, Ⅲ-5
第4章　物	（85条〜89条）	
第5章　法律行為		
第1節　総則	（90条〜92条）	第2章Ⅳ
第2節　意思表示	（93条〜98条の2）	第2章Ⅲ-3
第3節　代理	（99条〜118条）	第2章Ⅲ-5
第4節　無効及び取消し	（119条〜126条）	第2章Ⅲ-4
第5節　条件及び期限	（127条〜137条）	
第6章　期間の計算	（138条〜143条）	
第7章　時効		
第1節　総則	（144条〜161条）	第5章Ⅱ-1
第2節　取得時効	（162条〜165条）	第8章Ⅰ-3
第3節　消滅時効	（166条〜169条）	第5章Ⅱ-1
第2編　物権		
第1章　総則	（175条〜179条）	第8章Ⅰ，Ⅱ，Ⅲ，Ⅳ-1
第2章　占有権	（180条〜205条）	第8章Ⅳ-2　第9章Ⅰ
第3章　所有権	（206条〜264条）	第8章Ⅰ-3　第9章Ⅱ
第4章〜第5章　地上権，永小作権	（265条〜279条）	第9章Ⅲ-1
第6章　地役権	（280条〜294条）	第9章Ⅲ-2
第7章　留置権	（295条〜302条）	第9章Ⅶ-1
第8章　先取特権	（303条〜341条）	第9章Ⅶ-2
第9章　質権	（342条〜366条）	第9章Ⅴ-1
第10章　抵当権	（369条〜398条の22）	第9章Ⅴ-2〜5
＊非典型担保		第9章Ⅵ

第 1 章
民法を学ぶ前に

　民法という語は津田真道先生（当時真一郎）が慶応四年戊辰の年に創制せられたのである。民法なる語は箕作麟祥博士がフランスのコード・シヴィール（Code civil）の訳語として用いられてから一般に行われるようになったから，我輩は始めこれは箕作博士の鋳造された訳語であると信じておったが，これを同博士に質すと，博士はこれは自分の新案ではなく，津田先生の「泰西国法論」に載せてあるのを採用したのであると答えられた。そこでなお津田先生に質して見ると，同先生は，この語は自分がオランダ語のビュルゲルリーク・レグト（Burgerlyk regt）の訳語として新たに作ったものであると答えられた。

――――穂積陳重『法窓夜話』（岩波文庫）

I　民法なんてこわくない

1　民法は難しい？

◆お経の難しさ

　本書の読者には，様々な理由ですでに民法を勉強した経験のある人も多いだろう。あるいは，勉強というほどではないが，必要に迫られて，条文を読んでみたり，民法の本のページをめくってみたりした人もいるかもしれない。現在，大学生として民法を勉強せざるをえない立場の人もいるだろう。

　しかし，どうもわからない。条文は言い回しが複雑で，お経のようだし，法律書は人にわからせるために書いたものとは，とても思えない。どうして簡単に書いていないのだろう。また，ある法律問題を法律家に相談すると，六法全書のあちらこちらをこねくり回して，結論を出してくる。どうして六法全書のいろんなところを開かなければならないのだろうか。ある法律問題の結論が，どうして1つの条文にまとめられていないのだろうか。──実は，これらの点を理解することが，民法学習の前提となる。

　さて，「難しい」と感じられる原因として指摘したことには，2つのものがあった。1つは，言葉の問題。使われている言葉が日常用語ではなく難しいということである。もう1つは，形式の問題。1つの法律問題を解決するのに必要な条文が，様々なところに散らばっていて，まとまっていない，ということである。

　この2つの難しさは，法が生成してくる歴史に関係している。「歴史」と聞くと，また難しいようにも感じられるかもしれないが，社会の進展にともなって法のシステムができあがっていくプロセスとか道のりとかということである。そして，この道のりは，テニスサークルが発展して，だんだんと規約が整備されていく過程と違いはないし，法律における定め方というのも，テニスサークルの規約の定め方と，基本的な違いはない。まずは，肩の力を抜いて，身近な例で考えてみよう。

◆テニスサークルの発展

　たとえば，Aが毎週土曜日の午後にBとテニスをすることにした。こんな単純な場合ですら，それなりのルールが必要となる。どちらがテニスコートを予約するのか。そのコートには各人が勝手に行くのか，それとも，駅前でおちあって，昼食をとってから電車で行くのか，AがBの家まで車で迎えに行くのか。——最初は週ごとに決めてもよい。しかし，これが何週間も続いてくると，だんだんと習慣ができあがる。そして，AはBの家まで車で迎えに行くのだから，その代わりコートを予約し，テニスボールを買っておくのはB，というような役割分担が，決まり事として意識されるようになってくる。

　このようにAとBという2人だけの集まりであっても，それなりのルールは必要だし，自然と形成されてくる。しかし，この段階ではルールはまだ単純なものである。ところが，このテニスの集まりにC，D，Eという3人が加わると，以前よりも複雑なルールが形成されてくる。だんだんと連絡が不徹底になってくるので，テニスコートを原則として固定するほうが便利になってくる。そこを予約する係は近くに住んでいるB。車を持っているAはテニスボールを運んでくる係。Cはテニスの後に行う飲み会の係で，近くの店をちゃんと予約しておかなければならない。みんなからコート代やボール代を徴収する，いわば会計係がD。夏に1回，合宿をすることになっているのだけれど，合宿担当はE。軽井沢の民宿を予約して，みんなにメールで知らせる。

　そして，こういった役割分担を示す簡単なメモが作られる。たとえば，

　　　コート予約係　　B　　原則としてコートは市営のものを利用するが，予約が
　　　　　　　　　　　　　　取れなかったときは，別のコートを予約して，みんな
　　　　　　　　　　　　　　に場所を伝えること。

　　　用具運搬係　　　A　　ボールが古くなったら適宜補充すること。代金は，一
　　　　　　　　　　　　　　時立て替えて，あとから会計係に請求すること。

　　　飲み会係　　　　C　　いつも同じ居酒屋にするなよ！
　　　　　　　　　　　…
　　　　　　　　　　　…

　といったわけである。

　さらにこの集まりに人気が出てきて，Ｂの友達が加入する，Ｄの妹も加入する，となってきて，総勢30名，さらには100名となると，ルールはどんどんその数を増して複雑になってくる。そして，この膨大なルールを多数の会員に誤りなく伝えるためには，ルールをきちんと文書化する必要が出てくる。規約づくりである。

　ルールが少ないときには，それを文書化するとしても，そのとき思い出した順に並べておけばよい。先にあげた例はそれである。しかし，ルールが多くなってきたとき，法則性のない並べ方をしていると，探しているルールをすぐに探し出せなくなる（『広辞苑』が50音順になっていなければどうなるかを考えよ）。そこで，一定の分類を施して，並べ方を考えることになる。たとえば，「1　毎週の活動について」「2　夏合宿について」「3　サークル組織について」といったぐあいである。

　ところが，こういった分類を施してみると，ルールの間に重複する部分があることがわかってくる。たとえば，毎週の活動場所の選定，夏合宿の場所の選定，会長の選任，について，それぞれ次のような規定があったとする。

- 当該年における毎週の活動場所は，当該年の最初の活動までに，練習担当幹事がこれを定める。ただし，3か月に1回，会員全員が集まる席上において，過半数の同意があるときには，その決定を変更することができる。ここにいう過半数とは，その集まりに実際に出席している者の半数以上のことである。委任状による同意は認められない。なお，会長は，同意・不同意を表明する権利をもたない。

- 夏合宿の場所は，夏合宿担当幹事がこれを定める。ただし，3か月に1回，会員全員が集まる席上において，過半数の同意があるときには，その決定を変更することができる。ここにいう過半数とは，その集まりに実際に出席している者の半数以上のことである。委任状による同意は認められない。なお，会長は，同意・不同意を表明する権利をもたない。

- 会長の任期が満了になる時点で，会長は次期の会長を定める。ただし，3か月に1回，会員全員が集まる席上において，過半数の同意があるときには，その決定を変更することができる。ここにいう過半数とは，その集まりに実際に出席している者の半数以上のことである。委任状による同意は

認められない。なお，会長は，同意・不同意を表明する権利をもたない。

　3つの規定とも，「ただし」以下の文章は同一である。これらは結局，各幹事や会長にその権限が与えられている第一次的な決定を，会員の過半数の同意でくつがえす手続を定めたルールにほかならず，共通の性質をもつものである。それならば，この「ただし」以下のルールは「毎週の活動」，「合宿」，「サークルの組織」という3つの題目に共通するルールであるとして，取り出して別のところに規定しよう，そのほうがかえって簡単だということになってくる。そして，その際，3か月に1回，みんなが集まる会合のことを総会とよぼう，ということになる。

　たとえば，次のような規定を置くと便利である。

　　　本規約の他の条文に基づく各幹事および会長による決定は，総会における過半数の同意によって変更することができる。

　　　ここにいう過半数の同意とは，総会に実際に出席している者の半数以上が同意を表明したことをいう。委任状による同意は認められない。なお，会長は，同意・不同意を表明する権利をもたない。

Column 1

新撰組のルール

　ルールが少なければ，整理の必要はなく，ただ並べておけばよい。新撰組の規約がその例である。

「一，士道ニ背ク間敷事
　一，局ヲ脱スルヲ不許
　一，勝手ニ金策致不可
　一，勝手ニ訴訟取扱不可
　一，私ノ闘争ヲ不許
　　　右条々相背候者切腹申付ベク候也」

　実際，法律は少ないほうがよいというイメージもある。中国の歴史書『史記』にある「法三章を約するのみ」という言葉は，法律を為政者が人民に圧政を課す道具だととらえ，それを少なくした王（漢の高祖）の偉業を称えたものである。しかし，現代の複雑な社会では「法三章」ではやっていけない。また，簡略な法は，その運用に広い幅がありすぎて，逆に危険な面があることにも注意したい。裁判官や行政官といった法の運用者が好き勝手にすることを，詳細に規定された法律によって制約することも重要なのである。

このような規定があれば，すでにあげた3つの規定の「ただし」以下はすべて省略できる。そして，規約自体はずいぶんとすっきりして，かえってわかりやすいものになっていく。

ここまでに見たサークルの規約づくりにおいては，3つのことが行われている。

第1は，**分類**である。「1　毎週の活動について」「2夏合宿について」「3サークル組織について」というふうに，ある一定のまとまりごとに規約を分類していくわけである。

第2は，**分割と統合**である。最初のように，毎週の活動場所，夏合宿の場所，次期会長，それぞれについて「ただし」以下の文章を書いておけば，たとえば毎週の活動場所の決定の仕方は，1つの条項だけでわかる。ところが，総会での決定変更手続を別の条項にしてしまうと，毎週の活動場所の決定方法について，少なくとも2つの条項を見なければわからないことになる。

第3は，**抽象化**である。「3か月に1回，みんなが集まる会合のことを総会と呼ぼう」というのは，まさにそれである。注意しなければならないのは，「総会」という言葉を用いることにすると，別の条項に「総会」の定義規定を置かねばならなくなることである。たとえば，「総会は，3か月に1回，全構成員の出席をもって開かれる」といった条項である。

「分類」がされることによって，便利でわかりやすいものになることは明らかであろうが，「分割と統合」や「抽象化」は，条文数も増やすことになり，一見，規約をやっかいなものにしそうである。しかし，実際には何度も「3か月に1回……」と書くよりも，「総会」という言葉を使ったうえで1つにまとめたほうが，すっきりして，わかりやすい規約になることは，以上の例からおわかりであろう。

◆社会あるところに法あり

「社会あるところに法あり」という言葉を聞いたことがあるかもしれない。何となく難しそうな言葉であり，また，ラテン語が好きな大学教師は Ubi societas, ibi jus. などと黒板に書いたりするので，ますます難しい感じを受ける。しかし，その意味するところは，人間の集まりができれば，その中で何らかの行動ルールが形成される，ということにほかならず，「テニスサークルにも

ルールあり」ということにほかならない。

　そして，人間社会全体における，あるいは各国における法の発展というのは，ここまで説明したテニスのサークルにおけるルールの発展と同じなのである。人間が集まれば，それなりのルールができあがる。最初のうちは単純なルールを行動そのものや口で子孫に伝えていくだけですんだが，そのうちに（文字の発明とあいまって）ルールを書き下そうということになる。最初のうちは，少数のルールがあまり整理されずに書き下されたが，そのうちに，「分類」「分割と統合」「抽象化」といった整理が施されてくる。

　「目には目を」で有名なハンムラピ法典（紀元前17世紀）においては，282の条文が章・節で分けられることなく並べられているが，実際には関係する条文は連続して置かれており，すでに一定の整理が施されている（「法の執行に対する罪」「財産に対する犯罪」「土地・家屋」「貿易と商業」「結婚・家族・財産」……といった順番になっている）。また，ローマ時代の「十二表法」（紀元前5世紀）は，各条文が12のまとまりで規定されていることから，その名がある。具体的には，第1表・第2表が「裁判」，第3表が「強制執行」，第5表が「相続」といった調子である。こんな昔から，ルールを書き下すときには，整理がされたのである。

2　六法全書は六法選書

◆民法は私法の1つである

　時代は大幅に飛んで現代である。

　現代社会は古代社会に比べてきわめて複雑に発達した社会であり，その中には多種・多様な法がある。ちなみに『六法全書』に載っている法律というのは，日本の現行法のうちごく一部であり，全部はたいへんな量である。『現行日本法規』（ぎょうせい）という，日本の現行法令をすべて集めた差し替え式の書物があるが，全100巻，140冊，1冊あたりの厚さは10センチ近い。そのような大量の法律の条文を，脈絡もなく並べたのでは，検索は不可能である。50音順になっていない『広辞苑』よりも始末が悪い。そこで，法の分類・整理をしたうえで，法律を作っていくことになる。

　それでは，どんな整理方法をとっているか。

最初の大きな区分は，**公法**と**私法**との区分である。読んで字のごとく，《 公 のことに関する法》と《 私 のことに関する法》との区別である。どういった基準で区別するか，そもそも区別することに意味があるか，といった点についてはいろいろ議論があるが，ここではイメージとしてつかんでもらえばよい。国や公共団体（市町村がその典型）の内部や相互間の関係を規律するルール，および，それらと私人との関係を規律するルールが《公法》であり，私人相互間の関係を規律するルールが《私法》である。

　現在の日本の法律の中では，憲法（国の組織・活動の基本的な枠組みを定めるから），国家行政組織法・地方税法などの行政法（行政組織の内部関係や行政活動を定めるから），刑法（国が国民に対して強制的に科する刑罰について定めるから），民事訴訟法・刑事訴訟法などの訴訟法（国が行う裁判について定めるから）などが公法とされる。これに対して，民法は，基本的には私人間の関係を規律するルールを定めるものであり，したがって，私法に分類される。

　もっとも，それでは国や公共団体と私人との法律関係には，絶対に民法が適用されないのか，といえば，そうではない。また，公法は私人間の取引関係には一切関係ないわけではない。しかし，おおざっぱな分類として理解しておくことは重要である。

◆民法は一般法である

　そういったわけで，民法は私法の１つであるが，同じく私法に属するものとして，商法，借地借家法，利息制限法などがある。これらの法律と民法との関係はどうか。実は，商法などは，民法が規律する関係のうち特定の関係について特別な規律を行うために作られているものであり，民法に対する例外として位置づけられるものなのである。このことを，民法は**一般法**であり，商法，借地借家法などは**特別法**である，という。「自分は商売をやっているのだから，関係するのは商法だ。民法なんて，結婚とかそういった話だろう」と思うと，大きな間違いである。

　商法524条以下は『商法第２編商行為，第２章売買』であり，民法555条以下は『民法第３編債権，第２章契約，第３節売買』である。手元の六法で両方を見ながら，比べてみよう。まず，同じく「売買」と称されながら，民法には30の条文があるのに，商法には５つの条文しかないことがわかるだろう。

なぜ，商法のほうが条文数が少ないかといえば，商法の条文は，一定の場合に民法の条文が適用されるのは妥当ではない，として，例外規定を設けるときにだけ存在しているからである。

1つの例をあげてみよう。

たとえば，私が，中古車業者から自動車を購入する，という場合を考える。私は，運転免許は持っているが，恥ずかしながら，自動車の構造はほとんど知らない。したがって，その自動車の引渡しを受けた時点で，その自動車に欠陥がないかどうか調べろ，といわれても，調べようがない。そこで，民法は，そういった素人衆のために，欠陥があるなど，引き渡された売買目的物が契約に適合しない物であった場合には，買主がその存在を知ったときから1年以内にそのことを売主に通知すれば，買主は売主に対して責任を追及すること（修理を請求したり，損害賠償を請求したりすること）ができる，としている（562条，566条）。

これに対して，ある中古車業者が，別の中古車業者に自動車を売却した，という場合を考える。このときは，買主も自動車に関するプロなのだから，引渡しを受けた後，すぐにその自動車を検査すべきであるし，仮にその時点で欠陥があれば，売主にすぐに通知をして何らかの措置を講じさせるようにすべきだと考えられる。また，しばしば定型的に，かつ，大量反復的に行われる，プロ

Column 2

取引に適用される公法

公法と私法との区別があいまいであることは，たとえば，県営住宅の使用関係について考えればわかる。これは，たしかに，「公の営造物の利用関係として公法的な一面がある」が，「事業主体と入居者との間の法律関係は，基本的には私人間の家屋賃貸借関係と異なるところはな」いので，公営住宅法や条例に「特別の定めがない限り，原則として一般法である民法及び借家法の適用があ」るとされるのである（最高裁昭和59・12・13判決（民集38巻12号1411頁））。

また，行政法規が私人間の取引に影響を及ぼすことも多い。たとえば，農地の売買には各地の農業委員会の許可が必要なこと（農地法3条）は，その直接的な例であるが，各種の営業許可（たとえば，食品衛生法52条）や政令などで定められる各種の安全基準は間接的に取引に関連している。また，法律に基づかない行政指導によっても，取引は影響を受ける。これらを含めて，規制緩和論議がさかんなのは周知のところであろう。

対プロの売買なのだから，欠陥など目的物の不適合に関する争いは早期に決着させて，売買の安定を図るべきだともいえる。後者の理由は，買主が中古車業者という自動車の専門家である場合だけでなく，およそ買主が商人である場合一般にあてはまることである。

そこで，商法526条は，商人間の売買においては，先に述べた民法の定める解決を変容させている。それによれば，まず，買主は目的物をできるだけすみやかに検査しなければならず，欠陥等の不適合があればすぐに売主に通知をしなければならない。そうすれば，民法の場合と同じように売主の責任を追及することができるのだが，検査・通知を怠ると，もはや責任追及ができなくなる。そして，検査によってすぐに発見できないような欠陥があった場合，6か月以内にそれを発見して通知をすれば売主の責任を追及できるが，6か月を経過してしまえば，もはや責任追及はできない。

以上のように，民法は一般法として，売買目的物に欠陥があった場合の売主の責任について原則を定め，商法は特別法として，その売買が商人間のものであった場合の特別なルール（例外）を定めているのである。

◆民法は実体法である

もう1つ，民法は実体法である，ということについても説明しておきたい。

親が3歳の子どもを連れて，他人の家を訪れたところ，その子が応接間にある置物を壊してしまった。このときに，親は責任を負うだろうか。その子がやったのだ，親がやったわけではないのだ，ということを重視すれば，親は責任を負わないことになりそうだし，子どもが置物を壊さないように注意するのは，まさに親の義務だ，という理屈をとれば，責任を負うことになりそうである。いずれにせよ，ルールをきちんと決めておかねばならない。

さて，定められているルールの適用によって，親が10万円の損害賠償責任を負うとしよう。このとき，その人が，みずから進んでそれだけの金額を支払えば，それで問題は終了する。しかし，進んで支払おうとしないときはどうか。このとき，被害者はどのようにして，その人に10万円の支払いを強制することができるか。常識としてご存じのとおり，裁判手続を利用することになる。そこで，その際の手続についても，いくつかのルールを定めておかねばならない。

このように，ある1つの事件をめぐって適用されるルールにも2種類ありうる。ある権利が存在する，ある義務が存在する，ということを決定するルールと，存在が決定された権利を強制的に実現するときのプロセスを定めるルールである。民法は，このうち前者のルールを定める（ちなみに，上記の例では，日本の民法は，その712条，714条で，その子には責任はないが，親はその損害を賠償する責任を負う，としている）。そして，このように権利・義務の所在を定めるルールを**実体法**とよぶ。民法の特別法として先に述べた商法，借地借家法なども実体法である。これに対して，実体法によって存在の確認された権利の強制的実現に関するルールを定める法は**手続法**とよばれる。民法上の権利について，その実現手続を担当する手続法としては，民事訴訟法，民事執行法，家事事件手続法，破産法などがある。

以上が，民法は実体法である，ということの意味である。

◆民法の中での整理

さて，様々な法規範を以上のように分類して，私法の一般法である実体法のルールだけを集めても，まだまだその数は大量である。その大量のルールを脈絡なく並べて民法典を編纂しても，お目当てのルールを探し出すことができない，役に立たない法典となってしまう。そこで，民法典の中でもルールの分類・整理がされることになる。

日本の民法典は，ここで**パンデクテン式**とよばれる分類・整理方式をとっている。具体的には，まず，民法に属するルールを，**総則，物権，債権，親族，相続**の5編に分ける。

「総則」という編を置いている理由はわかるであろう。先に見たテニスサークルの規約の制定からもわかるように，通則となる規定は別個にしておいたほうが，法典全体がすっきりしたものとなる。もっとも，総則編に規定されたルールのすべてが，本当に他のすべての編に共通するルールとなっているのかには，若干の疑問があるが，まずは，通則であるルールがまとめられて，『民法第1編総則』を構成していると理解しておこう。

問題はそれから先である。「物権」「債権」「親族」「相続」という編別が，どうしてとられているのか。同じ編にまとめられたルールというのは，何か共通する性格をもっているはずだが，それぞれの編について共通する性格とは何で

あろうか。

『第4編親族』から始めるとわかりやすい。ここには，家族関係のルールが規定されている。たとえば，婚姻（＝結婚）関係のこと，親子関係のこと，などである。この編に収められたルールの根本精神は親族関係に基づく「保護―被保護」の関係にあり，他の3編のような財産関係の規律を直接の目的とはしていない。したがって，独立の編を構成されるだけの理由がある。

残りの財産関係のルールのうち，まず，財産所有者の死亡にともなう財産変動に関するルールが別個に取り出され，『第5編相続』が構成される。相続による財産変動というのは，親子とか兄弟とかの身分的な関係を前提とすることも多いため，とくに別個にする理由，また，親族編の後に置く理由がある。

財産関係のルールの残りは，そこで問題となっている財産権の種類によって2つに分けられる。すなわち，物に対する権利を定める『第2編物権』と人に対する権利を定める『第3編債権』である。たとえば，次のとおりである。

あなたがこの本を本屋さんで購入して，現在，自宅の机で読んでいるとしよう。このとき，この本は「あなたのもの」である。こういった場合，あなたは「この本」という「特定の物」に対して権利をもっている。そして，このような「特定の物に対する権利」を行使すること，つまり，たとえばこの本を読んだり，あるいは，つまらないといって破り捨てたりすることは，自分一人でできる。誰の助けも借りる必要はないし，誰に断る必要もない。これに対して，たとえば，あなたがAという友人に1000円を貸しているとしよう。このとき，たしかにあなたはAに対して「1000円返せ」という権利をもっているのであり，「権利をもっている」という点では，この本を所有している場合と違いはない。しかし，このときは相手方がある。あくまで，あなたはAに対して「1000円返せ」という権利をもっているのであって，いくらあなたがお金が足りなくて困っているとしても，「Aに貸した1000円を返してくれ」と日本経済新聞出版社に対して主張することはできない。

このように，一口に財産上の権利といっても，その中には，**ある特定の物に対して直接的に行使できる権利と，ある特定の人に対してある特定のことの履行を求めうる権利**とに分けることができる。それぞれを，民法では，物権，債権とよぶ。前者は「物（に対する）権（利）」というわけであるし，後者は「人（に）責（任を負わせる）権（利）」ということである（「債権」の「債」

の字を偏と旁とに分けてみられたい）。そして，民法典において，それぞれに関するルールが，それぞれの編に整理されているのである。

そういったわけで，民法に属するルールは，「総則」「物権」「債権」「親族」「相続」の5つの編に分類されているが，さらにそれぞれの編の中でも整理がされる。ここまで読んできたら，その中でどういった整理がされているか，もはや見当がつくであろう。

たとえば，『第3編債権』の中でも，債権一般に関するルールが『第1章総則』（399条〜520条の20）として取り出され，それ以外のルールが，ある一定の基準（ここでは債権の発生原因）に従って分類される。すなわち，『第2章契約』（521条〜696条）『第3章事務管理』（697条〜702条）『第4章不当利得』（703条〜708条）『第5章不法行為』（709条〜724条）である。そして，含まれている条文数の少ない第3章，第4章，第5章を除いて，さらにその中でも分類・整理がされる。すなわち，『第2章契約』の中でも，契約一般に関するルールが『第1節総則』として取り出され，残りもいくつかの節に分けられる。その節の中でも共通ルールがあれば，さらに取り出される（555条〜559条は，『民法第3編債権，第2章契約，第3節売買，第1款総則』である）。

このようにして民法典中の整理システムが完成していくわけである。

「共通の要素を取り出して前に置く」ということは図書館でもどこでもやっている整理の基本技術であり，おそれるにたりない。ためしに図書館の歴史の本のところに行ってみると，西洋史，東洋史などの分類の前に「歴史一般」という分類があるし，西洋史という分類の中でも，イギリス史，ドイツ史などの分類の前に「西洋史一般」というのがある。それと同じなのである。

◆民法の難しさ——たねあかし

以上から，民法，さらには法律一般が「難しい」と感じられる原因となった2つの点，すなわち，言葉の問題（使われている言葉が日常用語ではなく難しいこと）と形式の問題（1つの法律問題を解決するのに必要な条文が，様々なところに散らばっていて，まとまっていないこと）の生じてくる理由がわかったと思う。

後者からいえば，こうである。図書館でイギリス史の本を探すとき，「歴史」という分類の中の「西洋史」という分類の，さらに「イギリス史」という分類

の本だけを探したのでは不十分である。『西洋経済史講座』（岩波書店）は「西洋史一般」の棚にあるし，『岩波講座・世界歴史』や『世界の歴史』（中央公論社）は「歴史一般」の棚にある。これと同じように，たとえば，売買契約の効力に関する民法上の問題を理解するためには，『民法第3編債権，第2章契約，第3節売買，第2款売買の効力』（560条～578条）だけを見たのでは不十分である。売買の効力に関する民法上の問題も，『第3節売買，第1款総則』はもちろん，少なくとも，『第2章契約，第1節総則』『第3編債権，第1章総則』『第1編総則』にも散らばって規定されている。さらには，売買の効力に関係するものであっても，「私法の一般法であり，実体法である」ルール以外は民法典以外に規定されている。そこで，いろいろな箇所からいろいろな条文を引っ張ってこないと，1つの法律問題が解決できないのである。しかし，整理の仕方さえのみ込めば，だいたい見当はつくようになる。

　前者はこうである。とりわけ，すでに述べたような分類で上位にある条文は，様々なシチュエーションに適用される性質を有しているので，どうしても規定の仕方が抽象的になる。それはE・H・カー『歴史とは何か』（岩波書店）が，歴史上の個々の人物の生涯を知るためには適しないのと同じである。民法の中では『第1編総則』が一番抽象度が高いが，幅広い適用範囲をもっているゆえに，仕方のないことなのである。学習するときには，具体的な問題をい

Column 3

「超」整理法と民法

　野口悠紀雄氏は，1993年にベストセラーとなった『「超」整理法』（中公新書）という本の中で，情報を分類することの困難さを述べている。「対象となる資料が，複数の内容または属性をもっている場合」，「単一属性であっても，連続的に変化するもののグレイゾーン（境界領域）」に属する場合，「タテの分類軸とヨコの分類軸が共存している」場合には，「どの分類項目に入れてよいか分からない」という「こうもり問題」が生じ，また，別個に「その他問題」も生じる，というわけである。

　これは，法的ルールの分類についても，そのままあてはまる。かつての民法84条，84条の2は行政法規としての性格を有するものであるが，便宜上，民法に入っていた（2006年改正で他の法律に移された）。また，『第1編総則』が家族問題にも適用されるのか，『第3編債権，第1章総則』は金銭債権を念頭に置いた規定が多く，それらは非金銭債権には適用されないのではないか，などが問題になっている。

ろいろ念頭に置きながら考えて理解していけばよい。以下でも，なるべく具体例をもってかみくだきながら，説明していくことにする。

3　法の冷たさと温かさ

◆抽象度の高い理由

　民法のうちでも総則はとくに抽象度が高い，と説明した。こんなことをいうと，「別に民法総則だけが日常用語からかけ離れてわかりにくいわけではない。すべて法律の条文はわかりにくい」とお叱りを受けそうである。

　賢明な読者は，どうして「すべて法律の条文はわかりにくい」のか，すでに述べたところからだけでもわかると思う。民法総則に規定される条文は，「様々なシチュエーションに適用される性質を有している」ので，抽象的でわかりにくい。しかし，これは多かれ少なかれ，すべての条文についていえることなのである。

　たとえば，「売買」という言葉があり，民法にはそれを規律する条文がある。しかし，実際の社会には，「売買」という抽象的な契約が存在するわけではない。10月1日に，AとBとが，Aがずっと使っていた中古の自動車をBに譲り，かわりにBは30万円をAに支払う，という約束をする。あるいは，CとDとが，7月25日に，CのもっているパソコンをDに譲り，Dは5万円をCに支払う，という約束をする。実際の社会には，そういった個々具体的な約束がたくさん存在するだけなのである。

　きわめて古い時代には，AB間でその約束に関連して争いが起これば，AとBのそれぞれの事情を十分に考えて，長老などによって裁定が下されたのであろう。CD間で紛争が生じたときにも，そうである。それぞれの約束にはそれぞれの特殊性があり，それぞれについて1回かぎりの判断が下されるのである。しかし，上記のAB間の約束とCD間の約束には共通性があることが，長い期間をかけて，だんだんと認識されてくる。そうすると，AB間の争いの裁定とCD間の紛争の裁定との間にはバランスが必要であり，バランスが欠ければ不公平であると感じられるようになってくる。ここがけっこう重要なところであり，AB間の約束とCD間の約束とが，まったく別個独立のものであり，その間に何らの共通性も認識されなかったら，それぞれの約束に関する紛争の

裁定の間にバランスが必要であるとは考えられない。共通性があると認識されてはじめて，バランスが必要だと思われるようになるのである。

　そして，2つの約束は，いずれにせよ「一方が他方にある財産権を譲り，他方が一方に代金を支払うという約束」であることが分析されてきて，それに「売買契約」という名が与えられることになる。そして，すでに述べたバランスが必要性であるという認識に基づいて，「およそ売買契約に関する紛争においては，これこれのルールが適用される」という法ができあがっていくわけである。

　法の形成が以上のようなものであることがわかれば，なぜ，民法総則以外の条文でも，およそ法律の条文というものが，抽象的なものになっているかはわかるはずである。つまり，実際の社会に存在する様々な紛争のうち一定のものについて，共通の要素を見いだし，「こういった共通の要素のある紛争については，これこれの解決をする」と決めているのが法律の条文なのであり，具体的な紛争を抽象化したかたちになっているのは当然なのである。

◆事実の切り取り

　このように，法律の条文（正確にいうと，判例なども含むのだが）は，実際に社会に存在する様々な紛争について，抽象化して規定したものである。このことから，またいくつかの重要な点が出てくる。

　1つは，法律の適用に必要な事実は，事実のすべてではなく，その一部にすぎない，ということである。たとえば，先にあげた AB 間の契約（様々な取り決めの中から，ある一定の要素をもったものを「契約」とよぶのも1つの抽象化である）に関する紛争において，契約締結時に A は黒い靴を履いていたとか，B の洋服は派手だったとか，契約締結はファミレスで行ったのだが，そのとき B はカフェラテを頼んだとか，そういったことは，たしかに事実の一部を構成しているが，法律の適用には影響を及ぼさない。法律の適用に必要な事実は，AB 間に契約が締結されたのか，その内容はいかなるものか，というだけであって，B がカフェラテが好きかどうかは関係ないのである。

　「そんなことは当たり前だ」と思うかもしれない。しかし，実際に法律を適用されたり，裁判の当事者になったりすると，理屈ではわかっていても，なかなか納得できないところなのである。そして，この点が，「法律とはドライな

ものだ」と一般に感じられる大きな原因となっている。実際の紛争は，背後に様々な事情，長い間のしがらみがあり，きわめてドロドロしたものである。しかし，法律は，それをドライに割り切り，法の適用に必要な事実のみを，そのドロドロの中から汲み上げる。そして，その他のドロドロについては，「その点は関係ない」という立場をとるのである。そういった意味で，法律は冷たく，ドライである。様々な差異を無視して，ある型に当てはめてしまうという点で暴力的ですらある。

事実の切り取りの難しさ

複雑な事実の一部を切り取られて判断されることは，当事者にとってはしばしば耐えられない。以下はある弁護士の文章である。

「証人尋問において，われわれが，たとえば『あなたはそのとき金を貸してくれと言ったんですか』と質問しますと，その人が，『はい，言いました』とか『いいえ，言いません』といった結論を先に出すことは，案外少ないのです。たとえば証人が，その時は金を借りに行って，貸してくれと言おうと思ったんだが，その場の雰囲気ではどうも切り出せず，におわせて帰ってきたというような場合は，結論が出しにくいからです。……

ですから，金を貸してくれと言ったか，言わなかったかを答える前に，実はその日は何年ぶりにその友人に会ったものですから，世間話が出て，つい一杯ご馳走になり，というようなことを話してしまいがちです。そうすると弁護士はイライラしてきて，『ちょっと待ちなさい，私が聞いているのは金を貸してくれと言ったか，言わなかったかということであり，それに対してイエスかノーで答えなさい』と口をはさみ，『いえ，ですからね』とえんえんと続き，なかなか結論が出にくいわけです。」（竜崎喜助『裁判と義理人情』（筑摩書房））

これが高じると，次のような怒りになる。

「次に出てきたのは，若くて強圧的な裁判官。まず人の話をロクに聞かない。事情を説明しようとすると『聞かれたことにだけ答えて』とすぐに制止。……

話をちゃんと聞いた上で『それは通りません』と言うなら，私は何もこんなに怒りはしない。」

「もう一度，事実関係をハッキリさせたいから，調べてもらいたいから，金も時間もかかるのを承知で，控訴した。なのに，『アッ，それはけっこう。一審で分っているから』，『時間がないからその辺で』，『それは分からなくてもいい』。

毎回のように裁判長にそう言われる。これでは，何のために裁判をやっているのか分らない。」（丹下キヨ子「裁判官にケンカを売る」『文藝春秋』1982年9月号）

しかし，このことの民主主義的な価値にも，あわせて注意しておいてほしい。裁判官がドロドロした背景をすべて汲み上げ，すべての事情を踏まえて，それぞれに応じた判断を下す，ということになっていたとすると，あらかじめルールを作っておくことはできない。それぞれの事情は，それぞれの事件に特殊なものだからである。したがって，裁判官の正義感覚を全面的に信頼するということになる。「それでいいじゃないか」という考え方もありうるが，一般には，裁判官の判断も民主的にコントロールする必要がある，と考えられている。つまり，あらかじめ抽象的な法を定めておいて，裁判官にはそういった法への当てはめだけを依頼するのである。

◆法の解釈——その1

法律の条文の抽象性というところから出てくる，もう1つの重要な点は，抽象的であるゆえに，解釈の余地が存在することである。

様々な具体的な契約を，そのままのかたちで扱うときには，当てはめの問題は生じない。ところが，一定の契約に「売買」とか「賃貸借」とかの名前を付け，それぞれで適用されるルールが異なっているとなると，ある契約がその類型に該当するかどうかが問題になってくる。

民法は，社会に実際に存在する様々な契約のうち一定のものに，「売買契約」という抽象的な名前を付けた。そして，555条で，「売買は，当事者の一方がある財産権を相手方に移転することを約し，相手方がこれに対してその代金を支払うことを約することによって，その効力を生ずる。」と規定した。そして，社会に実際に存在する契約のうち，上記の「売買契約」の定義に当てはまるものが，『民法第3編債権，第2章契約，第3節売買』，つまり民法555条以下の適用対象となるのである。同様に，ある契約が，「当事者の一方がある物の使用及び収益を相手方にさせること及び引渡しを受けた物を契約が終了したときに返還することを約し，相手方がこれに対してその賃料を支払うことを約する」ものであれば，601条にいう「賃貸借」の定義に合致し，同条以下が適用されることになる。

ところが，これがそう簡単に決まらない場合がある。ファイナンス・リース契約とよばれるものについて，このことを考えてみよう。

ファイナンス・リース契約とは，リース会社が所有権を有する物件をユー

ザーが使用し，ユーザーは月々リース料を支払う，という契約である。リース期間が満了すると，ユーザーはその物件をリース会社に返還することになる。このように見ると，これはまさに「当事者の一方がある物の使用及び収益を相手方にさせることを約し，相手方がこれに対してその賃料を支払うこと及び引渡しを受けた物を契約が終了したときに返還することを約する」ものであり，明らかに賃貸借契約であるようにも思われる。ところが，そうは簡単にいえない事情がある。

法的三段論法と法的思考

　裁判官の判断は，事実をルールに当てはめて結論を出すというかたちで行われる。「Aという事実があればXという法的な効果が生じる」という法的ルールがあるとき，「しかるに本件にはAという事実がある」「したがってXという法的な効果が生じる」というわけであり，判決もこの流れで書かれる。これを法的三段論法という。もっとも，法的な思考に特殊なものではなく，「味が薄いときは醤油を足せばよい」「しかるに現在，味が薄い」「したがって醤油を足せばよい」というのと同じである。

　ところが，実際に法的な判断を下すときには，このような順序で法律家の思考が進むとはかぎらない。たとえば裁判官がAという事実の存否を確かめようとするのは，「Aという事実があればXという法的な効果が生じる」という法的ルールが，その事件に適用されそうだという予想があるからである。もし，「Bという事実があればYという法的な効果が生じる」という法的ルールが適用されそうな事件であれば，裁判官はAという事実の存否を確かめようとはしない（「それはわからなくてもいい」）。Bという事実の存否だけが裁判官の関心となる。つまり，適用される法的ルールを念頭に置いて，事実の存否確認が行われるということである。また，最初はAという事実の存否が問題だと思っていたら，だんだんと別の法的ルールの適用可能性を考えるようになり，Bという事実の存否に関心が移ることもある。

　「借家人を追い出したい」「メーカーから損害賠償をとりたい」というときは，そういった効果の生じる法的ルールを探し出し（それは1つとはかぎらない），そのルールの適用要件となる事実を探すことになるし，事実を明らかにしながら，その事実から求めている効果の導けそうな法的ルールを探すこともある。弁護士の思考はその典型だが，裁判官だって，「常識的にYという効果を生じさせるべきだろう」と考えて，そこから思考を進めることもある。

　実際の法的思考は，このように，「法的ルール・事実・法的効果」の三つどもえの思考であり，その中で行ったり来たりする。判決文に現れる法的三段論法は，それを整理した結果なのである。

まず，普通の賃貸借契約では，たとえば，ある人が前々から所有している家屋について，その家屋を他人に貸そうと決めて，広告を出し，それに応じて賃借人が現れる，という流れが通常である。ところが，ファイナンス・リース契約ではそうではない。まず，ユーザーが使用したい物件を選択するが，それを自分で購入するよりもリースを受ける方法を選びたいと考えたとき，その申し出に応じてリース会社がメーカーからその物件を購入し，ユーザーに貸し出す，という流れになるのである。

ユーザーがなぜ購入ではなくリースを選んだか，については様々な事情がありうるが，たとえば購入代金を1回で支払うのが難しい，という事情の場合を考えてみよう。このときのリース会社の役割を実質的に見れば，一度に金銭が用意できないユーザーに代わってお金を立て替えるということである。リース会社はその物件を購入しても自分で使うことはない。リース期間満了後，物件の返還を受けるではないか，と思うかもしれないが，そもそもリース期間はその物件の経済的寿命にほぼ等しく設定されているのであり，結局，経済的な寿命がある間はずっとユーザーがその物件を使用するのである。また，ユーザーがリース会社にリース料を支払うといっても，この場合のリース料は物件の購入代金に金利・諸経費を加えた額を基準に決められている。つまり，リース会社は，リース料の支払いを受けるというかたちで，自分の立て替えた購入代金，および，それに対する利息を回収できるようになっているのである。さらに付け加えれば，ユーザーがリース期間中にリースを中途終了させるときには，いまだリース会社が回収しきれていない購入代金（＋金利・諸経費）を支払わなければならないことになっている。

このように見てくると，ファイナンス・リース契約とは，実質的には，ある物件の使用ができるようにするために，リース会社がユーザーに金銭を貸し付ける取引なのであって，賃貸借契約ではない，ということにもなってくる。それでも，リース会社がその物件の所有権をもっており，ユーザーがリース料を月々支払っている，ということをとらえて，「賃貸借契約」である，とする立場もありうる。

実際に存在する契約には様々なタイプ・内容のものがある。それが，いったい，民法の定めるどの類型に合致するものか（あるいは，どれにも合致しないものか）を定めるにあたっては，人によって意見の違いが出てきうる。つま

り，解釈の余地が存在している。そして，これは，法律が抽象的な規定の仕方をしているというところから，必然的に生じてくることなのである。

◆法の解釈——その2

　抽象的であるゆえに，解釈の余地が存在する，という点では，もう1つ，指摘しておかなければならないことがある。

　たとえば，ある当事者間の契約が，「賃貸借契約」である，と性質決定されたとしよう。そうすると，その当事者間の契約に特別の取り決めをしていないかぎり（このことの意味は後で述べる。→121〜122頁），民法606条1項が適用され，「賃借人の責めに帰すべき事由によってその修繕が必要になったとき」を除き，「賃貸人は，賃貸物の使用及び収益に必要な修繕をする義務を負う。」ことになる。

　この条文では「必要な修繕」とされている。法律の定め方としては，これで仕方がない。世の中には，様々な種類の物件について，様々な目的でされる賃貸借契約がある。これらすべてについて，どんな修繕がされるべきか，を具体的に定めておくことはできない。しかし，そうなると，具体的な契約において，どの範囲の修繕が「必要な修繕」にあたるのか，という問題が生じてくる。「インターフォンにちょっと雑音が入るようになったくらいで，いちいち修理する義務はない，聞こえなくなったのならばともかく」と大家さんとしてはいいたいだろうし，借りているほうからすれば，ちゃんとしたインターフォンでなければイヤだ，ということになる。「必要な修繕」に該当するか否かについて，解釈が分かれうるのである。

　同じように，民法には，「相当な」とか「遅滞なく」とか，多様な事態に対応できるようにするため，文言そのものが解釈の余地を残しているものがたくさんある。

　また，一見，解釈の余地がなさそうな言葉でできあがっている条文でも，実際に適用しようとすると，ある言葉の意味の確定が困難だとわかるときもある。民法にもたくさんあるが，ここでは自動車損害賠償保障法3条というのを例にしてみよう。「自己のために自動車を運行の用に供する者は，その運行によって他人の生命又は身体を害したときは，これによって生じた損害を賠償する責に任ずる。」というものであり，問題となったのは，ここにいう「他人」

に，夫が運転する自動車に同乗していた妻が含まれるか，ということである。実は，「他人」とされれば自賠責保険金が支払われるが，「他人」とされなければ支払いを受けられない，という事情があった。

　試みに『広辞苑』を開けて，「他人」という言葉を調べてみると，「①血すじのつながらない人。親族でない人。②自分以外の人。③その事に関係のない人。当事者でない人。」と書いてある。それぞれで「他人」の範囲は異なる。「親族でない人」というのならば，妻は「他人」ではないし，「自分以外の人」「血すじのつながらない人」というのならば，妻は「他人」である。言葉の問題だけでは解決できない。

　一見，意味が明らかなように見える言葉でも，「他人」という言葉の抽象性が解釈の余地を生み出すのである。

◆真実と裁判上の事実

　もう1つ，民法を具体的に学ぶ前に知っておかなければならないことがある。それは，民法の適用の前提となる「裁判上の事実」とは，必ずしも「真実」とはかぎらない，ということである。「それじゃあ嘘をもとに裁判するの？」と思われるかもしれないが，次のような例を考えればわかると思う。

　AとBとが，真実としては，ある契約を締結したとする。ところが，Bがその契約を守らないので，Aが裁判所に訴えた。このとき，AとBとの間に，これこれこういった内容の契約があった，ということを，Aが裁判所に証拠を提出して証明しなければならない。Aに**証明責任**が負わされるのである。「真実はこうなんだ」といくら叫んでみても，証拠に基づいて裁判所を説得することができなければ，「裁判上の事実」としては，契約はなかったものとして扱われる。

　当然のことのようだが，大企業が関係してくる場合など，しばしばこのことが忘れられているように見える。たとえば，ある地域の住民が大気汚染で苦しんでいるとする。「どうも，あの工場から出ている煤煙に原因があるようだ」といって，その企業に損害賠償を求めていく。このとき，住民は，自分たちの健康被害が，その工場の煤煙によって引き起こされたことを証拠に基づいて証明していかなければならない。証明できなければ，損害賠償はとれない。

　こういったときは，ついつい，「工場の煤煙で生じたことが明らかなのに，企業が責任を認めないのはおかしい」「工場の煤煙で生じたのでないならば，

企業はそれを証明すべきだ。企業が自らが原因でないことを証明できなければ，責任を負うべきだ」などと思ってしまいがちである。しかし，自分をその企業の立場において考えてみると，証明すべきなのはあくまで住民側であることがよくわかるはずである。みなさんが，ある地域の住民たちから，「おまえの家でゴミを燃やすのが，われわれの健康被害の原因である」といわれたらどうするか。みなさんは，「そんなはずはない。どうしてもそうだというのなら，証拠を見せろ。証拠もないのに，言いがかりをつけられてはかなわない」というだろう。これと同じことが，地域住民と大企業のときにも当てはまっているにすぎないのである。

　後で説明するように，大気汚染の事例などにおける証明責任については，地域住民の負担を軽くするための様々な試みがされている。しかし，原則が何であるかはちゃんと理解しておいてほしい。

4　民法の適用・運用

◆裁判制度

　それでは，実際の社会において，民法はどのようなかたちで適用されているのだろうか。

Column 6

法文の解釈方法 ─

　穂積重遠『法学通論』（日本評論社，1941年）は，次のような例をあげる。
「中学時代の事だが，学校の玄関に『靴草履ノ外昇ルベカラズ』と書いた木札が掛かって居た。すると茶目な一生徒が其制札の下に漫画を描いて貼り付けた。それは靴と草履とが制服制帽で大威張で玄関を上って行くのを人間の生徒が指をくはへて見て居る図で，それが又顔るうまく出来て居たので，大笑ひ且大問題になった。成程文字だけを読むとさういふことになる」。
　この規則を「ある人が靴か草履以外のものを履いている場合は，その人は昇ってはいけない」という趣旨に解することは，たんに日本語文法の力だけではだめである。
「其箇条と他の箇条との関係，其箇条のこれを含む法令中に於ける位置，其法令と他の法令との関係，其法令の国法全体中に於ける位置，立法の目的，社会生活上の必要等，諸方面から観察し，あらゆる論理的方法を用いて思索することによって，初めて法文の真意義を確立し得る」。具体的な方法は，だんだんと理解していくほかない。

民法の適用といって，みなさんが最初に考えるのは，裁判所での適用であろう。ここでも裁判所での適用から考えていきたいが，それを知るためには現在の裁判所制度・裁判制度について，いくつか知識を得なければならない。ちょっと細かくなるし（それでも以下はおおざっぱな説明である），難しいところもあるかもしれないが，ここで全部を覚えなくてよい。裁判所の判決を読んでいてわからないことがあるときに，立ち戻って知識を確かめてもらえればよい（図1-1）。

　さて，「裁判所」と一口にいっても，**最高裁判所**（東京都千代田区），**高等裁判所**（東京，大阪，名古屋，広島，福岡，仙台，札幌，高松の8か所。そのほか，支部が6か所。さらに，東京高等裁判所の特別な支部として，知的財産高等裁判所がある），**地方裁判所**（各都府県に1つずつ，北海道に4つ。計50か所。支部をあわせると253か所），**家庭裁判所**（各地方裁判所ごと。出張所をあわせると330か所），**簡易裁判所**（438か所）の5つの種類がある。

　第一審裁判所，つまり，訴えが最初に提起される裁判所は，原則として地方裁判所である。ただし，原告（訴えを起こす側）の求める経済的利益を金銭に見積もった額（これを訴額という）が140万円以下の事件は，簡易裁判所で扱われる。事件が軽微なことを考慮して，簡易な手続で迅速な紛争解決が行われるようにしているのである。また，家族や相続など家庭に関する家事事件は，家庭裁判所が調停を試みたり，審判を行ったりする。家庭裁判所の手続については，第11章で説明する（589〜593頁）。

　地方裁判所や簡易裁判所の**判決**には，いくつかの種類がある。まず，事件が裁判に適さないと判断されたときには，訴えは門前払いされる（**却下**）。たとえば，私が，大学生を相手取って，「もっと勉強しろ」と請求する訴えを起こしても，訴えは却下になる。裁判に適するとされたときの判決は，原告の請求を認めるか（**請求認容**），それを認めないか（**請求棄却**）になる。請求が一部認められることもある（**一部認容**）。

　第一審の判決が出されても，その判決に不満な当事者は上級の裁判所に不服を申し立てることができる。これを**控訴**という。地方裁判所で第一審判決が下されたときは高等裁判所が第二審の裁判所（控訴裁判所）となり，簡易裁判所での第一審判決については地方裁判所が控訴裁判所となる。控訴裁判所は，控訴の要件が欠けているときには却下，第一審判決の結論を正当と認めるときに

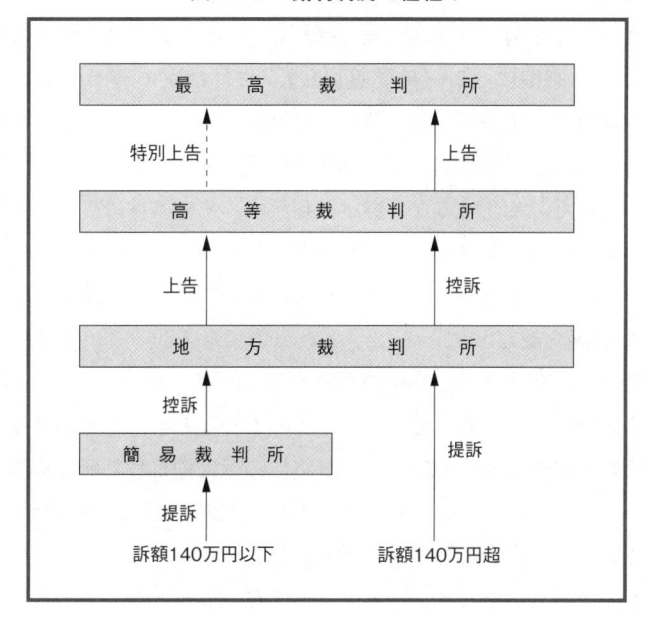

図1-1　裁判制度の仕組み

は棄却の判決を下し（**控訴棄却**），第一審判決を不当と認めるときには，第一審判決を取り消して，原則として自ら裁判を行う（**取消自判**）。

　控訴審判決に満足できない者は，さらなる上級裁判所に不服を申し立てることができる。控訴裁判所が高等裁判所のときは最高裁判所に，地方裁判所のときは高等裁判所に対してである。これを**上告**という。

　ただし，ここで注意しなければならないのは，控訴審判決に不満があるからといって，どんな場合でも上告できるわけではないことである。まず，もはや事実認定は争えない。いろんな証拠を出して，どんな事実があったのかを主張していくのは，控訴審までにかぎられる。上告審は法律問題だけを扱う法律審なのである（これに対して，控訴審までを事実審ということもある）。また，法律問題だからといって，それを理由とすれば必ず上告できるわけではない。高等裁判所に対する上告は，「判決に影響を及ぼすことが明らかな法令の違反があること」も理由になるが，最高裁に対する上告は，憲法違反を理由とするなど，より限定された理由でするもののほかは認められない。

　上告審の判決も，却下，棄却，および**破棄**（もとの判決を取り消すことを，

ここでは取消しといわないで破棄という）に分かれるが，こんどは，上告裁判所が，みずからで裁判をやり直すのではなく，もとの裁判所に裁判のやり直しを命じることが原則になる（**破棄差戻し**）。これは次の理由による。たとえば，控訴裁判所が，民法××条を適用して事件を判断したとする。そして，控訴裁判所は，A，B，Cの3つの事実があれば民法××条の適用があると判断して，裁判を行った。そうすると，控訴裁判所は，その事件にまつわる様々な事実関係のうちで，A，B，Cの3つの事実だけを切り取って判断をしているのであり，ほかの事実の存否については判断を下していない。法律の適用に必要なかぎりで事実を認定しているにすぎないのである（→16〜18頁）。ところが，上告審は，民法××条の適用のためには，A，B，C，Dの4つの事実が存在している必要があると考えたとする。このようなとき，上告審はみずからで判決を下すことができない。Dという事実の存否は控訴裁判所で判断されていないから，さらに調べることが必要となるが，上告審は，法律に関する問題だけ扱うのであって，事実に関することは扱わないから，みずからで事実を認定することができない。そこで，Dという事実があるかどうかを調べて，裁判をやり直すことを，もとの裁判所に命じるわけである。

差戻しを受けた裁判所は，上告裁判所が破棄の理由とした判断に拘束されて，裁判を行う（差戻審）。上記の事例で，差戻しを受けた裁判所が，「やはり民法××条の適用のためには，A，B，Cの3つの事実があればよい」といって，みずからの見解を改めなければ，事件はいつまでも解決しなくなってしまうからである。この差戻審の判決に対しても，再度，上告は可能である。

かなり細かくなってしまったが，慎重な解決の要請と迅速な解決の要請とのバランスがとれるように制度が作られていることがわかるだろう。「慎重にすべきだ」というのならば，いつまででも裁判ができるようにすればよい。少なくとも，どんな事件に関しても三審制度のもと，3回は裁判が受けられるようにすればよい。しかし，それでは紛争は長引くばかりである。また，裁判所の負担も過重になって，かえって慎重な裁判ができなくなってしまう。そこで，上告を制限したり，上告審のできることを制限したりしているのである。

◆裁判所における民法の運用

以上のような裁判手続において，民法はどのようにして適用されるのだろう

か。まず，判決や決定は，法律上の根拠をきちんと示して行わなければならないから，その法律の1つとして，民法が適用されるのは当たり前である。しかし，民法の運用という観点でみるとき，裁判にはそれ以外にも重要な意味がある。

　その第1は，抽象的な民法の条文が実際の事件に当てはめられることによって，その具体的な意味内容がだんだんと定まってくることである。民法の条文には解釈の余地がある。もちろん，学者なども，どういった解釈が妥当かを主張することになるが，裁判例によって示された解釈は，その解釈に基づいて具体的な紛争が裁かれるという意味で，きわめて強い力を有する。とりわけ最高裁判所によって示された解釈は，最高裁判所自身を含め，その後，裁判所が解釈を下すときに**判例**として尊重される（以下，本書では最高裁の判決・決定だけを判例とよび，高等裁判所や地方裁判所，家庭裁判所の裁判例を，判決例・審判例・決定例とよぶ）。そうなると，最高裁判所で示された法解釈は，裁判の世界においては，民法の条文そのものと同じくらいの価値があるものとなるのである。

　1つ例を示そう。

　民法416条は，次のような条文である。

　①債務の不履行に対する損害賠償の請求は，これによって通常生ずべき損害の賠償をさせることをその目的とする。

　②特別の事情によって生じた損害であっても，当事者がその事情を予見すべきであったときは，債権者は，その賠償を請求することができる。

　すなわち，契約当事者の一方の契約違反によって他方が被った損害のうち賠償の対象となるのは，そのような契約違反によって通常生じる損害だけであるが，特別な事情で生じた損害であっても，そういった損害が生じることを当事者が予見（予測）すべきであったときには，賠償の対象となる，というわけである。

　しかし，この条文からは，たとえば次のことははっきりしない。「当事者が予見すべきであったとき」というけれども，具体的には誰が予見すべきであったときなのか。契約違反をした者なのか，された者なのか，両者なのか。また，予見すべきであったか否かは，どの時点を基準にして判断するのか。契約をしたときなのか，契約違反をしたときなのか。いずれも第2項の問題であ

る。

　戦前の最高裁判所である大審院は，大正7年8月27日に次のような判決を下した（民録24輯 1658頁）。まず，この条文にいう「当事者」とは債務者，つまり契約違反をした側のことである。次に，予見の判断の基準時は，債務の履行期までであって，債務者は契約時にはその発生が予見できなかった損害であっても，履行期までに予見できるようになった損害については賠償しなければならない。

　そして，それ以降は，下級裁判所も，また戦後の最高裁判所も，この大正7年の判決に従って民法416条を運用している。

　実は，この条文は，2017年に改正された。それまでは，「予見し，又は予見することができた」となっていたところを，「予見すべきであった」と改正したのである 改正点 。予見の主体が誰か，予見の判断時期をいつにするか，について判例法理を明文化することも検討されたが，それは見送られた。しかし，このことは判例法理が否定されたことを意味するわけではない。判例変更が行われるまでは，やはり，予見の主体は債務者であり，予見の判断時期は履行期までということで適用されていくことになる。

　もちろん，判例であっても変更されることがある。学説も判例を批判することがある。しかし，さしあたって，裁判で適用される民法416条2項は，あたかも次のような条文になったわけである。

　②特別の事情によって生じた損害であっても，当事者〔のうち債務者〕がその事情を〔契約履行期までに〕予見すべきであったときは，債権者は，その賠償を請求することができる。

　立法に劣らぬ，判例の重要性がわかるであろう。

　第2は，裁判手続が，すべて判決や決定によって終了するわけではないことに関係している。訴訟の途中で訴えが取り下げられたり，訴訟の中で和解ができて，それによって手続が終了することも多いのである（年度によって異なるが，約半数）。訴訟の中での和解成立の場合はもちろん，裁判手続外で話し合いがついたことによって訴えを取り下げた場合には，原告と被告との間で何らかの合意に達したということである。

　どんな合意をしようと自由である。法律に従う必要はない。しかし，実際の合意にあたって重要な意味をもつのは，裁判になるとどういった判決・決定が

出るのか，ということである。訴訟の外で当事者が話し合うときでも，「このまま裁判を続けると，こういった結論になる。そこで，その結論から原告が少し譲歩したかたちで和解をすることによって，われわれの費用と時間を節約しようじゃないか」となる。また，訴訟の中における和解では，裁判官が積極的な役割を果たすことも多いが，このときも「判決や決定を下すならこうなる。だから……」というかたちで内容が決められることが多い。そして，もちろん，判決や決定は法律に基づいて行われるのだから，一見，当事者が自由に決める合意にも，法律は間接的にしろ大きな役割を果たしているのである。

◆裁判外での民法の運用

さきほど，裁判が提起された後にされる和解においても，民法が基準として活用されると述べた。このことは，裁判が提起される前にされる紛争解決においても当てはまる。「仮に裁判になれば，こうなるだろう」という基準が，話し合いにおいて重要な意味をもってくる。将来の取引関係の継続を重んじて，別なふうに合意するということはいくらでもあるが，そのときでも「民法を適用するとこうなるはずである」ということはスタート・ラインになりうる。

年に何万件も発生する交通事故において，そこで発生した損害の賠償について紛争が生じて裁判にまで至るのは，ごくわずかである。多くは，保険会社が重要な役割を果たす示談によって解決されるが，このとき示談の基準となるのは，民法などに基づいて裁判された結果である判例・判決例である。まさに，「仮に裁判になれば，こうなるだろう」というのを基準に算定された保険金額が支払われる。

そのほか，現実の社会では裁判所以外の様々な機関が紛争解決を行っている。交通事故について，公益財団法人のかたちで設立されている交通事故紛争処理センター，消費者問題について，各地方自治体による消費生活センター，消費者苦情処理委員会，まだまだ例をあげることができる。行政窓口や弁護士に交渉・仲介を頼むときもある。

もちろん，これらの機関における紛争解決では，必ず民法・その他の法律を適用した結果と同一の結果がもたらされているわけではない。逆に，必ず裁判と同じ結論をもたらそうとすると，このような機関による紛争解決手続がもつ柔軟性がそこなわれてしまい，杓子定規なものとなってしまう。しかし，双

方納得ずくの譲歩を求めるとしても，基準としての民法は，その出発点として大きな意義をもつのである。

　そして，紛争が発生した後の解決において民法その他の法律が重要な意義を有するのであれば，何かの合意をするときや，さらには何かの行動を起こすときに民法その他の法律を考慮しておくことが，将来の紛争を未然に防ぎ，あるいは，紛争が生じたときに有利な立場につくのに大切だということになる。企業取引などでは，とりわけこの観点が重要になる。身の回りにある様々な契約書，その各条項がいったいどのような目的で規定されているのか，さらには相手方から求められた書面がどのような意義を有しているのか。これらは，しばしば民法その他の法律と密接に関連している。どこかのクレジットカードに加入するときの詳細な契約書，電化製品の箱の中に入っていた保証書。本書を最後まで読んだ後で，ぜひ手近の契約書を見てみるとよい。「これにはこんな意味があったのか」ということが，しみじみとわかるに違いない。

　これらも民法が運用されている1つのかたちである。

Ⅱ 民法の歴史と基本原理

1 ローマは三たび世界を征服した

◆民法の発生

　ローマに行ったことがない人でも，コロッセウムの写真を見たことはあるだろう。これを見れば，かつてここに偉大な文化が栄えていたことがわかる。また，ヨーロッパを旅すれば，ローマ市以外にも，様々なところにローマ時代の遺跡があることに気づくだろう。──ローマが遺したのは建造物だけではない。その高度に発達した法は，現在でも多くの国の民法の基盤を形成しているのである。

　紀元前1000年頃，イタリア半島を南下してきた民族は，前600年頃に王政のローマ市を建設する。その後，前509年には王を追放して，共和政が樹立される。前272年にはイタリア半島を統一し，さらに領土を拡大して，地中海をすべて取り囲む大国となっていった。

　ローマにおける法の歴史も，領土拡大の歴史に対応している。都市国家としてのローマが，まだ部族社会にすぎなかったときは，法もあまり発達していなかった。ところが，ローマの支配権が拡大し，商取引活動もさかんになってくると，裁判制度が発達し，また，そこで適用される法も発達してきた。国家もこれにあまり強い規制を加えなかったし，ローマの裁判において重要な役割を担った法学者たちも，抽象的な理論を述べるのではなく，「善良の風俗」「信義誠実」「衡平」といった指導原理のもとに，実際的な法を作っていくことに貢献した。また，ギリシャ哲学の影響を受けて，「人の法」「物の法」「訴訟の法」といった区分や，「有体物」「無体物」といった法的な分類概念を用いた，法技術的にきわめて高度な私法が形成されていったのである。

　たとえば，ポンポニウスという当時，著名な法学者の次の言葉を見てみよう。

　　だれも他人の損害において，かつ，不法に利得することはない，という原

則は，自然に従い，公平である。（『学説集成』50・17・206）

現在の日本民法703条とさほどの違いがないことを確認してほしい。

このようにして形成されてきた法を集大成したのが，ユスティニアヌス帝（在位527〜565年）のもとで編纂された『ローマ法大全』である。もっとも，その最重要部分であるとされる『学説集成』は，著名な法学者の見解を抜粋して，文字どおり並べたものであって，体系的な整理がされたものではなかった。個別的なルールの寄せ集めのようなものだったのである。

◆ ドイツにおけるローマ法の継受

ローマ法は，広くローマの支配領土において適用された。しかし，ローマが広大な領地を支配したからといって，それは全ヨーロッパを覆い尽くしていたわけではない。現在のフランスで見れば，南半分，つまり地中海に近いほうはローマの支配下にありローマ法が適用されたが，北半分では独自の慣習法が発達していったのである。もっとも，北部の慣習法地帯にも，だんだんとローマ法の影響が及んでくる。たとえば，その地にもともとあったゲルマニア慣習法では，契約法や債権債務の法がきわめて不備であったため，徐々にローマ法に基づく処理が行われるようになった。また，現在のドイツにあたる部分には，ローマの支配は及ばず，ゲルマニア種族の慣習法が，そこにおける法であった。もっとも，ここでも各種族法に対して一定程度ローマ法の影響があったようである。

このような状態は，395年にローマ帝国が東西に分割され，さらに476年に西ローマ帝国が滅亡して，ローマがたんに現在のイスタンブール（トルコの都市）を中心とする国になってしまっても，同様であった。ローマの支配を脱しても，ローマ法は生き残ったのである。

生き残っただけではない。

ローマは三たび世界に掟を命じ，三たび諸民族を統一態に結合した。一度目は，ローマ民族がなおその活力の充実した状態にあったとき，国家の統一に結合し，二度目は，ローマ民族がすでに没落してしまったのちに，教会の統一に結合し，三度目には，ローマ法の継受の結果として，中世において，法の統一に結合した。（イェーリング（原田慶吉訳）『ローマ法の精神・第1巻』（有斐閣））

一時期は衰退していたローマ法研究は，12世紀頃からイタリアで復活する。ドイツ帝国（神聖ローマ帝国）皇帝が皇帝の権利を強化するための理論的基盤として，この研究成果を取り入れようとしたが，これは失敗した。そして，ドイツ帝国内には数多くの領邦・自治都市が形成され，ほぼ分裂状態に陥った。しかし，こういった領邦や自治都市は，みずからの支配を確立するために専門的な法技術の駆使が必要となり，このためにイタリアの大学でローマ法を学んだ者たちを多く登用したのである。さらに，ゲルマン種族の慣習法（ゲルマン法）が，もはや時代の要求に合致しないものになっていたという事情もあった。イタリアで研究された結果のローマ法は，その法概念や思考形式が豊かであり，それらの助けを借りれば，様々な問題を法的に把握し，解明し，しかも理解しやすい論証の対象とできたのである。

　このようにしてローマ法が流入してくる傾向は，1495年に，帝室裁判所の裁判官の半数がローマ法を学んだ法曹でなければならない，とされたことによって決定的に促進された。そして，この裁判所は，各領邦や都市の法が欠けているときには，ローマ法を共通法として適用すべきものとされた。

　ただし，ローマ法は，必ずしもそのままのかたちで適用されたわけではなかった。当時の領邦や都市の現実に適応するように修正されたのである。そして，こういったローマ法の現代的修正は，16世紀の終わりから学者の手によって大幅に推進された。すでに述べたように，ローマ法に整理を施した『ローマ法大全』ですら，著名な法学者の見解を抜粋して，文字どおり並べたものであって，体系的な整理がされたものではなかった。これを体系化し，場当たり的なルールを実用的な一般的な法原則に作り直し，当時の社会の現状にあわせて使用できるように法秩序を再建することが行われたのである。これを「パンデクテンの現代的慣用」という。すでに述べたように，『ローマ法大全』において最も重要な地位を占めるのは『学説集成』であるが，そのギリシア語名をパンデクタイというのである。

　ローマ法はドイツに受け継がれ，新たな生命を吹き込まれたのである。

◆フランス革命とドイツの統一

　以上のようにはっきりとしたかたちでローマ法を継受したドイツと異なり，フランスでは各地の慣習法がますますの発展を遂げていった。もちろん，すで

に述べたように，こういった各地の慣習法の発展に対して，ローマ法は一定の影響を及ぼした。たとえば，契約法は，全国的にほぼ一律の内容をもっていたが，その理由は，教会法（カトリック教会の全構成員を対象とする信仰・倫理・規律に関する法）の原理とともに，ローマ法によって規律されていたことにあった。もっとも，土地法などは，封建制度のもと，かなり複雑なものであった。

1789年，フランス革命が勃発。法はすべての市民が理解しうるものとして，明確な用語による成文のものでなければならない，という思想のもと，フランス全土の統一的な民法典を作る作業が開始する。そして，1804年3月，フランス民法典が完成する。ここに，近代的な意味における民法典が出現したのである。

この民法典成立に深く関わったナポレオンは，次のようにいう。

　　余の真の栄誉は，40度の戦いに勝利を得たことではない。ワーテルロー（1815年にナポレオンが戦いに敗れた地）はそれだけの戦勝の思い出を消してしまった。消えないもの，永久に生きるものは，余の民法典である。
（宮崎孝治郎『ナポレオンとフランス民法』（岩波書店）（一部改変））

一方，ナポレオンによってドイツ帝国としての一応のまとまりを崩壊させられたドイツは，ナポレオンの敗北後，1815年にドイツ連邦として再発足したが，実際には多くの領邦・都市に分裂したままであった。最終的にドイツの統一が完成したのは1871年のことであり，また，1874年からドイツ全土の統一的な民法典の準備が始まる。そして，1896年にドイツ民法典は完成し，1900年から施行されることになったのである。

このドイツ民法典は，すでに述べたパンデクテンの現代的慣用をめざす法学者の見解に大きな影響を受けており，したがってローマ法を受け継ぐものである。また，フランス民法典は当時のフランス各地の慣習法をもとにしたものであるが，すでに述べたように，その慣習法にもローマ法の影響があった。これらの民法典にはローマ法との強いつながりを見ることができる。そして，これらの民法典は，他のヨーロッパ諸国，またアジアや南米の諸国，さらにはかつての植民地支配を通じてアフリカ諸国の民法典のもととされたのである。

◆守護神としてのドーバー海峡

　さて，いままでローマ法から始まってフランス・ドイツの話をしてきた。しかし，ヨーロッパにはもう1つの大国がある。イギリスである。また，ヨーロッパ以外に目を向けると，アメリカ合衆国も忘れることはできない。これらの国の民法はどうなっているのだろうか。

　イギリスから見よう。もっとも，イギリスといっても，北部のスコットランドと南部のイングランドとは大きく異なる。以下の話はイングランドに関してである。

　5世紀までのローマの支配，1066年のノルマン人による征服にもかかわらず，イングランドの法はローマ法やノルマン慣習法の決定的な影響を受けることなく，独自の発展を遂げた。その特徴は，様々な裁判所によって判決のかたちで積み重ねられていくことによって法が発展してきた，というところにある。最初は，各地域の自治組織による裁判所や領主の裁判所が，それぞれの法を適用していたが，だんだんと国王の力が強くなることによって，国王の裁判所の適用する法がイングランド王国内で共通に行われる法であるということになってきた。これを「共通の法」という意味で，「コモン・ロー」とよぶ。それとともに，このコモン・ローを補完するものとして，大法官とよばれる職にある者の裁判権が認められるようになる。これによって，「エクイティ」とよばれる法領域が形成されてくる。

　それでは，裁判所は何にも拘束されないで自由に裁判をしたのか，というと，そうではない。先例が尊重されたのである。このように先例を尊重することによって，イングランド法は，判決の積み重ねにより徐々に形成されてきた。まとまったかたちで外国の法を受け入れることもなく，また，フランスやドイツのように法典のかたちに法がまとめられることもなかったのである。

　このようなイングランド法の基本的性格は，現在に至るまで維持されている。もちろん，現在では多くの制定法がある。しかし，それらは，わが国でいえば，民法に対する特別法のようなものであり，基本的な部分に関しては，現在でも制定法は存在しないのである。そこで，イングランドのような法制度を判例法主義といって，わが国や，フランス・ドイツのような国の制度を制定法主義ということがある。

　アメリカ合衆国は，イングランドからの移住者によって建国されたものであ

り，基本的にはイングランド法を受け継いでいる。カナダ，オーストラリア，ニュージーランドなどもそうである。これらの国は，イングランド法をもとにした法を適用しているので，イングランドを含め，「英米法諸国」あるいは「英米法圏に属する国」という。これに対して，フランスやドイツは，「大陸法諸国」あるいは「大陸法圏に属する国」といわれる。

　これ以外にも，イスラム法圏，社会主義法圏（あるいは中国法などは，会社法や取引法については，脱社会主義途上法圏というべきかもしれない）など，世界の様々な法は，いくつかのグループに分けることができる。このうち，日本法は，大陸法圏に属する。どうしてそうなったのか。次に，日本法，日本民法典の歴史を振り返ってみることにしよう。

2　南蛮渡来の民法典

◆不平等条約の締結

　江戸時代，さらにそれ以前にも，私法は存在した。しかし，法といえば刑罰に関するものが中心であり，裁判といえば刑事裁判があくまで中心であった。取引や親族・相続に関する法は，武家と庶民とでは異なり，また各藩・各地域で様々だったのである。とはいっても，それらの藩法・地域慣習法もだんだん

Column 7

「法」のイメージ

　現在でも「法」や「裁判」に対して，犯罪者を罰するものというイメージをもっている人は多い。

　「ある時筆者は，最高裁判所の前で立ちどまり建物を見上げている母子連れに出逢った。ちょうどその時，子供が母親に，『ここは何をするところ？』と訊いた。筆者は若い母親の答え方に関心をもってさりげなく歩をゆるめたが，その母親が『悪いことをした人が罰を受けるところよ』と答えるのを聞いて，残念でならなかった」（倉沢康一郎『プレップ法と法学』（弘文堂））

　しかし，これはわが国特有の現象ではない。イギリスの本から引用しよう。

　「通常の人が『法』について考えるときには，警察のことを思い浮かべることが多い。暗黒街の日常用語では，警察そのものが法であるかのように語られる。『法がやってきたぜ（Here comes the law.)』とは，『警察がやってきた』という意味なのである。」（P.S.Atiyah, Law & Modern Society（2nd ed. OUP））

と発達してきており，また，取引に関する法律については大阪法が全国の基準となってくるなど，ある程度の共通性も見せ始めていた。

1853年，アメリカ東インド艦隊司令長官ペリーが軍艦4隻を率いて浦賀に現れ，幕府に開国を迫った。いわゆる黒船襲来である。翌年，幕府はペリーと日米和親条約を締結し，さらに1858年，日米通商条約を締結した。同様の条約は，オランダ，ロシア，イギリス，フランスとも結ばれた。

これらの条約のことを，しばしば「不平等条約」とよぶことは，中学校や高校の歴史の時間にも習う。具体的に不平等であった点はいくつかあるが，ここで重要なのは領事裁判権の承認である。つまり，外国人が刑事事件において被告人となるときはもちろん，民事事件において被告となるときも，その外国人が属する国の領事が，その裁判を行った。「治外法権」という言葉を聞いたことがあるだろう。これは，「治めているところの外において法律を行使する権利」という意味であり，日本と通商関係にある外国は，治めているところの外，すなわち日本においても法律を行使する権利を有したのである。

1867年，幕府は朝廷に政権を返上（大政奉還），明治政府は早くから不平等条約の改正の必要性を認識し，各国と交渉に入った。しかし，各国は，日本に西欧式の法典，裁判制度がなく，このままでは安心して自国民に関する裁判をゆだねられない，として，改正に応じようとしなかった（もちろん，理由はほかにもいろいろある）。そこで，明治政府は，西欧式の法典と裁判制度を緊急に整備する必要に迫られたのである。

民法に関していうと，明治2年（1869年）の段階から，江藤新平の指示のもと，箕作麟祥がフランスの法典（ナポレオン法典）の翻訳を始めた。江藤は，箕作に翻訳させたフランス法をそのままわが国の法律として公布しようと思っていたようである（「フランス民法と書いてあるのを日本民法と書き直せばよい。そうして直ちにこれを頒布しよう」）。翻訳といっても，当時は辞書もない。箕作の苦労はたいへんなものであっただろう。「権利」「義務」という，いまでは一般的な言葉ですら，箕作が，それぞれ droit, obligation という言葉の翻訳として，はじめて採用したものなのである（中国で訳されていた国際法の本から。もっとも，「権利」という言葉を用いたのは，西周だともいわれる）。そのように苦労に満ちた箕作の翻訳を，江藤はさらに急がせた。「誤訳も亦妨ず，唯速訳せよ」というのだから，かなり乱暴である。

しかし，これらの翻訳的な民法典は結局，施行されないで終わった。その間，明治7年（1874年），江藤が佐賀の乱で処刑された。そして，明治13年（1880年）になって，いわゆる「お雇い外国人」であるギュスタヴ・エミール・ボアソナードの手によって民法のうち財産法の部分の起草が始まった。ボアソナードはパリ大学法学部の助教授であったが，明治6年（1873年）にわが国に招かれ，日本人に法学教育を施すとともに，各種の立法事業を行っていたのである。

ボアソナードはフランス人である。したがって，その起草する民法財産法は，必然的にフランス民法に近いものであった。もっとも，ボアソナードは，フランス以外の各国の民法を参照し，さらにフランスの判例・学説，独自の見解をまじえて，民法を起草したのであった。親族，相続に関する部分は，わが国の風俗習慣に密接に関係するから，との理由で，日本人の委員によって起草されることになったが，この部分にもボアソナードの影響は大きかった。

このボアソナード草案は，明治23年（1890年）に公布され，明治26年（1893年）からの施行が決まった。これを旧民法典という。

◆民法出デゝ忠孝亡ブ

ところが，ボアソナード草案を民法典として施行することに対して，明治22年（1889年）頃から反対運動が始まった。帝国大学法科大学（いまの東京大学法学部），東京法学院（いまの中央大学）が反対派，和仏法律学校（いまの法政大学），明治法律学校（いまの明治大学）が賛成派であった。反対派の理由を一言でいえば，ボアソナードの起草した民法典はフランスの風習を前提とするもので，わが国固有の慣習に反する，ということである。帝国大学法科大学教授・穂積八束が反対論を展開した論文の題名，「民法出デゝ忠孝亡ブ」がそれを明確に示している。ここで「民法」とはフランス的な個人主義的な社会構成原理を，「忠孝」とは家族国家的な原理を表現している。そして，明治25年（1892年），ボアソナードの起草した民法典は，修正のために施行延期と決定されたのである。

翌明治26年（1893年），政府は法典調査会を発足させ，穂積陳重（八束の兄），富井政章，梅謙次郎（3人とも帝国大学法科大学教授）にボアソナード草案の修正を命じた。3人の委員は精力的に起草を進め，法典調査会や帝

国議会での審議を経て，明治29年（1896年）に財産法部分が公布され，親族，相続の部分も明治31年（1898年）に公布された。そして，同年7月16日，民法典全体が施行された。これが現在の民法典である。

◆比較法の所産

　このように現在の民法典は，ボアソナードの起草した旧民法典に必要な修正を加えたものであり，その意味では，フランス的な色彩を残している部分も多い。しかし，同時に，明治26年が西暦でいうと1893年であることに注意したい。すでに述べたように，ドイツでは1874年からドイツ全土の統一的な民法典の準備が始まり，1887年には第一草案が公にされていた。また，1892年から95年にかけては，第二草案も公表された。日本の現行民法典を起草するときには，これらも参照することができた。さらには，穂積らの起草者は，オーストリア，スイス，イギリスなど多くの国の法律を参照した。

　このような歴史的経緯によってできあがった日本の現行民法典は，いろいろな国の要素が混在している。編の構成は，旧民法典がフランス式（すでに述べた『ローマ法大全』の一部である『法学提要』のラテン語名から，インスティテュティオネス式という）であったのに対し，現行民法典は，「総則」「物権」「債権」「親族」「相続」というドイツ式（同じく，『ローマ法大全』の一部である『学説集成』のギリシャ語名から，パンデクテン式ともいう）の構成をとっている。条文のもとをたどっていくと，フランス法やドイツ法ばかりでなく，イタリア法，スペイン法，イギリス法などに行き当たる。そして，すでに述べたようにフランス法やドイツ法は，それ自体，各地の慣習とローマ法とが融合してできたものである。

　日本民法典は，ある法学者の言葉を借りれば，「比較法の所産」といえる。外国から受け継がれたものなのである。この点は，これから勉強を進める際にいちおう心にとめておく必要がある。

　もっとも，わが国の慣習にもかなりの考慮が払われた。大々的な慣習調査も行われた。しかし，まだ必ずしも十分ではなかったようである。そして，この点が後に問題を引き起こすのである（→474〜475頁）。

◆戦後の改正

このようにしてできあがった民法典は，その後，いくつかの改正を受けた。そのうち，最も重要な意味を有するのが，第二次世界大戦後の家族法の大改正である。

戦前の民法では，結婚した女性が一定の契約の締結等をするにあたっては，夫の同意が必要であることが定められていた。たとえば，14条は次のような条文であった。

① 妻が左に掲げたる行為を為すには夫の許可を受くることを要す。

　1　第12条第1項第1号乃至第6号に掲げたる行為を為すこと

　2　贈与若くは遺贈を受諾し又は之を拒絶すること

　3　身体に羈絆を受くべき契約を為すこと

② 前項の規定に反する行為は之を取消すことを得。

12条1項1号以下というのは，現在の民法では13条1項1号以下にあたり，被保佐人（精神上の障害によって判断能力が著しく不十分である者で，保佐開始の審判を受けた者）が保佐人の同意を得なければならないとされている行為を列挙するものである。妻は，被保佐人と同様の契約締結能力しかもたないとされたのである。

妻でない，成年女性には，完全な契約締結能力が認められたのであるから，これは「およそ女性は判断能力に劣る」という考え方に基づくものではない。しかし，「家には二人の主人がいてはならず，妻を夫の権力に従わせるために契約ができないようにした」（梅謙次郎）ものなのである。

このような条文が，性別による差別を許さない戦後の憲法のもとで許されるわけがない。1947年に削除された。

性別による差別は，この条文にとどまらなかった。さらには，男であっても，長男と二男以下とでは大きな差があった。戦前の970条を見てみよう。

① 被相続人の家族たる直系卑属は左の規定に従ひ家督相続人と為る。

　1　（略）

　2　親等の同じき者の間に在りては男を先にす

　3，4　（略）

　5　前4号に掲げたる事項に付き相同じき者の間に在りては年長者を先にす

この条文に出てくる家督相続（かとくそうぞく）という言葉の意味は，第11章で説明することになるが（594〜595頁），ここでは，この条文が性別による差別を行い，また同性間でも長男と二男以下との差別を行うものであることがわかればよい。そして，これらの差別，さらに，その基盤となっている「家制度」（→593〜597頁）は，家族生活における個人の尊厳と両性の本質的平等を定める憲法24条に違反するものであった。そこで，戦後，「家制度」は廃止され，それにともない『民法第4編親族，第5編相続』の全面的な改正が行われた。

◆特別法の制定，その後の改正，今後の改正

それ以外にも，民法398条の後に，398条の2から398条の22という21条の条文が入っている。これは1971年の改正によるものである。くわしくは後に扱うが，根抵当権（ねていとうけん）という特殊な抵当権について解釈をはっきりさせるために規定されたものである。また，1999年には，判断能力が不十分な者を保護する制度として置かれていた禁治産者・準禁治産者という制度を，成年被後見人，被保佐人，被補助人というかたちに作り直した。

2003年には，抵当制度に関して大規模な改正が行われたし，2004年には，保証人の保護のために新条文が置かれた。

そして，同時に，2004年に，民法全体にわたる大改正が行われ，すべての条文が現代語化されるに至った。もっとも，基本的に条文内容は変更していない。一部，確立した判例・通説を明文化したところもあるが，全体としては忠実な現代語化になっている。しかし，やはりその意義は大きい。これまで，カタカナと漢字まじりで，「為（な）スコトヲ得（う）」（ふりがなはもちろん筆者による）となっていたところが，「することができる」と変わり，「生徒及ヒ習業者ノ教育，衣食及ヒ止宿ノ代料ニ関スル校主，塾主，教師及ヒ師匠ノ債権」（173条3号）という文が，「学芸又は技能の教育を行う者が生徒の教育，衣食又は寄宿の代価について有する債権」と変わることによって，通常の人にとっての民法に対する心理的バリアはかなり小さくなったであろう。わかりやすい，親しみやすい民法になったわけである。

その後も，民法33条以下の法人制度について大きな改正があり，一般法人及び一般財団法人に関する法律に多くの条文が吸収されたため，現在では，民法38条から84条までは規定がない状態となっている。

さらに，民法典の改正というかたちではなく，特別法を制定するというかたちで民法を現実に適応させた場合は多い。

　特別法は，民法の制定時にも，民法で予定している制度について細かい規定を置くために多く制定された。「戸籍法」「不動産登記法」「供託法」などがそれである。そして，経済社会の発展に応じて，その後も多くの特別法がだんだんと制定された。担保の手段を拡大するための「工場抵当法」「自動車抵当法」など，マンションのような新しい住宅のあり方に対応するための「建物の区分所有等に関する法律」，経済的弱者を保護するための「借地借家法」「消費者契約法」「特定商取引に関する法律」などがそれである。

　具体的には後に説明するが，現実の法律問題を考えるにあたっては，このような特別法にも注意しなければならない。

◆債権関係法の改正

　最近の改正の1つは，契約法を中心とする債権関係法に関するものである。2017年5月末に成立し，2020年4月1日に施行されることになっている。

　ここまで見てきたように，民法は，制定以来，いろいろと改正され，特別法によって補充されてきた。しかし，『民法第4編親族，第5編相続』以外の部分については根本的な改正はされず，120年前に制定されたものを何とかやりくりして現代に対応してきた。「やりくり」というのは，具体的には，裁判所の判例を通じて，不明確な条文の解釈を明らかにしたり，条文にないルールを導入したりしたことである。これは，それなりにうまく行っていた。しかし，その結果として生じてきたのは，条文を読んだだけでは，裁判になったときに適用されるルールはわからない，という事態である。また，民法の規定には，経済社会の進展によって，いかにも古くなってしまったものもある。たとえば，場所の離れた人に対して意思表示をするときに，民法は，郵便で書面を送り，また，その郵便も延着・不着が少なからず生じるものであるという前提からルールを定めている。しかし，通信方法は大きく変化し，それに対応した新しいルールが必要となる。

　そこで，法務大臣は，2009年に，法制審議会に対して，契約に関するルールの改正を検討するよう諮問した。このときの諮問理由は，「民事基本法典である民法のうち債権関係の規定について，同法制定以来の社会・経済の変化へ

の対応を図り，国民一般に分かりやすいものとする等の観点から，国民の日常生活や経済活動にかかわりの深い契約に関する規定を中心に見直しを行う理由がある」ものである。

　改正の具体的内容は，本書の各所で説明する（ 改正点 というマークで示した）が，全体としてはルールを変えるというものではなく，存在しているルールを明確にするというものである。しばしば，「根本的な改正がされた」などと評されるが，大げさである。

　それに続いて，2018年には，相続法の改正，および，成年年齢を18歳に引き下げるという改正も行われた（→73頁）。これらについても 改正点 というマークを付けて説明している。なお，債権関係の改正法は2020年4月から，相続法の改正は多くの部分が2019年7月に，配偶者の居住の権利の部分（→728〜729頁）が少し遅れて2020年4月から，また，成年年齢の改正は2022年4月から，それぞれ施行される。

　さらに，戸籍制度（→597〜600頁），および，特別養子（→684〜685頁）についても，改正のための検討が行われている。

　現代社会に合わせた修正は，今後も続けられるのである。

3　民法の性格

◆民法の想定する「人」

　イントロの最後として，民法の性格一般について一言しておこう。

　すでに述べたように，わが国の民法は，フランスとドイツの民法を中心とし，さらに様々な国の民法の影響を受けている。

　フランス革命は，力を強めてきた市民階級，それも財産のある市民階級（ブルジョアジー）が，自らの利益を増進するために，封建制度を打破し，自らの利益を最大限実現するような社会構造を打ち立てるためのものであった。ここには，「すべての人の人権の尊重」といったきれいごとではすまない，自己利益の追求という側面がある。フランス民法典は，このような革命の結果として生まれてきたものであり，したがって，このような革命の性格に，その内容が影響されている。すなわち，財産のある市民階級の利益の確保である。具体的には何か。自分たちの生活を支える商取引（封建制度における領主は，商取引

で生計を立てていたわけではない）を活発にできるように，最大限の契約の自由と取引の自由，さらにはその基礎となる所有権の無制限絶対性を確立することである。

ドイツ統一も，ライン川流域において進展した産業革命の結果，市民階級の発言力が強まったことを背景としている。ここでも，所有権に基礎を置く経済的自由の確保が，やはり重要であった。

これらを受け継いだ日本の民法典も，また同様の特徴を有している。それは，「利害追求と打算に終始する商人を念頭に置いて作り上げられたもの」（ラードブルフ）なのである。

このことの積極的な価値は，いくら強調しても強調しきれない。封建制のもとで，自由な活動を妨げられていた人々が，やっと自由を獲得したのである。契約は個々人が自分の判断で行うことができる。また，土地に様々なしがらみがあったり，年貢を取り立てられることもない。自由に行動できるのである。しかし，それは同時に，自らの利害得失を自らで判断できない人や，判断できても経済力の弱さのために交渉が不可能な人には不利に働くものでもあった。民法は，自分の利益は自分で判断でき，自分の利益を守るために積極的に行動する人を念頭に置いて作られたのである。

いくつかの特別法が，このような弱者を救うために制定された。裁判所の判決や学者の解釈論も，弱者救済をある程度実現した。ただ，民法典自体の本質的にもっている性格はぬぐえない。マルクス主義に立つ法学者が，近代法をブルジョアの法として批判したり，フェミニズムに基礎を置く法学者が，近代法が男性中心的な性格を有するとして批判したりするのには，一定の理由がある。

また，そのような思想に立たなくても，人々の多様性を尊重し，それぞれに応じたルールが必要であることが認識され，民法の一般性を過度に強調することの弊害が認識されるようになっている。すでに述べた2017年改正の過程でも，「消費者」，「事業者」といった概念を導入することが検討された。結局は実現されなかったが，すべての「人」に同じルールを適用すべしという理念が再検討の対象となっていることは，これから民法を学んでいく際に，ちょっと頭の片隅に置いておくとよいだろう。

◆国内法としての民法

　民法のもう1つの特徴として，それが国内法である，ということがある。つまり，日本国籍を有する者と日本国籍を有する者とが，日本国内で契約をしたり，結婚したりすることを前提として作られている。

　ところが，国際化の進展によって，たとえばアメリカの企業と日本の企業とが，ブラジルの農産物についての売買契約を締結することもあれば，日本人女性とスペイン人男性とが，留学先のイギリスで知り合って結婚することもある。こういったときには，どこの国の法律が適用されるのか，が問題になる。

　これを定める法律のことを，国際私法という。わが国では，**法の適用に関する通則法**という法律にそれが規定されている。たとえば，同法7条・8条は次のように定める。

（当事者による準拠法の選択）

第7条　法律行為の成立及び効力は，当事者が当該法律行為の当時に選択した地の法による。

（当事者による準拠法の選択がない場合）

第8条　前条の規定による選択がないときは，法律行為の成立及び効力は，当該法律行為の当時において当該法律行為に最も密接な関係がある地の法による。

　　　2　前項の場合において，法律行為において特徴的な給付を当事者の一方のみが行うものであるときは，その給付を行う当事者の常居所地法（その当事者が当該法律行為に関係する事業所を有する場合にあっては当該事業所の所在地の法，その当事者が当該法律行為に関係する2以上の事業所で法を異にする地に所在するものを有する場合にあってはその主たる事業所の所在地の法）を当該法律行為に最も密接な関係がある地の法と推定する。

　　　3　第1項の場合において，不動産を目的物とする法律行為については，前項の規定にかかわらず，その不動産の所在地法を当該法律行為に最も密接な関係がある地の法と推定する。

　「法律行為」とは，たとえば契約がこれにあたる。つまり，上に掲げた条文は，ある契約が成立したかどうか，その効力はどうか，といった問題は，当事者がどこの法によって決めるか，ということを定めていれば，その定められた

法により，定めていないときには，その法律行為に最も密接な関係のある地の法により決められる，ということを規定しているのである。

また，25条は次のようなものである。

　　婚姻の効力は，夫婦の本国法が同一であるときはその法により，その法がない場合において夫婦の常居所地法が同一であるときはその法により，

　　そのいずれの法もないときは夫婦に最も密接な関係がある地の法による。

多少ごちゃごちゃしているが，だいたいの意味はわかるであろう。

ところが，このように各国がその国独自の国際私法のルールによって適用する法律を決めていると，面倒である。たとえば，スイスと日本との国際私法のルールが異なると，ある契約について紛争が起こったとき，スイスの裁判所に行けばＡという国の法律が適用されて売主が勝つけれども，日本の裁判所に行くとＢという国の法律が適用されて買主が勝つ，といった事態も生じる。なるべくならば，どこの国の裁判所に行っても同じ結論が出るほうがよい。また，他方で，国際的な取引には国際取引に適した法的ルールがあるはずであって，どこかの国の法律（それは，その国の国内取引を念頭に置いて作られている）を適用すればよいというわけではない，という主張も出てくる。

そこで，現在では，国際的な要素のある民事問題について，国際私法のルールを条約によって統一したり，さらには統一法となる条約を作ることも行われている。前者の例として「遺言の方式に関する法律の抵触に関する条約」，後者の例として「国際物品売買契約に関する国際連合条約」をあげることができる。国際化の進展にともなって，これらの条約の重要性は増していくし，また，これらの条約の内容がわが国の法律改正や裁判例に影響を及ぼしていくこともありうる。

「国際物品売買契約に関する国際連合条約」は，わが国も批准し，2008年に国内法化された。一定の国際売買に適用される日本法となったのである。民法も，国際化の前に無関係ではいられないことがわかる。

◆民法改正への国際化の影響

すでに行われた，あるいは，今後行われるかもしれない民法改正にも，国際的な動向が影響を及ぼす。まさに，世界は，民法改正の新しい波の中にある。

まず，1992年にはオランダで，1994年にはケベック州（カナダ）で新民法

典が成立した。重要なのは、両者とも、自国（自州）の独自性と国際（州際）的な関係の重視というバランスの中の立法であったことである。オランダは、ローマ法を基礎としながら独自性のある法文化を形成していたが、ヨーロッパ統合の動きの中で、自国の存在意義を示しつつ、各国の法制度を比較検討した上で、ヨーロッパの新しい標準となるような立法を目指した。ケベック州は、英米法系にあるカナダの中で珍しくフランス法系の法を採用しており、そこに独自性があるとともに、カナダの他州、隣国のアメリカ合衆国の法との関係も重要になる。そこで、伝統と州際・国際関係からの要求との調和が求められ、改正へとつながった。

2000年には、ドイツが、「債務法現代化法」を制定し、債権法部分の改正を行い、フランスでは、2006年に担保法の改正が行われ、さらに、2016年には債権法の改正も行われた。

ドイツやフランスの民法改正の背景にも、ヨーロッパ統合があるとともに、自国の法文化をヨーロッパの標準にしたいという希望もある。そして、そのためには、独自性だけを強調していてはダメなのであり、各国法が十分に参考にされることになる。

アジア諸国も同様である。中国では、改革開放路線のもと、経済関係の法制度が急ピッチで整備されており、1999年に契約法、2007年に物権法、2009年に不法行為法、2017年に民法総則が制定された。韓国でも、民法の大幅な改正が行われつつある。

さらには、すでに取り上げた「国際物品売買契約に関する国際連合条約」や、「ユニドロア国際商事契約原則」は、国際的な取引の進展にともなって、各国法の違いによるバリアーを除去すべく、世界標準を目指した法内容を示そうとしている。

これらの動向・内容が、日本にも大きな影響を及ぼしているのである。

第 2 章
原則としての
契約自由

　「人は自分で思っているほど，自分の心の動きをわかってはいない」。見たり，考えたり，選んだり，好き嫌いをいったりするとき，人はしばしば，そうした知覚や行動の本当の理由に気づかないのです。また自分で意識化し，ことばにできる心のはたらき（メンタル・プロセス）よりもむしろ，自分でも気づかない無意識的な心のはたらきに強く依存しています。現代の心理学と関連諸学の歩みを五十年，百年のスケールでおおづかみに理解しようとするとき，浮かび上がってくるのはこのような「セントラル・ドグマ（中心教義）」です。

　　　　　　　　──下条信輔『サブリミナル・マインド──
　　　　　　　　潜在的人間観のゆくえ』（中公新書）

Ⅰ　民法の世界への登場資格

1　権利能力の平等

◆権利能力の概念

やっと日本民法の具体的な内容の解説に入ることができる。

まず，手元の六法で民法のところをあけてみよう。基本原則を定める1条と2条に続き，3条1項には，「私権の享有は，出生に始まる。」と書いてある。何気ない条文だが，けっこう重要な意義をもつものである。ほぼ同内容のドイツ民法1条について，エールリッヒという著名な学者は次のように述べている。

> この平凡な言葉をもって，この法典は，数千年にわたる，だがもちろんずっと以前に完了している発展の成果を要約したのである。実際，人間は誰でも権利能力があるということが確立してしまってからは，問題となりうるのはただ，いかなる時期から人間が権利能力をもつことになるのか，ということだけなのである。（川島武宜＝三藤正訳『権利能力論』（岩波書店））

このことから考えていこう。

たとえば，AがBに対して「1000万円を支払え」という権利をもっている，とする。このような事態は，契約によっても生じるし，交通事故のような不法行為によっても生じる。Aは権利をもっており，Bは義務を負っているわけだが，このように権利をもったり，逆に義務を負ったりすることのできる資格のことを**権利能力**という。ちょっとフォーマルにいえば，**私法上の権利・義務の主体となることのできる資格**である。そして，AやBは，このような権利能力をもつから，1000万円支払えという権利をもち，1000万円支払うという義務を負うことができるのであり，Bが支払わないときには，Aは裁判所に，Bを訴えて，強制的に1000万円を支払わせることもできる。

当たり前だと思うかもしれないが，次の例を考えてみよう。Cの飼い猫タマ

が，食事用の皿をDの飼い犬ポチに奪われたとする。このとき，タマはポチに対して「自分の皿を返せ」という訴えを起こすことはできない。タマはその皿は自分のものだと思っているかもしれないし，Cもその皿はタマの皿だと思っているだろうけれども，タマは法的に皿を所有する資格を有しない。あくまで，その皿は飼い主Cのものである。また，ポチはその皿を自分の犬小屋に所持しているように見える。しかし，法的にはあくまで，その皿はDの家の庭にあるにすぎず，ポチが所持しているわけではない。したがって，その皿の返還請求はCからDに対してされるのであって，訴訟が起こるとすれば，Cが原告となってDが被告となるわけである。

　人間だけが，権利をもち，義務を負い，訴えを起こし，訴えを起こされるのであって，犬にはその資格，すなわち権利能力がない。犬は民法の世界では「物」にすぎないのであって，所有される物（客体）ではあっても，自ら所有する者（主体）とはなりえないのである（なお，動物保護の観点から，「動物は物ではない」という規定を民法典中に置く国も増えている（オーストリア，ドイツなど）。しかし，そうだからといって，動物が何かの所有者になるわけではない）。ここにおいて，人間とその他の動植物や無生物（本，机，パソコン……）とが区別されることになる。

　そして，歴史的に見れば，人間であれば誰にでも権利能力があったわけではない。奴隷が家畜と同じように権利能力を否定されていた時代もけっこう長

Column 8

動植物も裁判を起こせる？

　中世ヨーロッパでは，人間を殺傷するなどした豚・牛・馬・犬などを被告にした裁判がさかんに行われていた。場合によっては，植物や無生物（鐘が市中引き回しの刑を受けたりした）も処罰された。

　18世紀になり，このような動物裁判は消滅していったが，最近になって，こんどは逆に「動植物や自然物を原告とする裁判」が考えられるようになってきた。環境・生態系は動植物その他の自然物を含めた地球構成員みんなのものであり，したがって，これらの構成員も人間に対して環境・生態系の保全を要求できる，というわけである。

　わが国でも，1995年2月，鹿児島県の奄美大島で，ゴルフ場の開発許可の取消しを求める訴えの原告に，地元住民のほか，アマミノクロウサギなどの野生動物が入っていて注目をあびた。結局，訴状は却下されたが，「権利能力」の考え方が人間中心主義であることが批判されているわけである。環境倫理学と法学の接点として興味深い。

い。また，ローマ時代，家長（父と考えてよい）だけが権利能力をもち，家族構成員にはほとんど権利能力が認められていなかったこともある。身分制社会が崩壊し，すべての人が人として平等な権利能力を認められるようになったのは，近代になってからである。そして，その近代法の成果を述べるのが，3条であり，「私権の享有は，出生に始まる。」というのは，人間は誰でも生まれたら権利能力をもつ，権利をもち，義務を負う資格を与えられる，ということなのである。

◆胎児の権利能力

　さて，上記の条文からすれば，まだ生まれていない人は権利能力を有しないことになるはずである。しかし，これには例外がある。

　1つは，相続に関してである。相続に関しては，胎児はすでに生まれたものとみなされる（886条1項）。つまり，ある夫婦に子どもが1人いて，さらに妻が妊娠しているときに夫が死亡したら，夫の財産は妻に2分の1，すでに生まれている子に4分の1，将来生まれてくる子に4分の1と相続されるのであって，妻とすでに生まれている子だけに相続権があるわけではない（当然のことながら，胎児が死産となったときには，この規定は適用されない（同条2項））。なぜ相続が認められるか，という根拠については，「将来の扶養」

Column 9

「みなす」と「推定する」

　「みなす」というのは，本来は異なるものを，ある法律関係について，同一の法律的取り扱いをすることをいう。たとえば，「相続に関しては，胎児はすでに生まれたものとみなされる」ということは，胎児は本当は生まれていないのだが，相続という法律関係について，生まれた者と同一の法律的取り扱いをする，ということを意味する。この効果は，当事者が，いくら反対の事実（「生まれていなかったじゃないか！」）をあげてもくつがえされない。

　これに対して，「推定する」というのは，ある事実や法律関係が存在するか否かがはっきりしないとき，いちおう存否いずれかに定めることである。たとえば，民法762条2項は，「夫婦のいずれに属するか明らかでない財産は，その共有に属するものと推定する。」としている。このときは，夫または妻は，「これは自分固有の財産だ」と証明することによって推定をくつがえすことができる。しかし，反対の証明ができないかぎり，真実がどうであれ，共有とされるのである。

「被相続人（死亡者）の意思の推定」「血縁関係の存在」などが説かれるが（→699～701頁），そのいずれとの関係でも，胎児に相続権を認めるのが妥当だからであり，また，帝王切開，陣痛促進剤の投与などでコントロールしうる出生時期いかんで，法律関係を大きく変化させるのも，それ自体として妥当でなく，さらに，無理やりに出生させられ，胎児や母体に危険が及ぶおそれが生じうるからである。

　2つめは，遺贈に関してである（965条）。遺贈とは遺言による遺産の処分のことであり，たとえば，「遺産の10分の1を，長女が妊娠している子に与える」といった遺言がされたとき，遺言をした人がその子の出生前に死亡しても，その子は出生後に遺贈を受けることになる。この規定も死産のときには当然，適用されない。遺贈は相続人に対してされるとはかぎらないが，相続との類似性は否定できず，1つめの例外と均衡をとる必要があるからであろう。

　3つめは，不法行為を理由とする損害賠償請求権に関してである。民法721条は，「胎児は，損害賠償の請求権については，既に生まれたものとみなす。」としている。たとえば，胎児である間に有害な薬品を投与されたりしたため，出生後，障害が現れた，という場合であり，このときは，胎児そのものが直接の被害者になっているのだから，損害賠償請求ができるのは当然である（このような場合には，親も損害賠償請求権を取得することがある）。直接の被害者が自分以外の人，たとえば父親であるときに，子にも損害があるとしてその賠償請求が認められることもあるが，このことは後で述べる（→577頁 Column 51）。いずれにせよ，損害を被っているから，その賠償の請求ができる，ということである。

2　法人とは何か

◆法人という制度の意味

　以上のような説明だけすると，疑問をもつ人も多いだろう。民法の世界に登場し，契約を結んだり，不法行為をしたりするのは，何も生身の人間にはかぎられない。会社はどうなっているんだ，というわけである。

　たとえば，日本経済新聞出版社は，この本の出版1つをとっても様々な契約をし，権利義務の主体となっている。私と出版契約を締結し，この本が売れ

れば私に印税を支払う義務を負い，印刷会社と印刷の契約を締結し，印刷代を支払う義務を負うとともに，刷り上がったものの引渡しを請求する権利をもっている。「権利・義務の主体となることのできる資格」をもち，民法の世界に登場してきているのである。自然状態で人である生身の人間を**自然人**とよぶ。これに対し，会社などのようなかたちで権利能力を有するものを**法人**という。聞いたことがあるだろう。

それでは，法人は，どのような場合に，どのような目的のために認められるのであろうか。

たとえば，多数の人が集まって共同の事業を営んでいるとする。このようなとき，その事業体そのものに権利能力が認められないとすると，契約ひとつするにあたっても全員が名前を連ねて行わなければならないことになる。これは面倒である。そして，面倒なだけでなく，契約の両当事者の意識ともずれる。相手方はその事業体と取引をしているのであって，個々人と取引をしているつもりはないだろう。事業体を作っている個々人も，これは自分個人の取引だとは思っていない。そこで，このような事業体に権利能力を与え，取引の主体となれるようにすることが要請される。これが法人という制度である。しかし，いくつかのバックアップ措置が必要となる。

第1に，後にくわしく述べるように，契約をするときには，相手方に対して意思を表明する必要があるが（「この土地を1億円で購入したい」など），事業体においては，その意思はどのように決定されるか，どのようにして表明されるか，が問題になる。どのような手続で誰がいったことが，その事業体の意思とされるのか，がわからなければ，相手方だって困る。また，上記のような事業体は人間ではないから，当然には名前もないし，住所も当然には決まらない。この点がきちんと定まる制度を整えなければならない。

第2に，その事業体の財産をどのようにして個々人の財産と分離するか，が問題になる。事業体に参加しているAが，Bに対して個人的に多額の借金を作ってしまったとき，事業体の名前で所有されている土地を，その一部はAの所有であるはずだといって，Bが差し押さえることができるとすると困る。なぜ困るかというと，その事業体と取引をしている者は，自分の債権は事業体の財産から回収できると期待しているのに，事業体が行っている取引とは無関係のBが現れて財産をもっていってしまうことができるのであれば，安心して取

引ができないからである（株主の1人が自宅の住宅ローンの支払期限に遅れたからといって、会社の財産が差し押さえられたらたいへんである）。このような事態を回避する制度も必要となる。

そして、法人という制度の最大の意味は「第2」の点にあると考えられるのである。「一言でいえば、個人の財産とは別個独立の、団体のみに帰属し、団体に対する債権者が排他的に差し押さえうる財産を法律的に作り出すことが、法人の主たる意味である」（星野英一）というわけである。

◆民法の規律する法人

ところが、この「第2」の点は、悪用されれば困った事態を引き起こす。たとえば、自分の財産を法人に移転しておけば、自分が個人的にいくら借金を作っても、その貸主（債権者）はその財産を差し押さえることができない。そうすると、債権者から自分の財産を守るために、法人を悪用することだってありうるのである。

したがって、社会的実体として、人の団体があったりするだけでは、法人として認めるわけにはいかない。だからこそ、民法33条1項は「法人は、この法律その他の法律の規定によらなければ、成立しない。」としており、一定の制限をかけているのである。

「具体的にはどんな制限だろうか」と思って民法の条文を読み進めると、ここで不思議なことに出くわす。法人については37条までの5か条だけで、38条から84条までは空き番となっているのである。この理由は、法人全般の規律とその変遷を知らなければわからない。

実は、38条から84条までが空き番となったのは、2006年（実際に削除の効力が生じたのは2008年12月）のことである。それまでは、法人の設立・管理・解散などの規定が存在していた。ただし、民法で規律されていたのは、「学術、技芸、祭祀、宗教その他の公益に関する社団又は財団」であって、「営利を目的としないもの」であった。社団というのは人の団体のことで、財団というのは財産の集合のことである。後者はちょっとわかりにくいかもしれないが、ある富豪が自分の財産のうち100億円を美術の振興のために用いたいと考えたとき、この100億円をもとに財団を作り、その財団が美術館を作る、というわけである。

公益を目的とする社団や財団でも，特別法で規律されているものもある。宗教法人（宗教法人法），医療法人（医療法）などがそうである。しかし，いずれにせよ，関係官庁（主務官庁）の許可によって「法人」となることが認められる，という制度であった。学術振興目的の財団を法人として作ろうとするときは文部科学省，金融制度の調査をする目的の社団を法人として作ろうとするときは財務省の許可が必要だ，ということである。

　また，社会経済的に最も重要なのは，営利を目的とする社団，つまり会社であり，これは会社法が規律している。民法33条1項，つまり，「法人は，この法律その他の法律の規定によらなければ，成立しない。」という原則がここにも適用され，会社法の規定に従って，法人としての会社が成立するのである。

◆権利能力なき社団

　民法上の公益法人の設立については主務官庁の許可が必要とされていた。会社法の定める株式会社については，法の定めるところに従って定款（目的・組織・活動などを定めた規則）を作成し，発行する株式を引き受ける人を確定し，取締役などを選任したうえで，設立登記をすることによって設立が行われる（会社法25条以下）。先に述べたように，勝手に設立すればそれでその団体に権利能力が認められるわけではなく，制限がある。

　しかし，そうすると，実態としては団体が存在するが，法律の定めに従った手続をきちんととっていないため，権利能力が認められない団体が生じてくる。また，営利も目的としないが，公益を目的とするわけではない，といった団体は，特別法がないかぎり法人とはなれない。同窓会やクラブは，その例である。このような団体（社団または財団）につき，それが法律で定める「権利能力」取得の手続を経ていないというだけの理由で，その法律関係を完全に個々人ごとの問題と考えてしまうと，実態にそぐわないことになる。そこで，判例は，

①組織によって代表の方法，総会の運営，財産の管理その他団体としての主要な点が確定していること
②他の財産とは区別された形式と態様によって管理および処分が行われている財産が存在すること
③構成員の変更があっても，②が従前と変わりなく継続すること

といった要件を満たしているときには，その団体を**権利能力なき社団**とよび，実質的に権利能力を認める解決をとっている。権利能力が認められる団体のことを「権利能力なき社団」というのもおかしな話だが，「本来は権利能力のないはずの社団」という意味である。

とはいえ，権利能力なき社団には，公益のもの，営利のもの，様々なものが考えられ，上記の要件を満たし，「権利能力なき社団である」とされたからといって，すべての法律関係が自動的に定まるわけではない。法人に関する各法律の規定をどこまで類推適用できるかは，権利能力なき社団とされる団体ごとに考えていかねばならなくなっている。

◆ NPO 法・中間法人法の制定

しかしながら，権利能力なき社団として判例法理によって処遇するのも不明確な点があるし，不動産登記の名義人になれないなど，法人格を取得したときに比べると不便な点も多い。そこで，市民活動のバックアップのためもあって，これまで，せいぜい権利能力なき社団としてしか認められなかった団体について，法人格を付与するための法律がいくつか制定されるに至った。

まず，**町内会**について，1991年，地方自治法が改正され，一定の要件のもと，「町又は字の区域その他市町村内の一定の区域に住所を有する者の地縁に基づいて形成された団体（以下本条において「地縁による団体」という。）は，地域的な共同活動のための不動産又は不動産に関する権利等を保有するため市町村長の認可を受けたときは，その規約に定める目的の範囲内において，権利を有し，義務を負う。」（同法260条の2第1項）とされるに至った。

さらに，1998年，いわゆる **NPO 法**が制定された。正式には，**特定非営利活動促進法**というのだが，「特定非営利活動を行う団体に法人格を付与すること等により，ボランティア活動をはじめとする市民が行う自由な社会貢献活動としての特定非営利活動の健全な発展を促進し，もって公益の増進に寄与することを目的」とするものである。具体的には，「保健，医療又は福祉の増進を図る活動」「社会教育の推進を図る活動」「まちづくりの推進を図る活動」「文化，芸術又はスポーツの振興を図る活動」「環境の保全を図る活動」「災害救援活動」「地域安全活動」「人権の擁護又は平和の推進を図る活動」「国際協力の活動」「男女共同参画社会の形成の促進を図る活動」「子どもの健全育成を図る

活動」および，これらの「活動を行う団体の運営又は活動に関する連絡，助言又は援助の活動」を行う団体は，都道府県知事に設立認証を受けることによって，法人格を取得できることになった。現在では，その分野はさらに拡大している。

　続いて，2001年には，**中間法人法**が制定された。これにより，「社員に共通する利益を図ることを目的とし，かつ，剰余金を社員に分配することを目的としない社団」は，一定の要件（組織，定款，最低基金総額など）を満たせば，法人格を取得できるようになった。同窓会は公益を目的とするものではなく，たとえば，ある高校の同窓生というように，特定の人たちの懇親等を目的とするものである。しかし，その組織で儲けようとするわけではない。こういった団体も中間法人法によって法人格を取得できるようになったわけである。

◆公益法人改革：一般社団法人及び一般財団法人に関する法律の制定

　以上見てきたように，営利を目的としない社団や財団については，法人となるために許可が必要とされていることや，公益を目的とするものに限定されていることを緩和するため，権利能力なき社団に関する判例法理が展開し，また，いくつかの特別法が制定されてきた。しかし，そのために，制度の見通しが悪くなっていた。

　そして，ここに，いわゆる公益法人批判が重なる。たしかに，公益法人は，民間の非営利活動を担う主体として大きな役割を果たしてきた。しかし，他方で，その設立許可に主務官庁の意向が強く働き，営利法人類似の法人や一部の者の利益のための法人が数多く設立許可を受けるとともに，税制上の優遇措置を受けたそれらの法人が，行政の委託や補助金を多く受け，官僚の天下りの受け皿ともなっている，と批判されたのである。

　そこで，2006年に，**一般社団法人及び一般財団法人に関する法律**が制定されるに至った（2008年12月に全面施行。中間法人法は廃止された）。簡単に言えば，主務官庁の許可制だった公益法人制度を廃止し，定款を定め，理事を選任し，設立の登記をすれば，それだけで一般社団法人が設立される（同法10条以下）。また，一般財団法人については，定款の作成のほか，財産が拠出され，評議員などが選任され，設立登記がされれば，成立する（同法152条以下）。ただし，それだけでは，これまでの公益法人が享受していたような税制

の優遇措置などは受けられない。**公益社団法人及び公益財団法人の認定等に関する法律**の規定により，行政庁（内閣総理大臣または都道府県知事）から，不特定かつ多数の者の利益の増進に寄与することを目的とする事業を行うものとしての認定を受けなければならない。実際には，公益等認定委員会というものが設置され，そこでの審査となる。

　つまり，法人設立の入り口は広くして，ただ，**公益社団法人・公益財団法人**として認められようと思えば，認定を受けることが必要だという制度にしたのである。これにともなって，法人に関する民法の規定は大幅に削除され，一般社団法人及び一般財団法人に関する法律に吸収された。その結果，38条から84条までが空き番となったのである。

　もっとも，民法の規定は，法人一般に関することがらを規定し，法人の基礎的な法理を示す意味も持っていた。改正によって，そのような基本法はなくなり，法人の種類ごとの法律になってしまったわけだが，本当にそれでよいのかは若干問題である。今後は，様々な法律から帰納して法人の基礎理論を打ち立てることになるが，その努力を惜しんではならないだろう。

II　契約とはなんだろう

1　契約に囲まれた社会

◆身の回りの契約

　ここまで述べてきたような「権利能力をもつ主体」が，実際に権利をもち，義務を負うことになるきっかけには，いろいろなものがある。相続によって財産を取得することもあるし，交通事故にあって損害賠償請求権を取得することもある。逆に，交通事故を起こして損害賠償義務を負担することもある。

　このうち現代社会で最も重要なのは，契約によって権利を取得し，義務を負担することである。そこで，まず契約から始めよう。

　「契約」というと大げさに聞こえるかもしれないが，私たちの身の回りには，実に多くの契約がある。朝起きて，まず顔を洗う。蛇口から水を出すわけだが，私たちが地方自治体との間で水道供給契約を結んでいるから，そういったことが可能なのである。朝食で食べるものも，すべてスーパーなどから買ってきたもので，これらも私たちとスーパーとの間の売買契約によって取得されたのである。電車に乗る。これも JR などとの契約に基づいている。勤めている会社との間で雇用契約があるのは当然だし，昼食を食べに出ると，ソバ屋が私たちに対して「天ぷらソバ」を供給することを約束し，そのソバ屋の中で私たちがそれを食べることを認める，他方，私たちはソバ屋に900円支払うことを約束する，という契約を締結して，「天ぷらソバ」を食べているのである。私たちは契約に基づく権利・義務の網の目の中で生きているのである。

◆約束は守らなければならない

　身の回りにはたくさんの契約が存在することを聞かされて，びっくりする人がいるかもしれない。たしかに，「マンションを買う」といったりするときは，「契約する」ことが意識されている。これに対して，日々の生活では，いちいち契約があるなんて考えないのが普通だろう。しかし，次のことを考える

と，朝食のためのサンマを買うにあたっても，その前提に契約があることがわかる。

それは，魚屋さんがサンマを渡してくれなかったらどうするか，ということである。「別の魚屋で買う」といいたいところだろうが，お金をすでに支払っていたらどうするか。「代金は支払ったのだから，ちゃんとサンマを渡してほしい」と主張するだろう。トラブルが発生するまで意識していないが，そういった主張をする権利があると誰もが考えているはずである。これはどうしてなのか。魚屋さんは，私たちに「サンマ3匹を売る」という約束をしたのだから，その約束を守らなければならない，というわけだろう。電車に乗るために切符を買ったのに，「乗せてやらない」といわれたらどうするか，線路が不通になって運休になったらどうするか。この電車に乗れることになっている，言い換えれば，私たちを電車に乗せて，目的地まで運ぶことを約束しているのに，その約束を鉄道会社が守らないときには，私たちは文句をいうことになる。

そして，約束をしたのだから，それを守らなければならない，というレベルで物事を考えると，マンションを買うという場合でも同じことなのである。買主がお金を払うという約束をする，他方で，不動産会社がマンションを売る（引き渡す・所有権を移す）という約束をする，というわけである。サンマを買うのも，マンションを買うのも，電車に乗るのも，その前提として「約束」が存在している。こういった「約束」のことを，「契約」とよぶのである。

◆契約と約束の違い

「なぜ，わざわざ『契約』なんてたいそうな言葉を使うんだ。『約束』だというのならば『約束』ってよべばいいじゃないか」——こういう不満もあるだろう。しかし，すべての「約束」が「契約」であるとはいえない。「契約」とは「約束」のうちで特別な性質を有するものなのである。たとえば，「デートをする」という約束，あるいは，「お父さんは禁煙をする」という約束を考えてみよう。これらの約束に違反して，デートをすっぽかしたり，たばこを吸ったりしたとき，相手は約束した人に損害賠償を請求できるか，あるいは，禁煙を請求して裁判所の判決を求めることができるか，というと，そうはいかない。常識としてわかることである。

そうなると，一言で「約束」といっても，その中には，裁判所の手を借りて強制することができ，その違反に対して損害賠償を請求したりすることができるものと，そうでないものが存在することがわかる。そして，できるもの，少し難しくいえば，実行されないときには，法的な手段によって強制される義務を生み出す約束だけが契約とよばれ，民法の世界で問題になるのである。

2　契約の成立

◆合意＝申込みと承諾との一致

それでも，契約は約束の1つである，ということは覚えておいたほうがよい。このことから，どうすれば契約が成立するか，がわかるからである。

まず，約束はどうすれば成立するか，を考えてみよう。AとBとが，明日午後2時に，東京・大手町の日本経済新聞社本社前で会う，という約束をする。このときは，たとえば次のような会話がかわされるだろう。

A　「ねえ，待ち合わせ，どこにするの？」

B　「その前に日経新聞社に行くんだろ？　じゃあ，玄関前まで行くよ」

A　「わかった。じゃあ，2時に日経新聞社の前でね」

つまり，合意が成立しているわけである。

契約でも同じことであり，契約は合意によって成立する。

合意とは，国語辞典によれば，「たがいの考えや気持ちが一致すること」とされているが（『角川必携国語辞典』（角川書店）），これはちょっと不正確であるように思える。この例で，2人で話し合う前から，Aは「待ち合わせ場所は日経新聞社の前がよい」と思い，Bも同じ考えだったとする。このときでも，たがいの考えや気持ちは一致している。しかし，合意があったとはいわない。合意があったといえるのは，たがいにその意思を明らかにし，一致が

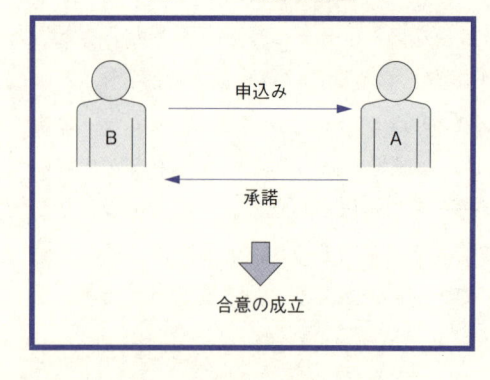

図2-1　合意の成立

申込み

承諾

合意の成立

B　A

確かめられたときである。

　そこで，民法は，合意を，おたがいの**意思表示の合致**ととらえ（実は，このこと自体を明確に定める条文はなかったが，2017年改正で522条１項に明示されるに至った　改正点 ），一方の意思表示のことを**申込み**，他方の意思表示のことを**承諾**とよんでいる。上記の会話でいうと，Ｂが「玄関前まで行くよ」といったことが申込みであり，Ａの「わかった」というのが承諾にあたる（図2-1）。

　もっとも，実際の様々な事例では，どの言葉（実は言葉ともかぎらない。身振りの場合だってあるし，記号記入の場合だってある）をもって「申込み」ととらえ，どの言葉をもって「承諾」ととらえるべきか，がはっきりしないことも多い。「申込みとは，契約を成立させることを目的とする確定的な意思表示であり，承諾とは，契約を成立させることを目的として，特定の申込みに対してされる意思表示である」といわれるが，結局，契約内容の重要な部分について合意が成立しているかどうかを判断して，契約の成否を決めることになる。

◆契約書の意義

　契約の成立に必要なのは原則として契約を成立させる目的をもった意思表示の合致であり，合意だけである（このことも「書かれざるルール」であったが，2017年改正で，522条２項として明記された　改正点 ）。これは日常の常識に反するかもしれない。口約束の段階では契約は成立せず，契約書に署名・捺印して初めて契約が成立すると思う人も多いだろう。しかし，このことは合意だけで契約が成立するということと矛盾はしない。つまり，「契約書の作成によって初めて契約が成立する」という意思を両当事者がもっているならば，それ以前には「契約を成立させる目的をもった意思表示の合致」が存在しないから，契約が成立しないのである。契約書は必須ではないが，契約を成立させるという意思は必要であり，その意思が，契約書を作成するという行為で表明されることも多いというわけである。

　重要なのは，「契約を成立させる目的をもった意思表示の合致」であって，書面の存否ではない。また，逆に，契約書があったからといって，「契約を成立させる目的をもった意思表示の合致」がなければ，契約の成立は認められない。

ただし，だからといって契約書が重要でないことにはならない。契約の成否をめぐって裁判になったときには，「契約が成立している」と主張する側が，契約を成立させようとする意思表示の合致があったことを証明していかなければならない（証明責任→22頁）。これは，契約書なしではなかなか困難である。また，契約を成立させるという両当事者の意思が書面によって表明されていない場合には，その契約の拘束力が法律上弱められている場合もある。贈与がそれであるが，後にくわしく述べる。さらには，宅地建物取引業者が行う不動産売買のように，契約書を顧客に交付する義務が法律で課されている場合もある（宅地建物取引業法37条）。素人である顧客が契約内容を理解しやすくするためであり，他にも類似の場合がある。これも後に述べる。ここでは原則を押さえておきたい。

◆発信主義と到達主義

契約は申込みと承諾によって成立する，といっても，実際の契約交渉・締結過程において，どの意思表示を申込みととらえ，どの意思表示を承諾ととらえるのかは，なかなか難しい。とはいっても，両当事者が，締結された契約の内容について，同じ理解をしていれば問題はない。いつかはよくわからないけれども契約が成立し，それが履行された，ということでかまわないのである。し

Case 1

門司簡裁昭和60・10・18判決（判タ576号93頁）

Ｙは，学習教室管理者を募集するＡの広告に応じて説明会に行き，ある契約書に署名して，印鑑を押した。Ｙは，これが学習教室の講師となる契約書だと思っていたが，実は教材を買い取り，その代金の立替払いをＸ信販会社に申し込む，という契約書だったのである。Ｘ信販会社は，この契約書に基づいて，Ｙに支払いを請求した。これに対して，Ｙは，契約は成立していないと主張した。

判決は，「Ｙが本件契約書に記名押印するとき，Ｙには，学習教室用教材を買取るなどという認識はなく，ましてや，その代金の立替払を信販会社に申込むという認識などはまったくなかった」のであり，契約は成立していない，とした。形式的には契約書があるわけだが，Ｙの意思に基づくものではないから，意思表示の合致はない。したがって，契約は成立しておらず，「Ｙが記名押印を騙し取られて，Ｙ名義の契約申込書を偽造されたというだけのこと」と判決は述べている。

かし，場合によっては，どの意思表示が申込みで，どの意思表示が承諾であり，それがいつ合致して契約が成立したのか，問題になることもある。

2017年改正前は，離れたところにいる者の間での契約は，承諾の通知を発した時点で成立する，とされていた。これは，通知を発信しても，それが届かなかったり，予定より大幅に遅れたりすることがあるという時代，言い換えれば，申込みや承諾は郵便によって行われ，かつ，郵便事情が悪い，という時代を前提にしていたものである。すなわち，承諾の通知は郵便等で行われるにしても，相手方に到達するには時間がかかる。このような時代においては，発信段階で契約が成立するとしておくほうが，商取引の迅速性を高めることができると考えられたのである。

ところが，郵便事情もよく，延着・不着の可能性が著しく低い社会においては，意思表示は相手方に到達してはじめて効力があるという原則（**到達主義**。意思表示一般については，それが原則である（97条））を修正する必要はない。そこで，2017年改正により，契約の成立時期を承諾発信時とする規定は削除されるに至った 改正点 。

◆書式の争い

また，書式の争いとよばれる問題も，注目を集めている。売買契約に即していえば，買主が売主に送った書式（たとえば注文書）における契約条件と，売主が買主に送った書式（たとえば注文請書）における契約条件とが異なる場合に，いったい契約は成立するのか，契約が成立するとすれば，どんな内容で成立するのか，ということである。

契約は合意によって成立するのであり，合意とは意思表示が合致することである。そうすると，上記の例のように買主のした意思表示の内容と売主のした意思表示の内容とが食い違うときには合意が存在せず，契約は成立していないと考えるのが，本来的には正当である。民法528条は，「承諾者が，申込みに条件を付し，その他変更を加えてこれを承諾したときは，その申込みの拒絶とともに新たな申込みをしたものとみなす。」としており，その趣旨を明らかにしている。

しかし，現実の取引においては，上記の例のような状態でも，両当事者とも契約が成立していると考えて，売主は品物を引き渡し，買主はそれを引き取る

ことがある。さらには，代金が支払われることもある。このようなとき，理論的な帰結どおりに「契約は成立していない」というのは，常識に反する。理論的にはともあれ，契約は成立していると見るべきであり，内容を当事者の公平にかなうように定めなければならない場合が存在するのである。

　この問題については，わが国では，必ずしも安定した見解があるわけではない。ここでは，国際物品売買契約に関する国際連合条約19条（→46頁）の規律を，参考としてあげておこう。

　①申込みに対する承諾を意図する応答であって，追加，制限その他の変更を含むものは，当該申込みの拒絶であるとともに，反対申込みとなる。

　②申込みに対する承諾を意図する応答は，追加的な又は異なる条件を含む場合であっても，当該条件が申込みの内容を実質的に変更しないときは，申込者が不当に遅滞することなくその相違について口頭で異議を述べ，又はその旨の通知を発した場合を除くほか，承諾となる。申込者がそのような異議を述べない場合には，契約の内容は，申込みの内容に承諾に含まれた変更を加えたものとする。

　③追加的な又は異なる条件であって，特に，代金，支払，物品の品質若しくは数量，引渡しの場所若しくは時期，当事者の一方の相手方に対する責任の限度又は紛争解決に関するものは，申込みの内容を実質的に変更するものとする。

　一読してわかるように，第1項は，民法528条と同じであるが，第2項，第3項で，書式の争いについての解決指針を示している。一言でいえば，「変更された承諾」であっても，変更が大したものでないときには申込者側が異議を述べないかぎり，変更された承諾の内容で契約が成立する，ということである。わが国の民法の解釈としても，採用されてくる可能性があろう。

Ⅲ　真意を確保するために

1　契約の拘束力

◆債権の相対性とレッセ・フェールの考え方

　合意によって契約が成立すると，その契約は拘束力をもつことになる。このことは当然のようにも思われるが，改めてなぜそうなのかを問われると，答えることはなかなか難しい。まず，問題を2つに分けることから始めよう。1つは，なぜ合意があればそれは当事者間で拘束力をもつのか，ということであり，もう1つは，なぜそのような合意の内容は原則的に自由なのか，ということである。

　先に，後者，すなわちどうして内容が自由なのか，という問題から考えよう。このためには，まず，「債権」とはどのようなものであったかを思い出すことが必要になる。

　先に債権とは，「ある特定の人に対してある特定のことの履行を求めうる権利」だといった（→12頁）。こういった権利を有する人のことを債権者という。逆に，義務を負う人のことを債務者といい，この義務のことは債務とよぶ。聞いたことがあるだろう。

　そして，契約によって両当事者間に作り出される関係は，このような債権―債務という関係である。つまり，契約によって，債権者は特定の債務者に対して特定のことの履行が請求できるようになるだけなのであり，他の人に対して何かを請求することはできない。これを債権の相対性といったりするが，何も難しい話ではない。Aというソバ屋に出前を注文したが，なかなか持ってこないとき，注文主が文句をいえるのはAというソバ屋に対してだけであって，いくら同業者だからといってBというソバ屋には文句がいえない。当たり前のことである。

　そうすると，契約によって，ある人がある特定の人に対して債権を有することになっても，それは他の人には無関係のことがらである。そうなると，Aが

Bに対してどんな債権を有することになっても，そのことにA・Bが納得していれば原則として問題ない，ということになる。合意の内容がいかなるものであれ，他の人には関係がない。だから，自由にさせておくのである。この大原則も，書かれざるルールであったが，2017年改正で明文化された。民法521条1項は，契約をするか否かは原則として自由であるとし（例外は，たとえば医師の診療。医師法19条1項），2項は，「契約の当事者は，法令の制限内において，契約の内容を自由に決定することができる。」としている 改正点 。

さて，合意の内容の自由性は，理屈のうえでは，このように債権の相対性から導かれるものである。しかし，さらに，各人の経済活動は自由に任せておけば，そこに需要と供給の法則が働き，「神の見えざる手」に導かれて，最も円滑に進行していく，したがって，国家は取引関係に介入すべきではない，という「レッセ・フェール（なすに任せよ）」の考え方にも裏付けられている。このことにもあわせて注意しておきたい。というのも，後に見るように，「レッセ・フェール」の妥当性が否定されると，契約自由の妥当性も疑われることになることを示しているからである。

◆当事者の意思

さて，合意内容を当事者の自由に任せておいてよい理由はわかったとしても，それでは，さらにさかのぼって，なぜ合意があればそれは当事者間で拘束力をもつのだろうか。残しておいた前者の問題である。

古くは，このことにも，神が持ち出された。

たとえば，旧約聖書「創世記」に見られるユダヤ民族の国家建設の物語は，神とアブラハムやその子孫のモーゼとの「契約」によって建国された，とするわけで，まさに「契約」の物語である。この契約は神によって守られる。だから，人間も神に対して契約を守らねばならない。そして，人間どうしもまた互いに契約を守らなければならない，というわけである。

しかし，13世紀頃から，哲学一般において意思を重視する考え方が強まってくる。そして，国家権力の基礎づけの理論としては，18世紀，ルソーによる「社会契約説」に結実する。つまり，個人が国家権力の拘束を受ける根拠を，個々人が，みずからの身体と財産とを守るために，自分の権利をみずからの意思に基づいて国家に委ねた，という点に求める理論である。これは，「人

はみずからそれを欲したが故に，それに拘束される」という考え方を背景としており，これが個人と個人との間の契約の拘束力の根拠ともとらえられるようになったのである。

　契約の拘束力は，当事者みずからが欲していること，言い換えれば「当事者の意思」に求められることになる。

◆当事者の信頼保護の必要性

　以上のように，契約の拘束力を当事者の意思に求める考え方が，現在でも基本的には維持されている。しかし，現代の取引社会における契約の意義を考えてみると，もう1つ別の説明も可能であることがわかる。

　現代社会において，われわれは完全に自給自足の生活を送ることはできない。みずからの保有する物と，他の者が保有する物とを交換して，はじめて生活を成り立たせることができる。

　たとえば，私たちが，ある会社に勤めるサラリーマンであるとする。私たちはみずからの労力を会社に提供し，その対価として金銭（給料）を得る。そして，その金銭で切符を買って電車に乗り，家に最寄りの駅に着く。歩いて帰宅途中，スーパーに寄って，ビール1ダースの配達を頼む。帰ってしばらくすると，ビールが届く。来週早々にはクレジットカードでの買い物代が銀行口座から引き落とされる。銀行預金の残高は少なくなっているが，明日は給料日だから安心だ。こういったことすべてが契約に基づいて行われている。

　仮に契約に拘束力がなく，給料が支払われるかどうかも会社の気まぐれにより，切符を買っても電車はどこに行くかわからず，スーパーもビールを持ってきてくれないかもしれない，というのでは，安定した生活を送ることができない。毎月末に給料をもらえることになっていて，それを信頼しているから，クレジットカードで買い物もできる。現代の取引社会は，契約に拘束力があり，その契約は守られる，という信頼のもとに成り立っている。

　「言葉によって相手に信頼感を引き起こさせた者は，これに忠実でなければならない」――これも，古くから，契約の拘束力の根拠として説かれることである。そして，それは現代社会の根幹を形成している。「当事者の意思」と並んで，「当事者の信頼保護の必要性」も，契約の拘束力の重要な論拠なのである。

◆バランスの重要性

　契約の拘束力として「当事者の意思」があげられることから，契約内容自体は当事者が真に納得したものでなければならないことになる。契約をした者が，その内容について真に納得していてはじめて，「欲したが故に拘束される」という理由が成り立つのである。

　このことから，法律としては，まず，この「真の納得」を確保する諸制度を用意することになる。一言でいえば，「真の納得」がない場合には，いくら契約が存在する外形があったとしても，その効力を否定しなければならないのである。

　しかし，たとえば，一方の言い間違いで合意が成立したとする。私たちが，ソバ屋に天ぷらソバを注文するつもりで，天丼を注文してしまったと考えればよい。このとき，たしかに私たちには「真の納得」はないが，それによって「相手方の信頼」は引き起こされる。ソバ屋は天丼を作って配達してくる。そして，契約の拘束力の根拠として「相手方の信頼の保護」もあげられるかぎり，むやみにこの契約の効力を否定するわけにはいかない。

　2つの根拠について，どのようにバランスをとり，妥当な結論を導くかが，民法の重要な課題になってくるのである。

2　意思能力・行為能力

◆意思能力の概念

　まず，「真の納得」があったといえるためには，まず，その契約がどういった内容のもので，それによって自分はどういった義務を負い，権利をもつことになるのか，について当事者がわかっていることが最低限必要である。いくら，形式的には合意があったといっても，2歳の子どもが「これあげる」といって，おもちゃを差し出し，あなたが「ありがとう。大事にします」といったからといって，それで契約が成立するといえないことはわかるだろう。また，重度の精神障害者が「あなたの帽子を3万円で買おう」といい，あなたが「ああ，いいよ」といったからといって，売買契約が有効に成立したとはいえない。2歳の子どもの意思表示，重度の精神障害者の意思表示は，その意味がわからないでされたものであって，民法上，意味をもたない。したがっ

て，この事例では，申込みと承諾による合意があったとはいえず，契約は成立しないのである。

　以上のことについては，長く明文の規定がなかったが，2017年改正で，「法律行為の当事者が意思表示をした時に意思能力を有しなかったときは，その法律行為は，無効とする。」（3条の2）と規定されるに至った 改正点 。**意思能力**とは，抽象的にいえば，**自分の行為の性質を判断することのできる精神能力**のことをいい，これを欠いた意思表示は法律上，効力をもたない（無効）とされるわけである。意思能力の有無は，行為の性質に照らして判断される。同じ精神能力をもつ場合でも，単純な行為については「意思能力あり」とされるが，複雑な行為については「意思能力なし」とされることがある，というわけである。しかし，だいたい10歳未満の幼児や，これ以下の精神能力しかない精神障害者，泥酔者などには意思能力はないとされる。

　ところが，意思能力の概念だけでは，「真の納得」を確保することはなかなか難しい。1つには，ある意思表示を行った者が，「その時点では意思能力がなかったので，その意思表示には効力がない」と主張していくためには，自分がその時点で意思能力を欠いていたことを証明しなければならないが，これはしばしば困難だからである。みなさんが，泥酔状態で署名してしまった契約書を突きつけられたとき，その署名が泥酔中のものであることを証明することがいかに難しいかはわかるだろう。また，通常の12歳の子どもは，たしかに意

Case 2

東京地裁平成4・2・27判決（判時1442号115頁）

　Xは，Yに対して6000万円あまりの支払いを求めて，訴えを提起した。平成元年11月に，そのような贈与契約が，XとYとの間で成立した，というのである。これに対して，Yは，契約締結当時は意思無能力であって，契約は無効だと争った。

　判決は，以前からYの主治医の証言，すなわち「平成元年11月ころ，Yは，時間，人，場所がわからなくなる失当見識，記憶力障害，状況認知障害等が認められ，中等度の痴呆状態であったこと，右症状の下では，『贈与』という言葉の意味を断片的に理解できても，先祖の供養をする代わりに財産を贈与するなどの取引条件の様な論理的判断はかなり困難」，「田中・ビネー式〔の知能検査〕で8才2か月程度と推認された」ということから，「自己の行為の結果を弁識するに足りるだけの精神能力を具備しておらず，意思能力を欠いていた」として，Yの主張を認めた。

思能力はあるかもしれない。しかし，海千山千の大人のなかで，正しい判断に基づいて不動産売買ができるか，といえば，そうではない。その契約をいま締結することが自分にとって必要で有益なことなのか，といったことを判断できる能力のない者は，意思能力があっても保護しなければならないのである。

◆行為能力の概念とは

民法は，このために**行為能力**という概念を導入した。

行為能力は，個々人ごとのその都度の精神能力を問題とする概念ではない。形式的な標準から見た能力であり，資格，抽象的にいえば**みずからの行為によって法律行為の効果を確定的に自己に帰属させる資格**のことである。民法は，「取引内容を理解する能力がなく，その契約をいま締結することが自分にとって必要で有益なことなのか，といったことを判断できる能力をもたない者」をいくつかの類型で定め，その人について行為能力を制限して，保護を図るのである。

具体的には，未成年者，成年被後見人，被保佐人，被補助人の四類型がある。

◆未成年者

未成年者とは，現行民法では満20歳に達していない者のことである（4条）。未成年者は，まだ取引社会にひとりで参加するほどの判断能力をもっていないとされ，その法定代理人（親。場合によっては，後見人。→676〜677頁）の同意を得ないで契約などをしても，その契約は取消可能なものとなる（5条）。親の監護のもとに置かれるわけである。

具体的な例をあげておこう。

たとえば，16歳であるＡが，親の同意を得ないでＢモータースとバイクの売買契約を締結し，代金50万円を支払うとともに，バイクの引渡しを受けたとする。このとき，そのことを知った親が「バイクを買うことは許さない」と考えれば，AB間の売買契約を取り消すことができる。また，「ついバイクを買ってしまったけれど，失敗した」と思えば，Ａ自身も取り消すことができる（120条）。取り消されると，その契約は初めからなかったことになるが（121条），取消しの効果については後に述べる（→97〜98頁）。

ここで注意しておいてほしいのは，Ａが，実際にはどの程度の判断能力を

もっているかは問題とされていないことである。十分な判断能力を有する16歳の少年もいる。しかし，個々人ごとの判断能力を問題にすると，証明が難しいなどの問題が生じる。そこで，意思能力の概念による場合と違って，未成年者について取引社会への参加資格を一律に制限しているのである。

しかし，諸外国では成年年齢を18歳とする国が多く，日本でも，2007年に，日本国憲法の改正手続に関する法律が成立し，そこでは投票権者が18歳以上の日本国民とされた。さらに，2015年に公職選挙法が改正され，選挙権も18歳から与えられることになった。そこで，これらを踏まえ，2018年，民法の成年年齢を18歳に引き下げる改正が行われた　改正点 。2022年4月1日から施行されることになっている。

ところが，そうなると，これまで未成年を理由として契約を取り消すことができた18歳，19歳の者には取消権が認められなくなり，消費者被害の増大が懸念される。そこで，2018年，消費者契約法が改正され，若年層が被害を受けやすいタイプの契約について，消費者保護が拡大されることになった。具体的には，就職セミナーやタレント養成の契約，エステティックなどの契約であり，また，デート商法（異性に対して電話で呼び出したり街頭で声をかけたりしてデートなどに誘い出し，恋愛感情を抱かせるとともに，相手も自分に対して同様の感情を抱いていると思わせたところで，高額な商品や役務（サービス）の購入契約を結ばせる。「契約してもらえなければ，私が困ることになるから，もうあなたとの関係も続けられない」という）による契約締結についても，若年者に被害が多いため，契約取消権が与えられた。

なお，喫煙や飲酒が許される年齢などは20歳のままである（たとえば，「未成年者喫煙禁止法」は，「20歳未満ノ者ノ喫煙ノ禁止ニ関スル法律」と名前が変えられた）。

◆成年被後見人

誰が**成年被後見人**であるかは，未成年者の場合と違って，年齢などによって一律に決まるわけではない。「精神上の障害により事理を弁識する能力を欠く常況」（＝ことがらの当否を判断する能力が欠ける状態が通常であること）にあるため，本人，配偶者，四親等内の親族（従兄弟くらいまで）など一定の者の請求によって，家庭裁判所から後見開始の審判を受けた者が，成年被後見人

とされるのである（7条，8条）。

　たとえば，Aが，判断能力が不十分であり，「精神上の障害により事理を弁識する能力を欠く常況」にあるとき，その配偶者Bが家庭裁判所に後見開始の審判の申立てをする。そして，家庭裁判所がAの判断能力の程度を判断して，申立てに理由あり，ということになれば，Aについて成年後見開始の審判がされる。この審判によって，Aは成年被後見人になる。いくら，現実として，「精神上の障害により事理を弁識する能力を欠く常況」にあったとしても，以上の手続がとられるまで，Aは成年被後見人とはならない。

　成年被後見人には**成年後見人**が付けられ（8条，843条1項），後見が開始する（838条2号）。成年後見人は成年被後見人の財産を管理し，また，その財産に関する法律行為の代理を行う（859条1項）。生き馬の目を抜く取引社会から，未成年者の場合のように守られるわけである。そして，成年被後見人が法律行為をしたときには，やはり未成年者の場合と同じく，取り消すことができるものとなる（9条）。ただし，日用品の購入など，日常生活に関する行為については成年被後見人がそのまま単独でできる。

◆被保佐人

　被保佐人とは，一定の者の請求によって，家庭裁判所から保佐開始の審判を受けた者のことである。このような審判は，「精神上の障害により事理を弁識する能力が著しく不十分である者」（＝ことがらの当否を判断する能力が欠けるとまではいえないが（「欠ける」ときは，成年被後見人），かなり不十分である者）についてされるが（11条），現実に「精神上の障害により事理を弁識する能力が著しく不十分である者」であっても，保佐開始の審判を受けないかぎり，被保佐人とはならない。成年被後見人の場合と同じである。

　被保佐人には**保佐人**が付けられる（876条，876条の2第1項）。被保佐人は，借金や不動産の売買など，民法13条1項に掲げられている重要な法律行為（家庭裁判所は，このリストに別の法律行為を追加することもできる）を保佐人の同意なしに行ったときには，それを取り消しうるという保護を受ける（13条1項，4項）。また，保佐人も以上の行為を取り消すことができる（120条1項）。しかし，保佐人は，さきほどの成年後見人と違って，当然には代理権を認められない。ただ，被保佐人本人または一定の者（このときは，被保佐

人本人の同意が必要）の請求によって，特定の法律行為について代理権を付与されることがある（876条の4）。

◆被補助人

　成年被後見人・被保佐人の要件に該当しない程度で，「精神上の障害により事理を弁識する能力が不十分」な状態（つまり，著しく不十分であるわけではない）にあっても，それだけでは契約締結等の能力が欠けるわけではない。しかし，やはり適切にできるかどうか心配である。そこで，本人または本人の同意を得た一定の者の請求により，家庭裁判所は，13条1項に規定される行為（＝被保佐人が保佐人の同意を得てなすべき行為とされているもの）の一部については，補助人の同意が必要であり，その同意のないときには，その行為を取り消すことができるという内容の審判をすることができる（15条，17条）。これを補助開始の審判といい，本人を**被補助人**，同意権者を**補助人**という。保佐の縮小バージョンである。

　また，保佐と同じく，被補助人本人または本人の同意を得た一定の者の請求によって，特定の法律行為について，補助人に代理権が付与されることもある（876条の9）。

◆2つの要請のバランス

　このように民法は，満18歳に達していない者（未成年者），事理弁識能力を欠く常況にあり，後見開始の審判を受けた者（成年被後見人），事理弁識能力が著しく不十分であり，保佐開始の審判を受けた者（被保佐人），事理弁識能力が不十分であり，補助開始の審判を受けた者（被補助人）（これらを総称して**制限行為能力者**という）を，十分な判断能力のない者とみなして，保護を図っている。

　これは，保護を受ける側には，たいへん有利なことである。しかし，相手方の側に立ってみるとどうか。せっかく契約をして，それを前提に商品の仕入れなどを行ったのに，後になって，「実は私は未成年者ですから，契約を取り消します」といわれたのでは，安心して取引もできない。一定の場合，相手方や第三者を保護する必要がある。ただし，不十分な判断能力しかない者を，取引社会において保護すべき必要性は否定されない。2つの要請のバランスをと

る必要がある。

　ここで，すでに述べた契約の拘束力の根拠という問題を思い出してみよう（→67〜70頁）。契約の拘束力の根拠には，「当事者の意思」と「相手方の信頼保護」という2つのものがあった。前者を重視すると，「真の納得」のない契約は効力を否定すべきことになる。後者を重視すると，相手方が契約の成立を信頼していれば，契約の効力を認めたほうがよいことになる。

　「2つの要請のバランス」とは，契約の拘束力に関する2つの根拠のバランスなのである。

　さらに，その信頼が保護されるべきなのは，相手方だけではない。たとえば，AとBとの間の契約で，AからBに家屋が譲渡されたとする。そして，この契約は有効であり，Bが所有者になっているのだと信じて，CがBからその家屋を譲り受けたとする。このとき，後になって，「AB間の契約には『真の納得』がなかったから，効力はありません。したがって，Bは所有者ではなく，Cはその家屋の所有権を得られません」といわれたのでは，Cの信頼が害される。

　そこで，民法の諸制度は，バランスの確保に際して，第三者保護の必要性も考える。そして，このバランスを，「真意でない意思表示に拘束されても仕方がないような責任が本人にあるか」という点と「相手方や第三者は保護されるに値するほど注意深く行動していたか」という点との双方を考慮するという方法で達成しようとしている。前者を**本人の帰責性**（「帰責性」というのは「責任を帰せられるような性質」ということ），後者を**相手方・第三者の要保護性**という。

◆制限行為能力者制度における相手方の保護

　それでは，未成年者・成年被後見人・被保佐人・被補助人といった行為能力制限のある者の行為については，民法はどのようにしてバランスを調整しているのだろうか（なお，意思能力がない状態における意思表示については，民法上，意味のある意思表示が存在しないものとして扱われ，相手方・第三者の保護は考えられていない）。すぐに民法の規律を紹介するのではなく，まず，この局面における「本人の帰責性」と「相手方・第三者の要保護性」とを分析してみよう。

　「本人の帰責性」はどうか。これは，原則として存在しない。精神障害者

が，十分な判断に基づかないで意思表示をしてしまった場合に，その精神障害者に責任があるとはいえないのである。未成年者も同じである。他方，「相手方の要保護性」もあまり大きくない。成年後見開始・保佐開始・補助開始の審判がされると，法務局にある後見登記等ファイルに記載される。したがって，ある人と取引を行おうとする者は，その人に登記事項証明書（または登記されていないことの証明書）の提出を求めれば，行為能力の制限の具体的内容を知ることができる。未成年者についても同じである。戸籍抄本や住民票の提出を要求すれば，生年月日はわかる。その提出を要求しなかったのだから，「保護されるに値するほど注意深くは行動していなかった」と評価することができそうである。このようにいうと，不動産売買などならばともかく，少額の取引のような場合には，戸籍抄本を出させなかったのが悪い，とはいえないのではないか，という疑問も生じよう。しかし，そのときは，相手方は取引の大きさと慎重に行動することのコストとを考えて，一定のリスク，すなわち，もし相手が未成年者等であれば，意思表示を取り消されてしまうかもしれないというリスクを引き受けているともいえる。

ところが，例外的に「本人の帰責性」を語りうる場合もある。たとえば，未成年者が，親に内緒でパソコンを買うために，身分証明証の生年月日欄をうまく書き換えて，相手方に20歳以上（2022年4月以降ならば18歳以上）だと思わせるようにした場合である。パソコン・ショップの側はコロッとだまされて，住民票や健康保険証の提示を要求しようなど思いもつかなかった，ということになると，「相手方の要保護性」もある。なによりも，「本人の帰責性」が大きいことに鑑みれば，相手方を保護するほうへ傾いてよい。

そこで，民法21条は，「制限行為能力者が行為能力者であることを信じさせるため詐術を用いたときは，その行為を取り消すことができない。」としている。詐術とは，「人をあざむくはかりごと（術策）」という意味である。条文上からだけは，本人が詐術さえ用いれば，それでもはや取消しができなくなりそうだが，そうではない。あくまで，相手方が詐術にだまされ，その人を行為能力を制限されている者ではないと信じたことが必要である。また，単純に信じたことに過失があった場合もだめだと考えるべきだろう。たとえば，通信販売の申込書などには，年齢を記載する欄があって，その横に，「未成年者の方は保護者の署名・捺印が必要です」と書いてあったとする。このとき，たんに

「21歳」と書かれたハガキが送られてきたからといって，あるいは，保護者の名前が書いてあって印鑑が押してあったからといって（17歳の者が，家にある印鑑を押すのは簡単である），それで詐術がある，とするのは妥当でない。ハガキにおける年齢記載などを相手方が単純に信じたのではたりないと考えるべきである。

◆法律関係の早期安定

このように，制限行為能力者との取引の相手方が保護される場合は少ない。制限行為能力者を保護すると，その相手方の利益は損なわれるのだが，未成年者などに帰責事由がないことを考えると，「それも仕方がない」とされているわけである。

「それならば，少なくとも取り消されてしまうのかどうかは，早くはっきりしてほしい。不安定な状態が長く続くのは困る」——相手方としては，こういいたくなる。

そこで，民法は次のようなシステムを用意している。すなわち，まず取消権の期間制限を図る。民法126条がそれであり，「取消権は，追認をすることができる時から5年間行使しないときは，時効によって消滅する。」というわけである。「追認をすることができる時」というのは，法定代理人（親や後見人）や保佐人・補助人が契約の締結を知った時点，または，本人が成年者になったり，後見開始・保佐開始・補助開始の審判の取消しを受けたりした時点である。また，契約締結から20年を経過したときも，もはや取消しはできない（同条後段）。しかし，それでも長い（2017年改正において，この期間を短縮することも検討されたが，結局，実現しなかった）。そこで，民法は，相手方がイニシアティブをとって，法律関係を早期に安定させる方法も認める。すなわち，相手方は法定代理人・保佐人・補助人に対して「取り消すのか追認するのか，1か月以内にはっきりしてほしい」と催促（＝催告）することができ，それらの取消権者がその間にちゃんと返事をしないときには，追認したものとみなされるのである。本人が成年者になったり，後見開始等の審判の取消しを受けたりしたとき，このような催促は本人に対して行われる。効果は同じである（20条1項，2項）。

3 「真の納得」のない意思表示

◆5つの制度

　ここまで述べてきた判断能力があっても，具体的に契約を締結するにあたって，「真の納得」のない意思表示をしてしまう場合がある。

　私自身も，失敗は数多い。1990年から2年間，私は海外に留学していた。まずロンドン大学での1年間を経た後，日本に戻らないまま，オーストラリアのキャンベラで残りの1年間を過ごすことになった。大学から与えられた宿舎には洗濯機がなかったので，近くの電器店に買いに行った。値札は375ドル。すでにロンドンで1年間を過ごし，だいぶ英語に慣れていた私は値段の交渉に入った。「これは高い。350ポンドでどうか」。当時，英ポンドは約240円，オーストラリアドルは約100円であった。ということは，私は，日本円で約3万7500円の洗濯機について，「それは高いから，8万4000円でどうか」と持ちかけていたという次第なのである。これは，ロンドンでの1年間の生活により，貨幣単位を英語でいうときについつい「ポンド」という癖がついていた私の失敗であり，もちろん「真の納得」のうえで8万4000円を支払う，といっているわけではない。こういった意思表示の効力が問題になるのである。

　ここでも，契約の拘束力に関する2つの根拠から出てくる2つの要請のバランスが問題になってくる。「当事者の意思」からは「真の納得」のない意思表示はすべて効力を否定されるべきであるが，「信頼保護の必要性」からは，それに制限が必要である。民法は，制限行為能力者の場合と同じく，「本人の帰責性」と「相手方・第三者の要保護性」との2つの観点を考慮するという方法をとる。そして，この2つの観点を基準に，「『真の納得』のない意思表示」を5つの場合に分類する。民法に出てくる順番でいえば，**心裡留保**による意思表示，**虚偽表示**，**錯誤による意思表示**，**詐欺による意思表示**，**強迫による意思表示**である。

　この5つの制度は，大きく2つに分けて考えることができるように思う。1つは，表意者があえて，その「真意」に対応しない意思表示をした場合を扱うものであり，もう1つは，みずからした意思表示がその「真意」に対応していないことを表意者が意識していない場合を扱うものである。前者に属する

のが，心裡留保による意思表示，虚偽表示，強迫による意思表示，後者に属するのが，錯誤による意思表示と詐欺による意思表示である。前者から扱おう。

◆表意者があえて，その「真意」に対応しない意思表示をした場合

この中も，本人の帰責性と相手方の要保護性との観点から，さらに3つに分類される。まず，「自発的にそのような意思表示をした場合」と「強制的にそのような意思表示をさせられた場合」とに分けられる。そして，自発的な場合は，さらに相手方と示し合わせてされた場合とそうでない場合とに分けられる。そして，

①相手方と示し合わせることなく，自発的にされた，「真意」に対応しない意思表示を「心裡留保による意思表示」

②相手方と示し合わせて，かつ，自発的にされた，「真意」に対応しない意思表示を「虚偽表示」

③他人に害悪を示され畏怖させられた結果としてされた，「真意」に対応しない意思表示を「強迫による意思表示」

という。

それぞれについて，本人の帰責性と相手方・第三者の要保護性との絡み合いを見ていこう。

心裡留保（しんりりゅうほ）による意思表示　「裡」とは，内側という意味であり，心裡留保とは，心の内側に真意が留められている，ということを意味する。典型的には，冗談である。売るつもりもない不動産を「3000万円で売りたい」と持ちかけた場合を考えるとよい。

このとき，「本人の帰責性」が大きいことは明らかである。しかし，「相手方の要保護性」がつねにあるとはいえない。たとえば，先輩が最近買ったBMWに乗せてもらっているとき，「いい車ですね」と言ったら，「やあ，君が未使用で大切にしている有村架純のクオカード（かなり初期のレアものでも，3万円以下のようである）とだったら交換してやってもいいけどねえ」と上機嫌である。こんなとき，あなたが先輩の言葉を信じたとしたら，信じたほうが悪いとしかいいようがない。

そこで，民法93条は次のような解決をとっている。まず，「本人の帰責性」の大きさを考え，原則として，その意思表示を有効とし，相手方を保護する

（有効とされれば，そのとおりの効力が生じるのだから，相手方は満足である）。しかし，それが真意に基づくものでないことを相手方がわかった場合，あるいは，状況などから当然にわかるべきであった場合には，その意思表示を無効として本人を保護する，というわけである（93条1項）。

　もっとも，直接の相手方を保護すべき事情がないときでも，心裡留保による意思表示によって形成された法律関係から，さらに第三者が登場したような場合は，その第三者の保護が問題になる。たとえば，Aが心裡留保による意思表示をして，Bとの間で不動産の売買契約が成立したように見える状態が生じ，その不動産の所有権の登記名義もBに移転したとする。Aの意思表示が無効なのだから，AB間の売買契約も無効であり，登記がBに移転しても，所有者はAのままである（→97〜98頁）。ところが，Bが，自分に登記名義があることを利用して，この不動産をさらにCに譲渡した。このとき，いくらBが，Aの意思表示が真意に基づかないことを「知り，又は知ることができた」としてAの意思表示が無効とされても，それゆえCがその不動産の所有権を取得できないとするのは，Cに酷である。売却を受けるとき，Bが本当に所有者かどうかを確かめるために，Cはきちんと登記簿を調べた。そうすると，登記簿上，Bが所有者だとなっているので，Cは安心して売却を受けた。このようなときには，Cに要保護性がある。

Column 10

ペプシ・コーラの CM と心裡留保による意思表示

　アメリカでの話。ペプシ・コーラの CM で「サービス点を集めると，いろいろな景品が当たる」というものがあった。景品は T シャツやサングラスなのだが，CM の最後になんとジェット戦闘機（2300万ドル相当）を登場させ，「700万点なら戦闘機が当たる」としていたのである。

　まさか700万点を集める人はいなさそうだが，点数の補充の方法として1点あたり10セント支払う，ということが認められていたため，話がやっかいになった。ある大学生が，700万点に相当する70万ドルをペプシ・コーラ側に送って，戦闘機を引き渡せ，として，訴えを起こしたのである。

　1，2審ともペプシの勝訴。ペプシ・コーラの広告から，実際に，戦闘機が与えられると合理的には解釈できない，とされた（Leonard v. Pepsi-co, Inc. 88 F. Supp. 2d 116（S.D.N.Y. 1999）, aff' d, 210 F. 3 d 88（2d Cir 2000））。

　日本なら，心裡留保による意思表示の問題としても扱える。

判例は，このとき，後に述べる民法94条2項の類推適用でCを保護していたが，この判例法理は，2017年改正によって，心裡留保について定める民法93条に第2項を追加して，「前項ただし書きの規定による意思表示の無効は，善意の第三者に対抗することができない。」というかたちで明文化されるに至った　改正点 。「善意」というのは「事情を知らない」ということであり，「対抗することができない」というのは，「主張できない」という意味だと考えてよい（→418〜419頁）。Aの意思表示は無効であるが，無効であることは，Aの意思表示が真意に基づかないことを知らないC（「善意の第三者」）に対しては主張できない。つまり，Cは，この不動産がAからBに譲渡されたことを有効だとして行動でき，Bとの間で売買契約を締結することによって，この不動産の所有権を取得できるのである。

　「相手方の要保護性」はないが，「第三者の要保護性」はある。そこで，それに適した解決をとっているわけである。

　虚偽表示　たとえば，借金で首が回らないAが，このままでは自宅を差し押さえられてしまうので，知り合いのBとの間で示し合わせて，その自宅をBに売ったというかたちにして，所有権の登記もBに移転してしまう，という場合を考えるとよい。

　この場合も「本人の帰責性」は大きい。しかし，「相手方の要保護性」もない。相手方もそれが対応する真意のない意思表示であることを知っているのである。そこで，まず民法94条1項は「相手方と通じてした虚偽の意思表示は，無効とする。」と単純に規律する。

　しかし，直接の相手方でない第三者は保護する必要があるのは，心裡留保による意思表示の場合と同じである。

　そこで，民法94条2項は，「前項の規定による意思表示の無効は，善意の第三者に対抗することができない。」としている。具体例は，心裡留保による意思表示のときと同様に考えればよいが，実例はこちらの場合が圧倒的に多い。

　強迫による意思表示　たとえば，「この家屋を売らないと，放火するぞ」と脅され，しかたなく売買契約に合意する場合である。「しかたない」にしろ，売買契約に合意しようと思って合意したのだから，「真意」はあるのだ，という見方もできるが，その意思表示に対応する効果（この例では売買契約の成立）が発生することを望んでいないのだから，やはり真意のない場合として，心裡

留保による意思表示・虚偽表示と並べて理解すべきである。

　この場合，「本人の帰責性」は小さい。「脅しに負けるやつは弱いやつだ。責任をとれ」という人もいるかもしれないが，そんなに強い人ばかりではない。そして，強迫した本人が相手方の場合には「相手方の要保護性」はない。そこで，民法96条1項は，強迫による意思表示は取り消すことができるとしている。もちろん表意者側ができるのであって，強迫者が取り消しうるわけではない（120条）。取消しの効果は後に述べる。

　これに対して，第三者には要保護性があるように思われる。上記の例でAはしかたなく家屋を強迫者Bに売却し，その登記もBに移転した。Bは，その家屋をさらに第三者Cに売却した。Cは，購入にあたって登記簿を見て所有者を確認したが，たしかにBとなっており，それが強迫によって売買契約を締結させた結果だとはわからなかった。そうなると，Cは保護に値する。また，厳密にいうと，相手方が保護に値しないともかぎらない。Aの近所に住むDは以前からAのことが気に食わず，Aを町内から追い出そうと考えて，Aを強迫し，A所有の土地・家屋を売却させた。その買主がBであった。強迫者と意思表示の相手方が異なるわけである。このときでも，Aの意思表示は「強迫による意思表示」であり，取り消すことができる。ところが，このような場合，相手方Bは悪くないのである。

Column 11

強迫と脅迫

　「この家屋を売らないと，放火するぞ」と脅す行為は，刑法222条の「脅迫罪」にもあたる。しかし，民法では「強迫」，刑法では「脅迫」と字が違うことからもわかるように，両者は別の概念である。

　たとえば，Aが気に入らない隣人Bを追い出そうと思って，「この家屋は運気が悪い。誰かに売らないと，不幸が訪れる」とBに告げ，Bは恐ろしくなって売ったという場合，「他人に害悪を示され畏怖の結果として意思表示をした」わけだから，Bが買主に対してした「売る」という意思表示は「強迫による意思表示」であり，取り消しうる。しかし，この場合，AがBに「害を加える旨を告知」しているわけではないから，刑法上の脅迫罪にはあたらない。逆に，正当な理由のない絶交の決議は，名誉や自由に対して害を加えることを告知するものであり，脅迫罪にあたると解されている。しかし，それに基づいて相手方が何らかの意思表示を行ったわけではないから，民法における「強迫による意思表示」は問題にならない。

しかし、「本人の帰責性」がないことは決定的である。以上の2例における
C・Bを保護する規定は民法に置かれていない。すでに説明した心裡留保による意思表示や虚偽表示においては「本人の帰責性」が認められた。このことから違いが出てくるわけである。

◆みずからした意思表示がその「真意」に対応していないことを表意者が意識していない場合

　みずからした意思表示がその「真意」に対応していないことを表意者が意識していない場合とは、たとえば、さきほど述べたオーストラリアにおける私の失敗のような場合である。私は、「375ドルよりも安くしてもらおう、350ドルにしてもらおう」という真意をもちながら、「ドル」というべきところを「ポンド」といってしまったのである。

　私の場合、口を滑らせてしまったのであるが、「350ドル」というべきところを、「オーストラリアの貨幣単位はポンドだろう」と思い違えて、「350ポンド」といってしまう場合もありうる。また、別のところで「思い違い」をすることもある。たとえば、私が言い間違いをした当時は、英ポンドは約240円、オーストラリアドルは約100円であったが、英ポンドは80円くらいだろう、と思い、安くしてもらうつもりで、「350ポンドにしてくれ」という場合である。これらの場合、口を滑らせた場合と異なり、「350ポンド」といおうとして、「350ポンド」といったわけだから、いちおう「真意」があるとも評価できそうである。しかし、強迫に基づく意思表示について述べたように、その意思表示に対応する効果（この例では8万4000円相当額の代金での売買契約の成立）が発生することを望んでいないのだから、やはり真意のない場合として理解してよい。また、「口を滑らせる」といっても、「『350ポンドにしてくれ』と口に出す」という指令が脳から下されていることには変わりはない。脳からの指令がなければ、口の筋肉を動かしたり、息を出したりして、発声することはできない。そうすると、「オーストラリアの貨幣単位はポンドだろう」と思い違えた場合と厳密に区別できるわけではないのである。

　民法は、「みずからした意思表示がその『真意』に対応していないことを表意者が意識していない場合」を、**錯誤による意思表示**とよぶ。言い間違い、思い違いにおいては、間違った方のミスが責められるべきことも多いので、以下

に見るように，その意思表示の効力を否定するにあたって，いくつかの絞りがかけられている。しかし，表意者の「思い違い」が，他人の行為によって意図的に引き起こされた場合には，表意者を責めることができない。そこで，民法では，「みずからした意思表示がその真意に対応していないことを表意者が

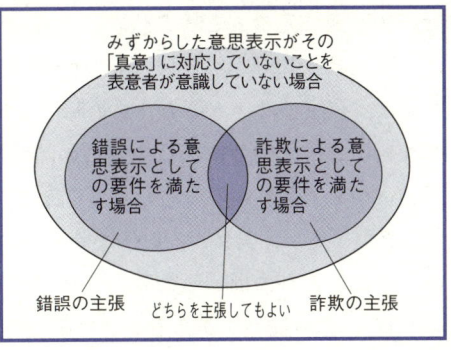

図2-2　錯誤と詐欺との関係

みずからした意思表示がその「真意」に対応していないことを表意者が意識していない場合

錯誤による意思表示としての要件を満たす場合

詐欺による意思表示としての要件を満たす場合

錯誤の主張　　どちらを主張してもよい　　詐欺の主張

意識していない場合」のうち，その場合だけを切り出して，**詐欺による意思表示**とよび，別個の処理をしている。

　もっとも，実は，「切り出して」というのは少し不正確である。「思い違い」が他人の行為によって意図的に引き起こされた場合でも，いくつかの絞りをクリアしているときには，表意者は，みずからの意思表示は錯誤による意思表示である，と主張してもよい。錯誤による意思表示と詐欺による意思表示とは，図2-2のような関係に立つのである。

　以下，一般型である錯誤による意思表示から見ていこう。

◆錯誤による意思表示の類型

　ここでもまず，「本人の帰責性」と「相手方・第三者の要保護性」とを考えよう。

　すでに述べたように，錯誤による意思表示の場合には，原因となった「思い違い」は，他人の行為によって意図的に引き起こされたとはかぎらない。そして，錯誤による意思表示の中心部分は，詐欺がない場合，すなわち表意者の一人相撲の場合である。したがって，「本人の帰責性」は大きい。「真の納得」がないことはたしかであるから，その意思表示を簡単に有効とするわけにもいかないが，少なくとも，「何らかの思い違いによる意思表示は何でも取り消しうる」とするわけにはいかない。そこで，一定の制限をかけるわけだが，この点で以前から問題になっていたのは，「思い違い」といっても，大きく3種類に分かれるのではないか，ということである。時計の売買契約を考えてみると，

それは，買主の「この時計を10万円で買う」という意思と，売主の「この時計を10万円で売る」という意思によってできあがっている。このとき，第1に，買主は「10万円」というのを間違って，「100万円」といってしまったときには，買主にはそもそも「この時計を100万円で買う」という意思がない。これに対して，第2に，買主がこの時計を「電波によって自動的に時刻が補正されるタイプのものである」と考えて，「この時計をください。10万円ですね」といったが，実は，自動的な時刻補正機能はついていなかった場合を考えると，このときには「この時計を10万円で買う」という意思が買主にある。しかし，「思い違い」があることは確かである。さらに，第3に，買主が妻の

Column 12

電子消費者契約における錯誤

　インターネット書店で買い物をしてみる。インターネット上の画面で示されているボタンをクリックし，送信することによって，購入の意思を表示する。しかし，ここでは，操作ミスが起こりやすい。入力・選択ミスをしたまま送信することが，しばしば生じる。これは民法95条にいう錯誤にあたるか。あたりそうでもあるが，送信した者に同条3項にいう「重大な過失」があるのではないか，ということが問題になる。たしかに送信者側もうっかりしている。しかし，新たな販売方法により事業者も利益を得ているのだから，新種の方法に対応できなかった消費者にのみリスクを押しつけるのも不当である。

　そこで，2001年6月，電子消費者契約及び電子承諾通知に関する民法の特例に関する法律（2017年改正により，電子承諾通知に限らず，民法上，到達主義が採用されたので（→65頁），電子消費者契約に関する民法の特例に関する法律に改称）が制定された。この法律は，事業者がコンピュータ上の映像画面に示す手続に従って，消費者がコンピュータを用いて映像面を介して送信することによって契約の申込みまたは承諾の意思表示を行うときには，民法95条3項の規定を適用しないことを定めている。

　しかし，そのような定めだけでは，今度は事業者のほうが安心して申込みを受け付けることができなくなる。そこで，消費者がクリックした後，送信ボタンが存在する画面上に申込内容をいったん明示し，さらに申込みの確認をするようになっている場合などは，民法95条3項の適用は排除されないことになっている。クリックした後，契約内容を示して，「これでよろしいですか」という画面が出る。そして，それを再びクリックするという確認方法である。

　2回も間違ったときにはダメだというわけだが，慣れてくると，ついついポンポンとクリックしてしまうことはよくある。もう一度同じ内容を打ち込ませるなど，ていねいな確認方法を講じておくことが，事業者には望まれよう。

誕生日プレゼントにしようと思って，「この時計をください。10万円ですね」と言ったが，妻の誕生日を間違えていた（誰の誕生日と？），という場合もある。ここにも「思い違い」があるが，第2の場合と異なって，売買契約とは無関係な事柄についての「思い違い」である。

このうち，第3の「思い違い」について，民法上の錯誤にあたらないことははっきりしていた。「妻の誕生日が今日であること」は，契約の有効性には

名古屋高裁昭和60・9・26判決（判時1180号64頁）

Yは，電話勧誘に応じてA社に出向き，そこでA社の社員Bに，旅行に安く行ける会の会員になるように勧誘され，契約書に署名押印した。ところが，その契約書の契約は，英会話教材，『新女性百科』全15巻の販売と，その代金の立替払いをX信販会社に申し込む，という内容を含むものだった。

X信販会社がYに対して立替金の支払いを求めて訴訟を起こしたが，判決は，Yがこの契約を成立させた意思表示は錯誤によるものであって無効である，として，X信販会社の請求を認めなかった。

判決は次のようにいう。英会話教材と書籍との代金額合計は37万7500円であり，かつ，20歳の独身男性に『新女性百科』はほとんど無用の書籍であることを考えると，Yは海外旅行に安く行けるという利益を得ることができず，「Bは本件売買契約を結ぶについて，Yの表示された動機（安く海外旅行をすることができる）に錯誤のあることを認識していたというべく，かつ，Yが，本件売買が……海外旅行は副次的なものにすぎないことを事前に了知していれば，右契約を締結しなかったであろうことは容易に推認できるところである。とすれば，本件売買契約は，Yの意思表示の重要部分に錯誤がある」。

次頁で説明する「第1の絞り」についての判断の仕方がわかるだろう。この判決は次の2点でもおもしろい。

第1に，「これは詐欺ではないか」と思うかもしれない。しかし，詐欺を行ったのはA社であって，X信販会社ではない。後に述べるように，このようなときは，X信販会社がA社の詐欺行為を知り，または，知ることができたときのみ，Yはその意思表示を取り消すことができる（96条2項）。しかるに，X信販会社にそのような事情がなかったので，判決は錯誤で処理したのである。X信販会社が知っているときなどには，錯誤・詐欺のいずれの主張も成り立つ。Yはどちらを主張してもよい。

第2に，Case 1 （→64頁）との関係である。これは微妙であって，Case 1 と同じように，Yには契約意思がないから不成立ともできたように思われるが，会員になる意思はあったので，錯誤というほうがいいやすかったのだろう。

無関係である。しかし，第1の類型と第2の類型とがあることは認められ，第2の場合は「動機の錯誤」とよんで別扱いされていた。錯誤が認められるための絞り込みの方法が区別されてきたのである。

しかし，長い間，条文上の区別はなかった。そこで，2017年改正は，「意思表示に対応する意思を欠く錯誤」と「表意者が法律行為の基礎とした事情についてその認識が真実に反する錯誤」とを区別して，錯誤の認められる要件を規定することにした 改正点 。

◆意思表示に対応する意思を欠く錯誤

第1の類型は，「意思表示に対応する意思を欠く錯誤」である（95条1項1号）。このとき，どのような内容でも，何らかの意思表示があるとき，そこに「思い違い」があり，「意思を欠く」ということになれば，つねに錯誤としてその意思表示を取り消すことができるというのでは，取引などの安定は図れない。そこで，2つの絞りがかけられる。

1つは，「その錯誤が法律行為の目的及び社会通念に照らして重要なものであるとき」という絞りである（95条1項本文）。重要か否かは，もしその部分に錯誤がなければ，意思表示をしたその人も，また，通常の人も，そのような意思表示をしないと思われるか否か，という基準で判断される。また，第3の類型の思い違いは，この要件との関係で排除されることになる。契約とは無関係な事項についての錯誤は，「法律行為の目的及び社会通念に照らして重要なもの」とはならない。

もう1つは，「錯誤が表意者の重大な過失によるものであった場合」には，意思表示の取消しが認められない，という絞りである（95条3項本文）。思い違いに陥ったのが，表意者が著しく注意を欠いた結果であるときは，とりわけ「本人の帰責性」が大きく，「相手方の要保護性」の方が高いので，取消しは認めないのである。しかし，そうすると，「相手方の要保護性」がないときは，取消しを認めてよいことになる。そこで，表意者が思い違いに陥っていることを相手方が知っていたり，簡単にわかったりしたときや，相手方も同じ思い違いをしているときには，意思表示の取消しが認められる（95条3項1号，2号）。買主が，『リーガルベイシス民法入門〔第3版〕』を買うつもりで，「『ゼミナール民法入門』の最新版をください」といったのだが，売主も，『リーガ

ルベイシス民法入門〔第3版〕』の名前を勘違いしていて，『ゼミナール民法入門』の最新版だと思っていたら，買主に重大な過失があっても錯誤の主張ができるのである。ただ，この場合，買主・売主とも，『リーガルベイシス民法入門〔第3版〕』が売買目的物だと思っていたのだから，それについて売買契約が成立すると解する余地もあろう。

◆表意者が法律行為の基礎とした事情についてその認識が真実に反する錯誤

先にあげた例，つまり，買主がこの時計を「電波によって自動的に時刻が補正されるタイプのものである」と考えて，「この時計をください。10万円ですね」と言ったが，実は，自動的な時刻補正機能はついていなかったという例において，買主が，これは「自動時刻補正機能付きだ」と内心で思っていただけでは，意思表示の内容は形成しないし，買主の内心は売主も知りえない。したがって，当然のように，「錯誤だから取り消す」といわれたのでは困る。そこで，この場合は，錯誤の第2類型として，別に規律される。つまり，意思表示には直接に含まれていないが，表意者が前提としていたことについての錯誤である。そして，このときは，意思表示に対応する意思を欠く錯誤について説明した2つの絞りに加えて，「その事情が法律行為の基礎とされていることが表示されていた」ことという第3の絞りがかかる。

「表示されていたら，意思表示になるのではないか。そうすると，結局，『意思表示に対応する意思を欠く錯誤』になるのではないか」と思うかもしれない。しかし，そうではない。

たとえば契約の成立の場面を考えると，意思表示は，相手方の意思表示との合致があって，初めて意味を持つ。さきほどの例で，「自動時刻補正機能付きのこの時計を10万円で売ってください」という意思表示があり，それに対して，売主が，「自動時刻補正機能付きのこの時計を10万円で売ります」という意思表示をすれば，「自動時刻補正機能付きのこの時計」について10万円での売買契約が成立する。そして，「この時計」が自動時刻補正機能付きのものでなければ，「意思表示に対応する意思を欠く錯誤」が成立しうる（錯誤取消しで処理をするのか，売主の債務不履行責任を認めることによって処理するのか，という問題はある）。

しかし，「自動時刻補正機能付きの時計にしようと思ってね。じゃあ，10万

円のこの時計を売ってください」という意思表示に対して，売主が，「この時計を10万円で売ります」という意思表示をしたときを考えると，あくまで契約目的物は「この時計」であり，自動時刻補正機能付きであることは契約内容にはなっていない（もちろん，売主として，「これは自動時刻補正機能付きじゃないですよ」と説明すべきではないか，という問題はある。→233〜234頁）。つまり，契約の内容になり得る事項であっても，両当事者の意思表示の合致がないために契約内容とはならず，しかし，意思表示をした者が，それを前提としているという場合がある。

　また，契約の中身になりようもない事柄もある。たとえば，ある家屋を買う，という意思表示をする人が，「ここの近くに地下鉄の駅ができるからねえ，便利になると思って」と相手方に告げている場合を考えると，地下鉄の駅ができることは，家屋の売買契約の中身にはなりようがない。売買の目的物は家屋であり，地下鉄の駅ではない。しかし，意思表示をした者は，それを前提としているのである。

　「表意者が法律行為の基礎とした事情」とは，契約締結に即していうと，上記の事例における「自動時刻補正機能付きであること」や「近くに地下鉄の駅ができること」のように，契約内容になっているわけではないが，「こういった事情があるから，その意思表示をした」という事情のことである。

　しかし，それでは，なぜ，第3の絞りとして，「その事情が法律行為の基礎とされていることが表示されていた」ことという要件が課されるのだろうか。これは，その事情が意思表示をするにあたって前提となっていることを，相手方に知らせておく必要があり，また，知らせておけば，相手方も一定のリスクを覚悟しうるので，本人の保護を重んじてよい，と考えられるからである。そうすると，「表示」があったといえるか否かは，「その事情が法律行為の基礎とされていること」が相手方にわかるような状況であったか否かによって判断されることになる。物理的な意味での「表示」がなくても，「黙示の表示」があるとされる場合もあるし，逆に，物理的な意味での「表示」があっても，相手方にそのことが十分にわからないような状況であれば，表示はないとされることになる。

◆錯誤の効果

このような要件が満たされた錯誤による意思表示は，意思表示をした者が取り消すことができる。意思表示は，対応する意思があってこそ有効である，と考えると，錯誤ならば，意思表示を取り消すまでもなく，当然に無効になるのではないか，とも思う人もいるだろう。実際，2017年改正までは，錯誤の効果は無効とされていた。しかし，なぜ錯誤による意思表示を無効にするのか，というと，それは「真の納得」のないまま意思表示をしてしまった表意者を保護するためである。そうであるならば，表意者が無効を主張していないときに，あえて相手方や第三者からの無効の主張を許す必要はない。そこで，表意者は意思表示の取消しができる，と改正されたのである 改正点 。

たとえば，土地の所有者Aが，錯誤に基づく意思表示によって，Bとの間でその土地をBに売却するという契約を締結したとする。このとき，Aは，売買契約を成立させた意思表示を取り消すことができ，その結果，売買契約は初めからなかったものとなるが，Bは取消しができない。

ところが，第三者は保護する必要がある。この例で，Bが，その土地を第三者であるCに売却したとする。売却を受けるとき，Bが本当に所有者かどうか確かめるために，Cはきちんと登記簿を調べた。そうすると，登記簿上，Bが所有者となっているので，Cは安心して，売却を受けた。こんなときは，Cには要保護性があるといえよう。そして，錯誤に陥ったことにつき，「本人の帰責性」もある程度は認められる。

そこで，民法95条4項は，「第1項の規定による意思表示の取消しは，善意でかつ過失がない第三者に対抗することができない。」としている。第1項とは，錯誤による意思表示の取消しを認める規定だから，結局，錯誤による意思表示の取消しは，善意かつ無過失の第三者に対抗できない，ということになる。また，「善意」とか，「対抗することができない」とかといった言葉の意味は，82頁をもう一度見て復習してほしい。

注意すべきなのは，ここにいう「第三者」は取消し前に登場していることが前提とされていることである。上記の例でいえば，CがBからその土地を購入したのが，Aがその意思表示を取り消す前であるときである。

すでに簡単に述べたように，取消しによって，その意思表示は最初からなかったものとなる（121条）。したがって，法律の論理のうえからは，AとBと

の間の売買契約は一切存在せず，Bに所有権の登記が移転したことも無効である。したがって，Aによる意思表示の取消しの前に登場していたCは，その当時は所有者であるBからその土地を買い受けたのだが（取消し前なのだから，AB間の売買契約は有効に成立している），さかのぼって，当初から無権利者であるBから土地の売却を受けたことになり，何らの権利も取得できないことになる。しかし，この結論はCに酷である。そこで，その後に取り消されることになるかもしれないことを知らないC（善意のC）は保護しようというのが民法95条4項なのである。条文の文言上も「取消しは……対抗することができない」となっており，取消しをしても，Cの得た権利をさかのぼって否定することはできません，という意味なのである。

　実は，この規定は2017年改正によるものである。それ以前も，後で説明する民法96条3項の類推などにより同一の結論をとるべきだといわれてきた。その点を改正ではっきりさせたのである **改正点** 。

　以上に対して，Aがその意思表示を取り消し，AB間の売買契約が最初からなかったものとなった以降に，CがBからその土地を買い受けたとすると，これはただ，所有者ではないのに，登記を有しており，所有者である外観を有する人から土地を買い受けたという話である。取消しの効果がさかのぼる，ということとは関係ない。一般の話なのであって，それが民法95条4項にわざわざ規定されているわけではないと理解されている。

　このあたりは少し複雑であり，いま理解できなくても悲観するには及ばない。後にもう一度説明する（→439〜441頁）。ここでは，錯誤による意思表示については，相手方よりも表意者を保護するとされたときでも，「第三者の要保護性」はあるので，それに適した解決がとられていることを理解しておいてほしい。

◆詐欺による意思表示

　以上見たように，錯誤による意思表示においては，表意者からの取消しを簡単に認めると，相手方に不当な損害を及ぼすことになるので，その範囲が制限されていた。しかし，表意者の思い違いが，相手方が表意者をだました結果として生じたものである場合には，「相手方の要保護性」はない。また，直接に相手方が表意者をだました場合でなくても，他の人が表意者をだましたことを

相手方が知っている場合にも，やはり要保護性はない。本人も注意を欠いてだまされたのだから，帰責性がないとはいえないが，相手方はまったく要保護性を欠くのである。

そこで，民法96条1項は，限定を付さないで，単純に「詐欺……による意思表示は，取り消すことができる。」とし，さらに2項で，第三者が詐欺を行った場合でも，相手方がその事実を知っているか，注意すれば知ることができたときには，詐欺の結果としてされた意思表示はやはり取り消すことができる，としている。たとえば，Bが，本当はそのような計画はないのに，「このあたりは，もうすぐ立ち退きになるから，早めに転居していた方が得だ」といって，土地の所有者Aをだまして売買契約を締結させた，とする。このとき，Aの意思表示は詐欺によるものだから，Aはこれを取り消すことができ，その結果，売買契約は初めからなかったものとなる。

また，この例で，Bからその土地の転売を受けたCが保護される必要性があることは，錯誤の場合と同じであり，民法96条3項がこれを定めている。

◆過失による詐欺・媒介者による詐欺

詐欺は，表意者を騙して意思表示をさせようとする故意が相手方にあるときにだけ成立すると解されている。しかし，相手方の言うことを信じて意思表示

をしたのに,「いや,間違えていました」では困る。売主が,別の地域のことと記憶が混乱して,「この近くに地下鉄の駅ができる予定である」といったからといって,その事情は家屋の売買契約の中身にはならない。したがって,「その事情が法律行為の基礎とされていることが表示されていた」という要件が満たされなければ,買主は錯誤による意思表示の取消しができない。また,記憶の混乱によるのであり,売主には,騙そうという故意がないから,詐欺にもならない。しかし,買主としては,「売主の言うことを信じたのに」ということになる。

　実は,2017年改正に至る中間試案の段階では,「表意者の錯誤が,相手方が事実と異なることを表示したために生じたものであるとき」には,表意者によって,「その事情が法律行為の基礎とされていることが表示されていた」という要件が具備されていなくても,錯誤による取消しを認める方向が示されていたが,結局,明文化は見送られた。しかし,明文化されていなくても,「表示があった」という要件を,「その事情が法律行為の基礎とされていることが相手方にわかるような状況であった」と解するならば,相手方が事実と異なることを過失で言ってしまった場合の多くでは,表意者による「表示があった」という要件も満たされることになると思われる。相手方は,自分の説明等が,表意者の意思表示の前提となっていることがわかるからである(売主の説明義務違反の問題は,いずれにせよ生じる。→233〜234頁)。

　また,第三者による詐欺に基づいてされた意思表示は,相手方がその事実を知り,または知ることができたときにかぎり,取り消すことができるという規律は,まったくの第三者が当事者の一方に損害を被らせる目的で欺罔行為をした場合を考えると,妥当である。しかし,Aが,自分の土地の売却の媒介を不動産業者Dに頼んでいたときに,Dが「この土地の近くにはもうすぐ地下鉄の駅ができる」といってBを騙して,売買契約を締結させた場合を考えてみると,DがBを騙したことについてAが知らなくても,Bの救済が認められてよい。Dに重要な役目を負わせておきながら,「いや,Dがそんなことをしたとは知りませんでしたから,意思表示は取り消せません」とAにいわせるのは妥当でない(「秘書がやったので知らなかった」ではダメ)。そして,DがAから代理権を与えられていたときには,民法101条1項によって,Bは取消しができる。しかし,代理権のない媒介の場合には,Aによる詐欺があったと

認めるのは難しい。

そこで，上記の中間試案では，「相手方のある意思表示において，相手方から契約の締結について媒介をすることの委託を受けた者……が詐欺を行ったとき」については，相手方が詐欺の事実を知らなくても，表意者は意思表示を取り消しうるとしていた。媒介にもいろいろなものがあり，Ａが責任を負うべき場合ばかりではない，という理由で，結局，この提案についても明文化が見送られたが，解釈論としては，少なくとも一定の場合には，Ｄの欺罔行為をＡの領域下にある行為として，欺罔行為についてのＡの認識の有無を問わないで，意思表示の取消しを認めることも考えられる。

4 若干の補足

◆相手方の保護

ここまで見てきたところを，いくつかの観点から少し比較しておこう。まず，相手方の保護である。

まず，虚偽表示，強迫による意思表示の場合に相手方を保護する規定がない。これについては，いちおう合理的に見える説明が付されていた。相手方は，その意思表示が表意者の「真の納得」のないものであることを知っている，というわけである。ところが，このことは「相手方と通じてした」ところの虚偽表示についてはつねに成り立つが，第三者が表意者を強迫した場合には，そうもいえない。たとえば，ＣがＡを強迫して，Ａ所有の不動産をＢに売却させた例を考えればわかる。Ｂは，Ｃの強迫の事実について知らないかもしれないのである。このことは，詐欺による意思表示について，相手方が詐欺を行った場合には相手方の要保護性はなく，つねに取消しが認められるが，第三者が表意者に対して詐欺を行った場合には，詐欺があったという事実について相手方が知り，または注意すれば知ることができた場合のみ，意思表示の取消しが認められる（96条2項），とされていることと対照的である。この違いは，表意者にも若干の帰責性（「十分に注意していれば，だまされなかった」）が認められる詐欺の場合と違って，強迫の場合には表意者にまったく帰責性がないことに求められるであろう。

それでは錯誤による意思表示はどうか。この場合にも，相手方を保護する規

定はない。しかし，こんどは表意者には「注意していれば錯誤に陥らなかった」という帰責性がある。にもかかわらず，どのような場合にも相手方が保護されないのはおかしいのではないか，という気がする。たしかに，錯誤による意思表示を取り消すことができる場合については，いくつかの絞りがかけられていた。しかし，少なくとも，表意者が錯誤に陥っていることにつき，相手方が知らないで，かつ，知らないことに過失がなかった（善意かつ無過失）場合には，相手方が保護されるべきではないか。

Column 14

返還義務の範囲

　契約が無効であったり取り消されたりすると，各当事者は引渡しを受けた財産を返還しなければならないが，これは**不当利得**という考え方による（→580〜583頁）。民法703条以下は「法律上の原因なく他人の財産又は労務によって利益を受け，そのために他人に損失を及ぼした」場合について規定しているが，これにあたるわけである（契約がないので，「法律上の原因」がない）。ところが，返還義務の範囲は，無効であること，または，取消事由があることを，返還義務を負う者が知っていたか（悪意）知らなかったか（善意）によって異なる。

　善意者は「その利益の存する限度において」返還義務を負う（現存利益の返還義務。703条）。ただし，受け取った金銭をすでに使い果たしていても，そのために他の預金に手を付けなくてすんだ，というような場合には，他の預金が残っているというかたちで現存利益がある，と解されている。これに対して，悪意者は「その受けた利益に利息を付して」返還する義務を負う（704条）。

　このような区別は一見，合理的である。しかし，制限行為能力者や強迫を受けた者を考えると，少しおかしくなってくる。たとえば未成年者は自分が未成年であることを知っている。しかし，十分な判断能力がないため，不利な契約をしてしまったのである。このとき，「お前は，自分が未成年であり，自分のやった行為は親が取り消せることを知っていた」といわれて，悪意者の返還義務を負うとしたら，未成年者の保護が達成できないのではないか。また，強迫を受けた者は，自分の意思表示がまさに強迫を受けた結果であることを知っているのだから，悪意者である。しかし，そうだからといって，広い範囲での返還義務を負わせるのはおかしい。

　そこで，民法121条の2第3項は，制限行為能力者の返還義務を現存利益に限定している。民法704条の特別のルールである。判例にも，受け取った金銭を賭博に浪費した準禁治産者（現行法の被保佐人にあたる）について，現存利益がない，としたものがある。強迫については特別な条文はないが，強迫された者は民法703条の善意者にあたる，とする解釈論が説かれている。

判例はこのような考え方を採用していない。条文上，相手方を保護する規定がないからしかたがない，というわけである。これに対して，学説には，相手方が善意かつ無過失のときには，表意者が錯誤による取消しを主張することは許されない，と解するものが増えてきている。問題は，条文の文言のどこを根拠にこのことを導くべきか，ということであるが，私は，「錯誤が表意者の重大な過失によるものであった場合」（95条3項）という文言の「重大な過失」というのを，この条文にかぎっては，相手方の過失との比較で考えられないか，と思っている。つまり，相手方が無過失ならば，表意者に少しでも過失があれば，「重大な過失」があることになる。相手方に過失があれば，表意者にかなりの過失がなければ「重大な過失」があるとはいえない。こういうわけである。

　そして，このように，「注意していれば錯誤に陥らなかった」といった程度の帰責事由しか本人にない場合にも，少なくとも善意かつ無過失の相手方は保護される，ということになると，心裡留保の場合にも，保護の要件として相手方に善意かつ無過失を要求するのは，かえってアンバランスではないか，と思われる。心裡留保では本人は真意に基づかないことを知ったうえで意思表示をしている。このような本人の帰責性の重大さを考えると，相手方の保護のための要件は緩和されてよい。したがって，民法93条1項ただし書にいう「相手方がその意思表示が表意者の真意でないことを知り，又は知ることができたとき」というのは，かなり限定的に運用すべきだろう。つまり，現実に知っている場合はともかく，よほどの事情がないかぎり，「知ることができたとき」にあたらない，と考えるべきである。

◆取消し・無効の効果

　次に，効果の問題を考えよう。無効の行為は最初から無効である。これに対して，取り消すことのできる行為であっても，取り消されるまでは有効である。しかし，取り消されたときは，その行為は初めからなかったことになる（遡及効）（そきゅう）（121条）。したがって，取り消された後は，無効の場合と変わらない。具体的には次のような処理になる。

　たとえば，Aが自己所有の不動産を1000万円で売却する契約をBと締結し，その不動産はBに引き渡され，登記名義もBに移転した。AはBから1000万円

を受け取った。ところが，その後，Aの意思表示が取り消されAB間の売買契約が最初からなかったものとなり，あるいは，Aの意思表示が無効であるため，AB間の売買契約も無効であったとする。

このとき，その不動産の所有権は一度もAからBに移転しなかったことになる。その不動産がBのもとにあれば，BはそれをAに返還しなければならないし，Bへの移転登記は抹消しなければならない。逆に，Aは1000万円を受け取る理由はなかったことになるから，それをBに返還しなければならない。Bがその不動産をすでにCに売っていたとしても，Cは所有者でないBから買ったわけであり，所有者であるAは売るつもりがないから，その不動産の所有権を得られない（その原則を破るのが，第三者保護の規定）。CはそれをAに返還しなければならない。

ところが，大きく違うのは次の点である。さきほど述べたように，取り消すことのできる行為であっても，取り消されるまでは有効な行為である。そして，取消しは表意者を保護する制度であるから，取消しができる者は限定されている。すなわち，表意者自身，その代理人（未成年者の親・後見人を含む），承継人（相続人など），同意権者（保佐人，補助人など）である（120条）。これに対して，「無効」とは最初から効力がないことであるから，上述の効果の発生のために，何らかの行為を必要としない。そこで，そのような効果が発生していることは，誰でも主張できる。相手方も主張できることになる。

ここまで見てきたところで，制限行為能力者の行為，錯誤・詐欺・強迫に基づく意思表示については，取消しができるとされ，心裡留保による意思表示の一定の場合や虚偽表示については，無効とされていた。制限行為能力，錯誤・詐欺・強迫といった制度がもっぱら表意者の保護を目的とするものであるのに対して，心裡留保に基づく意思表示や虚偽表示の場合は，それに拘束されることが，表意者にとっても，相手方にとっても，予想しないところだから，双方とも無効を主張できるようになっているのである。

◆第三者の保護──直接の規定がない場合の処理

次に，第三者の保護を見てみよう。

第三者の保護規定が用意されているのは，心裡留保による意思表示，虚偽表示，錯誤による意思表示，詐欺による意思表示についてである。これに対し

て，錯誤や詐欺による意思表示に関しては，取消し後に登場した第三者を保護する規定はない。制限行為能力者の行為，強迫による意思表示に関しては，第三者保護規定がまったく存在しない。

　もっとも，たとえば，Aが強迫による意思表示をして，Bと売買契約を締結し，目的物をBに引き渡した後，さらに，Bがその目的物を第三者であるCに売却し，引き渡した，という事例において，目的物が動産ならば**即時取得**（192条）によってCは保護されうる（つまり，有効に目的物の所有権を取得できる場合がある）。強迫による意思表示の場合だけでなく，Aの意思表示が無効，または取り消されたとき，一般において同様である。即時取得については，後にくわしく説明するが（→451〜454頁），無効・取消しといった問題とは別に，動産に関しては一般に権利関係の公示が不十分であること（誰がその動産の正当な権利者なのかがわからない）から定められている制度である。ごく簡単にいえば，現実にその動産を占有している者を，その動産の所有者（処分権者）でないことを知らず，かつ，知らないことに過失がなかった者（善意かつ無過失の者）は，その動産の引渡しを受ければ，処分を受けた権利（多くの場合，所有権）を取得する。具体的に上記の例でいえば，BはAから有効に所有権を取得しておらず，無権利者である。また，Aの意思表示がBの詐欺を理由に取り消された場合も，さかのぼってBは無権利者となる。しかし，このような無権利者Bが売買目的物である動産を占有しており，そのため，Bが無権利者であることについてCが善意かつ無過失で，また，その動産の引渡しを受けていれば，Cはその動産の所有権を取得できるのである。

　これに対して，不動産については，即時取得の制度は存在しない。

　たしかに，詐術を用いていない制限行為能力者の行為および強迫による意思表示においては，たしかに本人の帰責性は小さい。しかし，次のような事例ではどうか。BはAを強迫して，A所有の不動産の譲渡を受け，登記名義も取得した。その後，Bからの強迫がなくなり，Aはその意思表示を取り消すことができる状態になったが，取り消して登記名義を取り戻すことをしていなかったところ，Bは，その不動産をCに譲渡した。この事例の場合，そもそも意思表示をしたことについてはAの帰責性は認められないものの，いつまでも取り消さないで放置していたことに，帰責性が認められるのではないか。

　これは，Cが登場する前に取消しはしたけれど，登記名義をAに戻すことは

せず，そのままに放置していた，という場合にもいえることである。つまり，取消し後の第三者Ｃも保護される必要があるのではないか。そして，そうすると，錯誤や詐欺による意思表示の場合，取消し前の第三者の保護を規定するだけでは不十分ではないか，ということが問題になる。

そこで，現在の学説は，

① 錯誤や詐欺による意思表示の取消し，さらには制限行為能力者の行為や強迫による意思表示の取消しがあったにもかかわらず，取消し前に形成された外形が除去されていないため，取り消されたことを知らないで登場した第三者

② 制限行為能力者の行為や強迫による意思表示が取り消しうる状態になったのに取消しをしないまま放置されていたところ，それらの行為・意思表示の存在が前提とされて形成された外形を完全に有効なものだと信じて登場した第三者

を保護すべきことを主張している。

そのための法律構成をどうするかについては争いがあるが，民法94条2項の類推適用とするのが，さしあたっては単純明快であろう（なお，①に関する判例の立場については，439〜440頁でもう一度検討する）。

民法94条2項で善意の第三者が保護されるのは，虚偽表示の表意者には，みずからわかっていながら無効の意思表示をして，第三者が信じてしまうような外形を作り上げた（たとえば，虚偽表示に基づく登記の移転），という帰責性が認められるからである。そうだとすると，取消しができるのに放っておいた場合や取消し後に意思表示の外形（たとえば登記）を除去していなかった場合にも，「わかっていながら放置しておいた」ことに虚偽表示の場合と類似した本人の帰責性を認めることができる。したがって，虚偽表示における第三者を保護する規定を類推して適用できるはずだ，というわけである。

5 代理制度，法人制度

◆代理人による意思表示

契約は自分が出向いていって締結する場合ばかりではない。代理人にやってもらうこともある。また，さきほど述べた「法人」になると，そもそも法人に

図2-3　委任状の例

委任状

私は，○山×男（住所　東京都千代田区甲山1-9-5）を代理人
と定め，下記の事項を委任します。
一　私所有の下記土地につき，売買契約を締結するまでの一
　　切の件。但し，売買価格は1億円を下らないものとする。

記

東京都目黒区乙山 3-8-1
宅地　120平方米
平成××年1月16日
委任者
　　住所　東京都世田谷区丙山 4-8-4
　　氏名　　　　　　　△野□郎 印

は口も手もないから，だれかに代わって意思表示をしてもらわなければならない。こういった代理や，法人の代表の制度も，「契約とは約束であって，真の納得に基づくときに完全に有効である」ということに照らして考えるとわかりやすい。

たとえば，Aが，Bに対して，自分が所有している甲不動産を1億円以上で誰かに売却してくれと頼み，Aの代理人として甲不動産を売却するための代理権をBに与えたとする（図2-3参照）。このことの意味は，1億円以上で売却するという意思表示をするかぎり，それはAが「真に納得」したことであり，したがって，Bの意思表示はAがその意思表示をしたときと同じ効果を生じさせる，ということである。

B「Cさん，私は，Aから甲不動産を売却する代理権を与えられているんですが，あなた，1億2000万円でどうですか」

C「甲不動産は，ちょうど私の条件にぴったりです。1億2000万円で買いましょう」

このとき，

Aの真意＝Bに自分の代わりに意思表示をさせる＋甲不動産を1億円以上で
　　　　　誰かに売却する

現　　実＝BがAの代わりに意思表示をした＋甲不動産を1億2000万円でC
　　　　　に売却する

というわけで，真意と実際の意思表示との間に食い違いがない。「真の納得」

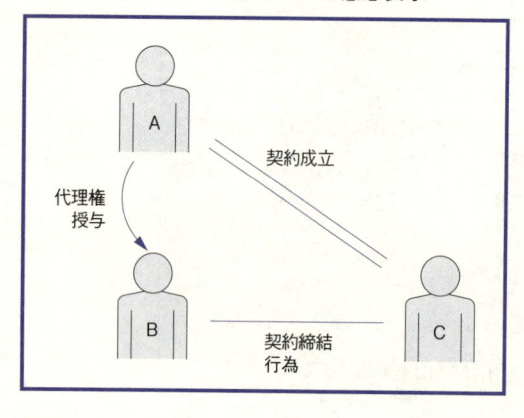

図2-4 代理人による意思表示

がある。したがって，意思表示どおりの効果，すなわちAを売主とし，Cを買主とする，代金額1億2000万円の甲不動産の売買契約が成立するのである（図2-4）。

これに対して，BがAの代理人として，A所有の別の不動産（乙不動産）を売却する契約をDと締結したとする。このときは，真意と実際の意思表示との間に食い違いがある。Bは，甲不動産を売却する代理権しか有していないのに，乙不動産を売るといったのである。こういった場合は，権限のない代理，つまり**無権代理**といって，本人であるAにその効果は帰属しない（113条1項）。

さて，無権代理となるのはAの「真の納得」を欠いているからであるから，Aさえ納得すれば，Bの行為の効果をAに帰属させてよいことになる。そこで，民法113条は，無権代理行為であっても本人がそれを追認することを認める。追認はさかのぼって効果をもつ。つまり，最初からきちんとした有権代理が行われたことになるのである（116条）。ただし，追認されるかどうかがわからないのでは相手方Dが不安定な地位に置かれるので，DはAが追認しないうちに自分のほうから契約を取り消すことができる（115条）。また，追認するかどうか，DはAに対して催促をすることができ，そのときAがその催促を放置しておくと追認を拒絶したとみなされることにしている（114条）。制限行為能力者の行為についても類似の制度が認められていた（→78頁）。

◆法人の意思表示

法人も同じである。すでに述べたように，法人においては，その意思はどのように決定されるか，また，どのようにして表明されるか，が問題になり，このようなことを取り決めていなければ法人として認められない。

たとえば，甲建設会社では，通常の業務執行にかかわること，たとえば乙セメント会社からセメントを1トン購入する，ということは，取締役会で決められ，代表取締役がそれを外部に表明する。そして，取締役会がどのような決定ができるかは，定款で決まっている。定款で認められた範囲で取締役会は会社の意思の決定ができ，その決定された意思に基づいて，代表取締役が意思表示をするのである。

A（株主）「甲会社は建設業をする会社である。ほかの部門に手を伸ばすと，失敗して，株主に大きな損害を加えるかもしれない。定款に建設業しかできないことを規定して，あと細かな事業執行は，B，C，D3人の取締役会に任せよう」

取締役会　「セメントが足りない。乙セメント会社からセメントを1トン購入しよう。代表取締役をBにして，Bに実際の契約締結をさせよう」

B（代表取締役）「乙さん，セメント1トンを××円で売ってくれませんか」

乙会社　「はい，かしこまりました」

　以上のようになれば，甲建設会社という法人の真意は，ちゃんとした手続にのっとって形成されているし，実際にされた意思表示も真意にきちんと対応している。「真の納得」がある。したがって，甲建設会社と乙セメント会社との間に，セメントの売買契約が有効に成立することになる（たとえば，一般社団法人及び一般財団法人に関する法律（以下，「一般法人法」という）77条，会社法349条）。

　ところが，この例で，Bが，取締役会の決定に反して，丙セメント会社と契約する意思表示をしたときには，甲建設会社には，その意思表示に対応する真意がないことになって，有効な契約の成立は妨げられることになる。

◆ 表見代理
（ひょうけん）

　無権代理行為の相手方は，本人の追認が得られない場合には，無権代理人に本人に代わって履行すること，または，損害賠償を支払うことを請求できる（117条）。もっとも，締結されたのが本人所有の不動産売買の契約であった，という場合には，無権代理人に履行をさせることは実際には無理である。損害賠償の支払いを求めるといっても，無権代理人に支払能力がなければどうしようもない。

ところが，制限行為能力者の制度や「真の納得」のない意思表示についての規律を思い出してみよう。

　契約の拘束力は「当事者の意思」に求められるのだから，「真の納得」がなければ拘束力を否定すべきではある。しかし，「相手方の信頼保護」も考えなければならない。そこで，民法は，本人の帰責性（「真意でない意思表示に拘束されても仕方がないような責任が本人にあるか」）と相手方の要保護性（「相手方は保護されるに値するほど注意深く行動していたか」）との双方を考慮して，そのバランスをとっていた。

　「相手方の信頼保護」の必要性があることは，代理についても同じである。そして，実際，民法は，ここでもほぼ同じ枠組みをとった制度を置いている。

まず，「本人の帰責性」があるか。これを考えるためには，そもそもＡがＢに代理権を授与するのはどうしてなのか，を考えてみる必要がある。これは，Ａが，自分の使える時間や能力，さらにはＢの信用を考慮して，「自分で行動するより，Ｂにやらせたほうがよい」と考えたからである。つまり，代理人Ｂの利用によりＡは利益を受けており，またＡはＢのことを信頼して代理権を与えたのである。ところが，そのＢが代理権の範囲外の行為をした。こうなると，いわばＡの「眼鏡違い」である。Ａは慎重に代理人を選べばよかった。ここにＡ，つまり本人の帰責性を認めることができる。

　ところが，Ｂに代理権を与えたわけでもないのに，Ｂが勝手に委任状を偽造して「Ａの代理人だ」と称して行動していたとする。このときには，ＡがＢを信頼したわけでもないのだから，Ａに帰責性はない。もっとも，Ｂがまったく代理権を与えられてもいないのに，あたかも代理人のように行動する原因をＡが作ったとするならば，これまたＡに帰責性を認めることができる。

　以上のように考えて，民法は，相手方が保護されるべき場合として，次の３つを定めている。このときは，無権代理人の行為であるにもかかわらず，ちゃんとした代理権があるような外観を信じた相手方を保護して，本人に効果を生じさせる。これを表見代理という。

Column 16

自分の名前を使われた場合など

　Ｂが，「自分はＡという者だ」といってＣと契約したときはどうか。このとき，Ｃは，ＢのことをＡという名前の人だと思って契約するわけであるから，代理の問題ではない。ＢＣ間に契約が成立するが，Ｃの意思表示が錯誤（「人違い」）または詐欺によるものだとされる可能性はある。もっとも，子どものお年玉をその子の名義で親が預金する場合などには，子どもの代理人として行うことが明らかであり，顕名があったと見られる場合もあるだろう。

　Ａの健康保険証や免許証を拾ったＢが，「自分はＡという者だ」と称した場合も同じく，代理の問題ではない（代理権がないので，署名代理（→104頁 Column 15 ）とならないことに注意）。また，Ｂが「Ａの代理人だ」と称してＣと契約しても，そもそも代理権がないから，権限外の行為の表見代理や代理権消滅後の表見代理に該当しないし，代理権授与の表示をしたことにもならない。もっとも，Ｂに健康保険証などを預けていた場合には，表見代理の成立する余地がある。

具体的には，

①権限外の行為の表見代理

②代理権消滅後の表見代理

③代理権授与の表示による表見代理

である。以下，順に説明していく。

権限外の行為の表見代理　いちおう代理権のある者が，その代理権の範囲外の行為をした場合であっても，「第三者が代理人の権限があると信ずべき正当な理由があるとき」は，本人は，その行為について責任を負う（110条）。代理権の範囲内の行為を代理人が行った場合と同じ効果，たとえば代理人が代理権の範囲を越えて代理人として契約を締結したときであっても，本人と相手方との間に契約が成立する，というわけである。

それでは，「第三者が代理人の権限があると信ずべき正当な理由があるとき」とは，どんな場合か。「相手方（＝第三者）の善意かつ無過失（そう信じ，信じたことに過失がないこと）」と言い換えるのが一般的である。しかし，過失の有無の判断は取引の種類や代理人の種類によって異なる。たとえば，不動産売買においては，相手方にかなりの慎重さがなければ無過失とはいえない。家族が代理人であるときは印鑑を用いたりして委任状を変造しやすいので，相手方が相当の注意を払わねば，無過失とはされない。

> **Case 4**
>
> **最高裁昭和51・6・25判決（民集30巻6号665頁）**
>
> 　A会社の代表取締役Bは，Yから別件で預かっていた実印を押し，またその実印を使って勝手に取得した印鑑証明書を添付して，A会社がXに対して負う債務につきYが保証人となる契約をXと締結した。
>
> 　判決は次のようにいう。印鑑証明書と実印があれば，それを信じた相手方に一般的には「正当の理由」があるといえる。しかし，この契約成立により代理人Bが利益を受けること（Yに保証人になってもらえる）を考えれば，XはBの行為に疑問を抱いてもよいはずだし，また，この契約によってYが負う責任がかなり重いことを考えると，Yに直接に照会するなどして意思を確認すべきだったのであり，「かような手段を講ずることなく，たやすく前記のように信じたとしても，いまだ正当理由があるということはできない。」とした。
>
> 　正当理由の判断のしかたが，少しはわかるだろうか。

代理権消滅後の表見代理　一時期は代理権をもっていた者が，もう代理権が消滅しているのに，代理人として行為した場合である。相手方が代理権の消滅について善意かつ無過失であるときは，本人はその相手方に対して，「代理権の消滅した後の行為だから知らない」とはいえない（112条1項）。たとえば，次のような例を考えてみればよい。AがBに代理権を授与することは，通常，委任契約（→209〜210頁）によってされ，それが解除されると代理権は消滅する（111条2項）。しかし，委任状が回収されないうちに，その委任状を用い，BはAの代理人だと称してCと契約を締結した。Cが善意かつ無過失であれば，AC間に契約を成立させてよいことがわかるだろう。Aはいったんはを信頼したわけだし，代理権を消滅させたなら，代理権があるような外観を取り除くように努力すべきだったのである。

　　民法112条1項が予定しているのは，消滅した代理権の範囲で代理人が行為した場合である。Aから不動産賃貸の代理権を与えられているBが，代理権消滅後にAの代理人としてCと賃貸借契約を締結した，というのが，その一例となる。それでは，Bが，代理権消滅後，Aの代理人としてCとその不動産

代理権の濫用

　　Aは，自分の工場のための原材料を仕入れる権限をBに与えたが，Bは，この代理権を用いて，自分がひと儲けしようと考えた。そして，Bは，Aの代理人としてCから原材料を買い入れたうえ，最初からのもくろみどおり，それを第三者に売却して，Bがその利益を着服した。こういう事例を考えてみよう。

　　かたちのうえでは代理権の範囲内の行為がされており，無権代理とはいえない。しかし，このような売買契約がAの真意と一致していないことは明らかである。そして，実はBは私腹を肥やすために契約しているのだ，ということをCも気づいていた場合には，Cを保護する必要もない。そのときには，AC間に契約が成立しないとしてもよさそうである。

　　判例は，心裡留保による意思表示に関する民法93条ただし書を類推適用してきた。真意のない意思表示を故意にしたという点で，心裡留保に状況が似ているからである。2017年改正により，この判例法理が明文化され，「代理人が自己又は第三者の利益を図る目的で代理権の範囲内の行為をした場合において，相手方がその目的を知り，又は知ることができたとき」は，無権代理とみなされるとされた（107条）改正点。

の売買契約を締結したときはどうであろうか。このときは、「代理権消滅後」の「権限外の行為」であるから、相手方Ｃは、代理権の消滅につき善意かつ無過失であり、同時に、Ｂのした行為が代理権範囲外のものであることにつき善意かつ無過失であるときには保護される。判例・通説の認めるところであったが、2017年改正により、民法112条2項として明文化された 改正点 。

　　代理権授与の表示による表見代理　Ａは、本当はＢに代理権を与えていないにもかかわらず、「Ｂがビジネスマンとして成長した」とＣに思わせ、ＣにＢを引き立ててもらうために、「いやー、Ｂもずいぶん立派になってねえ。いまじゃあ、うちの店の仕入れは全部Ｂに任せてるんだよ」とＣにいったとする。そして、その後、実際にＢが、Ａの代理人と称して、Ｃのところに商品の買い入れに来た。こんなときには、「ああ、仕入れについてはＢが代理権をもっているんだな」とＣが考えるのは無理もない。実際には代理権が与えられていないのだから、Ｂの行為は無権代理行為であるが、Ｃが保護されてよいはずである。

　　そこで、民法109条1項は、「第三者に対して他人に代理権を与えた旨を表示した者は、その代理権の範囲内においてその他人が第三者との間でした行為について、その責任を負う。」としている。上記の例だと、ＡＣ間に売買契約が成立するのである。

　　この場合もＣが善意かつ無過失であることが要求される（109条1項ただし書）。権限外の行為の表見代理や代理権消滅後の表見代理の場合と同様に、Ｃの要保護性の存在という要件を課すべきだと考えられているのである。また、上記の例で、Ｂが商品の仕入れ以上のこと、たとえば不動産の賃貸についての代理権をＡから与えられたと称したときについては、民法109条2項が用意されている。これも、判例において、民法109条と110条とを重ねて適用することにより認められていたところを、2017年の民法改正で明文化したものである 改正点 。民法112条の場合と同じである。

　　なお、民法109条1項に関する特別のルールが、商法にいくつか置かれている。

　　まず、商法14条は、Ａ商店がＢに「Ａ商店」という名前を用いて取引をすることを認めた場合、Ｂのした取引をＡの取引だと誤って信じた相手方に対しては、Ｂの負った債務についてＡも連帯して弁済の責任を負う、とする。これは一見、民法109条1項が規律している場面のようだが、「Ａ商店」という名前を

使っていても，ＢがＡとは独立して営業している場合には，「代理権を与えた旨を表示した」とはいいにくいから，特別のルールを置いたのである。

また，会社法13条は「会社の本店又は支店の事業の主任者であることを示す名称」（たとえば支店長）の使用が許された者，会社法354条は「社長，副社長その他株式会社を代表する権限を有するものと認められる名称」の使用が許された取締役の行為について，相手方の保護要件を「善意」としている。民法109条１項では「善意かつ無過失」が要求されているが，商事取引はスピードが重要であり，また，使用の許された名称が相手方の信頼を引き起こす程度の高いものであることを考慮して，保護要件を緩和しているのである。

◆法人の権利能力

それでは，法人の代理関係についてはどうか。ここでも同じ問題が生じそうである。しかし，まず前提として注意しておかねばならないことがある。

自然人は誰しもが出生によって完全な権利能力を有する（３条。→50〜52頁）。これに対して，法人は，法律の定めによって，はじめて設立を認められるものである。

すでに説明したように，民法33条１項は，「法人は，この法律その他の法律の規定によらなければ，成立しない。」としている（→56頁）。そして，一般社団法人・一般財団法人にせよ，株式会社にせよ，その設立には定款を作成し，そこにその法人の目的（事業内容）を定めておかなければならない（一般法人法10条・152条１項，会社法26条）。なぜこのようなことが必要かというと，株式会社に対する投資家の立場を考えてみればわかる。ある人が「今後，アルツハイマー病の新薬などで，製薬会社は業績が上がる」と判断して，Ａ製薬会社に投資した（株主になった）にもかかわらず，Ａ製薬会社が突然にデパートを経営し始めたとすると，予想が裏切られることになってしまうのである。そこで，定款の作成が要求されるとともに，そこに記載されている事業内容の変更にあたっては，一般社団法人では社員総会で，一般財団法人では評議員会で，株式会社では株主総会で，いずれも３分の２の賛成が原則として必要だとされている（一般法人法146条・49条２項４号，200条・189条２項３号，会社法466条・309条２項11号）。

このように，法人の設立・存続は，その法人の行為が一定の目的の範囲内に

かぎられることを前提としている。民法34条が，「法人は，法令の規定に従い，定款その他の基本約款で定められた目的の範囲内において，権利を有し，義務を負う。」としているのは，その趣旨である。

したがって，A法人の代表権を有するBが，A法人の目的を越える範囲の契約をCと締結したとき，単純に表見代理の問題とはできない。たしかに，目的を越える行為をするような者を代表者として選んだA法人には帰責性がある。しかし，AC間に契約の有効な成立を認めると，A法人に目的の範囲外の行為をさせることになってしまう。Cは保護されないことになりそうである。

しかし，それでは，「巨大な資本を集中し，多くの専門家を雇っている会社をなぜ未成年者並みに保護しなければならないのか」（竹内昭夫）という疑問が生じてくる。そこで，現在の判例は，目的の範囲外の行為であれば，理論上は表見代理の問題も生じないことを前提としつつ，個々の法人の定款に記載された「目的の範囲」をかなり広く理解して，「B理事が行った契約は，わが社の定款に記載された目的の範囲外ですから，無効です」という主張を事実上認めない，という手法でCを保護している。

以上に対して，このような目的の範囲内の行為がBによってされたのだけれど，Bにその代理権限がない場合には，表見代理が問題となる。代理権消滅後の表見代理や代理権授与の表示による表見代理については，いままで述べてきたところと同じである。もっとも，権限外の行為の表見代理については，少し考えてみなければならない点がある。

たとえば，法人の理事（代理人）の権限に定款によって手続上の制限がかかっていることがある。たとえば，「金銭の借り受けをするにあたっては，理事会の承認を得なければならない」というわけである。ところが，A法人の代表者Bが，理事会の承認を得ないまま，Cから金銭の借り入れを行った。このとき，「Bにその権限があるのだろう」とCが考えてしまう場合には，次の2つがある。すなわち，Cがそのような定款の制限を知らない場合と，Cは定款の制限は知っていたが，理事会の承認が得られたのだ，と思った場合とである。

一般法人法77条5項は，一般社団法人の代表理事の権限に関して，「前項の権限に加えた制限は，善意の第三者に対抗することができない。」としている（同法197条で一般財団法人についても準用される）。これは，前者の場合，す

なわち，Ｃが定款の制限を知らない場合の規定だと解されており，民法110条によって善意かつ無過失が要求される場合よりＣは保護されていることになる。通常の代理人の場合には，代理権の範囲はその都度，契約によって定まる（不動産業者に甲土地の売却の代理権を与えるなど）。これに対して，一般社団法人の代表理事には，同法77条４項によって包括的な代理権が与えられている。したがって，通常の代理人を相手にするときのように代理権の範囲を詳細に確かめることをＣに要求するのは妥当でない。こういった考え方に基づいてできたのが同法77条５項であり，したがって，Ｃが定款の制限を知らない場合の規定だ，というわけである。

他方，「Ｃは定款の制限は知っていたが，理事会の承認が得られたのだ，と思った場合」については，民法110条が類推適用される，とされている（判例）。

◆第三者の保護

さて，いままで読んできて，次の疑問をもった人はかなり鋭い。「無権代理行為がたとえば売買契約の締結で，買主のＣが目的物をさらに第三者Ｄに譲渡していたときはどうするんだ。『真の納得』のない意思表示については，第三者の保護も問題にしたのに，無権代理では問題にしないのか」ということである。

たしかに，無権代理人の相手方と取引をした第三者を直接に保護する規定は，民法にはない。しかし，「真の納得」のない意思表示において第三者を保護する規定がない場面では，民法94条２項の類推適用を考えた（→99～100頁）。ここでも，同様に考えることができよう。

表見代理法理によっては救済されないＣが，あたかも有効な契約によって権利を取得したような外観（たとえば登記）を有しているときに，それをすみやかに除去する努力をＡが怠っていた場合には，虚偽表示の場合と類似した本人の帰責性を認めることができる。したがって，民法94条２項を類推して適用することができ，ＡＣ間に有効な契約が成立していないことについて善意のＤは，保護を受けると考えるべきであろう。また，Ｂによる無権代理行為後のＡの行動いかんによっては，無権代理行為の追認があったと見るべきこともあるだろう。たとえば，Ｃが登記を得ているのを認めるような態度をとった場合である。追認があれば，無権代理行為は最初から有効な代理行為であったことに

なる（116条）。したがって，Cは有効に権利を取得し，もちろんDも有効に権利を取得するのである。

　なお，無権代理行為によって，動産がCに引き渡され，その動産をCがさらにDに転売し，引き渡したときには，Dは即時取得（192条）によって保護されうる。このことも，「真の納得」のない意思表示があった場合と同様である（→99頁）。

Ⅳ　契約の解釈・修正と補充

1　強行法規と公序良俗

◆強行法規とその目的

「なーんだ，契約法なんてもうわかっちゃったぞ。自分たちで決めれば，それでいいってことだ」——まあ，それはそうだけど，限界はある。

まず，民法やその他の法律の中には，当事者がそれと異なる定めをすることを許さない，という規定もある。これを**強行法規**というが，強行法規に反する合意は効力をもたず，あるいは，強行法規にあわせて変容されることになる。

具体例をあげよう。

AがBから本を借りる。「1週間貸してね」「いいよ」ということであれば，Aは1週間後にその本をBに返還する義務を負う。つまり，物の貸し借りを契約するとき，その期間は合意によって決めるのであり，決められればそれが拘束力をもつことになる。

ところが，土地や建物の貸し借りにおいて，これをそのまま当てはめると，少し困った事態が生じる。自分が所有している土地・建物がない人は，住んだり仕事をしたりするためには，他人から土地や建物を借りざるをえない。そして，土地を借りて家を建てるのならば，相当長期間の賃借が必要だが，貸主は「いやー，1年ごとに考え直すことにしましょう。えっ，長期間でなければ困るって？　それならば，この話はなかったことにしましょう」という。不動産市況によっては，「いいですよ，それじゃあ，ほかのところで借りるから」といえるときもあるが，物件が少ないときは泣く泣くその条件をのまざるをえない。

これでは，土地や建物を所有していない経済的弱者は，経済的強者である貸主によって厳しい契約条件を押しつけられて，安定した生活が確保できなくなる，という事態が生じる。そこで，借地借家法3条は，建物の所有を目的とする土地の賃借について，次のように定める。

借地権の存続期間は，30年とする。ただし，契約でこれより長い期間を定めたときは，その期間とする。

この条文は，「契約でこれより長い期間を定めたときは」としているわけだから，ここには，当然，「契約でこれより短い期間を定めても，やはり30年である」という意味が含まれている。さらに念を入れて，借地借家法9条は，

この節の規定に反する特約で借地権者に不利なものは，無効とする。

としている。

このように，建物の所有を目的とする土地の賃貸借については，その期間を

長野地裁昭和52・3・30判決（判時849号33頁）

　Yは第一相互経済研究所という名前で，いわゆるネズミ講を開設した。会員がさらに会員を勧誘して組織をネズミ算的に拡大することによって，各会員は下部会員から送金を受けることができる，という金銭配当組織である。しかし，組織の無限の拡大はありえないので，初期の会員しか配当を受けられない。Yの脱税が摘発されたのを契機に，配当を受けられなかった会員たちが会費の返還などを求めて訴えを起こした。

　判決は次のようにいう。

　「本件各講は，その本質が必然的に限界と行き詰まりが生ずるものであり，多数者の犠牲により少数者及びYが不当に利得するという非生産的で射倖的な性質を有するものであるにもかかわらず，Yは，本件各講につき欺罔的，誇大的な説明，宣伝をなし，一般大衆の射倖心と無思慮に乗じ，労せずして高額の金員を受けられるかのように期待させて入会せしめ，その結果自己は不当に利得をえながら，一方で多数の被害者を出し，種々の社会悪と混乱を惹起しているというべきであり，従って，前記XらとY（第一相研）との間の本件各講の入会契約はいずれも公序良俗に反するものとして民法90条により無効といわざるをえない。」

　いまでは，いわゆるネズミ講は，無限連鎖講の防止に関する法律3条によって禁止され，ネズミ講を開設，運営したり，それに加入することを勧誘したものには刑罰が科されることになっている（同法5，6，7条）。しかし，この法律が施行されたのは，1979（昭和54）年である。この判決は，法律ができる以前であっても，ネズミ講の契約は公序良俗に反するものとして無効としたのである。

　これ以外にも，多重債務に陥っている者を10名以上グループ化して，それぞれに貸付を行い，その貸金債務を相互に保証させる，という「グループ貸」契約が無効とされた例，夜間突然訪れて一方的に説明を続け，深夜に及ぶまで土地（それも資産価値のない原野）の購入をしつこく勧めて締結した契約を，「Yの無知，無思慮に乗ずるもの」であり，公序良俗に反するとした例（「原野商法」）などがある。

自由に定めることが認められない。30年より短い期間の定めは許されず、そのような期間を合意しても無効なのである。

　消費者を含む弱者保護のためなどに、強行法規によって契約内容が規制されることはけっこう多い。よりくわしくは、それぞれの契約を考えるときに説明する。

◆取締法規と公序良俗

　それでは、強行法規に違反しなければ、何を決めても有効か。

　たとえば、覚せい剤取締法41条の2第1項は、「覚せい剤を、みだりに、所持し、譲り渡し、又は譲り受けた者（第42条第5号に該当する者を除く。）は、10年以下の懲役に処する。」としている。ところが、先ほどの借地借家法と違って、契約が無効であると直接に定める規定はない。しかし、そうだからといって、覚せい剤を売買する契約が有効である、とするわけにはいかない。覚せい剤の買主からの訴えに応じて、裁判所が、「売主は買主に覚せい剤を引き渡せ」という判決を下すことを考えると、いかにそれが変であるか、わかるだろう。もちろん、研究などの目的の場合は別だが、一般には覚せい剤の売買契約は無効であるとしなければならないはずである。

　無効であることは、民法90条の適用による。同条は、「公（おおやけ）の秩序又は善良の風俗に反する法律行為は、無効とする。」としており、覚せい剤の売買契約はこれにあたるから無効になるのである。「公の秩序又は善良の風俗」をあわせて**公序良俗**（こうじょりょうぞく）という。

　しかし、具体的にどのような契約が公序良俗に反するかは、なかなか判断が難しい。

　一方、法規違反が公序良俗違反をもたらさないとされた例もある。食品衛生法52条は、食肉の販売を営む者などは、都道府県知事の許可を受けなければならない、としている。それでは、その許可を受けていない者が販売の目的で食肉を購入したらどうなるか。判例は、食品衛生法は「単なる取締法規にすぎないものと解するのが相当であるから、Ｙが食肉販売業の許可を受けていないとしても、右法律により本件取引の効力が否定される理由はない」としている。

　他方、弁護士法72条は、弁護士でない者が、報酬を得る目的で法律事務を

取り扱ってはならないとしている。そして、これに違反する契約、具体的には「XがAから債権の取立を委任され、更にAから右債権の取立の目的を達成するためAの提起する訴訟につき弁護士を選任し、仮差押並びに仮処分申請の手続をなす件及びこれらの事件につき和解等による解決の一切を委任され、右債権の取立に成功すれば取立金額から訴訟費用を控除した残額の半額を報酬として受取る」という契約について、判例は、公序良俗に反するものであって無効である、としている。

ほかにも様々な例があるが、全体として判例は、次のような考慮を行って有効・無効を判断しているとされる。すなわち、取引の安全や当事者間の信義に照らして、それでも無効とすべきほど、その行為を禁圧する必要性があるか、という考慮である。たとえば、上記の事件においては、弁護士法違反を理由に契約を無効とすると、法律事務を行った者はただ働きになってしまう結果となり、当事者間に不公平感は残る。しかし、法律問題で苦労している人を無資格者が食い物にするという事態を生じさせないためには、そのような契約自体をいつも無効として、そういった契約をしても損するだけだ、ということにしなければいけない。だから、契約を無効にしよう、というわけである。

◆法令に基づかない公序良俗

以上は、法令違反の契約を公序良俗違反として無効とするものであった。しかし、それでは、何らかのかたちで法令に違反しないかぎり、公序良俗に反するとはいえないのか、というと、そうではない。

婚姻している男が、そのことを知っている女性との間で将来婚姻をする約束をし、実際に結婚できるまでの間、生活費を払うという契約をした。この契約自体は何らかの法律に違反するものではない。しかし、このような契約は現在の婚姻について離婚することを前提としており、仮に、その女性からの生活費支払い請求を裁判所が認めることになると、裁判所が離婚を促進することになってしまう（支払いをせずにすませようとすると、男としては離婚するしかない）。そこで、判例は、このような契約は婚姻秩序を乱すものであり、公序良俗に反して無効である、としたのである。

しかし、ここでも判断は難しい。妻子と以前から別居している男性が、死亡まで約7年間いわば同棲関係にあった女性に、遺産の3分の1を贈与すると

した遺言の効力が争われたことがある。最高裁は，公序良俗に反するとはいえない，としたが，異論もありうる。

　また，経済的弱者の保護のために，ある契約を公序良俗違反であり無効である，とする裁判例も多い。たとえば，すでに1934（昭和9）年の大審院判決は，「他人の窮迫軽率若は無経験を利用し著しく過当なる利益の獲得を目的とする法律行為は，善良の風俗に反する事項を目的とするものにして無効なりと謂はざるべからず」としており，このルールは判例上，確立している（2017年改正で明文化が試みられたが，主に産業界の反対によって実現しなかった）。

　世の中には悪徳な新種商法で消費者から金をむしり取ろうとする者も多い。法律はそのような悪徳商法を取り締まろうとするのだけれど，次々と新種のものが登場して法律の制定は後手後手になりがちである（→152〜156頁）。そこで，そのような商売方法を禁止する法律がない間でも，契約自体が公序良俗に反し無効であるとすることによって，消費者を保護するわけである。

2　契約の解釈と補充

◆契約解釈の必要性

　さて，契約が締結されると，それは拘束力をもち，当事者間ではあたかも法

Case 6

東京地裁平成9・2・4判決（判時1595号139頁）

　日本のある会社に勤めるカナダ人男性Xが，無断欠勤から上司との仲が険悪になり，別の部署への異動を提示された。Xは，この提示に従わず，上司と交渉を重ねた。日本語にときおり英語を交えてのその席上，上司から「異動がいやなら辞めてもらう」といわれ，「それはグッド・アイデアだ」と答えた。Y会社側は，これを退職の合意だと解し，タイムカードを回収するなどしたが，これに対して，Xは，半ばあきれての発言であって，退職を合意するものではない，と争ったのである。

　判決は，Xの主張を認め，2年余りの未払い賃金をXに支払うことをY会社に命じた。

　表示の解釈の一例である。よく似た問題は，日本語の「けっこうです」という表示に関連しても生じる。ある契約の勧誘を受け，「けっこうです」と断ったつもりが，相手方から契約の成立を主張されてもめる例がある。

律のような効果を有する（→67〜68頁）。このとき，契約内容がたいへん明快に，また，問題となることがらのすみずみについてまで，きちんと定められていれば，問題はない。しかし，法律の条文について解釈が必要であったのと同じく，契約条項も実際の事件に適用する際には，しかるべく解釈が必要である。

シェイクスピアの『ヴェニスの商人』という芝居をご存じだろう。金貸しのシャイロックは，アントーニオと次のような契約を結ぶ。

> 「証文に記されたとおりのこれこれの日にこれこれの場所でこれこれの金額をお返し願えない場合は，その違約金がわりに，あんたのからだの肉をきっかり一ポンドいただく，ってのはどうだろう，それも，おれの好きな場所から切りとっていい，ってことにしていただきたいんだが」

> 「よかろう，喜んでその証文に判を押すことにする」

ところが，この契約は，裁判官に扮したポーシャによって，次のように解釈される。

> 「この証文によれば，血は一滴もおまえに与えていない，ここに明記されているのは，『肉一ポンド』だけだ，したがって証文どおり，肉一ポンド受けとるがいい，だが切りとるときに，もしキリスト教徒の血を一滴でも流せば，おまえの土地・財産はすべて，ヴェニスの国法にしたがい，国庫に没収される，そう心得るがいい」

> 「さあ，肉を切りとる用意をするがいい，ただし血を流してはならんぞ。また，切りとる肉は正確に一ポンド，それ以上でも以下でもいけない。かりに一ポンド以上，または以下の肉を切りとれば，たとえその軽重の差が一ポンドの千分の一，いや，そのまた二〇分の一にすぎなくても，とにかく秤が髪の毛一筋ほどの傾きでも見せたとすれば，その身は死刑，財産はことごとく没収することになる」

> （以上，小田島雄志訳『シェイクスピア全集2』（白水社））

契約の解釈が行われたわけである。

もちろん，そもそもこの契約は公序良俗に反し無効であるが，仮にそのことを考えないとすると，上記の解釈についてどう感じるだろうか。「そりゃ，あんまりだ。『肉1ポンドを切りとってもよい』ということであれば，常識的に考えて，血が流れてもいいってことになるじゃないか」というのが多数派であろう。

しかし，「常識的に考えて」では，はっきりしない。いったい，どのような基準で解釈が行われるのだろうか。

◆契約解釈の基準

契約の解釈とは，当事者のした意思表示の意味内容を解釈することである。たとえば，「肉1ポンドを切りとってもよい」という表示の意味内容が解釈されるわけである。しかし，この解釈にあたって，当事者の内心の意思を基準とするのか，外部に現れたところの客観的な意味を基準にするのか，には争いがある。通説は後者だと考えられている。

しかし，次のような例を考えてみよう。AとBとの間には以前から取引関係があり，「とうもろこし」を意味する符丁（仲間うちの言葉）として「スープ」という言葉が用いられていたとする。AはBから仕入れたとうもろこしを原料にして，コーンスープを製造していたので，そういった呼び名になったのであった。そして，このたび，AB間で「スープ取引」の合意がされた。

このとき，「スープ取引」という言葉の客観的な意味は，けっして「とうもろこしの取引」ではない。しかし，「スープ」という言葉に両当事者が同じ意味（「とうもろこし」）を与えていたのならば，その意味に従って解釈されることになる。これが契約解釈の第一段階となる。

Column 18

国際売買におけるインコタームズ

同じ言葉について当事者の間で解釈が異なっていることは，紛争のもとである。国内取引でもこの問題はしばしば生じるが，国際的な取引になると，各国の慣習が異なるため，思わぬ誤解が生じることもある。そこで，国際商業会議所は，主要な貿易条件について言葉の意味をはっきりさせる標準規則を作成し，当事者がこの標準規則の採用を契約中で合意することによって，言葉の解釈をめぐる紛争を防止しようとしている。これを「インコタームズ」という。

たとえば，当事者が契約において「FOB」という言葉を用い，その解釈はインコタームズによると合意していれば，「FOB」という言葉は，インコタームズがFOB契約の当事者の義務として定めるところを意味するものとして解釈されるのである。

インコタームズは，国際取引の標準として世界で広く用いられており，スペインやイラクのように，国際取引に適用される法律とされている国もある。

問題は，両当事者が，その表示に与えている意味が異なるときである。

　AB 間では以前から「とうもろこし」を意味する符丁として「スープ」という言葉が用いられてきたのに，A は突然，『『スープ』は『スープ』だ」と思い直して，B に対して本当にスープの意味で「スープ」を注文したとする。B は，「A がまた『スープ』って注文してきたぞ。いつものように『とうもろこし』の意味だな」と思うはずである。このときは，やはり「とうもろこしの取引」が成立していると考えてよい。つまり，A は，相手方である B が，その表示をどのように理解するかを考えて意思表示をすべきである。

　もっとも，B の理解がつねに絶対的な意味をもつわけではない。以上の例で，B が勝手に，「『スープ』っていうのは，『じゃがいも』の意味だ」と考えたからといって，「じゃがいもの取引」が成立するわけではない。その事情（これには，AB 間のいままでの取引の様子などが含まれる）のもとで，「相手方である B が通常そう考えるであろう」という意味に解釈されるわけである。そういった意味で，「表示の客観的な意味の確定」といってもよいのだが，「国語辞書に載っている意味」ということではなくて，「その事情のもとでの客観的意味」だということに注意してほしい。したがって，AB が属している業界の慣習などが重要になってくる（92条参照）。

　この事例では，A は「スープ」を意味する言葉として「スープ」という言葉を用いたが，AB 間には「とうもろこし」の取引が成立する。したがって，A としては，思わぬ内容の契約が成立することになるのであり，A の意思表示が「錯誤による意思表示」になるのではないか，という問題が生じる。しかし，すでに述べたように（→84〜92頁），錯誤による意思表示として取消可能とされるためには，いくつかの要件を満たさなければならない。つねに取消しができるわけではない。

　以上の説明に対しては，「なんだ合意の成立の話ばっかりじゃないか。聞きたいのは成立した契約条項の解釈の問題なのに」というかもしれない。しかし，ある条項が効力があるということは，その条項について合意が成立している，ということなのである。たとえば，「代金は10万円とする」という合意があるからこそ，売買契約書にそのことが記載される。したがって，各契約条項の解釈問題とは，その条項の内容をめぐる合意の解釈問題にほかならず，以上と変わるところがないのである。

　ここまでは，当事者がある一定の言葉を用いて表示していた内容の解釈の話であった。しかし，実際には，契約が締結されるとき，すみずみまできちんと合意されているとはかぎらない。

　たとえば，みなさんが，自分のパソコンを友人に売る，という契約をするときを考えてみよう。代金額や引渡し方法については合意するだろう。しかし，パソコンの画面に乱れがあるときはどうするか，代金を支払わないときはどうするか，細かいことまで合意するわけではない。企業間の取引になると，友人間の契約と比べて，ずっと細かく規定されるが，しかし完全ではない。

　このようなときには，表示を解釈するだけでは，当事者間の法律関係を定めることはできない。当事者が決めていないことを補充する必要が出てくるのである。

　このときにも，まず，当事者の意思が尊重されるべきであるとされる。つまり，表示されている意思を全体として理解して，その契約がいったいどのような目的を有しているのかを検討し，そのような目的に合致した方向で意思を補充する，というわけである。また，取引慣行，契約交渉や契約成立後の両当事者の行動なども，当事者の意思を推定するのに重要な意味をもつ。

　しかし，この点であまり無理をすると，「両当事者はこう考えたに違いない」といって裁判官の見解を押しつけることにもなりかねない。「補充」を裁判官の自由気ままなものにしないためには，一定の基準が必要となる。そこで，民法には，いろいろな契約ごとに，当事者の意思を補充するための条文がたくさん置かれている。これを強行法規と対比して，**任意法規**という。

◆意思補充のための契約類型

　さて，このような任意法規によって，当事者の意思を補充するためには，まず，全体としていったいどんな契約なのかをはっきりさせなければならない。たとえば，ある契約に基づいて，Aがその所有物をBに引き渡したが，AからBへの所有権移転は生じないとする。このことは，BがAにそれを借りる，というときにも生じるが，Aが有料手荷物預かり業者であるBに手荷物を預ける，というときにも生じる。料金の支払いについて合意がなく，補充の必要があるときに，前者ならば，BがAに料金を支払うべく補充がされなければ

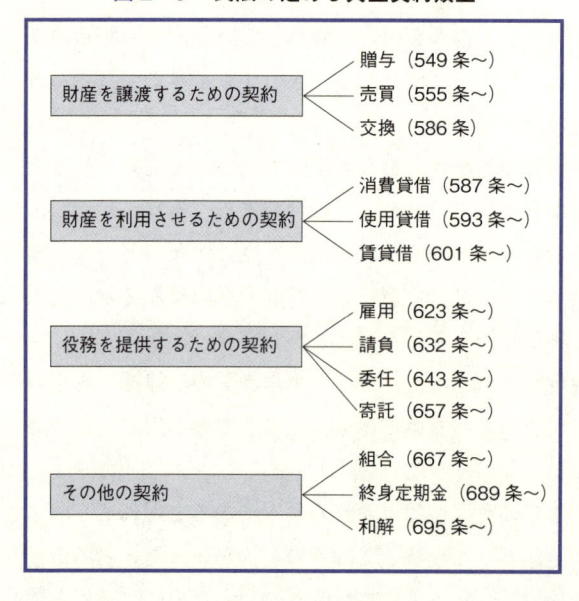

図2-5　民法の定める典型契約類型

財産を譲渡するための契約
- 贈与（549条〜）
- 売買（555条〜）
- 交換（586条）

財産を利用させるための契約
- 消費貸借（587条〜）
- 使用貸借（593条〜）
- 賃貸借（601条〜）

役務を提供するための契約
- 雇用（623条〜）
- 請負（632条〜）
- 委任（643条〜）
- 寄託（657条〜）

その他の契約
- 組合（667条〜）
- 終身定期金（689条〜）
- 和解（695条〜）

ならないし，後者ならば，逆に，AがBに料金を支払うように補充されることになる。

このように，まず，契約の性格を明らかにしなければ，補充すべき内容が決まらないのである。

そこで，民法は，13種類の契約類型を用意して，まず，その契約の性格をはっきりさせることにしている（**性質決定**）。このように民法上，類型として用意されている契約のことを**典型契約**という。そして，次に，その種類の契約について用意されている任意法規で補充を行うのである。

民法の定める13種類の典型契約類型は，さらに図2-5のように分類して考えるのがわかりやすい。このような13種類に分けるのはどうしてか，さらには，このように分類できるのはどうしてか，というのは，順々に説明していくほかはない。

◆**典型契約類型にあてはまらない契約？**

以上のように，

契約の性格の探求

↓

典型契約類型への当てはめ（性質決定）

↓

任意法規による補充

という枠組みで考えるとすると，1つ問題が生じる。社会に存在する現実の種々の契約すべてが，はたしてうまく13種類の典型契約類型に分類できる

のか，ということである。

　この点で従来から一致して次のように説かれていた。すなわち，現実社会で行われる契約は千差万別であり，それをむりやりに典型契約類型のいずれかに分類したり，ある典型契約類型に近いものだといって，その典型契約類型に用意された任意法規を適用してはならない。当事者の意思やその取引の慣習などを基準にしなければならない，というわけである。

　「なるほど」と思ってしまいそうだが，完全に矛盾をきたしている。典型契約類型に当てはめて，任意法規を適用するのは何のためだったかを考えると，どこに矛盾があるかはわかる。そう。当事者の意思やその取引の慣習がわからないからこそ，典型契約類型ごとに用意された任意法規で補充する必要があったのである。にもかかわらず，典型契約類型に無理に当てはめてはいけない，当事者の意思や慣習が大切だ，というのでは，話は振り出しに戻ってしまう。

　ただし，慣習も含め，当事者の意思を探求することの重要性は繰り返し指摘しておいたほうがよいだろう。そして，ここにおける「当事者の意思」というのも，いつも具体的な「その人」の意思が問題にされるとはかぎらない。こういった慣習がある，あるいは，一般的に当事者はこう考えている，という判断が，ある特定のタイプの契約について裁判例が積み重ねられることによって，「こういったタイプの契約では，当事者の意思はこうだ」というように，あたかも典型契約類型のようなものができあがることもある。

　そして，典型契約類型には，当事者が契約を利用しやすくするという意義もある。つまり，細かいところまで決めていなくても，法律が適切に補充してくれるので，取引がしやすくなるというわけである。さらには，契約交渉にあたっても，議論の出発点となり，交渉を促進する機能もある。ただし，締結された契約について，それを民法に用意されている13種類の典型契約類型に当てはめて，任意法規で補充する，というのは，最後の手段である。

◆典型契約について学ぶ意義

　以上のように，民法の定める典型契約類型の各条文が，当事者の意思がはっきりしないときに補充のために使われるにすぎないものだというと，「何だ，それじゃあ，あまり重要じゃないな」ということになる。しかし，そうではない。補充の必要がある場合は思いのほか多いということ以外にも，いろいろと

意味がある。

第1に，典型契約についての民法の規律の仕方を知ることによって，民法がどのような規律が当事者の公平にかなうと考えているか，言い換えれば，法的な公平観念を学ぶことができる。民法の条文は，「まあ，当事者の意思がはっきりしないんだから，何はともあれどっちかに決めておけばいいんだ」というような，いい加減な気持ちでできあがっているわけではない。各状況を分

信義則の機能・権利濫用の法理

借主のところをたずねていって「取り立てる」という合意があったとする。しかし，貸主が何度も取り立てに行ったのに，借主が支払いをしないとき，貸主が借主に対して「家賃を1週間以内に持ってこないと，契約を解除する」と通知したらどうなるか。

合意をそのまま適用すると，借主は，取り立てに応じて家賃を支払う義務を負っているだけなのだから，1週間以内に支払いの準備さえしておけばいいのであって，持っていく義務はなさそうである。しかし，紛争の経緯（すでに何度も取り立てに行った）に照らすと，持っていって支払う義務を借主に課したほうが合理的である。

このように，合意の解釈・任意規定による合意の補充では合理的な解決がもたらされないとき，最後の手段として登場するのが，民法1条2項の信義則（「権利の行使及び義務の履行は，信義に従い誠実に行わなければならない。」）である。ただし，この条文を濫用してはならない。あくまで最後の手段である。

権利として認められたなら，その行使によって他人に損害を与えることになっても，原則として違法ではない。しかし，権利の行使といっても一定の制限はある。民法1条3項は，「権利の濫用は，これを許さない。」と規定しているのである。

これは**権利濫用の禁止**とよばれるが，この法理を適用した有名な判決に宇奈月温泉事件（黒部峡谷の入口にある温泉）というのがある（大審院昭和10・10・5判決（民集14巻1965頁））。温泉では，各旅館は源泉から管を通して，自分のところに湯を引いている。ところが，ある温泉宿の管が，他人の土地の一部（それも使えないような傾斜地）をかすめていた。これを知ったXは，この土地を所有者から買い受けて，管の所有者Yにその土地を高額で買い取ることを請求した。買い取らないのならば，管を撤去しろ，ここは自分の土地だ，というわけである。しかし，大審院は，Xの管撤去請求を認めなかった。管が自分の土地を通っていることによってXが被る損害はごくわずかであるにもかかわらず，巨額の費用を必要とする撤去をYに請求するのは，権利の濫用であって認められない，というわけである。

しかし，この法理も濫用してはならない。

析し，当事者間に公平が保たれるような補充を行おうとしている。そして，民法の条文が，その状況をどのように分析し，どのようにすれば当事者間の公平が保たれると考えたか，を知ることは，分析の仕方・公平の保ち方という法的な思考力をきたえるために，重要な意味をもつ。

　第2に，以上のように，民法の条文には，「民法はどういった規律が当事者の公平にかなうと考えているか」が示されているとすると，それは「当事者の意思を補充する」という局面以外でも現実的な力をもつ。任意法規で当事者の意思を補充する前に，なるべく当事者の意思を探求する，といった。しかし，当事者の意思も何の手がかりもなく確定できるものではない。当事者は合理的な意思をもっている，という前提のもとに探求が行われる。そして，合理的な意思をもっていれば，両当事者が公平になるように合意されているはずであり，「合理的な意思をもっていれば合意するはずの内容」は民法の条文に示されているはずなのである。そうすると，裁判官による「当事者の意思の探求」においても，民法の条文内容が，かなりの影響力をもつ。

　第3に，契約書の条項は民法（さらには商法など）の条文が適用されることを避けるために存在している（民法の条文の内容で文句がないなら，わざわざ取り決めを置かなくてもよい。民法の条文で補充されるのだから）。当事者は民法の条文が適用されると困る，と考えた。それはなぜだろう，民法の条文の規律を契約書の各条項でどのように変えたのだろう。これを知るためには，まず民法の規律内容の理解が必要である。また，あまりに不合理・不公平な取り決めは，すでに説明した公序良俗違反として無効とされることがある（→115〜117頁）。このときの「不合理性・不公平性」の判断の基準としても，「合理的・公平」であるはずの民法の規律がしばしば用いられることになる。後に述べる消費者契約法では，このことが明文化されている（→228頁）。

　以上のことにも注意しながら，次章から，13種類の典型契約のそれぞれの規律を見ていくことにする。

第 3 章
いろいろな契約1

旧「宜し俺が一ツ長屋の奴を困らしてやる事がある。俺の事をデボチン頭だなどと云つて金を借りてやがる癖に……俺がスツカリ改革をすれば其金の利をウンと上げてやる。昔し風に廿五両一分の利で貸してやつてたが，改革をすれば開化に基づいて百円貸すには四十五円テン引にして二十五円筆墨料に取つて二十円手数料を取るから，詰り五円貸して翌日裁判へ願つて身代限りをさせて遣らうと考へたが，宜い工風ぢやア無いか」

妻「ホンに宜い御工風ですねヱ。然うしたら御長屋の者が嘸驚ろくで御座いませう」

旧「長屋の者一同へ差配から廻状を出させて開化に基づいて昔し風の稼業をする者は 悉 く店立を食はしてやらうと思ふ」（一部省略）

——三代目三遊亭円遊「素人洋食」『口演速記
明治大正落語集成第１巻』（講談社）

I 財産を譲渡するための契約

1 売買契約の成立

◆贈与，売買，交換

　ある財産を譲渡するとき，その財産に欠陥があったならば問題である。たとえば，みなさんがこの本を書店で買ってきたとする。「この本」という，1つの財産がみなさんへ譲渡されたわけである。ところが，落丁があった，ということになると，みなさんはその書店に文句をいうだろう。しかし，みなさんがこの本を友人からもらったのだとする。このとき，この本に落丁があったら，みなさんはその友人に「落丁があったから，別のをくれ」というだろうか。おそらく，「ただでもらったのだから，文句はいえない」と考える人が多数派だろう。

　このように，譲渡された財産に欠陥があった場合1つをとっても，ちゃんと代金を支払って譲り受けた場合と，ただでもらった場合とでは，妥当と思われる規律が異なる。正確にいえば，当事者がその点をきちんと取り決めていないときに，どのように補充すべきかが異なる。

　そこで，民法は，「財産を譲渡するための契約」を，その譲渡に対価が支払われるか否かによって，大きく2つに分ける。支払われない場合を**贈与**という。支払われる場合は，支払われるものが金銭かそれ以外の財産かによって**売買**または**交換**という。

◆有償契約・無償契約，双務契約・片務契約

　売買と交換との区別は，はっきりいって意味がない。交換の規定は民法586条しかなく，同条と559条によって売買の規定が準用されるからである。これに対して，その譲渡に対価が支払われるか否かの区別は重要である。そして，このように一方から他方への給付に対して，他方から一方へと対価が支払われるか否かは，様々な契約類型すべてにとって重要な意味をもつ。仕事をやって

もらうときだって，ただで
やってもらうときと，お金
を払ってやってもらうとき
とでは，相手がさぼってい
るときに，どこまで文句が
いえるかは異なるだろう。
そこで，この区別を明らか
にするために，対価が支払
われる契約を**有償契約**とよ
び，そうでない契約を**無償
契約**とよんでいる。また，
対価の支払義務に着目し

図 3-1　双務契約と片務契約

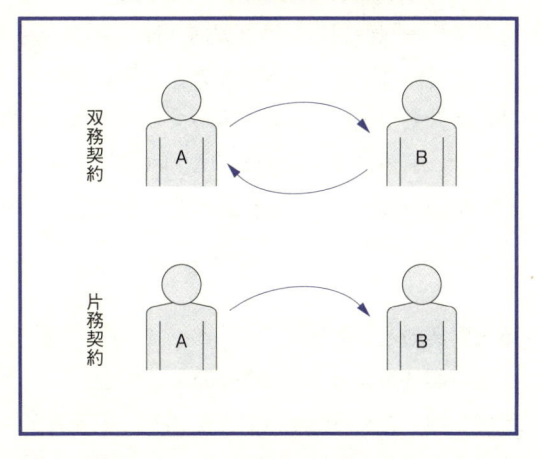

て，契約当事者の双方が対価を支払う義務（お金でとはかぎらない。仕事をするのも対価の支払いの一形態である）を負う契約を**双務契約**，他方だけが義務を負う契約を**片務契約**とよぶ（図3-1）。これ以降，何度も出てくる言葉であるから，注意しておいてほしい。

理論的には，「片務契約で有償契約である契約」というのも存在していて，有償契約＝双務契約，無償契約＝片務契約，というわけではない。しかし，だいたい有償契約は双務契約であり，無償契約は片務契約である。

　経済社会で重要な意味をもっているのは，有償の双務契約である。そして，売買は，有償の双務契約の典型例である。そこで，「財産を譲渡するための契約」についても，まず，売買の方を見て，そのあと贈与の特殊性を売買と比較することにしよう。

◆ 売買契約とは？

　売買契約の定義は，民法555条にある。すなわち，「当事者の一方がある財産権を相手方に移転することを約し，相手方がこれに対してその代金を支払うことを約する」わけである。

　代金は，ともあれ確実に定まればよい。別に日本円で定めなくてもよく，外国通貨でもかまわない（403条）。また，「3か月後の東京株式市場の日経平均株価の2倍」という決め方でもよい。

　売買の対象が「財産権」となっていることからわかるように，「物」の所有権を移転する契約でなくても，民法にいう売買契約にあたる。たとえば，金銭債権を移転する契約も売買契約であるし，特許権や漁業権の移転の契約もそうである。また，「物」であるときも，それが「A市B町4-8-4の家屋」というふうに個体で特定されている場合ばかりではない。たとえば，「アサヒスーパードライ500ミリリットル缶を100本」という種類で定められることもある（401条参照）。このとき，売主は，世界には何万本とある「アサヒスーパードライ500ミリリットル缶」のどれでもよいから，ともかくも100本を調達して，買主に引き渡せばよい（このとき売主が負う債務を**種類債務**，買主が有する債権を**種類債権**という）。変わったところでは，「売主は，アサヒスーパードライ500ミリリットル缶100本か，キリン一番搾り500ミリリットル缶100本を買主に売却する」という売買だってある（406条参照）（同じく，**選択債務**，**選択債権**とよぶ）。「どっちでもいいから後から届けといて」ということは，けっこうあるだろう。

　また，「財産権」は，現時点では存在しないものでもよい。たとえば，私が，いま執筆中のこの本が将来印税を生むようになったら発生するところの債

権を買主に譲渡する，という売買契約を締結することも可能である（将来の債権についての売買契約。466条の6参照）。さらには，他人の物だって売買の対象としうる。もちろん，売主Aと買主BとがC所有の物について売買契約を結んだからといって，Cが当然にその所有権を失うわけではない。そんなことになってはCはたまらない。ただ，Aは「その権利を取得して買主に移転する義務を負う」（561条）。つまりAはCにその物を売ってもらって，それからそれをBに移転する義務を負うのである。CがAに売らないといえば，AはBに対して契約上の義務を果たせないということになる。

とりわけ，「他人の物を売買することもできる」という点には驚くかもしれない。しかし，契約によって売主と買主との間にどのような権利義務が発生するかを考えると，このことは理解できる。契約によって発生するのは，債権―債務の関係である（→67頁）。他人の物や将来生じる物を売買したとき，たしかに売主はその時点でその物の所有権を買主に移転することはできない。しかし，将来，移転する義務を売主に負わせることはできる。そうであれば，売買契約の成立を認めても，何ら差し支えないのである。

◆先物取引

たとえば，半年先のとうもろこしについて，いまの時点で1トンあたりの

Column 21

先物取引のルーツ

先物取引は，アリストテレスの『政治学』の中にも出てくる。ミレトスのタレスは「天文学から考えて橄欖（かんらん）（注：オリーブのこと）が豊かに実るだろうということを知り，まだ冬の間に少しの金を工面して，手附金を渡し，誰も競争するものがいなかったので，ミレトスとキオスの橄欖圧搾（あっさく）工場を廉（やす）く借りうけた。橄欖の実る季節が来た時，多くの人々は同時にしかも俄（にわか）にそれらの工場を求めたので，彼は自分の好き勝手な値段でそれを貸出した，かくて巨額の金を集め」た（アリストテレス（山本光雄訳）『政治学』（岩波文庫）。オリーブ圧搾工場の所有者としては，オリーブが不作で，誰も工場を使わないというリスクを回避し，タレスは，圧搾工場使用権を先物として購入し，その後の使用権価格の暴騰で富を得たわけである。

近代的な商品先物市場は，1730年（享保15年）に開設された大坂堂島米会所（こめかいしょ）（大阪市北区堂島）である。現在，世界最大の取引所であるシカゴの取引所でも，堂島米会所が原型であると紹介されている。

値段を付けて，売買契約を締結することがある。買主は予定した値段で半年後にとうもろこしを仕入れることができ，その時点で相場が急騰していても困らない。逆に，売主も半年後の利益を確実にすることができる。相場が急落していても，契約された値段で買い取ってもらえる。このように，ある商品について将来の売買を締結することにより，相場の変動リスクを回避することができ，買主にも売主にも利益になる。**先物取引**である。

そして，半年後に相場が急騰していれば，この契約で買主がもっている契約上の地位は価値の高いものとなる。その時点での相場が120万円なのに，半年前に100万円で売買契約を締結しているとすると，買主としての地位は20万円の価値を有する（120万円のものを100万円で買える権利だから）。そこで，こういった先物取引の買主の地位は取引の対象となり，投機の対象となる。商品取引所で行われる小豆相場などの投機が，これである。

先物取引は，商品ばかりでなく，株式や為替についても広範に行われている。

◆売買予約と継続的売買

民法は，売買契約の予約について規定している。「売買の一方の予約は，相手方が売買を完結する意思を表示した時から，売買の効力を生ずる」（556条1項）というわけである。しかし，実際にはほとんど用いられることがないようである。

実務では，たとえばメーカーと特約店との間で，売主はある製品を買主の注文に応じて買主に売り渡すことを約し，買主はこれを買い受けることを約する，という基本契約が結ばれることがある。これを「包括的予約」とよぶこともあるが，民法の定める売買予約とは異なり，注文があれば，それだけで売買契約が成立するのではなく（予約であれば，そうなる），当事者に契約締結義務が生じるだけだと解されている。つまり，注文に応じなかった売主は契約締結義務違反の責任を負うことになるが，成立した売買契約の義務違反を問われるわけではない。

このような継続的な売買においては，それでは，どのような事情のあるときに基本契約を解除できるのかなど，通常の1回かぎりの売買契約とは異なる，特殊な問題が生じる。後に説明することになる（→308〜309頁）。

2　売主の義務

◆財産権移転義務

売主は，ある財産権の移転を相手方に約束しているわけだから，これを履行することが義務となる。このとき注意しなければならないのは，権利を移転すればそれでよい，というわけではないことである。後にくわしく見るように（→416〜418頁），たとえば，現在すでに存在している「○○町4-8-4の家屋」が売買目的物となった場合，その家屋の所有権は契約と同時に買主に移転すると解されている。それならば，その時点で，売主の負う「財産権移転義務」は尽くされたことになるか，といえば，そうではない。「権利を移転しましたよ」ではすまないのである。

家屋には登記があるが，売主は所有権移転登記を買主に対してしなければならない。その家屋に誰かが勝手に住み着いているとしたら，その者を追い出さなければならない。売買されるのが農地であったりすると，農業委員会の許可が必要となるが（→463頁），その申請に協力しなければならない。一言でいえば，「買主をして買ったといえる状態にすること」（米倉明）が売主の義務なのである。以上のことは解釈上当然のこととされていたが，登記などの対抗要件を買主に具備させる義務を売主が負うことは，2017年改正で明示されるに至った（560条）改正点 。

売主は1回で売買目的物全部を引き渡す義務を負うとはかぎらない。10トンの原材料を目的物とする売買契約が成立したが，売主は買主に毎月1トンずつを引き渡す，と合意されることがある。月々2本のワインが届けられる，という契約も，これにあたる。

◆売主の契約不適合責任

売買された財産権を買主に移転しなければ，明らかに売主の債務不履行（売買契約違反）である。それでは，約束した財産権が予定された性質をもっていないとき，たとえば，「○○町4-8-4家屋」を引き渡し，登記もきちんと移転したが，雨漏りがする家屋だった，というときはどうなるのだろうか。

せっかく家を買ったのに，雨漏りがしたのでは台無しである。したがって，

売主は「買主をして買ったといえる状態」にしていない，ということになりそうである。しかし，家屋の引渡し義務を果たさないときと，ちょっと状況が異なる。引渡し義務が果たされないときには，買主はまったくその家屋を利用することができず，契約をした目的が全然達成できない。これに対して，雨漏りがあっても，契約目的がまったく達成できないとはかぎらない。代金減額があれば満足できる場合もあるし，修理をすれば大丈夫なときもある。ビールを100本注文したときに2本だけ不良品であった場合は，2本分代金を減らせば十分なようにも思われる。もっとも，創業100周年の会社が，記念式典で100羽の鳩を放とうとしているのに，引き渡された100羽の鳩のうち2羽が死んでいたというのでは，契約の目的を達することができない。

このように，「移転することを約束した財産権が予定された性質をもっていないとき」に妥当な解決は，場合によって異なる。

また，美術品の売買を考えると，それが本物か贋作（がんさく）かを買主のリスクで判断するようになっていることもあれば，本物であることを売主が保証しているときもある。他人の物の売買でも有効であり，売主はそれを他人から取得して買主に移転する義務を負うことはすでに述べたが，売買目的物の一部が他人に属している場合には，売主が努力をしてもダメなときは仕方がないというのが両当事者の合意であるときもあれば，売主が「大丈夫。その部分は所有者から売ってもらえますから」と太鼓判を押しているときもある。

このように多様な状況に応じることができるように，民法は次のようなルールを定めている。

① まず，売主がどのような債務を負っていたのかを確定する。「真作であるか贋作であるかはわからない。ともかくも，この絵を引き渡す」ということが売主の義務であるならば，贋作であっても売主は責任を負わない。中古車の売買で，「多少のへこみがあってもよい。この自動車を引き渡す」という義務のときは，へこみについては責任を負わない。真作であること，へこみがないことは契約内容とはなっていないのである。

しかし，「引き渡された目的物が種類，品質又は数量に関して契約の内容に適合しないものであるとき」には，売主は**契約不適合責任**を負う。

② 契約不適合があれば，買主は売主に対し，「ちゃんと契約に適合するようにせよ」といえる。これを**履行の追完請求**（ついかん）という。追完とは，追加的な行為

をして，履行を完全にする，ということである。

　しかし，売主による履行の追完がされないことが明らかである場合（たとえば，売主が明確に拒絶している）や，いまさら履行の追完をしてもらっても契約目的が達成できない場合（たとえば，結婚披露宴のために当日配送されるはずだった花束が，遅れて配達されても意味はない）には，買主はただちに代金の減額請求ができる（563条2項）。また，追完されない契約不適合が軽微でなく，契約目的が達成できないときは，契約の解除ができる（564条。解除については後に述べる。→306〜319頁）。

　③　履行の追完ができそうなときには，買主は，売主に対し，相当の期間を定めて，目的物の修補，代替物の引渡し，または，不足分の引渡しによる履行の追完を請求できる（562条1項）。

　追完の具体的な方法については，まずは買主が決定して，請求する。しかし，簡単に修理ができるのに，買主が「代替物を引き渡せ」と固執したときにまで，そのような請求を認める必要はない。売主に酷である。しかし，修理にはずいぶんと時間がかかるのに，「意地でも修理するぞ」という権利を売主に認めるべきではない。今度は買主に酷である。そこで，民法562条1項ただし書は，「売主は，買主に不相当な負担を課するものでないときは，買主が請求した方法と異なる方法による履行の追完をすることができる。」とした。修理に時間がかかる場合には，「買主に不相当な負担を課する」ことになるから，異なる方法での追完はできないのである。

　履行の追完がされても，契約で合意された時期よりも履行が遅れたわけだから，買主は売主に対して遅滞を理由とする損害賠償を請求できる（564条。→321〜332頁）。

　④　履行の追完の催告にもかかわらず，売主が履行の追完をしないときは，買主は，代金減額を請求できる（563条1項）。また，不履行が軽微でなく，契約目的が達成できないときは，契約の解除ができる（564条）。

　⑤　ただし，買主がその不適合を知った時点から1年以内に売主に通知しないときには，買主は以上の権利を失う。しかし，売主が，引渡し時にその不適合を知り，または，重大な過失によって知らなかったときは，買主の権利は失われない（566条）。

　買主に不利益を課してまで法律関係を早期に安定しなければならないわけで

はないが，「ちゃんとした物を売った」と思っている売主の信頼も保護に値する。トラブルがあるのなら，早めにそれを知らせてほしいと思うのも無理はない。そこで，買主に売主に対して通知させることにしたのである。ただし，これは，契約不適合を知らない売主の信頼を保護するためであるから，売主が，引渡しの時に不適合を知り，または，重大な過失によって知らなかったときには，売主は保護に値しないというわけである。

◆改正前との変化

　実は，以上の点は，2017年改正によって，条文が大きく変わった。変化は3点ある。①2017年改正までは，売主の義務内容について解釈の基準を定め，その基準に応じて，買主の救済方法を定めていたのに対し，2017年改正後は，売主の義務内容は状況に応じて様々であり，画一的に決めることができない，という立場がとられていること，②買主の救済方法を状況に応じて柔軟化したこと，③期間制限について，売主の信頼保護のためであることを明確化したこと，である 改正点 。

　たしかに，これらの点は変わったのだが，実際の結論は，③を除けば，さほど変わらない。若干，理論的な話になるが，「変わった，変わった」と強調されることが多いので，説明しておく（改正前の民法について知識がない場合は，この項目は読むのを省略してよい）。

　2017年改正前は，「移転することを約束した財産権が予定された性質をもっていないとき」の処理を，「権利の一部が他人に属する場合」，「数量不足・物の一部滅失の場合」，「第三者に利用権がある場合」，「目的物に隠れた瑕疵がある場合」の4つに分けて規定していた。上記の①と②に関係する。しかし，契約において売主は買主に何を約束したのか，が最も重要であることは，改正の前後で変化はない。

　第1に，2017年改正前は「権利の一部が他人に属する場合」について，売買対象の少なくとも一部が売主以外に属することを買主が知っていた場合（悪意）と知らなかった場合（善意）とに分けて，買主の救済方法を定めていた。買主が悪意の場合には，買主もリスクの存在がわかっていたのだから，「うまくいかないかもしれないけれど，他人に属する部分についても，売主は手に入れた上で，買主に移転するよう努力する」というのが契約の趣旨であることが

通常だろう，という考えに立っていたのである。だからこそ，売主の努力が足りないときには，いくら買主が悪意であっても，売主は債務不履行責任を負う，というのが判例であったし，売主が移転を確約していたときにも，同条の適用は排除され，移転できないときには通常の債務不履行とする合意があると解されてきた。

これに対して，改正法は，売主の義務内容を解釈するにあたって，買主が善意か悪意かは決定的ではなく，売主は「他人に属する部分についても手に入れた上で，買主に移転する」と約束しているのであるから，買主が悪意であるときでも，その他人が売主の求めに応じてくれないときのリスクは売主が負っているのがむしろ通常だろう，と考えている。しかし，改正法のもとでも，「この契約は，『他人に属する部分についても，売主は手に入れた上で，買主に移転するよう努力する』という趣旨のものであり，売主は努力をしたかぎりは，責任を負わないという契約である」と解釈されることはある。ポイントは，その契約において，売主は買主に何を約束したのか，であり，そのことは，改正前と改正後とで変わらないのである。

第2に，2017年改正前の民法は，売買において目的物の数量が表示され，その数量を基礎として代金額が定められたときに，数量不足であったり，物の一部が滅失していたりした場合（「数量不足・物の一部滅失の場合」。たとえば，「40坪の土地で坪200万円だから8000万円」とされたのに，37坪であった）について，「買主がその不足又は滅失を知らなかったとき」にのみ，買主に救済を認めていた。これは，買主が悪意のときには，「数量不足のそれ」あるいは「一部滅失したそれ」を売買目的物として合意していると考えられるという理由によってであった。

しかし，買主が悪意であろうと，売主が契約どおりの数量等に合致させる義務を負っていると解釈されるときには，改正前でも，買主には救済が認められたはずである。結局，40坪だと説明されている土地を8000万円で売買するという契約がされたとき，「この土地」＝「8000万円」という合意であるのか，「坪単価200万円だから8000万円とする」という合意であるのか，という判断，つまり価格の決定が坪数に依存しているか否かが重要であり，後者であれば面積が小さいときには当然に減額が生じるが，前者であれば当然には減額の問題にはならない。そして，買主が悪意のときは，40坪に満たないことを

知っていながら8000万円と合意したのだから，前者であると解釈されることが多い。こういった点では，改正後も改正前も同じである。

　また，「100本ですよ」として引き渡された鋼材が，実は95本であったならば，改正前であろうと後であろうと，買主は，売主に対して，不足分の請求ができる。代金減額の請求もできるが，売主があわてて5本を追加することが，「買主に不相当な負担を課するものではないときは」，売主の追加履行が認められる。追完ができないときは，減額請求ができるし，95本では契約目的が達成できないときは，買主は契約の解除ができる。2017年改正前の民法では，これは，数量不足・物の一部滅失の場合を規律する旧565条の問題ではないとされてきたが，いずれにせよ，改正後に認められる買主の救済方法は，改正前でも認められたものである。

　第3の「第三者に利用権がある場合」についても同様である。2017年改正前の民法では，買主は，原則として，売主に損害賠償が請求できるにとどまるが，第三者の利用権の存在によって契約目的が達成できない場合には契約の解除ができ，あわせて損害の賠償も請求できるとされ，しかし，第三者に利用権があることを，買主が契約時点から知っているときは，買主にこれらの権利は認められないとしていた。

　改正前に，買主が悪意のときには買主に救済が認められないとしていたのは，契約時に買主が知っているときには，「第三者が利用権を有している物」として売買の対象となったと通常は考えられるからである。逆に，契約時に第三者の利用権の存在を買主が知っていても，買主への目的物の引渡し前に，売主が責任をもってそれを消滅させることが前提となっていれば，改正前でも，売主は債務不履行責任を負った。

　2017年の改正により，悪意の買主にも救済が認められうることとなったが，「第三者が利用権を有している物」として売買の対象となっている，と考えられるときには，もちろん，売主は責任を負わない。「引き渡された目的物が種類，品質又は数量に関して契約の内容に適合しないものであるとき」にはあたらないからである。

　そうすると，改正の前後を問わず，ポイントは，その物がどういう物として売買契約の目的物となったのか，にある。つまり，ⓐ「第三者の利用権のない物」としてなのか，ⓑ「第三者の利用権のある物だが，売主がそれを事前に消

滅させる」とされていたのか，あるいは，ⓒ「第三者の利用権がある物であり，その利用権は存続する」ことが前提になっていたのか，である。そして，ⓐ，ⓑであれば，売主は責任を負い，ⓒであれば責任を負わない。改正前後でこのことに変化はない。

第4に，「目的物に隠れた瑕疵がある場合」についても，「瑕疵」については，売買契約が予定していた品質・性能を目的物が欠いていることだと理解されてきたので，言葉が「瑕疵」から，「契約の内容に適合しない」と変わったからといって変化はない。また，2017年改正前には，「隠れた」という言葉があったが，これは，「一見して錆びていることがわかる包丁の売買では，『錆びている包丁』として売買されたと考えられるから，『錆びていること』は瑕疵ではない」というにすぎず，このような場合には，改正後の民法のもとでも，「錆びていること」は契約内容への不適合とはならない。同じである。

若干，変わったのは，改正前の民法では，〈瑕疵があるままでは契約目的達成不能→解除＋損害賠償〉，〈瑕疵があるままでも契約目的達成→損害賠償のみ〉と二分して救済方法を定めていたところを柔軟化した点である。

もっとも，これまでも，実務的には，いくら**特定物**（具体的に特定された物）の売買契約であっても代替品が交付されることはあったし（中古車は1

Column 22

国際売買と数量不足 ─────

　国内売買でも，商取引においては，ある程度の過不足を許容する契約条項が置かれ，あるいは，その旨の慣習の存在が認められることも多い。判例にも，製紙売買につき，数量に多少の過不足があっても買主は異議なく引き取る慣習がある，とされた例がある。

　とくに国際売買では，長距離運送による目減りや契約量が多い場合の誤差に対応する必要などから，一定範囲内の過不足は許容されることが多い。石炭10トンの売買で，1キログラムも誤差があってはならない，というのが不合理なのは，わかるだろう。国際商業会議所は，国際売買でしばしば用いられる「荷為替信用状」（船積書類を提出すれば，売主が銀行から代金の支払いを受けられるようにするためのもの）について国際統一ルールを打ち立てるために「信用状統一規則」を作成しているが，その第30条では，5％の過不足は原則として契約に適合したものとして処理し，「about」といった語があるときは，10％の過不足は契約に適合するものとして処理する，とされている。

台ごとに走行距離，キズなどの状況が違うから特定物だが，調子がおかしいときに同種の自動車に交換する処理がされることはあった），逆に**種類物**（「パナソニック液晶テレビ・VIERA TH-32D325」のように種類で定められている物）でも修理がされることはあった（パソコンの初期不良でもそうである）。事情に合わせた適切な処理はいろいろありうる。そこで，目的物の修補，代替物の引渡し，または，不足分の引渡し，といったように救済方法を柔軟化し，現実の処理に合わせたわけである。

Case 7

横浜地裁平成元・9・7判決（判時1352号126頁）

　契約に適合しているか否かの判断が難しい場合もある。X は，Y 会社からマンションの1室を買い受けたが，契約締結後になり，以前その部屋で Y 会社の代表者の妻が首吊り自殺をしていた事実が判明した。X は，これを「瑕疵」だと主張し，契約をした目的を達することができないから，本件売買契約を解除するとした。そして，既払い分の返還を求めて，訴えを起こした。

　判決は次のようにいう。

　「売買の目的物に瑕疵があるというのは，その物が通常保有する性質を欠いていることをいうのであって，右目的物が建物である場合，建物として通常有すべき設備を有しない等の物理的欠陥としての瑕疵のほか，建物は，継続的に生活する場であるから，建物にまつわる嫌悪すべき歴史的背景等に原因する心理的欠陥も瑕疵と解することができる。」

　「X は，小学生の子供2名との4人家族で，永続的な居住の用に供するために本件建物を購入したのであって，右の場合，本件建物に買受の6年前に縊首自殺があり，しかも，その後もその家族が居住しているものであり，本件建物を，他のこれらの類歴のない建物と同様に買い取るということは通常考えられないことであり，右居住目的からみて，通常人においては，右自殺の事情を知ったうえで買い受けたのであればともかく，子供も含めた家族で永続的な居住の用に供することははなはだ妥当性を欠くことは明らかであり，また，右は，損害賠償をすれば，まかなえるというものでもないということができる。

　Y 会社は，本件建物は，中古マンションであるから，死者が出た歴史を持つマンションかもしれないことは買主の方で当然予想できる事柄である旨主張するが，単なる死亡ではなく，縊首自殺であるから，この主張は失当である。」

　2017年改正前の「瑕疵」についての判決だが，改正後も同様の問題は生じる。この判決の結論は常識的なものではあろうが，「カルト教団が借りていた建物」「死亡事故を起こした車」など考えていくと，限界は難しい。

実際に変化したのは，2017年改正前における買主の権利は，買主が事実（権利の一部が他人に属することや，瑕疵があることなど）を知った時から1年以内に行使しなければならないとされていた点についてである。立法の趣旨として，法律関係の早期の安定のためなどと説かれてきたが，欠陥品を受け取った買主は，早期に安定させなければならないなんて思わない。そこで，この点は，「ちゃんとした物を売った」と思っている売主の信頼保護のためであることを明確化し，売主が，引渡しの時に不適合を知り，または，重大な過失によって知らなかったときには，売主は保護に値せず，したがって，買主の権利について期間制限はかからないことにした。実際に違いが出てくるのは，せいぜいこの点であろう。

3　買主の義務

◆代金支払いと手付け

　買主は代金を支払うことを約している。これを履行することが買主の最大の義務である。支払時期，支払場所について定めがないときの規定もあるが（573条，484条，574条），一般には契約で定められるだろう。

　それよりも問題なのは，買主から売主に支払われる金銭はすべて代金か，ということである。売買契約が成立するときに，いくらかの金銭を買主から売主に支払うことがある。「申込証拠金」「内金」「手付け」など，いろいろな言葉でよばれる。これは，どういった意味をもつものなのであろうか。

　当事者の意識としてはいろいろあろう。まさに代金の一部を先に支払うという意味しかない場合もある。しかし，江戸時代の後半期から，「手付け」とよばれる金銭が契約成立にあたって交付されるとき，買主はその金銭を放棄することによって契約をやめることができ，逆に，売主はその金銭を倍にして返すこと（「倍返しだ」）によって契約をやめることができる，そして，このときそれ以外の何らの損害賠償も支払わなくてよい，という慣習ができあがってきた。この慣習に従う意思を当事者がもっている場合もある。

　そこで，民法は，契約成立時点で買主から売主に代金額の一部が支払われたときは，この慣習に従った意思を当事者がもっているものと推定することにしている。民法557条は，わかりにくい条文だが，以上のように理解することが

できる（同条2項は，解除のとき損害賠償義務はないことを述べるもの）。

　これは，意思の推定にすぎないから，当事者は反対の意思をもっていたということを証明して，これを覆すことができる。交付される金銭の目的が契約書において定められていれば，もちろんそちらの定めが優先する。また，手付けの場合，その額は代金額の5〜20％くらいのことが多いといわれており，この基準に合致しないものについては，別の趣旨だという立証が簡単にできるだろう。

　さらに，改正前の民法は，当事者の意思として，買主が手付けを放棄して，あるいは，売主が手付けを倍にして返還して，契約の解除ができるのは，「当事者の一方が契約の履行に着手」するまでだ，としていた。そして，その趣旨について，判例は，「当事者の一方が既に履行に着手したときは，その当事者は，履行の着手に必要な費用を支出しただけでなく，契約の履行に多くの期待を寄せていたわけであるから，若しかような段階において，相手方から契約が解除されたならば，履行に着手した当事者は不測の損害を蒙ることとなる」から，と説明している。このような見方からすると，「同条項は，履行に着手した当事者に対して解除権を行使することを禁止する趣旨と解すべく，従って，未だ履行に着手していない当事者に対しては，自由に解除権を行使しうるものというべきである。このことは，解除権を行使する当事者が自ら履行に着

Column 23

手付けの歴史

　売買契約の成立のときに，代金額より少ない金銭をまず売主に支払う，という慣習は，かなり古くからあるが，その意味は時代によって異なる。

　平安時代中期の辞書にも手付けについて記述があるが，この時点では，内金（代金の一部先払い）の意味だったとされる。江戸時代に入って，大阪では，商人間の取引では信用を重んじ，手付けの受け渡しはあまり行われず，たがいに「しゃんと手を打つ」という方法で契約の成立を明確にした（これを「手打ち」という。いまでも，暴力団の抗争終結などに関連して，「合意の成立」の意味で使うのは，ご存じだろう）。手付が交付される場合も，契約の成立をより明確にする目的のものであった。

　その後，まず，買主が契約違反の場合に売主は手付け金を返さなくてよい，という慣習が生まれ，それが買主が手付けさえ流せば，契約を解除できるという慣習に発展し，さらに売主と買主との立場を平等にするために，手付倍戻しの慣習が生まれた，とされる。

手していた場合においても，同様である」ということになる。このことは，2017年改正により，民法557条1項ただし書で明文化され，「相手方が契約の履行に着手した後は」解除できないという文言に改められた 改正点 。

　もっとも，一方がいくら陰で準備をしていても，それが他方に明らかになっていないときには，他方は解除ができると思ってしまう。こんなときに，「いや実は陰では準備をしていましたので，履行に着手しています」といわれたのでは困る。そこで，判例は，「民法557条1項にいう履行の着手とは，……客観的に外部から認識し得るような形で履行行為の一部をなし又は履行の提供をするために欠くことのできない前提行為をした場合を指す」としている。

◆目的物の受領

　民法555条をもう一度読んでみよう。その条文からいうと，買主は「これに対してその代金を支払うことを約する」だけで，売買契約は成立する。したがって，一般に買主の義務は代金支払義務に尽きるようにも思われる。

　それでは，売主が売買目的物を引き渡そうとしたとき，買主はその受け取りを拒否できるのだろうか。「買主が受け取らないわけないじゃないか。受け取らないで，代金だけ支払うといったバカな選択を買主がするわけはない」と思うかもしれない。また，「受け取らないんなら，受け取らないでいいじゃないか。売主は得するだけだ」とも考えるかもしれない。しかし，そうでもない。

　国際売買の例で考えると，より実感がわく。もちろん架空の事例である。

　A会社は，海外のB会社との間で，ボーキサイト（アルミニウムの原材料）100トンを購入する契約を締結した。B会社はそれを調達し，船に載せて引渡し場所である日本の港に送った。ところが，契約締結後，アルミニウムの画期的なリサイクル・システムが開発され，A会社はもはやボーキサイトを必要としなくなった。A会社は引き取りを拒否した。

　仮に，売買代金はすでに支払われているとしても，A会社がボーキサイトの引き取りを拒むと，B会社にはたいへんな損害が生じる。ほかに売ればよい，というわけにはいかない。もはやアルミニウムの製造に大量のボーキサイトは不要になったのである。船の停泊料，港の倉庫料もたいへんであるし，原産国に送り返すとなったら，ものすごい手間と費用である。

　商法524条は，商人間の売買について，買主が受け取りを拒否したら，売主

はそれを競売（裁判所を通しての売却）できるとしている。しかし，リサイクル・システムの開発により，ボーキサイトをアルミニウム製造のために用いる者はいなくなっているから，競売も不可能である。

このような場合のことを考え，現在では，買主の目的物受領義務を肯定する学説が多くなっている。国際物品売買契約に関する国際連合条約（→46頁）も，その53条で，「買主は，契約及びこの条約に従い，物品の代金を支払い，及び物品の引渡しを受領しなければならない。」としている。代金支払義務と並ぶ，買主の基本的な義務と考えられているのである。

そこで，2017年の改正にあたっては，債権者の受領義務を明示することも検討された。しかし，結局，受領しないことの効果として，債務者の目的物保管義務が軽減されること（413条1項），履行費用が増加したとき債権者の負担となること（同条2項），受領遅滞中に当事者のいずれにも帰責できない事由で履行が不能になったとき債権者に帰責事由ありとされること（413条の2第2項）を個別的に規定することとされた 改正点 。

4　実際の契約書

◆ある動産売買契約書

何度も繰り返しているように，契約に関する民法のほとんどの規定は任意規定であり，当事者の意思がはっきりしないときに補充的に適用されるものである。しかし，このことは同時に，当事者が民法の規定内容に満足できるならば，あえてその点について明確な合意をしなくてもよい，ということを意味する。明確でなければ，民法の規定内容で補充されるからである。これを逆からいえば，契約書で当事者がある点について明確に規定するということは，その点に関して民法の規定が適用されるのではいやだ，と当事者が考えている，ということである。もちろん，民法と同じ内容を契約書に定めておく場合も多い。その方がはっきりする。しかし，実際の契約書を民法の規定と照らし合わせてみると，「ああ，民法ではこうなっちゃうから，それがいやでこうしたんだな」と契約条項の意味がしみじみわかることも多いのである。

146～147頁に掲げている標準的な動産売買契約書を見てみよう（表3-1）。もっとも，いままで学んだところだけからは，契約書の意味は十分

にわからないかもしれない。今後も折に触れ，この契約書に戻って考えることにして，いまとくに指摘しておきたいのは，第3条から第5条までの規定である。これは，商人間の売買を念頭に置いて作られた契約書だから，仮に契約書第3条から第5条までがなければ，売買目的物に契約不適合があるときには，商法526条が適用される。その第1項・第2項は次のとおりである。

① 商人間の売買において，買主は，その売買の目的物を受領したときは，遅滞なく，その物を検査しなければならない。

② 前項に規定する場合において，買主は，同項の規定による検査により売買の目的物が種類，品質又は数量に関して契約の内容に適合しないことを発見したときは，直ちに売主に対してその旨の通知を発しなければ，その不適合を理由とする履行の追完の請求，代金の減額の請求，損害賠償の請求及び契約の解除をすることができない。売買の目的物が種類又は品質に関して契約の内容に適合しないことを直ちに発見することのできない場合において，買主が6箇月以内にその不適合を発見したときも，同様とする。

この条文は，民法の条文に比べ（→133〜136頁），買主の検査義務を定めるとともに，売主の責任が短期で消滅することにしており，商人間の売買について迅速な安定の必要性を考慮したものである。ところが，この条文が適用されると，「遅滞なく」という言葉をめぐって紛争が生じるおそれがある。2週間以内に検査をしたら，契約不適合が発見された。買主は「遅滞なく」検査をした，といい，売主は「いや，2週間もかかったんじゃあ『遅滞なく』とはいえない」と主張する。どのくらいの期間で検査をすれば「遅滞なく」という要件を満たすかは，目的物の種類などによって変わってくるので，商法の条文としては「遅滞なく」というあいまいな言葉を使うのも仕方がない。しかし，目的物がエアコンならエアコンと定まっているのなら，もっとはっきりした期間を定めておいたほうが，紛争を引き起こさなくてよい。そこで，この契約書では，その第3条1項で「10日以内」というように明確にしているのである。

また，商法526条2項の2文目における「6箇月以内」というのが，この契約書では，第5条2項において，「3か月以内」と短くされている点にも注意しておこう。当事者間の関係，目的物の種類などに応じて，より短くしたり，長くしたりすることが行われるわけである。

表3−1　動産売買契約書の例

動産売買契約書

　売主（以下甲という）と買主（以下乙という）とは，第1条に定める物品の売買のため下記の契約を締結する。

（条件）
第1条
　1　品　　　名　エアコンディショナー（○×社製，仕様番号　AC510-67F）
　2　数　　　量　30機
　　　単　　　価　463,000円（ただし消費税を除く）
　3　納　　　期　平成○年×月△日
　4　引渡場所　乙本社ビル（ただし据付場所は別紙のとおり）
　5　契約代金　13,890,000円（ただし消費税を除く）
　6　支払期限　平成○年△月×日

（定義）
第2条(1)　本契約には据付工事・組立を含む。
　　　(2)　納期とは物品を引渡場所に搬入するときをいう。ただし，甲が据付工事・組立の義務を負担するときは，その完了したときをいう。

（搬入，検査）
第3条(1)　甲は，納期までに物品を引渡場所に搬入する。この場合，乙は搬入されたときから10日以内に検査を完了する。ただし，延期について甲の同意を得たときは，この限りではない。
　　　(2)　物品の搬入後，検査完了までの間，乙は自己の占有に属する物品に対しては善良な管理者の注意をもって保管する。

（引渡し）
第4条　物品の引渡しは前条の検査に合格したとき完了する。ただし，乙が前条の期間内に検査を完了しなかったときは，その期間が満了したときに引渡しがあったものとする。

（瑕疵）
第5条(1)　乙が検査の際もしくは引渡しを受けた後，契約内容に適合しないことをただちに申し出なかったときは，乙はこれを理由として本契約の解除または損害賠償，代金減額，補修，追完等の請求をすることはできない。
　　　(2)　前項にかかわらず，通常の検査方法によって発見できない不適合が発見され，かつ引渡しの日から3か月以内に乙が甲にこれを申し出たときは，甲はこれに対する補修の責めに任ずる。ただし，物品の自然消耗または甲の責めに帰することのできない事由による場合は，この限りでない。
　　　(3)　前項の場合，乙はこれを理由として本契約を解除することができない。

（危険負担）
第6条　第4条による引渡しのときまでに，物品に滅失，毀損を生じたときは，それが乙の責めに帰すべき事由による場合を除き，甲がその損害を負担する。

（代金支払方法）
第7条(1)　乙は，支払期日までに，甲指定の銀行口座（○○銀行××支店　　当座預金口座1234567）に契約代金に消費税を加えた額を払い込むものとする。ただし，甲が認めるときは，小切手または60日満期の約束手形によって，支払をすることができる。
　　　(2)　乙が契約代金の支払を怠ったときは，甲に対し支払期日の翌日から完済の日まで100円につき日歩金10銭の割合による遅延損害金を支払うものとする。

（所有権移転）
第8条(1)　物品の所有権は，契約代金および前条による遅延損害金の完済のとき乙に移転する。
　　　(2)　乙の支払が手形もしくは小切手によるときは，前項にいう契約代金および遅延損害金の完済とは，その手形または小切手が決済されたときをいう。

（管理義務）
第9条　乙は，前条の所有権移転までの間，物品を善良な管理者の注意をもって維持，管理，使用し，かつ物品につき譲渡，担保権の設定その他一切の処分をしてはならない。

（懈怠約款）
第10条　下記の場合，乙は当然，甲に対する全債務（手形債務を含む）の期限の利益を喪失し，甲は何らの催告を要しないで，本契約の全部または一部を解除することができ，または解除しないで一時に債務残額全部の履行を求め，その完済までの間，物品の使用停止または占有の移転を請求することができる。
　　①　乙の甲または第三者に振り出した手形または小切手が不渡りになったとき。
　　②　乙が第三者からの差押え，仮差押え，仮処分，競売，破産，特別清算，民事再生，会社更生の申立てを受けたとき。
　　③　乙が自ら破産，民事再生または会社更生等の申立てをしたとき。
　　④　乙が支払を停止したとき。
　　⑤　乙が監督官庁から営業の許可取消処分または停止処分を受けたとき。
　　⑥　乙が本契約の条項に違反したとき。

（返還義務等）
第11条(1)　前条により本契約が解除されたとき，または解除しないで占有移転の請求がなされたときは，乙はただちに物品を甲の指定する場所において甲に引き渡さなければならない。
　　　(2)　甲は本契約解除により被った損害につき，乙にその支払を請求することができる。
　　　(3)　第１項により，甲が本契約を解除しないで物品の返還を受けたときは，甲は物品を任意に処分し，その手取金額を契約代金および損害金の支払に充当することができる。この場合，残額があるときは甲はただちにそれを乙に返還し，不足があるときは乙はただちにその支払を甲に対してなし，これによって本契約の履行は完了するものとする。

（不可抗力）
第12条　天災地変その他不可抗力により甲が本契約に基づく債務を履行できないときは，甲は乙に申し出て本契約を解除することができる。この場合，甲がすでに受領した代金を乙に返還するほかは，甲乙双方何らの請求をしない。

（別途協議）
第13条　本契約に定めていない事項その他本契約の各条項に関し疑義を生じたときは，甲乙協議のうえこれを処理する。

上記契約を証するため本証書２通を作成し，甲乙各１通を保有する。

平成○年○月×日

　　　甲　住所　大阪市寝屋川区○×４－２－１
　　　　　氏名　株式会社××製作所
　　　　　　　　代表取締役社長　○×△×　印

　　　乙　住所　神戸市灘区△×１－５－18
　　　　　氏名　○○工業株式会社
　　　　　　　　代表取締役社長　×○△○　印

◆保証書の意味

　動産売買については，もう1つ，いわゆる保証書について考えておこう。

　みなさんが，ある電器店からパソコンを購入したとすると，通常，パッケージの中に次のような紙が入っている。

　　　　保証書

　下記のとおり保証いたします。

　①正常な使用状態において，製造上の責任によって発生した故障については，お買い上げの日より1年間無償で修理いたします。

　　（以下，省略）

　これはいったい，法的にはどのような意味をもつものなのだろうか。

　最初に考えつくのが，いままで出てきた目的物の契約不適合責任との関係だろう。民法562条の特約ではないか，ということである。しかし，たとえばNECはみなさんにとって売主ではない。みなさんは電器店からそのパソコンを購入しているのであって，NECから購入しているわけではない。そうすると，売主の契約不適合責任を負うのは，その電器店であって，NECではないから，NECが契約不適合責任の特約をみなさんと結ぶということはありえない。ところが，保証書はメーカーであるNECが発行しているのである。

　そこで，保証書に基づいて，メーカーと買主との間に独立した品質保証契約が成立するのだ，と考える学説が有力である。契約は申込みと承諾により成立するが（→62〜63頁），保証書の添付が申込みにあたる。みなさんがメーカーに修理を要求するのが承諾であり，かつ，契約の履行請求であることになろう。

　一般には，このような保証書があれば，小売店には責任追及ができないと意識されている。しかし，以上のように，メーカーと買主との間の独立した品質保証契約があるだけだと考えると，それによって，買主と売主との間の売買契約に基づいて売主が負う責任は影響を受けないと考えられる。したがって，みなさんは，保証書に基づいてメーカーの責任を追及するか，売主である電器店に契約不適合責任を追及するかの選択権を有する。仮に，保証書の無償保証期間が「お買い上げから1年間」となっており，その期間を経過した後でも，みなさんは，民法562・566条に基づいて，「その不適合を知った時から1年以内にその旨を売主に通知」すれば，売主の責任を追及できるのである。

　以上に対して，売主が独自に保証書を発行することもある。量販店などは，

とくにそうである。手元にある1つの「保証書」(テニスラケットのもの) から例をとると，次のようになっている。

    1   保証期間 お買い上げの日より1年間
    2   保証内容 通常の使用状態において，保証期間中に，品質上または製造上の不備によって損傷が発生した場合には，無償にて修理いたします。修理不可能な場合は，新品と交換させていただきます。

この「保証書」を発行している量販店も，「よりよいアフターサービスのため」と宣伝している。とんでもない。この保証書は，民法562・566条に基づいて買主が有する権利，すなわち契約不適合を発見して1年以内に売主に通知をすれば売主の責任を追及できるという権利を，「お買い上げの日より1年間」に制限しているものであって，売主に有利な特約なのである（もっとも，そのとおりの効力は認めず，保証期間経過後も民法上の契約不適合責任は別途追及できると解すべきであろう）。そもそも，「品質上または製造上の不備によって損傷が生じた場合」なのに，それを修理することが「サービス」だと考えている発想が異常であるといわざるをえない。だまされてはいけない。

◆ある不動産売買契約書

次に，不動産売買についても，典型的な契約書例を見ておこう（表3-2）。

まず，契約書2条2項は，不動産売買にはよく見られる条項である。登記簿に記載されている面積等は，実際と食い違っている場合がよくある。そこで，現状が優先される，と規定し，いくら登記簿記載の坪数を契約書に書いていても，その坪数の存在を保証するものでないことをはっきりさせているわけである。

第4条2項は，実は民法87条2項と関係している。これについてはまだ説明していないが，売買などの処分で，その目的物の範囲が明確に決められていないときの補充規定である。ある物（**主物**）の所有者が，「その物の常用に供するため，自己の所有に属する他の物」を主物に「附属させたとき」，その附属させられた物を**従物**という（87条1項）。たとえば，レストランである建物に運び込まれたテーブルや椅子は従物である。しかし，「常用に供するため……附属させた」ことが必要だから，たまたまその建物の中にあっても金銭な

表3-2 不動産売買契約書の例

土地建物売買契約書

売主（以下甲という）○×△×と買主（以下乙という）×○△○とは，この契約の条項にしたがって，土地建物売買契約を締結した。

第1条（売買の目的）　甲は，以下の条項によって，後記の土地建物を乙に売り渡し，乙は，これを買い受けた。

第2条（売買代金）　売買代金は，金89,500,000円也とする。

② 後記売買物件の表示は登記簿記載の表示によるものであって，売買物件の構造または実測面積がこれと相違することがあっても，甲および乙は，互いに売買代金の増減請求その他何らの異議も申し出ない。

第3条（手付金）　本契約締結と同時に，乙は，甲に対し，手付金として金 8,950,000円也を支払い，甲はこれを受領した。この手付金は，後に定める残代金授受のときに，これを売買代金の一部に充当するものとする。

第4条（引渡し）　甲は，売買物件を平成○年×月△日までに乙に引き渡し，かつ所有権の移転登記の申請手続を行うものとする。ただし，所有権移転登記に要する費用は乙の負担とする。

② 甲は，売買物件に付属する樹木・庭石・門・塀その他建物の造作一切を，契約締結時の現状有姿のまま乙に引き渡すものとする。

③ 甲は，引渡しのとき，隣地および道路との境界線および境界点を乙に明示し，乙はそれを確認するものとする。

第5条（権利・負担の除去）　甲は，売買物件に関して抵当権，質権，先取特権または賃借権の登記等，売買物件の完全な所有権の行使を阻害する一切の負担もない所有権を乙に移転することを保証する。

第6条（代金の支払・所有権の移転）　乙は，甲が第4条所定の手続一切を完了するのと引き替えに，甲に対し，残代金80,550,000円を甲に支払う。

② 売買物件の所有権は，前項により売買代金を完済したときをもって，甲から乙に移転する。

第7条（租税等の負担）　売買物件にかかる租税公課その他の賦課金・負担金，および電気・ガス・水道その他の付帯設備の使用料は，宛名名義の如何にかかわらず，売買物件引渡しのときを境とし，日割計算によって精算する。

第8条（危険負担）　本売買契約締結後，第4条による売買物件の引渡期日までの間に，甲または乙のいずれの故意または過失によらないで，売買物件の全部または一部が火災・流失その他により滅失または毀損したとき，あるいは公用徴収・道路編入等の負担が課されたときは，その損失は甲の負担とし，乙は売買代金の減額または原状回復または損害賠償の請求をすることができる。なお，これらの滅失毀損または負担のため，乙が契約締結の目的を達することができないときは，乙は，この契約を解除することができる。

② 前項により乙が本契約を解除したときは，甲は，すでに受け取った売買代金（手付金を含む）を乙に返還しなければならない。

第9条（失権約款）　甲または乙が，本契約の諸条項に違背したときは，その相手方が，何らの催告を要しないで，本契約を解除し，違約金として金10,000,000円也の支払いを他方に対して請求することができる。

② 前項に定める契約解除が甲の不履行に基づくときは，甲は前項の違約金を支払うほか，すでに受け取った売買代金（手付金を含む）を乙に返還しなければならない。前項に定める契約解除が乙の不履行に基づくときは，乙が甲に対してすでに支払った売買代金（手付金を含む）は違約金に充当されるものとする。

第10条（協議条項）　本契約に定めなき事項，または本契約につき解釈上疑義を生ずる事項があったときは，その都度，甲・乙協議のうえ，これを決定する。

上記契約を証するため本証書2通を作成し，甲乙各1通を保有する。この契約書の印紙代は，甲・乙双方で均分負担する。

平成○年○月×日

甲　住　所　東京都世田谷区○×4-2-1
　　氏　名　○×△×　印
乙　住　所　東京都目黒区△×1-5-18
　　氏　名　×○△○　印
仲　介　人　□×不動産株式会社　□×△○
取　引　士　登録番号　（東京）第○×△号　○○××

―――――――――――――――――――――――――――――

不動産の表示（略）

どはこれにあたらない。売買契約の目的物の範囲は，通常，契約で決められるが，きちんと決められていないときは，「従物は，主物の処分に従う」（87条2項）。取引当事者の通常の意思はこうだろう，と考えられているわけである。

契約書4条2項にあげられているような「樹木・庭石・門・塀」などは一般に従物と解されている。したがって，この契約条項がなくても，主物である土地・建物の処分に従うことになり，売買の目的物となる。しかし，念のため規定されているわけである。

第5条は，民法の規定内容を変更している。すでに説明したように，売買目的物に賃借権などが付いているときは，売主の契約不適合責任の問題となる（565条，562条）。売買契約の解除が常に認められるわけではなく，契約目的を達成できなくなるなどの要件を満たすときに限られる。しかし，この契約書では，第三者の権利がないことを売主が買主に対して保証している。したがって，それら第三者の権利があるというだけで，買主は，売主の契約違反を主張して，この契約の解除ができる（契約書9条1項）。

5　売買をめぐる消費者保護

◆目的物に関する規制

さて，売買契約は，日常生活においても最もなじみ深い契約である。私たちは，売買契約の媒介なしには，食べるものも着るものも手に入れることはできない。そして，それだけに，完全に契約自由に任せておくと，消費者が不当な損害を被る機会も多くなる。消費者保護のために，売買契約の内容などを適正にコントロールしなければならない。

さて，契約における消費者保護については，2000年4月に「消費者契約法」が制定され，重要な役割を担っている。しかし，これについては後に説明することとして（→226〜228頁，234〜236頁），ここでは，とくに売買契約に関連するものだけを見ておきたい。

売買契約の規制は，大きく3段階に分けて行われる。第1は売買される目的物の規制，第2は契約の勧誘・締結の規制，第3は契約内容の規制である。

たとえば，「消費生活用製品安全法」というものがある。これは，「消費生活用製品による一般消費者の生命又は身体に対する危害の発生の防止を図るた

め，特定製品の製造及び販売を規制するとともに，特定保守製品の適切な保守を促進し，併せて製品事故に関する情報の収集及び提供等の措置を講じ，もって一般消費者の利益を保護することを目的とする」（1条）ものである。そして，「主務大臣は，特定製品について，主務省令で，一般消費者の生命又は身体に対する危害の発生を防止するため必要な技術上の基準を定めなければならない。」とされる（3条1項）。

衣類を買うとき，私たちは，「綿80％，麻20％」といった品質を知ることができる。また，水洗いはだめだとか，アイロンは低い温度でとか，取り扱い方法も事前にわかる。これらを考慮して，製品を選ぶこと，言い換えれば，売買契約を結ぶことができるのである。

これは，家庭用品品質表示法3条に基づく「繊維製品品質表示規程」というものによっている。たとえば，その3条1号は「繊維の組成の表示については，組成繊維であるすべての繊維の名称を示す用語にそれぞれの繊維の混用率を百分率で示す数値を併記して表示」すること，2号は「家庭における洗濯処理，漂白処理，アイロン仕上げ処理及び商業クリーニング処理に関する取扱い方法（以下「家庭洗濯等取扱方法」という。）の表示については，取扱い表示を用いて，日本工業規格 L0001（繊維製品の取扱いに関する表示記号及びその表示方法）の4・1及び4・4に規定するところによること」としている。

もちろん，様々な製品について，このような規制がある。説明したのは，ほんの一例である。もっとも，これらの規制に反した製品についての売買契約が無効とされるのか，というのは，また別問題である。すでに述べたように，取引の安全や当事者間の信義に照らして，無効とすべきほど，その行為を禁圧する必要性があるか，という考慮を行って，有効・無効を判断することになる（→115〜117頁）。

◆契約の勧誘・締結に関する規制

この点については，不動産の売買契約に例をとって説明しておこう。**宅地建物取引業法**が中心的な法律である。

まず，資格制限がされる。宅地や建物の売買を営業として行う者は，都道府県知事，場合によっては国土交通大臣の免許を受けなければならない（同法3条）。免許を受けて事務所を開設したときも，試験に合格した「宅地建物取

引士」を置いておかなければならない。

契約の勧誘にあたっては，誇大広告の禁止が明記されている（32条）。法に定められた重要事項（たとえば，私道負担の有無，電気・ガス・下水道の設備状況，契約解除や損害賠償の定めの内容）の説明義務も課される（35条）。そして，契約が成立したときは，重要事項を説明した書面を買主に交付しなければならない（37条）。

「誇大広告があった場合や重要事項の説明がなかった場合は，買主の『買う』という意思表示が，詐欺や錯誤による意思表示になるのではないか。だから，こんな規定がなくても，買主は契約を取り消すことができるのではないか」——こう思うかもしれない。しかし，錯誤による意思表示として取り消すことができるのは，「その錯誤が法律行為の目的及び社会通念に照らして重要なものであるとき」（「表意者が法律行為の基礎とした事情について」の錯誤の場合は，さらにその表示があること）だけである（→89〜90頁）。また，詐欺による意思表示として取り消すことができるようになるためにも，相手方の故意や欺罔行為の不当性といった要件が必要とされた（→93頁）。重要事項が説明されていないからといって，つねに詐欺や錯誤による意思表示であるとまでいえるわけではない。そこで，重要事項説明義務を売主に課しておく必要がある。

他に，比較的よく知られているものとして，**特定商取引に関する法律**による

Case 8

東京高裁昭和52・3・31判決（判時858号69頁）

　宅建業者であるYは，Xに宅地を販売したが，契約締結時に重要事項の説明をしなかった。ところが，この土地には様々な瑕疵（一部が市道，一部に根抵当権ありなど）があった。XはYに善処を求めたが，かえってYはXに中間金の支払いを求めるだけで，誠実に対応しなかった。そこで，Xは契約を解除し，Yに損害賠償を求めて，訴えを提起した。

　判決は，Yが重要事項説明義務に違反していたことを認めたうえ，次のようにいう。「このように取締法規に違反するからといって，直ちに私法上の契約の効力に消長を来すものではないが，……重要事項の説明義務は，本件土地売買に付随する売主として当然の義務であって……Xは……Yの付随義務違反を理由として本件売買契約の解除をなし得る」。

　重要事項説明義務を売主の付随的な義務（→242〜243頁）としてとらえ，その債務不履行がある，としたのである。

様々な規制がある。ここで規制されている取引には，訪問販売，通信販売，電話勧誘販売，マルチ商法などがある。このうち，訪問販売とは，簡単にいえば，売主が店を構えて，そこに買主が訪れるのではなく，売主が消費者のもとを訪れて，商品の購入を勧め，契約をする，というものである。このとき，売主には，まず最初に，氏名・所属・目的を明らかにしなければならないとか，書面を交付しなければならないとかの義務が課される。さらに，買主に与えられる重要な保護として，クーリング・オフ制度がある。これは，契約成立後，買主が売主から先に述べた書面を交付されても，その日から数えて8日以内は自由に契約の解除ができる，というものである（9条1項）。家に訪ねてこられて，長々と説明されると，気の弱い人はつい契約してしまう。いかにもすばらしい物であるかのようにいわれ，「いまのチャンスを逃すと損をする」といわれると，つい冷静さを失って契約してしまうこともある。悪徳な訪問販売業者は，それをねらっているのである。そこで，1週間以内は，買主に，冷静になって思い直すチャンスを与えよう，というわけである。これは強行法規（→113頁）であり，特約では排除できない（9条8項）。

　クーリング・オフは，かつては，政令で定められた指定商品・指定権利についてだけ認められていた。しかし，悪質な業者は，指定商品・指定権利でないものをうまく見つけだして，特定商取引に関する法律の規制を受けないように立ち回る。そこで，2008年の改正により，商品・役務については，原則としてすべてのものについて，クーリング・オフが認められるようになった。ただし，権利については，映画鑑賞券・語学教室への入学などに限定されたままである。

　また，電話やハガキで「おめでとうございます。無作為抽選の結果，あなたが今回のモニターに選ばれましたので……」とか（アポイントメント・セールス），街頭で「アンケートに協力してほしいんですけど……」などと声をかけるとか（キャッチ・セールス）といった方法で，買主を売主の店舗に来させて，商品を勧め，買わせる。また，ビラや口コミで「超安売り会がある」と知らせ，閉鎖的な会場に閉じこめ，一種の催眠状態に陥れて高価な商品を買わせる（催眠商法）。いずれも，「店舗で販売しているのだから，訪問販売ではない」というわけで，初期は訪問販売としての規制は受けなかったが，いまではアポイントメント・セールスやキャッチ・セールスも規制対象となっている

（2条1項2号。特定商取引に関する法律施行令1条，2条）。しかし，規制はどうしても後追いになりがちである。

いわゆる「金融商品」の販売については，金融商品取引法など，さまざまな法律に規制が置かれている（→211頁 **Column 28**）。しかし，第1に，金融商品の種類ごとに規制を置いていると，複雑かつアンバランスになるおそれがある。また，その規制のすき間に落ちる金融商品については，その販売自体を認めないということになりかねず，そのことは，わが国の金融市場において，自由な商品開発を妨げ，活力を喪失させることにつながると懸念された。第2に，金融業者が証券取引法などに定められている義務に違反したからといって，当然には契約が取り消しうるものとなるとはされず，また，必ずしも顧客側に損害賠償請求権が発生するとは考えられてこなかったが，顧客保護の観点からそれは妥当でないと考えられた。

そこで，2000年5月に，**金融商品の販売等に関する法律**が制定された。

同法は，まず，第2条で，「金融商品の販売」を広く定義し，第3条1項で，その販売にあたっての説明義務を定めている。すなわち，

「金融商品販売業者等は，金融商品の販売等を業として行おうとするときは，当該金融商品の販売等に係る金融商品の販売が行われるまでの間に，顧客に対し，次に掲げる事項（以下「重要事項」という。）について説明をしなければならない。」

そして，具体的には，「当該金融商品の販売について金利，通貨の価格，金融商品市場（……）における相場その他の指標に係る変動を直接の原因として元本欠損が生ずるおそれがあるとき」，「当該金融商品の販売について金利，通貨の価格，金融商品市場における相場その他の指標に係る変動を直接の原因として当初元本を上回る損失が生ずるおそれがあるとき」，「当該金融商品の販売について当該金融商品の販売を行う者その他の者の業務又は財産の状況の変化を直接の原因として元本欠損が生ずるおそれがあるとき」，「当該金融商品の販売について当該金融商品の販売を行う者その他の者の業務又は財産の状況の変化を直接の原因として当初元本を上回る損失が生ずるおそれがあるとき」などについて，「元本欠損が生ずるおそれがある旨」や「当初元本を上回る損失が生ずるおそれがある旨」を明らかにし，原因となるものと，それが元本に影響を及ぼす仕組みのうちの重要な部分を説明しなければならないとされている。

さらに，この義務の違反があったときは，金融商品販売業者は損害賠償責任を負うことが明示され（5条），そのとき，当該金融商品の対価として顧客が支払った額と，期間終了時に顧客が受け取った額との差額を，顧客の被った損害額だと推定することにされた（6条1項）。

　この推定規定は重要である。たとえば，1000万円投資しても，為替相場の変動により，800万円しか戻ってこない可能性のある金融商品があり，実際，そうなってしまったので，顧客が200万円の損失を被ったとする。しかし，この損失は，為替相場の変動がもたらしたものであり，説明義務の違反が直接に引き起こしたものではない。また，仮に説明義務がきちんと果たされていたとしても，顧客は，リスクを引き受けて，その金融商品を購入したかもしれない。つまり，顧客が200万円の損失を被ったことと説明義務違反との間に因果関係があるとは，簡単にはいえないのである。しかし，顧客にその因果関係の証明をさせるということになると，それは事実上困難であるから，顧客の保護は図れない。そこで，説明義務違反をした金融業者に対する制裁の意味も込め，「元本欠損額は，金融商品販売業者等が重要事項について説明をしなかったこと又は断定的判断の提供等を行ったことによって当該顧客に生じた損害の額と推定する。」とされたのである。

◆契約内容の規制

　契約内容の規制についても，宅地建物取引業法から例をあげておこう。

　すでに述べたように，売買契約は他人のものについても成立する（→131頁）。しかし，宅地建物取引業者のする売買については，原則として，「自己の所有に属しない宅地又は建物について，自ら売主となる売買契約（予約を含む。）を締結してはならない」とされる（33条の2第1項本文）。一般の買主には，その法的な意味が理解しにくいからであろう。

　手付けの額は，売買代金の20％までに制限されるし，買主が手付けを放棄して契約を解除できる権利が保障される（39条）。また，契約不適合責任につき，民法の規定より買主に不利な特約を結ぶことは許されない（40条）。これらも，契約内容の法的な意味が十分に理解できない消費者を保護するためである。

　また，住宅については，高額であり一生のうちに何回も購入するものではな

いこと，それが生活の拠点であることに照らすと，その売買契約では，とくに買主を保護する必要がある。そして，1995年の阪神・淡路大震災で倒壊した住宅について，多くの施工不良が発見され，さらには，秋田県などの出資による第三セクターである秋田県木造住宅㈱が供給した木造住宅に多くの欠陥があることがわかり，同社が1998年に破産するという事態となったことで，欠陥住宅問題は注目を集めるに至った。そこで，翌年6月，**住宅の品質確保の促進等に関する法律**が制定された。

　この法律は，大きく3つの柱をもっている。第1の「住宅相互の性能を比較できる住宅性能表示制度の創設」は，住宅の性能評価を行う第三者機関（国土交通大臣が指定する。2018年10月で126機関）を設置し，買主が，基準に従った客観的な評価を知りやすくするものであり，目的物規制にあたる。第2の柱は，住宅の瑕疵などに係る紛争を迅速・適正に処理できる住宅専門の紛争処理機関を置くことであり，各地の弁護士会内に住宅紛争審査会が設置されることが多くなっている。第3の柱が，契約内容の規制に関連するものであり，新築住宅の売主は，引渡し時から10年間，「住宅の構造耐力上主要な部分等の瑕疵」（「『瑕疵』とは，種類又は品質に関して契約の内容に適合しない状態をいう。」（同法2条5項））について，民法415条，541条，542条，562条および563条に規定する責任を負い，この期間等は短縮できないものとしている（同法95条1項，2項）。なお，同様の責任は，住宅新築工事の請負人についても課される（94条）。消費者が新築住宅を取得する場合に，それが請負契約（→197頁）に基づく場合と売買契約に基づく場合とで，保護に差を設ける理由はないからである。

6　贈　　与

◆**無償契約とは？**

　贈与の場合を簡単に見ておこう。

　すでに説明したように（→128頁），民法は，「財産を譲渡するための契約」を，その譲渡に対価が支払われるか否かによって，大きく2つに分けている。支払われる場合は，支払われるものが金銭かそれ以外の財産かによって**売買**または**交換**という。ここで扱う**贈与**とは，対価が支払われない場合である。

売買と交換は，双務契約であり，有償契約である。これに対して，贈与は，片務契約であり，無償契約である。このこともすでに説明した（→128〜129頁）。

ところが，この「対価が支払われるか否か」というのは，そんなに明確な基準ではない。

マーク・トウェインの『ハックルベリー・フィンの冒険』には，次のような場面がある。ハックルベリー・フィンは自分の財産として6000ドルをもっており，それを判事に預けていた。しかし，父親がそれを取ろうとするので，そんな財産はもっているだけでやっかいだと思い，判事に次のように申し出る。

> 「お願いです，受け取ってください。そして，なにも聞かないでください。そうすれば，おいらはうそをつかなくてもすみますから。」
>
> 判事さんはしばらく考え込んでから，ポンと手を打った。
>
> 「おお，そうか。なるほど。おまえは，自分の財産をぜんぶわたしに売ろうというんだね，ただでくれるのじゃなくて。それはなかなかいい考えだよ。」
>
> それから判事さんは紙になにかを書き，そこに目をとおしてからいった。
>
> 「そら。ここに，『対価として』，と書いてあるだろう？　これは，わたしがおまえから財産を買いとって，その代金を支払ったという意味なんだよ。さあ，１ドルだ。ここにおまえのサインをしなさい。」
>
> おいらはいわれたとおりサインをして，判事さんの事務所を出た。（斉藤健一訳（講談社青い鳥文庫））

この判事が，ただでもらうのではなくて，１ドルでも支払うというかたちをとろうとした背景には，実は英米法に特殊な事情がある。しかし，そういった背景を知らなくても，これを双務契約・有償契約ということはおかしいと感じるだろう。たしかに，ハックルベリー・フィンから判事へは財産が譲渡され，判事からハックルベリー・フィンには１ドルが支払われる。しかし，「判事が１ドル支払うから，ハックルベリー・フィンが財産を譲渡する」という原因―結果の関係はなく，その間に対価関係があるとはいえない。

以上は極端な例だが，AがBに自己所有の土地（時価１億円）を譲渡するにあたって，BがAに500万円だけ支払う約束になったとする。このときにも，Aの意識として，「500万円もらえるから，土地を譲渡する」という原因―結

果の関係はない。等しい価値のものを交換するのではなく，Ａが大幅な支出超過になることがわかっていて，あえて行われているからである。

このように，契約当事者の一方から他方への給付と，他方から一方への給付との間に，それぞれ「原因―結果の関係」がないときは，いくら双方から給付があっても，その間に対価関係を認めることはできない。したがって，双務契約でも，有償契約でもない。片務契約である無償契約と考えられるのである。そして，以上の例のように，財産の 譲 受人も 譲 渡 人に対して何らかの給付をする負担（義務）を負うが，その負担が譲渡される財産と対価関係にない契約を，**負担付き贈与**といっている。

しかし，この例で，Ｂが5000万円支払うことになっている場合はどうか，7000万円ではどうか，と考えていくと，限界ははっきりしない。結局，当事者の意識として，「原因―結果の関係」があると考えているか，等価値のもの（財産や役務）を交換していると考えているか否か，によって決まることになる。

◆無償契約としての贈与

贈与契約も，当事者の合意によって成立する（549条）。これによって，贈与者は，約束した財産を受贈者に譲渡する義務を負う。負担付き贈与の場合には，受贈者も負担を履行する義務を負う。

しかし，双方が対価関係のある給付をする契約と違って，贈与契約では受贈者はしょせんただ，あるいは若干の負担で財産をもらうだけである。そうなると，保護の必要性はそれだけ弱まる。ただし，財産をもらう側だって，「絶対にもらえる」という確実な期待をもつのが無理もない状況であれば，それを前提として様々な行為をしてしまうかもしれない（家屋の贈与を受けることになった人は，それまで住んでいた貸家の賃貸借契約の解除を貸主に申し入れるかもしれない）。いったん現実にもらってしまえば，なおさら確実な期待をもつ（「もう自分のものになった」）。

そこで，民法550条は，契約が書面によらない贈与契約は各当事者が無理由で解除できるとし，しかし，書面によらない贈与契約でも履行の終わった部分は解除できない，としている。契約が書面による場合には，受贈者も確実な期待をもつだろうから，もうやめられない。しかし，口約束の段階では，そんな

に確実な期待はないだろう，というわけである。また，条文でははっきりしないが，負担付き贈与において，受贈者が負担を履行したときは，もはや贈与者は贈与契約を自由に解除することはできないと解されている。

　また，売買契約においては，目的物に欠陥があった場合などに，買主が売主の責任を追及できた（→133〜136頁）。しかし，ただでもらっているのならば，欠陥があっても文句がいえないと考えるべきである（→128頁）。そこで，民法551条は，贈与者は，「贈与の目的として特定した時の状態で引き渡し，又は移転することを約したものと推定する。」という規定を置いている。家屋の売買ならば，通常，売主は雨漏りのしないちゃんとした家屋を引き渡さなければならない。売買契約時に雨漏りがしていれば，修理してから引き渡す義務を負う。これに対して，贈与者は，特定物ならば贈与契約を締結した時点，また不特定物ならば特定した時点（→402頁）で雨漏りがしているのであれば，修繕して引き渡すのではなく，その状態で引き渡す義務を負うだけだというわけである（契約時・特定時以降に故障が生じたときについては，贈与者も契約不適合責任を負う。→133〜136頁）。もっとも，3000万円の価値のある家屋をくれるというから，500万円を支払うという負担を負ったところ，致命的な欠陥があって，その家屋には300万円の価値しかなかった，というのでは困る。同条2項が，「負担付贈与については，贈与者は，その負担の限度において，売主と同じく担保の責任を負う。」としているのは，そういった場合，負担との差額である200万円分については責任を負う，ということである。

　このように，売買契約と同じく財産の譲渡を目的とする契約ではあるが，贈与契約が無償契約であることから，規定の内容が変わってきているのである。

◆忘恩行為を理由とする贈与の撤回

　贈与は無償契約だ，片務契約だ，といっても，見ず知らずの人にただで高価な財産を与える人はいない（もちろん，社会福祉のための寄付というのはある）。実際に多額の財産が贈与される背景には，日頃からのお礼とか，後々世話になるためとか，いろいろな事情がある。そのなかで，裁判上，次のような事件がしばしば問題になる。

　養母Aが養子Yに対して贈与をしたが，その後，不和となり，YがAを刑事告訴したり，同居はもとより仕送りまで止められ，Aが生活保護を受けざる

を得なくなったりしたために，Aが贈与契約を解除する意思表示をし，訴えを起こした。東京高等裁判所の判決は，この贈与を「Yにおいて老齢に達したAを扶養し，円満な養親子関係を維持し，同人から受けた恩義に背かないことを右贈与に伴うYの義務とする，いわゆる負担付贈与契約であると認めるのが相当である」とした（東京高裁昭和52.7.13判決（判時869号53頁））。そして，Yにこの負担の不履行があるので，Aは契約を解除できる，としたのである。この事件では，さらにYから上告がされたが，最高裁判所も高等裁判所の判断を正当として，上告を棄却した（最高裁昭和53.2.17判決（判タ360号143頁））。

より一般的に，「忘恩」を理由とする贈与の撤回を認めるべし，とする見解も強い（フランス民法典953条・ドイツ民法典530条は認めている）が，一度財産をくれたからといって，その後もいばられたんじゃたまらない，ということもある。この事件のように，負担付き贈与だとみることができる場合のみ，忘恩行為を負担の不履行とみて解除を認める，という解決がとるのが妥当なところであろうか。

ともあれ，理屈だけで，贈与は無償だと考えてはならない。背景の事情も考慮に入れて，法律論を組み立てるべき場合もある。

II 財産を利用させるための契約

1 消費貸借契約の成立

◆消費貸借と使用貸借・賃貸借

　ある人が自分の財産を他人に利用させる。一定期間経過後，返してもらうわけだが，そのとき大きく分けて2つの場合がある。まず，貸した物そのものを返してもらうという場合である。家でも土地でも借りた物そのものを返す。レンタル CD でもレンタル DVD でもそうである。これに対して，あなたが友人から1万円を借りたとする。1万円札で借りた。お札の番号は「SB830186V」である。しかし，返すときはもちろん別のお札で返す。同じお札で返さなきゃいけないのでは，その1万円札は使えないわけであって，そもそも借りる意味がない。つまり，お金の貸し借りの場合には，借りた物そのものを返すのではなくて，同種同等の物を返すのである。

　この2つで契約の性質は大きく異なる。たとえば，こんな違いがある。家を借りているときは，途中でそれが全焼してしまったら，もはや借主は期限到来のときにその家屋を返還することができないことが確定する。しかし，借りた1万円札をなくしてしまったからといって，1万円が返せなくなるわけではない。

　そこで，民法では，一方，借りた物そのものを返すタイプの契約を**使用貸借・賃貸借**とよび，他方，借りた物と同種同等の物を返すタイプの契約を**消費貸借**として，別個に規律している。

　使用貸借と賃貸借との区別は，借りることに対価（賃料）が支払われるか否かの区別である。使用貸借が対価の支払われないもの，つまり無償契約，賃貸借が対価の支払われるもの，つまり有償契約である。

　これに対して，借りた物は消費して，同種同等の物を返すタイプの契約である消費貸借については，民法は有償か無償かによる区別を施していない。実はこのことが1つの問題を引き起こす。

まずは消費貸借から見ていくことにしよう。

◆要物契約とは？

消費貸借契約の定義は，民法587条にある。

> 消費貸借は，当事者の一方が種類，品質及び数量の同じ物をもって返還をすることを約して相手方から金銭その他の物を受け取ることによって，その効力を生ずる。

これを売買契約についての民法555条と比べてみると，おもしろいことに気づく。

> 売買は，当事者の一方がある財産権を相手方に移転することを約し，相手方がこれに対してその代金を支払うことを約することによって，その効力を生ずる。

売買契約は，「……約し……約する」ことによって成立する。このように約束だけで成立する契約を諾成契約という。これに対して，消費貸借契約は，「……約して……物を受け取る」ことによって成立するとされている。約束だけではだめで，借主が物を受け取ってはじめて成立するとされているのである。このように，合意のほかに目的物の引渡しその他の給付を効力発生の要件とする契約を，要物契約という。

なぜこうなっているのか。

これは，消費貸借契約について，「貸主は，特約がなければ，借主に対して利息を請求することができない。」（589条1項）とされていることと対応している。「無利息である」と当事者意思の補充が行われるといってもよい。

さて，このように消費貸借の基本形を無利息のものとすると，それは無償契約だということになる。そうすると，贈与について説明したように（→159〜160頁），借主の保護の必要性はそれだけ弱まる。有償契約であると，合意ができれば，それが履行されることを信頼した当事者を保護する，つまり相手方に合意どおりの履行をさせる必要があるが，借主はしょせんただで貸してもらうわけだから，合意に対する信頼をさほど保護する必要はない。そこで，合意だけでは消費貸借契約は成立せず，実際に物が引き渡されてはじめて契約が効力を生じる，とされたのである。

◆利息付き消費貸借契約

ところが，友人間の場合と異なって，現在の取引社会において重要な意味をもっているのは，もちろん利息付きの消費貸借契約，それも金銭消費貸借契約である。そうすると，「無利息の消費貸借契約だから要物契約とする」という理屈は，現在のほとんどの契約にはあてはまらないことになる。いいかえれば，要物契約とされていることに合理的な理由がなくなっているのである。

そこで，学説では，少なくとも利息付きの消費貸借契約は合意だけで成立する，と考えるものが多くなっており，2017年改正においても，消費貸借契約を諾成契約とするか否かが問題となった。改正論議においては，消費貸借契約を完全に諾成契約とするという可能性も検討されたが，結局，「書面でする消費貸借」についてのみ，要物契約ではなく，諾成契約とすることとした（587条の2第1項）改正点。

ただし，諾成契約としてしまうと，貸主に貸す義務が生じるだけでなく，借主に借りる義務が生じるはずであり，それは妥当でないとの意見が強かった。他方で，借りるか借りないかわからない借主のために金銭を準備して待っておくのも，貸主に負担である。そこで，「書面でする消費貸借の借主は，貸主から金銭その他の物を受け取るまで，契約の解除をすることができる。この場合において，貸主は，その契約の解除によって損害を受けたときは，借主に対し，その賠償を請求することができる。」（同条2項）としてバランスをとることにした。また，利息が発生することについて合意がある場合でも，実際に金銭の引渡しを受けていないのに利息を払わねばならないのはおかしい。そこで，「貸主は，借主が金銭その他の物を受け取った日以後の利息を請求することができる。」とされている（589条2項）。逆に，受け取り前には利息が発生しないということである。

なお，目的物の交付前に作成された契約書において，「本契約は，借主が目的物を受け取ったときに成立します。」と規定することはでき，このときは要物契約となる。つまり，民法587条の2第1項の規定は，書面で契約すれば，目的物を借主が受け取る前に消費貸借契約を成立させることができる，というだけであり，書面で契約をしたときには，目的物の受け取り前に消費貸借契約が必ず成立するとしているわけではない。

◆借主の義務

すでに述べたように，現代社会において重要な消費貸借契約は，金銭の利息付き消費貸借契約である（もっとも，有価証券の消費貸借契約というのも実務的には重要な場面がある）。以下，それについてのみ説明していく。

さて，貸主から借主への金銭の交付があって初めて契約が成立するとされるときに，契約成立後の義務として観念されるのは，借主の返済義務のみである。片務契約というわけである。なお，利息付き消費貸借は有償契約である。ここに片務契約であるのに，有償契約であるという，特殊な契約を認めることができる（→130頁）。

借主は，借りた金銭（元本）を返済し，利息を支払う義務を負う。通常は期限が定められる。利息だけは毎年支払い，10年後に元本を返済する，という場合もあるし，1年後に元本と利息とを一括して返済する場合もある。また，住宅ローンのように，利息と元本とを均等割りして，分割して返済するように合意されることもある。

2　利息と消費者金融

◆利息の歴史

繰り返しになるが，実際の取引社会において重要な意義を有するのは，金銭の消費貸借契約であり，利息付きのそれである。しかし，民法典において無利息の消費貸借契約が原則となっていることからもわかるように，利息付きの消費貸借契約がその有効性を認められるようになったのは，そんなに古いことではない。

旧約聖書の出エジプト記によれば，モーゼは神から次のように告げられる。

> もし，あなたがわたしの民，あなたと共にいる貧しい者に金を貸す場合は，彼に対して高利貸しのようになってはならない。彼らから利子を取ってはならない。

これが教会法の根拠となり，キリスト教においては利息を取ることは禁止されたのである。さきに『ヴェニスの商人』の話をしたが（→118～119頁），これは，利息をとった金貸し自体が，神の教えに背くものだと考えられていた，そして，シャイロックは異教徒だからこそ金貸しを商売にしていた，という背

景なくしては理解できない（なお，ユダヤ教徒は，教会法には縛られない。しかし，旧約聖書はユダヤ教の聖典でもある。ところが，旧約聖書には次の記述もあり，ユダヤ教徒がキリスト教徒から利息をとることはできたのである。すなわち，「外国人には利子を付けて貸してもよいが，同胞には利子を付けて貸してはならない。」（申命記23-21））。

しかし，教会の教えに反してでも，なんとか利息を取ろうという試みも古くから行われた。そして，経済社会の発展によって，これを認めざるをえなくなってくる。16世紀くらいから，一定の利率を限度に利息を認める立法がされるようになり，さらに，19世紀に至ると，一定以上の利率の利息は禁じられる，というように，原則と例外とが逆転してくる。

利息の禁止は，キリスト教だけでなく，イスラム法にも見られる。「神は商売はお許しになった。だが利息取りは禁じ給うた」（コーラン2章275節）。これは，いまでもイスラム法の一部として効力をもっているようである。もっとも，ここにいう「利息」（原語では，リバー）の定義にはいろいろと問題も存在する。また，商品の売買・再売買，事業への投資などの取引をからめることによって，実質的には利息付きの金銭消費貸借が行われている（イスラム金融）。

Column 24

メディチ家の謎

イタリアのメディチ家は，利息付きの金貸しで得た巨万の富によって，ルネサンスを支えた。表向きは利息をとれない。しかし，メディチ家は通貨の両替を組み合わせ，各地における交換比率の違いを利用して，見事に利息を取った。15世紀の話である。

まず，ヴェネツィアのAがメディチ家から1000ドゥカーティを借り，同額の1000ドゥカーティを返済するため，47000ステルリーニ（ヴェネツィアの相場で1000ドゥカーティ相当）につきロンドンにいるBを支払人とする為替手形を発行する。メディチ家は，ロンドンでBから47000ステルリーニを受け取るが，その47000ステルリーニを，またすぐにBに貸し付け，1068ドゥカーティ（ロンドンの相場で47000ステルリーニ相当）につきAを支払人とする為替手形を発行させる。これによって，メディチ家はAから1068ドゥカーティを受け取ることができる。結局，68ドゥカーティの利息が付いたのである。（高階秀爾『ルネッサンス夜話』（河出文庫）による）

◆利息制限

わが国では、聖書に基づいて利息が禁じられることはもちろんなかった。民法はたしかに無利息の消費貸借を原則としているが、商法513条は、商人間の金銭消費貸借では、利息の合意がなくても、貸主は法定利率（→332〜334頁）による利息を請求できる、として、利息が発生することを原則としている。しかし、利息を取ってよいとしても、やはり制限は必要であった。お金のある強者が、お金のない人に対して、高利で貸し付ける。貸し付けを受けた者の生活は破壊される。このような事態を放置しておくことはできなかった。

わが国における高利の規制は、何と奈良時代にまでさかのぼる。その内容は、

①60日未満の貸借においては利息をとってはならない

②利息をとるときは60日ごとであり、その利率は年7割8分を超過してはならない

③16か月以上の長期貸借でも年10割以上の利息をとってはならない

というものだったようだが、それでもこれに違反する契約書が多数見つかっている。

現行法は、1954年にできた**利息制限法**である。まず、その1条は、「金銭を目的とする消費貸借における利息の契約は、その利息が次の各号に掲げる場合に応じ当該各号に定める利率により計算した金額を超えるときは、その超過部分について、無効とする。」としている。具体的には、

元本が10万円未満の場合　　　　　　年2割

元本が10万円以上100万円未満の場合　年1割8分

元本が100万円以上の場合　　　　　　年1割5分

である。

本章の扉の落語をもう一度読んでみてほしい。そこには、「百円貸すには四十五円テン引にして二十五円筆墨料（ひつぼく）に取つて二十円手数料を取る」という話が出てくる。利息を規制しても、手数料とかの名目で取り立てることを許していたのでは、どうしようもない。そこで、第3条は、「債権者の受ける元本以外の金銭は、礼金、割引金、手数料、調査料その他いかなる名義をもってするかを問わず、利息とみなす。」としている。

このように、たとえば、元本が100万円以上の金銭消費貸借契約において、

年2割とか3割の利息を合意しても無効であり，年1割5分までに制限されるのである。しかし，しばしば資金不足になってしまう会社が，年3割で100万円を貸してもらっているとき，利息を支払うときになって，「1割5分を超える部分は無効ですから，利息は15万円しか支払いません」と実際にいえるだろうか。法律上はいえる。しかし，そういった会社は，また資金繰りがつかないときに，その貸金業者からもう一度貸してもらわないと困る。ところが，「1割5分を超える部分は無効です」と一度主張してしまうと，もう二度と貸してもらえなくなる。法律上は支払わなくてよいことがわかっていても，これからのことを考えると，支払わざるをえないことも多いのである。

　そのうえ，2006年改正前の1条には，第2項があり，それは次のように規定していた。

　　　債務者は，前項の超過部分を任意に支払ったときは，同項の規定にかかわらず，その返還を請求することができない。

　支払ってしまえば，どうしようもないとされていたのである。

◆判例による利息制限法の修正

　高利はいちおうは無効とするが，支払ってしまえば取り返せない，という立法は，それなりに合理的なものである。支払うことができ，これからもその貸主との関係を続けていきたい人は支払うだろう。それはそれでよい。合法の利息でしか貸し付けができないとすると，貸主としては利益が少ないわけだから，貸し倒れの可能性のない安全な人にしか貸し付けをしなくなる。庶民が融資を受けられるようにするためには，ある程度，高利での貸し付けも可能にしておく必要がある。しかし，利息を支払うだけで，生活が破綻してしまうような人には，高利の無効を主張させてよい。

　ところが，最高裁はそうは考えなかった。経済的弱者を保護するためには，すでに支払っていたとしても，超過分は取り戻すことを認めるべきだとしたのである（最高裁昭和43・11・13大法廷判決（民集22巻12号2526頁））。

　よりくわしくいうと，次のようになる。たとえば，100万円借りて，利息が年5割と合意されていた。1年経ったところで，債務者は利息として50万円を支払った。最高裁は，このとき，1割5分という制限を超える額，つまり35万円については利息の支払いではありえず，したがって元本に充当され

る。その結果，債務者は1年分の利息として15万円を支払い，さらに元本分として35万円支払ったことになる。

　また，次の年に債務者は50万円を利息として支払った。しかし，このときはすでに元本が65万円になっているのだから，その1割5分，つまり9万7500円分しか利息の支払いとしては認められず，残りの40万2500円は元本に充当される（なお，制限利率は当初の貸金額で定まり，元本が減少して，たとえば「10万円以上100万円未満」になったからといって，「年1割8分」に変わるわけではないとされている）。これで，元本は24万7500円となる。

　さらに次の年，債務者は50万円を利息として支払った。このときはすでに元本が24万7500円になっているから，その1割5分，つまり3万7125円分しか利息の支払いとしては認められない。そして，残りの46万2875円は元本に充当されるが，元本はすでに24万7500円しかないから，21万5375円が余る。これについては，債務者は貸主に返還を求めることができる。

　こういうわけである。

　実質的には，法律の変更である。裁判所が，このような法律の変更を判決のかたちですることが許されるか，にはかなりの問題がある。しかし，ともあれ，このような最高裁判決が下され，下級審裁判所もこれに従うことになったのである。

◆ “サラ金問題”の発生

　最高裁判所は，条文の文言からはとても無理な解釈をしてでも，経済的弱者を保護しようとした。しかし，1970年代から，いわゆる“サラ金問題”が発生する。

　新製品のテレビがほしい。こんなとき銀行は融資をしてくれない。1963年ごろから誕生した「サラリーマン金融」をうたう貸金業者は，そんな人にも簡単な審査で融資をする。金利はきちんと計算すると年10割ちかくに及んだりするが，なんといっても借りやすい。「借りやすさ」は「借りすぎ」へとつながる。次々と出る新製品，日々の遊びのために，どんどんと借金は膨れていく。

　取り立て。勤め先へ電話がかかる。アパートには張り紙をされる。「借りたものを返さないのは泥棒です。○×クレジット」

　ある判決から実際の様子を引用しておこう（福岡地裁小倉支部昭和57・

7・16判決（判タ475号72頁））。

　被告会社の従業員である被告杉田某は昭和56年1月31日午前1時30分頃，原告宅に押しかけ，応対に出た原告に対し，その再三，再四の拒否にも拘わらず，「やかましい。すぐ出てこい」「きさま，こら出てこんのか」などと罵声をはりあげ，さらに，原告に対し，突然とびかかり原告の着用していた作業着の両襟を両手でつかみ，原告の首をしめあげたまま抵抗する原告の体を約1メートル引きずる等の暴行を加え，原告を畏怖困惑せしめたものである。

　さらに，同日午前11時頃，被告会社黒崎店の店長藤本某は，前記脅迫，暴行等によって畏怖困惑した原告を被告会社黒崎店の事務所3階に連れ込み，杉田他2名の被告従業員と共に原告に対し，こもごも「どうするんね。今日のうちにかたをつけてもらわんとね」「あんた払いきらんなら生命保険からとってやってもええばい」「妹があるやろ。妹に電話して今日の午後8時までに絶対に連れてこい」「逃げたいなら逃げてみろ。どこまでもおいかけるからな」などと，怒号しながら原告の周囲を取り囲み，もって，その頃から，同日午前11時50分頃の間，原告を同室から退去することができないようにして，不法に同人を監禁した。

　原告は警察に通報。すると，

　昭和56年2月4日午前11時頃被告会社黒崎店の従業員2名は，原告宅に押しかけ，原告に対し，「よう，警察へ電話したもんや」「あんたが警察へ連絡するんなら，こっちも徹底的に闘うぞ」「目には目，歯には歯よ」等と申し向け，前記貸金の支払いをしなければ危害を加えかねない旨を暗示して原告を脅迫した。

　1978年1月から8月の統計によれば，"サラ金"が原因で130人が自殺，1502人が家出，売春を強要された女性が13人。同年1月から9月までの統計では，"サラ金"の返済に負われた犯罪が4555件もあった。これに対して規制を施そうにも，業者の実数もつかめないありさまであった。

◆ "サラ金二法"の成立

　当時，銀行が行う無担保の消費者ローンの利率は，厳しい審査をパスした顧客に対してだけであるが，13％前後であった。つまり，コストの低い預金を

原資とする銀行ですら，13％の利息をとらないと，消費者ローンは引き合わなかったのである。そうすると，資金調達コストの高い貸金業者に15％以下の利率にせよと要求するのは現実的ではない。また，15％を超える利息を支払ったときに，借主はその返還を求めうるという最高裁判決は，借主に提訴を断念させるために脅迫を加えるという状況へとつながった。

このような現実認識のもとに，やっと1983年になって，**出資の受入れ，預り金及び金利等の取締りに関する法律（出資規制法）**の改正，および，**貸金業の規制等に関する法律（貸金業規制法）**の制定が行われた。一言でいえば，アメとムチの両方を使い分けることによって，"サラ金問題"を解決しようとしたのである。

まず，出資規制法は，金銭の貸し付けを業として行うものが貸主の場合，年40.004％を超える利息の契約をし，または，これを超える割合の利息を受領した者につき，3年以下の懲役または300万円以下の罰金に処する。従来の出資規制法が，年109.5％を超える利息について罰則を科していたのを，大幅に引き下げたのである。これがムチの第1。

次に，貸金業規制法は，貸金業者に大蔵大臣（現行法では，内閣総理大臣），場合によっては都道府県知事の登録を受けることを要求し，監督を強化した。ムチの第2であるが，ムチばかりだと登録するわけはない。そこで，登録し，監督を受けている貸金業者が行った金銭消費貸借の利息については，利息制限法の制限を超えていても，借主が任意に支払った分については有効な利息債務の弁済とみなし，借主はそれを元本に充当したり，その返還を求めたりすることはできない，としたのである（同法43条）。これが，アメである。

利息制限法はそのまま維持されている。したがって，100万円以上の金銭消費貸借の場合，年15％を超える利息の合意は無効である。したがって，借主は支払いを拒否することもできる。しかし，その利率が40.004％以内の場合，任意に支払ってしまえば，もはや取り返せない（「有効な利息の債務の弁済とみなす。」とされているので，**みなし弁済**という）。任意に支払っても，元本に充当され，元本額を超えれば取り返すこともできる，という最高裁判例の立場は否定された。

これについては，経済的弱者保護を弱めるものである，という批判もあった。しかし，利率が40.004％以内の場合，高利を規制するよりも，取り立てや

貸し付けのやり方に対して監督を強化した方が妥当だと考えられたのである。

　もっとも，1999年，いわゆる商工ローン業者による過酷な取り立て（「腎臓一個売らんか。2つも持ってぜいたくな」といった脅迫）が社会問題となり，上限金利は，40.004％から29.2％に引き下げられた。

◆最高裁判所の逆襲

　以上説明したように，批判はあったものの，貸金業規制法による2段階に分けた金利規制は，それなりに理解できる立法政策であった。しかし，最高裁は，貸金業者に厳しい態度を貫き，ある意味，2段階に分けた規制を無意味にする方向をとった。

　まず，貸金業規制法は，みなし弁済制度が適用されるためには，貸金業者が，貸し付けにあたって，同法17条に規定する要件を満たした書面を借主に交付しなければならないとし，弁済を受けたときも，同法18条の規定する要件を満たした書面を借主に交付しなければならないとしていた。これらの要件について厳格な解釈を施したのである。

　18条書面については，弁済確認後直ちに交付しなければならないとし，1週間後ではダメだとした。また，18条書面に必要とされる内容を書いた振込用紙が借主に交付され，借主がこの書面を利用して貸金業者の銀行口座に対する払込みの方法によって利息の支払いをした事例でも，書面の交付がないとした。

　さらには，18条書面の内容について，どの貸付契約に対する弁済がされたのかを契約番号で明らかにすればよいとしていた内閣府令について，法律による委任の範囲を逸脱した違法な規定として無効と解すべきであるから，契約番号を書いただけではたりないとした。ここでいう「内閣府令」とは，法律には大枠しか決めていないことについて政府が定めた「貸金業の規制等に関する法律施行規則」なのだが，この内容は法律に反してはならない（そうしないと，国会が定めた法律を行政＝政府が勝手に変えることができ，三権分立の原理に反する）。ところが，実際には法律に反していたから，その内閣府令は無効であり，それに従ったとしても，貸金業者は保護されないというわけである。政府の指導に従っていたつもりの貸金業者には，なかなか厳しい判決である。

　次に，17条書面についても，記載が要求されている事項の一部でも欠けて

いれば，有効なものとはいえないとし，さらには，「各回の支払金額」欄には「別紙償還表記載のとおりとします」との記載があり，償還表が別添されていても，それではたりないとした。毎月の返済額が，一定範囲で借主の自由に任されているときにも，支払金額を書かないことは許されず，最低返済額などを記載しなければならないとされた。

そして，「任意に支払った」かどうかの解釈においても，厳しい態度を示した。金銭消費貸借契約には，だいたい，期限の利益喪失条項（→360頁）が置かれている。1回でも返済を怠れば，残額すべてをすぐに支払わなければならないという定めである。この条項は，利息のうち，利息制限法の定めを超える部分の支払いを怠ったからといって，借主が残額について期限の利益を喪失するものと解釈すべきではない。これは利息制限法の趣旨に反する。しかし，このような条項があれば，借主としては，利息制限法違反とはいえ，定められた利息の支払いを遅滞すると，残額を一度に支払わなくてはなくなると誤解しがちである。そこで，このような条項があるときに，借主が利息制限法の定めを超える額の利息を支払ったからといって，「任意に支払った」とはいえないとされたのである。

これらの判例の展開により，ほとんどの場合，貸金業規制法上のみなし弁済の規定は適用されなくなったのである。

◆グレーゾーン金利の撤廃

さらに，2段階に分けた金利規制は，貸金業者の過剰貸し付けを生み，借金で首が回らなくなり，破綻する人を増加させたという認識が広まってきた。そこで，判例により事実上無力とするだけでは足りず，利息制限法を超える利息の約定については，まったく無効であるとすべきだとの考え方が強まった。出資規制法の上限金利である29.2％と利息制限法上の上限金利との間で，任意に支払えば取り戻せなくなる部分のことを，**グレーゾーン金利**といっていたのだが，このグレーゾーン金利の撤廃が求められるようになったのである。

政府は，2005年12月に，出資規制法の上限金利を20％に引き下げるとともに，貸金業規制法を改正して，**貸金業法**を成立させた。そこでは，みなし弁済の規定を廃止し，さらに，利息制限法所定の制限利率（15〜20％）と出資規制法所定の上限利率（20％）の間の金利での貸付けについては，行政処分の

対象とすることとした（20%を超える金利での貸し付けは，刑事罰の対象となる）。あわせて，日中でも執拗な取り立てをしてはならないことを定め，また，借主の自殺によって生じた生命保険金から弁済を受けることを禁止した。さらに，規制を超過する利息を任意に支払ったときには，もはや返還請求ができないとする利息制限法1条2項の規定も削除された。

あわせて，貸金業者に借主の返済能力の調査を義務づけるとともに，総借入残高が年収の3分の1を超える貸付けなど，返済能力を超えた貸付けを禁止することとした。

これらの法律の施行は段階的に行われたが，2010年6月には，全面的な施行に至った。消費者保護のための大きな成果である。

◆販売信用と抗弁権の切断

サラ金の問題は，消費者に直接，金銭を貸すという取引（直接金融）に関係するものであった。ところが，消費者が金融を受ける場面は，それだけにとどまらない。クレジットカードを用いて買い物をすると，クレジット会社に代金を立替払いしてもらうことになる。このとき，クレジット会社から消費者に対して金銭消費貸借が行われている。自動車を購入するとき，「オートローン」などといって，個別的なクレジット契約が結ばれることも多い。これも金銭消費貸借契約である。現金の持ち合わせがなくても商品を買えるということで，こういった販売信用も，ついつい「買いすぎ」につながり，消費者の生活を破壊してしまうことがある。そして，売買契約と結びついていることから，独自の問題も生じる。

個別のクレジット契約やクレジットカードを用いて商品を購入したときには，法律上，2つの契約が存在することになる。売主と買主との間には売買契約が存在し，クレジット会社と買主との間には，金銭消費貸借契約が存在するわけである。

このとき，商品に欠陥があったり，売主がちゃんと引き渡さなかったりしたとする。買主としてはもちろん代金を支払いたくない。そして，買主の意識としては，とくに，売主の店頭で申込みをした個別のクレジット契約の場合，そのクレジット契約と売買契約とは一体のものだから，当然，クレジット会社に対しての支払いを拒めると思っている。そもそもクレジット契約をすすめたの

も売主だし，売主から示された契約書に署名・捺印しただけじゃないか。クレジット会社が売主とは別会社だということすら知らなかった。

しかし，買主の支払い拒絶に対して，クレジット会社は次のように主張する。

「たしかに商品には欠陥があったようですねえ。でも，それは売主とお客様との関係の問題です。私どもは，すでに代金をお客様に代わってお支払いしたわけでして，これはお返しいただかないと困ります。お客様のご依頼に基づいて支払わせていただいたのですよ」

売主は倒産し，買主は商品の引渡しすら受けられない。しかし，クレジット会社からは立替金の支払いを請求される。こういったケースが多発し，社会問題となった。

現在では，割賦販売法30条の4および35条の3の19が，購入者は，販売契約について販売業者に対して生じている事由を根拠に，クレジット会社に対して支払拒絶ができることを強行規定として定めている。

この条文が適用されるかぎりにおいて，買主はクレジット会社に支払いを拒むことができる。ただし，割賦販売の場合に限定されており，1回払いの約束になっていると，この条文は適用されない。もっとも，この条文が適用される範囲外の取引であっても，クレジット会社が，売主の不履行を知っていたり，当然に知るべきであったりしたときには，買主の支払い拒絶を認める裁判例も多い。しかし，そのような事情のないときは，やはりだめなのである。

3　企業の資金調達

◆一般投資家からの資金調達

消費者にもたしかに資金需要はある。しかし，企業の資金需要に比べれば小規模であり，現代の取引社会において，最も重要な借主は，いうまでもなく企業である。

企業の資金調達の方法は，いくつかに分類できる。まず，一般投資家から資金を調達しようとするのか，金融機関から資金を調達するのか，で区別ができる。前者としては，株式発行，社債発行，CP（コマーシャル・ペーパー，商業手形）発行がある。こちらから見ていこう。

この3つのうち，株式の発行による資金調達は，金銭消費貸借とは無関係である。たしかに，企業が株式を発行し，それを投資家が購入すると，企業にお金が入る。しかし，株式を購入した人，つまり株主は，支払った金銭の返済を企業に求めうるわけではない。企業が利益をあげたとき配当を受けられるだけである。

　これに対して，社債発行および CP 発行は金銭消費貸借契約にほかならない。

　社債による資金調達は，借り入れを行うという点で通常の金銭消費貸借と変わらないが，銀行などとの個別的な契約によるのではなく，広く一般の投資家から均等の条件で借り受けるものである。たとえば証券会社を通じて一般投資家を募る。一般投資家は社債を購入するというかたちで，金銭を企業に貸し付けるのである。

　貸主となった者が保有する権利をあらわすため，社債券という有価証券が発行される。もっとも，現実に社債券が社債権者に交付される場合と（現物債），それに代わる登録が金融機関に行われる場合とがある（登録債）。有価証券としての社債券が発行されることによって（登録債を含む），社債権者はみずからの権利を簡単に譲渡したり，担保の目的として利用することができるようになる。社債権者は，償還期限が到来すれば元本の償還を受け，それまでの間は利息の支払いを受ける。償還期限は，通常，2〜12年と比較的長期である。

　社債については，償還までの期間が比較的長いことを前提に，その発行手続や社債権者の権利保護について会社法が詳細な規定を置いている（会社法676条以下）。一言でいえば，重い制度となっているのである。しかし，企業に存在しているのは，長期的な資金需要だけではない。短期でいいから，機動的に借り入れを行いたい場合もある。もちろん，銀行から借り受けるという方法もあるのだが，一般投資家からの資金を得たい。これを可能にするために1987年11月から認められるに至ったのが，CP である。

　CP 発行による資金調達とは，簡単にいえば，企業が市場で直接に，自らを支払人とする約束手形を売却して，資金を調達することである。約束手形を購入した者は，金銭消費貸借の貸主として，期限到来時に発行企業から支払いを受けることになる。また，約束手形である CP が発行されているので，貸主はみずからの権利を簡単に譲渡したり，担保の目的として利用することができる

ようになる。

　CP は約束手形のかたちをとっている。しかし，その前提となる「紙」の存在が資金調達の機動性を阻害しているといわれるようになってきた。そこで2001年6月に，「短期社債等の振替に関する法律」が制定され，CP のペーパーレス化が行われた。同法は翌年さらに改正され，「社債等の振替に関する法律」と名称も変わった。一般の社債や国債についても，ペーパーレス化を実現し，新しい振替制度が創設された。この法律は，さらに，2004年に，**社債，株式等の振替に関する法律**と名称が変更され，株式等についても新しい振替制度に移行することとなった。そして，2009年1月には，新制度による株式の電子化が施行され，上場会社の株式について，紙ベースの株券は完全に廃止されたのである。

◆金融機関による貸し付け取引

　金銭消費貸借契約の貸主として，最も重要な役割を果たしているのは，いうまでもなく銀行である。銀行の貸し付け先は，大企業から消費者にまで及ぶ。また，外国の企業や政府に対しても貸し付けが行われる。

　銀行が企業等に対して行う貸し付けの主要形態としては，証書貸し付け，手形貸し付け，当座貸越の3種をあげることができる（なお，手形割引については→364頁）。証書貸し付けとは，金銭消費貸借契約書を作成して行う，通常の金銭消費貸借契約のことだが，他の2つには若干の特徴がある。

　手形貸し付けにあたっては，貸し付けに際して，銀行が，貸し付け先を振出人とし，自行を受取人とする貸し付け金同額の約束手形を貸し付け先から取得する。銀行は，債務者に対して，貸し付け債権のほかに手形債権を取得でき，権利行使が容易になるわけだが，契約の法的性質が金銭消費貸借契約であることは明らかである。

　また，当座貸越は，当座預金の預金者が，預金残高を超えて振り出した小切手や約束手形，または引き受けた為替手形などを，銀行が一定の極度額まで立て替え払いすることによって行われる。これについては，包括的な消費貸借の予約が行われているとみるのが一般的である。すなわち，預金残高を超えて手形・小切手が提示されると，極度額に至るまでは，金銭を給付して消費貸借を成立させる義務が銀行に負わされているとみるわけである（あらかじめ諾成契

約としての消費貸借契約（→164頁）が成立しているわけではない）。しかし、借主の経営状況が悪化したとき等に備えるため、銀行は貸し付けをするかどうかの判断権を留保しておきたい。そこで、銀行が用いている「当座勘定貸越約定書」は、「金融情勢の変化、債権の保全その他相当の事由があるときは、貴行はいつでも極度額を減額し、貸越を中止し、またはこの契約を解除することができます。」と定めており、抽象的には「貸し付けをすべき義務」があるとされたときでも、実際には銀行は貸し付けを拒絶することができるようになっている。

以上に述べた以外にも、金融機関どうしの短期金融取引、さらには多くの金融機関が集まって行う、国際的なシンジケート・ローンなど、経済的に重要な役割を果たしている金銭消費貸借取引の種類は多い。

なお、私たちが銀行に有している預金も、金銭消費貸借契約だとみることもできそうである。つまり、預金者が銀行にお金を貸していて、銀行は返済の義務を負う、というわけである。しかし、通常の預金は、金銭を保管してもらうという側面が強いため、一般には消費寄託契約だと解されている。後にもう一度説明する（→214頁）。

◆コミットメント・ライン契約

たとえば、ある企業が新規事業を開始することにした。すぐには多額の金銭は必要でないが、今後、事業の展開上、必要となったときには、そのつどすぐに融資が受けられるようにしておきたい。その時点でゆっくりと金融機関と交渉をしていると、タイミングを失う。必要なときにはすぐに融資が受けられるということが大切である。そこで、たとえば5億円までは借主の一存で借りることができるように、逆にいえば、借主が必要だといえば5億円までは金融機関は貸し付けなければならない、という契約を事前に締結しておくことが考えられる。これを**特定融資枠契約（コミットメント・ライン契約）**という。

ここで問題が生じる。利息制限法との関係はどうか、ということである。

特定融資枠契約を締結するに際しては、言い換えれば、借主である企業が、いつでも借りられるという地位を確保するためには、その企業は手数料を金融機関に対して支払う。このような手数料の支払いがなければ、金融機関が一方的に拘束される契約になってしまう。ところが、すでに見たように、利息制限

法3条は，「金銭を目的とする消費貸借に関し債権者の受ける元本以外の金銭は，礼金，割引金，手数料，調査料その他いかなる名義をもってするを問わず，利息とみなす。」としており，特定融資枠の確保の手数料が，ここにいう「金銭を目的とする消費貸借に関し債権者の受ける元本以外の金銭」に該当するとなると，利息制限法の適用にあたっては「利息」とみなされることになる。そうすると，思わぬときに同法違反の問題が生じてくる。

たとえば，1億円の融資枠について1年で30万円の手数料が支払われた例において，現実の借り入れは，年利率4％で100万円しか行われなかったとすると，結局，債権者は100万円を貸して，134万円を受け取ることになるから，利率は年34％となる。利息制限法違反になってしまうのである。

特定融資枠契約が，資金の確保のために借主である企業にとっても有用なものだとすると，この結果は妥当でない。そこで，1999年3月に，**特定融資枠契約に関する法律**が制定され，その第3条で，「利息制限法第3条及び第6条並びに出資の受入れ，預り金及び金利等の取締りに関する法律第5条の4第4項の規定は，特定融資枠契約に係る前条第1項の手数料については，適用しない。」と規定されたのである。

◆具体的な契約書

売買契約などの場合と同じく，実際の契約書式例を見ておこう（表3-3）。金銭消費貸借契約である。

ここにあげた契約書は，**公正証書**（こうせいしょうしょ）（**公証人**（こうしょうにん）が職務に基づいて作成した証書。公証人については→372頁 Column 40 ）によって作られている。この公正証書でとくに注意したいのは第参条である。実は，一定の金銭債務につき「弁済期を過ぎたら強制執行されても異議がありません」という文言の付いた公正証書を作成しておくと，ごく簡単な手続によって強制執行ができる。くわしくは後に述べる（→292〜293頁）。

なお，表3-3の例は，かなり本物に近いが，それでも行数等が本物と異なる。公正証書には，1行何字か，1枚何行かなどきちんとした定めがある。また，表3-3において，むやみに読みにくく縦線が入っているように思うかもしれないが，これは後日に書き足すことを防ぐために，実際の公正証書に入っているものなのである。厳格さを味わってほしい。

表3-3　金銭消費貸借契約公正証書

平成弐拾四年第四百九拾壱号　[原本]

金銭消費貸借契約公正証書

本職は平成弐拾四年七月壱日当事者の嘱託により左の法律行為に関する陳述の趣旨を録取しこの証書を作成する

第壱条　債権者A野A夫は，平成×△年六月参拾日金壱千五百万円を貸し渡し，債務者B川B男はこれを受け取り借用した

第弐条　債務者は次の事項を履行することを約した

壱　元金は平成弐拾五年六月参拾日にその全額を一括で返済すること

弐　利息は年利率壱拾パーセントとし，毎月参拾日限りその月分を支払うこと

参　期限後又は期限の利益を失ったときは以後完済に至るまで年壱拾八パーセントの割合の遅延損害金を支払うこと

四　左の場合には債権者からの通知催告がなくとも当然に期限の利益を失い，直ちに元利金を返済すること

一，元金，利息を期限に支払わないとき
一，振り出した手形又は小切手が不渡になったとき
一，競売，仮差押，仮処分を受けたとき
一，破産又は民事再生の申立をし又はその申立を受けたとき

第参条　債務者は，本契約による金銭債務を履行しないときは直ちに強制執行を受けても異議のないことを承諾する

本旨外要件

東京都世田谷区○○四丁目八番四号
債権者
　　　　A野A夫
　　　　昭和壱拾八年参月生

会社役員

右は印鑑証明書の提出で人違いのないことを証明させた

東京都目黒区××弐丁目参拾番壱拾六号
自営業
債務者
　　　　B川B男
　　　　昭和弐拾四年六月生

右は運転免許証で人違いのないことを証明させた

前記各事項を右両名に閲覧させたところその正確なことを承認し本職とともに左に署名押印する

　　　A野A夫㊞
　　　B川B男㊞

この証書は平成弐拾四年七月壱日本職役場で法律の規定に従い作成した

東京都渋谷区△△弐丁目八番七号
東京法務局所属
公証人
　　　C山C彦㊞

4 賃貸借契約における貸主・借主の義務

◆賃貸借契約の成立

　すでに説明したように（→162頁），賃貸借契約とは，貸し借りの契約のうち，貸主が貸した物そのものを返してもらうという場合であり，借主が借りることに対価（賃料）を支払うものである。家賃を払って借家に住むとか，近くのレンタルCDの店でCDを借りるとかが，その典型例となる。

　賃貸借契約は諾成契約であり，当事者の合意のみによって成立する。民法601条が，「……約し……約する」という構造になっていることを確認しておこう。貸した物そのものを返してもらうという場合ではあるが，借りる側が賃料を支払わないタイプの契約，つまり使用貸借も諾成契約であるが，書面による使用貸借契約でないときは，貸主は，借主が借用物を受け取るまでは，自由に契約を解除できるとされている（593条の2）。ここでも，すでに説明した枠組み，すなわち，

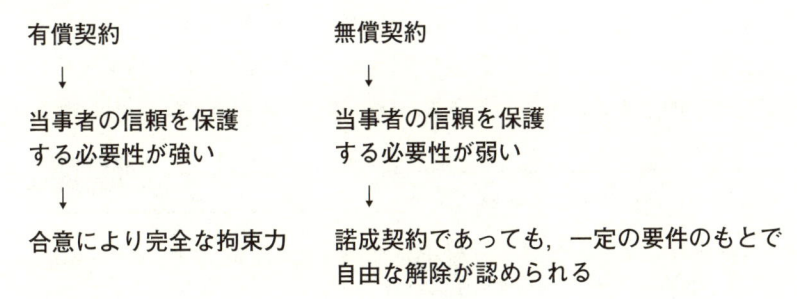

有償契約	無償契約
↓	↓
当事者の信頼を保護する必要性が強い	当事者の信頼を保護する必要性が弱い
↓	↓
合意により完全な拘束力	諾成契約であっても，一定の要件のもとで自由な解除が認められる

という枠組みが見られるわけである（以上につき→159〜160頁，163〜164頁）。

　賃貸借契約の目的物となりうるものは様々である。すでに例に出した家屋や土地，CD，DVD，機械，自動車（レンタカー），最近では，旅行用トランク，キャンプ用品，カラオケセットなどの貸し出しをしているレンタルショップなどというのもある。コインロッカー，貸しホール・会議室などの契約も賃貸借契約である。

◆賃借人の義務

　賃貸借契約の借主（賃借人）が負う義務で最も重要なのは，いうまでもなく

借り賃を支払う義務である（**賃料支払義務**。601条）。これ以外にも，目的物の性質に応じた方法で使用しなければならない，という義務（**用法遵守義務**。616条による594条1項の準用。たとえば，借りたDVDを円盤投げに使ってはならない），契約に定めた期間に目的物を返還する義務（**目的物返還義務**。601条），貸主（賃貸人）の承諾なく賃借権（借りるという権利）を譲渡したり，目的物を転貸（又貸し）したりしてはならない（**賃借権の無断譲渡・無断転貸の禁止**。612条），などが規定されている。

　これらのことは当たり前のように思える。そして，これらの義務に違反したときには，契約違反（債務不履行）として契約を解除されることになっても（解除について，くわしくは後述する。→306〜310頁），賃貸借契約の例として，CDレンタルや貸しホールを思い浮かべるかぎり，とくに賃借人に酷であるようには感じられない。

　しかし，土地や家屋を借りて，そこに住んでいたり，お店を営業していたりする例を考えてみよう。Aは，Bから家屋を借りて，そこにずっと住んでいる。いままで家賃はきちんと払ってきた。しかし，あるとき，不意な出費があり，その月の家賃が支払えなかった。もうすぐボーナスだから，そのときになれば支払いはできる。しかし，賃貸人のBは，5日以内に家賃を支払わなければ契約を解除する，といっている。住む家というのは，レンタルDVDのよ

Column 25

ファイナンス・リース契約 ―――

　賃貸借契約とよく似ているが，その経済的実質の違いから，別個に扱われるようになっているのが，ファイナンス・リース契約である。これについては，すでにかなり説明している（→18〜21頁）。

　そこで説明したように，ファイナンス・リース契約は，一見，「賃貸借」の定義に当てはまりそうであるが，しかし，その経済的実質は，リース会社がユーザーに金銭を貸し付け，その担保としてリース物件の所有権を有している（ユーザーがリース料を支払わないときには，物件を引き上げ，それを換価して残リース料債権，正確には規定損害金債権を回収する）というものである。賃貸借契約における賃貸物件の使用と月々の賃料とは異なり，各月のリース物件の使用と各月のリース料の支払いとは対価関係に立つものではない。

　こういった理解を前提に，判例は，ファイナンス・リース契約について，賃貸借契約とはかなり異なった扱いをしている。

うに、「また、お金のあるとき、別のにすればいいや」というわけにはいかない。生活をしていくのに不可欠である。そこでお店をやっている場合にはもっと深刻である。建物を借りてクリーニング店を営んでいる。そこを出なければならなくなると、すぐに別の建物を借りることができたとしても、ダメである。その地域のその場所にあってこそ、お得意さんがいるのであり、別の地域に移ってしまうと、商売はやり直しである。

借地・借家については、債務不履行を原因とする解除を一定程度、制限する必要があるのではないか、という気がしてくる。

◆信頼関係破壊の法理

そこで、判例も、借地・借家の領域においては、賃借人の債務不履行があっても、その債務不履行が賃貸人と賃借人との間の信頼関係を破壊するほど重大なものでないかぎり、賃貸人からの契約解除は認められない、という立場をとっている。賃借人に1、2か月程度の賃料不払いがあっても、それだけでは賃貸人は契約を解除することはできないのである。これを**信頼関係破壊の法理**といっている。

信頼関係破壊の法理は、賃借権の無断譲渡や目的物の無断転貸があった場合についても、適用される。民法612条2項によれば、賃借人が、賃貸人の承諾を得ないで、賃借人である地位を第三者に譲渡したり、又貸しをしたときには、賃貸人は契約の解除ができる。しかし、判例は、「賃借人が賃貸人の承諾なく第三者をして賃借物の使用収益を為さしめた場合においても、賃借人の当該行為が賃貸人に対する背信的行為と認めるに足らない特段の事情がある場合においては、同条の解除権は発生しない」と述べ、ここでも信頼関係の破壊を解除権発生の要件としているのである。たとえば、Aが借家で輸入代行業を個人営業として行っていたが、だんだんと繁盛してきたので、この代行業の会社、「株式会社Aパーソナル・インポート」を設立することにした。そして、その借家を会社の本拠地とした。Aと株式会社Aパーソナル・インポートは別個の法人格を有するわけだから（→53〜56頁）、これは形式的には賃借権の譲渡である。しかし、実態は何も変わらない。こんなときには、たしかに賃借権の無断譲渡はあるが、それは賃貸人と賃借人との間の信頼関係を破壊するまでのものではない、として、賃貸人からの解除を認めないのである（もっとも、

会社の資産がAよりかなり少ないときは，別に考えられよう。借主の信用度が減少するからである）。

このように，信頼関係破壊の法理は，一般的には賃借人を保護する方向で働く。「債務不履行はあるが，信頼関係を破壊する程度に達していない」というわけである。しかし，賃貸借契約の解除の判断にあたって，「賃貸人と賃借人との間の信頼関係が破壊されているか否か」を強調するということは，逆に，「債務不履行はたいしたことないが，信頼関係は破壊されているので，賃貸人からの解除請求を認める」，さらには，「厳密な意味で債務不履行はないが，信頼関係は破壊されているので，賃貸人からの解除請求を認める」というように，解除を認める方向にも働きうるのである。

有名な例を1件あげておこう。

Aは，2階建て家屋をBから賃借していたが，米軍関係者（事件は，戦後，日本がアメリカ合衆国に占領されていた時代のものである）の婚約者と称する女性Cにその家屋の2階を転貸した。その結果，この家屋には米軍人等が出入りするようになった。Cは，Bの抗議により，1か月もしない間に退去したが，Bは無断転貸を理由にしてAとの間の賃貸借契約を解除する，と主張したのである。

1か月程度の転貸で，かつ，解除の時点ではその転貸が解消されているような場合には，通常，解除は認められない。しかし，判決は次のような事情を認定して，解除を認めたのである。

①本件家屋が閑静な高級住宅地にあること

②賃貸人は，本件家屋の近隣の人々から，本件家屋に米軍人等が出入りし，その愛人が住んでいることは子どもの教育上よくないと抗議されていたこと

③賃貸人のBおよびその長男はともに医師であり，社会的地位に照らし，その貸家が上記のような状態であることを放置できないこと

以上の事情に照らして，AがBの承諾を得ずにCに本件家屋を転貸したことは信頼関係を著しく損なう行為だ，とし，最高裁判所もこの判断を正当だとしたのである（最高裁昭和33・1・14判決（民集12巻1号41頁））。

この判決は極端な事例かもしれない。しかし，信頼関係破壊の法理が，賃貸人からの解除を妨げる方向にだけ働くわけではないことには注意したい。

◆敷金をめぐる紛争

　家を借りたことのある人ならば，払わなきゃいけないのは月々の家賃だけではないことを知っているだろう。そもそも契約時に敷金とか，礼金とかいわれるものを払うことになる。さらには，とくに店舗の賃貸借契約などでは，権利金というものを要求されることもある。地域によって，その呼び方，額などは異なるが，これはどのような性質をもつものなのだろうか。

　契約時において賃料以外に支払われる金銭は，大きく2つに分けることができる。

　1つは，賃借人が賃貸人に負担する賃料債務その他一切の債務を担保するための金銭である（622条の2第1項。これまでも同様に解されていたが，2017年改正で明文化された **改正点** ）。通常，**敷金**とよばれるものがこれにあたる。たとえば，家屋の賃貸借契約で月々の家賃が15万円，敷金が45万円支払われているとする。賃貸借契約が終了したとき，家賃の未払分が30万円あり，さらに，ガラスの破損があり賃貸人は賃借人に1万円の請求ができるとする。このとき，賃貸人は，45万円から31万円を差し引いて，14万円を賃借人に返還する。賃貸借契約が解除され，追い出されては困るときには，賃借人もまじめに家賃を支払おうとするだろう。しかし，そこから出ていった後では，延滞している家賃や破損の損害について支払おうとする意欲が賃借人に乏しくなる。引っ越しされ，遠くに行かれてしまっては，賃貸人も債権回収が容易でない。そこで，賃貸人としては，あらかじめ一定額を受け取っておいて，取りっぱぐれのないようにしているのである。

　このような敷金の趣旨からすると，賃貸借契約の期間中に，賃借人が，たとえば，「ああ，10月分の家賃ね。あれは敷金から差し引いておいてください」ということはできないことになる。契約期間中，だんだんと敷金が減っていったのでは，契約が終了する際に取りっぱぐれのないようにするという趣旨が達成できないからである。また，「敷金を返してくれるまで，出ていかない」と賃借人が主張することはできない，とされている（622条の2第1項1号。判例法理を2017年改正で明文化した **改正点** ）。同時履行の抗弁権が認められないというわけである（同時履行の抗弁権については→287〜290頁）。敷金は，実際の明け渡しが行われるまでに生じた一切の債務を担保しようとするものだからである。

これに対して，権利金とか礼金とかよばれるものには，たとえば，お店をそのまま引き継ぐといった場合に支払われる営業権譲渡の対価としてのもの，一定期間の賃料の一括前払いとしてのものなど，いろいろな性格のものがある。これらは原則として返還が認められない。

◆賃貸人の義務

賃貸人の義務として最重要なのは，**目的物を使用収益させる義務**である。たんに目的物を引き渡して，「さあ，使え」といっているだけではたりない。たとえば，家屋を賃貸したところ，第三者がその家屋に住み着いている，といった場合には，第三者を排除しなければならない。また，雨漏りがするのなら，それを修繕しなければならない（606条1項。なお，賃貸人に通知しても修繕しないときは，賃借人が自分で修繕して，その費用の支払いを賃貸人に請求できる。607条の2第1号，608条1項）。売買契約に関して，「買主をして買ったといえる状態にすること」が売主の義務だと述べた（→133頁）。同じように，「賃借人をして借りたといえる状態にすること」が賃貸人の義務なのである。

また，対価を得て貸しているわけであるから，ちゃんと約束どおりの物を貸す義務があり，売主と同じように目的物につき**契約不適合責任**を負う（→133～136頁）。民法559条に規定されているように，売買に関する民法の規定は，その契約の性質の許す範囲で，売買以外の有償契約に準用されるのである。

◆賃貸借契約の終了

賃貸借契約は，定めた期間が満了すれば終了するのが原則である。ちまたで行われている家屋の賃貸借契約では，期間が定められていても，賃借人側はいつでも契約を解除できるというのが習慣になっているようであるが（私も何回か期間の途中で解約し，引っ越しをしたことがある），法的には期間内は契約解除ができない（もっとも，慣習となっていると解する余地はあろう。92条参照）。また，期間を定めていないときには，両当事者はいつでも解約の申し入れができるが，そのときは，民法617条1項に定める期間（土地については1年，建物については3か月）が経過したときに，終了の効果が生じる。急に返せといわれても困るからである。当事者に債務不履行があるときには，それを理由として契約の解除ができることはもちろんである（ただし，信頼関係

破壊の法理による制限がかかる場合もある。すでに説明した。→183〜184頁)。

　また，賃借人は，賃借中の損傷につき原状に回復する義務を負う。ただし，通常の使用・収益によって生じた自然損耗は賃貸人の負担であり，それを元に戻さなければならないわけではない（621条。判例法理を2017年改正で明文化した 改正点 ）。正当な権限行使について弁償する必要はないのである。

　さて，契約期間や終了に関しては，借地借家法に重要な例外が定められている。それ以外にも借地借家法により賃借人に特別の保護が与えられる場面がある。そこで，借地借家法について見ていくことにしよう。

5　借地借家法による賃借人保護

◆賃貸人と賃借人との間の債権関係

　いうまでもなく，賃貸人と賃借人との権利義務関係は賃貸借契約という契約から生じているものである。そして，このことから，すでに説明した2つのことが出てくる。1つは，賃貸人と賃借人とが，合意によって，自らの権利義務内容が決められること，もう1つは，賃借人が自分の権利を主張できるのは契約の相手方である賃貸人に対してだけであり，第三者に対しては主張できないことである（→67頁）。

　2つとも当たり前のように思うかもしれない。そして，まず前者について考えてみると，レンタルDVDの賃貸借期間を契約によって定めるのは当然のことであり，さして問題はないように感じるかもしれない。

　しかし，借地や借家に関しては，そうもいえない場合がある。土地を借りて，せっかく家屋を建てているのに，契約期間が満了したらそれで終わりというのでは困る。家屋を借りているときも，短い賃貸借期間で合意し，期間が満了したら，それで絶対に引っ越ししなければならない，というのでは，安定した生活は営めない。レンタルDVDと異なり，住居や店舗は生活に必須のものであり，安定してそこを利用し続けられることが必要なのである。

　このようにいうと，「それならば，長期間の賃貸期間を合意しておけばよいだけじゃないか」と反論されるかもしれない。たしかに，このような反論が適切である経済状況もありうる。しかし，歴史的に見れば，土地や家屋の所有者は強者であり，借りる側は弱者であることが多かった。そこで，借地や借家に

関しては，契約自由の原則を制限し，賃借人を保護する方向がとられることになった。

　後者，すなわち第三者に対しては主張できないという点に関しては，事態はもっと深刻である。Aが土地を所有し，Bにそれを賃貸している。このとき，Aがその土地をCに売却すると，新所有者CはBに対して土地の明け渡しを請求できることになる。賃借人Bは賃貸人Aに対してだけ賃借権限を主張でき，第三者Cには主張できないから，BはCの土地を不法占拠していることになるのである。これでは，Bの生活は安定しない。実際，日露戦争後の地価の暴騰時には，借地人がその上に建物を所有している土地が第三者に売却され，借地人は建物を取り壊して出ていくか，新所有者からも借り続けることができるように高い地代を支払うことに合意するかの選択を迫られるという事態が社会問題となった。ちなみに，これを**地震売買**という。建物の基礎となっている土地がグラグラと揺さぶられてしまうからである。

　もっとも，民法も，賃借権を第三者に対抗できるようにする方法は用意している。すなわち，民法605条は，不動産の賃貸借につき，それが登記されていれば，それ以降，その不動産について所有権などの物権を取得した者に対して，賃借人はその賃借権を主張できる，としている。しかし，実際には，賃借人が賃貸人の協力を得て賃借権を登記することは難しい。そこで，賃借権を登記する，という方法以外によって，賃借人が賃借権を第三者に対抗する途を開くことが求められた。

　まず，1909年に**建物保護ニ関スル法律**が制定され，1921年に**借地法**および**借家法**が作られた。その後，戦後の住宅難も解消され，また，土地の高度利用が求められるようになったことを背景に，1991年，これまでの3つの法律を合体し，さらにはいくつかの修正を施した新しい法律ができあがった。これが，現行法である**借地借家法**である。

　以下，この内容を，すでに述べた2点に関連するところにかぎって簡単に紹介する。

◆借地における最短期間の制限と借地・借家における「正当事由」

　借地借家法が適用される借地権とは，建物の所有を目的とする土地の地上権または土地の賃借権である（借地借家法2条1号）。地上権については後に述

べるので（→470〜472頁），ここでは賃借権だけを考えればよい。

このような借地権は，ある程度，長期間であることが要請される。賃借人が建物を建築したところ，その基礎である土地の賃貸借が終わったのでは，その建物は存立の基礎を失ってしまう。そこで，借地借家法３条は，「借地権の存続期間は，30年とする。ただし，契約でこれより長い期間を定めたときは，その期間とする。」とし，存続の最短期間を定めている。

しかし，30年が経過すると，建物が存続していようが何であろうが，借地契約を終了させうる，というのも，借地上の建物を保護するためには妥当でない。そこで，借地権の存続期間が満了したときも，建物がある場合には，賃借人は契約の更新を請求でき（とくに意思表示をしなくても，土地の使用を継続していれば請求したことになる），賃貸人は「正当事由」のないかぎり，契約更新を拒絶できないことになっている（同法５条，６条）。

どのような場合に更新拒絶の「正当事由」があるといえるか。これについて，借地借家法６条は，

①借地権設定者および借地権者が土地の使用を必要とする事情

②借地に関する従前の経過および土地の利用状況

③借地権設定者が土地の明渡しの条件として，または，土地の明渡しと引換えに借地権者に対して財産上の給付をする旨の申し出をした場合におけるその申し出

を総合的に考慮して定める，としている。つまり，地主が自分の家がなくて困っていて，その土地に家を建てようと思っている，といった場合には「正当事由あり」とされやすく（①），これに対して，地主は別個に自分の家を持っているが，借地人はそこで商売をしていて，そこから出ていくと，適当な引っ越し先がない，といった場合は「正当事由なし」とされやすい（①）。また，借地人は建物を建てているものの，これまでそこをあまり利用していない，といった場合には「正当事由あり」とされやすく（②），高層ビルの建ち並ぶ商業地域に借地人の居住する低層住宅がある，といった場合には「正当事由あり」とされやすい（②）。さらに，①，②の観点からは「正当事由あり」というためには十分でないときも，地主が立退料を支払うといったり，別個の土地をあっせんしたりしている場合には「正当事由あり」とされやすい（③）。こういうわけである。

これに対して，建物の賃貸借については，１年未満の期間を定める場合，期間の定めのないものとみなされるほかは（同法29条），とりたてて最短期間は定められていない。しかし，期間の定めのある賃貸借においては，当事者が期間満了の１年前から６か月前の間に，更新をしない旨を申し入れなければ，自動的に更新される。期間の定めのない賃貸借においては，各当事者はい

借地借家法の適用対象，サブリース問題

「建物の所有を目的とする土地の賃借権」とか，「建物の賃貸借」とかの文言は，きわめて明確であるようにも思われるが，けっこう紛争が生じる。

まず，デパートの洋服売場や食料品売場でメーカーが営業を行っているブースについては，デパート側の指示により売場の位置を変更させられることなどがあるため，特定の場所を使用収益しているわけではなく，「建物の賃貸借」にはあたらないとされた（最高裁昭和30・2・18判決（民集9巻2号179頁））。また，鉄道の高架設備下に建築された施設物の賃貸借契約に関しては，「建物の賃貸借」にあたり，借地借家法が適用されるというのが判例であるが，鉄道高架下の土地の賃貸借については，下級審判決が分かれている。

比較的近時に問題となったのは，サブリース契約である。これは転貸目的でビルを一括して賃借するものであるが，大手の不動産会社が土地所有者と話し合い，土地所有者にオフィスビルを建築させ，建築以前からの契約に基づいて，そのビルを一括して借り上げ，土地所有者に安定した賃料収入を保証しながら（賃料不減額特約が結ばれている），他方で，転貸によって不動産会社も利益をあげようとするスキームである。

ところが，バブル経済の崩壊により，賃料相場も下がり，空室が出てきた。そのため，不動産会社の得られる転貸収入は減少したが，不動産会社に対する賃貸人である土地・建物所有者には約束どおりの賃料を支払わなければならず，赤字になってきたのである。そこで，不動産会社は，借地借家法32条の規定する借賃増減請求権を行使し，賃料を引き下げようとした。これに対して，土地・建物所有者側は，サブリースは，借地借家法の適用される「賃貸借」ではないと争った。

一方で，不動産会社から安定した賃料収入があるからこそ，銀行から借り入れをしてオフィスビルを建築した土地所有者の期待保護も重要であるが，強行法規（→113頁）の適用にあたっては安易に例外を認めるべきではないともいえる。判例は，同条の強行法規性を重んじ，サブリースにおいても賃借人は同条に基づき借賃の減額を求めうるが，相当賃料額の判断等においてサブリース契約の経緯が十分に考慮されるべきである，とした（最高裁平成15・10・21判決（民集57巻9号1213頁））。中間的な解決といえる。

つでも解約の申し入れができるが（民法617条1項第1文），申し入れから6か月を経過した後に賃貸借が終了することになっている（借地借家法27条1項。民法617条1項2号では3か月とされているところを延長している）。つまり，借家人には最短で6か月の猶予が与えられるわけである。

　しかし，すでに述べたところからわかるように，それだけでは，借家人の保護に十分ではない。短い期間を定められて，それが終了すると，いつその家を出ていかねばならないかわからない，というのでは，借家人の生活は安定しない。そこで，借地借家法は，期間の定めのある賃貸借における更新拒絶，および，期間の定めのない賃貸借における解約申入れには，いずれも「正当事由」が存在することが必要であるとしている（同法28条）。

　正当事由の存否を判断する方法は，借地の場合と同様である。

◆定期借地権・定期借家権

　賃貸借の期間が経過しても「正当事由」がなければ，地主・家主は土地・建物を返してもらえない。そして，これまでの判決例は，「正当事由」の存否の判断において，地主・家主に対して厳しい態度を貫いてきた。そのような判例の態度は，とりわけ居住用建物の所有者に，「土地や家を貸したら，二度と返してもらえないのではないか」という心配を生じさせ，これによって優良な借地や借家の供給が妨げられている，ともいわれてきた。

　このためもあり，1991年の借地借家法制定においては，契約期間の更新のない借地権（定期借地権）を一定の要件のもとで認めるに至った。①50年以上の期間を借地権の存続期間として定めたもの（一般定期借地権）（同法22条）②事業目的の借地権で存続期間を10年以上50年未満とするもの（事業用定期借地権）（同法23条），③借地権設定から30年以上を経過した日に借地上建物を借地権設定者に譲渡することをあらかじめ定めておくもの（建物譲渡特約付定期借地権）（同法24条）の3種類がある。

　借家についても，一時的な転勤の場合の賃貸借など，期限付き借家権の制度が設けられたが（同法38条，39条），一般的な定期借家権は認められなかった。その後，正当事由制度こそが良質な住宅用借家の供給を妨げているとの主張が強力に展開された結果，1999年12月に借地借家法が改正され，定期借家制度が導入された（2000年3月から施行）。

定期借家契約が行われた場合は，すでに説明した契約更新に関する規定（更新拒絶には正当事由が必要であるなど）は排除され，当初の契約期間満了により借家契約が終了する（同法38条1項）。しかしながら，この前提として，賃借人がそのような定期借家契約の性格を十分に理解していることが必要となる。そこで，契約にあたって，建物の賃貸人は，賃借人に対し，契約の更新がなく期間の満了によって賃貸借が終了することについて，その旨を記載した書面を交付して説明しなければならないとされている（同条2項）。書面による説明がないときは，契約の更新がないとする定めは無効となる（同条3項）。また，契約期間が1年以上の定期借家契約では，賃貸人は，期間満了の1年前から6か月前までの間に賃借人にその旨を通知して，注意を喚起しなければならない（同条4項）。通知を忘れていたら，期間が満了しても従前の賃貸借契約が継続する。もっとも，思い出して通知をして，その後6か月が経過したら，賃貸人は契約の終了を主張できるようになる。

定期借家制度は，賃貸期間をはっきりさせようという目的のものであるから，賃借人からも期間中の解除は認められない。しかし，それでは賃借人に酷な場合もあるので，「転勤，療養，親族の介護その他のやむを得ない事情により，建物の賃借人が建物を自己の生活の本拠として使用することが困難となったときは，建物の賃借人は，建物の賃貸借の解約の申入れをすることができる。」とされている（同条5項）。

しかし，立法当時に説かれたところと異なり，定期借家制度を導入すれば，すぐに民間借家の供給が増加するといった効果は生じていないようである。利用率も必ずしも高くないし，かえってオフィスビルの商業目的の賃貸借契約において利用が多いともいわれる。

◆賃借権の第三者への対抗力

すでに説明したように，賃借人は，自らの契約の相手方に対してしか賃借権を主張できないのが大原則である。民法605条は，登記された不動産の賃貸借については，第三者への対抗力を認めたが，その登記は現実には難しかった。そこで，借地借家法は，民法よりも簡易な方法で賃借権を第三者に対抗しうる途を開いた。

まず，土地の賃貸借については，賃借権自体の登記がなくても，建物の所有

を目的とする土地の賃借人が，借りた土地の上に建物を所有し，その建物が登記されていれば，賃借権を第三者にも対抗することができるようになる（借地借家法10条1項）。つまり，賃貸人がその土地を第三者に売却し，第三者が所有者となったら，賃借人は今度はその新所有者に対して「私はこの土地を借りる権利がある」と主張でき，新所有者は，「私はあなたと何の契約もしていないのだから，貸す義務はない」とはいえないのである。

　これはたしかに土地の賃借人にとってはありがたいことである。しかし，そのことによって，土地を購入した新所有者に酷な結果となってはならない。

　先に述べたように，民法605条は，賃借権が登記されているときにかぎり，第三者に対抗できる，としている。これは，土地を買おうとする人は土地の登記簿を見るのが当然だから，土地の賃借権がその土地の登記簿に記載されていれば，賃借人がいることがわかるはずだ，だから，賃借権を対抗されても不測の損害とはならないはずだ，という論理によっている。この論理は，建物の登記があるだけでは成り立たない（土地と建物の登記簿は異なる。→422頁）。しかし，借地借家法は，次のように考えることによって，土地の賃借人がその土地の上に登記されている建物を所有するときには，その賃借権を新所有者に対抗することができても，新所有者に酷ではないと考えたのである。すなわち，土地を購入しようとする者は，その土地を実際に見に行くだろう。したがって，そこに建物があることはわかるはずだ。建物があるとなると，その建物の所有関係がどうなっているのか，登記簿を調べて確認すべきである。そうすると，売主以外が所有していることがわかる。こうなると，土地の所有者でない者が所有する建物が，その土地の上に存在しているのはなぜなのか，事情を調べようとすべきであって，これによって賃借人の存在はわかるはずである。したがって，賃借権を対抗されても不測の損害にはならない。こういう論理である。

　家屋の賃貸借についても，同様の論理によっている。借地借家法31条は，「建物の賃貸借は，その登記がなくても，建物の引渡しがあったときは，その後その建物について物権を取得した者に対し，その効力を生ずる。」としている。つまり，賃借人は，建物の引渡しを受けていれば，建物の新所有者に自らの賃借権を主張できるのである。これは，建物を購入しようとする者は，その建物を実際に見に行くだろう。その建物がすでに賃借人に引き渡されていれ

ば，見に行った者は，「あれ，売主以外の人が住んでるぞ」とわかる。そうすると，事情を調べるべきであり，それによって賃借人の存在はわかるはずである。したがって，賃借権を対抗されても不測の損害にはならない，というわけである。

さて，「賃借権を目的不動産の新所有者に対抗できる・新所有者に効力を生ずる」ということは，どういう意味かは，民法にも借地借家法にも明示には規定されていなかったが，新所有者が賃貸人の地位を引き継いで，新所有者と賃借人との間の賃貸借契約となる，と理解されていた。しかし，わかりにくい。そこで，2017年改正は，その旨を明文化した（民法605条の2）改正点。敷金返還義務も，新所有者に引き継がれる（同条4項）。ところが，不動産の共同投資事業においては，このことが問題を引き起こす。

Aが単独で所有する不動産をBに賃貸し，敷金を受け取る。Aは，この不動産の賃貸事業について，多数の人に投資を勧誘し，不動産の所有権を小口に分割して販売した。実際の賃貸事務はAが継続して行うが，法的な意味での賃貸人は投資家たちとなり，投資家は，Bの支払う月々の賃料を投資割合＝その不動産の共有割合に応じて受け取ることになる。その結果，投資家は敷金返還義務を負うことになるが，投資家はそのことを認識していないことが多い。そうすると，Aが倒産して，支払能力がないときなど，投資家が思わぬ損害を受けることになる。また，同様の投資スキームとして，信託銀行がその不動産を単独所有するという仕組みもあるが，このときには，信託銀行が思わぬ債務を負うことになるのである。

そこで，新所有者と元の賃貸人の合意によって，元の賃貸人がそのまま賃貸人にとどまることもできることにした（同条2項第1文）。このときは，転貸借関係が生じることになる。

◆具体的な契約書

ここでも実際の契約書式例を見ておこう（表3-4）。第7条が，文言どおりの効力をもたないことは，ここまでの説明からわかるだろう。

表3-4　建物賃貸借契約書

建物賃貸借契約書

東京都豊島区○○3-26-10
賃貸人（甲）　　A川A夫
神奈川県横浜市緑区×× 5-21-5
賃借人（乙）　　B山B男

　賃貸人甲と賃借人乙との間において，次のとおり建物の賃貸借契約（以下「本契約」という。）を締結した。

第1条　甲は，その所有する下記建物（以下「本物件」という。）を乙に賃貸し，その使用をなさしめることを約し，乙はこれを賃借し賃料を支払うことを約した。
記
　　　所在　　東京都港区△△ 1 -13-24
　　　構造　　木造瓦葺二階建
　　　床面積　91.3平方メートル

第2条　乙は，上記建物を，住居としてのみ使用する。

第3条　賃貸借の期間は，平成○年×月×日から平成×年×月×日までの2年間とする。
　②　甲及び乙は，協議の上，本契約を更新することができる。

第4条　賃料は，1か月金200,000円也とし，乙は毎月20日までに翌月分を甲の住所に持参または送金して支払う。
　②　甲及び乙は，次の一に該当するときには，協議の上，賃料を改定することができる。
　　1　本物件に対する租税その他の負担の増減により賃料が不相当となったとき
　　2　土地・建物の価格の上昇又は低下その他の経済事情の変動により賃料が不相当となったとき
　　3　近傍同種の建物の賃料に比較して賃料が不相当となったとき

第5条　乙は，甲に対し，敷金として金600,000円也を預託し，甲は，これを受領した。
　②　甲は，本物件の明渡しがあったときは，遅滞なく，敷金の全額を無利息で乙に返還しなければならない。ただし，甲は，本物件の明渡し時に，賃料の滞納，原状回復に要する費用の未払いその他本契約から生じる乙の債務の不履行が存在する場合には，当該債務の額を敷金から差し引くことができる。

第6条　乙は，甲の書面による承諾を得ることなく，本物件の全部又は一部につき，賃借権を譲渡し，又は転貸してはならない。
　②　乙は，甲の書面による承諾を得ることなく，本物件の増築，改築，移転，改造若しくは模様替え又は本物件の敷地内における工作物の設置を行ってはならない。

第7条　甲は，乙が本契約における義務に違反した場合においては，何らの催告も要せず，本契約をただちに解除することができる。

第8条　乙は，本契約が終了する日までに（第7条の規定に基づき本契約が解除されたときには，直ちに），本物件を甲に明け渡さなければならない。この場合において，乙は，本物件を原状に回復しなければならない。

　本契約を証するためこの証書を作り，各自署名捺印のうえ，各その1通を保存する。

平成○年×月△日

A川A夫　㊞
B山B男　㊞

第4章
いろいろな契約 2

漁師町だったから，町のなかに船鍛冶がいた。木造船に使う犬釘や，貝を掘るマンガの鉄爪を火造っていた。船鍛冶はやがて建築金具屋に変わったという。町のなかの工場だからそれは久保さんにも見えて，思い出話は尽きない。

「昔は腕の時代だったろうけれど，いまは頭の時代ですものねえ」

奥さんはそういって何度めかのお茶を注いでくれた。腕に縋って，七十五歳で現役の旋盤工を生き続けるご主人を非難する口調は，そこからはまったく感じられなかった。むしろ，単価の安い仕事を，それでも律儀に，納期に間に合わなくなるからと席を立ったご主人を庇っていた。

——小関智弘『大森界隈職人往来』（朝日文庫）

Ⅰ　役務を提供するための契約

1　役務の提供

◆現代社会における役務提供契約の重要性

　「笠地蔵」という民話がある。そこに出てくるおじいさんは，夏には農業に携（たずさ）わり，自分の食べ物を作り，冬には編み笠をつくって，それを自分で町まで運んで行き，町ゆく人に自分で売っている。「笠はいらんかね」というわけである。

　このおじいさんの生活にとっては，売買契約以外は重要な意味をもっていない。しかし，現代の社会において，笠ならざる傘は，通常，工場において作られる。そこでは，多数の人が会社との契約に基づいて働いている。役務（サービス）を会社に対して提供しているわけである。できあがった傘は，販売店に送られる。ここでは，運送会社が，傘の会社との契約に基づいて，傘を運送するという役務を提供し，倉庫業者がその保管という役務を提供する。われわれは，契約に基づいて，銀行が保管という役務を提供している金銭の返還を受け，それを購入する。そして，電車やバスに乗って家に帰る。これは，電鉄会社やバス会社から運送という役務の提供を受けているわけである。

　このように，現代社会においては，契約に基づいて役務の提供を受けなければ生活は不可能である。「笠地蔵」のおじいさんのような生活はできない。

◆請負，雇用，委任，寄託

　そこで，民法は，一方が相手方から何らかの役務を提供してもらうための契約につき，いくつかの類型を定めている。具体的には，請負（うけおい），雇用（こよう），委任（いにん），寄託（きたく）である。しかし，どのような基準でこの４つに分かれるかは，実はあまり明快でない。

　請負，雇用，委任の３種は，いちおう次のように説明される。まず，労務それ自体の給付を目的としているか，労務の成果の給付（仕事の完成）が目的

とされているかで，雇用・委任と請負とに分かれる。そして，労務それ自体の給付を目的としている契約のなかで，その労務の給付が使用者の指揮・命令のもとに行われるか，労務供給者の一定の裁量のもとで行われるかで，雇用と委任とが区別される。

　たとえば，大工さんが「家屋を建築する」という労務を供給する場合を考えてみよう。このとき，大工さんが木曜日を休日にしていようと，3時にお茶の時間をとっていようと，注文者はそんなことには興味がない。期日どおりに約束どおりの家屋が建設されればそれでよい。しかし，逆に，いくら大工さんが休日返上でがんばっていようと，期日どおりに約束どおりの家屋が建設されなければ，大工さんに対して文句をいうことになる。これは，大工さんとの契約が，「家屋を建築する」という「仕事の完成」を目的としているからであり，こういった契約を**請負**という（632条）。

　これに対して，自動車販売会社の営業マンが，「セールスに歩いて，自動車を売る」という労務を供給する場合はどうか。このとき，その営業マンは，たとえば「9時から5時まで一所懸命に販売に努力する」という義務を負っているのであって，10時半まで家で寝ていれば，契約違反である。しかし，具体的に自動車が売れなかったからといって，給料がもらえないわけではない。販売報奨金はもらえないし，出世もできないかもしれないが，基本給はもらえるし，契約違反として損害賠償を請求されることはない。医師も同じであって，手遅れの患者の病気が治らなかったからといって，契約違反になるわけではない。負っているのは「病気を治すように一所懸命に治療をする」という義務であって，「回復させる」という義務ではない。つまり，このような契約においては，「仕事の完成」という結果が問題にされているのではなく，「労務それ自体が目的となっている」のである。

　そして，営業マンは会社からの指揮・命令に従って労務を給付し（どこの地域をまわるか，は会社により指示される），これに対して，医師は自己の判断で労務を給付する（どんな薬を投与するか，は医師が決める）。前者を**雇用**といい（623条），後者を**委任**というわけである（643条）。

　また，**寄託**は他人のために物を保管することを目的とするものである（657条）。「保管する」というのは1つの役務の提供であるが，物の保管という比較的限定された役務である点で，他と区別される。

　もっとも，そうはいっても，営業マンに何らの裁量権もないわけではない。車庫の様子を見ながら，具体的にどこの家に飛び込むか，どのような説明をするか，どの車種を薦めるかなど，裁量の余地もある。家屋の建築を請け負った場合でも，ガスや電気の申込み等，注文者の事務を代行することはつきものである。逆に，一般に委任契約だといわれる診療契約においても，個々の具体的な行為，すなわち，「手術をしてくれ」「注射をしてくれ」というレベルでとらえると，そういった「仕事の完成」を目的としているのであって，請負契約だといえないわけではない。

　また，「旅行中，鉢植えを隣の家で預かってもらう」といった場合には，物の保管にプラスして，当然，適当な管理（水をやる，風の強いときには中に入れるなど）が頼まれていると考えるべきだろう。また，「税理士に確定申告の書類作成を頼む」という場合にも，帳簿などが税理士に引き渡され，それが税理士によって管理されることになる。そして，そもそも，保管を頼まれた物を安全に保管するためにはどのような方法をとるべきかは，ある程度，保管する側の裁量に委ねられる。

　このように，具体的な契約がどれにあてはまるかは，それほど明確ではない。**役務提供契約**という広い概念のもとで，それらの契約が民法によってどのように規律されているか，また，規律すべきか，を考えていったほうがよい。

　もっとも，役務提供契約のうちには，労働法とよばれるいくつかの法律のうち，使用者と労働者との契約関係について適用される法律（労働契約法と労働基準法がその中心。**個別的労働関係法**という）が適用される契約もある。これを**労働契約**という。まず，労働契約を除く役務提供契約を扱い，そのあと労働契約については民法の規律にどのような修正が施されているかをみることにする。

2　役務提供契約（雇用，請負，委任，寄託）

◆委任契約の中心性

　すでに見たように，使用者の指揮・命令に従って労務を給付するタイプの契約（雇用）においても，労務の成果の給付（仕事の完成）が目的となっている

契約（請負）においても，さらには，物の保管をする契約（寄託）においても，被用者・請負人・受寄者が使用者・注文者・寄託者のために一定の事務を自らの裁量のもとで処理する，という要素を含んでいる。このことは言い換えれば，役務提供契約一般について委任契約としての側面が認められる，ということである。

図4-1 1つの役務提供契約

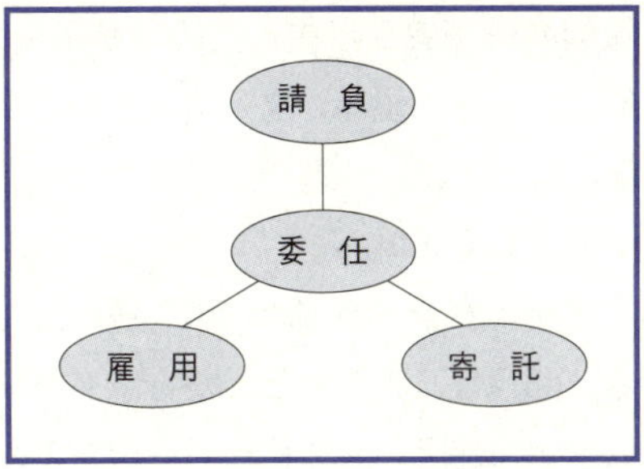

そうすると，役務提供契約については，委任契約としての規律を中心に据えて考え，その役務提供契約によって役務提供者が負う義務のうち，契約相手方の指揮・命令に従って労務を給付することが求められている部分については雇用の規定，ある特定の仕事の完成が求められている部分については請負の規定，物の保管にからむ部分については寄託の規定を適用していくのが妥当であると考えられる。役務提供契約というものを，委任契約の部分を中核として，場合によって，請負契約・雇用契約，さらには寄託契約が結びついたものとしてとらえるわけである（図4-1）。

胃かいようで医師の治療を受ける，という場合，一連の治療全体を1つの契約に基づくものととらえると，その契約はたしかに委任（準委任）であろう。しかし，すでに述べたように，個々の具体的な行為，すなわち，「手術をしてくれ」「注射をしてくれ」というレベルでとらえると，そういった「仕事の完成」を目的としているのであって，請負契約だといえないわけではない。

このような場合，診療契約全体については委任の規定が適用されるが，「注射をする」という部分については請負の規定の適用を考えるべきだ，というわけである。

それでは具体的に見ていこう。

◆役務提供契約の成立

役務提供契約は諾成契約であり，合意のみによって成立する（623条，632条，643条，657条）。

しかし，寄託においては，受寄者（寄託を受け，保管する者）が寄託物を受

け取るまで寄託者は契約の解除ができるし，契約が書面によらないときは，無報酬の受寄者も自由に契約を解除できる（657条の2第1項・第2項）。消費貸借と同様の規律になっているのである（→164頁））。

◆報酬の支払い

　報酬の有無・支払時期について合意があれば，もちろんその合意が優先する。問題は，きちんとした合意がない場合である。

　まず，報酬の有無について合意がないときはどうか。この点で，民法は，雇用契約・請負契約は有償契約であり報酬が認められるのが原則だが（623条，632条），委任契約・寄託契約は原則として無償契約だとしている。民法648条1項は，「受任者は，特約がなければ，委任者に対して報酬を請求することができない。」とし，これは民法665条で寄託契約にも準用されているのである。

　委任契約や寄託契約を無償契約とすることは，一見，現代社会には適合的でないようにも思われる。しかし，役務提供契約というものを，委任契約の部分を中核として，請負契約・雇用契約が結びついたものとしてとらえ，さらに寄託契約をそれらに物の保管がからんだ場合ととらえるならば，民法の規律も理解できないわけではない。個々の部分の有償・無償はさほど大きな問題ではないからである。

　もちろん，特約はできるのであって，委任部分が有償であることも多い。また，営業としての委任・寄託については，原則として有償とされている（商法512条）。

　報酬があるとき，その支払時期は，約束した役務の提供が終了したときである。雇用に関する民法624条1項，請負に関する民法633条，委任に関する民法648条2項（665条で寄託に準用）のいずれにおいても同じである。もっとも，契約が中途で終了したときでも，報酬がとれることもある。まず，役務の提供を頼んだ側の事情で中途終了が生じたときである。このときは役務提供者が報酬の全額をとれるのが原則である（624条の2第1号，634条1号，648条3項1号は，そのことを前提としている）。次に，中途終了が頼んだ側の事情によるものでなくても，終了までに役務提供者が履行した部分に価値が認められるときである（624条の2第2号，634条2号，648条3項2号）。たとえば，土地の造成工事で樹木の伐採まで終っていれば，中途でやめることになっ

ても，それなりの報酬はとれるということである。以上のことは，これまでも判例で認められていたが，2017年改正で明文化された 改正点 。

◆役務提供者の負う注意義務・担保責任

　役務提供契約において，ある特定の仕事の完成が求められているときには，役務提供者がその仕事の遂行においてどれだけの注意を払わなければならないか，は問題にならない。ポイントは，仕事の完成なのであって，その過程は問わない。また，相手方（役務提供を受ける側）の指揮・監督に従って何かを行うときには，その指揮・監督に従えばよいだけである。

　これに対して，役務提供者がその裁量権を行使する場合には，どれだけ注意して裁量を行わなければならないか，が問題になる。そこで，民法644条は，受任者につき，「**善良な管理者の注意**」をもって委任事務を処理する義務（**善管注意義務**）を負うとし，また，「委任者の請求があるときは，いつでも委任事務の処理の状況を報告」すべき義務を課している（645条。なお，660条も参照）。

　ただし，無償で物の保管をしているときには，その物に対しては，「自己の財産に対するのと同一の注意」を払えばたりる（659条）。

　また，特定の仕事の完成が求められているときに，その完成品に欠陥があった場合にどうするか，が問題になる。売主の契約不適合責任について述べたの

Column 27

善良な管理者の注意と自己のためにするのと同一の注意

　善良な管理者の注意というのは，民法400条，852条，869条などに見られる概念であり，自己のためにするのと同一の注意（659条，827条，918条）と対比される概念である。前者の注意水準は「その地位にある，思慮分別のある通常の人が払う注意」ということで，客観的な基準であるが，後者の注意水準は，具体的な行為者自身の注意能力を基準とした注意であり，主観的な基準である。

　これに対して，主観的な基準は，その違反は論理的にありえないはずだから（その人なりに注意していた），後者の注意水準も「通常人が自己または自己の財産に対して払う注意」というふうに，客観的な基準と考えるべきである，という説も有力である。しかし，「その義務者が通常，自分の財産に対して払っている注意」と考えれば，主観的な基準だとしても違反を観念できるのではないか。

と同じように（→133～136頁），ここでも場合に応じた多様な解決が求められることになる。そこで，売主の契約不適合責任の規定を準用して処理することにしている（559条）。ただし，「注文者の供した材料の性質又は注文者の与えた指図によって生じた不適合」については，役務提供者は責任を負わない（636条）。一般論としては当たり前であるが，その材料や指図が不適当であることについて知っていたときには，役務提供者は注文者にアドバイスすべきであったと考えられるので，責任を免れない。なお，新築住宅の建築請負契約については，特別法に規定がある（→157頁）。

◆契約の終了

　予定された役務の給付が終わり，報酬の支払いが行われれば，契約が終了することは明らかである。それでは，途中で解約・解除することによって，契約を終了させることはできるか。たとえば，売買契約においては，いったん契約がされてしまうと，相手方に債務不履行がないかぎり，一方の勝手でその契約をやめてしまうことはできない。ところが，役務提供契約については，ちょっと違った規律となっている。

　まず，特定した仕事の完成がいまだ引き受けられておらず，また，役務提供を受ける側の指揮・命令のもとに役務を給付するという関係がない場合には，役務提供者が役務の提供を受ける側から信頼を受けて，裁量に基づいて役務を供給するという関係にあるので，当事者の信頼関係（「任せよう」，「引き受けよう」という気持ち）が重要である。そこで，当事者の双方のいずれもが解除をすることができる（651条1項）。報酬が得られるようになっているときは，役務の提供を受ける側から一方的に解除されると，役務提供者が損害を受けることになりそうだが，それは別個に補償しなければならない（同条2項）。

　特定した仕事が引き受けられた以降は，役務提供者は「やーめた」とはいえない。これに対して，注文者側は「もう，その仕事はしなくてよい」といえるが，役務提供者が損害を受ければ，その分は賠償される（641条）。

　役務提供を受ける側の指揮・命令のもとに役務を給付するという関係がある場合には，以上の2つの規律の混合となる。当事者の信頼関係という要素は存在しているし，また，「指揮・命令に従う」ということは，すでに包括的に仕事の完成を引き受けているともいえるからである。そこで，「各当事者は，

いつでも解約の申入れをすることができる」が（627条1項），5年以内の期間の定めがあるときは，その期間内では自由な解除は許されないし，それ以上の期間の定めがあるときや終期の定めがないときは，5年を経過するまでは各当事者からの自由な解除ができない，とされている（626条1項）。期間の定めがあるときは，その期間内は「指揮・命令に従う」ことが引き受けられているといえるが，しかし，あまり長期間，一方を従属的な関係に置くのは妥当でないと考えられるからである。

物の保管については，保管を頼んだ側はいつでも返還を請求できるが（662条1項），保管者側は，期間の定めがあるときはその期間内はきちんと保管しなければならない，とされている（663条2項）。もっとも，たとえば確定申告の書類作成を税理士に頼み，帳簿を預けたが，途中で必要になって返してもらった，というときには，税理士の仕事の完成を妨害することになり，仕事の完成が遅れても税理士の債務不履行責任を問えない（税理士の責任ではないから）などの効果が生じることになろう。

3　役務提供契約の実際

◆具体的な役務提供契約

役務提供契約の具体的な姿は，建物の建築を請け負うといった大規模なものから，お年寄りをお風呂に入れるといったレベルのものまで，まさに千差万別である。そして，それぞれの役務提供契約については，民法だけでなく，商法や，さらに多数の特別法が存在している。

何らかの法律に予定されているものだけでも，そのすべてを取り上げることはとてもできないが，役務提供契約のイメージをつかんでもらうために，いくつかの具体例をあげておこう。

◆建築請負契約

特定の仕事の完成と役務の提供とが密接に結びついている契約の代表は，建築請負契約である。一方が，建物など特定の施設の建設という仕事の完成を約し，他方が，それに報酬を支払うわけである。

建築請負契約については，建設業法で契約書の作成が要求されるほか（同法

19条），通常は契約書で詳細な定めが置かれることが多い。そして，この契約書もかなり標準化されている。民間の工事では，建築関係の7団体が共同で作成した「民間連合協定工事請負契約約款」がしばしば用いられ，公共工事では「公共工事標準請負契約約款」が用いられる。したがって，建築請負契約においては，民法の規定よりもこれらの約款の定めが適用されることが多くなっている。

　建物の建築請負には，次のような場合もある。すなわち，新規の宅地を分譲する際，その敷地には○○ホームが家屋を建築することになっていて，敷地の買主はA型，B型，C型の3つのタイプから選ぶことができる，といったタイプの契約である。これは，「敷地＋家屋（A，B，Cのいずれかの型から選んだもの）」の売買契約だと見ることもできそうだし，敷地の売買と建物の建築請負契約が存在すると見ることもできそうである。このような問題は，注文家具，オーダーメイドの洋服などについても生じるのであり，「注文どおりに作らせて，それに報酬を払う」のか，「注文どおりにできあがったものを買う」のか，は必ずしもはっきりしない。そこで，このような契約を**製作物供給契約**とよぶことがある。

　売買契約と見るか，役務提供契約（請負）と見るかによって，注文者側が自由に契約を解除できるか否かに差が出るといわれる。しかし，民法641条に基づいて注文者が解除したときには，注文者は役務提供者に生じる損害を賠償しなければならない。そして，賠償されるべき損害に，役務提供者が受けるはずであった利益も含めて考えるならば，あまり差は生じない。役務提供者は，いずれにせよ利益を確保できるのである。

◆運送契約

　運送契約は，運送人が物品（物品運送契約）や旅客（旅客運送契約）を運送することを約し，契約相手方がその対価として運送費を支払うことを約する契約である。民法は，これを役務提供契約の1つとしてしか扱っていないが，現代社会において運送契約がとくに重要性を有することから，民法以外の法律に，運送契約を直接に規律するものがいくつか見られる。ただし，商法典における規律は，1899（明治32）年の制定時からほとんど改正がされておらず，古めかしいものとなっていた。そこで，2018年5月に大きな改正を受けた

（１年以内に施行される）。以下，改正法に基づいて説明しておく。

　まず，物品運送契約については商法570条から588条に規定があり，旅客運送契約についても同法589条から594条に定めがある。また，鉄道運送契約については，鉄道営業法があり，海上物品運送契約については，商法737条から770条と国際海上物品運送法に特則がある。さらに，航空運送契約については，国際運送契約に関して，「国際航空運送についてのある規則の統一に関する条約」（いわゆるモントリオール条約）も重要な意味をもっている。

　特徴的なのは，運送人の責任に関する特別の規律である。いくつか取り上げておきたい。

　①船舶の堪航能力に関する責任　海上運送人は，発航の当時，船舶が安全な航海を行うのに堪える能力（堪航能力）を確保すべき責任を負う（商法739条，国際海上物品運送法５条）。

　ただし，国際海上運送人は，船長，船員，水先人その他自己の使用する者の航行または船舶の取扱いに関する行為によって生じた運送品の滅失・損傷・延着の損害について責任を負わない（国際海上物品運送法３条２項）。国際海上運送人は，いくら自分自身の過失によるものではないとしても，結果として生じた運送品の滅失・損傷・延着の損害については，それを引き受けている者として責任を負わねばならないのが原則であろうが，船長等の専門技術的な行為には国際海上運送人も干渉できず，船長等には罰則・行政処分もあるのだから国際海上運送人に免責を認めても損害発生を助長するおそれがない。そこで，免責を認めたとされる。

　②高価品免責　貨幣・有価証券・宝石など容積や重量の割に著しく高価な物品については，荷送人が運送を委託するにあたり，その種類および価額を明告しなければ，運送人はそれについて生じた損害を賠償する責任を負わない（商法577条）。

　高価品の損害額は巨額になるが，高価品であることを告げられていれば，運送人はとくに注意を払い，また，危険に見合った運送費を請求することができる。しかし，明告がなければ，そういった特別の配慮をすることができないから，運送人に賠償の責任を負わせるのは酷だ，というわけである。

　③危険物に関する通知義務　荷送人は，運送品が引火性，爆発性その他の危険性を有するものであるときは，引渡しの前に運送人に対して必要な情報を通

知しなければならない（商法572条）。

その趣旨は高価品免責の規律と同様だが，通知をしなかった荷送人に債務不履行責任が生じる。

④**旅客手荷物の責任**　旅客運送にともなって運送人が旅客から引渡しを受けた手荷物については，とくに運送費を請求しないときでも，旅客運送人は物品の運送人と同一の責任を負う（商法592条１項）。しかし，持ち込み手荷物については，その滅失・毀損について運送人またはその使用人に過失があることを旅客の側で立証しないかぎり，運送人は責任を負わない（同法593条１項）。

これは，手荷物が誰の支配下にあるかによって，どちらに立証させるのが公平にかなうかに着目したものだといえるだろう。つまり，預けてしまった手荷物については，それがどのように扱われているか，旅客にはわからないのだから，運送人側が無過失の立証ができないかぎり，運送人が責任を負うべきである。しかし，預けていない手荷物については，逆に旅客こそそれがどういう状態にあったのかがわかる，というわけである。

◆募集型企画旅行契約

旅行業者の主催する団体旅行を申し込む。これも一見，宿泊契約が含まれた運送契約のような気がする。ところが，1983年に運輸省が公示した標準旅行業約款の３条では，次のように規定されていた。

> 当社は，主催旅行契約において，旅行者が当社の定める旅行日程に従って運送・宿泊機関等の提供する運送，宿泊その他の旅行に関するサービス（以下「旅行サービス」といいます。）の提供を受けることができるように，手配をすることを引き受けます。当社は，自ら旅行サービスを提供することを引き受けるものではありません。

したがって，たとえば寝台車に乗って温泉地に行ったはいいが，泊まるはずの旅館が前日に食中毒を出して，営業停止になっていた，という場合，旅行者は旅行業者の責任を追及できないのが原則である。旅行業者はちゃんと手配したのだから，責任は果たしている。しかし，旅行者としては，そんなときでも旅行業者がちゃんと面倒を見てくれる，と信じている。つまり，法的な性質と契約者の意識とに食い違いが存在するのである。

そこで，消費者保護の見地から，旅行業者の責任を強化すべきことが説かれ

るようになった。たとえば，国民生活審議会消費者政策部会の『消費者取引と契約』（1982年）は，次のように述べる。

　　　主催旅行契約は請負的性格の強い契約であると考えることができ，旅行業者が，旅行目的を達成することについて，責任を負うことを原則とすべきである。ただし，旅行は不確実性の高いものであるという商品特性や，旅行業者と各種旅行サービス提供機関との関係等を勘案し，適切な免責要件を具体的に定めることが必要である。

　このような指摘を踏まえ，旅行業法，および，国土交通省が交付する標準旅行業約款は，1995年に大改正が行われ，さらに，2004年にも大きな改正があった。これによって，募集型企画旅行契約（かつては，主催旅行契約とよばれていた）についても，旅行業者は，旅程管理義務（旅行者が契約に従った旅行サービスの提供を確実に受けられるために必要な措置を講じ，それでも契約内容を変更せざるを得ないときは，同様の代替サービスの手配を行う義務）・旅程保証責任（オーバーブッキングなどにより，旅行者がサービスを受けられなかったときは，一定額を補償する責任）を負うようになっている。

　もっとも，これらの義務・責任によって，旅行業者が，約束どおりの運送機関・宿泊施設を使って，約束どおりの見学場所をすべて訪問できるという「結果」を保証する債務を負ったわけではない。現在でも，募集型企画旅行契約の標準旅行業約款3条は，「当社は，募集型企画旅行契約において，旅行者が当社の定める旅行日程に従って，運送・宿泊機関等の提供する運送，宿泊その他の旅行に関するサービス（以下「旅行サービス」といいます。）の提供を受けることができるように，手配し，旅程を管理することを引き受けます。」とされている（かつての約款にあった「自ら旅行サービスを提供することを引き受けるものではありません。」という文言は，当然のことだという理由で削除された）。とりわけ，旅程保証責任は，責任の所在が，旅行業者と運送・宿泊機関のいずれにあるか，しばしば不明確であることを踏まえて，旅行者の保護のために特別に認められたと考えられているのである。

◆商品・サービスの流通

　一般に委任契約の代表例の1つとしてあげられるのが，**代理権授与契約**である。

AがBに代理権を与える。そうすると，BがAの代理人として法律行為をしたとき，与えられた代理権の範囲で，その法律行為の効果はAに帰属するわけだが（→100〜102頁），この代理権授与の前提には，たとえば，「自分の所有している土地を4000万円で売却してくれ」とAがBに頼み，Bがそれを引き受ける，ということがある。つまり，役務提供契約が，代理権授与の原因となっているのである。

もちろん，役務提供契約が，つねに代理権を発生させるわけではない。「自分の代理人として法律行為をしてくれ」という内容の役務提供契約が，代理権を発生させるのである。

これに対して，自分の所有するマンションにつき，賃借人を探してくれるように不動産業者に頼む場合を考えてみよう。これも役務提供契約ではあるが，このとき，不動産業者は家主と賃借人との間に立って，その両者を当事者とする賃貸借契約の成立に尽力するだけであって，自分が代わって契約の締結を行うわけではない。こういった媒介をする者のことを**仲立人**という。営業として仲立ちを行う者については，商法543条以下に若干の規定がある。

また，商社の営業を考えてみよう。これも顧客から頼まれて物品などの買い付けを行うわけだが，売買契約においては自分が当事者になる。たとえば，A

図4-2　**2つの取引の違い**

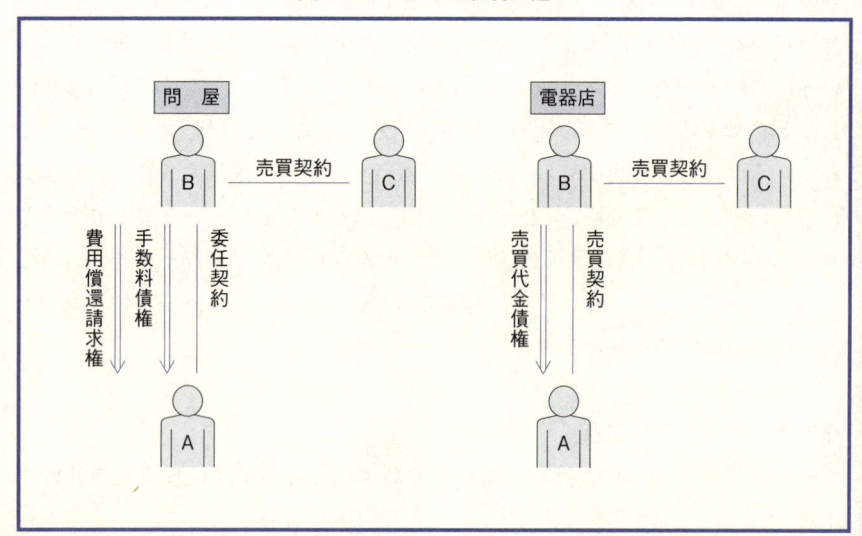

がB商社にインドでの綿花の買い付けを依頼したとする。このとき，B商社は，インドにおいて，たとえばCから綿花を購入するわけだが，そのときの売買契約はBとCとの間で締結される。しかし，BはあくまでAのためにしているのであって，BはCに支払った代金をAに請求できるし，さらにAに対して手数料を請求できる。このような，「自己の名をもって他人のために物品の販売又は買入れをすることを業^{ぎょう}とする者」のことを，商法上，**問屋**^{といや}とよぶ（商法551条）。

さて，上記の問屋の例と，次にあげる例はどこが違うだろうか（図4-2）。

Aが近くのB電器店に行ったら，ほしいと思っていた洗濯機がなかった。そうしたら，B電器店が，「取り寄せましょうか」というのでお願いした。——これだって，B電器店はAのために物品の買い入れを行っている。それならば問屋の法律関係になるのか，というと，これは違う。この場合は，AはBとの間で売買契約を締結しているのであって，ただBが売主としての引渡し義務を果たすために，目的物を他から取得しているのである。そして，BがAに請求するのは，あくまで売買代金である。これに対して，問屋の関係においては，BはAの計算で行動しているのであって，Cに支払った代金は，頼まれた役務にかかった費用としてAに請求していき（**費用償還請求権**。民法650条。さらに，649条により前払いも請求できる），プラスして手数料を請求す

Column 28

証券取引などの規制

　証券会社が問屋となって，投資者（顧客）のために証券の売買を行ったりする取引は，投資者に大きな損失を被らせることがある。もちろん，これが投資者のきちんとした判断に基づいて行われたのであれば，投資者の責任であり，仕方がないともいえる。しかし，投資者の証券取引は，その多くが証券会社の投資勧誘を契機として行われ，そうでなくても，証券会社の投資助言は大きな影響力をもっている。

　そこで，投資取引勧誘などについて，様々な規制が行われている。具体的には，不当な表示または約束による勧誘の禁止（「絶対に儲かります」といってはいけないなど），投資者に不適合な投資勧誘の禁止（投資者の資産状況，経験に照らし，過当な数量の証券取引を勧誘してはならない），一任勘定取引の禁止（「任せてください」といって，勝手に売買をしてはならない）など，金融商品取引法38条を中心として細かく決められている。

　同様の規制は，先物取引（→131〜132頁）にもある。

るのである。

　実際の契約のなかには，この2つのうちいずれなのかがはっきりしないものもあるだろうが，違いは重要である。たとえば，われわれが証券会社で株式を購入する法律関係は，問屋のかたちをとっている。なぜ証券会社が売主となって，われわれに株式を売るというかたちをとらず，問屋の形式をとるかといえば，問屋と売買には以下のような違いがあるからなのである。

　株式などは相場の変動が激しい。こういったとき，仮に，証券会社と顧客との間が売買契約の関係であるとすると，価格変動から生じる損益は証券会社に帰属することになる。たとえば，証券会社が売主となって，X社の株式を1株1500円で1万株，顧客に売却する契約が成立したとする。証券会社は，顧客に対して1万株を引き渡すために，他から1万株を購入しなければならないが，このときには1株が1550円になっているかもしれない。そうすると，証券会社は1株あたり50円，計50万円の損をする。もちろん得する場合もあるが，リスクは証券会社が引き受けているのである。

　これに対して，問屋の形式をとると，証券会社は他から1万株を買い受けるのに必要だった全額を，費用として顧客に請求できることになる。価格変動から生じる損益は顧客に帰属するのである。

図4-3　保証委託契約と保証契約

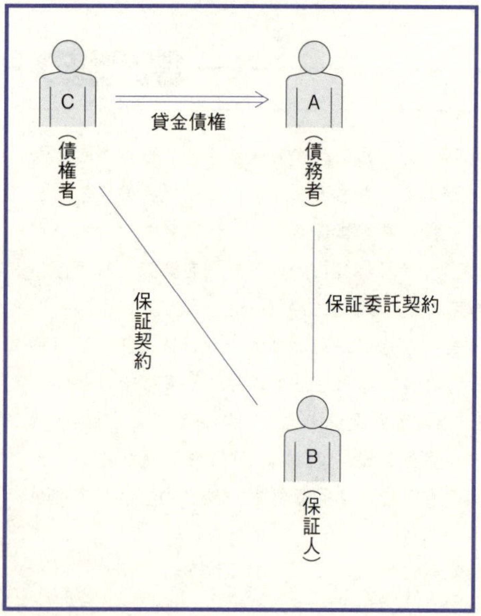

◆保証委託契約

　「保証人を立てる」という言い方をするが，これは自分の借金のために誰かに保証人になってもらう，というものであり，ここでいう役務提供契約である。AがBに，「自分はCに対して借金を負っているんだが，自分が払えないときには，代わりに払ってくれ」と頼み，Bがこれを承諾して，「Aが払えないときには自分が代わりに払

う」という契約をCと締結する。このときのAB間の契約を**保証委託契約**といい、これは頼まれた内容の契約（**保証契約**）をCとの間で締結する，ということをBが請け負うという役務提供契約なのである（図4-3）。

　ただし，AのCに対する債務をBが保証するにあたっては，AB間の保証委託契約が絶対に必要なわけではない。BC間に保証契約が存在すればたりる。保証契約については後に説明する（→259～263頁）。

◆**混合寄託**

　保管を頼まれた物を返還するときは，通常，預かった物そのものを返還する。ところが，受寄者が複数の寄託者から同種の物を預かり，それを分別することなく混合して保管し，返すときには預かったのと同量を返せばよい，という形態の取引も行われる。これを**混合寄託**という。

　古くから米券倉庫業者が米を預かるとき，この方法がとられていたといわれ

Column 29

マイナス金利問題

　現時点では，銀行に預金をすると，ごくわずかだが預金者に利息が支払われる。しかし，銀行に金銭を預かってもらうためには，預金者が手数料を支払わなければならない時代になるかもしれない。

　マイナス金利という言葉を聞いたことがあるだろう。これは，各銀行が銀行間の資金決済などのために日本銀行に預けている預金，つまり，金融機関の有する日本銀行当座預金のうち政策金利残高につき，金利がマイナスになることを意味する。日本銀行は，2016年1月28日，29日に，−0.1％のマイナス金利を適用することを決定するとともに，その際，今後，必要があれば，さらに金利を引き下げる旨を発表した。銀行は，第三者への貸し出しなどによって運用できない金銭については，目減りしていくことを覚悟しなければならない。

　こうなると，預金者からいくらでも金銭を受け入れ，一定の金利を支払うというわけにはいかない。預金者が，多額の現金を持ち歩かなくてもすむという便宜を得るために，銀行に手数料を支払うこともありうることになる。たしかに，消費寄託については，消費貸借の規定が準用されることとなっている（666条2項・3項）。しかし，消費貸借が借主の利益のために行われ，借主に物またはその価額を使用させることを目的とするのに対し，消費寄託には，それが寄託者の利益のために行われ，物またはその価額の保管を主眼とするという違いのあることが，かねて説かれており，寄託者，すなわち預金者が手数料を支払うことも，民法上は決しておかしな事態ではない。

る。つまり，多数の人から預かった米は混合して保管され，預けた人が返還を求めたときは，預けた米粒そのものではなく，誰が預けた米粒かはわからないが，預けた量だけの返還を受ける，というわけである。混合して保管されている米は，預けた人の共有になる。

これまでも解釈論として異論はなかったが，2017年改正で，明文の規定が置かれた（665条の2）改正点。

最近までは，混合寄託の典型例として，証券保管振替機構によって行われている株券が挙げられていた。しかし，2009年からは，株式の電子化により，さらに新システムに移行した。株券の存在を前提としないシステムとなったため，もはや混合寄託ではない。

◆消費寄託と預金

同じく，ちょっと変わった保管形態として，**消費寄託**とよばれるものもある。これは，物を預かった者が，それを消費してもよく，返すときは同種・同等・同量の物を返還すればよい，というものである。銀行預金がその典型とされている。

「えっ，銀行預金って，銀行から利息がもらえるわけだから，金銭の消費貸借契約じゃないの？　預かってもらっているっていうのなら，逆に保管料を支払うことになるはずでしょ」——このような疑問が出るかもしれない。しかし，とりわけ普通預金を考えてみると，預金者は銀行に対していつでも払い戻し請求ができる。これは，期日を定めて金銭を貸している，というのと，少し違った関係である。そういった意味で，いちおう消費寄託と解されているのだが，しかし，民法666条にあるように，消費寄託には消費貸借に関する規定が準用されるのだから，契約性質論にあまり大きな意味はない（ただし→213頁 Column 29 参照）。

銀行預金に関する実際の規律は，ほとんど約款（→224～231頁）と各種の監督法令によって行われている。

4 労働契約──個別的労働関係法による規律

◆労働契約の意義

すでに述べたように，役務提供契約のうち，労働契約については，労働者の保護の観点から特別な規制が行われている。

まず，ここでいう労働契約とは，「労働者が使用者に使用されて労働し，使用者がこれに対して賃金を支払うこと」を内容とする労働者と使用者との間の契約である（労働契約法6条）。そして，「労働者」とは，職業の種類を問わず，使用者により事業に使用される者を意味するので（同法2条1項，労働基準法9条），ほぼすべてに及ぶ。もっとも，船員や一部の公務員については別の法律が適用されるし，事業の種類によって，一部の条文の適用が排除されることもある。次に「賃金」は，「労働の対償として使用者が労働者に支払うすべてのもの」（労働基準法11条）とされているので，あまり問題はない。

争われるのは，「使用されている」といえるかどうか，である。その基準を抽象的にいえば，「他人の指揮監督下で労務供給が行われている場合」ということになるが，具体的にはけっこう難しい。判決例では，「労務給付につき時間的・場所的な拘束があるか」「労務給付の方法について使用者からの規制はどの程度があるか」「他企業への就業制限があるか」「具体的に指示された業務を断る自由があるか」などが総合的に考慮されている。

◆契約内容の規制

以上のような労働契約については，労働基準法で定める基準に達しない労働条件を定めると，その部分については無効とされ，労働基準法によることになる（同法13条）。また，使用者が作成した**就業規則**や労働組合と使用者との間の**労働協約**の定める基準に達しない場合も（就業規則や労働協約自体も，労働基準法の定める基準に達していなければならない），その部分は無効とされ，就業規則や労働協約によることになる（労働契約法12条，労働組合法16条）。

そして，労働基準法は，労働者の労働契約の不履行について違約金を定めたり，損害賠償額の予定の契約をすることができないこと（同法16条），前借金と賃金を相殺してはならないこと（同法17条），労働契約に付随して貯蓄の契

約をしてはならないこと（同法18条）など，労働者の保護のために契約内容を規制している。

　また，2007年に制定された労働契約法は，労働契約の成立や内容変更，さらには解雇や懲戒などの規律につき，これまでの判例法理をまとめている。

◆解雇の制限

　重要なのは，解雇の制限である。すでに見たように（→204～205頁），民法上の労務提供契約においては，一方的な解約が広く認められている。そして，労働契約に関する特別法においても，解雇の自由は一般的には否定されていない。

　もちろん，法令上いくつかの制限はある。たとえば，国籍や信条を理由として解雇することは禁じられているし（労働基準法3条），業務上負傷したとき，その療養のため休業する期間プラス30日の間は解雇してはならない（同法19条）。また，結婚・出産を理由にする解雇は公序良俗違反（民法90条）（→113～117頁）として無効であるし，男女によって定年が異なるのも無効である。さらに，労働協約や就業規則に違反する解雇は無効である。

　ところが，上記の制限内で行われた解雇についても，解雇権が濫用されたときには，その解雇は無効であるという一般的な法理が，判例および学説によって樹立された（**解雇権の濫用**）。そして，この法理は，2003年に労働基準法18条の2として明文化された。労働者にとって失職は生活の危機であり，さらには，仮に転職ができたとしても，わが国の賃金・昇進・退職金などの制度が勤続年数を主要な要素としているので，多くの労働者にとっては，これらの利益を失うことになる。そこで，「解雇は，客観的に合理的な理由を欠き，社会通念上相当であると認められない場合は，その権利を濫用したものとして，無効とする。」とされたのである。そして，この条文は，現在では，労働契約法16条に引き継がれている。

　たとえば，整理解雇（縮小解雇・合理化解雇）のときには，業務上の必要性，使用者側の解雇回避の努力（経費削減，新規採用の見送り等），解雇対象者の公正な選定，十分な説明・誠実な協議などが欠けるときには，解雇権の濫用と判断される。

Ⅱ　その他の契約

1　団体設立契約

◆組合契約

　社会には，いろいろな団体がある。このような団体を作る契約のことを**組合契約**という。民法667条１項は，「各当事者が出資をして共同の事業を営むことを約する」と，組合契約のなかみを規定している。ここにいう「事業」とは，公益目的のものでも私益目的のものでも，さらにいずれでもないものでもよいと解されている。つまり，金儲けであろうと，慈善であろうと，何らかのことを行うために団体を結成する契約が組合契約なのである（図４−４）。

　組合が結成されると，「各組合員の出資その他の組合財産は，総組合員の共有に属する」（668条）。そして，組合財産には団体的な拘束がかかり，各組合員は持分の処分ができず（676条１項），組合が解散し清算の段階に入る前は分割請求もできない（同条３項）。これに対して，組合が負った債務については，各組合員も責任を負うことになる（675条）。

　このように財産が各組合員の共有になり，各組合員が債務を負うことになるのは，私法上，法的な権利・義務の主体となれるのは法人格をもつ者だけだからである。組合が結成されたからといって，その組合が当然に法人格をもつようになるわけではない。すでに説明したように，団体が法人格を取得するには，一定の要件を満たすことが必要である。そして，法人格が認められた団体については，それぞれに応じた特別の取扱いがされる（→53〜59頁）。

　なお，民法における組合と名前は似ているが，まったくといってよいほど異なるものとして，商法535条以下に定められている**匿名組合**がある。これは，「当事者の一方が相手方の営業のために出資をし，その営業から生ずる利益を分配することを約する」契約である（商法535条）。これは団体が結成されるわけではなく，金銭消費貸借契約で，貸し付けられた金銭の使用目的が営業遂行に限定され，また，返還する額や時期について利益の分配というかたちで行

図4-4　組合契約

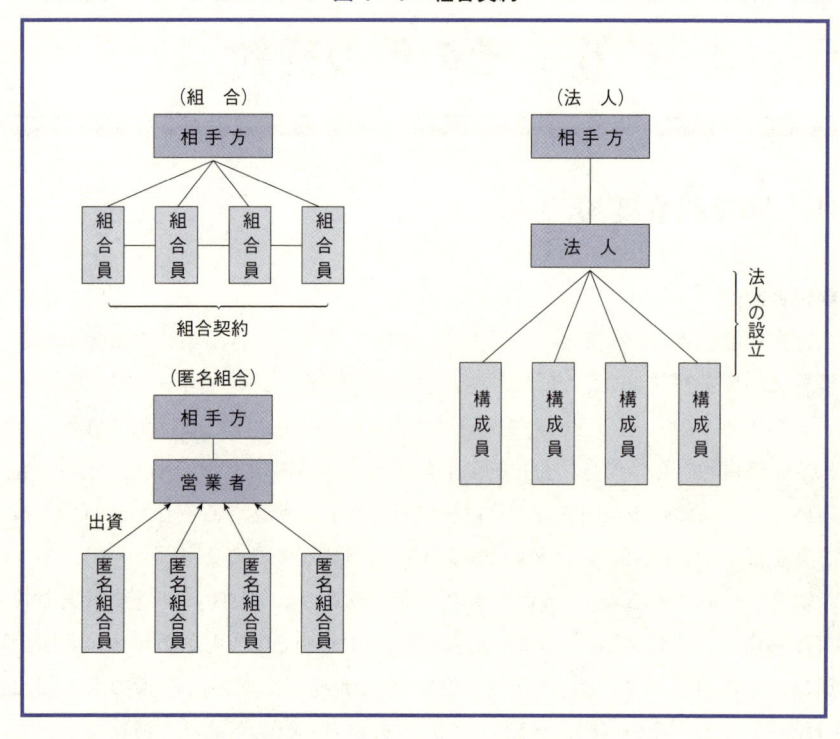

うという特別の合意がある場合だといってもよい。匿名組合員の出資は，営業者の財産になるのである（商法536条１項）。

◆預託金会員制クラブ契約

「スポーツ施設の会員になる」という契約も，一見，団体を形成する契約のように見える。とくにゴルフ場のメンバーになるにあたっては，高額の出資をしており，いかにも団体に出資しているようにも思われる。

ほとんどのゴルフクラブは，株式会社によって経営されており，そこでは，会員はたしかに高額の預託金を支払ってはいるが，ゴルフクラブの財産に何らかの持分を有するものでもなく，経営主体である会社の株主でもない，という法律関係になっている。これを預託金会員制ゴルフクラブ契約といい，名称からはあたかもゴルフクラブという団体が存在しているようであるが，実際には，経営主体である会社と会員との間にゴルフ施設利用契約があるにすぎな

い。

　ゴルフ場などの会員契約については，預託金を支払ったもののゴルフ場が完成しなかったといったトラブルも頻発した。そこで，1992年に「ゴルフ場等に係る会員契約の適正化に関する法律」が制定され，募集内容の主務大臣への届け出，契約書の交付義務，クーリング・オフ制度（→154頁）などが規定されている。

2　保険契約，第三者のためにする契約

◆民法が予定する契約で典型契約でないもの

　民法が典型契約として定める契約には，さらに終身定期金契約（689条）と和解契約（695条）とがある。しかし，前者はまったくといってよいほど使われていないので省略する。後者は，交通事故の損害賠償額の和解に即して，後に説明する（→578頁）。

　また，民法がその存在を当然に予定しているが，しかし，「第3編債権，第2章契約」に規定されていない契約として，抵当権などの物権を設定する契約や保証契約がある。これについても，後に説明する（→488〜490頁，259〜260頁）。

◆保険契約の射倖性

　さて，ここまで，種々の契約を考えていくための重要な枠組みとして，無償契約と有償契約ということをいってきた。有償契約とは，Aが，Bに何らかの給付をし，Bから対価としての何らかの給付を受けるものであるが，この契約が成立するためには，AもBも相手方から受ける給付が自分のする給付に見合っていると考えたことが必要となる。ある人が，1億円を払って，ある土地を買おうとするのは，その土地の所有権の移転を受けることが1億円を支出することに見合うと考えたからであり，逆に，売ろうとする人は，1億円の支払いを受けることが，その土地の所有権を移転することに見合うと考えたのである。また，無償契約は，相手方から対価としての給付を得られないことを承知しながら，しかし，何らかの理由で自分のほうだけは相手方に給付をしようと考えたから，締結されたのである。

ところが，われわれの身近にある契約でも，保険契約はちょっと違った色彩をもっている。もちろん，一方が他方に保険料を支払い，何かの事故が起これば，他方が一方に保険金を支払うわけだから，有償契約ではある。しかし，月々の保険料の支払いに対して，相手方から月々それに見合った給付がされるわけではない。たとえば，生命保険を掛けていても，期間中に死ななければ，1円ももらえない。ところが，死ねば，保険金受取人はたとえば5000万円をもらえることになる。つまり，保険会社から給付が受けられるか否かは偶然のできごとによって左右される仕組みになっており，場合によっては，払った保険料の何千倍もの給付をもらえ，また，場合によっては，いくら保険料を支払っても何にももらえないわけである。このように，契約当事者の双方または一方の具体的な義務の発生やその額が偶然のできごとによって左右される契約を**射倖契約**という。サイコロ賭博はその典型である。

　このような射倖契約によって，労働の対価としてではない利益（不労利益），それも大きな利益が偶然にもたらされる事態が増えると，社会秩序を混乱させるし，また，このような不労利益を最初からねらったり，さらには，不労利益が生じる事態を人為的に引き起こすことを誘発するおそれもある。わかりやすくいえば，賭博で儲けようとしてまじめに働かなくなり，さらには，人に生命保険を掛けて，そいつを殺してしまおう（保険金殺人），とする者が現れやすい，ということである。

　そこで，賭博は禁じられているわけだが，保険契約を禁止するわけにはいかない。個人の生活や企業の活動にともなって損害が生じたとき，それを補塡するために保険を掛けておく，というのは，正当な手段である。しかし，保険契約も射倖契約であることはたしかであり，それゆえに上述したような悪影響が生じるおそれがある。契約自由の原則に任せず，何らかの規制が必要となるのである。

◆主な規制点

　保険契約については，従来，商法の中に若干の規定があるにとどまっていたが，2008年に全96条にわたる**保険法**が制定された。商法の保険契約に関する部分は，100年近く実質的な改正がされていなかったが，やっと現代的なルールが明文化されたのである。

保険契約は，これまで，**損害保険契約**と**定額保険契約**に分けて考えられてきた。損害保険契約とは，保険者の支払う保険金の額が，実際に生じた損害の額に従って決定されるものであり，定額保険契約とは，実際の損害の有無・その額にかかわらず，あらかじめ合意されていた額の保険金が保険事故（それが発生したときに，保険者の保険金支払義務が生じる，と定められた事実）の発生時に支払われるものである。損害保険契約では，まさに損害を補塡するための額しか支払われないので，射倖的にはなりにくい。これに対して，定額保険契約では，既に説明したような問題が生じうる。そこで，別個に規律されるわけである。前者については火災保険，後者については生命保険が典型例になる。

　しかし，現在では，けがや病気のときに支払われる保険が，ポピュラーになっている。そして，それらについて，火災保険や生命保険を考えて規定されているルールとは別のルールを適用すべき場合もある。そこで，傷害疾病保険という分類が考えられるようになったが，このような保険には，「交通事故にあってけがをしたら100万円の支払をします」という定額保険契約と，「交通事故にあってけがをしたら治療費を支払います」という損害保険契約とがある。これは分けて考えなければならない。その結果，保険法では，様々な保険を，**損害保険契約**，**生命保険契約**，**傷害疾病定額保険契約**の3つに分け，さらに，損害保険契約の一種として**傷害疾病損害保険契約**という類型を定めることにした。

　損害保険契約（傷害疾病損害保険契約を含む）のポイントは，「損した分だけ支払われる」とすることによって，不労利益が発生しないようにすることである。保険法3条は，「損害保険契約は，金銭に見積もることができる利益にかぎり，その目的とすることができる。」としているが，これは，保険事故が発生することによって経済的不利益を被る者が，その不利益分についてだけ損害保険契約を締結できる，という意味だと解されている。したがって，他人の所有建物について火災保険契約を締結しても無効である。しかし，「損した分だけ支払われる」という原則をあまりに厳格に要求すると面倒なことになる。たとえば，家屋が燃えてしまったとき，いくら支払ってもらえるのかが，事前にわからないと困ることも多いし，そうでないとしても，火災後に損害額の算定に時間がかかって，なかなか支払が受けられないのでは困る。そこで，「約定保険価額があるときは，てん補損害額は，当該約定保険価額によって算定す

る」のが原則とされている。ただし，「当該約定保険価額が保険価額を著しく超えるときは」，実損額での支払がされることになる（同法18条2項）。

定額保険契約については，保険法制定以前も，人の死亡や疾病などを保険事故にする場合にしか認められなかった。そこで，保険法では，生命保険契約と傷害疾病定額保険契約だけを規定したのである。このとき，最も重要なのは，他人の死亡や傷害・疾病を保険事故にするものは，「当該被保険者の同意がなければ，その効力を生じない」とされていることである（同法38条，67条1項）。被保険者とは，その人の死亡などが保険事故になっている人のことだが，全然関係のない人の死亡や疾病・傷害を保険事故にして生命保険契約を締結することを認めると，それは賭博になってしまうし，また，関係ある人であっても，当該他人の死亡や疾病・傷害を期待し，場合によっては殺人を誘発するおそれすらあるからとされる。

また，いずれの保険においても，故意に保険事故を生じさせた場合には，保険金は支払われない。ただし，若干細かな規定が必要になる（ここでは省略する。同法17条，51条，80条参照）。

◆第三者のためにする契約

さて，さきほど，他人の死亡を保険事故とする生命保険契約の例を出した。そのときには，当該他人の同意が必要なわけであり，これに対して，自分の死亡を保険事故とするときには，他の人の同意が必要でないことはもちろんである。しかし，ここで1つ疑問が生じる。自分が死んだとき，その人はどうやって保険金をもらうのか。

もちろん，自分を保険金受取人にしておいて，発生した権利を相続人に帰属させ，その結果，相続人がもらうことになる，という解決は可能である。しかし，保険金受取人を自分の配偶者（夫から見た妻，妻から見た夫）など，最初から他の人にしておくことが多い。このとき，保険契約者と保険会社とが契約を締結しているのに，それとは別個の者が権利を得るという関係が生じている。このように，契約当事者でない第三者が，他人間の契約に基づいて権利を取得するタイプの契約を**第三者のためにする契約**という。

契約は契約当事者間にだけ権利・義務を発生させるのが原則だが，特約によって，第三者に権利を取得させることができるのである。こういった特約

は，何も生命保険契約についてだけ認められるわけではない。売買契約において，買主が代金を払うべき相手を売主以外の第三者にするように売主・買主間で合意すれば，第三者のためにする契約である売買契約となるわけである。

　しかし，いくら権利を得るとはいえ，第三者の意思を無視するわけにはいかない。そこで，民法537条3項は，「第三者の権利は，その第三者が債務者に対して同項の契約の利益を享受する意思を表示した時に発生する。」としている（受益の意思表示）。上記の売買契約の例で，第三者が買主に対して「私が売買代金をいただきます」と意思表示をすれば，その第三者が売買代金債権の債権者となるわけである。ただし，保険金の受取人が第三者とされているときは，その第三者の受益の意思表示は不要であるとされている（保険法8条，42条，71条）。

Ⅲ 契約は意思に基づくものか

1 意思のない契約？

◆約 款

　ここまで契約について述べてきた。そのとき前提となっていたのは，契約は当事者の意思表示の合致によって成立し，それが拘束力をもつのは，両当事者が自己の権利義務内容を自己の意思に基づいて自由に決めたからだ，と説明してきた。契約自由の原則である。

　もちろん，ここまででも，契約自由の原則に対する例外はあった。各所で説明した強行規定は，まさに両当事者の合意にかかわらず，適用されるものであった。また，公序良俗違反だとして契約の拘束力が否定される場合もあった（→113〜117頁）。

　しかし，契約自由の原則が本当に存在するのか，契約が成立するのは両当事者が「真に納得」している場合だけなのか，ということに，根本的な疑問を投げかける現象が，現実社会には存在する。

　たとえば，ホテルに泊まるとき，フロントで住所氏名を書き，場合によってはそこで代金を支払う。このとき知っているのは代金額だけである。ところが，部屋に入ってみると，テーブルの上に『ご宿泊約款』というのが置かれていて，チェック・アウトが遅れるといくら支払わせるとか，いろいろな契約条件が書いてある。こんなことは，契約締結時には知らなかった。たしかに，契約の根幹部分，つまり「宿泊させる」「それに対して○○円支払う」という点については「真の納得」のうえでの同意がある。しかし，こういった付随的な契約内容については「真の納得」はない。にもかかわらず，事実として，その付随的な契約内容についても拘束力は生じる。電車に乗るときだって，われわれは何も意識していないが，遅延のときはどうする，事故のときはどうする，泥酔していたら無理にでも降車させるなど，いろいろなことを書いた「旅客運送約款」というのがあって，われわれは，いざ事故が起こったときは，その内

容に従って権利をもち，義務を負う。「真の納得」はないのに，これはどうして なのだろうか。

　まず，実質的に考えると，こういった「約款」の拘束力は認めざるをえない。電車に乗る人が，一人一人が「約款」の内容を確かめて，交渉して，「真の納得」があった場合にだけ，その拘束力が認められるというのでは，効率的な社会運営はできない。これは鉄道会社にとってだけでなく，われわれ鉄道利用者にもに不便である。そこで，以前から，「当事者は細かい内容を相手方に一任するという意思をもっているのだ」とか，いろいろ説明されてきたが，なかなか困難である。

　そこで，議論は，より現実的な方向をとり，約款に定められる契約条件の内容を，どのように規制すべきか，ということに移行してきた。ある意味では，前提を飛ばして議論しているわけだが，現代社会における約款の重要性・約款による契約における消費者被害の多発という現状においては，致し方がないともいえる。

◆規制の実際

　まず，公法的な規制が考えられる。

　約款に定められる契約条件の内容を規制するために，いくつかの分野では，約款の作成・変更について所轄する官庁の許可・認可が必要とされている。旅行業に関する例はすでに説明したが（→208〜209頁），ほかにもいくつかの例がある（保険業法4条2項3号・123条1項，道路運送法11条など）。また，約款による契約条件をあらかじめ相手方に示す義務を課したり，掲示・公示する義務を課したりすることもある（電気通信事業法23条など）。

　しかし，以上のような公法的な規制が行われていない分野もある。この場合に約款内容の合理性をコントロールできるのは，裁判所ということになる。司法的規制である。また，公法的な規制が行われていれば，司法的規制が行われないわけでもない。

　有名な例としては，ある航空会社が使用していた運送約款における責任制限額（1963年当時，100万円）を「低きに失したものであ」り，「合理性，妥当性を有しないものといわねばならない」として無効と判示した判決がある。

　また，約款の有効性は認めながら，その意味を限定的に解釈することによっ

て消費者側を救済する，という方法が用いられることもある。自家用自動車保険普通保険約款は，対人事故の場合に，保険会社が保険契約者または被保険者から事故について通知を受けることなく，事故発生から60日を経過したときには，保険会社は保険金を支払わない，と定めている。ところが，ある死亡事故について，事故発生から1年8か月経過して，はじめて通知がされた。したがって，約款の条項がそのまま適用されると，保険会社に保険金支払義務はなさそうである。しかし，最高裁は，保険会社に保険金の支払いを命じた（最高裁昭和62・2・20判決（民集41巻1号159頁））。

判決は，まず，この約款条項の趣旨について次のようにいう。

保険者が，早期に保険事故を知ることによって損害の発生を最小限度にとどめるために必要な指示を保険契約者又は被保険者等に与える等の善後措置を速やかにこうじることができるようにするとともに，早期に事故の状況・原因の調査，損害の費目・額の調査等を行うことにより損害のてん補責任の有無及び適正なてん補額を決定することができるようにすることにあ（る。）

次に，この趣旨に照らして，次のようにいう。

保険者が前記の期間内に事故通知を受けなかったことにより損害のてん補責任を免れるのは，事故通知を受けなかったことにより損害を被ったときにおいて，これにより取得する損害賠償請求権の限度においてであるというべきであり，前記14条〔本件約款条項〕もかかる趣旨を定めた規定にとどまるものと解するのが相当である。

そして，この事件では，通知がなかったことによって保険会社は損害を被ったわけではないので，保険金支払義務がある，というわけである。

約款の条項を，その趣旨を根拠に，文面よりも狭く解釈したわけであり，そのことによって約款の合理性をコントロールしているわけである。

◆消費者契約法による不当条項規制

すでに述べたように（→151頁），2000年4月に「消費者契約法」が制定された。消費者契約においては，情報や交渉力の格差が著しいことを正面から認め，消費者契約そのものを対象とする包括的な民事ルールを定めている。規定の仕方の特徴としては，契約締結過程を規律するルールと，契約内容を規制す

るルールとの2本立てをとっていることがあげられる。実は，各国の消費者保護立法は，不当な内容を定めた約款の規制を主とするものが多かったのだが，わが国の消費者被害の実状からは，契約締結過程に関する問題の方が深刻であるという認識が一般となり，2本立て方式がとられることになったのである。

ここでは，内容規制の問題をとりあげよう（契約締結過程の規律については，→234～236頁）。約款の私法的規制にとって重要なルールが定められている。

まず，第2条は，この法律の適用範囲を定める。この法律は，「消費者契約」，つまり「消費者と事業者との間で締結される契約」について適用されるとし，また，「『消費者』とは，個人（事業として又は事業のために契約の当事者となる場合におけるものを除く。）をいう」，「『事業者』とは，法人その他の団体及び事業として又は事業のために契約の当事者となる場合における個人をいう」とする。

そして，第8条1項は，「次に掲げる消費者契約の条項は，無効とする」として，4つの条項をあげている。すなわち，

1 事業者の債務不履行により消費者に生じた損害を賠償する責任の全部を免除し，又は当該事業者にその責任の有無を決定する権限を付与する条項

2 事業者の債務不履行（当該事業者，その代表者又はその使用する者の故意又は重大な過失によるものに限る。）により消費者に生じた損害を賠償する責任の一部を免除し，又は当該事業者にその責任の限度を決定する権限を付与する条項

3 消費者契約における事業者の債務の履行に際してされた当該事業者の不法行為により消費者に生じた損害を賠償する責任の全部を免除し，又は当該事業者にその責任の有無を決定する権限を付与する条項

4 消費者契約における事業者の債務の履行に際してされた当該事業者の不法行為（当該事業者，その代表者又はその使用する者の故意又は重大な過失によるものに限る。）により消費者に生じた損害を賠償する責任の一部を免除し，又は当該事業者にその責任の限度を決定する権限を付与する条項

ただし、1号・2号の債務不履行責任の制限条項に関しては、目的物の種類・品質が契約の内容に適合しない場合の責任について、消費者に認められる救済方法を限定する特約（たとえば、代金減額に限る。→133〜136頁）は有効とされている（同条2項）。

　また、8条の2として、事業者に契約違反がある場合などにおける消費者の解除権を放棄させる条項、さらに、8条の3として、消費者が後見・保佐・補助の開始の審判を受けたことのみを理由として、事業者に解除権を付与する条項が、無効とされる条項のリストに加わっている。

　さらに、消費者が支払う損害賠償の額や遅延損害金の額についても制限がある（9条）。

　このように特定の内容をもった条項は、約款に定められていても、無効とされるのである。

　そして、消費者契約法は、より一般的に、第10条として、「法令中の公の秩序に関しない規定」が適用される場合に比べて、消費者の権利を制限したり、消費者の義務を加重する条項は、消費者の利益を一方的に害するときには無効である、と規定している。そして、民法や商法などの法律が定める任意規定は、「法令中の公の秩序に関しない規定」に該当する。これらの規定は、「このように規律するのが公平だ」と法が考える内容を示しているのだから、それと離れるときには、不公平な条項だと考えられやすいというわけである。任意法規の意義について説明したところを、ぜひ復習してほしい（→123〜125頁）。

　諸外国の立法に比べ、無効とされる条項の例が少なく、そのため、第10条が果たすべき役割が大きくなっている。しかし、ともかくも、立法による不当条項規制に大きな一歩が踏み出されたわけである。

◆2017年改正：定型約款についてのルールの新設 改正点

　このように内容の合理化はだんだんとされてきたものの、やはり、内容を理解したうえでの合意がないのに、なぜ約款の内容で契約が成立するのか、という根本問題をほうっておくわけにはいかない。2017年改正は、この問題について着手した。

　民法548条の2第1項は、まず、**定型取引**という言葉を用い、それを「ある特定の者が不特定多数の者を相手方として行う取引であって、その内容の全部

又は一部が画一的であることがその双方にとって合理的なものをいう。」とする。そして，そこで用いられる契約条項を**定型約款**とよぶ。

　注意すべきなのは，AとBとが契約を締結するとき，Aが印刷された契約書をもってきたからといって，その条項が当然に定型約款となるわけではないことである。Aが自分の顧客であるB，C，D……という不特定多数に対して同じ契約書を用いていることが必要であり，かつ，それがAにとっても顧客にとっても合理的であることが要求されるのである。たとえば，電車の旅客運送約款を考えよう。鉄道会社が，客を1人乗せるごとに，いちいち契約内容を検討し，個別的な合意をするのは合理的ではない。乗客みんなが同じ契約内容であることが合理的である。他方，乗客の側も，いちいち内容を吟味して契約するのではなく，あらかじめ準備された契約内容に基づいて他の乗客と同じように義務を負い，権利を有するというのが便利である。だから，これは定型約款になる。

　そして，このように双方にとって合理的な契約締結方法を用いるときには，双方の便宜のため，合意の成立を容易にしている。つまり，個別の条項について合意がなくても，「定型約款を契約の内容とする旨の合意をしたとき。」（548条の2第1項1号），または，「定型約款を準備した者（以下「定型約款準備者」という。）があらかじめその定型約款を契約の内容とする旨を相手方に表示していたとき。」（同項2号）には，定型約款の「個別の条項についても合意をしたものとみなす。」というわけである。結局，定型約款準備者の方が，相手方に対して，「約款を用います」と表示し（別に口頭でなくてもよい），相手方がそれに異議を唱えないで契約を締結したら，定型約款の内容も契約となる，というわけである。これに対して，そのような表示もしないまま，紛争になった後，「実は約款がありまして，そこにはこう規定されています」などといってもダメであり，それは当然のことである。

　もちろん，相手方は，「約款を見せてくれなければ合意できない」ということはできる。合意するか否かは自由である。しかし，「約款の内容は合理的なのだろう」と思って，中味を見ないままに契約を締結したからといって，その後も内容を確認できないのでは困る。自分の権利・義務について知りえないことになってしまう。そこで，相手方は定型約款準備者に対して，定型約款の内容を示すように請求できる（548条の3第1項）。また，「やはり約款内容を確

認してから契約しよう」と思って，契約締結前にその請求をしたのに，定型約款準備者が「契約するまで内容は教えられない」としたときには，その定型約款の内容は契約内容とならない（同条2項）。「ホームページを見てください」でもよいが（同条1項ただし書），「教えられない」ではだめである。当然のことである。

繰り返しになるが，合意の成立について，このような簡便な方法を認めるのは，そのことが両当事者にとって合理的だからである。しかし，個別の条項について検討し，合意をしたときに比べれば，やはり合意のレベルは低い。そこで，民法548条の2第2項は，定型約款について簡便な方法によって合意がされたときは，「条項のうち，相手方の権利を制限し，又は相手方の義務を加重する条項であって，その定型取引の態様及びその実情並びに取引上の社会通念に照らして第1条第2項に規定する基本原則に反して相手方の利益を一方的に害すると認められるものについては，合意をしなかったものとみなす。」としている。先に述べた消費者契約法10条と似た規定だが，相手方が消費者以外の場合にも適用されるものであるし，「定型取引の態様及びその実情」を加味するのであるから，消費者契約法10条よりも合意の不成立が認められる範囲は広いというべきである。

また，定型約款が用いられる取引などでは，内容の変更が必要になることがある。契約を締結すると，その内容を一方が勝手に変えることはできない。当然である。しかし，たとえば，大量の取引においては，振込先を一律に変更するとか，新しいコンピュータ・ウイルスに対抗するために新たな禁止行為を一律に追加するとかといった変更が必要になることがある。現在，社会に存在する約款にも，「この規約は，当社が顧客の同意なく変更できるものとします」という条項が入っている場合があるのだが，この条項は，場合によっては消費者契約法10条や民法548条の2第2項で効力が否定される場合もありうる。そこで，民法548条の4は，一定の要件のもとに，定型約款準備者が，定型約款を変更することによって，「個別に相手方と合意をすることなく契約の内容を変更することができる」ことを認めている。1つは，「定型約款の変更が，相手方の一般の利益に適合するとき。」であり，これは当然であろうが，もう1つは，「定型約款の変更が，契約をした目的に反せず，かつ，変更の必要性，変更後の内容の相当性，この条の規定により定型約款の変更をすることがある

旨の定めの有無及びその内容その他の変更に係る事情に照らして合理的なものであるとき。」である。ただし、「定型約款準備者は、前項の規定による定型約款の変更をするときは、その効力発生時期を定め、かつ、定型約款を変更する旨及び変更後の定型約款の内容並びにその効力発生時期をインターネットの利用その他の適切な方法により周知しなければならない。」とされる。知らないうちに変わっていた、では困るのである。

　以上の改正には、とりわけ消費者保護の観点からは不十分な点も多い。しかし、ともあれ、約款法理が民法に規定されたことの意義は大きい。難しい問題だからといって、放置しておけばよいわけではないのである。

2　契約責任の拡大

◆古典的説明からの帰結

　われわれの日常生活にかかわる分野で、約款が広く利用されている現実は、それだけで、「契約による義務は当事者の意思に基づくものである」という原則には疑問を生じさせるが、それ以外にも、疑問を生ぜしめる事実をあげることができる。それは、契約に基づく義務の拡大化の現象である。

　契約の拘束力の根拠についての古典的な説明、すなわち、「契約に当事者が拘束されるのは、当事者が自由な意思に基づいて合意したからである。つまり、当事者の意思に基づいて拘束力が生じているのである」という説明からは（→68〜69頁）、合意がなければ責任を負わないはずである。このことは、より具体的には、次の2つの内容となる。すなわち、1つは、契約が成立するまで当事者は何らの義務を負わず、また、契約が終了した後は当事者は何らの義務を負わない、ということ、もう1つは、契約によって課されることになる義務は、当事者が合意した範囲とぴったり一致する、ということである。

　前者は時的な範囲、後者は量的な範囲というわけだが、しかし、この両者とも、現在では、異なる事態が生じてきているのである。すなわち、契約責任の時的な拡大と量的な拡大である。

◆契約責任の時的な拡大1——契約締結上の過失

　時的な拡大は、まず2つに分けられる。すなわち、**事前的な効力**の肯定と

事後的な効力の肯定とである。

　事前的な効力の肯定される場合としては，次の事例を見てみよう。最高裁判所の判決に現れた事件である。

　Ｘは，４階建て分譲マンションを建築することを計画し，買受人の募集を始めたところ，歯科医のＹから買い受け希望が示された。Ｙはそこで歯科医院を開業するつもりだったので，さっそく業者に内装工事の見積りをさせ，さらにスペースが足りないので２階部分の１室を使いたい，とも述べていた。もっとも，Ｙは，なお検討したいので結論は待ってほしい，とＸに告げていた。しかし，Ｘは，自分も工事の見積りに参加させてほしいといって，Ｙからレイアウト図の交付を受けたり，２階部分の所有者となるＡとの間でＹに１室を賃貸してはどうか，ともちかけたりしていた。

　さらに，Ｙは，歯科医院を開業すると電気を大量に使用することになるが，そのマンションの電気容量はどうなっているか，とＸに問い合わせた。すると，Ｘは，電気容量が不足であると判断して，Ｙの意向を確かめないまま，変電室を作るよう設計変更し，さらに，東京電力と電気容量変更契約を締結した。そして，これに伴う出費をマンションの販売価格に上乗せすることをＹに求めたが，Ｙはとくに異議を述べなかった。

　さらにその後，Ｙは，Ｘに対し，購入資金借り入れの申込必要書類として，見積書の作成を依頼した。

　しかし，Ｙは，購入資金の毎月の返済額が多額になることなどを理由に，結局，マンションの買い取りを断った。そこで，Ｘは，Ｙに対し，電気容量の変更等に要した費用の賠償を求めて，訴えを提起したのである。

　たしかに，Ｘもあわて過ぎである。まだ，契約も締結していないのに，Ｙに相談することなく，変電室を作ることにしている。しかし，Ｙだって，まだ買うか否かを決めていないのならば，Ｘに注意ができたはずなのに，異議を述べないどころか，その後も見積書の作成を依頼するなどしている。契約交渉段階に入っているのだから，誠意を尽くし，Ｘに損害がかからないように注意すべきではなかったか。

　そこで，第一審は，次のように述べてＸの請求を一部認めたのである（東京地裁昭和56・12・14判決（判タ470号145頁））。すなわち，

　　　取引を開始し契約準備段階に入ったものは，一般市民間における関係と

は異なり，信義則の支配する緊密な関係にたつのであるから，のちに契約
　　が締結されたか否かを問わず，相互に相手方の人格，財産を害しない信義
　　則上の義務を負うものというべきで，これに違反して相手方に損害を及ぼ
　　したときは，契約締結に至らない場合でも契約責任としての損害賠償責任
　　を認めるのが相当である

というわけである。もっとも，XにもYの意向を確認しなかった過失があった
として，損害額の5割にかぎって請求を認めた（過失相殺。→575頁）。

　そして，第二審も，最高裁も，この判断を是認したのである。

◆契約責任の時的な拡大2──契約成立前の説明義務

　契約締結上の過失の事例は，契約が有効に成立しなくても，交渉過程の義務
違反について責任を負わされる場合があるということの例であった。同じく交
渉過程における義務違反は，その後，契約が成立した場合にも問題となりう
る。

　バブル崩壊にともなって多発している事件を例にあげよう。証券会社からワ
ラントを勧められ，それを購入し，結局，大きな損害を被った顧客が，証券会
社に対して損害賠償を求めて訴えを起こすという事例である。

　ワラントの権利者は，一定時期になると，その会社の発行する新株式を一定
の価格で一定量買い付けることができる。したがって，ワラントの価格よりも
その会社の株式が値上がりしていると，ワラント購入者は儲かる。値上がりに
もかかわらず，最初の約束の価格で株式を購入できるからである。しかし，株
式が値下がりしていると損害を被る。市場価格よりも高い価格で株式を購入で
きる権利なんて，無価値である。この事件では，ワラントの価値は大幅に下が
り，顧客は損害を被ったのである。

　少し長くなるが，判決を引用しておこう（東京地裁平成6・9・8判決
（判時1540号71頁））。顧客をX，証券会社をYとする。

　　　1　株式やワラント等の証券の取引は，非常に投機性の高いものであ
　　る（なかんずく，ワラントは，株式投資よりはるかに大きな収益をあげら
　　れる可能性がある一方で，ワラントが株価の低迷で紙くず同然になるおそ
　　れも十分にあるものである）から，証券会社が顧客に対して取引の勧誘を
　　するときには，顧客の投資経験，資力及びその意向に最も適合した投資が

行われるように配慮することが望まれ（昭和49年12月2日蔵証2211号大蔵省証券局長から日本証券業協会長宛通達「投資者本位の営業姿勢の徹底について」参照），証券会社は，このような各投資者の特性に照らして著しく不適合な方法・態様で勧誘をして顧客に損害を被らせることのないように努めるべき注意義務を負っていると解するのが相当である。

2　ところで，前示のように，Xは，会社勤めをした経験のない専業主婦であって，証券取引の知識・経験もなく，Yの担当者からの説明についての理解の程度も十分とは受け取れない状況（……）にあり，しかも，それなりの不動産を相続したものの，1億円余の相続税を負担し，それほどの資金的ゆとりがあったわけではないのであるから，そもそも，Xは，投機的な証券取引の勧誘対象とされる適格を有していなかったものといわざるを得ない。

そうすると，Yは，本来，Xに対するワラント取引を勧誘することを避けるべきであったというべきである。

そして，証券会社が，このような適格を有しない顧客に敢えてワラントのようなハイリスクな取引を勧誘する場合にあっては，単に当該取引の危険性に言及しその点についての理解を得るだけでは足りず，明確かつ詳細に最悪の場合にどのような事態になるかを説明し，その事態についての十分な理解をえさせた上，それを承知の上でなお取引をするのかを確認すべき義務があるというべきである。

ワラント取引の契約は成立している。そこに，詐欺も錯誤もない。しかし，この判決は，その契約を締結するにあたって，証券会社は顧客に十分な説明をしなければならなかった，として，証券会社の責任を認めたのである。契約成立前の段階で，その後に契約を締結するに至った者の間に権利・義務の関係が発生することを認めたことになる。

◆消費者契約法による契約締結過程規制

「消費者契約法」が不当条項規制において重要な意味をもっていることはすでに説明したが（→226〜228頁），同法は，契約締結過程についても重要な規律を置いている。

中心になるのは4条である。同条は，「消費者は，事業者が消費者契約の締

結について勧誘をするに際し，当該消費者に対して次の各号に掲げる行為をしたことにより当該各号に定める誤認をし，それによって当該消費者契約の申込み又はその承諾の意思表示をしたときは，これを取り消すことができる。」と定めている。具体的には，次の場合である（同条1項・2項）。

①重要事項について事実と異なることを告げること。

②将来におけるその価額，将来において当該消費者が受け取るべき金額その他の将来における変動が不確実な事項につき断定的判断を提供すること。たとえば，為替相場とリンクしている商品について，これから10年間は絶対に円高が続くから儲かる，と説明したら，これにあたる。

③ある重要事項または関連する事項について，その消費者の利益となる旨を告げ，かつ，その重要事項について当該消費者の不利益となる事実を故意または重大な過失によって告げないこと。たとえば，生命保険契約の掛け替えの際，死亡保険金が増えることだけを告げ，保険期間が短くなることを告げなかったら，これにあたる。

また，同条3項は，事業者が消費者の住居や会社を訪問しているとき，そこから退去せよといわれたのに，退去しなかった場合や，逆に，消費者が勧誘場所から帰るといっているのに，帰らせなかった場合で，その消費者が困惑し，契約を締結してしまったときにも，その契約は取り消すことができる，としている。

そして，2018年の改正で，①進学，就職，結婚，生計など，あるいは，容姿，体型などについて不安をあおって，あまり根拠もないのに，たとえば，「就職のためには，この就職セミナーに出ることが絶対必要だ」などといって勧誘した場合，②異性に対して電話で呼び出したり街頭で声をかけたりしてデートなどに誘い出し，恋愛感情を抱かせるとともに，相手も自分に対して同様の感情を抱いていると思わせたところで，高額な商品や役務（サービス）の購入契約を勧誘した場合（「契約してもらえなければ，私が困ることになるから，もうあなたとの関係も続けられない」）（デート商法），③高齢者等の不安をあおり，「この食品を買わなければ，健康を維持できない」というなどして勧誘した場合，④「私には霊が見える。この数珠を買って除霊しないと危ない」などといって勧誘した場合，⑤契約締結前に債務の内容を実施して，その回復を困難にするやり方で勧誘した場合（契約前に，その消費者が必要な長さ

に竿竹を切断する），さらには，⑥例えば，無料だと思って不要品回収業者の
トラックを呼び止めたが，料金が高いのでやめようとしているのに，「わざわ
ざ引き取りに来たのに，このままでは帰れない。契約しないなら手間賃を支払
え」といって契約させた場合が，契約を取り消すことができる場合に加えられ
た。①と②が，成年年齢の引き下げに関連することは，すでに説明したが
（→73頁），高齢者被害にも対応するものである。

　さらに，消費者の生活状況に照らして，通常想定される量を著しく超える分
量・回数・期間（複数の契約に分けたときは，その合算で考える）の契約であ
ることを事業者が知っているのに，そのような契約を勧誘したときには，消費
者は締結してしまった契約を取り消しうる（4条4項）。

　そして，より一般的に，3条1項には，事業者について次のような義務が
規定されている。すなわち，

①　消費者契約の条項を定めるに当たっては，消費者の権利義務その他の消
　　費者契約の内容が，その解釈について疑義が生じない明確なもので，か
　　つ，消費者にとって平易なものになるよう配慮すること。
②　消費者契約の締結について勧誘をするに際しては，消費者の理解を深め
　　るために，物品，権利，役務その他の消費者契約の目的となるものの性質
　　に応じ，個々の消費者の知識及び経験を考慮した上で，消費者の権利義務
　　その他の消費者契約の内容についての必要な情報を提供すること。

　契約の交渉過程から，事業者には一定の義務が課される。その義務違反は，
4条にあたるときは契約の取消し原因となり，そうでないときも，事業者に
債務不履行責任や不法行為責任を発生させることがあることになる。

　なお，消費者契約法が制定されても，すでに述べた判決例のような解決は否
定されないし，詐欺や錯誤など民法の規定の適用も排除されない。これらにプ
ラスするものとして規定されたものである。この点には注意しなければならな
い。

◆契約責任の時的な拡大3──契約終了後の義務

　契約終了後に一定の行為義務が課される例として重要なのは，契約終了後の
秘密保持義務と競業避止義務である。これは，契約上，明示に規定されるこ
とも多い。たとえば，フランチャイズ契約において，「加盟店は，本契約の終

了もしくは解約後 2 か年間は，同一都道府県及び隣接都道府県において直接的，間接的を問わず，○○チェーンの事業に類似する業種あるいは競業する業種に従事してはならない」といった具合である。このような競業避止義務や秘密保持義務は，このような明示の約定がないときにも認められる場合がある。

また，ある一定の商品を売却した売主に，その後も一定の注意義務を課そうとする考え方もあ

図 4 - 5　契約責任の時的な拡大

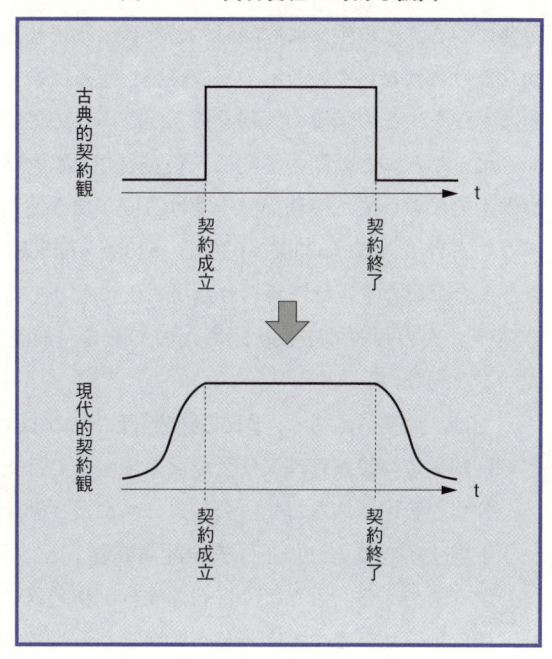

る。たとえば，証券会社が顧客に対して金融商品を売った後，経済変動によってその金融商品を早く手放した方がよい状況が生じたときには，証券会社はその顧客に対して適切なアドバイスをしなければならない，と考えるわけである。また，「窓からの景色がすてきだ」ということを売り物にしたリゾートマンションの売主が，マンションの売却後，すぐに隣りの土地に眺望を妨げる建物を建て始めたとき，買主は文句をいえるか，という問題も提起される（図 4 - 5 ）。

◆契約責任の量的な拡大 1 ――安全配慮義務

契約上の義務は，量的にも拡大傾向にある。具体的な事件から見ていこう。

自衛隊員の A は，1965年 7 月，自衛隊内の車両整備工場で車両整備をしているとき，同僚の B が運転する大型車両に轢かれて即死した。A の両親は，国家公務員災害補償金の支給を受けたが，それ以外には損害賠償を得ていなかったところ，1969年10月に至って，国に対して損害賠償を求めて訴えを提起し

た。Ａの両親は，こう主張した。すなわち，国は，使用主として，自衛隊員の服務につき，その生命に危険が生じないように注意し，人的・物的な環境を整備しなければならないのに，その義務を怠っており，それによって損害が生じたのだから，その賠償の義務を負う，というのである。

さて，Ａと国との間の契約は，役務提供契約である（→200〜205頁）。役務提供契約において，役務提供を受ける側が負う債務は，条文上は，報酬を支払うことだけである（623条，632条，643条・648条，657条・665条）。そうなると，Ａの両親の主張は認められないことになりそうだが，最高裁は，次のように述べてＡの両親の主張を認めたのである（最高裁昭和50・2・25判決（民集29巻2号143頁））。

> 国は，公務員に対し，国が公務遂行のために設置すべき場所，施設もしくは器具等の設置管理又は公務員が国もしくは上司の指示のもとに遂行する公務の管理にあたって，公務員の生命及び健康等を危険から保護するよう配慮すべき義務（以下「**安全配慮義務**」という。）を負っているものと解すべきである。もとより，右の安全配慮義務の具体的内容は，公務員の職種，地位及び安全配慮義務が問題となる当該具体的状況等によって異なるべきものであり，自衛隊員の場合にあっては，更に当該勤務が通常の作業時，訓練時，防衛出動時（自衛隊法76条），治安出動時（同法78条以下）又は災害派遣時（同法83条）のいずれにおけるものであるか等によっても異なりうべきものである（。）

というわけである。

この義務の性質として，判決は次のように述べる。

> 安全配慮義務は，ある法律関係に基づいて特別な社会的接触の関係に入った当事者間において，当該法律関係の付随義務として当事者の一方又は双方が相手方に対して信義則上負う義務として一般的に認められる（。）

この最高裁判決を契機にして，主に役務提供契約の領域を中心として，安全配慮義務の存在を認める判決が多く現れるに至った。もちろん，対象は公務員にかぎられるわけではない。たとえば，ある会社で宿直をしていた従業員が窃盗犯に殺されたという事案では，

> 宿直勤務の場所である本社社屋内に，宿直勤務中に盗賊が容易に進入できないような物的設備を施し，かつ，万一盗賊が侵入した場合は盗賊から加

えられるかもしれない危害を免れることができるような物的施設を設けるとともに，これら物的施設等を十分に整備することが困難であるときは，宿直員を増員するとか宿直員に対する安全教育を十分に行うなどし，もって右物的施設等と相まって労働者たる A の生命，身体等に危険が及ばないように配慮する義務があった（。）

とされ，その義務違反が認められている（最高裁昭和59・4・10判決（民集38巻6号557頁））。

　このような安全配慮義務については，当事者があらかじめ合意しているわけではない。民法における労務供給契約に関する条文も，安全配慮義務を定めてはいない。しかし，判例は，信義則（1条2項）を梃子にして，当事者の負う義務を拡大しているのである。

◆契約責任の量的な拡大2 ── 専門家の責任

　一定の法律関係について，合意を超えて，当事者にさらに広い義務を課していこうという傾向は，**専門家責任**といわれる領域においても見られる。たとえば，歯が痛くなり，歯医者に駆け込んだ。

　「右の奥歯が痛いんです。抜いてください」

　「じゃあ，抜きましょう」

　通常の契約の考え方からいうと，この契約によって歯医者は歯を抜く義務を負い，歯を抜けばそれで義務は果たされるはずである。しかし，私たちは，歯医者を信頼していて，「もしも，抜かない方が適切なのならば，歯医者さんは『抜かない方がいいよ』といってくれるだろう」と期待している。また，「別に悪い歯があったら，教えてくれるだろう」とも期待している。ところが，その歯医者が，「本当は抜かない方がいいんだけどなあ。で

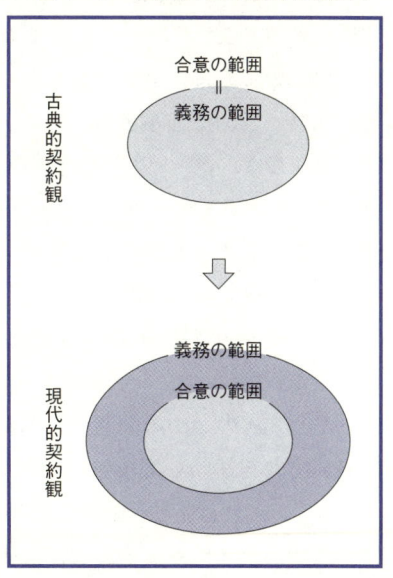

図4−6　契約責任の量的な拡大

も，抜けというんだから」と考えて抜いてしまったり，「あっ，右の奥歯よりも，左の方を早く処置しないと，骨もやられちゃうなあ。でも，いわれてないんだから」と考えて黙っていたりすると，私たちは文句をいいたくなる。しかし，合意だけからすると，その歯医者はそのような義務を負っていないことになってしまいそうなのである。

そこで，現在では，契約の一方当事者が，他方当事者の専門家としての能力を信頼し，一定の事項を委ねている場合には，他方当事者は，専門家として，合意の範囲を越えて，相手方の利益に配慮する義務を負う，と考えられるようになってきているのである。

医師，弁護士，建築士などの公的な資格のある専門家はもちろん，証券取引については証券会社，銀行取引に関しては銀行，それぞれが専門の範囲においては，相手方の信頼に応えるべく広い範囲で義務を負うというわけである（図4-6）。

3　契約とは何であったのか

◆契約法学の最前線

契約とは両当事者の意思表示の合致によって成立し，その拘束力は当事者の意思によって生じる。——ここまで，そう説明してきた（→67〜68頁）。しかし，以上のように，必ずしも意思に基づかない契約責任の発生を眺めてくると，本当に契約は当事者の意思によるものなのか，疑問に思えてくる。そこで，現在では，新たな契約観念の構築，契約の拘束力についての新たな説明を試みようとするものも多くなってきている。しかし，これは民法学の最前線の問題である。それを全面的に説明・検討することは，本書の対象とはできない。契約の拘束力の説明において，意思の要素と信頼の要素とをすでに指摘したが（→68〜69頁），後者の要素がより強調されるようになってきているとのみいっておこう。

ただし，次の2つの問題は，本書の別の章を理解するために重要なので，指摘しておきたい。すなわち，第1に，契約責任がこのように拡大したことによって，それは不法行為責任とどのような関係に立つことになったのか，という問題，第2に，契約によって生じる債務はどのような構造を有している

のか，という問題である。

◆不法行為責任との関係

　契約締結上の過失の問題として，契約交渉の不当破棄の事例をとりあげた（→231〜233頁）。契約が成立していないものの，もはや契約交渉という緊密な関係に入っているのだから，両当事者は相手方の人格・財産を害してはならない義務を負い，義務に違反した当事者には一定の賠償責任が課されるというものである。

　さて，このように，事態を「契約関係にない当事者間での損害賠償」ととらえると，それは不法行為責任の問題ではないか，ということになってくる。不法行為責任全般については後にくわしく説明するが（→第10章），ここでは交通事故を思い浮かべてもらえば十分である。横断歩道を歩いていたＡが，信号無視をして交差点に入ってきたＢ運転の自動車に轢かれた。このとき，ＡがＢに対して損害賠償を請求できるのは，常識として知っているだろう。このとき，ＡとＢとの間には，契約関係はもちろんない。合意して轢かれているわけではない。しかし，ＡはＢの不法行為を理由に損害賠償を請求していくことができる。民法709条は，「故意又は過失によって他人の権利又は法律上保護される利益を侵害した者は，これによって生じた損害を賠償する責任を負う。」としており，これを根拠とするのである。

　このように，契約関係に立たない者たちの間で，一方が他方の利益を「故意又は過失」によって侵害したときは，一般に不法行為の問題となる。そして，契約締結上の過失が問題としていた事例は，契約関係にない当事者間での損害賠償の問題なのだから，本来，不法行為責任の問題として処理されるべきではないか，と思われてくる。

　これは，契約成立前の説明義務についても同様であり，その義務が問題となっている時点では，当事者間に契約関係はないわけだから，これも不法行為責任の問題ではないか。さらには，安全配慮義務としてとりあげた事例についても，あえて契約責任の拡大として問題をとらえる必要はなく，一方が他方の利益を「故意又は過失」によって侵害したとき，にあてはまるのだから，不法行為の問題として処理すれば十分なのではないか，とも考えられる。

　このように，契約責任が拡大してくることによって，不法行為責任との境界

があいまいになってくる，という現象は各国で生じている。英語で契約のことを contract といい，不法行為のことを torts という。この2つの領域がいまや重なり合って contorts という領域が発生している，といわれたりするのである。契約法学の最前線の問題である。

◆債務の構造

もう1つ重要なのは，債務の構造についての理解の深化である。

すでに見たように，安全配慮義務について，判例は，「ある法律関係に基づいて特別な社会的接触の関係に入った当事者間において，当該法律関係の付随義務として当事者の一方又は双方が相手方に対して信義則上負う義務」と説明していた。役務提供契約において，提供を受ける者が負う義務の中心的なものは，報酬支払義務である。しかし，そのような中心的な義務（**主たる給付義務**）のほかに，**付随義務**として安全配慮義務を負う，というのである。

付随義務は安全配慮義務だけではない。宅配便業者は，中心的な義務として，荷物の配達の義務を負うが，届けるに際して，荷物を届け先の玄関灯にぶつけて，壊してはならない，という義務を負うのは当然である。また，ある会社に勤めている人は，役務を提供すればそれだけでよいわけではない。たとえば，会社の顧客名簿を流出させてはならない，といった付随義務を負う。このような中心的な義務や付随義務が集まって，債務を構成しているわけである。

そして，現在では，このようにして構成される債務の構造を，より詳細・緻密に分析していこうとする試みがされる。

たとえば，付随義務である安全配慮義務について考えてみよう。たしかに，役務提供契約において，提供を受ける側は，安全配慮義務を負う。しかし，安全配慮義務は，報酬支払義務とまったく同じ性質のものであろうか。約束された報酬の支払いがされないときは，役務提供者はその支払いを求めて，裁判所に訴えを提起することができるし，契約を解除することもできる（いずれも，くわしくは後に説明する。→292〜312頁）。それでは，安全配慮義務についても，同じように，役務提供者は安全設備を施すことを求めて，訴えを提起することができるだろうか。実は，この点については争いがある。そして，安全配慮義務は，その違反があって，実際に損害が発生したら，損害賠償をしなければならないという効果を引き起こすが，強制的に履行させることはできない，

とする説も有力である。仮にこの説をとるときは，付随義務である安全配慮義務は，主たる給付義務である報酬支払義務とはかなり異なる性質をもつことになる。

　また，付随義務だからといって，中心的な義務に付属してのみ存在できるとはかぎらない。契約終了後の義務について考えてみよう。

　実は，ある会社に勤めていた人が，退社後も，秘密保持義務を負うことがあるという事態は，何も，「契約終了後にも義務が継続しているという特殊な場合だ」といわなくても説明できる。その人と会社との間に，在職中に知りえた秘密を他に告げないという契約がある，といえばたりるのである。したがって，「契約終了後の義務」という観念を立てることに必然性はない。しかし，付随義務である秘密保持義務が，中心的な義務である役務提供義務が終了しても存続していることには注意したい。そうすると，「付随義務は，中心的な義務にくっついている」と単純にはいえないことがわかる。

　このような債務の構造分析も，契約法学の最前線の問題である。

第 **5** 章
契約の履行

「人間っていうものは，このたいせつなことを忘れてるんだよ。だけど，あんたは，このことを忘れちゃいけない。めんどうみたあいてには，いつまでも責任があるんだ。まもらなけりゃならないんだよ，バラの花との約束をね……」と，キツネはいいました。

「ぼくは，あのバラの花との約束をまもらなけりゃいけない……」と，王子さまは，忘れないようにくりかえしました。

──サン＝テグジュペリ（内藤濯訳）

『星の王子さま』（岩波書店）

I 債務が履行される場合

1 弁　　済

◆弁済の時期，場所，充当，内容

　ノーマルな状況では，契約によって負った債務は，それが約束どおり履行されることによって消滅する。たとえば，AとBとがA所有の家屋について売買契約を締結しているとき，Aがその家屋をBに引き渡し，その家屋に欠陥等がなければ，Aの負う引渡し債務が消滅するわけである（もちろん，Aはそれ以外にも登記移転義務などを負う。→133頁）。債務の消滅をもたらす，このような履行行為（給付）を**弁済**という。

　「いつ，どこで弁済すべきか」は，契約によって定まるが（民法412条・484条は，合意が明らかでないときの補充規定），若干問題となるのは，「ある一定の給付がされたとき，どの債務が弁済されたことになるのか」ということである（**弁済の充当**）。たとえば，AがBに，10月1日に期限の到来した売買代金債務15万円，11月1日に期限の到来した貸金返還債務10万円，11月15日に期限の到来した家賃債務8万円というように，いくつかの債務を負っているとする。12月1日にAはBに10万円を支払った。これによって，どの債務が支払われたことになるのか。

　これも，弁済をする者と受領する者との合意があれば，それに従う（490条）。合意がないときは，弁済をする者の指定によって定まる（488条1項）。弁済者が指定しないときには受領者がどの弁済にあてるかを決めることができるが，これに対しては，弁済者が異議を申し出ることができる（同条2項）。どちらの当事者も指定をしないときには，民法488条4項・489条の規定による。

　「どのような履行を行えば，弁済となるのか」も，もちろん契約によって決まる。本来なすべき給付と別の給付でもよいことにする，と債権者と債務者とが合意すると，その「別の給付」が弁済となる。たとえば，1億円を支払う

という債務を負っているが，債務者に現金がないので，債務者所有の不動産の所有権を債権者に移転することによって代わりにする，と合意するわけである。

　これを**代物弁済**（代わりの物による弁済）という（482条）。なお，債権を担保する目的で代物弁済の予約がされることがあり，これについては後に述べる（→511〜516頁）。

Column 30

期限と条件————————————————

　住宅ローンを借りた。30年ローンだ。毎月20日に15万円支払う。これは，「いつ弁済すべきか」の約束であり，**期限**とよばれる。このように債務の履行時期に関する場合だけでなく，契約の効力消滅（5年間だけ毎月5万円ずつ与える）や効力発生（来年1月1日より賃貸する）について期限が付くこともある。

　「期限」は，将来到来することが確実な事実を基準とする場合を指す言葉である（来年の1月1日は必ず到来する）。これに対して，「住宅金融支援機構の融資がされることの決定があれば，その住宅を購入する」といった場合は，将来到来することが確実な事実が基準となっていないわけだから，期限と区別して，**条件**とよぶ（発生に条件が付いている場合，その条件を**停止条件**といい，消滅に条件が付いている場合，その条件を**解除条件**という）。

　おもしろいのは，「出世したら借りたお金はお返しします」という出世払いの約束は，期限なのか，条件なのか，である。出世するかどうかは不確実だから条件となりそうだが，判例はそうは見ていない。出世しなければ永遠に返済しなくてもよいというのはおかしいから，「出世の時または出世が不可能であることが確定した時」に支払うという不確定の期限付き債務であるとする。

　裁判になったとき，「出世が不可能であることが確定したから期限は到来している」と判断されるのもつらいが，現実の事件では，「もう出世したのだから支払え」と貸主が主張し，それに対し，借主が，「まだ私は出世していない」と主張するというものが多い。比較的近時も，独立して石材卸売事業を営む資金の一部として1000万円を借り，「事業が軌道に乗ったときに返す」と約束していたところ，借主が，3年後，石材加工・販売の株式会社を買収し，その代表取締役となったので，貸主が返済を求めたという事件が現れている。判決は，借主はいまだ借金も多く，返済できるだけの純益もあげておらず，さらに，株式会社といっても個人営業の域を出ないものであるから，事業は軌道に乗っておらず，返済期限はまだ到来していない，とした（東京地裁平成8・10・31判決（判タ926号182頁））。

◆受領権者としての外観を有する者に対する弁済

債務を消滅させる効果を生じさせるためには，誰に対して給付を行えばよいか。債権者に対して行えばよいことはもちろんであるし，取立権限を与えられた代理人や破産管財人などに対して給付しても，弁済としての効果が生じるのは当然である。

それでは，そのような正当な取立権限のない者が，あたかも取立権限をもつような外観で現れたので，債務者が給付を行ってしまった場合はどうなるか。もちろん，原則としては弁済としての効果は生じない。しかし，新聞販売店への新聞代の支払いの場面を考えてみてほしい。「こんにちは。日経新聞です」とやってくる。黒い集金袋をかかえ，写真入りではないが身分証明書も持っている。となると，私たちは支払う。ところが，実は，その新聞販売店は数時間前に盗難にあい，顧客リストなどを泥棒に持ち去られていた。集金したのは，その泥棒であった。しかし，だからといって，後になって本当の新聞販売店がやってきて，「集金した人は泥棒で，取立権限はありませんでした。だから，新聞代金債務は消滅していません。支払ってください」といわれたのではたまらない。これまでも，虚偽の外観を信頼した人を保護する，という制度がいくつも出てきた（→77～78頁，81～82頁，91～93頁，98～100頁，103～109頁）。弁済のところでも，取立権限のある者らしい外観を信頼した人を保護するという制度が必要ではないか，と思われてくる。

そこで，民法478条は，「受領権者（……）以外の者であって取引上の社会通念に照らして受領権者としての外観を有するものに対してした弁済は，その弁済をした者が善意であり，かつ，過失がなかったときに限り，その効力を有する。」と規定している。2017年改正までは，そのような外観を有する者のことを「債権の準占有者」と呼んでいたが，わかりやすく書き変えることになった 改正点 。

◆弁済者の主観的要件

民法478条は，弁済者の善意・無過失を要件としているが，他方，真の権利者である債権者の帰責性を問題としていない。ところが，虚偽の外観を信頼した者を保護するものとして，これまで見てきた制度においては，外観を信頼した者の要保護性だけでなく，真の権利者の帰責性（権利を失ってもやむをえな

いといってもよい事情があるか）が考慮されて制度が組み立てられていた。債権の準占有者への弁済の制度では，なぜ真の権利者（真の債権者）の帰責性が問題とされていないのだろうか。

次のように説明できる。

制限行為能力者制度（未成年者や成年被後見人などの保護制度），法律行為制度（錯誤や詐欺に基づく意思表示など，あるいは，代理の規律）では，相手方に対して疑いをもてば，「契約をしない」という選択ができた。その分だけ，外観を信頼した者の保護の必要性は弱まる。ところが，弁済の局面では，債務者には履行の義務がある。「疑わしい」といって履行をしなければ，債務不履行（→第6章）として責任を問われる。したがって，自分に対して履行を請求してきた者が弁済受領権限を有するか否かを徹底的に調査することを債務者に要求するのは酷である。また，債務者に，そのような調査義務を負わせると，取引は渋滞する。銀行の窓口で預金を払い戻すのに，いちいち詳細に審査されたのではたまらないし，窓口で長い間待たされることになる。

そこで，外観を信頼した者の要保護性が高く，したがって，真の権利者の帰責性を要求しないのである。

◆定期預金の期限前解約

多く問題となるのは，銀行預金の払い戻しに関連してである。そして，ここにおいて，判例は，民法478条の「弁済」の意味を広く解し，定期預金の期限前の払い戻しも「弁済」に含まれるとし，さらには，預金を担保とする貸し付けにも同条の類推適用を認めている。ここでは，前者を見ておきたい。

定期預金の期限が到来する前に，預金者らしい外観を呈する者が銀行にやってきて，払い戻しを請求し，銀行がこれに応じて払い戻したとする。1年の定期預金であれば，銀行は，預け入れから1年たってから払い戻しに応じればよいはずである。しかし，時期が到来していないのに払い戻しが行われた。そうすると，ここには，2つの行為があることがわかる。つまり，

①定期預金契約の合意解約

②解約された定期預金契約に基づく債務の弁済

である。

さて，①の合意解約は，弁済とは別個の行為であるから，本来，民法478条

が対象とするものではない。したがって，預金者（＝受領権者）としての外観を有する者と銀行の間で合意解約がされても，預金者にその効果は帰属しないのが原則である。そして，合意解約の効果が預金者に帰属しないのならば，②の効力など問題にならない。解約されていないのだから，預金債権はまだちゃんと存在するはずである。

もちろん，場合によっては，表見代理の法理（→103〜109頁）によって，合意解約の効果が預金者に帰属する場合がある。そして，その場合にだけ次の段階に入り，②について民法478条の適用を考えていくことになる。

以上が，論理的には厳密な解釈である。

ところが，判例は，①，②の行為全体として，民法478条の問題として処理している。つまり，定期預金の期限前の払い戻しを請求してきた者が，銀行から見て「取引上の社会通念に照らして受領権者としての外観を有するもの」で

Case 9·10

最高裁平成5・7・19判決（判時1489号111頁）
最高裁平成15・4・8判決（民集57巻4号337頁）

銀行預金の払い戻しに関しては，預金契約に，「払戻請求書または諸届書類に使用された印影を届出の印鑑と相当の注意をもって照合し，相違ないものと認めて取り扱いましたうえは，それらの書類につき偽造変造その他の事故があっても，そのために生じた損害については，当行は責任を負いません」といった規定がある。印鑑の持参人に払い戻した場合には，この規定で処理される。もっとも，印鑑照合だけすればよいわけではなく，全体の手続に相当の注意を尽くすことが必要だと解されている。

現在では，少々の払い戻しはキャッシュカードを用いて行われる。このため，カード規定として，「支払機によりカードを確認し，支払機操作の際使用された暗証と届出の暗証との一致を確認して払い戻しました場合には，カードまたは暗証につき偽造，変造，盗用その他の事故があっても，そのために生じた損害については，当行および提携銀行は責任を負いません」という約定が置かれている。

この約定の効力につき，最高裁は，Case 9 において，「銀行の設置した現金自動支払機を利用して預金者以外の者が預金の払戻しを受けたとしても，銀行が預金者に交付していた真正なキャッシュカードが使用され，正しい暗証番号が入力されていた場合には，銀行による暗証番号の管理が不十分であったなど特段の事情がない限り，銀行は，現金自動支払機によりキャッシュカードと暗証番号を確認して預金の払戻しをした場合には責任を負わない旨の免責約款により免責されるものと解するのが相当である。」とする。

あるならば、「合意解約＋払い戻し」は弁済としての効果を生じさせ、その定期預金債権は消滅するのである。

定期預金について、銀行は期限前の払い戻しに応じる（利息は普通預金と同じになる）のが通常であり、したがって、「合意解約」という法律行為が独立して存在しているわけではない、という現状認識から生じた判断である。

2　第三者による弁済

◆誰が弁済できるか

弁済をすべき義務を負うのは債務者である。もっとも、「弁済できるのは誰か」というと、これは債務者にかぎられない。契約によって定まることがらである。

注意すべきなのは、「銀行による暗証番号の管理が不十分であったなど特段の事情がない限り」という留保が付いていることである。このような新しいシステムを導入するとき、導入者の責任として、システムの安全性に対する顧客の信頼を裏切らないように配慮すべきであり、そのためにはシステム設計・管理にあたって然るべき注意を払っていることが要請される。

この点が問題となったのが〈Case 10〉である。これは特約ではなく、民法478条の適用が問題となった事案だが、銀行の過失を認め、同条の適用による免責を認めなかったものである。

この銀行の預金は、通帳を自動支払機に入れても、暗証番号を押すと、払い戻しができるようになっていたのだが、そのことは、約定に規定されておらず、預金者も知らなかった。預金者は自動車に通帳を置いていたところ、それを盗まれ、また、暗証番号を自動車のナンバーと同じにしていたので、勘のよい泥棒に払い戻されてしまったのである。

判決は、「債権の準占有者に対する機械払の方法による預金の払戻しにつき銀行が無過失であるというためには、払戻しの際に機械が正しく作動したことだけでなく、銀行において、預金者による暗証番号等の管理に遺漏がないようにさせるため当該機械払の方法により預金の払戻しが受けられる旨を預金者に明示すること等を含め、機械払システムの設置管理の全体について、可能な限度で無権限者による払戻しを排除し得るよう注意義務を尽くしていたことを要するというべきである」ところ、預金者への明示も欠いていたのだから、銀行に過失があったというべきだ、とした。

「契約によって定まるのならば，債務者ってことになるじゃないか。だって，契約をしたのは債務者なんだから」といいたいかもしれない。しかし，そうでないことは，現実を考えてみればわかる。

たとえば，みなさんがデパートで買い物をして，その商品の配達を頼んだとする。2日後に，実際，配達されてきたが，配達に来た人は，○○運送という会社の人だった。このとき，「私はデパートに配達を頼んだのであって，○○運送に頼んだわけじゃない。デパートは配達の義務を果たしてない」と，みなさんは文句をいえるだろうか。このような文句がいえないことはわかるだろう。これは，デパートとの間で配達に関する契約を締結したのではあるが，その契約の解釈として，あなたの権利は，「運送会社を使ってもいいし，自分たちで運んできてもいいけれど，ともかくも配達してくれ」という権利であり，他方，デパートの負う義務は，「運送会社を使ってもいいし，自分たちで運んで行ってもいいけれど，ともかくも配達する」という義務だと理解されるからである。このようなとき，履行行為（給付）は，運送会社によって行われているが，それがデパートの負う債務の弁済になる。

同じような例はほかにもたくさんある。大手の住宅メーカーで家を建てたら，窓ガラスの調子が少し悪い。そこで，そのメーカーに調整を頼んだら，近くの工務店の人が「特約店なんです」といって，やってきた。近くのスーパーでおせち料理の折り詰めを注文したら，○○食品という別の会社から折り詰めが宅配されてきた。これらも，契約上，当然に認められていると考えられる（もちろん，見本に合致したものでなければならない）。

しかし，有名な画家に肖像画を頼んだら，弟子が描いて持ってきた，というのはダメである。このようなときには，「その画家に肖像画を描かせる」という権利を依頼者はもっているのであり，また，その画家は，「自分で肖像画を描く」という義務を負っていると考えられる。したがって，弟子が描いても，その債務の弁済にはならない。また，契約上，「当社の専任スタッフが責任をもって履行します。下請けさせることはありません」とされているときに，下請けを使って債務を履行することはできない。

民法474条1項が，「債務の弁済は，第三者もすることができる。」とし，同条4項が，「前3項の規定は，その債務の性質が第三者の弁済を許さないとき，又は当事者が第三者の弁済を禁止し，若しくは制限する旨の意思表示をし

たときは，適用しない。」としているのは，以上のような当たり前のことを規定しているにすぎない。そして，このような第三者によってされる弁済のことを，**第三者弁済**という。債務者の代理人による弁済や債務者から履行を頼まれそれを引き受けた者などによる弁済についても区別して考える必要はなく，債務者以外の者による弁済をすべて第三者弁済と考えればたりる（474条3項ただし書は，このような考え方を前提にしている）。

さて，ここまであげてきた例では，第三者は債務者から頼まれて，債務者に代わって弁済している。しかし，債務者から頼まれなくても弁済したい者もいる。

「えっ，そんなお人好しがいるの？」と思うかもしれないが，次のような例を考えてみよう。Sが銀行からお金を借りようとしたら，銀行から担保を要求された。自分には適当な財産がないので，友人Aに頼んで，Aが所有している土地に銀行のために抵当権を設定してもらった。抵当権については後に説明するが（→487〜509頁），Sが債務を返済できないときは，銀行は抵当権を実行して，A所有のその不動産を裁判所の手を借りて強制的に売却するなどして，そこから債権を回収することになる（こういったAのことを**物上保証人**という。他人の債務を自分の物によって保証している，というわけである）。つまり，Sが債務を弁済できないと，Aは不動産を失うことになるのである。これがイヤなAは，Sの代わりに債務を弁済して，自分の不動産を守ろうとする。こういったときには，債務者Sから頼まれなくてもAは弁済したいわけである。

この例におけるAは，Sの債務が弁済されることについて，まさに正当な利益がある。こういったAは，Sが何といおうと，代わりに弁済できる。もっとも，債務者がすでに履行の準備を整えているときなど，第三者弁済によって損害を受けるときには，弁済できないと考えるべきであろう。

これに対して，正当な利益のない第三者は，債務者の意思に反して代わりに弁済することはできない（474条2項本文）。債務者の意思に反する弁済は，弁済としての効力を有しないので，債権者が受領した物や金銭をその第三者に返還しなくてはならなくなるが，他方で，債務者の意思に反していなければ，正当な利益のない第三者も有効に弁済ができるわけであり，受領を拒絶すると，債権者は受領遅滞（→143〜144頁）として不利益を被ることにもなりか

ねない。つまり，その第三者の弁済が債務者の意思に反するか否かを債権者が判断しなくてはならないことになり，それは債権者にとって負担である。そこで，民法474条2項ただし書は，債務者の意思に反することを債権者が知らなかったときは，その第三者による弁済が有効になる（したがって，債権者は返還義務を負わない），とするとともに，その第三者が，債務者の委託を受けて弁済しようとしていることを債権者が知らないかぎり，正当な利益のない第三者からの弁済を債権者は拒絶できるとしている（474条3項）。

しかし，第三者が正当な利益を有するか否かの判断は，債権者がしなければならない。とすると，「正当な利益を有する」といえる場合とは，そのことが債権者にわかるような明確な場合にかぎられるということになろう。

◆弁済をした第三者と債務者との関係

第三者が債務者に代わって弁済をしたとき，その第三者と債務者との関係は，基本的には契約によって定まる。たとえば，デパートに代わって配達をした宅配業者は，デパートとの役務提供契約に基づいて報酬を得ることになる。近くのスーパーでおせち料理の折り詰めを注文したら，○○食品という別の会社から折り詰めが宅配されてきた，という例では，たとえば，○○食品とスーパーとの間に売買契約があって，○○食品はそのスーパーに対して売買代金債権を有することになる。これらのときには，それらの契約に従って，弁済した第三者と債務者との関係が処理されることになる。

これに対して，別の売買契約の代金債権というかたちではなく，「立て替えた分を返してもらう権利」が立て替えた側に発生するというかたちになることもある。これを 求 償 権（償還を求める権利）という（図5-1）。

一般的に，債務者から「立て替えて債務を弁済してくれ」と頼まれて弁済した者は，民法650条1項によって，債務者に対して求償権をもつことになる（→211頁）。また，債務者から頼まれていないが有効な弁済をした者も，民法702条1項によって，債務者に対して求償権をもつことになる（→582頁）。

これに対して，物上保証人は，自分自身が債権者に対して債務を負っているわけではない。第三者弁済を行ったときには，まさに「立て替えた」ことになる。そこで，まず，民法351条は，物上保証人である質権設定者について次のように規定している。

他人の債務を担保するため質権を設定した者は，その債務を弁済し，又は質権の実行によって質物の所有権を失ったときは，保証債務に関する規定に従い，債務者に対して求償権を有する。

　そして，自分の所有物に抵当権を設定したときについても，この条文が準用されることになっている（372条）。つまり，Sが銀行からお金を借りるに際して，友人Aに頼んで，Aが所有している土地に銀行を抵当権者とする抵当権を設定してもらった。抵当権が実行され，その不動産を失うことになるのがイヤなAが，Sの代わりに債務を弁済した。こういう場合には，Aは「保証債務に

秋田地裁平成4・3・27判決（判時1416号47頁）

　秋田県八郎潟は大規模な干拓で有名である。計画・着工は米の増産の必要性があった時代に行われたが，やっとできあがったら，今度は日本全体について減反政策がとられるに至った。そのためもあって，国と入植者との間にトラブルが発生した。

　八郎潟においては，入植者は，八郎潟新農村建設事業団の定める基本計画に従って農業を営む必要がある。1973年，減反政策を背景に，基本計画として，田畑複合経営，具体的には米と畑作物の作付けを同程度とする旨が定められたが，米作りを目指してきた入植者は反発。その後，若干の計画変更がされたが，入植者であるYは米の過剰作付けを継続した。

　そこで，X（国）は，あらかじめY（を含む入植者すべて）との間で締結していた入植地の再売買の予約（→132頁）に基づき，Yに対して予約完結権を行使した。そのうえで，Xは，新所有者としてYに対して所有権移転登記手続を求めたのである。

　ところで，Yは，入植地に関連して，大潟土地改良区に対して債務を負っていた。Xは，土地改良法42条に基づき，新所有者としてこの債務の弁済義務を負ったとして，大潟土地改良区に対して弁済。利害関係人としての第三者弁済であると主張して，Yに対して求償権を行使した。

　これに対して，Yは，Xによる予約完結権の行使は権利濫用であり，したがってXには土地所有権が移転していないから，Xの大潟土地改良区に対する弁済は，債務者であるYの意思に反して行うことは許されないところ，Yの意思に反することは明らかである，と主張。秋田地裁は，このYの主張を認め，Xは，Yに対して求償権をもたないと判断したのである。

　債務者の意思に反する弁済というのも，このように複雑なかたちで現れることがある。

　もっとも，控訴審では，Xの予約完結権行使は権利濫用とはいえないとされた。そうすると，Xは，土地改良法上，弁済の義務を負うわけであって，正当な利益のある者による第三者弁済となるから，Yの意思に反するかどうかは関係しないことになる。

関する規定に従い，債務者に対して求償権を有する」ことになるのである。担保不動産の第三取得者についても規定がある（570条）。

◆求償権か否か

もっとも，ある債権が求償権か否かはっきりしない場合もある。

たとえば，S が G に負っている1000万円の債務が弁済できないとき，D に対して，「申し訳ないけれど，代わりに G に1000万円支払ってもらえないか。3か月後にはお金が入るので，そうしたら，1030万円支払うから」という。S と D との間で契約が締結され，D は G に1000万円支払った。こういったとき，D が S に対して請求していく権利が，求償権と性質決定されるのか，それとも，ただたんに金銭消費貸借契約上の請求権なのか，は必ずしもはっきりしない。D は S にお金を貸したが，その貸し付けにあたって G に渡すという方法を指定され，それに従った，と見ることも可能である。そして，その差は，後に述べる「弁済による代位」が認められるか否かに影響を与えるから重要な意味をもつ。

判断の基準は，D が S に対して新たな信用を供与していると見ることができるか否かにある。

G が近くのスーパーS で 1 万円のおせち料理の折り詰めを注文したら，○○食品という別の会社 D から折り詰めが宅配されてきた，という例においては，D は，その時点におけるそのスーパーの信用力を判断し，掛け売りを行ったと考えられる。言い換えれば，D は，自らの意識として，あくまでそのスーパーS と取引をしているのであって，その取引において D が行ったこと（おせち料理の製造・配達）が S の G に対する弁済としての意味をもっていたとしても，それは D にとって第二義的なものにすぎない。とすると，D は，そのような契約によって債務者 S に対して新たな信

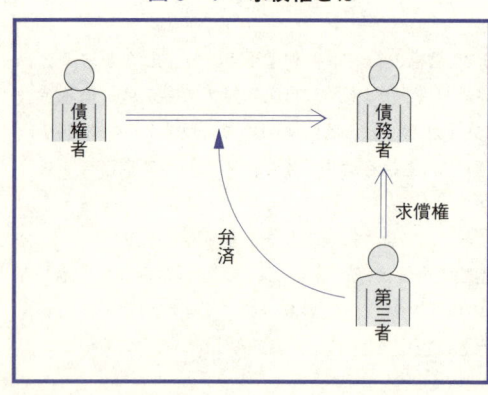

図5-1　求償権とは

用を供与し，Sに対する債権をGのSに対する債権とは別個に取得したもの
と考えるべきである。

　これに対して，Dの給付が，SのGに対する弁済としての意味を第一義的に
もっている場合がある。Sから依頼されていないときはもちろんであるが，依
頼があるときでも，Dの給付は，まさにSのGに対する債務の消滅に向けられ
ており，DとSとの間の契約の履行行為としての意味は第二義的なものとなっ
ている場合もある。このような場合には，Dは，Sに対して新たに信用を与え
たのではなく，GがSに対して与えていた信用に，Sを肩代わりして応えたの
だと評価することができる。

　このときは，DのSに対する求償権が発生する。仮に，Sの債務を弁済する
という委任に対する報酬だと名前が付けられていても，その債権は求償権と性
質決定される。ただし，この2つのうちいずれであるかの判断が難しい場合
もあろう。

3　多数当事者の債権債務関係

◆連帯債務・不可分債務

　求償権の発生に関連して重要なのは，連帯債務や保証債務の関係である。

　ここまで債権者1人，債務者1人という場合を検討してきたが，複数の当
事者間に債権債務関係が発生し，複数の債務者が同一の給付をする義務を負う
場合もある。たとえば，A，B，Cの3人が共同事業を行うため，連名でGから
300万円を借りた。このときには，A，B，Cそれぞれは，Gから請求される
と，300万円を支払わなければならない。もちろん，あわせて900万円を支払
わなければならないわけではない。いずれかの者が支払えば，それでGの債権
は消滅する。これを抽象的に表現すれば，数人の債務者が同一内容の給付につ
いて各々独立して全部の給付をすべき債務を負担しているが，そのうちの誰か
が全部の給付をすればすべての債務者の債務が消滅するという関係になってい
るのである。このような債務を**連帯債務**という。

　連帯債務の特徴は，A，B，Cがそれぞれ100万円の債務を負う，とすること
も可能な場合に，あえて給付を分割せず，それぞれに全部の給付をすべき債務
を負担させているところにある。これによって債権の効力は高められる。A，

B，Cのそれぞれが100万円ずつ債務を負うとすると，仮にそのうち1人に支払能力がなければ，債権者は200万円しか回収できない。支払能力がなければ支払わなくてよい，というわけではないが，「ない袖は振れない」のである。ところが，連帯債務の例では，A，B，Cのうち誰かに支払能力がなくても，債権者は支払能力のある人に全額の支払いを請求していけばよい。だから，債権の効力が高まっているというわけである。

これに対して，給付がそもそも分割不可能な場合もある。たとえば，AとBとが共有している家屋につき，2人を売主として，Gに売却するという売買契

「各自10万円支払え」

　A，Bの2人がGに対して10万円の連帯債務を負っているが，払おうとしないので，Gが両名を被告として訴えを提起し，勝訴した。このとき，判決には，「A・Bは各自10万円支払え」と書かれることが，少なくともかつては通常であった。これは，合計20万円という意味ではない。にもかかわらず，どうしてこんな文章になるかというと，法律上，数人の債務者があるときには，分割債務になるのが原則とされているから（427条），「A・Bは10万円支払え」とか，「A・Bは合計10万円支払え」とか書くと，AとBとがそれぞれ5万円の支払義務を負うことになってしまうからである。それならば，「連帯して」と書けばよさそうであり，そう書かないのは，裁判官の国語力が中学生並みだからだ，と怒った人もいる。しかし，それなりの理由はある。

　「AとBとは連帯債務を負っているから，10万円を支払わなければならない」という判断のうちで，「連帯債務を負っているから」という部分は，10万円の支払義務が存在する理由にすぎない。ところが，判決の仕組みとして，判決主文には結論だけが書かれ，理由はその後に別個に書かれる仕組みになっている（このあたりは，民事訴訟法上の既判力という観念に関係している）。したがって，「連帯して」という理由の部分は判決主文には書けない。そして，GはAだけを被告としても，Bだけを被告としても10万円の支払いを請求できた。AとBとは便宜上一緒に被告にされているだけである。判決を得たGは，Aに対して10万円を請求してもよいし，Bに対して10万円を請求してもよい。つまり，本来は，「Aは10万円を支払え」という判決と「Bは10万円を支払え」という判決の2つが存在し，それを1つの文で表示したのが，AとBとが一緒に被告となった場合の判決であり，そうすると，「A・Bは各自10万円支払え」という判決の文章になるのである。

　しかし，わかりにくいことはたしかである。そこで，理論よりもわかりやすさを優先し，「AとBとは連帯して10万円支払え」という判決が書かれることもある。ただ，法律の文章のわかりにくさにも，それなりの理由がある，ということは理解してほしい。

約が締結されたとする。売主は，目的物の引渡債務を負うが，これは分割できる債務ではない。こういった場合，ＡとＢとが負う債務のことを，**不可分債務**という。

◆保証債務・連帯保証債務

また，数人の債務者が同一内容の給付について全部の給付をすべき債務を負担しているのだけれど，各債務者の債務の間に主従の関係がある場合もある。**保証債務**がその場合である。

ＡとＢとが連帯債務を負っている場合には，債権者はＡとＢとのいずれに対してでも全部の履行を請求できた。債権者との関係では，ＡとＢとの間に，本来どちらが履行すべきか，などという順序付けはなく，債権者は自分の選択に従ってＡかＢを選ぶことができる。

しかし，ＡとＢとの２人の債務者がいて，Ａが**主たる債務者**でＢが**保証人**であるときには，「保証人は，主たる債務者がその債務を履行しないときに，その履行をする責任を負う」（446条１項）ことになるから，債権者は，Ａが履行しないときにはじめて，Ｂに対して保証債務の履行を請求できるわけである。

このような保証債務は，債権者と保証人との間の契約によって成立する。一般には，保証人は，主たる債務者から頼まれて保証人となるのであろうが，この間の関係は，保証債務の成立に直接には関係しない。保証契約は，保証人Ｂが債権者Ｇに対して，「Ａがこれこれの債務を支払わないときには，私が代わって支払います」と約束をするというものである。ＢはＡから頼まれていなくても，債権者と保証契約を締結できるし，そうすると，保証債務を負う。

繰り返しになるが，保証人は，主たる債務者が履行をしないときにだけ，代わって履行をする義務を負う。補充的な責任である。そこで，保証人は，債権者から履行の請求を受けたとき，「まずは主たる債務者に請求してくれ」という権利をもつし（**催告の抗弁権**という。452条），債権者が請求したのに主たる債務者が履行しない場合でも，「主たる債務者は履行できるはずだし，裁判手続を使って強制的に履行させるのも簡単だから，それをやってみて，予想に反してダメだったときだけ，自分に請求してきてくれ」ということができる（**検索の抗弁権**という。453条）。

このことは保証人の責任が補充的なものであることから当然なのではある

が，債権者にとっては面倒である。そこで，実務においては，保証人の負う保証債務を主たる債務と連帯債務の関係になるようにすることが多い。つまり，保証人Bに，「Aがこれこれの債務を支払わないときには，私が代わって支払います」と約束をさせるのではなく，「Aと連帯して，Aの債務の履行をします」という約束をさせるのである。こうしておけば，保証人から催告の抗弁権や検索の抗弁権を行使されることなく，債権者は保証人に対して履行を求めることができる。このようなときに保証人の負う債務を，**連帯保証債務**という。

◆保証人の保護：その１ ——2004年改正まで

お金を借りようとする友人から保証人になってくれと頼まれる。絶対に迷惑はかけないから，という。あまり深く考えないで，あるいは，ついつい義理にほだされて，貸主との間で保証契約を締結する。ところが，思いもかけず，友人の事業は失敗し，夜逃げ。貸主から支払いを求められ，生活は破綻。——小説にもよく出てくるストーリーである。

このような保証人の過酷な状況は，初期，とくに身元保証について問題とされた。ある人が雇用されるにあたって，第三者（身元保証人）と雇い主との間で，その雇い人が雇い主に対して損害を与えるなどしたときは，身元保証人が代わって弁償します，という契約が行われることは，かなり古くから（少なくとも戦国時代から）一般的であった。明治９年の三井銀行の書式を紹介しておこう。

　　　○○儀今般銀行へ御雇込相成候に付××身元引受人に相立候段相違無御座候。然る上ハ本人銀行之諸御規則可格守ハ勿論，遠近出張在勤等被命又ハ御都合により何時御暇相成候共苦情申立間敷，万一本人，引負其他不都合有之候ハヽ引受人にて屹度可致弁償，此余何事に依らす銀行之御迷惑に可相成儀ハ悉皆引受人にて取扱可申候……（西村信雄『保証』（日本評論社）による）

保証期間はその雇い人が雇用されている全期間であって身元保証人は長期間拘束されることになるし，一切の債務について保証するという形態になっているために，保証人の負う債務額も予想外に巨額になりうるものであった。そこで，1933年に「身元保証ニ関スル法律」が制定され，保証期間の制限（５年以下），一定の場合の契約解除権などが認められ，責任制限が図られた。

いわゆる信用保証契約も問題となった。これは，たとえば，問屋Ａと小売商Ｂとが継続的な取引を行うに際し，その継続的な取引によってＢがＡに対して負う債務をＣが保証するというものである。これも，将来の不特定の債務を保証するわけであり，保証債務は予想外に巨額になりうる。期間，責任限度額などについて，判例によって合理的な範囲に制限が試みられている。

　さらに，金融機関，金融業者からの融資についての根保証契約も問題となった。根保証とは，一定の範囲に属する将来の不特定の債務の保証である。たとえば，「ＳがＧに対して負う現在及び将来の一切の債務」といったかたちで定められる。ところが，とくに，悪質な金融業者からの借り入れを行っている者のためにこのような根保証契約が締結されているとき，金融業者は，保証人の資力を当てにして，無理な貸し付けを行い，その結果，保証人が破綻してしまうといった事態が多発したが，その際，自らの責任の範囲について保証人に十分な理解がないこともしばしばであった。

　そこで，2004年の民法改正によって，貸金等の根保証契約は，極度額を定めなければ効力を生じず，また，５年以内の元本確定期日を定め，それをきちんと更新していかないかぎり，３年間で保証債務の元本が確定するという制度が導入された。前者は保証債務が予想外に過大になることを避けるため，後者は，保証期間があまりに長期にわたることを避け，少なくとも短期での更新により保証人に契約を打ち切るチャンスを与えるためである。また，軽率に保証人となることを防ぐため，保証契約は書面でしなければ効力が生じないこととされた（446条２項）。

◆保証人の保護：その２──2017年改正 改正点

　しかし，他人の債務の連帯保証人となったことによって，自己破産，さらには自殺にまで追い込まれるといった事態の多発は続いた。そこで，保証人保護の方策を講じることは，2017年改正の重要なテーマの１つとなった。様々な方面から出された案の中には，そもそも個人を連帯保証人とする保証契約を無効とすべきである，少なくとも貸金等の根保証契約はできないとすべきである，というものもあったが，完全な同意を得るには至らず，最終的には，以下の改正が行われた。

①　主たる債務の履行状況に関する情報の提供義務

主たる債務者から委託を受けて保証人になった者は，債権者に対し，主たる債務者がきちんと履行できているか，現在の残額はいくらあるかなどの情報を提供することを，いつでも請求できる（458条の2）。とりわけ，主たる債務者が債務不履行などによって期限の利益を失ったとき（つまり，残額のすべてを現時点で返済しなければならなくなったとき）は，債権者は保証人に対し2か月以内にそのことを通知しなければならない（458条の3）。

主たる債務者が債務不履行に陥ったのに，保証人は，そのことを知らず，どんどんと遅延損害金が積み重なり，保証人が苛酷な状況に陥らないようにするためである。

②　個人根保証契約に関するルールの適用範囲の拡大

2004年の改正によって，貸金等の根保証契約について定められたルール（極度額を定めなければならない等）が，法人でない者が保証人になる場合には，貸金等の根保証にかぎらず，適用されることになった（465条の2～5）。

たとえば，「賃借人が賃貸人に対して負う一切の債務」といった場合が含まれることになったのである。

③　事業に係る債務についての保証契約の特則（その1）

事業のために負担した貸金等の債務が主たる債務である保証契約やそのような債務が主たる債務に含まれる根保証契約は，その契約の締結前の1か月以内に，公正証書（→179頁）によって保証人が保証の意思を表示しなければ効力を生じない（465条の6第1項，第2項）。

十分な理解のないままに，安易に保証人となることを防ぐものである。ただし，主たる債務者が法人である場合の取締役や大株主が保証人となる場合や，共同事業者や「主たる債務者が行う事業に現に従事している主たる債務者の配偶者」が保証人となる場合には，経営者が保証人である場合やそれに準じる場合なので，公正証書の作成は不要とされている（465条の9）。

主たる債務者の配偶者による保証というのは，不当な威圧のもとに締結されやすい保証契約（たとえば，夫から妻に対する威圧がある，「奥さんが保証しなければ，旦那さんは破綻ですね」と金融業者からいわれるなど）であり，外国法などでは，有効性が否定されやすい類型である。にもかかわらず，民法改正にあたって，このような例外が認められたことは残念だが，今後は，「主た

る債務者が行う事業に現に従事している」という要件を厳格に解し，配偶者が取締役などに準じる地位にある場合だけに適用を制限していくべきであろう。

④　事業に係る債務についての保証契約の特則（その２）

　主たる債務者は，事業に係る債務についての保証・そのような債務が主たる債務に含まれる根保証の委託をするときには，保証人になろうとする者（法人を除く）に，財産・収支の状況や，他の債務の履行状況などを伝えなければならない。この情報提供がされず，あるいは，誤った情報が伝えられたことによって，保証人が保証契約をしてしまったとき，情報の不提供・誤情報の提供について債権者が知り，または，知ることができたときには，保証人は保証契約を取り消すことができる（465条の10第1項，第2項）。

　このような情報が，保証契約をするか否かの判断に重要であることはいうまでもない。

　以上のようにかなりの改正がされたが，この効果のほどは，今後を見なければわからない。

◆求償関係の存在

　連帯債務・不可分債務・保証債務・連帯保証債務については，時効の更新などいくつかの場合について，特別の処理が必要になってくる。しかし，ここでは内部的な求償関係についてだけ触れておこう。

　たとえば，A，B，Cの3人が300万円の連帯債務を負っているとする。このとき，債権者Gは誰に対してでも300万円の請求ができる。そこで，GはAに対して全額の支払いを請求して，Aが300万円を支払った。これによって，Gの債権が消滅することはたしかだが，しかし，Aとしては不満である。誰かが300万円支払えばよかったわけなのに，自分だけが支払って終わりというのでは，自分だけが損をしたことになる，というわけである。

　連帯債務者は債権者との関係では全部の履行義務を負うが，連帯債務者どうしの内部関係では，然るべき分担の約束があるはずである（約束のないときには，平等の負担であると考えられる）。たとえば，AとBとが共同事業を始めるために，共同でお金を借りた，というときには，半分ずつ負担するとか，儲けも損失も2対1の割合で分担することになっているから，Aが3分の2，Bが3分の1を負担するとか，AB間で何らかの内部的な約束がある。そこで，

Aは，みずからの負担部分を超えた分については，Bの分を「立て替えている」ことになるのであり，Bに「立替分を払え」と求めていくことになる（442条1項）。

保証債務の場合は，この例で，保証人の負担割合がゼロの場合と考えられる。主たる債務者が本来履行すべきなのであり，保証人は履行した部分はすべて「立て替えている」部分である。そこで，すべてについて，主たる債務者に償還を求めていける（459条，459条の2，462条）。

「立て替えた分を返してもらう権利」，つまり求償権が発生するわけである。

4 弁済による代位

◆弁済による代位とは？

DがSに対して求償権をもつ場合，その求償権の範囲で，Dは，「債権の効力及び担保としてその債権者が有していた一切の権利を行使すること」ができる（501条1項）。弁済をしたことによって求償権を得た第三者は，もとの債権者に代わってその地位につけるわけであり，これを**弁済による代位**とよぶ。

具体的には，弁済の対象となった債権（これを**原債権**という）が，それを担保している担保権などとともに法律上，弁済者に移転する。このことによって，弁済者は原債権を行使できることになるが，ポイントは，原債権が担保権付きのものであったとき，その担保権を行使できるようになったり，原債権につき保証人が存在していると，保証人に対して保証債務の履行を求めていくことができるようになったりすることである（図5-2）。

担保物権については後にくわしく説明するが（→476頁以下），「担保権を行使できるようになる」ということについてイメージをもってもらうために，例を示しておこう。たとえば，SがGからお金を借りるに際し，Sが所有する甲建物にGのために抵当権を設定したとする。この債務をDが弁済し，Sに対し求償権を取得した。Sがそれを支払えば問題ない。弁済による代位の意味はない。ところが，Sがそれを支払わないとき，極端には破産してしまったとき，弁済による代位が認められることが大きな意味をもってくる。

Sが破産すると，Sの財産はSに対する多数の債権者に公平に分配されることになる。破産するということは，財産よりも借金のほうが多いということだ

から，公平な分配というのは，たとえば債権者はみんな債権額の2割だけ回収できる，というかたちになることである。ところが，抵当権などの担保物権をもつ債権者は，破産手続から離れてその担保物権を実行することができる。具体的には，甲建物を裁判所の手続によって売却または管理してもらい，そこで得られた売却代金・収入から優先的に自分の債権を回収できるのである。そこで，弁済

図5-2　弁済による代位

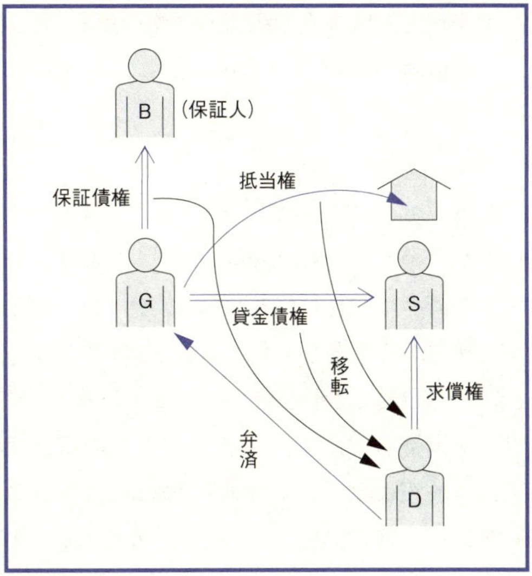

による代位が認められ，DがGの抵当権に代位できるということになると，Sの破産のときにもDは自らの求償債権を他の債権者よりも優先的に回収することができることになる。

　もちろん，弁済者は，求償債権が回収できればそれでよいはずであるから，原債権および担保権の行使は，「求償をすることができる範囲内」にかぎって認められる（501条2項）。たとえば，原債権が年10％の利息付きのものであっても，債務者との間の特約がないかぎり，求償債権については法定利息（→332〜334頁）の範囲での遅延損害金しか発生しないから，法定利率に従った遅延損害金しか取れない。

◆**なぜ弁済による代位が認められるか**

　弁済による代位が認められる理由としては，債権者・債務者・弁済者の三者とも利益になり，保証人や担保目的物の所有者にも不利益を与えない，ということがあげられる。すなわち，

　①弁済者は求償権が確保され安心できる。

　②債権者としても，第三者からの弁済が促進され有利であるし，すでに弁済を受けたのだから担保権等には利害関係がない。

③債務者も，第三者の弁済が促進される結果，信用を得やすくなる。

④そして，保証人や担保目的物の所有者は，債務者が弁済しないかぎり，保証債務の履行を求められたり，担保権が実行されたりしてもしかたがない。

こういうわけである。

もっとも，2017年改正までは，弁済を行うについて「正当の利益」を有する者が弁済をした場合と，それ以外の者が弁済をした場合とに分け，前者では，弁済者は当然に債権者に代位するが（対抗要件も不要），後者では，債権者の同意があるときにだけ債権者に代位し，また，債権譲渡の対抗要件を備えることが必要とされていた。しかし，弁済を受け，すでに自分の債権の回収ができた債権者に，承諾するかどうかの選択権を与える必要はない。そこで，2017年改正により，いずれの場合も債権者の承諾なく債権者に代位できることとしたが（499条），「弁済をするについて正当な利益を有する者が債権者に代位する場合」を除き，代位によって原債権が弁済者に移転したことについては債権譲渡の対抗要件を備えることを必要とした（500条）。つまり，債権者の承諾は不要としたが，債権譲渡の対抗要件が必要か否かについては，「正当な利益」の存否で区別することを維持したのである　改正点　。

代位にあたって債権譲渡の対抗要件の具備を要求するのは，実際には債権譲渡なのに，債権者に対する第三者弁済のかたちをとることによって，債権譲渡の対抗要件を具備しないで済ませようとすることを防止するためである。つまり，後に述べるように（→366頁以下，とくに369〜375頁），債権者Ｇが債務者Ｓに対して有する債権をＤに譲渡したとき，その譲渡を第三者に対抗するためには，債権譲渡の対抗要件が必要となる。ところが，ＤがＳに代わってＧに対して債務を弁済し，Ｇに代位することになっても，債権譲渡の場合と同じように，ＤがＳに対して債権を有する状況となる。そこで，弁済による代位とはいえ（そのときは，ＳのＧに対する債務は弁済され，消滅していることになるから，債権譲渡と同一には解しえない），実際には債権譲渡であるときには，バランス上，債権譲渡の対抗要件を要求するというわけである。

そして，「正当な利益」がある第三者は弁済の権利があるから（→252〜254頁），その弁済を，実際には債権譲渡なのに弁済であるかのように見せかけているものだ，とは評しえないのに対し，「正当な利益」のない者による弁済は

債権譲渡の性格が強いといえる。そこで，後者についてのみ，債権譲渡の対抗要件の具備を要求したのである。

「正当な利益」を有する者としては，「弁済しないと執行を受ける地位にある者」と「弁済しないと自分の権利が価値を失う者」の2つがあげられる。前者は，連帯債務者・保証人や物上保証人，後順位担保権者であり，後者の具体例は，後順位担保権者や一般債権者である。

図 5-3　代位合戦之図

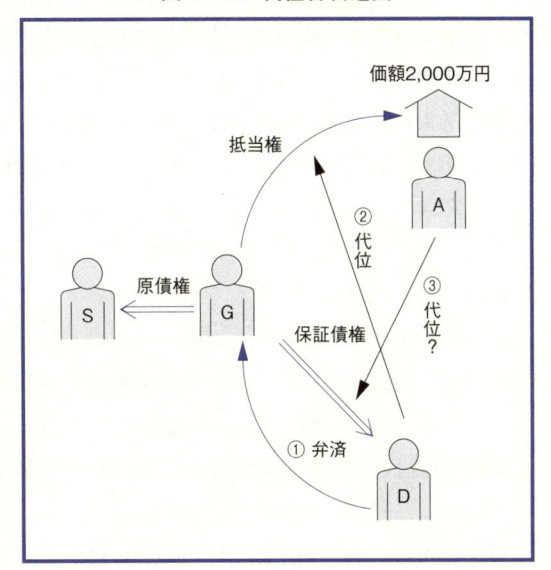

◆複数の代位権者の関係

保証人Dが，債務者Sの所有する不動産上に存在するGの抵当権に代位する，というのは比較的単純である。ところが，次の事例を考えてみよう（図5-3）。

SのGに対する債務2000万円を担保するために，Dが保証人となり，また，Aがその所有する不動産（価額2000万円）に抵当権を設定し，物上保証人となった。このとき，DがSの債務を弁済したらどうなるか。

ここまでで得た知識からすると，Dは，Sに対する求償権を取得するとともに，GのSに対する債権に代位し，求償権を確保するために，その債権のための抵当権を実行できるようになるはずである。こうなると，Dは求償権全額の回収ができ，他方，Aは抵当権を実行され，みずからの不動産を失ってしまう。そこで，Aは，Gの権利に代位して，Dに保証債務の履行を求めたい。しかし，それを認めてしまうと，元に戻ってしまう。

Sのような債務者には，保証人や物上保証人（担保目的物の第三取得者を含

む）が多数存在することもある。このときに，それらの者の間の権利関係を定めておかなければ，このような不都合が生じるのである。

それでは，どのような権利関係を定めることが要請されるか。まずは，特定の者に過大な負担をかけないことが必要である。保証人や物上保証人は，みんなＳの債務を担保するために存在しているのであり，Ｓが支払えないときには，みんなで平等に負担することが公平にかなう。平等といっても，頭割りとはかぎらない。1億円の不動産を担保に供した者は，5000万円の不動産を担保に供した者の2倍の負担となってもおかしくない。

そこで，民法は，次のような規律を置いている。

①保証人が複数の場合には，それぞれが平等の負担となる（判例・学説の一致するところだが，明文の規定はない）。

②物上保証人が複数の場合には，担保目的不動産の価格の割合で負担部分を分ける（501条3項2号・3号）。

③保証人と物上保証人とがいる場合には，まず，頭数に応じて負担部分を分ける。つまり，保証人が2人で物上保証人が3人の場合には，保証人2・物上保証人3の割合になる。そのうえで，保証人間では①のルールに従い平等に分担し，物上保証人間では②のルールに従い担保目的不動産の価格の割合で負担部分を分ける（501条3項4号）。

そして，この負担部分を超える分だけ，代位ができるのである。

◆担保目的物の第三取得者のいる場合

担保目的物の第三取得者については別の考慮も必要となる。

このときは，その目的物がそもそも債務者に属していたものか，物上保証人に属していたものか，が問題となる。

その目的物がそもそもは債務者に属しており，債務者が自己所有の不動産に抵当権等を設定したのであるとする。この場合，もしその目的物が譲渡されず，債務者の所有のままであるとすると，抵当権が実行されても，弁済による代位は生じないし，逆に，債務者に代わって弁済をした者は，その全額について，債務者所有の不動産上の抵当権に代位できてよいはずである。債務者はみずから全額の最終的な支払義務を負っているのであり，負担割合は10割なのである。ところが，その不動産が第三者に譲渡されたとたん，第三取得者に弁

済による代位が認められるようになったり，弁済者がその抵当権を代位行使することによって回収できる額に制限が付されたりしたのでは，保証人や他の物上保証人に思わぬ不利益を与えることになる。

　逆に，第三者が物上保証人として自己所有の不動産に抵当権等を設定したのであれば，その抵当権の実行後，物上保証人は弁済による代位の利益を受けるし，逆に，債務者に代わって弁済した者が，弁済による代位によってその抵当権を実行するときには，すでに述べた②，③のルールによる制限がかかる。第三取得者が登場すれば，その者が弁済しても代位が生じなくなるというのでは，保証人や他の物上保証人に与えなくてもよい利益を与えることになるし，他の弁済者が代位できる割合が変化するのも妥当でない。

　そうすると，担保設定時に債務者が所有していた担保目的物の第三取得者は債務者とイコールに扱い，物上保証人が所有していた担保目的物の第三取得者は物上保証人とイコールに扱うのが妥当であることになる。以前から，その結論は解釈によって導かれていたが，2017年改正で民法501条3項1号および5号として明文化された 改正点 。

◆金融取引における様々な特約

　弁済による代位は合理的な制度ではある。しかし，現実の金融取引においては，様々な特約が結ばれ，以上の説明とは異なる解決がもたらされることも多い。

　まず，すでに述べた①，③のルールについては，異なる代位割合を定める特約が用いられる。とくに，信用保証協会（保証契約を結ぶことによって，中小企業が金融機関から融資を受けやすくするために作られた特殊法人。各地に存在する）が保証人となるときには，他の保証人や物上保証人との間で，自分の負担割合はゼロであり，仮に信用保証協会が保証債務を履行したときには，全額について他の保証人や物上保証人に対して債権者に代位できる，という契約が結ばれる。**代位割合に関する特約**である。この特約は，さらに，信用保証協会から債務者に対する求償権について，法定利率より高い約定利率によって生じる遅延損害金が生じるという特約とリンクされて用いられている。**求償権の範囲に関する特約**である。

　また，銀行は，保証人との保証契約に，次のような**代位権不行使の特約**を入

れている。

　　保証人が保証債務を履行した場合，代位によって貴行から取得した権利は，本人と貴行との取引継続中は，貴行の同意がなければこれを行使しません。もし貴行の請求があれば，その権利または順位を貴行に無償で譲渡します。

　2017年改正前の民法502条１項は，「債権の一部について代位弁済があったときは，代位者は，その弁済をした価額に応じて，債権者とともにその権利を行使する。」としていた。そして，たとえば，ＳがＧに対して1000万円の債務を負っているとき，Ｄがそのうち500万円について弁済を行っても弁済による代位が生じ（Ｇは特約がないかぎり一部の弁済を受領する義務はない。しかし，受け取ることはできる），Ｄは，ＳがＤに対して償還をしないときには，Ｇの有する抵当権を実行できるというのが判例であった。しかし，Ｇとしては，自らの希望する時期に抵当権を実行したいのであり，Ｄの都合で実行が行われることは避けたい。そこで，このような特約が締結されたわけである。

　もっとも，2017年改正では，以上のようなＧの利益は保護に値するとして，一部弁済によって代位が認められるときに，代位権者が権利を行使するためには，債権者Ｇの同意が必要であることが明文化された 改正点 。したがって，この特約の意味は薄れたといえる。

　また，銀行は，保証人との保証契約に，銀行の判断によって，銀行が担保もしくは他の保証を変更，解除しても保証人は免責を主張しない旨の特約が挿入されている。**担保保存義務免除特約**という。これは次のような理由からである。

　保証人などみずから弁済義務を負う者が，「もし弁済させられても，債権者に代位して，抵当権などが実行できるから安心だ」という期待をもっているとき，その期待を保護するために，2017年改正前の民法504条は，「第500条の規定により代位をすることができる者〔弁済をすることに正当な利益を有する第三者。→253頁〕がある場合において，債権者が故意又は過失によってその担保を喪失し，又は減少させたときは，その代位をすることができる者は，その喪失又は減少によって償還を受けることができなくなった限度において，その責任を免れる。」と規定していた。

　たとえば，「ちゃんとした保証人が存在するから安心だ」として，銀行が，

自分のもっている抵当権を放棄してしまったときは，保証人は，弁済後，その抵当権から求償債権を回収できたはずの分だけ，保証債務を免れることになるのである。債権者が担保を放棄したりするのは勝手だが，それによって，弁済義務のある代位権者に不利益を生じさせてはならないというわけであり，もっともな規定である。

　ところが，これも銀行実務にとってはやりにくいことなのである。貸金債権は6000万円だが，その時点での価額が2億円の甲不動産について抵当権を取得し，さらには保証人も存在しているとする。ところが，債務者が別のところから融資を受けることになり，従来の債務の担保のために，その時点での価額が7000万円の乙不動産に抵当権を付けるから，かわりに甲不動産上の抵当権を放棄してくれ，といってきた。担保の変換を求められた銀行は，金融取引上の判断に基づいて，それに応じた。たとえば，「ここで新たな借り入れをさせると，それを元手にして，債務者の商売はうまくいきそうだ。そうなると，自分への借金もきちんと返してもらえるだろう。他の借り入れができない状態にしておいて，債務者に倒産されたんじゃあたまらない」というふうに考えたわけである。ところが，債務者は弁済ができなくなり，同時に，乙不動産の価値が下落した。そこで，保証人に対して保証債務の履行を求めたら，「債権者が甲不動産上の抵当権を放棄しなかったら，自分は保証債務を履行した後に，その抵当権に代位できた。代位できないことによって被った不利益分は民法504条によって保証債務を免れているはずだ」と主張された。

　銀行としては，それなりに合理的な判断に基づいて甲不動産上の抵当権を放棄したのに，後の経済事情の変化によってみずからが不利益を被るのは困る。そこで，保証人との間で担保保存義務免除特約を結んでおくわけである。

　抵当権放棄などが金融取引上合理的な場合はたしかにある。特約はある意味もっともである。そこで，2017年改正では，民法504条2項として，代位権者の免責を認める「前項の規定は，債権者が担保を喪失し，又は減少させたことについて取引上の社会通念に照らして合理的な理由があると認められるときは，適用しない。」と定められた 改正点 。

　債権者に有利となる改正ではあるが，逆に，担保保存義務免除特約があるときでも，「金融取引上の通念から見て合理性」のない担保放棄の際に特約の効力を主張することは，信義則に反し許されない，と解するべきだろう。

5 決済システム

◆様々な弁済の仕方

ここまで,「1000万円の貸金債務がある。それが弁済された」といったように述べてきた。それでは,実際に1000万円を弁済するためには,どのような行為がされるのだろうか。

まず思いつくのは,1000万円を現金で用意して,それを手渡すことである。たしかに,日本では,個人の決済においては,現金を利用することが多い。これに対して,たとえば,スウェーデンでは,タクシーやコンビニでも,現金を使うのは外国人観光客だけだといわれる。キャッシュレス社会の登場である。

しかし,日本でも,1000万円もの支払いとなると,個人でも,通常は現金を用いない。また,少額であっても,電気料金やガス料金については,預金口座からの自動引き落とし制度を利用している人が多い。また,企業になると,約束手形や小切手も多く用いられる。そのうち,いくつかのものについて,その仕組みを説明しておこう。

◆振込の法的仕組み

通信販売でD社から品物を購入した。このとき,債務者Aが,銀行や郵便局で,指定された口座に指定された額を振り込むことによって弁済を行うことも多い。そのときは,債権者が銀行等から払戻しを受けられる状況になると,それで弁済が行われたことになる(2017年改正で477条として明確化された 改正点)。

D社の銀行口座としてC銀行○○支店の口座が指定されているとき,AはC銀行に行ってD社の口座への振込を依頼することもあるし,B銀行に行って,C銀行○○支店のD社の口座に振り込みたいと依頼することもある。

システムとして,よりおもしろいのは,後者である。このとき,B銀行は,現金あるいは預金のかたちでAから受け取った金銭をC銀行に渡し,C銀行はD社の口座の残高を増やすという手続をとることになる。しかし,日々何万件もある振込のたびに,B銀行からC銀行に現金を輸送していたのでは大

変である。C銀行
も，様々な顧客か
ら，B銀行の××の
口座に入金してく
れ，という依頼を
大量に受け付ける。

　そこで，B銀行と
C銀行とは，Bから
Cへ送られるべき
金銭と，CからB
へ送られるべき金
銭と刻々差引計算
し，まず，送るべ
き金銭の額を減少

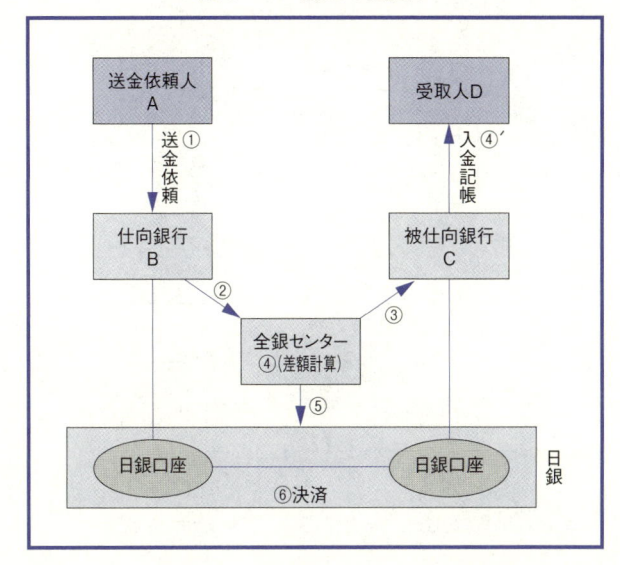

図5-4　振込の仕組み

させる。たとえば，B銀行からC銀行へ1億円，C銀行からB銀行へ1億2000万円が送られるべき状態になっていれば，差し引きし，C銀行からB銀行へ2000万円だけ移動すればよいようにするのである。この差額計算は，全国銀行データ通信システム（全銀システム）を通じて行われる。

　そして，その差額は，B銀行とC銀行とがそれぞれ日本銀行にもっている口座の残高を変更するという手続によって決済されるのである（図5-4）。

　同じようなシステムは，外国為替の円決済についても設けられている。

◆約束手形による決済

　企業間では，伝統的には，決済にあたって**約束手形**が用いられることも多かった。約束手形とは，簡単にいえば，B銀行と取引のあるA社が，D社に対する支払いを行うために，B銀行に対して次のようなお願いをしている，その証書のことである。つまり，「○年○月○日にこの手形の所持人に○○円支払ってください」とB銀行にお願いをするのである。

　約束手形を受け取ったD社は，みずからの取引銀行であるC銀行に，手形の取立を依頼する。この手形に書いてあるとおり，B銀行から○○円を受け取って，それをC銀行にあるD社の口座に振り込んでくれ，と頼むわけであ

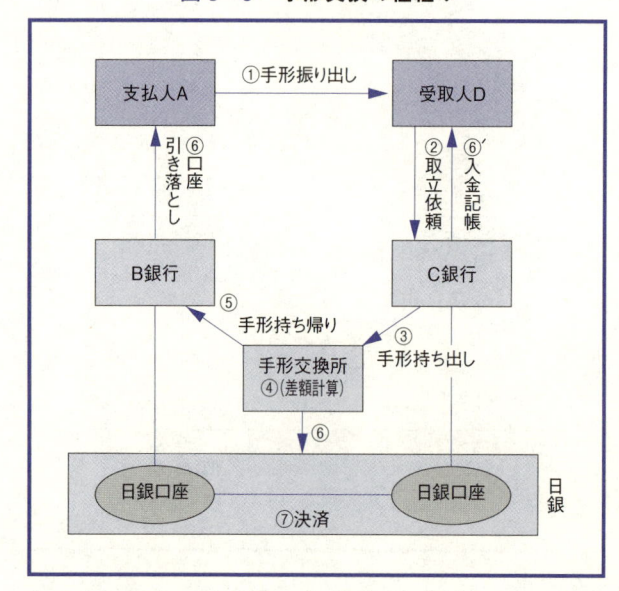

図5-5　手形交換の仕組み

る。

　ここでも，C銀行が，実際にB銀行に出向いて，○○円を受け取ってくるということになると，面倒でしかたがない。日々，取り立てすべき約束手形は大量なのである。また，逆に，C銀行を取引銀行とする企業がB銀行を取引銀行とする企業に対して交付した約束手形もある。

このような手形は，B銀行がC銀行に出向いて取り立てることになるが，これもまた面倒である。

　そこで，さきほどの振込における差引決済と同様に，差額だけの取引ですませようということになる。このために存在しているのが，全国に100か所あまり存在する手形交換所である（各地の銀行協会により運営されている）。

　この差額も，最終的には，日銀に存在する各銀行の口座間の資金移動により決済される（図5-5）。

　注意すべきなのは，手形交換所に持ち込まれた手形のすべてが決済されるわけではないことである。A社はB銀行に対して，「○年○月○日にこの手形の所持人に○○円支払ってください」とお願いしている。しかし，仮にA社のB銀行における口座に，○○円に満つるだけの残額が存在しないときには，支払ってもらえない。あくまで，自分の銀行口座に金銭が存在するときのみ，支払ってもらえるのである。残高不足で支払ってもらえないことを，**手形不渡り**という。聞いたことがあるだろう。

　ところが，約束手形の利用は近時，急速に減少してきた。手形交換の金額は，1990年をピークに2015年は約16分の1になり，発行枚数も1979年をピー

クに 7 分の 1 程度になっている（2015年度）。その原因は複合的なものだが，1 つには，紙でできている手形を扱うのは，保管・運搬のコストがかかるし，紛失や盗難の危険もある，というところにある。そして，このことによって，後に述べる手形割引（→364頁）の方法によって資金を調達してきた中小企業の資金繰りが苦しくなるという事態も生じてきた。

そこで，新しく電子記録債権という制度を導入することとし，その根拠法である**電子記録債権法**が制定され，2008年12月に施行された。もっとも，この制度は，新しい決済手段を定めるものではない。そこで，くわしくは後で説明することにする（→389〜390頁）。ここでは，約束手形の利用が減少してきていることを知ってもらえばたりる。

◆電子マネーとは？

以上のように，決済手段は多様化し，現金をえっちらおっちら運ぶという行為がなくても，支払いができるようになっている。しかし，このような支払方法は，多額の金銭の決済には適しているが，ごく少額の金銭の決済に用いようとすると，費用倒れになってしまう。

たとえば，このような場合に適した方法として考えられたのが，電子マネーである。もちろん，多額の金銭の支払いにも用いることができる。

電子マネーとは，一言でいえば，偽造やコピーができないように工夫された電子データのことであり，その電子データを移転することにより，資金の決済ができるようにするものである。難しく考える必要はない。交通系 IC カード（SUICA, PASMO, PiTaPa など）に入っているのも，電子マネーである。

わかりやすい例として，実際の金銭をバックにして発行される電子マネーを考えてみよう（図 5 - 6）。この場合，電子マネーを利用しようとする者は，まず，自分の口座にある金銭の一部につき，電子マネーでの払い戻しを受け，それを IC カードやスマホにためる。銀行が電子マネーの発行体でないときは，銀行にある預金の振り替え，あるいは，現金を機械に入れてチャージするという方法で，発行体から電子マネーを受け取ることになる。お店で買い物をするときは，その IC カードをお店にある機械に差し込み（あるいはタッチし），金額分のデータをお店に移転する。そのお店は，発行体と通信でつながっていて，発行体に電子マネーを提出し，金銭に換える，というわけであ

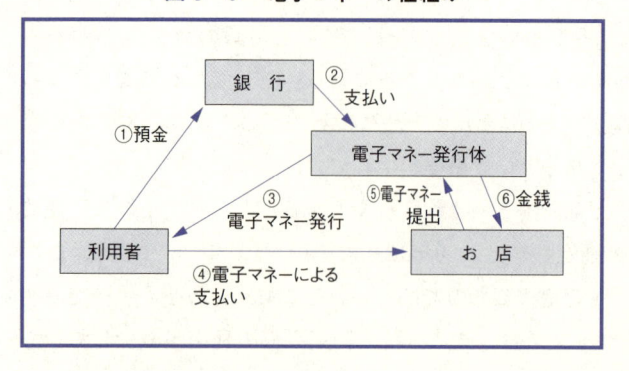

図5-6　電子マネーの仕組み

る。

現在では広く用いられており，電車もコンビニも電子マネーで済ませ，現金をあまり使わなくなったという読者もいるだろう。そして，そうすると，給料も電子マネーでもらった方が便利だという人も出てくる。労働基準法24条は，賃金を通貨で支払わねばならないとしているが，現在，電子マネーで従業員のスマホなどに送金することを認める方向での検討が行われている。

「従業員が電子マネーでの給料支払いに応じるわけないじゃないか」と思うかもしれない。しかし，電子マネーが普及し，どこでもそれで買い物ができ，支払いができるようになれば，電子マネーで給料の支払いを受けることには何らの不満もないはずである。また，そうすると，電子マネーを銀行に持っていって，現金に換える必要もなくなる。

さて，以上の説明では，さしあたって1回だけ利用できる電子マネーを考えている。しかし，理論的には，そのお店が，お客から受け取った電子マネーを日本円に変換せず，そのまま他者への支払いに使えるというシステムも考えられる。

そして，電子マネーと現金とを交換する必要がなくなり，電子マネーが電子マネーのまま流通していくようになると，その電子マネーの1単位が何円に相当するかも問題ではなくなる。たとえば，この本の定価表示に，「○○円」という記載がなく，「○○ポイント」とだけ書かれていることもありうるということである。

このように，電子マネーと通貨との関連を断ち切ったものの典型例が，ビットコインである（→408頁 Case 17 ）。たしかに，ビットコインは，現金で購入できる。しかし，それはビットコインの一定単位数を一定の金銭と交換したいという人が存在すれば，交換できるというだけであり，交換が保証されているわけではない。そして，すでに，ビットコインの単位数で値段が示された商

品やサービスも存在する。そのとき，売主やサービス提供者が有するのは金銭債権なのか，それとはまったく別のビットコイン債権なのか，後者だとしたら，前者とどのような違いが出てくるのか。まだまだ未確定な問題は多い。

II　時の経過による消滅

1　消滅時効

◆時の経過による変容

　債権債務関係は，当事者の意思によって移転する以外にも，時の経過によって変容していくことがある。代表的なのは，**消滅時効**である。

　「時効」というのは聞いたことがあるだろう。もっとも，「強盗事件が時効にかかった」とか，「時効完成の直前に捕まった」といった刑事関係のことが多いと思うが，より一般的には，一定の事実状態が一定期間継続した場合，その事実状態が真の権利関係に合致するかどうかを問わないで，権利の取得や消滅を認める制度である。刑事の場合には，逮捕も起訴もされないという状態が一定期間継続したときに，その者が犯人であるか否かを問わず，検察の起訴権限が消滅するわけである。

　債権についても同じく，消滅時効という制度がある。一定の期間，「その債権があたかも存在しない状態」が継続したら，本当に債権が存在しているか否かを問わず，債権が消滅していることになる。

　「その債権があたかも存在しない状態」とは，具体的には何か。債権の消滅時効については，民法166条以下にいくつかの規定がある。これらは，いずれも，「行使しないとき」は「消滅する」としているから，「債権が行使されない状態が継続すること」が，「その債権があたかも存在しない状態が継続すること」だということがわかる。それでもまだ抽象的である。「債権が行使されない状態が継続すること」とは具体的にはどういうことか。

　一言でいえば，債務者が債務の存在を自ら積極的に認める行動をとらないままに，かつ，債権者が債権の存在を前提とした手続をとらないままに，債務の弁済が行われない状態が継続することである。

　まず，一定期間が経過する前に，債務者みずからが債務を負っていることを承認すれば，その時点で振り出しに戻る（152条1項）。このように振り出し

に戻ることを，**時効の更新**という。たとえば，「一定期間」がここでは5年だとする。そして，2010年10月1日に弁済期が到来した100万円の金銭債務があるとき，2013年8月1日に，債務者が債権者に対して「借りた100万円を返さなきゃならないことは重々承知しているのですが，もう少し待ってください」という手紙を書いたりすると，その時点で期間の進行はストップし，あと5年は時効によって消滅することはなくなる。債権の存在を債務者自身が認めたのだからである。

次に，債権者側の事情としては，債権者が権利行使の意思を明らかにしたと評価できる事実が生じたときには，その時点で，**時効の完成猶予**が生じ，その後，権利の存在が明らかになったと評価できる事実が生じた場合には，時効の更新が生じる。

たとえば，債権者が，裁判を起こして，債務者に支払いを求めたり，債務者の破産手続において債権を届け出たりしたときは，権利を行使する意思が明確になったといえるので，その手続が終了するまで，時効の完成が猶予される。そして，その裁判手続などで債権の存在が公に認められると，権利の存在が明らかになったと評価できる事実が生じたことになるので，時効の更新が生じ，時効期間の進行は振り出しに戻る（147条。また，148条・149条）。

裁判外で催告（＝催促）をしたときも6か月間の時効の完成猶予が生じるが，このときは，権利の存在が明らかになったと評価できる事実が生じたことにはならないので，結局，6か月以内に裁判手続などを起こさなければならない（150条）。

なお，2017年改正までは，時効の更新のことを「時効の中断」とよび，時効の完成猶予のことを「時効の停止」とよんでいた。しかし，「時効の中断」というのでは，いったん時計が止まるだけなのか，振り出しに戻るのかがわかりにくいので，更新という言葉にして，振り出しに戻ることをはっきりさせた。逆に，「時効の停止」というのは一時期ストップするだけだということを明確にするために，完成猶予という名称にしたのである　改正点 。

また，2017年改正で新たに加えられた時効の完成猶予の事由として，「協議を行う旨の合意」がある。債権者が債務者に対して支払いを請求したが，債務者は「そんな債務は知らない」という。債権者がいろいろ証拠を出して，債務者もそれに応じて，話し合いをしている。誠実に話し合いを続けているのに，

債務者が，突然，「いや，昨日で時効期間が満了しましたね。だから，もう払わないよ」などというのは，信義に反する。そこで，「権利についての協議を行う旨の合意が書面でされたときは」，予定された協議期間の満了まで，または，協議期間が定められていないときは合意から1年経過するまで，さらには，協議が決裂し，一方が協議の続行を拒絶する旨の通知を書面でしたときには，その通知から6か月を経過するまでは，時効の完成猶予が生じることにしたのである（151条1項）。2017年の民法改正以前から，裁判外紛争解決手続の利用の促進に関する法律（ADR法）に同様の制度があったが，これを一般化したのである。

◆消滅時効制度の存在理由

しかし，そういわれても今ひとつ腑に落ちない。そもそも，どうして消滅時効などという制度が認められているのか。どうして，「債務者が債務の存在を自ら積極的に認める行動をとらないままに，かつ，債権者が債権の存在を前提とした手続をとらないままに，債務の弁済が行われない状態が継続する」と債権が消滅することにしなければならないのか。

これについていろいろ議論があるが，権利が行使されないまま長年を経過した債権については，すでに弁済されている可能性が高いにもかかわらず，債務者がそれを証明していくのは難しい，ということが根本的な理由に据えられるべきであろう。たとえば，あなたは，2001年7月分の電気代を支払ったことを現在の時点で証明できるだろうか。なかにはきわめて整理のよい人がいて，「はいっ」とばかりに領収書が出せるかもしれないが，一般の人はそうはいかない。もはや証明できない。他方，電力会社の方はみなさんの電気使用量をきちんと管理して，資料が残っているかもしれず，そうなると債権者は資料が提出できるが，債務者は領収書を提出できず，訴訟が起これば債務者が負けてしまうことになりかねない。それではおかしい。支払った証拠をずっと取っておけといわれても限度がある。こうなると，一定期間の経過後は，もはや債権は消滅したと扱ったほうがよい，というわけである。

これに照らして，さきほど説明した時効の更新事由・時効の完成猶予事由をもう一度考えてみよう。

まず，「債務者の承認」が時効の更新事由となるのは，債務者みずからが弁

済していないことを認めたわけだから，その時点で「すでに弁済されている可能性が高い」とはいえないからである。しかし，そうなると，定められている期間を経過して消滅時効が完成した後に，債務者が承認しても同じはずである。「すでに弁済されている可能性が高い」とはいえない。ところが，民法は，「更新」という「途中で振り出しに戻る」の規定しか用意しておらず，一定期間が経過した後に債務者が承認した場合については定めがない。そこで，判例は，消滅時効が完成した後に，債務者が債務の存在を承認した場合には，信義則上（→124頁 Column 19 ），もはや債務者が消滅時効の完成を主張することを許さない。

　ただし，時効完成前の承認・完成後の承認，いずれの場合も，その時点からさらに長年が経過すると，再び，「すでに弁済されている可能性が高い」という状況になる。承認の時点から，再び時効期間が進行を始めるのである。

　債権者が債務者を相手取って支払いを請求する訴訟を起こし，勝訴したときには，「すでに弁済されている可能性が高い」といえないのはもちろんである。したがって，時効の更新事由となる。ところが，裁判で判決が出るまでには一定の時間がかかる。そこで，勝訴判決の前段階である訴訟の提起はもちろん，債務者に対する催告や，協議の合意などがあった場合には，時効の完成を猶予する。

　以上が，時効の更新事由・時効の完成猶予事由の意味であり，消滅時効制度の存在理由と結びついているのである。

◆消滅時効の期間

　ここまで，「一定の期間」と述べてきたが，それでは，いったいどのくらいの期間が経過すると，債権が時効によって消滅するのだろうか。2017年改正までは，民法（旧）167条1項で，債権の消滅時効の期間を原則として10年間と定めたうえで，（旧）170条以下に1年間から3年間まで債権の種類ごとに様々な期間を定めていた。しかし，医師・助産婦・薬剤師の報酬債権は3年，弁護士の報酬債権・授業料債権は2年，飲み屋のツケは1年といった区別（（旧）170条～174条）が煩雑にすぎ，歴史的にはいろいろな意味があるといわれるが，現在では合理性に欠けること，また，通信や交通に時間がかかった時代における消滅時効期間は，すべてがスピードアップされている現代にそ

ぐわないこと，の2点から，2017年改正では，職業別の様々な短期消滅時効制度を廃止するとともに，時効期間を短縮することとした。ただ，むやみに短縮すると，債権者の保護に欠けることがある。たとえば，債権を有していることがわからないことにも無理はなかったといった場合や，生命・身体の侵害による損害賠償請求権のように，債権者（＝被害者）をとくに保護すべき場合には，例外を設ける必要がある。

そこで，民法166条1項は，まず，

・債権者が権利を行使することができることを知った時から5年

・権利を行使することができる時から10年

という2段階の消滅時効期間を定めた。そして，「人の生命又は身体の侵害による損害賠償請求権」については，民法167条に

・債権者が権利を行使することができることを知った時から5年

・権利を行使することができる時から20年

という例外を規定することにしたのである 改正点 。

また，手形債権（→273頁）や電子記録債権（→389〜390頁）については，より短く3年となっている（手形法77条1項8号・70条1項，電子記録債権法23条）。手形については，債権者の権利が強化されているので，それとのバランスをとるため時効期間を短くしたとされ，電子記録債権は手形の代替手段としての機能を持つため，それと同じにしたのである。

◆消滅時効の援用

債権の消滅時効は，それによって利益を受ける当事者が，消滅時効を主張したときのみに認められる（145条）。裁判所は，当事者の主張がないのに，「あれっ？　5年経ってますねえ。それじゃあ時効で消滅してますね」とすることはできない。当事者が主張しないかぎり，「すでに弁済されている可能性が高い」とはいえないからであり，これも，消滅時効の存在理由と結びついているのである。

第 **6** 章
契約の不履行と履行の強制

ロンドンの監獄には上記のものの他に，キングズ・ベンチ，フリート，マーシャルシーがあるが，これは「債務者監獄」といい，借金が返せなくなった人間を収容するものであった。借金が返せないからといって監獄に入れるというのは，ずいぶんひどい話で，またそうだからこそ1860年で廃止された制度であるが，もちろん人殺しや泥棒と同じ監獄に入れるわけではないし，規則も違う。だからこの監獄には石川五右衛門とかジョナサン・ワイルドのような，後世に名を残すような人物はいない。多くの無名の，それだけにいっそう悲惨な貧民がここに入り，ある者はここで朽ち果てていく。

——小池滋『ロンドン—ほんの百年前の物語』（中公新書）

Ⅰ　債務履行の強制

1　履行請求が認められない場合

◆債務が履行されない場合の「ルールの枠組み」

　ここまでは，契約によって発生した債務が履行される場合を見てきたが，もちろん履行されない場合だってある。このときどうなるかを以下に説明するのだが，ここは2017年改正でずいぶんと「ルールの枠組み」が変わったところである。

　変わった点を「ルール」とか「規定」とかいわないで，「ルールの枠組み」などと持って回った言い方をするのには理由がある。実は，ルールの順序とか見かけとかは大きく変わったのだけれど，具体的なトラブルの具体的な解決にはほとんど変化がないからである。改正前とどこが違うのかは，必要に応じて言及するが，法定利率についての規律を除けば大した改正ではないことがわかるはずである。

　理解のポイントとなるのは，改正後の民法は，

　①どのような場合に債務者に対して債務の履行を請求できるか，

　②どのような場合に契約自体を解消できるか

　③どのような場合に債務者に対して損害賠償を請求できるか，

の3つの事柄に分けて規定している，ということである。

　もちろん，くわしくはだんだんと見ていくわけだが，見通しをよくするために，ごくおおざっぱにいえば，次のとおりである。

　①′　債務者の債務の履行が不可能になったときは，債権者はもはや履行の請求ができない。可能である場合は，原則として履行の請求ができる。

　②′　しかし，債務者に履行の請求ができないときでも，双務契約（→129頁）で債権者が債務者に対して負う義務（たとえば，債務者が売主であれば，債権者も代金の支払義務を負う）が，当然に消滅するわけではない。債権者の義務も消滅させるためには，契約を解除する必要がある。債務者に対して履行

の請求ができるときでも，解除が認められる場合がある。

③′ 債務者がその債務を履行しないことについて債務者に責任があれば，債権者は債務者に損害賠償を請求できる。

以上を踏まえて，まず，①の「どのような場合に債務者に対して債務の履行を請求できるか」から考えていこう。

◆履行不能とは？

どのような場合に債務者に債務の履行が請求できるか，という問題は，契約どおりの履行が可能なのにまだ履行がされていない場合と，もはや契約どおりの履行が不可能になってしまった場合とを分けて考えなければならない。

履行が不可能であれば，その履行を請求しても無駄である。そこで，民法412条の2第1項は，「債務の履行が契約その他の債務の発生原因及び取引上の社会通念に照らして不能であるときは，債権者は，その債務の履行を請求することができない。」としている。当たり前のようだが，いくつか気をつけるべき点はある。

契約どおりの履行がもはや不可能な場合の具体例として最も簡単に思いつくのは，売買契約において，売買目的物が火災などによって焼失した場合である。もちろん，「NECのパソコンで型番が×××という商品」という売買ならば，目的物は世の中にたくさんあるので，売主の倉庫が燃えたからといって契約どおりの履行が不可能になるわけではない（種類債務。→130頁）。問屋から仕入れればよいだけである。同様に，「○○円を支払う」という債務についても履行が不可能になることはない（世の中にお金はいっぱいある）。

ところが，手作りのアンティーク家具は世の中に同じものが1つとしてない。そのアンティーク家具の売買契約がされたが，売主である家具店の倉庫が火災にあい，それが燃えてしまったら，もはや売主は債務を履行できなくなる。目的物の滅失以外の場合でも，たとえば，2018年10月1日の新宿駅南口前の交通量の調査を依頼されたが，同日，調査をしなかった，という場合には，もはや調査をやり直すことはできないわけだから（2018年10月1日は二度とやって来ない），契約どおりの履行は不可能になっている。

さらに，債務者の負っている債務のうち，一部だけが履行不可能になることもある。たとえば，先ほどのアンティーク家具の売買契約において，その家具

の上部にはめ込まれているアンティークのタイルの一部が割れてしまったが，それ以外は壊れていない，といった場合がそうである。「2018年10月1日の新宿駅南口前の交通量の調査」において，30分ごとに区分したデータを作成する義務を負っていたのに，調査員に対する説明不足で1時間ごとに区分したデータを作成してしまった場合も，履行の全部が不可能になっているわけではない。いちおう調査され，調査結果が引き渡されたが，その内容が不完全なものであり，それを完全にすることはもはや不可能である，というわけである。

さらに次のような例もある。

アンティーク家具の売買の例で，売主である家具屋がちゃんと期日どおりにその家具を届けに来た。しかし，運び込みにあたって，買主の家の階段の手すりや壁にぶつけ，手すりの塗装をはがしてしまい，壁紙も破いてしまった。このようなときは，家具の引渡し自体は行われている。売買契約の売主は，もちろん売買目的物を買主に引き渡すという義務（＝主たる給付義務）を負っているが，売主の義務はそれに尽きるものではない。配達にあたって，買主の家を傷つけないようにする義務も，売買契約上，付随義務の1つとして負っていると考えられる（→242〜243頁）。そして，この例では，「主たる給付義務」である家具の引渡しはされたが，「付随義務」の1つに違反があり，その履行がもはや不可能になっているのである（「傷つけた」以上，「傷つけない」という義務は履行ができなくなっている）。そして，このような例からわかるように，ここで「契約どおりの債務の履行が不可能になった」というとき，債務の単位はかなり細かく考えることになる。物の売買契約において，物の引渡しが可能であっても，「傷つけた」以上，「傷つけない」という義務は履行不能である。その義務については，履行を請求することがもはやできないのである。

ただし，「契約どおりの履行が不可能になった」というのは，あくまで法的な判断であり，物理的な判断ではないことには注意してほしい。

たとえば，すでにあげたアンティーク家具の売買の例で，売主がその家具を他の人（第2買主）に売ってしまい，その人がその家具の所有権を取得したとする（このあたりの仕組みは，後に説明する。447〜450頁）。このときは，まだ契約どおりに債務が履行される可能性がゼロになっているわけではない。売主が第2買主と交渉し，第2買主からその家具を買い戻すことができれば，売主は最初の買主にその家具を引き渡すことができる。しかし，社会常識

的な判断として，わざわざ購入した第2買主が買い戻しに応じる可能性が高いとはいえない。そこで，法的な判断としては，第2買主が所有権を取得した以上，もはや売主は最初の買主に対して契約どおりの履行ができなくなっていると評価されるのである。

　また，契約の趣旨との関係で不能だと判断すべき場合もある。指輪の引渡し義務を負っている債務者が，船舶で運送中，その指輪を海に落としてしまった。たしかに，莫大な費用をかければ捜索可能かもしれない。しかし，指輪の代金と捜索費用との関係で，そこまですることは考えにくい。これも，履行が不能となったと判断される。どこまで無理強いしてよいかは，契約の趣旨との関係で定まる。ルネサンスの名画の修復にあたり，当時と同じタイプの絵の具がなくなったときは，かなりの費用をかけて当時の製法で当時と同じ絵の具を作るべきこともあろう。

　民法412条の2第1項が，「契約その他の債務の発生原因及び取引上の社会通念に照らして不能」といい，たんに「不能」としていないのは，以上のことをはっきりせるためである。

◆同時履行の抗弁権

　これに対して，「契約どおりの債務の履行が可能なのに行われていない状態にある」ということになれば，債務者に履行を求め，それでも履行をしないときには，後に述べる方法で強制的に履行をさせることができる。

　履行がされていないと判断するためにも，また，どのような履行を強制するかを決めるためにも，まず確定しなければならないのは，「契約上，こうすべきであった」という内容である。したがって，ポイントは契約の解釈にある。そして，ある契約において，どのような合意が行われているかは，明示に合意されたところからだけではなく，その種の取引の慣習や信義則を勘案したり，各種の契約に関する条文で補充されたりして決まってくる。すでに述べたとおりである（→117〜123頁）。

　さて，民法533条も，双務契約について，その合意内容を確定するための補充的な条文である。したがって，明示にこれに反する合意があるときには排除されうる。しかし，債務が履行されない場合の強制履行・損害賠償・解除などにおいて，重要な役割を果たすものであり，ここで説明しておこう。

たとえば，売主Ａと買主Ｂとが所有の家屋について売買契約を締結し，引渡し期日は11月1日と定められた。11月1日になってＡが必要な書類と鍵などを持ってその家屋の前で待っていると，Ｂがやってきた。

　Ｂ「じゃあ，約束どおり家屋を引き渡してもらおう」

　Ａ「代金はお持ちになりましたか。代金の支払時期に定めのないときは，民法573条が適用されますから，目的物の引渡し時期と同じで今日になりますよ」

　Ｂ「しかし，ともかくも今日は払えない」

　Ａ「じゃあ，私も今日は引き渡せません」

　Ｂ「引き渡さないのならば，債務不履行を理由に損害賠償を請求するぞ」

　Ａ「こちらもあなたに損害賠償を請求しますよ」

　Ｂ「どうぞどうぞ。私が君に対して負っているのは金銭債務だ。その不履行については，民法419条が適用されるね。代金は5000万円だから，いまの法定利率でいけば，1日あたり4100円ほどだ。これが私が君に支払わなきゃいけない損害賠償額だね。これに対して，君が払わなきゃならない損害賠償の範囲は民法416条で定まる。明日，私がこの家をＣに6000万円で売り渡す約束になっているのは君も知っているね。君がこの家を私に引き渡してくれなければ，この転売契約は破談になる。とすると，私は転売利益の1000万円を失う。これは君が予見すべき損害だ。これを支払ってもらうことになるよ」

　Ａ「そんな殺生な」

　Ｂの最後の発言にはまだ説明していないことが含まれているが，だいたいわかるだろう。そして，特別な規定が何もなければ，このような結果となる。Ａは，Ｂから代金をもらっていないのに，先に引渡し義務を履行することを余儀なくされてしまうのである。

　そこで，民法533条は，「双務契約の当事者の一方は，相手方がその債務の履行（債務の履行に代わる損害賠償の債務の履行を含む。）を提供するまでは，自己の債務の履行を拒むことができる。ただし，相手方の債務が弁済期にないときは，この限りでない。」と規定している。**同時履行の抗弁権**という。

　売買契約はもちろん双務契約であるから，売主Ａは，買主Ｂが代金支払債務の「履行を提供するまで」は，引渡し債務の履行を拒むことができる。これに

よって，Aは代金をもらうまで引渡しをしなくてよいことになる。Aは，引渡しをしなくても，「契約上，こうすべきであったのに，そうしなかった」とは評価されないのである。

　同時履行の抗弁権は，相手方に債務を履行させる方法として有効である。引渡しを受けてしまうと，Bはなかなか代金を支払わないかもしれない。ところが，同時履行の抗弁権があれば，Bは引き渡してもらうためには，代金を支払わなければならないことになる。これが代金支払いを促すことにつながる。もちろん，逆に，Aが引渡しをしないままにBに対して代金の支払いを請求してくれば，Bは同時履行の抗弁権によってこれを拒絶することができる。Aは，代金を支払ってもらおうと思えば，引渡しをしなければならない。Bとしても，このような権利があれば，引渡しを受けやすくなるわけである。

　「相手方が履行しないうちは自分も履行しない」と両方ともが言い張っていると，にらみ合いが続くだけでどちらの履行もされないままになりそうである。それでは困るので，同時に履行することが可能な状況が整えられる。不動

Column 32

不安の抗弁権

　民法533条ただし書は，「相手方の債務が弁済期にないときは」，同時履行の抗弁権を行使できないとしている。たとえば，売買契約で，土地の引渡しは10月1日，代金支払いは11月15日と定められているとき，10月1日の時点で買主が売主に引渡しを請求したら，売主は代金の支払いを受けていないからといって引渡しを拒めない。言われるまでもなく当然の規定のように思える。

　しかし，この事例で，9月25日の段階で，買主が事業に失敗し，多額の借金を背負い込んだ。11月15日に代金が支払われそうもない。それなのに，売主は10月1日の時点で買主に土地を引き渡さなければならないのだろうか。

　契約上そうなっているから引き渡さなければならない，というのも1つの立場である。しかし，契約成立後に相手方に信用不安が生じたと合理的に判断できる場合には，履行拒絶を認める判決例が多い。**不安の抗弁権**とよんでいる。

　2017年改正の過程においては，不安の抗弁権を明文化するという方向も示されたが，それが認められるか否かの判断にあたっては，様々な事情が考慮されているのであり，それを明文化することは難しいという理由で見送られた。ただ，不安の抗弁権自体が否定されたわけではなく，今後も，当事者の公平を考えて，事案ごとの判断として認められることになる。

産の売買などにおいては，司法書士の立ち会いのもと，売主から買主に鍵や登記手続書類が引き渡され，買主から売主に代金が支払われるという方式がとられる。住宅ローンの付いた不動産売買においては，銀行の1室に，売主，買主，銀行，司法書士がみんな集まって，まさに同時に履行がされることもある。

それでは裁判においてはどうか。この例で，BがAを相手取って家屋の引き渡しを求めて裁判を提起したらどうなるか。このときは，**引換給付判決**というものが下される。「AはBからの代金支払いと引き換えに引渡しをせよ」という判決が出るのである。この判決を得てから，BがAに代金を支払えば，Bはすぐにその判決の強制執行手続をとることができ，Aによる引渡しを強制することができるのである。

◆弁済の提供

自分の債務を履行しないでおいて，人にだけ債務の履行を求めるのは虫がよすぎる，というのが同時履行の抗弁権の基本的な考え方である。これはきわめてもっともなことに思えるが，いつでもその原則を貫くと妙なことが生じる。

Aが自己所有の土地を代金1億円でBに売却する契約を締結した。ところが，その後，土地の価格は大幅に下落し，現在その土地の価値は6000万円程度である。こうなると，Bは代金を支払いたくない。そこで，引渡しをするから司法書士の事務所に来てくれとAからいわれても，Bはすっぽかして，やって来ない。そこで，Aが代金の支払いを請求すると，Bは同時履行の抗弁権を主張する。これでは困ってしまう。

民法533条をもう一度見てみよう。

> 双務契約の当事者の一方は，相手方がその債務の履行（債務の履行に代わる損害賠償の債務の履行を含む。）を提供するまでは，自己の債務の履行を拒むことができる。

ここで，「相手方がその債務を履行するまでは」となっているのではなく，「その債務の履行を提供するまでは」となっていることに注意しよう。

「履行する」というのは，引渡しなら引渡しを現実に行うことである。これに対して，「弁済の提供」（「債務の履行」＝「弁済」であるから，「債務の履行の提供」＝「弁済の提供」である）とは，「債権者の協力がなければ履行を完

了できない場合に，債務者がその事情のもとにおいて履行のために自分の側ですべきことをして，債権者の協力を求めること」である。つまり，上記の事例で，売主Ａは，引渡しのために自分の側ですべきこと，たとえば，引渡しの場所である司法書士事務所に必要な書類一式を持参して買主Ｂ＝債権者を待つ，ということをすれば，それで，Ａは「その債務の履行を提供」したことになる。こうなると，もはやＡとしては自分のできることはしたのであり，後はＢの行為が残っているだけである。にもかかわらず，Ｂが，Ａに対して，「お前は自分の債務を履行してない」と主張することはできない。つまり，Ｂは同時履行の抗弁権を主張できなくなるのである。

　債務者がどのような行為まですれば弁済の提供があったと評価されるかは，債務の性質および事情によって異なる。たとえば，ある商品の売買で，10月１日に買主が売主のところに受け取りに来る，という約束であったならば，売主は引渡しの準備を整えて待っておけばよい。それで，弁済の提供がされたことになる。民法493条ただし書が，「債務の履行について債権者の行為を要するときは，弁済の準備をしたことを通知してその受領の催告をすれば足りる。」とするのは，その意味で当たり前である（「催告」というのは「催促」と同じ意味）。また，債権者が受領を拒むことを明確にしているときにも，同様に，「弁済の準備をしたことを通知してその受領の催告をすれば足りる」。自分の側ですべきことをして債権者の協力を求めているのだからである。

　弁済の提供は，同時履行の抗弁権に関連しないところでも重要な意味を有する。たとえば，ＡがＢに100万円の売買代金債務を負っており，代金先払いの合意がされているとする。そこで，ＡがＢに100万円支払おうとしたが，Ｂがこれを受領しない。そんなときに，Ｂから，お前は債務を履行していないから契約を解除するとか，損害賠償を支払えとかいわれたのではＡはたまらない。そこで，民法492条は，「弁済の提供は，弁済の提供の時から，債務を履行しないことによって生ずべき責任を免れる。」と規定する。もちろん，これによって債務が消滅するわけではないので，債権者の気が変わり，「受領する」といえば，合理的な期間内に弁済しなければならない。

2　履行強制の方法

◆執行力のある債務名義の取得

　履行が可能なのに履行がされない場合で，債務者に同時履行の抗弁権があったり，債務者が弁済の提供をしたにもかかわらず債権者が受領を拒んでいたりする事情のないときには，債権者は，債務者に履行を強制する権限を有する。これは実は当たり前のことではない。原則として履行強制は認めず，ただ損害賠償だけがとれるという法制度もある。そのようななかで，わが国は債権者は債務者に履行を強制することができる制度としているのである（414条）。

　しかし，債権者は債務者に履行を強制するという選択をする必要はない。「契約したことを相手がやらないんだから，裁判所の手を借りてでもやらせるのは当たり前じゃないか」と思うかもしれない。しかし，家を建てようと思って工務店に頼んだ。ところが，期日になってもいっこうに工事にとりかかろうとしない。こんなとき，訴訟を提起してまでその工務店に工事をさせようと思うだろうか。普通なら，「着工期日の約束も守れない工務店なんて信用が置けない」と考え，ほかのところに頼むことにするだろう。債務者（＝工務店）に工事をやることを強制するのではなく，その債務者との契約関係を切るわけである。このときは「強制する」という方法を選択せず，後に述べる契約解除の道を選ぶことになる（→306～320頁）。

　さて，履行を強制することを選択したとしよう。このとき，債権者みずからが力尽くで相手に債務の履行を強制することはできない。国家機関の手を借りることになる。**強制執行手続**である。

　まず自分の権利を公的に証明するものが必要となる。これを**債務名義**という。典型的には，債務者を相手取って「これこれの債務を履行せよ」という裁判を提起し，そこで確定した勝訴判決がこれにあたる。それ以外にも民事執行法22条にいくつかの種類のものが定められている。

　確定判決が債務名義である場合に限定して話を続けると，このとき，債権者は自らが所持する判決正本を事件の記録の存する裁判所の書記官に提出し，そこに「この債務名義の正本により債権者Aは債務者Bに対して強制執行をすることができる」という文書を添付してもらう（民事執行法26条）。これを**執行**

文という。こうして，執行文の付与された債務名義は，執行力のある債務名義として強制執行の基礎となる。

　民事執行法22条に規定されている債務名義のうち，もう1つ，説明しておかねばならないものがある。同条5号を見よう。

5　金銭の一定の額の支払又はその他の代替物若しくは有価証券の一定の数量の給付を目的とする請求について公証人が作成した公正証書で，債務者が直ちに強制執行に服する旨の陳述が記載されているもの（以下「執行証書」という。）

　金銭消費貸借の契約書の例として，金銭消費貸借公正証書をあげた（→180頁，表3-3）。なぜ，金銭消費貸借契約の契約書を公正証書として作成するか，なぜ，例にあげた公正証書では，その第参条に「債務者は，本契約による金銭債務を履行しないときは直ちに強制執行を受けても異議のないことを承諾する」という条項が入っているのか，ということが，上記の条文を読めばわかるであろう。その契約が民事執行法22条5号の定める債務名義としての要件を満たすようにしているのである。このような公正証書があれば，債務者の債務不履行時に訴訟を起こすまでもなく，公証人から執行文の付与が受けられ，強制執行の手続をとることができる。

　ここから先は，債務の種類ごとに分かれる。順に見ていこう。

Column 33

債務名義という言葉 ─

　確定した判決などを称して「名義」というのは変な感じがする。これはドイツ語のSchuldtitel の訳語であるが，Schuld＝「債務」はともかく，titel の訳に問題がある。この単語には，英語のタイトル（title）と同じく，大きく分けて「名義」という意味と「資格・権限」という意味と2つがある。そして，後者から「資格・権限を証する書面」という意味が出てくる。Schuldtitel における titel は後者の意味であり，全体としては「債務についての権限をあらわす証書」という意味なのである。それを前者の「名義」という意味で訳してしまったので妙な言葉になった。

　しかし，明治初期以来されてきた翻訳・造語は全体としては見事といってよい。とりわけ，漢文に対する深い素養をもとにした造語能力には感心する。これに対して，最近の立法では，外来語が片仮名でそのまま条文の中に使われることも多くなっている。わかりやすくなっているともいえるが，やはり，語彙力・漢字力の低下の現れであろう。

◆物の引渡し債務

　まず，物の引渡し債務については**直接強制**という方法が用いられる（414条）。不動産ならば，「執行官が債務者の不動産等に対する占有を解いて債権者にその占有を取得させる」（民事執行法168条1項）。動産ならば，特定物・不特定物を問わず，「執行官が債務者からこれを取り上げて債権者に引き渡す」（同法169条1項）。執行官とは，民事訴訟における送達や民事執行の一部の手続を担当する者である。2018年4月現在で全部で318人。各地方裁判所に所属している。裁判所書記官が退官後に採用されることが多い。債権者は執行力のある債務名義を執行官に提出して，以上のような直接強制を開始してもらうことになる。

◆他の者が代替できる作為債務

　債務者が一定の作為の義務を負うという債務について，債務者に強制的に行為をさせることは，強制労働になり，憲法18条（「何人も，いかなる奴隷的拘束も受けない。又，犯罪に因る処罰の場合を除いては，その意に反する苦役に服させられない。」）からも許されない。そこで，まず，債務者自身がするか第三者がするかによって債権者の受ける結果に差がないような債務（代替的作為債務），たとえば建物を取り壊すとかいった債務については，**代替執行**という方法によって債務が履行された状態を強制的にもたらす（414条）。

　具体的には，執行力のある債務名義を債権者が裁判所に提出し，強制執行の申立てをする。これを受けた裁判所は，特定の行為を債務者の費用で債務者以外の者に実施させることを債権者に認める，という決定（授権決定）を行う。この授権決定に基づいて，債権者は，自分自身でその行為をし，または，誰か第三者に頼んでその行為をしてもらう（民事執行法171条1項1号）。これで，たとえば建物の取り壊しという結果がもたらされるわけだが，ポイントは，以上に要した費用を債務者から取り立てることができる点にある（同法42条1項）。これも，通常の金銭債務よりも簡単に取り立てができるようになっている（民事執行法171条4項，22条4号の2）。債務者の費用をもって，債権者または第三者が行うのである。

◆不作為債務：作為債務への転換

民事執行法171条1項2号は，「不作為を目的とする債務についての強制執行」は，「債務者の費用で，債務者がした行為の結果を除去し，又は将来のため適当な処分をすべきこと。」という方法によって行うとしている。たとえば，隣家との契約で，「境界に塀を作るときには，コンクリートブロックを用いず，生け垣を作る」と合意したのに，隣家がブロック塀を作った。このときは，代替執行の方法によって，債権者または第三者がそれを取り壊し，かつ，要した費用を債務者（隣家の人）に支払わせることができる。理論的にいえば，不作為債務の違反によって，何らかの物的状態（ここではブロック塀）が残った場合について，これを作為債務（ブロック塀の取り壊し）に転化させたうえで，作為債務の代替執行をおこなうのである。

それでは，たとえば，Aの家の隣の工場Bの騒音がうるさい。そこで，「BはAの居宅に60ホン以上の騒音を侵入させない」という合意が行われたとする。これに違反する行為があったとき，防音設備の設置を債務者Bに命じ，それが履行されないとき，さらに，その設置費用を債務者に負担させて装置を設置する権限を債権者Aに与えることができるだろうか。このような命令が，民

Column 34

諫早湾堤防の排水門をめぐる紛争

最近まで新聞にしばしば登場していたのは，長崎県の諫早湾の干拓のための堤防をめぐる訴訟である。漁業関係者は，堤防の設置により，漁場が失われたとして，排水門の開門を求めて訴えを提起。福岡高裁は，この主張を認め，開門するまで1日あたり49万円（その後，90万円に増額）の支払いを国に命じる判決を下した。これに対して，農業関係者は，開門すると農地への洪水被害や塩害が予想されるとして，開門の差止めを求めて提訴。これについても，原告の主張が認められ，開門した場合には1日あたり49万円の支払いを国に命ずる仮処分決定が下された。

こうなると，国は，開門してもしなくても間接強制金の支払いを強制されるということになる。それぞれの裁判手続の判断は独立して行われるので，こういった結果となったのである。裁判所は，国，漁業関係者，農業関係者の和解を促したが，うまくいかず，2017年4月17日には，上記の仮処分決定と同じく，国に閉門を命じる判決が下され，さらに2018年7月30日には，開門をしなくても，国は間接強制金を支払わなくてよいという判決が下った。これにより非開門という決着に向かうともいわれているが，混迷は続いている。

事執行法171条1項2号にいう「将来のため適当な処分」として許されるか，が問題となる。肯否については争いがある。

◆間接強制

　東京都三多摩地域廃棄物広域処分組合および東京都の日の出町長が，谷戸沢処分場から地下水などに流れ込む汚水の状況を示すデータを保有しており，公害防止協定に基づいて，処分場周辺住民に対しその閲覧をさせるべき債務を負っているが，これを履行しない。このような債務の不履行に対しては代替執行は用いえない。債務者がデータを保有しているのであり，第三者が代わって提出することはできないからである。このような債務の強制履行については，**間接強制**という方法が用いられる。

　間接強制とは，「債務者に対し，遅延の期間に応じ，又は相当と認める一定の期間内に履行しないときは直ちに，債務の履行を確保するために相当と認める一定の額の金銭を債権者に支払うべき旨を命じる方法」である（民事執行法172条1項）。上記の例は実際のものであり，周辺住民からの訴え（仮処分申請）に対し，東京地裁八王子支部は，「債務者らは債権者に対し日の出町役場において資料を閲覧，謄写させなければならない」としたうえ，「決定送達の日から2日以内に資料閲覧・謄写の債務を履行しないときは，債務者らは債権者に対し1日につき各自金15万円の割合による金員を支払え」と命じた（東京地裁八王子支部平成7・5・8決定（判時1541号101頁））。

　先ほど説明した不作為債務の不履行についても間接強制の方法が用いられることがある。たとえば，マンションの使用規約に反して暴力団の事務所として用いている者があるとき，これを作為債務に転化させて代替執行によって実現することはできない。そこで，暴力団の事務所として使用するかぎり，1日100万円を支払え，という形でその義務を間接的に強制するのである。

　考えるべき点が2つある。

　1つは，債務者の意思の自由の尊重という原則との関係である。代替執行の説明について，「債務者が一定の作為の義務を負うという債務について，債務者に強制的に行為をさせることは，強制労働になり，憲法18条からも許されない」と述べた。ところが，間接強制というのは，結局，債務を履行しない債務者に金銭の支払いを命じて，経済的な圧力をかけていくものであり，意思

に反する行為をするように仕向けるものである。やはり債務者の人格を尊重しないものではないか、という疑問が生じる。そこで、2003年改正前の民事執行法は、間接強制の方法を、代替執行ができない場合にのみ認められる補充的なものだと位置づけていた（さらに、債務者の自由意思をとくに尊重すべき場合（夫婦の同居義務や、作家の原稿執筆債務など）には、間接強制も許されないと解されている）。しかしながら、履行をしようと思えば簡単に履行できるのに、債務者が、なかなか物を引き渡さなかったり、すべきことをしなかったり、すべきでないことをやめなかったりする場合には、間接強制の方法をとることを広く認めてよいのではないか、との考え方が強くなってきた。この背景には、いくら直接強制や代替執行が可能であっても、それには時間も費用もかかり、他方、債務者側はそれをよいことに履行を遅滞しているという事態が多いということがあった。そこで、2003年の民事執行法改正により、債権者の申し出があれば、物の引渡し執行や代替執行可能な作為債務・不作為債務の強制執行についても、間接強制を用いうることになった（民事執行法173条1項）。ただし、金銭執行については原則として用いることができない。金銭債務の支払いをするまで間接強制金を支払え、というのも妙な感じがし、認められないのは当然だと思うかもしれないが、実際には、債務者が支払おうと思えば支払える程度の少額の金銭債務について、債権者にわざわざ債務者の財産を差し押さえる手続までとらせるのはやっかいであり、金銭執行についても間接強制を認めるべきだという意見も強い。扶養義務等にかかる金銭債権については、2004年の民事執行法改正により、特別に間接強制が認められるようになった（同法167条の15、16。→637頁 **Column 60** ）。

もう1つは、間接強制の実効性である。日の出町のゴミ処理施設の事例において、実は、処分組合と日の出町長は、裁判所の仮処分命令に従わず、1日あたり15万円を払い続け、後に1日あたり30万円に増額されても、それを支払い続けた。資料の閲覧許可を断固として拒絶し、間接強制によっては強制されなかったのである（もっとも、その後、強制執行の対象となった仮処分命令が取り消されるという事態もあり、日の出町長らの態度が必ずしも責められるべきものだったとは言い切れないことに注意）。

間接強制は、あくまで間接的な強制にとどまるのである。

◆意思表示をする義務

　契約上，債務者が一定の意思表示をする義務を負うことがある。たとえば，農地を第三者に売却するときには，農業委員会（場合によっては都道府県知事）の許可が必要であるが（農地法3条1項。→463頁），この許可は，売主と買主が共同で申請することになっている（農地法施行規則10条1項本文）。売主は，買主との共同での許可申請に協力しなければならない義務を負うことになる。

　ところが，この義務を履行しない。このとき代替執行はできない。あくまで売主の意思の介在した行為（申請）が必要だからである。間接強制によることも考えられないではないが，現実の行為（委員会に出向く）を金銭的な圧力をかけてまでやらせる必要はない。

　そこで，民事執行法174条1項本文は，「意思表示をすべきことを債務者に命ずる判決その他の裁判が確定し，又は和解，認諾，調停若しくは労働審判に係る債務名義が成立したときは，債務者は，その確定又は成立の時に意思表示をしたものとみなす。」としている。意思表示をすべき義務が裁判などによって確定されれば，それで意思表示（ここでは申請）があったことになる，というわけである。不動産登記も登記権利者と登記義務者が共同して申請することが原則だが，「申請を共同してしなければならない者の一方に登記手続をすべきことを命ずる確定判決による登記は，当該申請を共同してしなければならない者の他方が単独で申請することができる。」と定められている（不動産登記法63条1項）。判決によって債務者の意思表示はあったことになるので，後は債権者が単独で申請ができるというわけである。

◆金銭債務の履行強制

　以上に対して，「○○円支払え」という金銭債務の強制執行は，やや特殊な方法による。ある特定の不動産の引渡し債務の強制履行を求めるのならば，その不動産を対象として手続を行うことは当然であるが，金銭債務の場合には，債務者の金庫に入っている金銭だけが対象となるわけではない。金銭は土地などの財産を売り払うことによっても得られるものである。そこで，金銭債務の履行強制においては，債務者の財産を裁判所が差し押さえて売却し，その売却代金から債権者が債権を回収する，という手続が基本となる。

差押えの対象は，債権者が指定しなければならず，財産の種類ごとに少し手続が異なる。

◆不動産に対する執行

　まず，差押えの対象となる債務者の不動産などを記載した申立書面（民事執行規則21条）に，執行力のある債務名義を添付して，裁判所に強制執行を書面で申し立てる（民事執行法2条，民事執行規則1条）。裁判所は，強制競売の手続を開始する決定をし，その開始決定において，債権者のためにその不動産を差し押さえる旨を宣言する（民事執行法45条1項）。「差し押さえられた」とか，「差し押さえる」というのは，よく新聞やテレビ・ドラマでも出てくるから聞いたことがあろう。

　差押えによって，その不動産について債務者の処分権限が奪われ，また，差押えの登記がされて，差押えの効力を他の第三者にも主張できるようになる（同法48条1項）。そして，入札，競り売りのいずれかの方法で，裁判所によってその不動産の売却がされる（同法64条）。**競売**という（キョウバイと読んで間違いではないが，法律用語としてはケイバイと読むことが普通である）。入札等で買受申出があると，裁判所によって売却許可決定がされ（同法69条），買受人が代金を納付すれば，その不動産の所有権は買受人に移転する（同法79条）。

　問題は，納付された売却代金の債権者への配当である。このとき，実際に差押えをした債権者でなくても，執行力のある債務名義を有する債権者は，配当要求（「この不動産が競売されて，売却代金が裁判所の手に入ったら，そこから私にも分け前をちょうだいね」という要求）ができる（同法51条1項，87条1項）。そして，実際の配当においては，**債権者平等の原則**が適用される。すなわち，債務者Sの所有不動産を，債権者G（債権額4500万円）が差し押さえ，他の債権者A（債権額3000万円）とB（債権額7500万円）とが配当要求をしてきたとする。その不動産が5000万円で売却されると，その5000万円は，G，A，Bに，それぞれの債権額に応じて，45対30対75の割合で分けられる。具体的には，Gに1500万円，Aに1000万円，Bに2500万円が配当されることになるのである。

　もちろん，Gらは，みずからの債権のうち未回収部分を回収するために，さ

らに別の不動産などに強制執行をしていくことができる。しかし，債務者の財産にはかぎりがある。そこで，債権者平等の原則のもとで，どのようにすれば自分の債権がより多く回収できるようになるか，が問題となってくる。これについては，後にくわしく触れる（→338頁以下，476頁以下）。この段階では，「差押え→競売→配当」という手続について理解しておいてほしい。

◆動産に対する執行

　動産差押えの申立ては，執行官に対して行う。このときは，「債務者が所有

Column 35

競売手続の改善 ———

　民事執行法が1979年にできるまで，不動産競売手続は主に競り売りのかたちで行われており，その参加者は競売ブローカーに事実上，限定されていた。そのため談合その他の問題が生じ，市場価格とはほど遠い額でしか売却できなかった。たまに，他の人が競り売りに参加しようとしても，様々な嫌がらせを受け，また，競落の時点で，競落価格の10分の1を現金で裁判所に納めなければならないとされていたので，多額の現金を新聞紙にくるんで持ってきて，机の上にドンと置いている，といった雰囲気で，競り場には入りにくかった。

　そこで，民事執行法のもとでは，いくつかの改善策が講じられた。

①期間を決めて入札することを原則とする。これならば，書類を提出すればよいのだから，心理的抵抗が少ない。

②物件明細書などを充実し，その不動産の価値を決めるのに必要な情報を，一般の人にもわかりやすく提供する。

③新聞などに競売情報を載せて，一般の人も情報を得やすくする。

④インターネット上に写真や物件明細書を載せて，また，検索もできるようにする。

　それでも，競売で不動産を買うのは一般の人にはなかなか難しい。たとえば，競落した家が雨漏りがしているからといって，文句を言える相手がいない。売主の契約不適合責任は，民法568条4項で排除されているのである。

　動産競売手続にも問題が多い。裁判所に保管場所がないので，差押え動産を債務者の家に置いたまま，その場で「道具屋」とよばれる業者に買い取らせるという「軒下競売」がしばしば行われる。もちろん，ろくな値段では売れない。さらには，道具屋はその後，債務者に買い取らせることもあり，問題が多い。根本的な原因は，日本では，中古品市場の確立した動産は少ないということにある。これに対して，オーストリアなどでは，新婚夫婦はまず裁判所で競売物品を買い，新生活用品を揃えるともいわれる。差は大きい。

しているロレックスの時計。製造番号 M232609」といったように個別に特定する必要はない。場所さえ特定すれば，そこで，執行官が見つくろってくれる。そのため，執行官は，債務者の金庫を開けたりする権限を与えられている（民事執行法123条2項）。

いくら債務を支払っていないからといって，何でもかんでも差し押さえられては，債務者の生活が成り立たなくなる。よく映画やドラマで，金貸し業者が取り立てにやってきて，有り金全部を持っていく。

「これは病気の母親の薬代で。これだけは勘弁してください」

「ええい，うるせい」

時代劇で，年貢米の取り立てにやって来た。

「これは来年の種もみだ。これがなくちゃ，来年はどうしようもねえ」

「ええい，ぐずぐず言う奴は，手打ちにするぞ」

これでは困る。

そこで，民事執行法131条に差押禁止動産が列挙されている。「債務者等の生活に欠くことができない衣服，寝具，家具，台所用具，畳及び建具」「債務者等の1月間の生活に必要な食料及び燃料」「標準的な世帯の2月間の必要生計費を勘案して政令で定める額の金銭」（現在，1月33万円であり，2月で66万円。民事執行法施行令1条）などである。種もみに関しても，「主として自己の労力により農業を営む者の……次の収穫まで農業を続行するために欠くことができない種子」と規定されている。

後の手続は不動産の場合とほぼ同じであるが，売却はほとんど競り売りで行われている（不動産では入札が多い）。

◆金銭債権その他の権利に対する執行

債務者が第三者に対して金銭債権を有しているときは，これも債務者の重要な財産である。たとえば，私の財産を考えてみると，住宅はローン残高を差し引くとほとんど価値がないし，自動車は購入してすでに何年もたっているからロクな値段にならない。私の財産で最も安定しているのは，わずかながらの銀行預金と，それから何といっても月々の給料債権である。

これを差し押さえるには，執行力のある債務名義を添付して，差押えの対象となる債権を特定したうえで，裁判所に申し立てることになる。動産の場合と

同じように，債務者の生活を破壊しないための制限がある。給料債権は定額を超える部分しか差押えできないし（民事執行法152条1項2号。月給の場合，33万円（民事執行法施行令2条1号）），社会保険給付などの債権についても制限がある。

債権の差押えがあると，債務者Sは第三債務者D（＝差し押さえられた債権の債務者。私のこの本の印税債権については，日本経済新聞出版社）からの弁済を受領する権限がなくなり，また，他者への譲渡などができなくなる。DもSに対する弁済が禁じられ，これを無視して弁済しても，差押債権者であるGから取り立てを受ければ二重に弁済しなければならない（481条1項）。同様に，Dは，差押え後にSに対して取得した反対債権をもって相殺できなくなる（511条1項）（相殺については後に説明する。→355〜362頁）。

金銭債権に対する執行で特徴的なのは，そこから債権者が債権を回収する方法である。

二重に差し押さえたり，配当要求をしたりする債権者がほかにいない場合には，Gが自分でDからその金銭債権を取り立てるのが原則である。訴訟も起こせる（民事執行法157条）。そして，取り立てができた分だけ，GはSに対する債権が回収できたことになる。

しかし，取り立ては，差押命令が裁判所から債務者に送達されたときから1週間が経過してはじめて行うことができる（同法155条1項）。この間に，他の債権者が出現したら，もはや独り占めは許されず，Dは供託所に**供託**するかたちで債務を弁済すべきことになり（同法156条2項），供託された金銭が各債権者に按分して（＝債権額の割合に応じて）配当されることになる。これでは十分な債権回収が見込めないことが多い。

　そこで，第三債務者Dの支払能力が十分なときには，Gは，差押命令の申立てと同時に転付命令の申立てを行う（同法159条1項）。転付命令が発せられ

供　託

　供託とは，法令の規定に基づいて，金銭，有価証券などを国家機関である供託所に提出して，その管理を委ね，最終的には供託所がその財産をある人に取得させることによって，一定の法律上の目的を達成しようとするために設けられている制度である。供託所は，全国の法務局，地方法務局，その支局にある。

　供託には大きく分けて5つの種類があるが，供託所の扱う供託で最も中心的なのは，**弁済供託**とよばれるものである。これは，債権者が受け取りを拒否していたり，債権者が行方不明であったり，誰かわからなかったりする場合に，弁済の目的物（ほとんどが金銭）を供託所に寄託するものである（494条）。

　その中でも最も多く，供託の約70％を占めているのが，借地・借家契約における地代・家賃の弁済供託である。たとえば，賃借人は10万円を払おうとしたが，賃貸人は15万円でないと受け取れないという。このとき，「じゃあいい」といって，賃借人が何らの行動も起こさないと，賃料不払いで契約解除にもつながる。もちろん，すでに述べた「弁済の提供」をすればよいのだが（492条），賃貸人が受領するといえば直ちに履行できるようにしておかなければならないし，弁済の提供をした，という証拠を整えておくことも面倒である。そこで，賃借人が10万円を供託所に供託し，「家賃は支払ったよ」というかたちにしようとするわけである。後に裁判になって，「家賃は10万円である」ということになれば，賃借人はきちんと債務を履行していたことになる。ただし，賃貸人の言い分が正当であり，「家賃は15万円である」ということになれば，月々5万円分の不払いがあったことになるのはもちろんである。

　これに対して，金銭債権の差押えに関連して問題となるのは，**執行供託**とよばれるものである。差押えがたくさんあったり，配当要求をしている債権者がいたりすると，第三債務者としては，誰にいくら弁済すればよいのかわからなくなる。そこで，供託所に供託すれば，それで債務を免れ，後はその供託された金銭について誰に権利があるかという争いにさせてしまうことができるのである。

ると，差し押さえられた債権（転付債権）が差押債権者（転付債権者）Gに移転し，Gが新たにその債権の債権者となる。こうなると，もはやその債権はSの債権ではなくなるわけだから，他の債権者は手が出せなくなる。独り占めである。ちなみに，これをなぜ「転付」というかというと，「転」は「転勤」という言葉があるように「移す」という意味をもち，「付」は「与える」という意味をもつ（「送付」というのは，「送って与えること」）。そこで，「その債権をSから移してGに与える」という意味で「転付」というわけである。

転付命令が発せられると，その転付債権の債権額（券面額）分だけ，転付債権者の債権は消滅する。転付債権が実際には回収できなくても，そのリスクは転付債権者が負担する。転付債権の債権額が1000万円ならば，Gは1000万円が回収できたことになるのであり，仮にDが十分な支払能力をもたず，500万円しか支払ってもらえなくても，Gはもはや残りをSに請求することはできない。独り占めの利益のかわりにDの不払いというリスクを負うわけである。

金銭債権以外の権利では，ゴルフ会員権についてしばしば差押えがされる。民事執行法167条が，「不動産，船舶，動産及び債権以外の財産権」に対する強制執行を定めているが，これによることになる。

◆履行強制が認められても

以上のように，債務者に履行を強制する手段がいろいろ整っているので，債権者は安心だ——とはいかない。

すでに述べたように（→292頁），家の建築を頼んだ工務店が期日になってもいっこうに工事にとりかかろうとしないときには，「着工期日の約束も守れない工務店なんて信用が置けない」と考え，ほかのところに頼みたくなる。履行強制が最善の策ではないのであり，契約を解消したい。

また，売主Aが買主Bに家屋を売却し，2015年10月1日が引渡し期日と定められた。ところが，Aは期日になっても引渡しをせず，Bは先ほど説明した強制執行によって，2016年8月1日になってやっと引渡しを受けた。しかし，2015年10月1日から2016年7月末日までの10か月間，本来ならばそこに住めたはずなのに住めなかったという損害はBに残ったままである。また，強制執行手続をとるまでもなく，Bの催促によって，Aが遅ればせながら2015年12月1日に引渡しをした。このときも，10月1日から11月末日までの2か

月間，そこに住めなかったという損害は生じている。損害の賠償を受けたい。

　さらに，債務者の債務が履行不能となっていれば，履行強制はできない。そのときどうするか，という問題もある。このようなときは，代金も払わなくてよいはずである。

　つまり，

　②どのような場合に契約自体を解消できるか，

　③どのような場合に債務者に対して損害賠償を請求できるか，

という問題が残っているわけである。

　そこで，次に②の問題に移ることになる。

Ⅱ　契約の解除

1　履行が可能な場合

◆2つの場合の区別

　契約を解消する方法は，契約の解除である。契約は解除されれば消滅する。もっとも，解除の効果については，もう少しくわしく考えなければならない点があるのだが，それは後に譲る。先に，どんなときに解除ができるかを考える。

　この問題も，債務者の債務の履行が不可能である場合と履行が可能なのに債務者が履行をしない場合とに分けて考えなければならない。

　債務者による債務の履行が不可能である場合には，すでに説明したように，債権者は債務者に履行を強制できない（→285頁）。そうすると，債務者はすでに契約による拘束を免れているわけであり，解除は，債権者が自らを契約から解放する手段となる。これに対して，債務の履行が可能なのに債務者が履行をしない場合には，契約に双方が拘束されている状態にある。このとき，債権者が契約を解除することは，契約から双方を解放するという機能をもつ。履行不能の場合と機能が異なるのである。

　もっとも，履行不能・履行可能のいずれの場合も，契約から解放されるということと，相手方に生じた損害を賠償しなければならないということは別問題である。解放され，それでおしまいという場合もあるが，解放されるものの，債務者が損害賠償は支払わなければならない，ということもある。この点は，後に述べることとし，ここでは，債務の履行が可能なのに債務者が履行をしない場合から，債権者は，どのような条件が整えば解除することが認められるか，を考えていきたい。

◆催告による解除

　履行が可能なのに債務者が債務を履行しない場合の解除については，民法

541条が次のように規定している。

　　　当事者の一方がその債務を履行しない場合において，相手方が相当の期間を定めてその履行の催告をし，その期間内に履行がないときは，相手方は，契約の解除をすることができる。ただし，その期間を経過した時における債務の不履行がその契約及び取引上の社会通念に照らして軽微であるときは，この限りでない。

注意すべき点が3つある。

第1は，条文上，「相手方が相当の期間を定めてその履行の催告をし」とされていることである（これを**催告期間**という）。

ソバの出前を頼んだ。12時までに持ってくると約束した。ところが，12時5分になってもまだ来ない。ソバ屋に電話すると，「いま出ました」。これが嘘のこともよくあるが，本当だとしよう。ところが，お客さんは，「12時までに持ってくるといったのに，12時5分になっても持ってきていない。したがって，これは債務不履行であり，契約を解除する」という。これを認めてしまうと，ソバ屋にとって酷な結果となる。天ぷらソバや上天丼といった値の張る料理をこしらえたのに，契約を解除されてしまうと，それは台無しである。そばは伸びてしまうし，天ぷらはつゆを吸いすぎて，捨てるしかない。

そこで，民法は，いったんは催促（＝催告）し，それでも履行がされないときのみに解除を認めることにして，両当事者の利益のバランスをとったのである。

以上のように考えると，「相当の期間」とは，すでに履行の準備をした者が履行をするために必要な期間であることになる。ソバ屋ならば30分でよいだろうし，代金債務など金銭債務の不履行のときには3日程度で有効とされている（ただし，「1月3日までに支払え」といった催告を大晦日にしても，1月3日までは取引をしないのが通例であるから不当だとした判決がある）。また，期間を定めないで催告しても，あるいは，「即時に支払ってください」と催告しても，実際上，「相当の期間」が経過すれば解除できる。そして，「○日までに支払いがされない場合には解除します」という催告がされれば，その日が経過すると自動的に解除されるのであって，期間経過後に新たに解除の意思表示をする必要はない。すでに準備をした債務者に履行のチャンスを与えればよいのである。

ところが，催告させることが，債権者に酷なこともある。たとえば，10月1日に新装開店するお店が，その日のイベント用に，三角くじの印刷を印刷会社に頼み，9月30日の夜までに届けられることになっていたとする。このとき，印刷会社から履行のないまま開店を迎えることになれば，それ以降に履行されても意味はない。そこで，民法542条1項4号は，「契約の性質又は当事者の意思表示により，特定の日時又は一定の期間内に履行をしなければ契約をした目的を達することができない場合において，債務者が履行をしないでその時期を経過したとき。」には，催告なしに即時に解除ができるとしている。

　このように，債務者に履行のチャンスを与えることが催告の目的だということがわかれば，同項2号が，「債務者がその債務の全部の履行を拒絶する意思を明確に表示したとき。」，また，5号が，「債権者が前条の催告をしても契約をした目的を達するのに足りる履行がされる見込みがないことが明らかであるとき。」には催告を不要としている趣旨もわかるだろう。2017年改正で明文化されたところである 改正点 。

　第2は，条文では，「当事者の一方がその債務を履行しない場合において，……その期間内に履行がないときは」と単純に述べられているが，ただし書において，「その期間を経過した時における債務の不履行がその契約及び取引上の社会通念に照らして軽微であるときは，この限りでない。」とされていることである。つまり，契約を解除するためには，解除に値するほど重要な債務不履行があることが必要である。

　典型的な例は，賃貸借契約の解除についてすでに説明した（→183〜184頁）。判例は，借地・借家の領域においては，賃借人の債務不履行があっても，その債務不履行が賃貸人と賃借人との間の信頼関係を破壊するほど重要なものでないかぎり，賃貸人からの契約解除は認められない，という立場をとっている。賃借人に1，2か月程度の賃料不払いがあってもそれだけでは賃貸人は契約解除ができないのである。また，自動車メーカーと販売特約店のように，基本契約に基づき，長年，売買契約の売主－買主の関係を継続してきたときもそうである（→132頁）。販売特約店は，メーカーから自動車の供給を止められると，即時に倒産に追い込まれる。このようなときには，販売特約店の債務不履行を理由に基本契約を解除することは，簡単には認められない。当事者間の信頼関係の破壊が，やはり要件となろう。

それ以外のタイプの契約においても、債務不履行が重要なものである場合にだけ解除を認められ、軽微なときには後に述べる損害賠償請求だけが認められるとするのが妥当であると考えられている。

　重要か否か、条文の文言を尊重して言い換えれば、軽微でないか否かの判断は、契約における目的に照らして判断される。売買契約において買主の負担する代金支払債務の履行が遅れたことは、原則として重要な債務不履行となる。これに対して、アンケート調査を請け負った債務者が、一定の時点までに仮製本の報告書を提出するとともに、その1か月後にきちんとした製本を施した報告書を提出する、という債務を負っているとき、ちゃんと調査をし、仮製本の報告書を提出していれば、きちんと製本された報告書の提出が遅れても、それを理由として契約全部を解除することはできないというべきであろう。仮製本の報告書の提出によって、「一定の調査結果を得る」という契約の主目的は達成できているからである。

　また、不履行の範囲に応じて、一部しか契約の解除ができない場合もある。毎月10日に世界各地のワインが2本ずつ送られてくるという契約にもかかわらず、ある月、いつまでたっても送られてこない。このとき、契約の解除ができるが、これは将来の分についてだけ認められるのであり、これまでの分については認められない。これまで送られてきた分については、毎月2本のワインを得るという目的が達成できているからである。しかし、月々、スープスプーン、フォーク、ナイフ、ティースプーンと徐々に銀食器が送られてきて、1年間でセットが完成するという契約にもかかわらず、ある月から送られてこなくなったというときには、契約全体の解除ができる。同じデザインの銀食器セットをそろえるという契約の目的が、全体として達成できなくなったからである。

　第3は、「その債務を履行しない」ことについて債務者に責められるべき点があるかどうか（帰責事由があるか）を問題にしていないことである。実は、この点については、2017年改正まで争いがあったところである。

　たとえば東日本大震災のような自然災害で、タイル業者の工場・倉庫が被害を受け、タイルの売買契約における引渡しが遅滞したときを考えると、債権者（＝買主）から解除ができるのでは、債務者（＝売主、タイル業者）に酷ではないか、と思うかもしれない。

しかし，まず，催告期間がどのくらいであるべきかという決定は，様々な事情を考慮して行われるので，自然災害が生じたという場合には，それなりに長くなる可能性がある。たとえば，お風呂を修繕するためにタイルが必要であり，その納期が3月15日だったとする。工場・倉庫は被害を受けたけれど，4月には納入できるということであるならば，買主に待たせる，つまり，催告期間を1か月にすることも考えられないではない。問題となるのは，タイル業者が操業を再開するには半年はかかり，10か月は納入できそうもない，というときである。

たしかに債務者は悪くない。しかし，だからといって，買主を待たせることが妥当かというと，それは買主に酷であろう。修理ができず，お風呂に入れないかもしれない。買主は社会保障機関ではないのだから，債務者に帰責事由がなくても債権者は解除ができるというべきであろう。

気をつけてほしいのは，このとき，いくら引渡しが遅れたからといって，債権者＝買主は，債務者＝売主に損害賠償請求はできない，ということである。後に述べるように，損害賠償請求のためには，債務者に帰責事由が必要である（→322〜325頁）。債権者が契約から解放され，別の売主からタイルを調達することは認めるが，債務者に対する損害賠償請求はできないというわけである。

◆実務における契約解除条項

さて，以上のような民法の条文は，実務において不便なものと考えられている。理由は大きく分けて2つある。

第1は，債務者の債務不履行がないと契約が解除できないという点である。「当たり前じゃないか。契約違反をしていないのに解除されるとしたら，そっちのほうがよっぽどおかしい」と思うかもしれない。しかし，次のような例を考えてみよう。

売主Aと買主Bとが建設機械の売買契約を締結し，7月1日にAはBに目的物を引き渡した。代金2000万円の支払日は3か月後の10月1日とされた。ところが，8月1日，Bは不渡手形を出した。不渡手形というのは聞いたことがある人も多いだろうが，次のようなものである。Bが自分に対する債権者に，「○月×日にC銀行で○○円を支払います」という紙を渡す。これが約束

手形である。所持人が期日に手形を C 銀行に持っていくと，B の口座から○○円の支払いがされる。ところが，口座残高が不足であると，C 銀行は支払いを拒絶する。この支払いを拒絶された約束手形を不渡手形という（→273〜275頁）。したがって，不渡手形を出すということは，債権者に支払うだけのお金がなくなったことを意味する。そして，メインバンクである C 銀行からの新規融資は打ち切られ，C 銀行は B の本社建物を差し押さえた。B は破綻したのである。

ところが，この時点では，実はまだ B は，A との間の売買契約について債務不履行の状態にはない。B は10月 1 日までに2000万円支払えばよいのであり，8月 1 日の段階で代金を支払わないことはまったく契約違反ではないのである。しかし，A は10月 1 日に B から売買代金を払ってもらえる可能性があるだろうか。すでに破綻しているのだから，この可能性はほとんどない。そうならば，A としてはなるべく早く売買契約を解除して，B に引き渡した建設機械の返還を求めたい。

そこで，実際の売買契約においては，手形不渡り，他の債権者からの差押え，破産手続開始の申立てなど債務者の信用状態が悪化している徴候があれば，すぐに契約が解除できるという条項が置かれることが多い。

第 2 は，いったん催告をしなければならないという点である。上記のような事例においては，催告などしている暇はない。一刻も早く契約を解除したい。また，そんなに急いでいないときでも，「相当の期間」というのでは，実際に催告したときの期間の相当性について争いが生じやすい。これは面倒である。

そこで，実際の売買契約においては，催告なしにすぐに契約が解除できるという条項が置かれることが多い。

以上を踏まえた具体的な条項の例は，すでにあげた動産売買契約書例の10条（→146〜147頁），不動産売買契約書例の 9 条（→150頁）にある。ぜひ確認しておいてほしい。

◆解除の効果

さて，解除の効果は，一言でいえば，その契約がなかったことになる，というものである。したがって，自動車の売買契約が解除されれば，売主 A は買主

Ｂに対して自分の自動車を引き渡さなくてよくなる。また，すでに引き渡して
いれば，その返還を求めることができる。民法545条１項本文は，「各当事者
は，その相手方を原状に復させる義務を負う。」としているが，だいたいは以
上のような意味である。

「だいたいは」といったのは，引き渡されたものを返すだけでは，「相手方を
原状に復させ」たとはいえない場合もあるからである。自動車の売買の例で
も，売主Ａは引き渡していた間，その自動車を使えなかったという不利益を
被っていた。その間，別の自動車を借りて使っていたかもしれない。そうする
と，ただ返してもらっただけでは，「原状に復した」，つまり，「契約がそもそ
もなかったのと同様の状態になった」ということにはならない。その間に被っ
た不利益を償ってもらわないと困る。そこで，ＢはＡに対して使用利益の返還
をしなければ，原状回復をしたことにはならない。他方，Ｂだって，すでに代
金をＡに支払っていたとすると，その間，その金銭を運用できなかったという
不利益を被っており，ただ同額を返してもらっただけでは，契約がそもそもな
かった状態には復帰できていない。

民法545条２項が，「金銭を返還するときは，その受領の時から利息を付さ
なければならない。」とし，３項が，「金銭以外の物を返還するときは，その
受領の時以後に生じた果実をも返還しなければならない。」としているのは，
以上の趣旨である。３項は，これまでも同様に解されてきたが，規定はな
かったので，2017年改正で明文化されたものである 改正点 。

◆解除と第三者

最後に解除と第三者との関係について考えよう。

「解除されれば契約はなかったことになる」という定式は，いわれてみれば
そんなもんかという気がしてくるが，契約に基づいて引き渡された物について
第三者が登場してくる場合は，完全にそれを貫くことは妥当でない結果とな
る。ＡがＢに土地を売却して，登記名義もＢに移転したが，Ｂが代金を支払わ
ないのでＡはその契約を解除した。ところが，その解除前に，すでにその土地
はＢからＣに転売されていた。

このとき，ＡとＢとの間の売買契約がなかったことになったのだから，Ｂは
もともと無権利者であり，無権利者から購入したＣはその土地の所有権を取得

できない，といったのでは，取引の安全を害する。ＣがＢからその土地を買っ
たときには，Ｂは完全な所有者だったのであり，Ｃに責められるべき点はな
い。後になって，ＡＢ間の契約が解除されたとしても，それによってＣが不利
益を被るのはおかしい。

　そこで，民法545条１項は，そのただし書で，解除がされ，原状回復がされ
るといっても，「第三者の権利を害することはできない。」としている。Ａは，
Ｃのもとからその土地を取り戻すことはできない。Ｂに対して，現在価格によ
る原状回復を請求していくことができるのみである。

　さて，こういった「第三者の保護」の問題は，これまでもいろいろなところ
に出てきた。意思表示の取消し（→81〜82頁，91〜93頁，98〜100頁），表見
代理（→103〜109頁）などがそれである。ところが，それらの箇所では，第
三者が保護されるためには，詐欺の事実を知らず，知らないことに過失がな
かったなど，Ｃが保護されるにあたって一定の主観的要件を課されていた。こ
れに対して，民法545条１項ただし書では，第三者の主観的要件は要求されて
いない。これは，ＢがＡに対して負っている代金債務について不履行があるこ
とをＣが知っていた（＝悪意）としても，実際に契約が解除されるかどうかは
わからないからである。ＡはあくまでＢに対して代金支払いを求め，その強制
執行手続をとるかもしれない。「債務不履行がある」は，「解除される」とイ
コールではないのである。

　ただし，Ａの犠牲のもとにＣを保護するのであるから，Ｃもそれなりに努力
を払い，保護に値する状態にまで自己の権利を確定的なものにしておくことが
要求されてよい。そのような考え方から，Ｃは，その土地についての登記の移
転をＢから受けておかないかぎり，Ａに勝てない，つまりＣはその土地につ
いて所有権を取得できない，と解されている（判例）。

　それならば次の事例はどうか。

　ＡがＢに土地を売却して，登記名義もＢに移転したが，Ｂが代金を支払わな
いのでＡはその契約を解除した。ところが，契約解除の後にもかかわらず，Ｂ
はその土地をＣに転売した。このときには，すでに解除がされていることにつ
いてＣが知っているか否か（悪意か否か），さらには，知らないとしてもその
ことにつき過失があったか否か（無過失か否か）で，Ｃの要保護性が異なって
くるように思われる。

ところが，判例は，Ｃは，解除されているという事実について知っていても，その土地についての登記の移転をＢから受ければＡに勝つことができ，逆に，先にＡがＢから登記名義を回復すればＡが勝つとしている。こうなると，結局，Ｃが解除の前に登場した場合と後で登場した場合とに差がないことになる。いずれにせよ第三者Ｃは，Ａより先に登記を備えれば勝てるが，Ａが先に登記を戻してしまえば負けるということになる。

　登記がからんでくる点については，登記制度を解説してから，後にもう一度振り返ることにする（→441〜442頁）。ここでは，第三者を保護する必要がある，ということについて理解しておいてほしい。

2　履行が不可能な場合

◆解除による契約からの解放

　Ａ所有の水墨画をＢが200万円で購入するという売買契約が締結された。ところが，その水墨画は焼失した。こうなると，ＡがＢに対して負う引渡し義務は履行不能となり，ＢはＡに対してその水墨画の引渡しを請求できなくなる。このことはすでに述べた（→285頁）。しかし，それだけでは，ＡＢ間の売買契約はなくならない。ということになると，ＢのＡに対する200万円の代金支払債務は残っていることになる。

　その水墨画の焼失の原因が，契約締結後，額を新調するために，Ａの家にその水墨画の確認に行ったとき，Ｂがあやまってタバコの火で燃やしてしまったというのであれば，ＢがＡに代金を支払わなければならないという結論はおかしくない。実際，民法はそういう解決を規定している（536条2項，543条）。しかし，履行不能の事態となったことについてＢに責任がないときに，Ｂの代金債務だけが残るのはおかしい。そこで，民法は，債権者（水墨画の引渡し債務についてはＢ）は，債務者（Ａ）の債務の履行の全部が不能になったときには，履行不能について債権者に責任がある場合を除いて，契約の全部を解除でき，一部が不能となったときには契約の一部を解除できるとしている（542条1項1号，2項1号）。そして，このときは，もはやＡには履行のチャンスを与える必要がないので，催告は要求されない。

　Ｂは契約を解除することによって契約から解放されるのであり，契約解除は

契約から解放されるための手段なのである。

　さて，後に述べるように，履行不能となったことについて債務者に責任がある場合には，債権者は，民法415条2項1号に基づいて債務者に対して損害賠償を請求できることになる。上記の水墨画の売買の例で，Bが画商であり，Bは，その絵画が手に入ることを前提に，250万円でCに転売するという契約をしていた。ところが，AからBへの引渡しの前に，Aに責任のある原因でその水墨画が焼失してしまった。解除しないままだとBはAに対して200万円の代金支払義務を負い続けるが，後に述べるような損害賠償算定の考え方に基づき，BはAに対して250万円の損害賠償を請求できる。そして，双方とも金銭債権なので，AのBに対する代金債権とBのAに対する損害賠償債権は同額分が相殺され（相殺については後に述べる。→355〜362頁），結局，AはBに対して50万円を支払うべきことになる。BがAとの間の売買契約を解除したときには，解除によって契約はなくなった状態になるから（→311〜312頁），BはAに対して代金を支払わなくてよい。そして，これも後に述べるように，解除をしても，履行不能についてAに責任があるときには，Bは損害の賠償をAに請求でき，その額は，得られたはずの転売利益であり，50万円となる。つまり，AはBに対して50万円を支払うべきことになり，解除しない場合と同じになるのである。

　したがって，履行不能となったことについて債務者に責任がある場合には，債権者は契約を解除しないという選択もありうる。たとえば，BがAに労務を提供し，その対価としてAから水墨画の所有権の移転を受ける，という契約であるとき，BがすでにAに労務を提供しているときには，契約を解除しても，給付した労務が戻ってくるわけではない。したがって，解除をしないまま損害賠償を請求することのほうが合理的なことさえある。

　これに対して，履行不能について債務者に責任がないときには，債権者は損害賠償を請求できないから，解除をしないで損害賠償を請求するという選択は不合理である。債権者は，一方的に自らの反対給付債務（たとえば，債務者が売主であるときの代金支払債務）のみを負い続けることになる。履行不能について債権者に責任があるときはそもそも解除ができないが，債権者にも債務者にも責任がないときは，契約を解除して，自らの履行義務を消滅させることが，債権者にとって唯一の合理的な選択肢となる。

◆2017年改正の理由

　このように考えてくると，履行不能について当事者双方に責任がないときには，とくに債権者の解除の意思表示をまたなくても，契約を消滅させればよいということになりそうである。契約を消滅させることが，唯一合理的だからである。実際，2017年改正までは，双方に責任のない理由による履行不能の場合には，**危険負担**とよばれる制度の適用領域となり，一定の場合には，債権者の負担として，債権者は自らの債務を履行しなければならないが，原則としては，債務者の負担として，債権者の義務は当然に消滅するとしていた。

　ところが，2017年改正後は，履行不能について双方に責任がないときでも，債権者の反対給付債務は，民法542条1項1号に基づいて契約の解除をしなければ消滅しないとされている。債権者は債務者の債務の履行不能を理由として解除はできる。履行不能について債務者に責任がなくても，債権者の責任による履行不能でないかぎり，債権者は契約の解除ができる。しかし，解除をしないかぎり，契約は消滅しないのである　改正点　。

　このような改正がされた理由は，次のとおりである。

　たとえば落雷による火災で売買目的物が燃えてなくなってしまったとしても，売主に責任がないとはかぎらない。非常に貴重な物の売買契約が成立したということになれば，避雷針のある耐火の倉庫にきちんと保管しなければならないはずであり，落雷で燃えたというだけでは売主に責任がないとは言い切れない（→323頁）。つまり，民法の条文としては，「当事者双方の責めに帰することができない事由によって債務を履行することができなくなったとき」（改正前536条1項の文言）といった具合に簡単に書くことができるが，現実の事例においては，当事者のいずれにも責任がないかどうかは簡単には判断できないのである。そうすると，自動的に消滅するという，いかにも常識に合致する制度ではあるものの，しょせん適用される場合ははっきりしないのであり，そうであるならば，一方の債務が履行できなくなったら，他方の債務が当然になくなるのではなくて，他方の側はどんな事情であれ契約の解除ができるということにしたほうがはっきりするのではないかとも思われる。

　さらに，債権者が，「いやー，この履行不能については債務者さんには責任がありませんねえ」とみずから積極的に認めるわけはない。「ちゃんと保管を厳重にしていなかったから燃えてしまったんだ。債務者の責任だ」と主張す

る。2017年改正の前でも，履行不能になったことに債務者に責任がある場合，債権者の履行義務を消滅させるためには契約解除が必要であった。そこで，注意深い債権者は，「おそらく双方に責任がないから，契約は当然消滅だな」と思っても，いちおうは解除通知を送っておくことが多かった。そうであるならば，解除の意思表示を求めることにしても，実務のプロセスに変化はない。

　そこで，債権者が契約から離脱するための制度を解除に一本化する改正が行われたのである。

　以上を踏まえ，改正前の543条と，改正後の542条とを比較しておこう。

改正前543条　履行の全部又は一部が不能となったときは，債権者は，契約の解除をすることができる。ただし，その債務の不履行が債務者の責めに帰することができない事由によるものであるときは，この限りでない。

改正後542条　①　次に掲げる場合には，債権者は，前条の催告をすることなく，直ちに契約の解除をすることができる。

　　　　1　債務の全部の履行が不能であるとき。

　　　　2　（略）

　　　　3　債務の一部の履行が不能である場合……において，残存する部分のみでは契約をした目的を達することができないとき。

　　　　4　（略），　5　（略）

　　　②　次に掲げる場合には，債権者は，前条の催告をすることなく，直ちに契約の一部の解除をすることができる。

　　　　1　債務の一部の履行が不能であるとき。

　　　　2　（略）

　上に条文はあげていないが，履行不能について債権者に責任があるときには，債務者は履行義務を負わないが，債権者は反対給付債務を負い続けるという点は，改正前も後も同じである。これに対して，履行不能による解除は，2017年改正前は，「債務の不履行が債務者の責めに帰することができない事由によるもの」でないときに限定されており，双方に責任がないときには，危険負担の問題となるとされていたのに対し，改正後は，債務者に責任があるか否かを問題とせず，解除ができるとしているのである 改正点 。

もっとも，債務者が行方不明になったりして，債権者が債務者に対して解除の通知をするのが難しいこともある。そこで，債権者は，解除をしなくても，履行不能について自らに責任がないかぎり，自らの債務の履行を拒むことはできる（536条1項）。安全弁が備えられているのである。

◆履行不可能な部分のその契約において占める地位

　さて，先ほどあげた民法542条1項1号は，「債務の全部の履行が不能であるとき」としている。しかし，債務の一部が履行不能になることもある。

　アンティーク家具の売買契約において，配達の際に買主の家の壁に傷をつけた，という例において，「配達にあたって，買主の家を傷つけないようにする」という付随義務が売主の責めに帰すべき事由により履行不能となったとする（→286頁）。たしかに，売主は壁を傷つけたことについては責任がある。しかし，そのことを原因として，買主がアンティーク家具の売買契約を解除することを認めるべきか，というと，そこまで認める必要はない。壁の損害賠償請求を認めることにとどめるべきだと考えられる。また，杉林について売買契約が締結された後，売主の責めに帰すべき事由により，その杉の一部が伐採された，というとき，買主から常に解除を認めてよいとも思えない。ほとんどの杉が伐採されてしまったときは解除を認めてよいかもしれないが，ごく一部の伐採があったからといって売買契約全体を解除させるのもおかしい。割合的な（通常，金銭的な）調整にとどめたほうがよいときもある。

　債権者に解除権まで認めるかどうかを考えるにあたっては，履行不能となった債務が，その契約においてどの程度の重要性をもっていたのかを考えなくてはならない。重要なものである場合にだけ全部の解除を認められ（全部の義務が履行できないときは，もちろん，この場合に含まれる），そうでないときには割合的な（通常，金銭的な）調整だけが認められるとするのが妥当である。

　そして，重要か否かの判断は，契約における目的に照らして判断される。アンティーク家具の売買契約の例において，その家具の上部に付いているタイルが売主の責任によって割れてしまったときを考えよう。このとき，場合によっては，タイル自体は大したものではなく，別のものに変えてもその家具の売買として成り立つ場合もある。そうならば，不可能となった債務は重要なものとはいえない。しかし，場合によっては，アンティークのタイルがその家具のポ

イントとなっているときもあろうし，買主が「タイルはめ込み家具」のコレクターであり，買主にとってはオリジナルのタイルがなければ意味がない，という場合もある。こういったときには，不可能となった債務は重要なものといえる。「履行不能が重要であるか否か」とは，「その履行不能によって契約をした目的を達することが不可能になるほどのものであるか」ということであり，個々の契約ごとにその契約目的を考えて判断されなければならないのである。

　そこで，民法542条1項3号は，「債務の一部の履行が不能である場合……において，残存する部分のみでは契約をした目的を達することができないとき」としている。以上のことは，判例で認められてきたところだが，2017年改正で，明文化された 改正点 。

　もっとも，一部が不能となったが契約目的は達成可能な場合でも，契約の一

> Case 12
>
> **東京高裁昭和53・2・15判決（判時884号56頁）**──────
>
> 　Yは，Xに，土地をその上の立木込みで売却したが，その土地についてYの前の所有者が，Yにその土地を引き渡す前に，立木を伐採してしまった。そこで，Xは，履行不能を理由に契約を解除した。この解除の有効性を判断するにあたり，判決は次のようにいう。
>
> 　Xは，本件土地を「工場用地又は資材置場として使用することとし，そのため右各土地にある立木を2年以内に伐採することを約し」ており，「本件土地……の総面積が2万5113平方メートルであるのに」，立木の伐採された土地は，「1671平方メートルであって，全体の7パーセント弱にすぎない」し，「価額の点からみても，本件売買契約……の合計価額が1億2520万円であるのに」，立木の伐採された土地は，「32万円程度であって，全体の0.26パーセント弱にすぎない」。さらに，「右のように伐採された立木は4，5年後でなければ伐採に適さない幼木であった」。これらの事実からすると，「伐採された……立木は，本件売買契約の目的物の全体からみてきわめて僅かな部分であって，その価値もそれ程高いものではなく，しかも短期間のうちに伐採されることになっており，本件土地の利用目的からみて必要なものであったとはいえないことが明らかであり，したがって，右立木の伐採によりその引渡しができなくなったからといって，これにより本件売買契約の目的の達成が不能となったものということはできない。……立木が引渡されなかったことを理由に代金減額を請求しうるのは格別，これを理由として契約解除をすることは許されないものといわなければならない。」
>
> 　解除を認めるか否かの判断の仕方がわかるだろう。

部，つまり履行不能になった部分の解除は認められ，債権者の反対給付債務も，それに対応する部分は消滅する（542条2項1号）。一部解除もできないとすると，一部不能が債務者に責任のない事由で生じたとき，債権者だけが反対給付債務を全部履行しなければならなくなるからである。危険負担の制度を廃止し，解除に一本化したことの帰結である。

Ⅲ　損害賠償の請求

1　損害賠償が問題となる局面

◆損害賠償が問題となる局面

　ここまで，履行の強制，解除について説明してきた。ところが，履行の強制がうまくいっても，それだけでは，債権者の受けた損害は完全には回復できない。売主Ａが買主Ｂに家屋を売却し，2015年10月1日が引渡し期日と定められた。ところが，Ａは期日になっても引渡しをせず，Ｂは先ほど説明した強制執行によって，2016年8月1日になってやっと引渡しを受けた。しかし，2015年10月1日から2016年7月末日までの10か月間，本来ならばそこに住めたはずなのに住めなかったという損害はＢに残ったままである。また，強制執行手続をとるまでもなく，Ｂの催促によって，Ａが遅ればせながら2015年12月1日に引渡しをした。このときも，10月1日から11月末日までの2か月間，そこに住めなかったという損害は生じている。損害の賠償を受けたい。

　履行遅滞や履行不能のとき，債権者が契約を解除した場合もそうである。債務者が履行を遅滞したので，債権者が契約を解除した。たしかに，それによって，両当事者は原状回復義務を負う（→311〜312頁）。しかし，債権者は原状に戻してもらうだけでは満足できない。ちょっと図で考えてみよう（図6-1）。わざわざ契約をするということは，それによって，よりよい状態になると考えたからである。10万円出して32型のテレビを買うのは，10万円というマイナスがあっても，32型のテレビがあることによるプラスの方が大きいと考えたからである。また，1200万円で転売することを予定して，ある不動産を1000万円で購入するという場合は，明らかに200万円の儲けをねらっている。このとき，契約がなかった状態になるだけでは満足できない。契約が履行されていれば得られたはずである利益を賠償してもらわなければ困る。図でいえば，原状回復とは，ｂのラインに戻すことであるが，債権者はａのラインが確保できなければ満足できないのである。

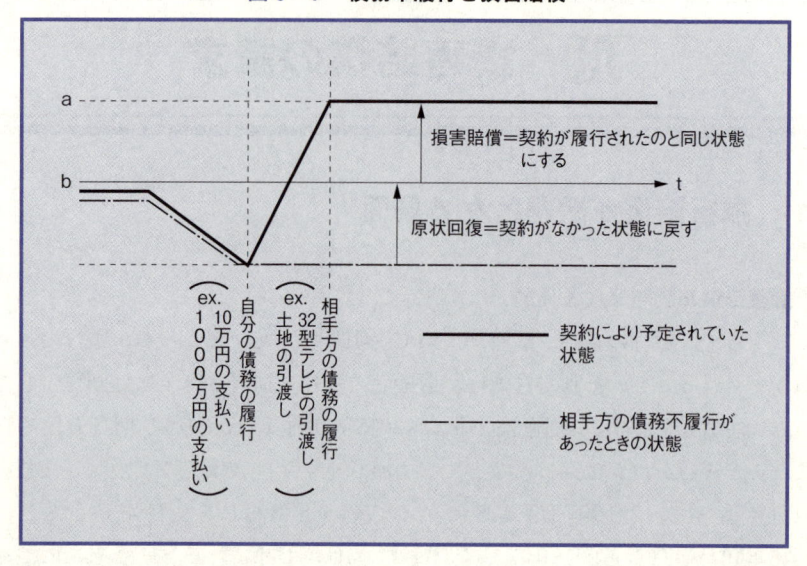

図6-1　債務不履行と損害賠償

◆債務者の帰責事由

　さて，ここまで，履行が可能なとき，債務者が履行をしないときに履行を強制するために，また，履行が遅滞したときに催告をして解除するために，さらには，履行不能であるときに契約を解除するために，履行の遅滞などに陥ったことについて債務者に責任があることは必要とされていなかった（→309～310頁）。

　これに対して，債務者に対して損害の賠償を請求していくためには，債務者に責任があることが必要であるとされている，民法415条1項を見てみよう。

　　債務者がその債務の本旨に従った履行をしないとき又は債務の履行が不能であるときは，債権者は，これによって生じた損害の賠償を請求することができる。ただし，その債務の不履行が契約その他の債務の発生原因及び取引上の社会通念に照らして債務者の責めに帰することができない事由によるものであるときは，この限りでない。

　債務者に損害賠償義務を負わせることは，債務者に新たな負担を課することである。したがって，その負担を課すのが妥当であるという理由が必要になるわけである。

　しかし，実はそう単純な話ではない。

「債務者に責任があるか否か」が常識的に判断できそうな場合もある。先にあげた水墨画の売買で，債務者（＝売主。ここでは，水墨画の引渡し債務について問題にしているわけだから，債務者＝売主である）の倉庫の火災にともなってその水墨画が焼失してしまった。その火災が債務者の失火であったりすれば，その水墨画の焼失については債務者に責任がある。これを「債務者に帰責事由（きせきじゆう）がある」と表現する。「事由」というのは，「出来事の理由。わけ」という意味だから，履行が不可能になった原因が，債務者の責任に帰することができる（＝債務者のせいにできる）ものである，という意味になる。これに対して，隣家からの類焼によるときは，一般には債務者には帰責事由がないような気がする。

　しかし，類焼だからといって，債務者に帰責事由がないとは簡単にいえない場合も多い。その水墨画をきちんとした防火・防犯設備のある場所に保管しておかなければならない，という義務が債務者に認められるような場合もある。たとえば，雪舟（せっしゅう）（室町時代の水墨画家・禅僧）の描いた水墨画を展示のために借りた者は，厳重な防火設備のある場所に，ガードマンを多数配置して，それを保管する義務を負うというべきである。このとき，安直に住宅密集地帯の木造の倉庫にそれを保管し，隣家からの類焼で焼失してしまったとすると，その焼失について債務者には帰責事由があるというべきだろう。

　アンティーク家具の売買の例で，配達時に買主の家の階段の手すりの塗装をはがしてしまうし，壁紙も破いてしまった，という例（→286頁）でも，高価な家具だから厳重に梱包し，家を多少傷つけても家具は傷つけないようにする，というのが売主の義務のときもあるし，家を傷つけないようにするのは当然に売主の義務であることもある。

　履行が遅れたときも同様である。

　たとえば，売主Ａが千葉市の倉庫から横浜市の買主Ｂのところに10月１日の午前中に品物を届ける義務を負っていたとする。ところが，同日，東京都内の高速道路が複数の事故で完全な混乱状態となり，配達の自動車が大幅に遅れた。

　千葉市から横浜市への交通手段はいろいろある。電車で行ってもよい。そもそも９月30日の時点で横浜まで運び，どこかの倉庫に保管しておけば，道路が混乱してもちゃんと配達ができたはずである。そうしないでおいて，「道路

が混乱しているのが悪いのであり，自分の責任ではない」ということは許されない。このように評価されるべき場合もあろう。この場合には，債務者の帰責事由の要否についていずれの説に立とうと，債務不履行があると評価される。これに対して，その種の取引においては，当日，千葉市から横浜市にトラックで運ぶというのが当然だと解されており，渋滞等による遅れは仕方がない，と（暗黙のうちに）了解されている場合もある。このときは，「10月1日の午前中に品物を届ける」という約束自体が，「10月1日の朝，千葉市の倉庫を出て，高速道路とで横浜市に向かうことによって，同日午前中に品物を届けるように努力する」という意味だと解されるのであり，Aの責任が問われないことは当たり前である。そうなると，売主の責任が否定される場合とは，そもそも義務の不履行がない場合であるともいえる。

このように見てくると，「債務者に帰責事由があるか」という判断は，債務者がどのような義務を負っているのか，ということと密接に関係していることがわかる。そして，「どのような義務を負っているか」は契約によって定ま

Column 38

原始的不能における帰責事由

　履行不能における帰責事由は，一般には債務者が履行不能にしてしまったという点に求められる。目的物を失火で焼失させてしまったというのが典型例である。

　これに対して，原始的不能，つまり契約締結時にすでに不能であったときについては，債務者が自分が不能にしてしまった場合はもちろん，通常の注意を払えば不能となっていることが債務者はわかるはずであるのに，気がつかないままに契約を締結してしまった場合にも，債務者に帰責事由ありとされる。たとえば，倉庫に置いてある品物につき売買契約が締結されたとき，締結時に，すでに盗難にあってしまってなくなっていたという場合を考えると，売買契約を締結するかぎりは，売主はその品物がちゃんと存在していることを確認すべきであったので，原始的履行不能について債務者に帰責事由あり，とされるのである。

　そうなると，「履行不能について債務者に帰責事由がある」とされる場合とは，正確には，「債務者が履行不能にした」場合なのではなく，「債務が履行不能であるという状態を生じさせた」場合ということになる。目的物を滅失させて，履行不能であるという状態を生じさせることもあれば，すでに滅失している目的物の引渡し義務といった不可能な債務を負うことによって，債務はあるのだけれど，履行不能であるという状態を生じさせることもある。さらには，履行を遅滞しているうちに，履行不能になってしまう場合もある。

る。保管における注意義務のときもあれば，配達における注意義務のときもある。しかし，いずれにせよ，「契約上，こうすべきであったのに，そうしなかったために，契約で定められた期日に義務の履行が行われなかった，あるいは，契約で定められた義務の履行はもはや不可能になった」といえる場合が，「債務者に帰責事由がある」とされる場合にほかならない。どういった義務を負っていたかがポイントなのである。

◆帰責事由が別に規定される理由

このように考えていくと，債務者に損害賠償責任を負わせるか否かの判断は，結局，債務者に契約違反があるかどうかの問題であり，債務不履行＝契約

Case 13・14

京都地裁昭和50・8・5判決（判タ332号307頁）
名古屋地裁昭和59・3・7判決（判時1123号106頁）

債務不履行としての履行不能となるか否かを判断するためには，契約上の義務がいかなるものであったのか，を確定する必要がある。しかし，これがなかなか難しい場合もある。

ここにあげた2つの判決は，ともに，保育園に預けた乳児（ Case 13 では1歳2か月， Case 14 では1歳6か月）が，食べたものをベッドで吐いて，これを吸ったため窒息死し，両親が保育園を相手取って損害賠償を請求した，という事例である。

Case 13 は，「原告ら（両親のこと）が保母に一郎の健康状態やT病院での診療状況をつぶさに告げて特別扱いを頼んでいた事実がなく，かつ，こうした集団保育の場所で保母に乳児から片時も眼を離すなというのは難きを強いるものである。」として，請求を認めなかった。

これに対して， Case 14 は，「被告は有償にて乳幼児を預かり保育するのであるから，かけがえのないその生命身体を別条のないよう保育体制を整える」べきであり，事故当時，9人の乳幼児を1人の保母が見ていたが，もう1人保母がいれば事故が防げた可能性が高く，「被告は右の人的設備の点で乳幼児を保育のために預かった者として未だ責に帰すべき事由がないものとは認め難」い，として，原告の請求を認めた。

売買契約の売主の債務のように，「売買目的物を買主に引き渡す」というように義務内容がはっきりしているときは比較的簡単であり，その結果がもたらされないとき債務不履行だと評価される。ところが，「注意を尽くす」というように義務そのものが一定の評価を要する内容となっているものの場合には，ある具体的な状況において債務者は具体的に何をすべきであったのかを決定することが容易ではない。

違反という事実と別個に債務者の帰責事由を考える必要はないのではないか，と思うかもしれない。

この疑問はある意味で正当である。しかし，民法が，「債務者がその債務の本旨に従った履行をしないとき又は債務の履行が不能であるとき」というのと，債務者に帰責事由があるか否かを，いちおうは区別して規定していることにも理由がある。

たしかに，区別できない場合もある。医師の債務が典型である。医師は，決して「病気を治す」という債務を負っているわけではない。「病気を治すように，善良な管理者の注意を尽くして治療をする」という債務を負っているだけである。そうであるならば，いくら患者が死亡したとしても，医師が注意を尽くしていれば，そもそも，「債務の本旨に従った履行をしないとき」に該当しない。適切な買主を探すように委任された不動産業者も同じである。善良な管理者の注意を尽くして買主を探していれば，結果として買主が見つからないからといって債務不履行になるわけではない。このような場合には，債務不履行という事実と帰責事由の存否は区別できない。

これに対して，売買契約における売主の引渡し義務について考えてみよう。このとき，引渡しが遅れたことが，自然災害による交通の途絶とか，製造工場が隣家の火災により類焼したとかといった事情による場合に，債務者に賠償責任を負わせるか否かの判断のすべてを「債務者はどのような義務を負っていたか」という問題に解消してしまい，義務の不履行があるか否かの問題であるとしてしまうと，買主に酷な事態が生じる。

売主の責任を追及していくためには，買主が「売主に債務不履行がある」ことを立証しなければならない。債権者に証明責任がある（→22頁）。しかし，電車が不通であったときどう評価すべきか，類焼のときどう評価すべきか，ということを，「売主はこういった債務を負っていたのだから，債務不履行になる」と買主が自分の側で立証していくのは大変である。そこで，買主は，「10月1日に引渡しをする義務を売主は負っていたが，引渡しがされていない（あるいは引渡しが遅れた）」とだけ証明すればよく，たとえば，電車が不通であるときには，売主は別の手段によって引渡しをすべき義務まではなかったのであり，だから，売主に責任があるとはいえないのであれば，そのことを，売主の側で証明すべきだと考えられる。履行不能についても同じである。債権者

は，「債務者の引渡し義務が履行不能である」とだけいえばよく，債務者の側で，「その履行不能について自分は責任を負わないはずだ。契約上，隣家からの類焼にまで対処する義務はなかった」と証明しなければならない。

もう一度，民法415条1項を見てみよう。

　　債務者がその債務の本旨に従った履行をしないとき又は債務の履行が不能であるときは，債権者は，これによって生じた損害の賠償を請求するこ

東京地裁昭和49・12・10判決（判時781号89頁）

借主Yの賃料不払いがあり，それを理由に貸主Xは賃貸借契約を解除していた。ところが，明渡しがされないうちに，賃貸家屋が燃えてしまい，借主が返還できなくなった事例。火災の原因は第三者による放火である。XがYに，返還義務の履行不能を理由として，損害賠償を請求。判決は次のようにいう。

「なるほど，本件火災はYが本件建物明渡義務の履行を延滞している間に発生し，これがため明渡義務ないし保管義務のすくなくとも一部の履行不能を招来したものであることは否定できない。そして，一般に履行遅滞発生後は債務者は事変に対してもその責に任ずるのを原則とするが，債務者が適法な時期に債務を履行してもなお債権者に損害が発生したであろうことを証明した場合においては責任を負わないと解するのが相当である。けだし，適法の時期に履行した場合になお損害が発生したであろうことが明らかな場合には，遅滞がなくても損害は発生したのであるから，当該損害と遅滞との間には因果関係がないものとすべきだからである。本件において，先に認定した本件建物の出火原因，本件建物の性質，用途に照して考えると，たとえYが……遅滞なく明渡義務を履行して原告に引渡しを完了し，爾後Xが本件建物を管理支配していたとしても，当該管理が放火を絶対に許さない完璧なものでありえたとの特段の事情も認められない以上，やはり本件出火は免れ得なかったであろうことは推認するに難くないから，Yは本件火災により原告の蒙った損害につき賠償責任を負わないとすべきである。」

債務者・債権者の双方に帰責事由のない理由で履行不能となった場合でも，債務者が履行を遅滞している間に履行不能となった場合には，債務者に帰責事由ありとされる（413条の2第1項）。買主が売主に「早く引き渡してよ」といっている間に，売主の倉庫が隣の家の火事で類焼してしまって，目的物も燃えてしまったという場合や，動物の売買契約がされたが，引渡しを遅滞している間に，希少な動物として取引が禁止された場合である。買主は売主に対して，「ちゃんと引き渡していれば，こんなことにはならなかったのだから，責任をとれ」といえるというわけである。これまで異論のなかった解釈が，2017年改正で明文化されたのである 改正点 。

とができる。ただし，その債務の不履行が契約その他の債務の発生原因及び取引上の社会通念に照らして債務者の責めに帰することができない事由によるものであるときは，この限りでない。

　債務者に帰責事由がないときに債務者が損害賠償義務を負わないということは，ただし書に規定されている。これは，債権者は，「債務者がその債務の本旨に従った履行をしないとき又は債務の履行が不能であるとき」に該当するという点だけを証明していけばよく，「その債務の不履行が契約その他の債務の発生原因及び取引上の社会通念に照らして債務者の責めに帰することができない事由によるものである」ことは債務者が立証しなければならないことを意味している。帰責事由を別個に規定することは，契約解釈における立証責任の分配と関係しているのである。

　もっとも，条文の文言だけからでは，どこまでを債権者が立証していけば，「債務者がその債務の本旨に従った履行をしないとき又は債務の履行が不能であるとき」となるのか，どこからが，帰責事由の問題として，それが存在しないことの証明責任が債務者に課されるのか，は明確ではない。ある種の常識的な判断に委ねられている問題である。

　ただ，繰り返しになるが，債務者に帰責事由があるか否かは，結局，債務者がどのような義務を契約上負っていたかによって決まる。だから，「契約その他の債務の発生原因及び取引上の社会通念に照らして」となっているのである。

◆損害賠償の範囲

　債務を履行しなかったことについて債務者に帰責事由があるときは，債権者は債務者に損害賠償を請求できる。遅滞によって損害が生じたとき，不能によって損害が生じたとき，解除したが損害が生じているとき，すべてそうである。

　このとき，一番の問題は，どういった損害が賠償の対象となるのかである。
　「債務者の責任で契約どおりのことができなかったんだから，債権者としては自分が被った損害をすべて賠償してくれなきゃ困る。だったら，すべての損害が賠償の対象となるに決まっているじゃないか」——そのとおり，といいたいところだが，実はそうもいかない事情がある。

先ほどから例に出しているアンティーク家具の売買を考えてみよう。売主の火の不始末によって売主の倉庫が火災になり，その家具が焼失し，買主は引渡しを受けられないことになった。そこで，買主は別の家具を探しに，別の家具店に向かっていたら，途中で交通事故にあった。買主はある会社のワンマン社長であり，社長の入院によって，その会社の商売もうまくいかなくなり倒産してしまった。

　売主さえきちんと引渡しをしていれば，買主は別の家具店に行くこともなかったから交通事故にもあわなかったし，入院もなく，会社も倒産しなかった。これらの損害は，すべて売主の債務不履行があったから生じたものである。しかし，だからといって，入院費やら会社の損害やら，すべてを売主が賠償しなければならないのはおかしい。適当なところで制限を加える必要がある。

　引渡しの遅滞を理由に解除したときも同様である。

　そこで，民法416条は次のように規定している。

①債務の不履行に対する損害賠償の請求は，これによって通常生ずべき損害の賠償をさせることをその目的とする。

②特別の事情によって生じた損害であっても，当事者がその事情を予見すべきであったときは，債権者は，その賠償を請求することができる。

　1項，2項と分かれ，通常損害（通常生ずべき損害），特別損害（特別の事情によって生じた損害）という概念が出てくるが，そんなに難しく考える必要はない。

　ある損害が「通常生ずべき損害」であるということは，その損害は，債務不履行があったとき生じることが一般的に予見できる，ということにほかならない。債務者としては，自分が債務不履行をすれば，債権者にそのような損害を生じさせることがわかるわけだから，それは賠償させるべきである。これが第1項である。

　しかし，そのように，「自分が債務不履行をすれば，債権者にそのような損害が生じることが債務者にわかっていた」ということを賠償の根拠にするならば，一般的には予見できない損害であっても，契約交渉過程における話し合いなどを通じて，債務者にはわかっていた，あるいは，わかったはずだ，というものがあれば，それも賠償の対象とさせるべきである。これが第2項である。たしかに，第2項は，予見の対象を「特別の事情」としているが（「当事

者がその事情を予見すべきであった」），原因である事情の存在を予見できれば，その結果は予見できるといってよいから，大差はない。そうなると，結局，民法416条は，全体として，生じることが債務者に予見可能な損害は賠償対象となる，としていることがわかる。

ただし，ここでの予見可能性は，事実としての判断ではない。実は，2017年改正までは，「当事者がその事情を予見し，又は予見することができた」という文言になっており，あたかも事実としての予見可能性があれば，損害賠償の対象となる，としているようにも読めた。ところが，たとえば，工務店であるＡが，不動産業者でもないＢとの間で，家屋の建築請負契約を，請負代金額2500万円で10月1日を引渡し日として締結したとする。ところが，契約締結後になってＢから，「いやー，あの家は，Ｃさんに3500万円で転売することになっていてねえ。でもＣさんは絶対に10月3日にはその家を手に入れなきゃ困るんで，引渡しが1日でも遅れると，Ｃさんとの間の契約は解除されるんだ」と聞かされた。このとき，ＡからＢへの引渡しが少しでも遅れると，Ｂが1000万円の損害を被ることをＡは「予見することができた」状態になったのであり，ＡはＢに対して，その損害を賠償しなければならないということにもなりかねない。しかし，仮に10月1日に少しでも遅れれば，1000万円の賠償をしなければならないことがあらかじめわかっていれば，Ａは，その家屋の工事を他の仕事に優先して行うこともできたし，優先しなければならないのであれば，請負代金を多めにしなければ契約できないということもできた。通常の請負契約だろうと思って引き受けたら，後出しじゃんけんでいろいろ説明されて，「知っていただろう」，「予見できただろう」といわれても困る。

そこで，2017年改正で，「予見すべきであった」という文言に変え，契約の趣旨に照らして，債務者に予見義務があるような事情（から生じた損害）に限定されることをはっきりさせたのである 改正点 。

もっとも，どういった損害の発生について債務者が「予見すべきであった」と評価されるか，は必ずしもはっきりしない。さらに，債権者側が損害を拡大した場合など，「債務の不履行又はこれによる損害の発生若しくは拡大に関して債権者に過失があったときは，裁判所は，これを考慮して，損害賠償の責任又はその額を定める。」（418条）とされている。裁判官の裁量の幅が大きくなっているわけである。

裁判官の裁量が大きいということは，事件ごとに個別具体的に公平な解決ができるというメリットもあるが，当事者としては，いくらもらえるのか，いくら支払わなければならないのか，裁判をやってみないとよくわからない，という不安定さもある。そこで，契約において，損害賠償額の予定がされることも多い（420条1項）。もっとも，あまりに過大な賠償額が予定されているときには公序良俗違反（90条）として減額されることもある。

　契約の解除の場面でも損害賠償が問題になることは，すでに説明した。この

Case 16

東京地裁平成2・12・27判決（判時1397号33頁）

　Xは，音楽興業，音楽原盤作成などを行う会社であり，レゲエ（黒人大衆音楽の1つ）の有名アーティストを海外から招いてコンサートを開催し，その模様を録音，撮影して，ビデオやレコードの原盤を作成して国内外で販売しようとしていた。そこで，Xは，放送番組作成や映像・音声の収録等を行う会社であるYに，コンサートの録音と録画を委託した。ところが，フィナーレの2曲（「ウィ・アー・ザ・ワールド」と「ランド・オブ・アメリカ」）のボーカルにつき録音漏れがあり，Xは，Yに対して，Yに帰責事由のある履行不能（もはや録音・録画はできない）を理由として損害賠償を請求した。

　その損害賠償額の算定にあたり，まず，Yは，Xがそもそもそのコンサート収録の放映権・ビデオ化権・レコード化権などを国内外に賃貸・販売する計画であったことを争った。しかし，裁判所は，「Xが725万円もの経費をかけて録音・録画の技術的専門家であるYに本件コンサートの録音・録画を依頼したこと自体が，Xがその原盤を音楽ソフトとして販売する等の意図を有していることを端的に示している」し，「かつ，証拠によれば，Yは本件契約の締結にあたりXの意図を現実にも承知していたものと認められる」とした。

　そのうえで，海外におけるビデオ化権販売については，「出演したアーティストも一流で，……アメリカの専門業者からも商品価値の高いものと評価され，20～25万ドルで販売できるとの見通しが述べられていた」として，アメリカ等の業者に払う手数料を差し引いて，少なく見積もっても14万ドルの損害，また，アメリカ・カナダにおけるケーブルテレビ放映権の販売，海外におけるレコード化権の販売，国内におけるビデオ化権，レーザーディスク化権，CM転売用の販売，さらには国内のテレビ放映権，レコード化権などをあわせ，損害額を5656万円とした。

　そして，本件契約で支払うことになっている代金のうち未払額，および，Xが以上のような販売ができたとするとそれに要した販売経費を差し引き，4604万円の損害賠償の支払いをYに命じた。

ときの損害賠償の範囲も同じルールで定まることになる。

◆金銭債務不履行の損害賠償

　若干注意すべきなのは，金銭債務の場合である。

　金銭債務の支払いが遅れたことによる損害の賠償については，民法419条が適用される。これによれば，「金銭の給付を目的とする債務の不履行については，その損害賠償の額は，債務者が遅滞の責任を負った最初の時点における法定利率によって定める。ただし，約定利率が法定利率を超えるときは，約定利率による。」

　債権者は，債務者の履行の遅れによって法定利率以上の損害が生じたことを立証しても，その損害賠償をとることはできないし（判例。もっとも，特別の規定で認められている場合は別。647条（さらに同条は，665条，671条，701条で準用されている），669条，会社法582条），逆に，法定利率を基準に定められる損害については，何の立証もしなくても請求することができる（419条2項）。

　民法416条の原則とは異なる扱いをする理由は，それぞれの債権者ごとの運用益を算定するのは困難だから，一般に金利相当の割合で運用できると考えたほうが利便である，と説明されている。さらに，債務者も，一定額の支払うべき金銭を支払わないでいると，金利相当の割合でそれを運用でき，儲けをあげたはずである。それならば，その儲けを吐き出させる必要もある。

　さて，法定利率については，2017年改正で大きな変化があった。それまでは，法定利率は年5％（商行為による債務については，年6％）と固定されていた。しかし，金銭があるとき，それをどのくらいで運用できるかは，経済情勢によって変わってくる。とりわけ，近時はローンも預金も低金利であり，5％での運用というのは現実的ではない。そこで，2017年改正において，法定利率は，出発点を3％とし，経済情勢の変化に合わせ，変更するというものにした（404条）改正点。法定利率を固定利率から変動利率としたわけである。もっとも，猫の目のごとく法定利率が変動するのも安定性を欠くので，変更は3年に一度としている。変更の基準となるのは，銀行の1年未満の貸し付けの金利であるが，これをそのまま法定利率とするわけではない。前回変更した時点の属する年の6年前の1月から前々年の12月までの銀行の1年未満

の貸し付けの金利平均と，今回変更する時点の属する年の6年前の1月から前々年の12月までの銀行の1年未満の貸し付けの金利平均を比べ，その変動の割合に応じて，法定利率を変更させるのである。比較的長期間の平均金利を基準とするので，さほど大きな変動が生じるわけではない。

　もっとも，遅滞している間に法定利率が変わることもある。このとき，複雑な計算を避けるために，遅滞の最初の時点の法定利率が，遅滞が長引いたときもずっと適用されることにしている。民法419条1項が，「債務者が遅滞の責任を負った最初の時点における法定利率によって定める。」としているのは，そういう趣旨である。

　法定利率を3％として，1つだけ計算例を出しておく。Aは海外転勤を命じられたので，自分の自動車をBに100万円で売却する契約を締結し，3月1日を代金支払日とした。ところが，そのときになってもBが支払わない。現在，8月1日である。この時点で，やっとBは支払う意思を見せているが，AはBにいくらを請求できるだろうか。

　代金額100万円はもちろんである。これに損害賠償が加わるが，損害賠償額は1年遅れたら，100万円×3％＝3万円である。実際に遅れたのは5か月だから，（3万円×5/12）となり，12500円となる。といいたいところだが，厳密には，日割計算となり，3万円×153/365＝12575円となる。

　金銭債務の不履行の後，法定利率によって定まるのはあくまで損害賠償額であって，利息ではない。たとえば，3年間，年利4％で1000万円を借り，2015年6月1日が支払期日だったとする。その日になっても返せないとき，よく，「遅延利息を払う」などというが，法的には，利息というのは約定の支払期日までに生じるものをいうのであって，返済が遅れた以降発生するのは損害賠償である。しかし，何％というかたちで定まるので，利息のように見える。そこで，遅延利息という言葉が使われるのであるが，法的には厳密な言葉の使い方ではない。

　なお，遅延損害金について約定があるときはそれに従う。たとえば，「債務者が支払いを遅延したときは，年12.5％の割合で遅延損害金を支払う」というふうに合意しておくわけである。金銭消費貸借契約におけるこの種の約定については，利息制限法の適用があり（利息制限法4条1項），それ以外の場合も，あまりに暴利のときには公序良俗違反（90条）として無効にされること

もある（115〜117頁）。

◆まとめ

　以上，強制履行，解除，損害賠償については，なかなかごちゃごちゃしている。そこで，最後にフローチャートにしてまとめておこう（図6-2）。

　履行不能と解除とが履行義務を消滅させる事由であり（履行不能は債務者，解除は双方），損害賠償義務はそれとは別個に債務者に帰責事由があることを根拠に課されるものだということがわかれば，さほど難しくない。

図6-2　債務不履行・強制履行・解除・損害賠償の流れ

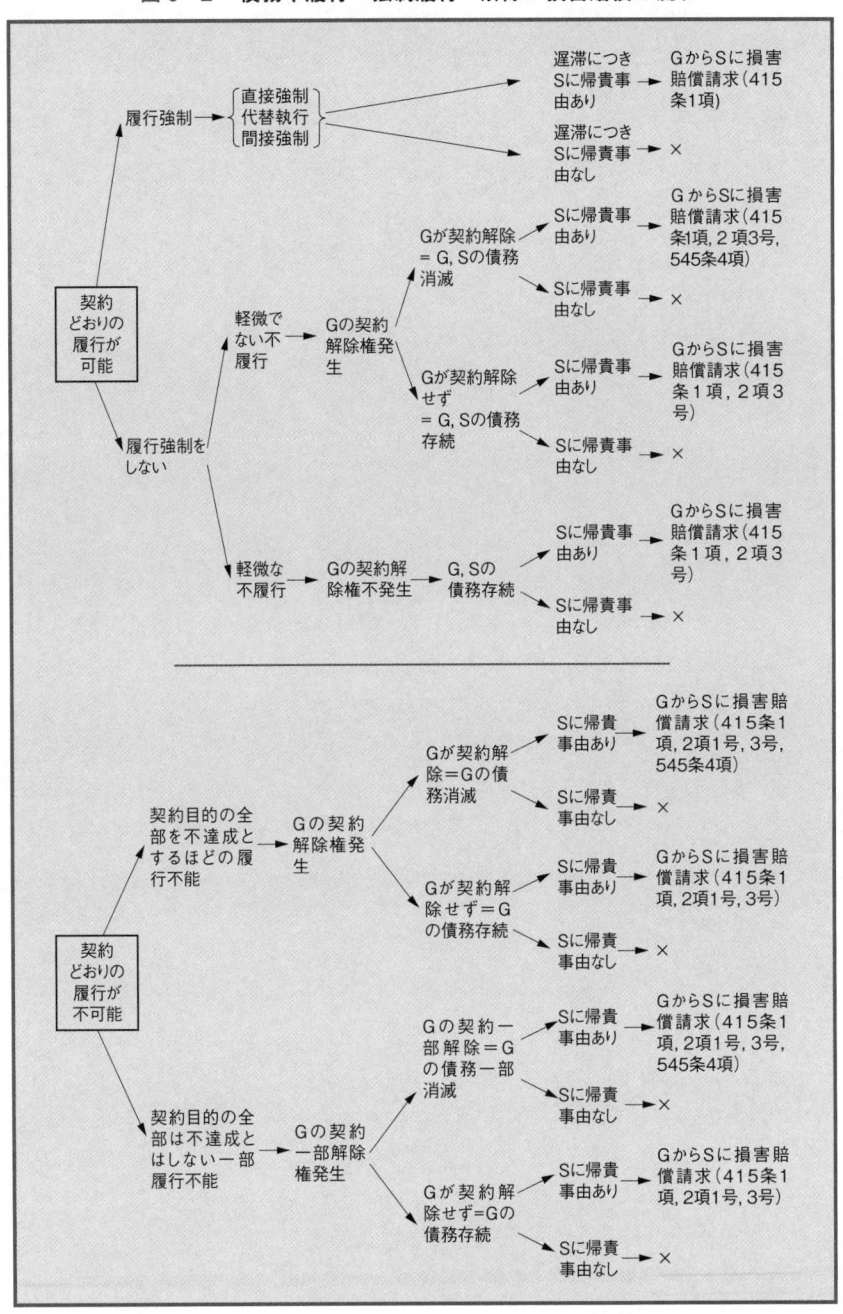

第7章
不良債権の回収

　倒産対策の秘訣は，"早く"，"多く"，"確実に"といわれるが，これの実現のために欠かせぬのが実戦体験である。

　"早く"とは，他の債権者に先立って取引先の倒産情報を入手し，他の債権者に先立って効果的な手を打つこと，つまりは，先んじて人を制することである。"多く"とは，他の債権者より多く，貪欲に回収することである。"確実に"とは，早く多く回収したものを真の回収に結びつけるための手順・手続を誤まらぬことである。

——森井英雄『ケースストーリー　不良債権回収』

（日本経済新聞社）

　繰り返すが，オレの「金なら返せん」の"せん"は，返したい気持ちはあるが，お金はないんだという気持ちを唄っていて，いばるのも変だが，全く返す気がないのとは大違いだ。

——大川豊『金なら返せん！　天の巻』（ぴあ）

I　責任財産の保全

1　責任財産保全の必要性

◆債権者平等の原則の帰結

　債務者が債務を弁済しないとき，債権者は債務名義に基づいて債務者の財産を差し押さえ，それを裁判所に換価してもらい，そこから自分の債権を回収することができる。これが正攻法である。しかし，すでに説明したように，このときの換価金の分配は債権者平等の原則に従って行われる（→299頁）。たとえば，債務者 S に6000万円相当の差押え可能な財産があり，債権者 G（債権額5000万円）がそのすべてを差し押さえたが，S には，G 以外にも，債権者 A（債権額3000万円），債権者 B（債権額4000万円）がおり，A・B が，自分にも換価金を配当せよと要求してきたら，6000万円の換価金は，G に2500万円，A に1500万円，B に2000万円が配当されるのである（図7-1）。

　こうなると，S の負っている債務の総額が S の差押え可能な財産の額を超過しているときには，差押え・競売・配当という正攻法によっては，G は完全な債権回収を望みえないことになる。

　このような制度のもとで，G が自分の債権をなるべく多く回収しようとする

図7-1　債権者平等の原則

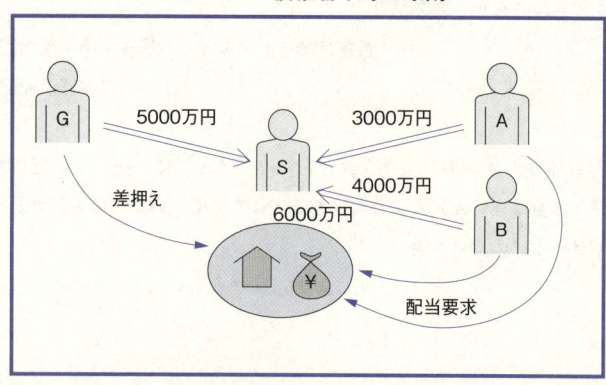

と，どうすればよいか。まず考えつくのは，差押えのできる財産を増加させることである。すでに説明した保証という制度（→259〜263頁）は，GがSの財産以外にも強制執行の手を伸ばすことができるようにするための制度である。保証人が存在しなければ，Sの債務不履行時にGはSの財産しか差押えできないのに対し，保証人Cが存在すれば，Gは，Cに対しても債務の弁済（＝保証債務の履行）を求めていくことができ，弁済されないときには，Cの財産も差し押さえることができる。つまり，強制執行の対象となる財産を，Sの財産だけから，Cの財産にも拡大しようというのが，保証という制度なのである。

それでは，保証人が存在しなければどうしようもないか。そうでもない。まず，もっと素直に，Sの財産をなるべく多くするにはどうしたらよいか，を考えなければならない。

◆債務者の財産の確保？

債務者の財産を確保する制度として，民法には，**債権者代位権**（423条〜423条の7）と**詐害行為取消権**（424条〜426条）の2つの制度が用意されている。前者では，Sがもっているにもかかわらず行使しようとしない権利を，GがSに代わって行使することにより，Sの財産を保全することが認められ，後者では，Sが自分の財産を減少させる行為をしたとき，その行為を取り消す権利がGに認められる。

本来，これらの制度は，Sの債権者みんなのために，Sの財産を確保する目的のものである。しかし，複数の債権者が競合する場面で，「みんなのために」手間暇かけて権利行使をするほど，一般にGはお人好しではない。「自分だけはたくさん回収しよう」というのが当然の考え方である。そこで，債権者代位権・詐害行為取消権は，本来の制度趣旨を超えて，抜け駆け的な債権回収にも用いられることになる。

債権者代位権のほうから見ていこう。

2　債権者代位権

◆**本来的な事例**

　民法423条1項本文は次のように規定する。

　　　債権者は，自己の債権を保全するため必要があるときは，債務者に属す
　　る権利（以下「被代位権利」という。）を行使することができる。

　手元の国語辞典によれば，「保全する」とは，「安全であるように保護する」
という意味である。「自己の債権を安全であるように保護する」とはどういう
ことか。弁済を受けてしまうということではない。それでは債権は実現され，
消滅する。「保全する」とはその前段階として，「ちゃんと弁済を受けられるよ
うに，手はずを整えておく」ということであり，いざというとき差し押さえら
れる債務者の財産を確保しておく，ということである。そのために，債権者
は，債務者がもっている権利を代わりに行使することができる。これを**債権者
代位権**という。

　この意味で理解された「保全」の例としては，たとえば，次のような事例が
考えられる（図7-2）。GがSに対して金銭債権を有している。Sは自分の所
有する土地をAに売却したが，弁済期はすでに到来しているのに，Aは代金を
まだ支払っていない。仮に，Aに資力があるのならば，SがAに対して有する
売買代金債権をGが差し押さえればよい。しかし，Aが資力がないために代
金を支払えないでいるのなら，代金債権を差し押さえても無駄である。このよ
うなときには，まず，Sが有する売買契約の解除権（541条）を債権者代位権
に基づいて行使する。民法423条1項本文は，「債権者は……債務者に属する
権利（……）を行使することができる。」としているので，Sに属する解除権

図7-2　債権者代位権による代位行使

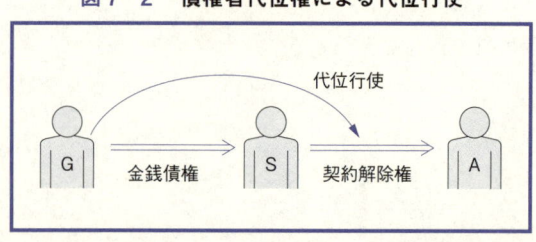

をGが行使するわけである。そうやって，売買契約を解消し，その土地の所有権をSに戻したうえで，さらにSがAに対して有する登記を抹消せよという請求権を債権者代位権に基づいて行使し，登記名義をSに戻す。そして，おもむろに，その土地を差し押さえるわけである。

　このように，債権者代位権によって債権者が債務者に属する権利を代わりに行使する，というのは，強制執行手続の準備としての意味をもっているわけである。

◆代位権行使の要件

　それでは，どうしてこのような権利が必要なのだろうか。合理的に考えれば，上記の事例では，Sが解除権を行使して，自分でAに対して抹消登記を求めていけばすみそうである。なぜSは自分でやらないのだろう。

　様々な理由が様々な場合にあるだろうが，根本的には，それなりに手間をかけて解除・登記抹消請求を行っても，それによって利益を得るのはGなどの債権者であり，もはやSは利益を得られないからである。Sは破綻し，債権者に対して非協力的になり，場合によっては夜逃げをして，姿をくらます。こうなっては，GはSの権利を代わりに行使して，自分がイニシアティブをとってSの財産を確保せざるをえなくなるのである。

　しかしながら，考えてみると，無茶な制度ではある。Sが有している権利なのだから，それを行使しようがしまいが，Sは，本来，他の人からとやかくいわれる筋合いはない。にもかかわらず，債権者が口を出すわけだから，そのことを正当化するためには，債務者が権利を有しているのに，その権利を行使しようとせず，債権者が自己の債権を保全するためには致し方がない，という状況が必要である。

　さらに，いくらそのような状況にあっても，債権者に口出しさせるべきではない権利もある。たとえば，債務者に資力がないとき，債務者の父親が死亡した。しかし，債務者は父親の認知を受けておらず，戸籍上は父子関係がない。認知を受ければ，債務者は相続人となり，それなりの財産が入ってくる（→697頁）。ところが，債務者は死後認知を求める訴え（787条ただし書）（→661頁）を起こそうとしない。いろいろな思い，様々な事情を背景とした選択である。このようなときに，債務者に相続をさせれば，その資産が増加し

て債権が回収できるようになるのだとしても，死後認知の訴えを，債務者に代わって債権者に提起させるのはおかしい。だから，民法423条1項ただし書は，「債務者の一身に専属する権利及び差押えを禁じられた権利は，この限りでない。」としているのである。

それでは，「債権者が自己の債権を保全するためには致し方がない，という状況」とは，具体的にはどんな場合か。債務者は金銭債務が支払えないし，差し押さえるべきめぼしい財産もない，というときが典型例だということはわかろうが，それだけではない。もう少しくわしく見ていこう。

◆債権保全の必要性

金銭債権は，最終的には，債務者の財産を差し押さえて，それを裁判所の手によって換価してもらい，そこから債権額を回収することによって実現される。債務者の有する財産が十分にあれば，金銭債権は本来のかたち，つまりお金の支払いを受ける，というかたちで実現されるのである。したがって，「債権者が自己の債権を保全するためには致し方がない，という状況」とは，債務者に財産がないとき，無資力のとき，ということができる。

ところが，ある土地がAからB，BからCへと順次譲渡されたが，いまだ登記はAにあるとしよう（図7-3）。Cは，自分に対する売主であるBに，「早く登記を自分に移してくれ」と請求しているが，Bは，「そもそもまだAから登記を得ていないから，できません」という。それならば，BはAに早く請求するのかというと，のらりくらりとごまかす。転売したものだから，面倒なことはしたくない様子である。たしかに，Bはそれなりの財産をもっている。したがって，CがBとの間の売買契約を解除し，Bに対して損害賠償を請求していくならば，それは支払われそうだし，任意には支払われなくても，差押えできる財産はある。しかし，Cは，損害賠償では満足できない。Cは，その土地がほしいのである。また，Aが第三者にその土地を二重に譲渡し，その第三者が先に登記を得てしまえば，Cはもはやその土地を取得できなくなる（→418〜419頁）。Cは，そのことも心配である。

このようなとき，CがBに対してもつ債権が本来のかたちで実現されるためには，いくらBにお金があっても，ほかの財産があっても意味はない。BがAに対してもつ登記移転請求権がきちんと行使されることが不可欠である。

そこで，こういった事例においては，Bの一般的な資力の有無は，「債権者が自己の債権を保全するためには致し方がない，という状況」に該当するか否かの判断には影響を及ぼさないとされている。

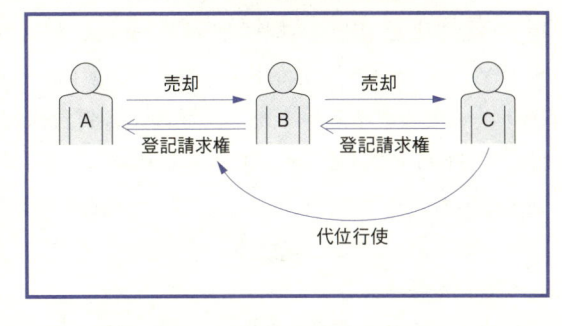

図7-3　登記請求権の代位行使

CはBから土地を借りているが，第三者Aがその土地上に勝手に建物をたてて，Cの土地利用を妨げている，という事例においても同様である。BはCに対して土地を利用させるという債務を負っているから，CはBに対して「ちゃんと自分が使えるようにせよ」という権利（＝債権）をもっている。そして，Bは所有者としてAに対し「建物を取り壊して出ていけ」という権利をもっている。しかるに，Bがその権利を行使しないときには，Cはその土地が使えなくなって困る。Bにいくら他の財産があっても，そのことは変わらない。そこで，判例は，このような例で，Cが債権者代位権を用いて，Bに代わってBのAに対する権利を行使することを認め，その行使にあたっては，Bの無資力を要求しないのである。

債権者代位権は，本来，金銭債権の実現のための強制執行を実効的なものとするために，債務者の一般財産を確保するものであった。そこで，これらの例は，**債権者代位権の転用**の事例であるといわれてきた。しかし，とくに，「転用」だ，などという必要はない。債権者のもつ債権の性質によって，「債権者が自己の債権を保全するためには致し方がない，という状況」とはどのような場合であるのかが異なる，というだけである。金銭債権の場合には，債務者に何らかの財産があればそれでよいはずだから，債務者の一般的な無資力が要件とされるが，特定の物と結びついた債権の場合には，資力の有無は関係ないのである。

ただ，やはりムズムズというか，モゾモゾというか，安心立命の境地には達しない。そこで，2017年改正では，民法423条の7第1文として，「登記又は登録をしなければ権利の得喪及び変更を第三者に対抗することができない財産

を譲り受けた者は，その譲渡人が第三者に対して有する登記手続又は登録手続をすべきことを請求する権利を行使しないときは，その権利の行使をすることができる。」という明文の規定を置いた。債権者代位権が使えることを，はっきりさせたのである。また，上記の土地賃貸借における賃借人Cについては，民法605条の4として，Cが賃借権について対抗要件（→192〜194頁）を備えているときには，CはAに対して，直接に，妨害排除を求める権利を有することを明らかにした 改正点 。こちらは，債権者代位権によらなくてもすむようにしたのである。

ただし，債務者が無資力でなくても，債権者が自己の債権を保全するために債務者の権利を代位して行使することが認められるべき場合は，以上の2つの例にとどまらない。不動産賃借権の例でも，賃借人が対抗要件を備えていないときはどうなるかが問題になる。2017年改正は，民法423条の7に規定する場合についてだけ転用を認めたわけではなく，「債務者の無資力が要求されない場合があるよね」という例を示したものと理解すべきであり，どこまで認めるかは今後の解釈に委ねられている。

◆金銭債権の代位行使による債権回収

債務者Sが第三者Dに対してもつ金銭債権を，金銭債権の債権者Gが債権者代位権に基づいて行使することはあるだろうか。あっておかしくない。Gには，Sの財産を増やしておくことに利益がある。SがDから金銭債務の支払いを受けて，債務者のもとに金銭がある状態になれば，Gは自分の債権が回収できる可能性が高まる。

このような方法によらなくても，Gは，SがDに対してもつ金銭債権を直接に差し押さえ，取り立てたり，転付を受けたりすることができる（債権差押えの手続についてはすでに説明した。→301〜304頁）。しかし，差押えには債務名義（たとえば勝訴の確定判決）が必要であり，かつ，裁判所による手続を利用しなければならない。これに対して，債権者代位権は債務名義なしに裁判手続によらず権利行使ができる。この点で債権者代位権によるほうが簡便である。ところが，ポイントはそこだけではない。債権者代位権を利用すると，事実上，優先的な債権回収ができるのである。

上記の事例で，Gは債権者代位権を行使して，Dに対して何を求めうるのだ

ろうか。ここまで説明してきたように，差押え可能なＳの財産を増やす，というのが債権者代位権行使の目的ならば，Ｓへの支払いを求めることができるだけのように思われる。しかし，「Ｓに対して支払え」という判決が出ても，Ｓにその受領を強制することはできない。そこで，Ｇは自分に対して支払えと請求できるとされている。判例で示されていた立場だが，2017年改正で明文化された（423条の３）改正点 。

　もちろん，Ｇは，Ｓに代わってＤから支払いを受けたのだから，支払いを受けた額をＳに引き渡さなければならない。ところが，Ｇは，自分がＳに対してもつ債権と，ＳがＧに対してもつ債権とを相殺できるのである。相殺については後に述べるが（→355〜362頁），たとえば，ＧがＤから1000万円を受け取ったら，Ｓに対して1000万円を支払う債務を負う。Ｓからいえば，Ｇに対して1000万円の債権が生じる。しかし，Ｇが，もともとＳに対して1000万円の債権をもっていたとすると，Ｇは，それを差し引き決済して，自分の債権を回収し，Ｓには１円も支払わなくてすませることができるのである。

　こうなると，債権者代位権によって，債務者に属する金銭債権を代位行使すると，事実上，他の債権者を差し置いて，自分だけ債権を優先的に回収することができる。債権者代位権が，抜け駆け的な債権回収に用いられることになる，といったのは，このためである。

　学説上，いろいろな意見はある。債権者代位権の本来の制度趣旨に反しているので，このような結論になるのは妥当でない，という考え方も強い。2017年改正の過程でも，Ｇに上記の相殺をするのを認めないという方向が示されたこともあった。しかし，登記請求などの場合を含め，債権者代位権は，債権者が自分の債権を直接に実現するための方法として実務的に位置づけられる。債権者みんなのために一肌脱ぐというお人好しはあまりいない。結局，相殺を否定するという改正はされなかった。

　もっとも，債権者代位権にも弱点はある。Ｄが，Ｇに対する支払いに任意に応じてくれなければ，やはり支払請求訴訟を提起しなければならないことである。そのため，Ｇは，Ｄの説得にあたる。抜け駆け的な債権回収といっても，それなりの努力は必要なのである。

3 詐害行為取消権

◆本来的な事例

　商売の状態が悪化してきて，だんだんと破綻が近づくと，それを察知した一部の債権者が何とか早めに債権を回収しようと立ち回り，なけなしの現金から支払いを受け，在庫商品を買い取る（商品買い取りがなぜ債権回収につながるか，については，後に説明する。→358〜359頁）。債務者は，何とか営業資金を作ろうと，営業に必要な機械まで安く処分し，場合によっては，逆に，財産隠しに出る。家族にだけは苦しい思いをさせたくないと考え，自宅等を家族に贈与し，名義を変更したり，あえて離婚し，財産分与というかたちで妻に多額を支払ったりする。

　しかし，こんなことをされたのでは，債権者はたまらない。債権者にとって最後の頼みの綱は，差押え可能な財産である。それが破綻直前にバタバタとなくなっていったのでは，いざ債権回収のために財産の差押えをしようとしても空振りに終わる。

　本来，こういった事態に対処しようとするのが，**詐害行為取消権**の制度である。民法424条１項は次のように規定する。

> 　　債権者は，債務者が債権者を害することを知ってした行為の取消しを裁判所に請求することができる。ただし，その行為によって利益を受けた者（以下この款において「受益者」という。）がその行為の時において債権者を害することを知らなかったときは，この限りでない。

　簡単にいえば，債務者が自宅建物を家族に贈与した，その贈与契約を，債権者は取り消すとともに，登記名義がすでに受贈者に移転しているときは，その登記の抹消を求めることができる。そうすれば，債権者は，その建物を債務者の財産として差し押さえ，競売代金から自分の債権が回収できるようになるのである。

◆詐害行為取消権の要件

　詐害行為取消権の行使は，債務者の本来自由なはずの行為に対する介入である。そこで，債権者代位権におけると同様に，どういった場合には，債務者の

意思を無視して，債務者の行為に介入することが正当化できるか，という考慮が必要となる。さらに，債権者代位権の場合と異なり，相手方に対する考慮も必要となる。債権者代位権の行使の場合だって相手方があるじゃないか，と思うかもしれないが，そのときの相手方はしょせん債務を弁済する義務を負っていたり，解除権の行使を受けざるをえない地位にいたりする者である。これに対して，詐害行為取消権の取消対象となる法律行為の相手方は，いやしくも契約等によって権利を取得した者である。それを勝手にひっくり返す（＝取り消す）というわけだから，どういった場合にならば，ひっくり返されてもやむをえない，と相手方の立場を評価できるか，が問題となる。

まず，債権者代位権と違って，裁判上，取消請求をしなければならないとされている（424条1項。「裁判所に請求することができる。」）。債権者代位権は，ある人ができるのにやらない行為を代わりにやるだけだが，詐害行為取消権は，ある人がやった行為を他の人が取り消すという意味で，介入の度合いが高い。より慎重な手続を踏ませるわけである。

次に，どういった場合が，債務者は自分の行為に債権者から介入されてもやむをえないというべきか。

第1に，財産権を目的とする行為以外については，介入が認められない（424条2項）。たとえば，養子縁組をすることにより，扶養家族が増え，それによって債務者の財産状態が悪化するとしても，こういった行為については第三者の介入を認めるべきではないから，詐害行為取消権による取消しは認められない。同様に，債務者が相続を放棄しても，その取消しは認められないとされている。債務者の自由意思に任せるべき事柄だし，また，相続を放棄しても，財産が増加しないだけで，減少するわけではないからである。これに対して，離婚による財産分与については，不相当に過大であり，財産分与の外観をとりながら，配偶者に財産を渡したと見られる場合には，取消しの対象となるとされる。当然であろう。

第2に，債権者を害する行為であり，そのことを債務者が知っていたことが必要とされる（424条1項）。つまり，財産が1億円あり，借金が2000万円ある者が，5000万円を他に贈与したからといって，その行為は取消しの対象とはならない。債権者は，残りの5000万円から債権を回収できるからである。これに対して，財産1億円，借金1億円の者が，5000万円を他に贈与す

ると，債権者が害されることになる。その行為によって，債権者の取り分が減少するような行為だけが取消しの対象となり，かつ，債務者がそのことを認識しているときだけ，介入が認められるのである。

しかし，具体的な事例を考えてみると，この要件を満たすか否か微妙なものもある。

債務者が債務超過の状態にあるとき，不動産を無償で贈与したり，不当に安く売却したりすることが，この要件を満たすのは当然である。ところが，相当の価格で不動産を売却するとどうなるか。たとえば，債務者が1億円相当の不動産を所有するとき，それを1億円で売却し，現金1億円を手にすれば，債務者の総財産額には変化がないから，債権者は害されていないともいえる。しかし，債務者の財産が不動産から現金に代わってしまうと，実際にそれを差し押さえるのがきわめて困難になる。そうなると，債権者を害するともいえる。また，一部の債権者への弁済も，義務の履行であるし，それによって借金も減るのだからよさそうにも思える。しかし，財産1億円の者が，様々な債権者に総額で2億円の借金を負っているとき，本来なら，各債権者は債権額の半分ずつ債権を回収できるはずだった。それなのに，5000万円の債権者が5000万円の全額弁済を受けると，残りの債権者（債権総額1億5000万円）で残りの財産（5000万円）を分配しなければならなくなり，回収比率は3分の1に下がるのである。そうだとすれば，残りの債権者を害する行為だともいえる。

判例は，この点で，債務者および相手方の主観的要素，すなわち，他の債権者を害する目的であったか否か，などを総合考慮しながら，限界を決めてきた。しかし，それでは不安定である。さらに，破産法との関係もある。実は，破産法においても，破産手続開始前にした債務者の行為を破産管財人が否認できるという制度（否認権）が認められている。この否認権の行使についても，どのような場合にその行使が可能かを明確にすべきであるということで，2004年に，「相当な対価を得てした財産の処分行為」，「特定の債権者に対する担保供与等」などの場合について否認権行使が認められるための要件を明確にする改正がされた。否認権制度の趣旨は，詐害行為取消権と同じであり，否認権というのは破産手続における詐害行為取消権である。両者の要件の間にはバランスが求められる。そこで，2017年改正によって，詐害行為取消権につい

ても，相当な対価を得て行われた財産の処分行為や，特定の債権者に対する弁済や担保供与について，明示の規律を置くこととした。一言でいえば，相当の対価による処分の場合には，財産を金銭に換えて隠匿などをしようと債務者が思っており，それを相手方も知っている場合，また，特定の債権者に対する弁済等については，債権者と通謀してその者だけに特別の利益を与えようとするものである場合にかぎって取消しができる，というわけである（424条の2〜4）改正点。

　最後に，相手方の立場の考慮，すなわち，どういった場合にならば，ひっくり返されてもやむをえない，と相手方の立場を評価できるか。これは取消しの相手方が誰か，ということとも関係している。

　まず，金銭による弁済を取り消すとか，ある者に対する債務免除（債務者が自分に対して債務を負っている者に対し，借金を帳消しにしてやる意思表示をした場合）を取り消すとかいった場合には，債務者のした法律行為の相手方（受益者）が取消しの相手方である。このとき，その者が，自分の権利取得によって債権者が損害を受けるということを知っていたときにだけ，取消しが認められる（424条1項ただし書。424条の2〜4は，特別に要件を加重している）。

　これに対して，たとえば，土地が不当な廉価で売却された場合には，その目的物を債務者の所有に回復して，差押えの対象としなければならないわけだから，現在，その目的物を所有している人を基本的には取消しの相手方とする。債務者からの直接の買主とはかぎらない。そこから，さらに転売されているかもしれない。このときは，債務者がした廉価売却行為を取り消すとともに，直接の買主を相手にその土地の価額を支払え，と請求していってもよいし，転得者に対して，その土地の返還を求め，あるいは，その土地の価額を支払え，と請求していってもよい（424条の6）。ただし，転得者を相手取って詐害行為取消しをするときには，債務者のした行為が債権者を害するものであったことを転得者が知っている必要がある。転得者からの再転得者がいて，再転得者に対して取消権を行使するときは，転得者と再転得者の両方が，債務者のした行為が債権者を害するものであったことを知っていなければならない。つまり，取消しの相手方の前に登場している者全員が悪意でなければならないのである（424条の5）。

それでは，どうして全員が悪意であることを要求するのだろうか。

　取消しが行われると，その不動産を失うか，その価額の賠償をしなければならなくなる。とすると，取消しをされた者は，自分のその不動産を売った者に対して，「お前から買ったのに，結局，取り戻されたではないか」と文句をいうことになる。具体的には損害賠償を請求していく。たしかに，取消しをされた者に売った売主が，「実は，そもそもSがこの不動産を売却した行為は，Sの債権者を害する行為だったんだよね」と知っていれば，取り消されるかもしれないということを覚悟しておけ，取り消されたら損害賠償を支払え，といってもおかしくない。しかし，「えっ，自分はそんなことは知らなかった」という者に賠償義務を負わせることは，取引の安定性を害する。そこで，取消しの相手方よりも前の者がみんな悪意であることが要求されるのである。

　これは，かつては考え方の分かれていた点であるが，2017年改正で，破産法の否認権に合わせて，以上のように定められることになった 改正点 。

　ここまで説明してきたような要件の設定は，合理的なように思われる。しかし，少なくとも債務者の主観的要件，つまり債権者を害することを知りながら法律行為をしたことの立証責任は，取消しをする債権者に課されている。また，2017年改正で明確にされた点もあるものの，子どもの入学金や授業料を支払ったり，入院費を支払ったりすることは，それによって他の借金が支払えなくなるとしても，「債権者を害すること」を知ってした行為だとはされない。そこにおける判断は，債務者の主観的要素と行為の類型とを総合的に考慮するという，よくいえば柔軟な，悪くいえば不安定な方法によっているのである。そうすると，裁判まで起こして取消しを主張したのに，その取消しが認められないかもしれない，というリスクがあることになる。そもそも裁判を起こすことは面倒で費用もかかる。そこで，詐害行為取消権の行使は思うほど行われず，安価に商品を買いたたいた者は結局のところ得をし，財産隠しをすれば結局うまくいくということも多い。債務者への介入だから慎重にしなければならないが，慎重にすることによって制度の簡便さが奪われるわけである。

◆詐害行為取消権の行使による債権回収

　以上に述べた不安定さや面倒を抜きにしても，詐害行為取消権が，その債務者に対する債権者みんなのために，差し押さえうる財産を多くするという効果

だけをもたらすものならば，訴訟の提起を買って出るお人好しはいない。債権者代位権については，それが事実上，優先弁済を受けるための道具として使われることを説明した。実は，詐害行為取消権もそうなのである。そして，それでこそ，詐害行為取消権は現実に用いられるのである。

取り消された法律行為によって受益者や転得者に給付されていたものが，金銭である場合（特定の債権者にだけ弁済した場合を考えればよい）と動産や不動産である場合とに分けて説明する。

まず，金銭の場合である。このとき，取消しを訴訟上行った債権者は，自分に対してその金銭の引渡しを請求できる（424条の9）。詐害行為取消権が，債権者みんなのために差押え可能な財産を増やすためのものであることを考えると，債務者に対して引き渡せ，と請求できるだけのようにも思われる。しかし，債権者代位権のところで説明したように（→344〜345頁），債務者に受領を強制する方法はないから，取消債権者が自分への引渡しを請求してくると，それを認めざるをえないのである。もちろん，金銭を受領した取消債権者は，受け取った金銭を債務者に引き渡す義務を負うが，このとき，取消債権者は，自分が債務者に対して有する債権と債務者が自分に対して有する債権（受け取った金銭を引き渡せ，という債権）とを相殺し，事実上，優先的に債権を回収できるのである。以上は，取消しの相手方に対して，価額賠償を請求していくとき（→349頁）も同様である。

次に，取り消された法律行為によって給付されたものが動産の場合にも，取消債権者は自分への引渡しを求めることができるが（424条の9），引き渡された動産の所有権は取消債権者にないので，債務者に返還せざるをえない。また，不動産の場合には，取消債権者は現在の登記を抹消し，債務者名義を回復することを請求できるだけで，自分への引渡し・登記移転を求めることはできない。したがって，この場合には，総債権者のために差押え可能財産を増加させるという目的に適した解決になりそうだが，これまたそうはいかない。次のようなわけである。

総財産1億円，総債務額3億円の債務者Ｓがいるとする。Ｓは，もはや全債務を支払える可能性がないので，親戚であるＡにだけは迷惑をかけないように，Ａと相談のうえ，8000万円相当の不動産を，Ａに対する債務（8000万円）の支払いに代えて，Ａに譲渡した（代物弁済→246〜247頁）。そして，他の債

権者は，債権額の３分の１は回収できるはずであったのに，いまや残りの財産2000万円を，総債権額２億2000万円の債権者で分配することになり，11分の１しか回収できなくなったのである。

　取消しの要件は満たされている（424条の３参照）。そこで，債権者の１人であるＧ（債権額4800万円）が，詐害行為取消訴訟を提起した。この訴訟でＧが勝訴すると，不動産の登記名義はＳに回復され，Ｓに対する多数の債権者への支払いの原資として用いられることになる。その後の差押え，競売，配当の手続において，取消訴訟を提起した債権者がとくに優遇されるわけではない。債権者平等の原則に従って配当を受けるにとどまるのであり，1600万円が回収できるという状態，つまりもとの状態に戻るだけである。

　そこで，Ｇは考える。この詐害行為取消訴訟において，Ａとの間で和解を成立させよう。和解内容は，Ａがその不動産を取得することを認めるが，ＡはＧに対して3000万円支払う，というものである。こうすると，Ａは債権額8000万円のうち5000万円，Ｇは債権額4800万円のうち3000万円が回収できることになり，２人とも得をする。つまり，Ｇは取消訴訟で勝訴すると，1600万円しか回収できないのに，和解すると3000万円回収できる。Ａは，敗訴すると，不動産を返さなくてはならず，その後，配当手続に加わっても，債権額8000万円の３分の１である2600万円強しか回収できないのに，和解に応じれば5000万円が回収できるわけだから，和解に応じる。

　目的物が動産や不動産のときも，詐害行為取消権の行使の結果は，決して総債権者の利益のためにはならない。かくして，詐害行為取消権は，一部の債権者が優先的に債権を回収する方法となっているのである。

　学説上，いろいろな意見はある。債権者代位権と同じく，詐害行為取消権についても，本来の制度趣旨に反しているので，このような結論になるのは妥当でない，という説も強い。2017年改正の過程でも様々に議論されたが，結局，これまでの規律が維持された。債権者みんなのために一肌脱ぐというお人好しはあまりいないのが現実であり，また，当然のことなのである。

4　財産開示手続

　以上は，このままでは財産が不十分な債務者の財産をどのようにして増加さ

せるか，という話であった。財産が十分にある債務者は，自分で債務の弁済をしそうであるし，任意に弁済しなくても，差押えができるから，それで問題はないと考えることができそうである。しかし，実際には，そうもいかない。

　財産があるのにそれを隠し，債務を弁済しない者も多い。差押えをしようにも財産が隠されているのでわからない。預金がありそうなのだが，どこの銀行かもわからない。このようなとき，債権者の泣き寝入りになることも多かった。

　そこで，2003年の民事執行法の改正により，財産開示の制度がとりいれられた。簡単に言えば，債務者に，自分にはどのような財産がどこにあるかを開示させるという制度なのだが，債務者のプライバシーとの関係が問題となる。

　そこで，まず，請求権者を，債務名義を有する債権者または一般先取特権者（一般先取特権については後に述べるが，給料が未払いとなっている会社従業員がここでの典型である。→529頁）にかぎっている。これらの者の申立てにより，債務者は，非公開の手続で自己の財産について説明しなければならないことになる（民事執行法196条以下）。

　そして，債務者が出頭しなかったり，陳述しなかったり，嘘を述べたりしたときには，30万円以下の過料に処せられる（同法206条1項）。また，申立人は財産開示手続において得た情報を目的外で使用することが禁じられ，その違反に対しても30万円以下の過料の制裁が科されることになっている（同法202条，206条2項）。

　もっとも，現行の制度では十分に効果があがらないとされ，現在，改正が予定されている。具体的には，登記所に債務者所有財産の開示を求めること，市町村が税のために保有している情報や共済組合が年金のために有している情報の開示を求めて，勤務先がわかるようにすること，銀行等に預貯金などの情報の開示を求めることなどが認められ，また，手続に従わなかった債務者の罰則を強化する方向が示されている。

Ⅱ　変則的な債権回収

1　抜け駆け的な債権回収

◆変則的＝実戦的

　第6章で説明した債権の強制的な実現方法は，いわば正攻法である。ところが，債務者を相手取って訴訟を提起し，勝訴して，債務者の財産に対して執行していく，というのは，面倒であり，時間もかかる。また，金銭債権の回収を目的とした強制執行手続は，債権者平等の原則に支配され，自分だけが優先的に債権を回収できるわけではない。そうすると，債務超過に陥った債務者相手では，しょせん，十分な債権回収は見込めない。

　実は，ある特定の債務者に対する様々な債権者の中で，優先的な地位を得て債権を回収するための制度として，民法には抵当権などの担保物権制度が用意されている。これについては後にくわしく説明する（→476頁以下）。また，すでに説明した保証も，本来の債務者以外に対しても弁済を求めていくことができるという意味で，債権を回収しやすくするためのものであり，人的担保制度とよばれる（→259〜263頁，338〜339頁）。これらは，たしかに有力な方法ではある。しかし，事前にきちんとした措置を講じていることが前提となる。つまり，事前に交渉し，債務者や第三者所有の適当な財産を対象物として担保権設定契約を締結し，設定登記をする，あるいは，資力のある第三者との間で保証契約を締結する。こういったことが行われていなければならない。ところが，債権者・債務者の力関係などから，担保が取得できないことも多い。

　そういった意味では，担保物権や保証の制度はそもそも簡易なものではないし，また，後に見るように，実際にその担保を実現して，債権を優先的に回収しようとするときも，なかなか大変である。

　以上に対して，これから説明しようとする，相殺，代物弁済，債権譲渡や，すでに説明した債権者代位権，詐害行為取消権といった制度は，本来的には担保を目的としたものではない。しかし，取引実務は，これらの制度をうまく用

い，自分の債権回収に役立てようとする。もちろん，これらの制度について，本来的な趣旨を理解することも必要だが，それだけではおもしろくない。取引実務において，どうやって，それらの制度に債権回収を担わせようとしているのか，味わっていこう。

2　相　殺

◆相殺による簡易な債権実現

まずは相殺である。

AがBに対して1000万円の金銭債権をもっている。逆に，BもAに対して800万円の金銭債権をもっている。そして，その両方につき弁済期が到来しているとする。このようなとき，一方，AからBに現実に800万円支払わせ，同時にBからAに現実に1000万円支払わせるのは無駄である。差額だけを決済すればたりるのであり，BからAに対して200万円だけを支払わせればよい。こういった差額決済のことを相殺という。

民法505条1項は，次のように規定している。

　　2人が互いに同種の目的を有する債務を負担する場合において，双方の債務が弁済期にあるときは，各債務者は，その対当額について相殺に

Column 39

ネッティング

　両当事者間に多数の契約が存在するとき，それぞれの契約について債権が発生し，それらを相殺するというのではなく，そもそも差し引きが行われた残高のみの債権が1つだけ成立する旨が約されることがある。ネッティングという。「ネット」というのは，「正味」という意味であり，ネッティングとは，「正味にする」という意味である。最初から1個の債権しか発生しないとされるわけである。

　形式的には相殺とは異なる。しかしながら，ネッティングの合意は，相殺や双務契約に関する倒産法上の規制を免れる手段として用いられるため，その倒産法上の扱いが問題となった。

　脱法気味の行為である。しかし，一部の金融取引手法においては，海外でも広く認められているものである。そこで，1998年，「金融機関等が行う特定金融取引の一括清算に関する法律」が制定され，倒産法上の有効性が正面から認められるに至った。

よってその債務を免れることができる。ただし、債務の性質がこれを許さないときは、この限りでない。

難しそうに感じるかもしれないが、そんなことはない。

相殺は、お互いに同種の債務を負っているときに、その差し引きだけを決済しようというわけだから、お互いが負っている債務が同種類のものでなければならない。一方が家屋の引渡し債務を負い、他方が金銭支払債務を負うときに、両者が相殺されるなどということはありえない。これが、「2人が互いに同種の目的を有する債務を負担する場合において」とされていることの意味である。

また、お互いに金銭債務を負っているとしても、AがBに対して負っている債務（金1000万円）の弁済期は10月1日にすでに到来しており、他方、BがAに対して負っている債務（金1000万円）の弁済期は12月1日に到来する、といったときに、Aが11月1日の時点で相殺を主張することが許されるとするとおかしい。Bはまだ支払わなくてよいのである。そこで、「双方の債務が弁済期にあるときは」という要件が出てくる。

さらに、同種の債務であっても、双方が現実に履行しなければ無意味であるものは、相殺の対象とならない。たとえば、寮に隣同士で住んでいる者が、お互いに引っ越しの手伝いをする契約を締結したとする。このとき、AはBに対し「手伝う」という債務を負い、BはAに対し「手伝う」という債務を負っている。しかし、両者を相殺するということを認めたのでは、結局、契約をなかったものとすることになる。したがって、相殺は認められない。そこで、ただし書は、「債務の性質がこれを許さないときは、この限りでない。」としている。

以上の要件が満たされ、相殺が可能になっている状態のことを**相殺適状**という。「相殺に適した状態」ということである。

相殺は、相殺適状になっているときに、一方の相殺の意思表示によって生じる（506条1項）。その効果は、「その対当額について相殺によってその債務を免れることができる。」ということであって、AがBに対して800万円の金銭債務を負っており、逆に、BもAに対して1000万円の金銭債務を負っているとき、相殺されれば、AがBに負っている債務は全額消滅し、BがAに負っている債務も800万円分が消滅する。その結果、Bだけが200万円の金銭債務を

負っているという状態になる。

　この効果は，相殺適状の時点にさかのぼって生じる（506条2項）。相殺適状になった時点で，両当事者には相殺の期待が生じるので，それ以降，相手方の不履行をとがめることはできず，したがって遅延損害金も発生させないのが妥当だからである。

◆相殺の担保的機能

　以上のように説明すると，相殺は，両方が金銭を支払いあうという無駄をはぶく制度のようにだけ感じられるかもしれない。しかし，相殺にはもう1つ重要な意味がある。

　たとえば，債務者Sに対して，それぞれ1000万円の債権をもつ債権者A，B，Cが存在するとしよう。Sは倒産の危機にあり，あまり財産はない。ただ，工場機械（価額500万円）とAに対する売掛代金債権の1000万円があるのみである（図7-4）。

　すでに述べたように，A，B，Cの3人の債権者すべてが自分の債権の全額について回収することができないとき，原則としては，それら3人の債権者は平等に扱われる。したがって，Sの財産合計1500万円が，A，B，Cに平等に分配され，各々が500万円の支払いを受けることになる。つまり，みんな半分しかとれないわけである。

　ところが，Aが，自分の債権1000万円とSがAに対して有する売掛代金債権とを相殺すると，Aは全額の回収ができたのと同じ状態となる。逆に，B，Cは，残りの工場機械だけから債権を回収することになり，それぞれ250万円だけしか支払いを受けえない。つまり，Aは，相殺を行うことによって，Sに対する他の債権者よりも有利なかたちで自分の債権を回収できるわけである。

　このように，相殺ができるという

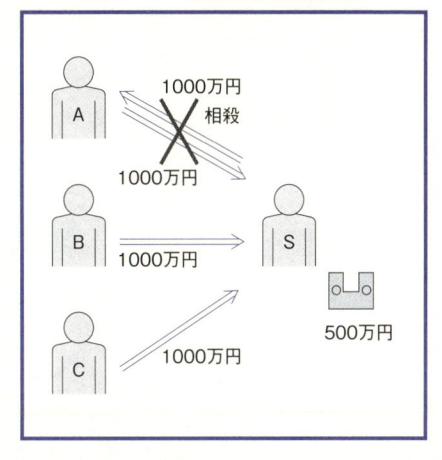

図7-4　相殺の担保的機能

地位にあることは，債務者が経済的な危機状態に陥ったときや，また，そうでなくても，自発的に債務を弁済しようとしないときに，その債務者に対する他の債権者よりも有利な立場で，簡易に自分の債権を回収できるということを意味する。相殺ができるという状態が，自分の債権の担保として機能するわけである。

◆担保的機能の創出1──相殺に適した債務をあえて負担する

相殺が担保として機能するということになれば，実務の世界では，偶然に相殺が可能になる状態を待っておくなどということはしない。いざというときに相殺ができるようにするため，様々な方式が考案されることになる。

まず，相殺は，両当事者双方が相手方に対して債務を負っていなければならない。そこで，たとえば，顧客Dに対して製品を販売し，売掛代金債権を取得するタイプの業者Sに対して債権をもっている者Gは，Sが財務危機に陥ろうとしているときに，商品を買い取り，自分を経由して，Dに対して転売すると

図7-5　相殺ができる状況の創出

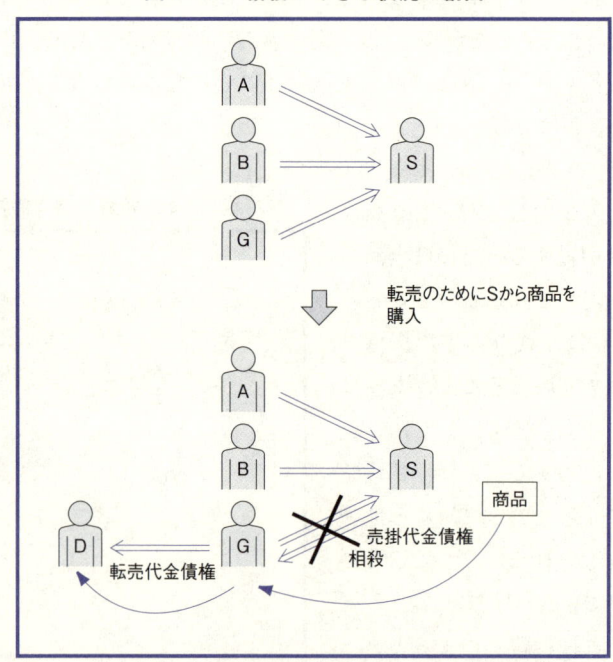

いうかたちを作ろうとする。ふつう，転売というのは儲けるためにするわけだが，ここでは儲ける必要などない。かたちのうえで，転売という形式にしておくだけで，商品はいつもどおりSからDに対して送られる。

　左の図（図7-5）を見てほしい。転売という仕組みを講じないうちは，Gは，Sに対する他の債権者A，Bと平等の地位でSの財産を分け合うことになる。SのDに対する債権も，Sの財産として，債権者みんなの当てにできる財産となる。ところが，転売という仕組みを講じると，GはSに対する自分の債権と，SのGに対する売掛代金債権とを相殺し，Sの財務危機とは無関係に，Dに対して代金の支払いを請求できることになる。そして，Dに支払能力があれば，Gは債権全額の回収ができる。債務を負うことになるDが損をしているのではないかと思うかもしれないが，DはいつもSから商品を仕入れているのであり，代金の支払先が変わっただけであるから心配ない。逆にいえば，そのようなDを選ぶのである。

　相殺に適した債務をあえて負うことによって，Sに対する不良債権と相殺し，Dに対する優良債権に変えてしまう。この妙技を味わってほしい。

　さらに，もっと切羽詰まった状態で，むりやりに債務を負うこともある。この例で，GがともかくもSから商品を買い受けて，引渡しを受けるのである。場合によっては，かなり強引な方法でSのもとに残っている商品を奪ってきて，その商品をGに売るという契約をSに締結させる。そして，Sに対して負った売買代金債務と自分の債務を相殺し，おもむろに商品の転売先を探す。転売できた商品の分だけ債権が回収できたことになる。

　すでに説明した詐害行為取消権や倒産法上の否認権によって，1人の債権者の抜け駆けがとがめられることはある（→346〜352頁）。しかし，効力がひっくり返されることがある，というだけであり，事実として相殺をしてしまう，ということの意味は重い。

◆担保的機能の創出2──双方の債務の弁済期を到来させる

　相殺は，「双方の債務が弁済期にあるとき」にのみ可能である（505条1項）。そうすると，債務者Sが債権者Gに対して負う債務の弁済期は到来しているが，GがSに対して負う債務の弁済が未到来のときには，相殺ができない。Sの財務状態が健全ならば，Gとしてはあえて相殺したいとは思わないだ

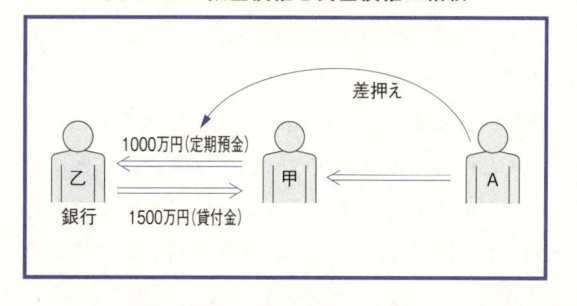

図7-6　預金債権と貸金債権の相殺

差押え

乙　1000万円（定期預金）→　甲　←　A

銀行　1500万円（貸付金）

ろう。相手からは早くもらえて，自分は遅く払えれば，それに越したことはない。

ところが，Ｓが倒産しそうだというときにはそうはいかない。はやく相殺をして，債権回収だけは図っておきたい。このようなときは，Ｇには自分がＳに対して負っている債務の期限の利益を放棄するという方法がある。「〇年〇月〇日までは支払わなくてよい」というのは，債務者の利益のための期限設定であり，これは利益を受ける側で放棄ができる（136条2項）。そして，期限の利益を放棄すると，ＧがＳに対して負っている債務の弁済期が到来し，相殺ができることになるのである。

逆に，債務者Ｓが債権者Ｇに対して負う債務の弁済期が未到来のときには，Ｇが期限の利益を放棄すればすむわけではない。相手方の期限の利益を失わさなければならないのであり，これには特別の合意が必要である。そこで，実務では，相手方の財務危機をあらわす事由が生じたときには，相手方が期限の利益を喪失する旨の約定（**期限の利益喪失条項**）が広く用いられている。相手方が財務危機に陥りそうなとき契約を解除できるようにするために，様々な解除事由を定めておくということは，すでに説明した（→310～311頁）。ここでは，相殺を可能にするために，同様の特約がされるわけである。

具体的に，ある銀行が顧客との間の取引に使用している銀行取引約定書5条1項を見ておこう。だいたいどこの銀行も類似の契約条項を用意している。ここで，「甲」とは銀行の顧客のこと，「乙」とは銀行のことである。

> 甲について次の各号の事由が1つでも生じた場合には，乙からの通知催告等がなくても，甲は乙に対する一切の債務について当然期限の利益を失い，直ちに債務を弁済するものとします。
> （中略）
> 3　甲またはその保証人の預金その他の乙に対する債権について仮差押，保全差押または差押の命令，通知が発送されたとき。

（以下略）

　この条項の効力については，最高裁で幾度も争われた。少しくわしく見てみよう。

　まず，例を考えよう。

　甲は，乙銀行に1000万円の定期預金をもっているとともに，1500万円の借り入れをしている。定期預金の期日も，借入金の返済期限も未到来である。ところが，甲が他の債権者Ａに対する債務の支払いを怠ったため，Ａは，甲が乙銀行に対してもつ預金債権を差し押さえた。これに対して，乙銀行は，甲が乙に対してもつ預金債権と乙銀行が甲に対してもつ貸金債権とを対当額で相殺する，と主張した（図7－6）。

　乙銀行の言い分はこうである。すなわち，甲は，預金債権の差押えを受けたことによって，銀行取引約定書5条1項3号に基づき，乙銀行に対する借入金債務につき期限の利益を失い，その借入金債務は弁済期が到来した。他方，甲が乙銀行に対してもっている預金債権については，乙銀行の意思で期限の利益を放棄した。定期預金の場合，期限の利益は債務者（＝銀行）の利益のためにだけあるのではないが，約定期限までの利息を付ければ債務者は期限の利益を放棄できると理解されている。以上から，両債務とも弁済期が到来していることになり，相殺ができるはずだ。

　結論からいうと，現在の最高裁判例はこの乙銀行の言い分を認めた。しかし，単純な形式論理からそう結論するわけではない。最高裁昭和45年判決の説くところを聞こう（最高裁昭和45・6・24大法廷判決（民集24巻6号587頁））。

　相殺の制度は，互いに同種の債権を有する当事者間において，相対立する債権債務を簡易な方法によって決済し，もって両者の債権関係を円滑かつ公平に処理することを目的とする合理的な制度であって，相殺権を行使する債権者の立場からすれば，債務者の資力が不十分な場合においても，自己の債権については確実かつ十分な弁済を受けたと同様な利益を受けることができる点において，受働債権につきあたかも担保権を有するにも似た地位が与えられるという機能を営むものである。相殺制度のこの目的および機能は，現在の経済社会において取引の助長にも役立つものであるから，この制度によって保護される当事者の地位は，できるかぎり尊重すべ

きものであって，当事者の一方の債権について差押が行なわれた場合においても，明文の根拠なくして，たやすくこれを否定すべきものではない。

相殺を単に簡易な決済手段だと見るならば，ある当事者（ここでは銀行）だけが優先的に債権を回収するという結果はなるべく避けなければならない。しかし，昭和45年の最高裁判決は，相殺の担保的機能を正面から認め，それを尊重すべきことを説いた。そして，乙銀行の論理を認めたのである。

このような判例法理には，その後も強い批判があった。しかし，この判決が前提となって実務が積み重ねられており，今さら変更も難しい。そこで，2017年改正では，この判例法理を是認することを前提に，「差押えを受けた債権の第三債務者は，……差押え前に取得した債権による相殺をもって」，差押債権者に「対抗することができる」（511条1項）とした 改正点。ただし，両方の債務が弁済期にあることは必要だから，顧客の債務について期限の利益を失わせる条項と，銀行の期限の利益の放棄は必要である。

3 代物弁済

◆代物弁済とは何か

在庫商品を買い受けて，買掛代金債務を負い，自分の債権と相殺する，という方法をすでに紹介したが，もっと率直に，金銭に代えて在庫商品を引き揚げて，現物で弁済を受けるという方法もある。民法482条は，「弁済をすることができる者（以下「弁済者」という。）が，債権者との間で，債務者の負担した給付に代えて他の給付をすることにより債務を消滅させる旨の契約をした場合において，その弁済者が当該他の給付をしたときは，その給付は，弁済と同一の効力を有する。」と規定している。**代物弁済**とよばれることは，すでに説明した（→247頁）。引き揚げた商品をもって代物弁済を受けるのである。

もっとも，在庫商品の引き揚げに関しては，「自社売りなら返品手続，他社売りなら買取手続」といわれ，直接に代物弁済を用いることは少ないようである。しかし，在庫商品の引き揚げにかぎらないでいえば，代物弁済は，債権者と債務者との間で次のような契約をすることによって，債権回収手段として機能している。すなわち，将来，一定の事由が発生したときは，本来の給付であるところの金銭の支払いに代えて，この財産を債権者に移転します，という契

約である。実際に代物弁済が行われるにあたって，一定の事由の発生だけでなく，債権者の意思表示を必要とするものを**代物弁済予約**（556条参照。同条が559条によって代物弁済の合意に準用される），一定の事由の発生によって当然に代物弁済の効力が発生するという契約を**停止条件付き代物弁済**（127条1項参照）という。

◆不動産の代物弁済予約

　停止条件付き代物弁済についても問題点は同様なので，ここでは代物弁済予約に代表させて話を進める。

　かつては，不動産を目的物とする代物弁済予約が広く用いられていた。たとえば，GがSに対して1000万円の金銭債権を有しているとする。このとき，Sの債務不履行があれば，S所有の甲不動産によってGへの弁済が行われる，と合意する。Sが本来負っているのは金銭債務であるが，Sの債務不履行という事由が生じたときは，「1000万円を支払う」という給付に代えて，「甲不動産の所有権をGに移転する」という給付をすることによって，金銭債務が弁済されたのと同じ効果を生じさせることをあらかじめ合意しておくわけである。Gは，金銭が必要ならば，その不動産を第三者に売却して，金銭を得ることができる。こうしておけば，いざというときの債権回収が容易だということはわかるだろう。そして，代物弁済の効力が生じると，その財産はSの財産ではなくなるわけだから，もはや他の債権者はそれを差し押さえることができなくなるのである。

　目的物である不動産の価値が，債権額と見合っているのならば，このような代物弁済もそれなりに合理的である。1000万円支払えないので，1000万円相当の不動産を渡す。これならばまだよい。しかし，代物弁済予約にあたっては，債権額の何倍もの価値の不動産を目的物とすることがしばしば行われた。Sは1000万円を借りたい一心で，また，借りるときは「返せる」と思っているので，5000万円相当の不動産についての代物弁済予約に応じる。ところが，返せない。そうすると，Gに4000万円分も余分にとられることになる。さて，どうすべきであろうか。

　SとGが，「それでよい」とあらかじめ合意しているのだからしかたがない，というのも1つの立場である。しかし，債務者の窮状につけ込んで債権

者が暴利をむさぼるという事態が多発したため，判例は契約内容に大胆に介入していった。とくに重要なのは，代物弁済の目的物とされた物の客観的価値と，債権額との差額を，債権者から債務者に清算する義務を負わせたことであるが，それ以外にも，担保目的の代物弁済予約をまさに担保として処遇する判決例が積み重なった。そして，これらの判例法理は，1978年に**仮登記担保契約に関する法律（仮登記担保法）**としてまとまり，規制がされるに至った。

仮登記担保法では，代物弁済予約の契約を締結した債権者の権利をかなり制限している。そのため，代物弁済予約は，不動産等においては，簡易な債権回収方法としてのうまみを失い，現在ではあまり用いられなくなったともいわれる（→511〜514頁）。

◆一括支払システムの代物弁済条項

だからといって，代物弁済自体が意味を失ったわけではない。銀行実務で重要な役割を担っている一括支払システムにも停止条件付き代物弁済の合意が用いられている。

企業間で代金の支払いがされるとき，以前は約束手形が広く用いられていた（→273頁）。買主が3か月後に支払期日の到来する約束手形で売主に代金を支払った。ところが，売主はその支払期日以前に金銭が必要となった。このときには，その約束手形を銀行に割り引いてもらい，割引料を差し引いた金額を受け取る。**手形割引**である。手形割引を受けるにあたって，売主はその約束手形に裏書をする。これによって，売主にも手形金支払いの責任が発生する。手形の満期日に銀行は買主に手形金の支払いを求めるが，買主が財務危機に陥って支払えないときには，裏書によって責任を負っている売主に手形金の支払いを求める。

しかし，このような紙（＝約束手形）に基づいた処理は手間が大変である。そこで，1986年10月から，銀行は，当座貸越を基礎とした決済システムを導入した。これまで約束手形を振り出していた買主は，新しいシステムのもとでは，自分の口座から3か月後に売主の口座に代金分を支払うことを銀行に委託する。売主が事前に資金を必要とするときには，売主に対して口座貸越のかたちで融資をし，そのとき売主の買主に対する代金債権を譲渡担保としておく。譲渡担保については後に説明するが（→516〜522頁），ここでは，代金債

権を売主から銀行に移転しておくが，いまだその移転は確定的なものになっておらず，売主の債務不履行があって移転が確定するもの，と考えておくとよい。こうしておけば，売主が返済できないときには，代金債権の移転を確定的なものとし（これを譲渡担保権の実行という），銀行は債権者として買主に対し代金債権の支払いを請求していくことができる。これを**一括支払システム**という。

ところが，ここで用いられている譲渡担保には弱点がある。譲渡担保の設定者（この例では商品の売主）が税金を滞納したとき，国は譲渡担保の目的財産からも税金を徴収することができるし，また，場合によっては譲渡担保権者（この例では銀行）が第二次納税義務者になることになっているのである（国税徴収法24条）。そんなことをされたのでは，銀行はお手上げである。銀行に対して借金を返せない者は，多くの場合，税金も滞納している。したがって，銀行が譲渡担保権を実行して，買主に対する売買代金債権から貸金を回収しようとしても，国が優先的に租税債権を回収してしまうことになる。

そこで，銀行は考えた。「銀行が意思表示をして譲渡担保を実行するというかたちをとるから，国がその財産に手を伸ばしてきたときには，まだその財産が譲渡担保の目的財産だということになるんだ。国が手を伸ばしてきた瞬間，銀行が代金債権の確定的な債権者になり，その債権はもはや譲渡担保の目的財産ではない状態を作り上げればいいんだ」。

こういった考え方から，銀行は，一括支払システムに関する契約書を改訂することにした。1988年のことである。国が譲渡担保財産に対して権利を行使することは，譲渡担保権者に対する告知から始まる（国税徴収法24条2項）。そこで，新しい契約書の3条の2は，告知が発せられた時点で，債務者は期限の利益を失うとともに，担保となっている売買代金債権が自動的に代物弁済に供せられる，と規定した。こうしておけば，告知の時点で譲渡担保関係は消滅し，もはや国税徴収法24条は適用されなくなる。その後は，銀行が取得した代金債権を自分の債権として買主から取り立てるという関係だけが残される。

しかし，これに対しては，その有効性を否定する見解もあった。国税徴収法24条を不当に免れようとする行為であり，効力を認めがたい，というわけである。そして，最高裁判所は，この合意の効力を否定する判断を下すに至った

（最高裁平成15・12・19判決（民集57巻11号2292頁））。そこで，実務はさらに，一括信託方式や一括ファクタリング方式とよばれるシステムに移行していったが，さらに現在では後に述べる（→389〜390頁）電子記録債権を用いた制度に移行してきているといわれる。

　ともあれ，実務では，様々な法律制度を駆使して，債権の優先的回収に努力していることがわかるだろう。

4　債権譲渡

◆債権の経済的目的の実現

　「債権が実現される」というのは，本来的にはきちんとした弁済を受けることである。1000万円の金銭債権なら，債務者から1000万円を受け取る。物の引渡請求権なら，債務者からその物の引渡しを受ける。これが実現である。

　しかし，それらの債権を買い取ってくれるという人がいれば，その経済的価値は実現できる。1000万円の金銭債権につき債務者からその弁済を受け，1000万円を手にしようが，その債権の買主から代金として金銭を受け取ろうが，いずれにせよ経済目的は達成できる。

　もちろん，1000万円の債権を1000万円で買い取ろうという人はいない。一方では，債権額よりも少なくてよいから早く現金がほしいという人がいて，他方では，少し時間がかかってもよいから，手持ちの900万円をうまく投資して1000万円にしたい人がいる。そうすると，額面1000万円の債権につき，代金900万円で売買契約が成立するわけである。

　そこで，民法466条1項本文は，「債権は，譲り渡すことができる。」と定める。**債権譲渡**である。債権譲渡があれば，譲渡人（ゆずりわたしにん）は債権者の地位からはずれ，譲受人（ゆずりうけにん）が債権者となる。しかし，債権自体の性質は変わらない。債権がそのままの状態で譲受人に移転していくのが債権譲渡なのである。

◆債権譲渡の規律を考えるときのポイント

　とはいえ，何らの規律もなく債権譲渡をほったらかしにしておくと，いろいろ問題が生じる。

　まず，債務者Sの立場に身を置いて考えよう。

①債務者はとにかく1000万円を支払わなければならない。そうすると，その相手方が誰であっても，利害関係はないと一応いうことができる。しかし，債権者が誰であるかがわからなければ困る。Gから1000万円借りているからと思って，Gに1000万円を支払ったところ，「あなたがGに支払った時点で，すでに私がその債権を譲り受けていましたから，私に払ってくれなければ債権は消滅したことになりません」などというAが出てきて，二重に支払わなければならないことになっては困る。

②また，債務者として債権者が変わったのでは困る，という場合もある。第1に，金銭債務以外の債務，たとえば画家が肖像を描くという債務を負ったとき，相手方Gが芸術意欲をかき立てる対象だったから引き受けたのに，「債権が譲渡されました。あなたに『肖像画を描いてくれ』といえる債権者はAになりました」といわれたのではたまらない。第2に，債権者が変わることが，事務処理上やっかいだと考える債務者もいるし，すでに述べた相殺との関係で，債権者を固定しておきたいときもある。

③さらに，譲渡されること自体が嫌でなくても，それによって不利益を被ってはかなわない。債権者に対しても貸金債権をもっているので相殺すればよい，と考えていたのに，自分の債務が譲渡されて相殺ができなくなったり，契約の解除や代金減額が請求できなくなったりしては困る。

次に，譲渡人Gに対する他の債権者Hの立場に身を置いて考えよう。

④譲渡人に対して債権を有する者にとって，譲渡人が他者に対してもっている債権というのは，自分の債権の回収にとって重要な財産である。すでに説明したように，Gが任意にその債務を弁済しないとき，HはGが第三者Sに対してもっている債権を差し押さえ，そこから自分の債権を回収することができる。ところが，当てにしていた債権が，知らぬ間にAに譲渡されていたということになっては困るし，さらには，差し押さえてみたら，「それはもはや譲渡されていますよ」ということでは，手続費用ももったいない。言い換えれば，その債権につき誰が債権者であるかは，Hにとっても重要なことである。

さらに，Gから債権を譲り受けようとする者の立場に身を置いて考えよう。

⑤債権を譲り受けようとする者としては，その債権の債権者が本当にGなのかは重要な問題である。Gのいうことを信じて，債権を譲り受けたとこ

ろ，Aが出てきて，「たしかにその債権は以前Gのものだったけれど，現在は私が譲り受けて債権者となっている」といわれたのではたまらない。また，Gが同じ債権を二重に譲渡したとき，どちらが正当な譲受人となって，その債権を行使できるのか，も問題となる。これを決めるルールが必要である。

◆債権譲渡の制限

以上を踏まえて，民法は様々な規律を定めている。②，すなわち，債権譲渡をされたくない債務者の立場への配慮から見てみよう。

民法は，466条1項で債権が原則として譲渡できることを認めたうえで，同項ただし書が，まず，債権の性質が譲渡を許さない場合もあることを認める。「肖像画を描かせる債権」はこの例である。

次に，第2項以下は，当事者（債権者と債務者）が，債権譲渡を禁止し，または，制限する特約（譲渡禁止特約・譲渡制限特約）を締結しているときについて規定している。

2017年改正までは，このような特約があるとき，それに反する債権譲渡がされても，それは効力を生じず，ただし，特約の存在を知らない第三者が譲受人であるときには，特約の効力をその譲受人に対抗できない，とされていた（何度も出てきた第三者保護の1つ）。しかし，このような特約の効力をそのまま認めてよいのか，について，疑問が投ぜられるようになってきた。

実は，大企業であるとか，国や地方公共団体であるとか，信用力が十分な者が債務者である債権にかぎって，債権譲渡禁止特約が付いていた。債務者の交渉力が強いので，債権者が変わることによる手間を避けるために特約を付けることを要求し，債権者はそれに応ぜざるを得なかったのである（大手の自動車メーカーに中小企業が部品を供給する場合や，公共工事の請負の場合を考えるとわかる）。そこで，たとえば部品供給業者である中小企業が，大企業に対する債権を第三者に譲渡して，資金を調達したいと思っても，これが妨げられていると批判された。

そこで，2017年改正では，このような特約の意義を失わせないかぎりで，その特約の効力を制約することとした。つまり，債権譲渡禁止・制限特約は，自らが弁済すべき相手を固定できる債務者の利益のためのものである。そうで

あるならば，譲渡があったときに，譲渡自体の効力を否定する必要はない。譲渡は効力を有するが，債務者はそのまま元の債権者（譲渡人）に弁済できることにすればよい。そこで，民法466条2項で，債権譲渡禁止・制限特約があっても，債権譲渡の効力は妨げられないとしたうえで，しかし，譲受人が特約の存在を知り，または，重大な過失によって知らなかったときは，債務者は，元の債権者に弁済すれば，債務を消滅させることができるとしたのである（同条3項）**改正点**。

　もっとも，若干のさらなる工夫も必要である。債権譲渡はされている。そこで，債務者は元の債権者が請求してきても，「いや，もう譲渡したんでしょ」といって弁済を拒む。他方で，譲受人が請求してきたら，「いや，あなたは特約の存在につき悪意または重過失だから，私は元の債権者に弁済すれば足りるのであり，あなたには払わない」という。こんなことは許されない。そこで，債務者が債務を履行しないとき，譲受人が債務者に対して，相当の期間を定めて，「期間内に譲渡人に弁済せよ」と請求して，それでも履行しないときには，譲受人が自分への支払を債務者に請求できることになる（466条4項）。

　また，債権譲渡禁止・制限特約の付いている債権でも，第三者はそれを差し押えて，転付命令（→303〜304頁）を得て，その債権者となることができる。第三者が特約の存在について悪意であっても同じである。つまり，特約があっても，転付命令によって強制的な債権譲渡が生じることを妨げえないのである。そうしないと，転付命令というかたちの強制執行の対象とならない財産を当事者間の特約によって勝手に作り出すことができることになり，妥当でないからである。確立した判例法理であったが，2017年改正で明文化された（466条の4第1項）**改正点**。譲渡人について破産手続開始決定があったときも同じである（466条の3）。

　以上のように債権譲渡禁止・制限特約の効力は制限されたが，預金債権・貯金債権については，以前のルールのままである（466条の5）。頻繁に出し入れがされ，円滑な事務執行が市民・企業の経済活動の基礎となっている預金・貯金については，流動性よりも，安定性の方が重んじられたのである。

◆債権譲渡の公示システム

　次に，債権が誰に帰属するのかがわかるようにする制度が求められる。①，

④，⑤の問題である。

　ある土地や建物の所有者が誰であるかは，法務局に行って登記簿を見ればわかるようになっている。もちろん，登記内容が真実と異なったり，いろいろな問題は生じる。これらは後にくわしく検討する（→422頁以下）。しかし，登記制度というものはたしかに存在する。

　これに対して，債権一般については登記制度はない。私が友人といっしょに飲みに行って，3000円貸した。これによって，私を債権者とし，その友人を債務者とする3000円の金銭債権が発生したわけだが，この債権について，その存在を一般に知らせ，かつ，その債権者が私であることを公に示しておく制度は存在しないのである。

　そこで，民法は，債務者を登記所の代わりにすることにした。債権の譲渡を受けたり，差押えをしようと思う者は，おそらく債務者Ｓに問い合わせるだろう。「あなたは，Ｇに1000万円の債務を負っていますよねえ？」。もし債務者がすでに弁済していれば，債務者は，「たしかに負っていましたが，もう支払いました」と答えるであろうし，すでにＡに譲渡されていることがわかっていれば，「いまは債権者はＡさんになっていますよ」と答えることができる。債権の帰属についての情報を債務者に集中させておけば，債務者を「情報センター」にすることができる。

　具体的には，債権の譲渡があっても，それを債務者に通知するか，または，債務者からそれについて承諾を得るかしなければ，債権譲渡があったということを債務者やその他の第三者に対抗しえない（＝主張できない）ことにしたのである。言い換えれば，いくら債権譲渡があっても，債務者への通知または債務者からの承諾がないうちは，債務者は，もとの債権者Ｇ（＝譲渡人）がそのまま債権者の地位にあるとして，Ｇに対して弁済すればよい。それで債務は消滅する。また，Ｇに対する債権者は，その債権の債権者がいまだＧであるとして差し押さえることができる。

　同じ債権が二重に譲渡された場合については少しやっかいだが，心を静めて考えるとわかる。同一の債権を譲り受けたＡとＢがいるとする。Ａへ先に譲渡されたのだが，その譲渡についてはまだ「債務者への通知または債務者からの承諾」がされていない。他方，Ｂへの譲渡は，時間的には後なのだが，「債務者への通知または債務者からの承諾」がされている。このとき，Ａは，自らが

新債権者であることを債務者Sや第三者であるBに対抗できない。これに対して，Bは，自ら新債権者であることをSやAに対抗できる。こうなると，Bが確定的に新債権者となる。そして，Bが確定的に債権者になった後に，Aへの譲渡について「債務者への通知または債務者からの承諾」がされても，Bは「もうその時点では自分が債権者だったのであり，Gはもはや債権者でなかったのだから，GからAに譲渡されたなんていう通知や承諾には効力がない」と主張することができる。

つまり，同一債権が二重に譲渡された場合には，先に「債務者への通知または債務者からの承諾」という要件を満たした者が確定的に新債権者となる。また，差押えと債権譲渡とが競合したときも，差押え前に「債務者への通知または債務者からの承諾」が満たされているか否かが解決の決め手となる。そして，ここにおける「債務者への通知または債務者からの承諾」のように，当事者（ここでは譲渡人と譲受人）以外の第三者にその法律関係（ここでは債権譲渡）があったことを主張していけるための要件のことを**対抗要件**という。

以上を規定するのが，民法467条である。

なお，「債務者への通知」は，譲渡人から行わなければならない。譲受人が「俺のものになった。俺が債権者だ」といっても信用できない。債権譲渡によって権利を失う譲渡人から「私は債権者ではなくなりました。新債権者はAです」といわせたほうが信用できる。ただ，いったん譲渡してしまった譲渡人は，対抗要件を備えることに一所懸命にはなりにくい。そこで，実務上は，債権譲渡のとき，譲渡人から譲受人に対して，「債務者への通知」を行う代理権が授与され，具体的な行為は譲受人によって行われることも多い。

また，債務者は，先に対抗要件を備えた者を正当な債権者として，その者に対して弁済しなければ，債務の有効な弁済を行ったことにならない。逆に，いくら債権譲渡があったことを風の便りに知っていても，対抗要件を備えた者が登場しないかぎり，元の債権者に弁済すれば責任を免れることができる。つまり，対抗要件制度は，債務者が誰に弁済すればよいかを定める役割ももっているのである。

◆確定日付のある証書とは何か

このように債権の二重譲渡があったときや，譲渡債権につき差押えがあった

ときのためには，なるべく早く対抗要件を満たすことが必要である。そして，実際に裁判になったとき，いつ対抗要件が満たされたかを証明していくために，「債務者への通知」を郵便で行うときには，郵便局から配達証明書を交付してもらうことも多い。

ところが，民法467条2項を見てみると，見慣れぬ言葉が登場している。「債務者への通知・債務者からの承諾」というのは，ただ適当にやればよいわけではない。それが，**確定日付のある証書**でされなければ，債務者以外の第三者には対抗できないとなっている。

「確定日付のある証書」とは何だろう。なぜ，それによることが必要とされるのだろうか。

簡単にいえば，公の機関の証明する日付が付されている書面のことであり，具体的には民法施行法という法律の5条1項に規定されている。この中で実務的によく用いられるのは，2号と6号である。

2 登記所又は公証人役場に於て私署証書に日付ある印章を押捺したるときは其印章の日付を以て確定日付とす

6 郵便認証司（郵便法（昭和22年法律第165号）第59条第1項に規定する郵便認証司を謂ふ）が同法第58条第1号に規定する内容証明の取扱に係

Column 40

公証人制度

公証人とは，国から給与を受けず，依頼者からの手数料を収入とする，ちょっと変わった公務員である。私人間の法律関係を公に証明するという任務を担う。確定日付についていえば，その証書が少なくとも「○月○日」には作成されているということを，押印によって公に証明するわけである（電磁的データに日付情報を付すこともできる。電子公証制度の1つである）。ちなみに確定日付の押印は1件700円。専門的な法的判断をともなうことも多く，また，「公に証明する」という公務を担うわけだから，誰でもなれるわけではない。法務局職員・検察官・裁判官等のOBが任命されている。

公証人の仕事場を公証人役場（一般には公証役場）という。2015年末で，全国に約300箇所があり，約500人の公証人が働いている。

確定日付は私人の作成した証書に付されるわけだが，公証人自体が書面を作成することもある。これを公正証書という。金銭消費貸借の存在を示す書面が公正証書として作成される例は，すでに紹介したところである（→180頁）。

る認証を為したるときは同号の規定に従ひて記載したる日付を以て確定日

　　付とす

　前者において，具体的には，債務者から承諾書を受け取ると，すぐに公証人役場を訪ねる。すると，この承諾書に日付印を押してくれる。こうすると，この承諾書が「確定日付のある証書」となる。

　後者は，債務者への通知を内容証明郵便で行う場合である。内容証明郵便とは，いつどういった内容の郵便が誰から誰に発送されたかが証明される仕組みになっている郵便物であり，郵便認証司（郵便事業株式会社の使用人で，国家資格を有する者）が，その証明のために適正な手続がとられたことを認証する。証明のための日付入り押印によって，その郵便物が「確定日付のある証書」となる。

◆到達時を虚偽にさかのぼらせることの防止

　それでは，何のために，こういった確定日付を要求するのだろうか。これは，通知・承諾があった時期についてのごまかしを，できるかぎり防止するためである。

　GがSに対してもつ債権がAに譲渡され，それについて「債務者からの承諾」が行われた。しかし，同一債権はBにも譲渡され，それについても「債務者からの承諾」が行われた。真実は，Aへの譲渡についての「債務者からの承諾」のほうが早かったから，Aが確定的に債権者になっている。ところが，BがSに頼み込んで（いくらか金を渡して），Sに，「Bさんへの承諾のほうをずいぶんと先に投函しましたよ」といってもらう。こうすれば，BはAに勝つことができる。承諾の到達の先後だけに優劣をかからせると，先後関係をごまかそうとする者を出現させることになるのである。

　ところが，承諾書を受け取ったAやBが，それを公証人役場に持ち込んで日付印を得てはじめて対抗要件として効力があるという制度にすると，先に公証人役場に持ち込んだ者が勝つことになる。そして，公証人役場で得られる日付は，ごまかすことができないので，口裏を合わせて虚偽の申立てをすることができなくなるのである。

　次に，同一の債権がAとBに二重に譲渡され，「債務者に対する通知」によって対抗要件が備えられる場合を考えよう。通知到達の先後だけに優劣をか

からせると，先後関係をごまかそうとする者を出現させることになるのは，さきほどと同じである。ところが，たとえば，公正証書として作成された書面で通知を出していれば，その日付以前に到達したものだと嘘をつくことはできない。Aへの譲渡の通知に「平成27年11月1日」という日付があり，Aはその通知が翌日にはSのもとに到達したことを証明できるとしよう。このとき，Bへの譲渡の通知に「平成27年11月20日」という日付があれば，Sは，「Bさんへの譲渡についての通知のほうが先に私に届きましたよ」とはいえないのである。

　もっとも，この例で，Bへの譲渡の通知に「平成27年11月2日」という日付のあるときは，その通知が本当は11月4日に到着した場合であっても，Sは，「いや，Bさんは自分でその日の朝に通知をもってこられたんです。Aさんへの譲渡の通知は，その日の午後に着きました」ということができる。証書にある日付はAへの譲渡が「11月1日」，Bへの譲渡が「11月2日」であるとしても，後者の通知が先に着いたのならば，Bが確定的に債権者になるのだから，この嘘は功を奏する。確定日付のない証書による承諾書を得た譲受人が，みずから公証人役場に行って，確定日付を取得する，という局面以外では，確定日付は対抗要件が備えられた時点を示すものではない。したがって，嘘つきを完全に防止することはできない。しかし，一定の場面では，嘘がつけなくなるのである。

　このようにいうと，「なんと不徹底，不完全な制度なのだろう」と思うかもしれない。実は，立法当時は，通知・承諾が到達したことを確定日付で証明するという制度（たとえば執行官による配達証明）が考えられていた。そうならば到達の先後が確定日付によって明らかになる。しかし，実際上不便だとの理由で，確定日付のある証書で通知・承諾をすればよく，通知・承諾の到達を確定日付のある証書で証明する必要はない，と解釈されるに至った。このため，確定日付のある証書を要求する趣旨が不明確になってしまったのである（もっとも，内容証明郵便で通知・承諾を行ったときは，配達証明によって到達時刻もある程度わかる）。

　到達時にかかわらず，証書に付された確定日付の先後で優劣を定めることもできそうだが，そうすると債務者のもとに後で到達した通知にかかる債権譲渡のほうが優先されるという事態も生じ，債務者を情報センターとするという趣旨に反する。日付はともあれ，「確定日付のある証書による通知・承諾が到達

したとき」または「到達した通知・承諾に確定日付が付されたとき」を基準とせざるをえないのである。

◆譲渡人に対して主張できたはずの事由

　最後に残った③に対する考慮について考えよう。

　たとえば，GはSに対して1000万円の債権をもっていたが，そのとき，SもGに対して1000万円の債権をもっており，両方とも弁済期が到来していたとする。このとき，Sは，Gに対して実際に1000万円を支払う必要はない。自分がGに対して有する債権と相殺（差し引き決済）することができ，そうするとGのSに対する債権は消滅する。実際，Sは近々に相殺するつもりでいた。

　ところが，Gは，Sに対する債権をAに譲渡し，確定日付のある証書による通知がSに到達した。Sはびっくりして，「いや，私は相殺するつもりでいたんだ」とAに告げたが，Aは，「相殺っていうのは，2人の間に対立する債権債務関係があるとき，それを差し引き決済するということでしょ。もはや，私があなたに対して債権をもっているんであって，あなたは私に債権をもっていないのだから，相殺も何もありゃしないじゃないですか」という。このAの言い分が通るようだとSは困る。Sは，自分の預かり知らない債権譲渡によって，自分がもっていた相殺の期待を失わされてしまうのである。これは妥当ではない。

　そこで，民法468条1項は，「債務者は，対抗要件具備時までに譲渡人に対して生じた事由をもって譲受人に対抗することができる。」とした。

　「相殺ができるという地位を得たこと」が，この条文にいわゆる「対抗要件具備時までに譲渡人に対して生じた事由」に該当するため，「相殺により債権は消滅しました」ということを譲受人に対しても主張できることになるのである。

　同様に，譲渡された債権が無効な契約や取り消しうる契約に基づくものであること，すでに契約が解除され，あるいは，弁済され消滅していること，双務契約上の債権であり同時履行の抗弁権が付いていること（→287〜290頁）などの事情は，「対抗要件具備時までに譲渡人に対して生じた事由」に該当し，譲受人に主張できることになる。

　以上は，債務者にとってみれば当然のことである。ところが，譲受人の立場

からすると，せっかく債権を譲り受けたと思ったら，相殺されたり，あるいは，そもそも弁済されて消滅している債権であったりするのでは大損害である。もちろん，譲渡人に文句をいうことはできるが，そういった債権を譲渡しようという者は，多くの場合お金がなく，損害賠償を求められても支払えない。それでは，譲受人はどうしたらよいか。

実は，この点は2017年改正で変化があったところである。

改正前の民法468条1項第1文は，「債務者が異議をとどめないで前条の承諾をしたときは，譲受人に対抗することができた事由があっても，これをもって譲受人に対抗することができない。」としていた。債権譲渡の対抗要件のうち，「債務者への通知」においては，債務者は何の積極的な関与もしていない。ただ，受け取るだけである。そのことによって，主張できるはずだった事由が主張できなくなってはたまらない。これに対して，自分が債権者に対して譲渡の承諾の通知を行うときには，みずから積極的に関与するわけだから，もしも主張できる事由があるのならば，譲受人のことを考え，承諾においてその点を明示しなければならないと考えることができる。明示しないままに承諾してしまったら，譲受人に「ああ，債務者が主張できる事由はないんだな。自分の譲り受けた債権は，問題ないものなのだな」という信頼を生じさせる。そして，この信頼は，債務者の行為（＝承諾）によって引き起こされたのであるから，債務者は「承諾前に譲渡人に対して生じた事由」であっても，もはや譲受人に対して主張しえなくなる，という不利益を受けても仕方がない。こういうわけである。

しかし，異議があればきちんと異議をとどめる，という慎重な債務者ばかりではない。譲渡人から，印刷された紙が送られてきて，「これに署名・捺印をしてください」といわれ，あまり考えないでそれに従うと，そこには，「債務者は，この債権譲渡を異議をとどめないで承諾します」と書いてある。その程度のことで，もはや譲渡人に対して主張できたはずの事由を主張できなくなるというのは，債務者にとって酷である。そこで，2017年改正では，この「異議をとどめない承諾」という制度を廃止した 改正点 。もっとも，債務者が，「譲渡人に対して主張できたはずの事由を主張することを放棄します」という意思表示をすれば，もはや譲渡までに生じている事由も主張できなくなる。ただし，この放棄は具体的に事由を特定したもの（たとえば，相殺）であること

が要求されよう。印刷された紙が送られてきて，「これに署名・捺印をしてください」といわれ，あまり考えないでそれに従うと，そこには，「譲渡人に対して主張できたはずの事由のすべてにつき，それらを主張することを放棄します」と書いてある。これだけで，どんな事由も主張できなくなるのでは，改正の目的は達成できないからである。

◆対抗要件具備後に生じた事由

　債権譲渡についての対抗要件が備えられた後に，債務者が譲渡人に対する関係で，その債権の弁済を拒む事由を取得しても，その時点では，すでに債権者が替わっているのだから，譲受人に対しては，もはやその事由を主張できないことが原則となる。ところが，一見，対抗要件が備えられた後に発生した事由のようであっても，実は，譲渡人に対する関係として生じたものではなく，その債権にもともと内在していたものが発生したにすぎないと考えられるときもある。具体的には，代金債権が譲渡された後に，商品の欠陥が見つかり売買契約が解除され，債権が発生しなかったことになった場合を考えるとよい。このとき，解除は譲渡の対抗要件が備えられた後だから，という理由で，債権の不発生を代金債権の譲受人に対して主張できないとすると，債務者（＝買主）はたまったものではない。そこで，対抗要件の具備時に解除原因がまだ発生していなくても，債務者はその後の解除をもって譲受人に対して債権の不発生を主張できると解される（学説は分かれる）。

　また，相殺に関連しては，2017年の改正で，「債務者が対抗要件具備時より後に取得した譲渡人に対する債権であっても」，それが，①「対抗要件具備時より前の原因に基づいて生じた債権」，または，②「譲受人の取得した債権の発生原因である契約に基づいて生じた債権」であれば（他人からそのような債権を取得した場合を除く），相殺をもって譲受人に対抗できる，と明記された 改正点 （469条2項）。①は，譲渡人からの委託で譲渡人の第三者に対する債務について保証人となっているときに，債権譲渡の後に保証債務を弁済し，求償権を取得した場合（→263〜264頁），②は，売買契約において目的物の契約不適合によって損害賠償債権などが発生した場合が，その例となる。①は，保証債務の履行時に相殺できるという期待があったと考えられるからであり，②は，債権そのものに内在するリスクの発生だからである。

5 債権譲渡の現代的諸問題

◆いわゆる住専問題

　債権譲渡は，様々な局面・目的で用いられる。重要なものの1つに，相殺を可能とし，債権を簡易に回収するため，というものがあるが，ここでは，比較的近時の話題と債権譲渡の関係を見ておこう。まずは住専問題である。

　略して「住専」とよばれる「住宅金融専門会社」は，バブル経済期に不動産を担保とした融資を大量に行い，バブル経済の崩壊とともに債権回収を滞らせ，破綻していった。そして，この事後処理のため，1996年6月に「特定住宅金融専門会社の債権債務の処理の促進等に関する特別措置法」が公布・施行され，これに基づいて**株式会社住宅金融債権管理機構（住管機構）**が設立された。

　さて，この住専問題の処理にはいくつかの局面があるが，重要なものの1つに債権回収がある。住専のもっている債権がすべて回収不能であるわけでもない。全額をきちんと回収できそうな正常債権もあれば，何とか一部は回収できそうなものもある。できるだけ多額を効率的に回収することが，損失を最小限にするためにも必要なのに，住専自体はもはや破綻し，債権回収能力を失っている。そこで，住管機構が，代わって債権を回収することが求められる。ここで，債権譲渡が用いられるわけである。

　実際には，債権だけが譲渡されたわけではなく，1996年10月1日の時点で各住専が所有する「動産，不動産，有価証券，無体財産権，債権及びこれに付帯する担保物権その他の担保権，その他一切の営業に関する権利及びこれに基づく法律上・契約上・事実上の地位」が，住専から住管機構に包括的に売却された。そのうち債権は額面が8兆円強であったが，譲渡価格は約6兆円とされた。回収可能性を考えたわけである。

　この包括的譲渡のうち，債権については，すでに説明したように譲渡の対抗要件を具備しなければ安心できない。実際に発送された通知は，約20万件に及ぶ。

　さらに，1999年4月1日，住管機構は，整理回収銀行（1995年に東京協和信用組合と安全信用組合の破綻処理のために設立）と合併し，**株式会社整理回**

収機構（RCC）となっている。

◆銀行の不良債権処理

不動産を担保とした過剰融資で損害を受けたのは住専ばかりではない。銀行，信用金庫，農林中央金庫やその傘下の金融機関も，ほとんど例外なく多額の不良債権を抱えることになった。この処理のために，金融機関162社が共同出資して1993年1月に設立されたのが，**株式会社共同債権買取機構**である（2004年3月に解散）。

ここにおいても債権譲渡が用いられていたが，その目的は少し特殊である。たとえば，ある銀行がある債務者に対し1億円の債権をもっているとする。しかし，担保となっている不動産は値下がりし，債務者の収入も少ない。現実には5000万円しか回収できそうもない。このような場合，その銀行は，共同債権買取機構にその債権を5000万円で譲渡する。そうすると，ここで銀行に5000万円の損失が生じる。つまり，それまでは資産として額面1億円の債権があったのに，譲渡後は共同債権買取機構に対して5000万円の債権しかもっていない状態になるからである。この5000万円の損失については，銀行は無税で償却できる。5000万円という代金額については，それが正当なものとなるように「価格判定委員会」で決定される。つまり，どうせ全額回収できもしない債権を抱えたままにしないで，損失を計上して処理する，という仕組みなのであり，そのために債権譲渡が行われるのである。

目的が「損失を計上する」というところにあるから，実際の債権回収は，譲受人である共同債権買取機構から，譲渡人である金融機関に委任されていた。

◆包括的な将来債権譲渡

債権譲渡の現代的展開は不良債権の回収だけにとどまらない。より積極的なファイナンス手法においても，債権譲渡の重要性は高い。

たとえば，消費者金融会社やクレジットカード会社を考えてみよう。これらの会社は不動産などの資産をたくさんもつわけではない。その資産の中心は，顧客に対する金銭債権である。さて，こういった会社が新たな事業展開のためにまとまった資金が必要になったとする。このとき，多数の顧客に対する債権を，将来分のものを含め譲渡するという方法がとられる。クレジットカード会

社を考えてみると，たとえば1万人のカード会員がおり，それら1万人の
カード会員が毎月，クレジットカードを使って買い物をすることによって，
カード会社が会員に対する債権を取得する。1か月で発生する債権額は，多
少の変動はあるが，だいたい定まっている。また，現在，未払いの状態で存在
する債権だけでなく，来月も，再来月も，コンスタントに債権が発生すること
が予想される。そこで，たとえば，「会員番号○○○○○〜×××××までの
会員（総数1万人）に対するクレジットカード債権のうち，現在存するも
の，および，将来発生するもの10年分」を譲渡するということが行われるの
である。

　こういった包括的な将来債権譲渡による資金調達にも，大きく分けて2つ
の方法がある。

　1つは，ある特定の法人に将来債権を包括的に譲渡して，当該法人から譲
渡代金というかたちで金銭を受け取ることによる方法である。当該法人は，社
債等を発行することによって投資家から資金を調達し，それを譲渡代金として
譲渡人（たとえばクレジットカード会社）に支払う。

　もう1つは，資金はあくまで借り入れのかたちで調達するが，そのときの
担保として，貸主に将来債権を包括的に譲渡するという方法である。譲渡担保
という制度を用いる。

　後者は，後に担保の話として説明することにして（→516頁以下），ここで
は前者について，もう少しくわしく見ていこう。

◆資産担保証券（ABS）の発行による資金調達

　仕組みは図7-7にあらわしたとおりである。クレジットカード会社は，多
数の顧客に対して金銭債権をもっている。これを，将来分を含めて包括的に**特
別目的会社**（**SPC**：special purpose company）に譲渡する。これは，このクレ
ジットカード会社が，顧客に対する債権を利用して資金を調達する，という特
別の目的のためだけに設立する会社である。このSPCは，投資家に対して社
債を発行する。社債を購入した投資家は，SPCから月々あるいは年々，一定額
の支払いを受けるのだが，その資金にはSPCが譲渡を受けた債権の回収金が
当てられる。また，SPCは，そもそも何らの資産もない会社なのであり，クレ
ジットカード会社に対して，譲渡を受けた債権の売買代金を支払うにあたり，

投資家が社債の購入代金として SPC に支払った金銭を用いる。

この仕組みでは SPC は，譲渡を受けた債権の回収金を社債権者に支払うためにだけ存在する。ほかに何らの商売もしていない形式的なペーパーカンパニーである。ペーパーカンパニーなどというと胡散臭そうで，何か悪巧みをしているように思われるかもしれないが，そうではない。SPC がペーパーカンパニーな

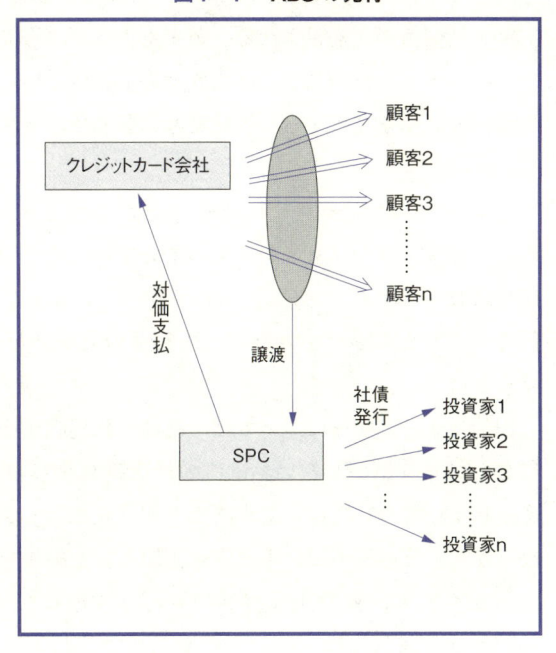

図7-7　ABS の発行

のは，SPC の商売がうまくいかなくなって倒産してしまったりする危険をなくすためである。SPC は，ただクレジットカード会社の顧客から返済を受け，それをそのまま社債権者に支払う。これ以外のことには手を出さない。だから，社債権者は「SPC が倒産するのではないか」と心配する必要はない。顧客がみんなクレジットカード債務が支払えなくなったら，社債権者は支払いを受けられなくなるわけだが，それもそんなには心配がいらない。というのも，クレジットカードの会員が１万人いるとすると，そのうち何人が債務を支払えなくなるかは，これまでの統計からかなり確実にわかるからである。たとえば，譲渡債権が全部で600億円だが，不払いの確率が３％あり，したがって，582億円はきちんと回収される，といったように，事前に予想することが可能なのである。

　発行された社債の価値は，クレジットカード会社が顧客に対してもっていた（そして，現在，SPC がもっている）債権によって裏打ちされていることになる。そこで，こういった社債などのことを，「資産（asset）によって裏打ちされた（backed）証券（securities）」，略して「**ABS**」とよぶ。**資産担保証券**と訳

されることが多い。また，債権という資産をSPCに譲渡し，さらにその利害関係を社債権者に帰属させるといったように，資産を移転することは，不動産などについても行われる。広く**資産の流動化**といわれ，また，流動化した資産について証券を発行することを**資産の証券化（セキュリタイゼーション）**という。

　また，SPCはペーパーカンパニーだから，自分で顧客から債権を回収するための十分なノウハウも人材ももっていない。そこで，実際の債権回収は，SPCから譲渡人であるクレジットカード会社や，それ以外の債権管理回収業者に委任されることが多い。こういった実際の債権回収にあたる者のことを**サービサー**という。

　SPC，サービサーについては，それぞれ規制が必要である。たとえば，SPCについては「倒産しない」はずの仕組みをきちんと整えなければならない。サービサーについては，暴力的な「取り立て屋」が登場するのを避けなければならない。その一方で，不動産を担保とした融資を中心とする金融構造を変革するためにも，資産担保証券の発行は推進しなければならない。そこで，1998年6月15日には「特定目的会社による特定資産の流動化に関する法律」（**SPC法**とよばれる）が，同年10月16日には「債権管理回収業に関する特別措置法」（**サービサー法**とよばれる）が公布された。前者はさらに改正され，現在では，「資産の流動化に関する法律」（**資産流動化法**とよばれる）となった。2002年4月1日より施行されている。

◆対抗要件具備の簡易化1——特定債権法

　とはいえ，債権の流動化には，まだ根本的な問題が2つある。1つは，対抗要件の具備である。先ほど住管機構について説明した際，約20万件に及ぶ債権譲渡通知が発送されたと述べた。これはたいへんな手間である。より簡易に対抗要件を具備できる制度を整えなければ，債権の流動化は促進されない。もう1つは，将来債権の包括的譲渡がどこまで有効か，という問題である。この有効性が揺らぐようだと，危なくて長期にわたる将来債権の譲渡はできない。前者から見ていこう。

　まず，リース会社，クレジット会社といった，顧客に対する債権が主要な資産を占める会社が，その債権を流動化するときに焦点を絞った改革から始めら

れた。1992年6月に公布された「特定債権等に係る事業の規制に関する法律」（**特定債権法**とよばれる）である。

この法律は次のような対抗要件システムを規定していた。

顧客に対する債権を一括して譲渡をしたクレジット会社やリース会社が，譲渡の対抗要件を備えようとするときは，まず，「当該特定債権に関する事項であって経済産業省令に定めるものについて記載した書面を経済産業大臣に提出しなければならない」（特定債権法8条1項）。具体的には，「債務者の商号，氏名又は名称及び住所」「契約番号又は会員番号」などである（特定債権等に係る事業の規制に関する法律施行規則7条）。次に，譲渡人は，「経済産業省令で定めるところにより，その旨（＝譲渡したこと）の公告をすることができる」（特定債権法7条1項）。この公告は，「国内において時事に関する事項を総合して報道する日刊新聞紙又は国内において産業及び経済に関する事項を全般的に報道する日刊新聞紙に掲載して行う」（特定債権等に係る事業の規制に関する法律施行令6条）（後半は『日本経済新聞』を想定している）。そして，このような「公告がされたときは，当該特定債権の債務者に対して民法467条の規定による確定日付のある証書による通知があったものとみなす。この場合においては，当該公告の日付をもって確定日付とする」（特定債権法7条2項）である。

新聞への公告で，「あっ，あのクレジット会社は大量に債権を譲渡したんだ」と知ることができる。「具体的にはどの債権を譲渡したんだろう」と思うときには，経済産業大臣に対して届け出られた書面の閲覧をすることができる（特定債権法8条2項）。このようにして，どの債権が譲渡されているかが第三者にもわかる仕組みになっているわけである。

「債務者はどうするんだ。譲渡を知らされていない債務者が，譲渡人に弁済したときはどうなるんだ」と思うかもしれない。この点については，特定債権法6条3号が，まず，この法律に従った譲渡がされるときは，譲渡人が譲受人から債権の取り立ての委任を受けなければならないとし，さらに，同法9条1項が，公告によって対抗要件が備えられたときには，この取り立て委任は原則として解除しえない，と規定することによって解決している。つまり，債務者である顧客との関係では，譲渡があっても取り立て権を有するのは譲渡人であるクレジット会社・リース会社なのであり，債務者はそのまま譲渡人に

対して弁済をすればよい，という仕組みになっているのである。

特定債権法は以上の対抗要件の仕組みだけでなく，債権譲渡を利用した資金調達計画自体を規律する目的をもったものである。そして，この法律に基づく債権流動化は，1996年度において調達金額1兆2246億円，そのうち公告によって対抗要件が具備されたものが4166億円と，順調な伸展を遂げた。

しかしながら，リース会社・クレジット会社が譲渡人である場合に対象を限定するものであり，債権譲渡対抗要件の簡易化をより一般的に求める意見は強かった。

◆対抗要件具備の簡易化2──動産・債権譲渡特例法

そこで，1998年10月，法人が金銭債権を譲渡する場合について対抗要件を簡易化する立法として，「債権譲渡の対抗要件に関する民法の特例等に関する法律」が公布されるに至った。この法律は，2004年に改正され，現在では，「動産及び債権譲渡の対抗要件に関する民法の特例等に関する法律」（**動産・債権譲渡特例法**とよばれる）となった（なお，特定債権法は2004年末に廃止された）。

民法467条は，債務者に情報を集中させることによって，債権の帰属を明らかにしようとした。これは債権の帰属を示す登記簿がないからであった。それならば，登記簿を作ればよい。そこで，動産・債権譲渡特例法は，法人が譲渡人であるとき，法務局に備え付けられる債権譲渡登記ファイルに譲渡の登記をし，それによって第三者に対する対抗要件とすることにした。

動産・債権譲渡特例法4条1項は，次のように定める。

　　法人が債権（金銭の支払を目的とするものであって，民法第3編第1章第4節の規定により譲渡されるものに限る。以下同じ。）を譲渡した場合において，当該債権の譲渡につき債権譲渡登記ファイルに譲渡の登記がされたときは，当該債権の債務者以外の第三者については，同法第467条の規定による確定日付のある証書による通知があったものとみなす。この場合においては，当該登記の日付をもって確定日付とする。

登記申請は磁気ディスクの提出によって行われる。2001年3月からは，オンラインでの申請も可能となっている。そこに，譲渡人，譲受人，譲渡債権額，債務者等を記載する（同法8条2項）。

この登記がされると，譲渡人の本店または主たる事務所の所在地を管轄する法務局に債権譲渡登記事項概要ファイルが備えられる（同法12条）。

　さて，こういった方法により，なぜ第三者に債権譲渡を公示することができると考えられるのであろうか。

　法人に対して新たに信用を供与したり，法人から債権を譲り受けたりしようとする者は，まず，その法人の本店等の管轄法務局で上記の概要ファイルを見る。そうすると，そこには，債権譲渡が行われた旨とその概要が書いてある。そこで，もっとよく知りたい者は，法務局に行って，債権譲渡登記ファイルを見る（動産・債権譲渡特例法11条）。これによって，ある債権が譲渡されているか否かを確定的に知ることができる。こういうわけである。

　この方法によれば，譲渡される債権が1万件に達しても，1万人の債務者に個別に通知を送らなくてすむ。磁気ディスクに整理して，それ1枚を提出すればよいのである。

　しかし，ここで疑問が生じる。債務者に直接に通知しなければ，債務者は自分の負っている債務が譲渡されたかどうかわからないままに，もとの債権者に対して弁済してしまうかもしれない。まさか，自分が債務を負っているときには，債権譲渡登記ファイルにいつも注意しておけ，というわけはない。

　動産・債権譲渡特例法4条1項の文言をもう一度ていねいに読んでみよう。実は，債権譲渡登記ファイルに債権譲渡を登記しても，譲受人が，「自分がこの債権を譲り受けたんだ」と主張できるのは，「債務者以外の第三者」に対してだけなのである。したがって，債権が譲渡されたことを債務者には対抗できず，債務者は，もとの債権者（＝譲渡人）がいまでも債権者だと考えて，その者に対して弁済すればそれでよい。譲受人が債務者に対しても譲渡を主張したいときには，やはり債務者に通知をしなければならない。同法4条2項を掲げておこう。

　　　前項に規定する登記（以下「債権譲渡登記」という。）がされた場合において，当該債権の譲渡及びその譲渡につき債権譲渡登記がされたことについて，譲渡人若しくは譲受人が当該債権の債務者に第11条第2項に規定する登記事項証明書を交付して通知をし，又は当該債務者が承諾をしたときは，当該債務者についても，前項と同様とする。

　この条文で「前項と同様とする」というのは，「民法第467条の規定による

確定日付のある証書による通知があったものとみなす」ということである。

　さて，こうなると，譲受人は，債権譲渡を受け，それを債務者以外の第三者には主張できるが，債務者に対しては主張できない，という状態になることがある。つまり，債権譲渡登記はしたが，債務者に通知をしていないときであり，これが通常の事態だと考えられている。譲受人はどうしてそれで困らないのだろうか。債務者がもとの債権者（＝譲渡人）に支払ってしまってもよいのだろうか。

　実はよいのである。

　債務者が譲渡人に弁済したら，譲受人は譲渡人に対して，「それは自分に譲渡した債権の弁済金だね。だからこっちに渡しなさい」ということができる（法的性質としては不当利得である。→580〜582頁）。そして，譲渡人の資産状態が悪くならないかぎり，その支払いはされる。もちろん，譲渡人の資産状態が悪化したときは，「こっちに渡せ」といっても，他の債権者などがいて，十分な支払いを受けえないことになる。そこで，そういった状況になったら，債務者に対する通知を行う。しかし，それまでは，差押えや二重譲渡から保護されれば十分なのであり，そのことは「債務者以外の第三者」に対抗できることで達成されるのである。

　債権譲渡の対抗要件具備は，この法律によってぐっと簡易になり，債権の流動化のための基礎が固められたのである。

◆将来債権譲渡の有効性

　もう1つの問題，すなわち，将来債権の包括的譲渡がどこまで有効か，という問題を見ておこう。この問題については，当初，将来債権の譲渡は譲渡時から1年分にかぎって有効だ，とする下級審判決例が積み重なり，債権の流動化にとっての大きな足かせとなっていた。

　勘違いしないでほしいのは，悪い判決例だ，といっているわけではないことである。これらの下級審判決が心配したのは，次のようなことであった。すなわち，リース会社，クレジット会社はもちろんのこと，保険診療の医師なども，主たる財産は金銭債権であり，それ以外には大した財産を保有していない。もちろん患者も診察料を払うが，より大きいのは国民健康保険などの基金の支払い分であり，したがって，それらに対する診療報酬債権が医師にとって

大きな財産なのである。これらの債権が，たとえば将来20年分にわたって特定の者に譲渡されることになると，結局，その譲受人だけが財産を独り占めすることになる。これは，一方で，会社や医師などの譲渡人の事業経営を不当に縛ることになるし，他方で，いざ譲渡人の資産状況が悪化して倒産に至ったときには，他の債権者にはほとんど取り分がないという事態を生む。これは妥当ではない。

　こういった考慮によって，１年分に限定して有効性を承認するという判決例が生まれたのである。

　しかし，それならば，経営を不当に縛り，他の債権者に対して不当な損害を与えると判断される場合だけを無効とすればよいのであって，一般的に将来債権の包括的譲渡の効力を１年に限定する必要はない。

　そこで，最高裁は，

> 契約締結時における譲渡人の資産状況，右当時における譲渡人の営業等の推移に関する見込み，契約内容，契約が締結された経緯等を総合的に考慮し，将来の一定期間内に発生すべき債権を目的とする債権譲渡契約について，右期間の長さ等の契約内容が譲渡人の営業活動等に対して社会通念に照らし相当とされる範囲を著しく逸脱する制限を加え，又は他の債権者に不当な不利益を与えるものであると見られるなどの特段の事情の認められる場合には，右契約は公序良俗に反するなどとして，その効力の全部又は一部が否定されることがあるものというべきである。

という制限を付けつつ，

> 債権譲渡契約にあっては，譲渡の目的とされる債権がその発生原因や譲渡に係る額等をもって特定される必要があることはいうまでもなく，将来の一定期間内に発生し，又は弁済期が到来すべきいくつかの債権を譲渡の目的とする場合には，適宜の方法により右期間の始期と終期を明確にするなどして譲渡の目的とされる債権が特定されるべきである。

として，特定されるかぎり，将来の長期間にわたる債権の包括的譲渡の有効性を承認した（最高裁平成11・1・29判決（民集53巻1号151頁））。

　この判決を前提に，2017年改正では，民法466条の6第1項として，「債権の譲渡は，その意思表示の時に債権が現に発生していることを要しない。」と規定し，第2項で，「債権が譲渡された場合において，その意思表示の時に債

権が現に発生していないときは，譲受人は，発生した債権を当然に取得する。」と規定した。さらには，債権譲渡の対抗要件を定める民法467条でも，「債権の譲渡（現に発生していない債権の譲渡を含む。）」とされることによって，対抗要件の具備が債権発生前に可能であることを明文化したのである 改正点 。

◆債務者不特定の債権譲渡登記

　2017年改正はさておき，それまでについて以上述べてきた新法・新判例により，債権の流動化の民法的基礎はかなり整った。しかし，まだ問題があったのである。将来債権譲渡の例として示した診療報酬債権の場合には，医師が債権を有する相手方は，国民健康保険の基金などに決まっている（個々の患者に対する債権の譲渡をする需要はない）。このような場合には，債権譲渡にあたっても，その登記にあたっても，譲渡される債権の債務者は誰かをきちんと特定して示すことができる。ところが，現時点では，債務者が定まっていないような債権を譲渡したいこともある。たとえば，クレジット会社が，向こう3年間，クレジット会員に対して取得する債権を一括して譲渡するという場合を考えよう。このような需要があることは理解できるであろう。ところが，これから3年の間，どのような会員がいるかは今の時点ではわからない。したがって，譲渡される債権の債務者を特定して示すことはできない。しかし，譲渡対象となっている債権は十分に特定されている。そうであるならば，このような債権も譲渡を認め，また，対抗要件を具備できるようにすべきではないのか。

　1998年に制定された「債権譲渡の対抗要件に関する民法の特例等に関する法律」が，2004年に改正され，動産・債権譲渡特例法となったことは，すでに述べた。この改正のポイントの1つが，以上のような債務者が特定できない債権の譲渡につき対抗要件具備を可能にすることであった。もっとも，改正は，債権譲渡登記において譲渡される債権を特定するにあたって，譲渡債権の債務者を記載しなくてもよいことにするという方法で行われたので，一見，大きな改正があったようには見えない（動産・債権譲渡特例法8条2項4号，3項参照）。しかし，実務的にはきわめて重要な改正である。

◆電子記録債権法の制定

　このように債権譲渡の対抗要件を備えることは、ずいぶんと簡単になった。しかし、なお、二重譲渡が行われればやっかいだし、債務者が譲渡人（もとの債権者）に対して主張できたはずの事由につき譲受人が対抗を受けることが原則である（→375〜377頁）。実は、債務者が約束手形を振り出せば、約束手形は一枚の紙であるから、二重譲渡はできなくなるし、その手形の譲受人は、もとの債務者と債権者との関係とは切り離された債権を取得することになる。債務者が譲渡人（もとの債権者）に対して主張できた事由の対抗を受けることは原則としてなくなるのである。

　ところが、約束手形の発行数が大幅に減少していることは、すでに説明した（→274〜275頁）。そうなると、約束手形によらないで、二重譲渡の心配もなく、また、抗弁事由を対抗される恐れもなく、債権譲渡のできるシステムが求められることになる。これもすでに説明したように、中小企業の有する売掛金債権などは、その企業の資金調達に重要な意味を有している。売掛代金債権などの支払のために債務者から渡された約束手形を、金融機関に割り引いてもらうという方法で資金が調達できないことは、大変困ることなのである。

　2007年における**電子記録債権法**の制定には、以上のことが1つの背景となっている。

　電子記録債権は金銭債権であるが、その内容が**電子債権記録機関**がコンピュータ上に作成する記録原簿に記録され、債権の発生、譲渡などは、その原簿への記録によって効力が生じる。電子債権記録機関は民間の銀行などが設立する（実は、それが、「電子登録」と言わず、「電子記録」とよぶ理由となっている。「登録」という語は、法文上は公の機関についてだけ用いる）。

　たとえば、A銀行が設立した「A電子債権記録機関」というものがあったとする。このとき、ある債権の債務者と債権者の双方が、A電子債権記録機関に対して、電子記録の請求をする（電子記録債権法5条）。そうすると、それによって、電子記録債権が成立し、その債権の譲渡等は、以後、A電子債権記録機関のコンピュータ上の記録原簿に記録するという方法によって処理されるのである。

　電子債権記録機関は、全国に1つだけとはかぎらない。実際、2016年11月現在で、5つの電子債権記録機関が設立されている。B銀行が「B電子債権記

録機関」を設立することもある。しかし，A電子債権記録機関に記録された債権については，その譲渡は，A電子債権記録機関の記録に譲渡記録がされることによってのみ効力が生じる（同法17条）。

　後に説明するように，登記制度が整えられている不動産についても，二重譲渡の問題は生じる。しかし，それは，譲渡自体は契約によって生じ，登記は対抗要件とされているからである（→415〜416頁）。これに対して，電子記録債権については，譲渡自体が，譲渡記録がされて初めてその効力を生じる。したがって，システム上，譲渡記録が二重にできないようにしておけば，二重譲渡は生じないのである。

　また，手形の場合と同様に，電子記録債権の債務者が債権者に対して，一定の抗弁事由を有していても（たとえば，売掛代金債権について，売買目的物が引き渡されるまでは支払わない（同時履行の抗弁権。→287〜290頁）という権利），譲受人は，そのこととは無関係に，債務者に対して弁済を請求できる（同法20条１項本文。ただし，消費者保護などのための例外もある（同法20条２項３号））。

　もっとも，電子記録債権制度は，約束手形の代わりだというだけではない。保管にコストがかかり，盗難の危険性もあるという手形の不便さと，譲渡の確実性が劣るという通常の債権の問題点とを克服して，様々なビジネスモデルでの活用が考えられている。取扱量も着実に増加し，電子債権記録機関の１つである「でんさいネット」の利用契約件数は約60万件，残高は約５兆9000億円（2018年９月）に達しているのである。

◆債務引受

　債権が譲渡できて，債権者の地位が変更できるならば，それと同様に債務者の地位を誰かに代わってもらうことはできるか。これは原則的にはできない。100万円の金銭債権があるとき，債務者は誰が債権者であっても100万円を支払わなければならないことに代わりはない。だから債権者の変更ができる。しかし，債務者が誰であるかは，債権者にとって重要な問題である。マイクロソフト社の創業者であるビル・ゲイツ氏に対してだからこそ，10億円貸していても安心していられるのに，突然，「債務者が代わりました」といって，自己破産直前の多重債務者が現れたのでは困る。

そこで，新債務者が代わって債務を引き受け，もとの債務者がもはや債務を負わなくなるとするためには，債権者の同意が必要だとされている。これを**免責的債務引受**という。もとの債務者が責任を免れるタイプの債務引受だからである。

これに対して，「自分も一緒に債務を負う」という**併存的債務引受**は，債権者は有利になるだけだから，債務者と債務引受人との合意でできると解されている。このときは，第三者のためにする契約（→222〜223頁）となる。債務者と債務引受人との合意で，債権者（＝契約当事者でない第三者）に対する債務引受人の債務を発生させるからである。

以上について，これまでは判例・学説で論じられてきたが，2017年改正で明文の規定が置かれるに至った（470条〜472条の4）(改正点) 。

第**8**章
物権とその取得

「商売なら，利益の多いほうを選ぶのが当然だろう」

「しかし，すでに引き受けてしまっておりますのでね」

相手は首をかしげる。青年は，ここでがんばらなくてはと必死だった。かすかだが，助かる手がかりをつかんだような感じなのだ。

「ぼくは，それ以上の金を渡すんだ。あなたは，依頼人のところへ行って，もらった金を返し，その上で殺して下さい。そうすれば，職業意識が傷つくこともないでしょう。それでこそ，ビジネスです。プロです。技術をより高価に売るわけです。みすみす損な商売をやって，なにがビジネスです」

「理屈ですな」

——星新一「ビジネス」『どこかの事件』（新潮文庫）

Ⅰ　物権とは何か

1　なぜ「物権」という制度があるのか

◆物権と債権との区別

　ここまで契約によって成立する債権について説明してきた。しかし，すでに説明したように（→11〜13頁），民法は，様々な財産的な権利を「物権」と「債権」との2つに分類しているのであり，まだ「物権」の話が残っている。

　契約によって生じる債権は，その契約で定めたことの履行をその契約の相手方に対してだけ求めていくことができる，という権利であった。たとえば，あなたが，書店でこの本を購入するときを考えると，その書店とあなたとの間に売買契約が締結され，その契約に基づいて，あなたはその書店に対して「『リーガルベイシス民法入門〔第3版〕』という本を引き渡せ」と請求でき，その書店はあなたに対して「代金を支払え」と請求できるわけである。何度も繰り返しているように，あなたが本の引渡しを請求できるのは，その書店に対してだけである。また，その書店が代金の支払いを請求できるのは，あなたに対してだけである。売買契約によって，買主（あなた）や売主（その書店）が得る権利は，**ある特定の人に対してある特定のことの履行を求めうる権利**である。そして，このような権利を実現するためには，必然的に，ある特定の人にある特定のことを履行してもらわなければならない。こういった権利のことを債権とよんでいるわけである。

　さて，売買契約が履行され，あなたは今読んでいるこの本を「自分のもの」とした。あなたは「自分のもの」であるこの本を自由にしてよい。つまらないといって破り捨ててもよいし，愛読書としていつも持ち歩いてもよい。「この本は自分のものである」という権利を行使するにあたっては，誰の助けも借りる必要はない。自分一人でできるのである。債権が，ある特定の人にある特定のことを履行してもらわなければ実現できない権利であったのに対し，「自分のものである」という権利，つまり所有権は，他者の行為や意思を介すること

なく，その物に対して直接に行使できる。この点で，所有権は債権とは性質が違う。

　以上からだけでも，現代社会には，債権とは異なるタイプの権利が存在していることがわかる。そして，だんだんと述べるように，このようなタイプの権利は，実は所有権だけではない。地上権や抵当権などいくつか存在する。民法は，これらの権利のことを**物権**とよび，債権とは別にそのルールを定めている。民法典「第2編物権」である。

◆物権はなぜ必要か

　所有権という物権が存在していることは，現実社会に生活しているだけでわかる。しかし，なぜ所有権という制度が必要か，さらに，所有権以外のものも含め，なぜ物権という種類の権利がいくつか用意される必要があるのか，なぜ債権という権利だけではたりないのか。これは考えてみなければわからない。

　もし必要な財貨が世の中いたるところに空気のように満ちあふれているならば，われわれは欲するときいつでもそれを利用できる。このような財貨については，実は物権という制度は不要である。ところが，需要よりも供給のほうが少ないときには，その財貨には価値が生まれ，争いが生じる。

　この争いを解決するためには，その財貨に対して，誰が，どのような内容の権利をもっているかが定まっていなければならない。法的ルールが求められることになるのである。

　といっても，債権においても，同じようなルールはすでに見られた。たとえば，賃貸借契約の借主は，その目的物について使用・収益する権利をもつと定められている。ところが，考えてみると，賃貸借契約の借主として正当な使用権限が認められることの前提には，貸主がその目的物について権利をもっているということがある。債権というのは，誰か特定の人に対して一定のことを請求していける権利である。したがって，賃貸借契約の借主は，貸主に対して「貸せ。自分の使用・収益権限をきちんと保証せよ」と請求できるけれども，貸主がちゃんと貸そうとすると，その前提として貸主がその目的物について権利をもっていることが必要となるのである。

　あるいは，貸主もさらに誰かに対する債権のかたちで目的物に対する権利をもっているのかもしれない。いわゆる又貸しである。しかし，さかのぼってい

くと，誰かがその目的物について，債権ではないかたちで，すなわち，誰かに対して請求できるというのではなく，直接にその物を支配できる権利をもっていることが必要となる。

ここに，債権とは別個の物権制度の必要性が認められるのである。

◆現代の物権制度の歴史的基礎

しかし，どのような財貨に対して，どのような内容の物権をどのような者に与えるかは，時代や場所によって様々である。

広大な土地で農業・狩猟を行って暮らす民族を考えてみよう。土地は十分に存在するので，原則として物権の対象とはならない。しかし，荒れた土地を耕作し，農地にしたときには，開墾者・耕作者の利用権が確立されることになるだろうし，あるところに家を建てたならば，その敷地の利用権は他者から侵害されないものとされるだろう。もっとも，それは，農地として耕作されているかぎり，家が建っているかぎり，である。また，動物や植物も，原則として物権の対象とならない。もっとも，狩猟・採取が行われれば，その時点で，誰かのものになるであろうし，石や骨や材木が細工され，道具や装飾品となれば，誰がそれを使えるのかは決まってくるが，これは「すぐに食べられる肉・果物」「釣り針として使える骨」となったことによって，稀少な財貨となったからである。

そして，誰が利用できるかが，はっきりしている必要のある財貨は，時代が進むにつれ増加してくる。人口が増え，土地や果物や肉が，人々に欲しいだけは行き渡らなくなったことも原因である。さらに，最大の理由についてはルソーが次のように述べる。

> ある土地に囲いをして，「これはおれのものだ」と最初に思いつき，それを信じてしまうほど単純な人々を見つけた人こそ，政治社会の真の創立者であった。杭を引き抜き，あるいは溝を埋めながら，こんないかさま師のいうことを聞かないようにしよう，果実は万人のものであり，大地は誰のものでもないということを忘れれば，君たちは身の破滅だと，同胞に向かって叫んだ人は，どれほど多くの犯罪と戦争と殺人とから，どれほど多くの悲惨と恐怖とから人類を免れさせてやれたことであろうか。しかし，そのときすでに事態はかつてのままではもうつづきえないところにまで来

ていたように思われる。（原好男訳『人間不平等起源論』（岩波文庫））

　ほとんどの物が権利の対象とならず，ただ，一定の労働が投下されたものについては労働を投下した者が権利をもつ，という制度は，武力を背景とした征服者によって踏みにじられたのである。

　もっとも，力の強い征服者であっても，すべての土地を自分で直接に利用することはできない。しかし，だからといって，人々に土地を分け与えるわけではないし，人々もそうしてもらいたいわけではなかった。

　「えっ，どうして分けてもらいたくないの。分けてもらいたいに決まっているじゃないか」というかもしれない。ところが，力の支配する世界では，土地を分け与えてもらっても，より力の強い者が攻めてくれば，その者にとられてしまうだけなのである。つまり，自分で自分の財産を守るだけの武力をもたない者は，財産を保有しても無意味であるし，実際上，不可能である。これは，土地以外の品物についてもあてはまる。そこで，自分のものを有力者に預け，自分は有力者から一定の権利を付与してもらうことにする。こうしておいたほうが，安全だということになる。

　高校のときに習った封建制度というのを思い出してほしい。ある高校生向け参考書には，次のように書いてある。

　　　8～9世紀の西ヨーロッパでは，イスラム教徒・マジャール人・ヴァイキングなど相つぐ異民族の侵入とフランク王国の分裂，およびその後の王権の衰退のなかで，人々は自己の安全を守るため地方の有力者に土地を託して主従関係を結ぶようになった。その結果，支配階層間に私的な主従関係が幾重にもわたって成立することになり，有力者は多数の家臣をかかえて勢力を増し，各地に城塞をきずいて諸侯として自立した。（木下康彦ほか『詳説世界史研究』（山川出版社））

　主従関係が幾重にもわたって成立することになるのは，まず農民が地域の有力者に土地を託し，その有力者はより広範囲な地域に実力をもつ上位の有力者に土地を託し，その上位の有力者もさらに広範囲の土地に力を行使できる有力者に土地を託するからである。こうして，土地に対する権利関係は複雑となる。ある土地につき，農民も，その上位にある陪臣も，その上位にある家臣も，さらにまた上に位置する領主も，それぞれの意味でその土地を保有する権利をもっていることになるからである。

◆単純な制度への移行

　しかし，歴史が進展するにつれ，このような制度は不都合に感じられるようになる。

　まず，土地の複雑な所有形態は，身分制社会の基礎となっており，身分制社会の打破には，この制度の打破が不可欠だと考えられるようになった。そして，所有は労働によって基礎づけられてこそ，正当性をもつという考え方が広まった。つまり，自分で開墾し，自分で耕し，自分で生産したからこそ，それを正当に所有できる，というわけである。これがさらにすすんで，労働を投下した財貨に対して，積極的に権利を与えてこそ，勤労が促進され，人類の増加と繁栄がもたらされる，という考え方が出てくる。この考え方は，富の蓄積を正当化する機能をもち，必要量を超えた財産所有の正当性が認められてくる。

　1789年にフランス革命が勃発し，フランス人権宣言17条は，「所有権は不可侵かつ神聖な権利であるから，何人も適法に確認された公共の必要性が明白にそれを要求する場合で，事前の正当な補償の条件のもとでなければ，これを奪われることがない。」と規定した。そして，1804年のフランス民法典は，その544条において，「所有権は法律または規則によって禁じられる使用を行わないかぎり，最も絶対的な仕方で物を収益し，かつ，処分する権利である。」とした。これらは，ここまで説明した歴史の流れの中で理解されなければならない。つまり，その物を誰からの制約も受けることなく，自由に使用・収益・処分できる権利としての所有権を打ち立てる。これが，身分制社会を打破する基礎となる。そして，自分たちがみずから自分たちに課した規制，すなわち法律による規制以外には，しがらみはない。自分が所有者であり，それを自由にできるのだ，ということは，誰との関係でも認められる。ここに，ある特定の物に対して直接的に行使でき，誰に対してでも主張できるという権利としての所有権が確立する。

　わが国の民法206条は，「所有者は，法令の制限内において，自由にその所有物の使用，収益及び処分をする権利を有する。」と規定している。当たり前のように感じられるかもしれないが，以上のような長い歴史を背負った規定なのである。

◆所有権以外の物権と物権法定主義

　以上は主として「所有権」の歴史的存在理由である。しかし，わが国の現在の法律において物権として認められているのは所有権だけではない。民法「第2編物権」を眺めてみても，「第3章所有権」のほか，「第2章占有権」「第4章地上権」「第5章永小作権」「第6章地役権」「第7章留置権」「第8章先取特権」「第9章質権」「第10章抵当権」という権利が並んでいる。さらに実は，民法263条と294条を読んでみると，「入会権」という物権の存在を前提としていることがわかるし，民法以外の法律でも，「鉱業権」（鉱業法5条，12条），漁業権（漁業法6条，23条）など，いくつかの物権が存在する。これらはどうして認められるのだろうか。

　まず，注意しなければならないのは，すでに述べた歴史的な由来から，これら所有権以外の物権は，むやみにその数を増やすべきではない，という要請が働くことである。

　封建的な制度においては，1つの土地に複雑な諸権利がからみあって存在していた。これを打破して，単純明快な所有権概念が打ち立てられた。ところが，所有権以外の物権を幾種類も認めることは，この所有権を制限するものを増やすことにほかならない。たとえば，Aが所有権をもつ土地にBがある物権（これをβとする）をもっているとする。そうすると，Aの所有権はBのβという物権により制限されることになる。そして，Bの権利も「誰に対してでも主張できる権利」であるから，Aに対しても主張できる。その結果，βが，たとえば「その土地を利用できる」という権利内容のものならば，Aは土地を所有していても，実際には利用できない。利用できるのはBだということになる。

　このように所有権を制限する権利がたくさんある状況が，まさに封建社会の土地所有形態であった。したがって，封建制度に後戻りしないためには，このような所有権以外の物権をなるべく制限しなければならない。最小限度の種類の物権にとどめ，それ以上，勝手に増やせないようにすることが必要である。

　そこで，民法175条は，まず，「物権は，この法律その他の法律に定めるもののほか，創設することができない。」という大原則を定める。これを**物権法定主義**という。

　実は，物権法定主義にはもう1つの大きな意味がある。しかし，そのことを理解するためには，物権における公示の必要性を知らなければならないので

あり，これは後に述べる（414〜415頁）。

◆物権法理解の１つのポイント

しかし，あまり数を増やせないということだけからも，現在の民法について，次のような疑問が生じてくる。つまり，現在，民法その他の法律に定まっているそれぞれの物権は，いかなる理由で認められたのか，最小限度にするという要請のなかで，どうしてそれぞれが認められたのか，ということである。よほどの理由がないかぎり，物権は認められないはずなのである。

これはきわめて重要な視点であり，物権法理解のための１つのポイントである。しかし，それぞれの物権が認められた理由については，それぞれについて後に説明するところに譲り，以下，もう少し物権一般について考えていこう。

ただし，そのためには，現在の法律において，どのような物権が認められているのかを簡単にでも知っておくことが便利である。ここでは，民法に定められた物権についてだけ，一覧表のかたちで並べておくことにする。

４種に分けると理解しやすい。

①事実状態の保護を目的とする物権

　　　占有権（180条以下）

②基本となる完全な物権

　　　所有権（206条以下）

③用益物権（自己の利益のために用いる権利）

　a　地上権（265条以下）

　　　「他人の土地において工作物又は竹木を所有するため，その土地を使用する権利」

　b　永小作権（270条以下）

　　　「小作料を支払って他人の土地において耕作又は牧畜をする権利」

　c　地役権（280条以下）

　　　「設定行為で定めた目的に従い，他人の土地を自己の土地の便益に供する権利」

　d　入会権（263条，294条）

④担保物権（ある債権を担保するための権利）

a 留置権（295条以下）

「その債権の弁済を受けるまで，その物を留置する」権利

b 先取特権（303条以下）

「この法律その他の法律の規定に従い，その債務者の財産について，他の債権者に先立って自己の債権の弁済を受ける権利」

c 質権（342条以下）

「その債権の担保として債務者又は第三者から受け取った物を占有し，かつ，その物について他の債権者に先立って自己の債権の弁済を受ける権利」

d 抵当権（369条以下）

「債務者又は第三者が占有を移転しないで債務の担保に供した不動産について，他の債権者に先立って自己の債権の弁済を受ける権利」

ここで覚えてしまう必要はない。こんなものかと思ってもらえればたりる。

2 物権の客体

◆前提としての特定性

それでは，以上説明してきたような物権は，どのような対象について認められるのだろうか。

まず，大前提として，物権の対象（客体）は特定していなければならない。特定されていなければ，物権の対象とはなりえないのであり，これを**特定性**の要件という。

たとえば，あなたが，1ダースのアサヒスーパードライを酒店に注文したとしよう。売買契約はそれで成立し，酒店はアサヒスーパードライ1ダースを引き渡す義務を負う。しかし，酒店は，自分の倉庫にあるアサヒスーパードライのうち，どの1ダースをあなたに引き渡しても売買契約上の義務を履行したことになるし，新たに仕入れたアサヒスーパードライを引き渡してもよい。

このような状態のときには，あなたは，いまだアサヒスーパードライについて所有権を取得していない。酒店の倉庫にあるアサヒスーパードライのうち，どれがあなたのものかが決まっていないからである。あなたは，あくまで酒店

に対して，アサヒスーパードライ1ダースの引渡しを請求できるだけなのである。

　わかりやすくするために，酒店の倉庫に，アサヒスーパードライが10ダースあったとし，それにa，b，c，d，e，f，g，h，i，jと名前を付けよう。いま，他のお客さんがその酒店でアサヒスーパードライ1ダースを買い，aを持ち帰ったとする。このとき，あなたはそのお客さんに文句はいえない。「それは自分のものだ」と主張すると，酒店が出てきて，「まだまだ在庫はありますからご心配なく」というだろう。それでは，そのお客さんが，bを持ち帰ったときはどうか。cを持ち帰ったときはどうか。順々に考えていくと，どの1ダースを持ち帰られても，あなたが文句をいえないことがわかるだろう。すなわち，あなたは，aからjのいずれの1ダースについても所有権をもっていないのである。

　あなたが所有権を取得できるのは，どの1ダースが自分のものかが決まってからである。これを**種類債権**（→130頁）**の特定**という。

　なお，物だけでなく，権利についても特定性は問題になる。「いやー，他の人への貸金債権がたくさんあるから，どれか1つを差し上げますよ」と約束すれば，債権譲渡の契約は成立するが，どの債権が譲渡の対象となるのかがわからないから，譲渡の効力は生じない。後に見るように，担保物権には，債権を客体とするものもあるが，「どれか1つ」では担保物権の客体とはなりえない。たとえば，「平成○年○月○日付け金銭消費貸借によって生じた，債務者Bに対する貸金債権」というように，客体がはっきり他と区別されなければならないのである。

　ただし，特定性さえあれば，よいわけではない。各種の物権ごとに，客体の制限がある。

◆用益物権と担保物権の客体の違い

　さきほど一覧にして示した各種の物権が，どんなものを権利の客体（対象）としているかを考えてみると，すぐにわかるように，土地だけを客体として成立しうる物権が多い。地上権，永小作権，地役権，入会権（もっとも慣習による）がそうである。これに対して，留置権は，動産についても成立するし（295条は，留置しうる対象を「物」としており，「不動産」や「土地」などと

限定していない），先取特権のうち一般先取特権といわれるものは，種類を問うことなく，債務者の財産すべてを客体とする（306条本文は，「次に掲げる原因によって生じた債権を有する者は，債務者の総財産について先取特権を有する。」としている）。債務者が他者に対してもっている債権でも客体となる。また，条文からすぐにわかる範囲でも，質権は，動産や不動産のみならず，債権や所有権以外の物権を客体として成立しうるし（362条1項），抵当権は，地上権や永小作権も客体としうる（369条2項）。簡単にいえば，用益物権は，土地を客体とするものであるのに対し，担保物権は，それ以外にも広がっているのである。

　これはどうしてか。

　用益物権とは，ある物を自己の利益のために用いるための物権であり，そのような利用権が物権とされるのは，その利用権を強化するためである。そして，民法は，「最も保護すべきなのは，土地についての一定の利用権である」という判断に基づいて制定されたのである。

　これに対して，担保物権は，後にくわしく述べるように（とくに→490〜501頁），債務者が債務を履行しないときに，その財産から優先的に債権を回収するための物権である。そうであるならば，権利の客体は，換価等の可能なものであればよいことになる。そこで，客体として認められる財産の種類が広くなっているのである。

　ただし，それでも種類の限定はある。また，物権としての性格から，客体の特定性は必要とされるし，物権の存在を公示できる対象であることも原則的には要求される。しかし，これらの点については，後にだんだんと述べることにする。

◆客体の現代的変容1——利用権保護の拡大

　ところが，時代が進むにつれ，民法の定めた物権だけでは不十分になってくる。まず，保護されるべき利用権はほかにもあることが問題となった。このとき，対処の方法は2つある。

　1つは，ある権利を債権のままにしておくが，しかし，その効力を強化していく方法である。すでに見たように，土地や家屋の賃借権について，賃借権が債権であることはそのままにしながら，立法によって賃借人の権利の強化，

すなわち債権たる賃借権の効力強化が行われた（→187〜194頁）。

　もう１つは，土地以外の利用権についても物権として保護されるものを認めるという方法である。たとえば，漁業法は，定置漁業権，区画漁業権，共同漁業権（それぞれ法律で定義されている）を，「物権とみなし，土地に関する規定を準用する」としている（漁業法23条１項）。さらに，土地についても，民法で定められている地上権等以外に，物権である利用権がいくつか定められた。たとえば，鉱業法は，「登録を受けた一定の土地の区域において，登録を受けた鉱物及びこれと同種の鉱床中に存する他の鉱物を掘採し，及び取得する権利」（鉱業権）を「物権とみな」す，としているし（鉱業法５条，12条），採石法は，「設定行為をもって定めるところに従い，他人の土地において岩石及び砂利を採取する権利」（採石権）を物権としている（採石法４条１項，３項）。また，地下や空間を上下の範囲を定め地上権の客体とすることも認められることになった（民法269条の２）。

　後に述べるように，各種の担保物権の客体も拡大されてきた（→489頁 Column 47 ）。

◆客体の現代的変容２——所有権の客体

　それでは，所有権はどうか。所有権の客体は，民法206条が，所有権の内容として，「所有物の使用，収益及び処分をする権利」としていることから，「物」だということがわかる。そして，民法85条は，「この法律において『物』とは，有体物をいう。」としているから，所有権の客体は「有体物」だということになる。「有体物」とは，「無体物」に対する概念であり，空間の一部を占めて有形的な存在をもつもののことである。これに対して，「無体物」とは，電気・熱・光など形のないものを指す。「債権」も無体物である。

　それでは，なぜ，所有権の客体は，有体物にかぎられるのだろうか。

　まず，電気・熱・光などが所有権の客体とならないのはなぜか。これは，所有権の侵害に対する救済方法との関係で理解するのがわかりやすい。たとえば，Ａが所有している本がＢによって盗まれたとする。このとき，Ａは，Ｂに対して，「私の本を返せ」と請求することになる（Ｂが盗んでいる間にその本が読めなかったことによって受けた損害があれば，その賠償も請求できる）。もちろん，Ｂが，その本を燃やしてしまっていたら，損害賠償しか請求できな

い。しかし，その本が現存しているならば，「私の所有物である，その本を返せ」という請求ができるわけである。

　これに対して，Aの自宅につながっている送電線から，Bが電気を勝手に盗んでいたとする。このとき，Aは，Bに「盗んだ電気を返せ」と請求できるだろうか。あるいは，Aの自宅が蓄熱式暖房装置を備えているとき，Bが，地下の蓄熱装置から勝手に熱を奪った。このとき，「盗んだ熱を返せ」と請求できるだろうか。「請求できていいじゃないか」と思う人もいるかもしれないが，仮に，BからAが一定量の電気の供給を受けるかたちで「返してもらった」としても，その電気は，Bが盗んだ電気そのものではない。Bが盗んだ電気を構成していた電子が，そのまま返還されるわけではなく，別個の電子の流れで構成される同量の電気が供給されるだけなのである。熱や光について，奪われた熱や光そのものが返ってくるわけではないことは，当然にわかるだろう。

　このことは，一定の電気・熱・光そのものを支配することはできないのであり，結局，継続的に供給されるエネルギーを利用するという利益のみしか観念できないことを意味している。そこで，これらは所有権の対象とされないのである。

　それでは，所有権の客体が「債権」であってはならないのはなぜか。たとえ

Column 41

動産と不動産

　有体物は，動産と不動産とに分かれる。「土地及びその定着物」は不動産であり（86条1項），定着物とは，現に土地に固定されており，一般にそのまま土地に固定されたまま使用されるものをいうとされる。しかし，建物は土地とは別個の不動産である。

　問題となるのは，建築中の建物がどのような段階に達すれば，独立の不動産としての「建物」といえるか，である。判例は，木材を組み立てて屋根をふいただけではダメだが，独立に風雨をしのげる程度，すなわち，屋根瓦がふかれ荒壁が塗られた程度に達すればよい，としている。

　ところが，埼玉県所沢市にある西武ドーム（メットライフドーム）は，屋根があるものの，その屋根は支柱によって支えられ，観客席との間にすきまがある。判例にいう「壁」が不完全なのである。そこで，これが「建物」に該当し，固定資産税が課されるべきか否かが問題となった（最終的には課税されることになった）。もちろん，租税法の観点から決められるべき事柄だが，思わぬ問題があるものである。

ば，AがBに対して1000万円を支払え，という権利をもっているという状態
は，Aが，そのような内容の権利を所有している，と見ることができないわけ
ではない。実際，そのように考える国もあるのだが，「債権の所有権」という
と，せっかく民法が「第2編物権」と「第3編債権」とに分けて権利を整理
しようとしているのに，債権の帰属（誰が債権者か）について物権の規定が適
用されることになり，すっきりしない構成になるから，避けられたのである。

　国によっては，もっと積極的な理由から，「債権の所有権」を認めないとこ
ろもある。つまり，権利に対する所有権を認めることは，すでに述べた封建制
の根絶，そのための所有権概念の確立という理念に反すると考えられたのであ
る。権利について「所有権」が認められることになると，領主が有していた貢
納徴収権（年貢をとる権利）についても，「貢納徴収権について所有権を有す
る」という言い方が可能になる。そうすると，1つの土地をめぐって「土地
の所有権」と「貢納徴収権の所有権」が存在するという状況が存在しうること
になり，封建制度の息の根を止めることができない。こういうわけである。

◆客体の現代的変容3──集合物

　しかし，有体物についてのみ所有権を承認するという法制度も，だんだんと
現代的な変容が必要とされてくる。

　問題自体は古くローマ法の時代から存するものだが，たとえば，米10キロ
グラムを考えてみよう。有体物だけが所有権の目的物となるという考え方から
すると，米粒1つ1つが所有権の目的となる。ところが，通常は10キロひと
かたまりの米として認識し，取引されている。それならば，これは，10キロ
の米が全体として1つの動産を構成しているととらえるほうが実態にあって
いるのではないか。約40万粒にもなるのである。

　もっとも，そのようなひとかたまりとなって，中身が変動しないものについ
ては，40万粒であっても，1粒1粒の所有権を問題とすればよいともいえ
る。ところが，ひとかたまりの財産で中身が変動するものについても，1つ
の動産を構成しているとして取引がされる場合がある。たとえば，鉄工会社の
倉庫には，いつも一定程度の量の鋼材がある。加工のため倉庫から運び出さ
れ，出荷されていくが，他方で，定期的に補充される。すなわち，倉庫内の鋼
材はつねに入れ替わっているが，しかし，つねに一定程度の鋼材が原材料在庫

として存在しているわけである。このようなとき，「倉庫内の鋼材一切」というかたちで1つの財産を観念することはできないだろうか。

　レストランの食器でも同じである。いくつかはどうしても割れる。しかし，きちんと補充される。そのことによって，「レストランの食器」は，ひとかたまりの1つの財産としてつねに存在しているとはいえないだろうか。

　実は，このような「構成部分の変動する集合動産についても，その種類，所在場所及び量的範囲を指定するなど何らかの方法で目的物の範囲が特定される場合には，1個の**集合物**として認める」というのが判例・通説の立場となっている。

　どうしてそのようなものを観念する必要があるのか，どのような場面でその観念が効果を発揮するのかは，後に譲渡担保というものを説明する際に譲る（→520頁）。

◆客体の現代的変容4──情報

　現代社会は情報化の時代といわれる。土地が富の源泉であった時代は去り，情報こそが価値の源と考えられているのである。

　そうなると，土地所有権と同じように，情報についても所有権を認めるべきではないか，ということになってくる。「知的所有権」という言葉を聞いたことがあるかもしれない。これはまさに，情報や知的創作物を「所有権」の対象とすることを前提とした言葉である。

　もっとも，有体物と情報とでは，その性質が大きく異なる。たとえば，使用を考えてみよう。自分が所有権を有する土地を別の者が使用していれば，所有者はその土地が使えない。だから，所有権の効力として，使用者を排除できなければならない。他を排除して，自己の利用を回復するのである。ところが，情報や発明は，複数の者が同時に使用できるという特性をもっている。他者を排除しなければ，自己が利用できないわけではない。また，他人に利用権を与えるときも，土地であれば，1人に使用させれば，その者が使用権をもつ範囲では，他の者は使用できない。賃借権は契約に基づくものだから二重に設定できるが，しかし，実際に利用できるのは1人である。これに対して，情報については，同じ内容のライセンスを複数設定できる。

　そういったわけで，「知的所有権」といっても，その規律，より具体的には

保護内容は，所有権のそれとはかなり異なるものになっている。

しかし，近年，より「所有」に近い感じを漂わせる「情報」が現れた。電子マネーである。電子マネーは，電気的に作られた「情報」にすぎない。しかし，その情報を移転することによって，支払いができる。この「情報」はまさに「所有権」になじむ情報ではないか。

現時点では，電子マネーは，すべて契約の問題として処理されている（→275〜277頁）。しかし，将来，所有権の問題として議論されるようになるかもしれない。実際，ビットコインについては，すでに問題となっている Case 17。

<Case 17>

東京地裁平成27・8・5判決（2005WLJPCA08058001）

ビットコインとはインターネット上の仮想通貨であり，何らかの実体的な財産と結びついているものではない。たとえば，A，B，C，D，Eの5人が，各10単位のビットコインを「有する」とする。このとき，当該5人は，各10単位のビットコインを，他者に移転することのできる地位を有していることになる。このとき，その5人がビットコインに一定の価値を認めているとしよう。そうすると，たとえば，BがCにパソコンを売るとき，「3単位のビットコインを代金にしよう」という合意が可能になる。そして，CがBに3単位のビットコインを移転するという通信をコンピュータ・ネットワーク上で公に開示されたかたちで行い，それが他者によって承認されれば，Cの有するビットコインが3単位減り，Bの有するビットコインが3単位増える。これによって決済がされたことになるのである。

一般の人たちは，このネットワークに直接には参加しない。交換業者が参加し，一般の人たちは，交換業者に移転の指示を出し，現在各人が有する単位数は交換業者によって管理されていた。ところが，その1つであるマウントゴックスが破産。マウントゴックスのコンピュータ上では450単位のビットコインを預けていることになっているXは，450単位のビットコインは自分の物であるとして，破産管財人Yに対し返還を請求した。破産手続が開始すると，破産者に対して債権を有しているにすぎない者は，破産手続内で配当を受ける。これに対して，破産者のもとに自己の所有物が存在しているときは，破産管財人に対して返還を請求しうる（取戻権）。

判決は，「ビットコインが所有権の客体になるために必要な有体性及び排他的支配可能性を有するとは認められない。したがって，ビットコインは物権である所有権の客体とはならないというべきである」として，Xの請求を認めなかった。もちろん，Xは債権者としての権利行使はできる。

3 物権の取得と消滅

◆承継取得と原始取得

さて，以上説明してきたような様々な物権は，どのようにして取得されるのだろうか。

まず思いつくのは，誰か他の人から，ある物を購入することによって，その物の所有権を取得する，という方法である。また，たとえば，親が死亡して，相続により，土地などの所有権を取得することもある。このように，他人の権利を承継することにより物権を取得することを**承継取得**という。

これに対して，ある物権を他人の権利に基づかないで取得する場合もある。時効取得，即時取得，添付，無主物先占といわれるものがそれである。これらをあわせて**原始取得**という。石器時代のようだ，というのではなく，「元々のはじめとして物権が生じた（取得された）」という意味である。

なぜ，承継取得と原始取得という区別をするのか。何も分類が楽しいからではない。承継取得の場合は，前の人の権利を譲り受けるのだから，前の人がもっている以上の権利を取得することはない。たとえば，Aがある土地の所有者であるが，その土地についてはBが地上権をもっているとする。つまり，Aの所有権は，Bの地上権で制限されたものである。このとき，CがAからその土地の譲渡を受けたら，CはBの地上権という負担の付いた土地を譲り受けることができるだけである。Cは，A以上の権利は取得できない。

もっとも，上記の例でBの地上権の存在をCが知らなかったらどうするのか，Cがかわいそうじゃないか，と思うかもしれない。この点の解決は後に述べる。

これに対して，原始取得の場合には，取得する権利内容は，前の人の権利に依存していないから，以上のような点は原則として問題にならない。そういった区別なのである。

◆原始取得の具体例1──時効取得

それでは，原始取得，承継取得とは，より具体的にはどういう場合であり，どういうメカニズムによって物権が取得されるのであろうか。原始取得から説

明していく。

　まず，**時効取得**である。

　これは，ある種の物権を行使しているという状態が，「占有」というかたちで外形的に表示されているとき，それが長期間そのまま経過すれば，その物権の取得を認めようとするものである。「占有」という言葉の意味については後に述べるが（→456頁），さしあたっては，自分が利益を受ける意思で，物を現実に支配している事実状態，さらに簡単にいえば，「使っていること」だと思ってほしい。

　「使っていること」が外形からもわかることが長期間継続することが必要なわけだから，時効取得の対象となりうる物権は，物を使うことが内容（の少なくとも一部）にされているものにかぎる。具体的には，所有権，地上権，永小作権，地役権，入会権，質権であり，目的物の占有を伴わない抵当権や，法律の規定によってのみ生じる先取特権，留置権は対象とならない。

　このような時効取得について，民法162条は，占有者が占有開始時点において自分にその物権があると信じ，かつ，信じたことに過失がなかった場合（善意かつ無過失）と，信じていなかったか，または，信じたことに過失があった場合（悪意または有過失）とで必要とされる期間を分け，善意かつ無過失の場合は10年，悪意または有過失の場合は20年の占有継続を要求している。所有権以外の権利については，民法163条が適用されるが，内容は同じことである。占有が継続していなければならないことは，民法164条にも規定されている。

　それでは，なぜ，長期間の継続があれば，物権を取得できることにすべきなのだろうか。AがBの土地を20年間，所有の意思をもって使用し続けているからといって，その人にその土地の所有権が帰属することになるのはおかしいのではないか。Bからすれば，たまったものではない。そのような気もする。

　いろいろな意見があるが，結局，長期間の事実状態の継続による利益は保護に値し，他方，権利はあるけれど，長い間みずから利用しなかった者は保護に値しない，という理念で説明するほかはないと思う。

◆原始取得の具体例2──付合など

　動産に関しては，即時取得という制度があるが，これについては後に説明す

る（→451〜454頁）。ここでは，それ以外の原始取得の例について見ておこう。いずれも所有権を取得する。もっとも，無主物先占（239条1項），遺失物拾得（240条），埋蔵物発見（241条）はあまり問題にならないので省略する。若干説明が必要なのは，添付（242条〜248条）である。

たとえば，家屋の壁を，他人の所有するペンキで塗装したとする。このとき，ペンキの所有者は，「ペンキは自分のものだから，壁からはがして返せ」と請求できるだろうか。これはできそうもない。また，彫刻家が誤って他人の木材に彫刻を施したとき，木材の所有者は「それは自分の材木だ」といって，所有権を主張できるか。工作の価値次第によっては，その主張を認めるべきではないこともある（1000円の木材に，人間国宝が彫刻を施し，100万円の価値をもつに至った場合を考えてみよう。実際，古典落語に「抜け雀」という話がある）。

このように，ある物とある物，さらにはある物とある作業とが合体して，はがれなくなった場合，価値の大きな財産（作業を含む）を出した者に，その全体の所有権を帰せしめよう，というのが添付の制度である。ただし，それによって，自分の物の所有権を失うなどの損失を受ければ，全体の所有権を取得した者に対して，不当利得（→580〜582頁）として金銭の支払いを求めることができる（248条）。当然であろう。

不動産の付合，動産の付合，混和，加工の4種類がある。

◆承継取得

所有権が売買契約によって移転する，相続によって移転する，というのは，日常生活でもよく経験するところであり，理解できるだろう。しかし，譲渡できるというのは，物権一般の特性であって，地上権や永小作権，抵当権なども譲渡の対象となる。

もっとも，承継取得は，ここであげたような場合だけではない。たとえば，ある土地について地上権を取得しようとしたときを考えよう。その土地について，すでに地上権をもっている人から，その地上権の譲渡を受けるということもある。このときは，上記の例と同じく，他人の権利をそのまま承継しているわけである。しかし，その土地について，いまだ誰も地上権をもっていないとすると，その土地の所有者から地上権の設定を受けなければならない。このよ

うに，他人から設定を受けることにより，その他人の権利の一部を取得する場合も，承継取得の1つである。地上権だけでなく，所有権以外の物権は，このような「設定」によって生じることが原則である。

たとえば，抵当権でも同様である。抵当権というのは，債務者が債務不履行に陥ったとき，その目的物を換価したり，管理を行って収益をあげたりして，そこから優先的に弁済を受けることを内容とする物権である。他人の所有物について，このような物権を勝手に作ることはできない。ある物を換価する（売る）権利や，あるものを管理して収益をあげる（貸す）権利は，その物の所有権の内容の一部である。したがって，ある物について抵当権を取得しようとする者は，その所有者から，その所有権の内容の一部を切り分けるかたちで抵当権という物権を作ってもらい，その作られた抵当権を取得することになるのである。

地上権の設定においても，まず，所有者が，自分の所有権の内容から，「工作物又は竹木を所有するため，その土地を使用する権利」を切り離し，次に，その権利が他人に譲り渡されることにより地上権が生まれる。

このようなかたちでの承継取得を，まず権利が設定されてから承継がされる，という意味で，設定的取得という。よく間違うので注意してほしいのは，

Column 42

抵当権設定者とは？

本文の説明からわかるように，抵当権設定者とは，抵当権の目的物の所有者であり，決して抵当権者ではない。ところが，抵当権というのは，債権者が取得するものであり，かつ，債権者は権利が強いというイメージがあるので，しばしば，「抵当権とは債権者が設定するものである」と誤解されている。

銀行や信用金庫のホームページで住宅ローンなどの説明をのぞいてみると，そのきわめて多くに，「ご融資対象となる住宅とその土地に第1順位の抵当権を設定させていただきます」とか，「○○銀行が抵当権を設定しています」とか書いてあるのには，悲しくなる。「設定していただきます」と書いてほしい。司法書士事務所のホームページにも同様の記述は多い。どちらに対しても，「おい，専門家だろう」といいたくなる。

また，テレビドラマなどで，「自分は抵当権者だから，この店は自分の物だ，金が払えないのであれば店をたたんで出て行け」といっていることがある。これも誤り（→490〜501頁）。そんなことを要求する権利はない。

このとき，設定者は所有者だということである。抵当権者や地上権者は設定された権利を取得するのである。

◆物権の消滅

物権の消滅原因は，各物権ごとでも異なる。しかし，共通の消滅原因として，以下の3つを説明しておく。

第1は，目的物の滅失である。紛失ではない。物理的に消失してしまうことであり，そうなれば権利が消滅するのは当然である。

第2は，消滅時効である。所有権以外の物権は原則として20年の消滅時効にかかる（166条2項）。ただし，担保物権の消滅時効については，細かな問題がある。

第3は，混同である。たとえば，所有者が，地上権者から地上権を譲り受けたとする。先に述べたように，地上権は，所有権の内容の一部を切り出したものであるから，所有者以外の人がもっていてこそ意味がある。そこで，「同一物について所有権及び他の物権が同一人に帰属したときは，当該他の物権は，消滅する。」（179条1項本文）というわけで，地上権者と所有権者とが一致すれば，所有権だけが残ることになる。より複雑な場合や例外もあるが，ここでは原則を理解してほしい。

Ⅱ　物権の公示と対抗要件

1　公示の必要性

◆誰にでも存在がわかるようにしておく必要性

債権は特定の人に対してだけ主張できるものなのだから，関係者は債権者と債務者だけであって，誰がどのような債権を有し，債務を負っていようと，他の人には関係ない。たとえば，私が，どこからいくらの借金をしているかは，みなさんに無関係のことがらである。ところが，物権についてはそうではない。それが誰にでも主張できる権利であるが故に，ある物に対して誰かが物権を有している，ということは，すべての人の利害に潜在的に関係することがらとなる。

たとえば，Aが所有している特定の土地についてBが地上権を有しているとすると，Cがその土地をAから購入しても，BはCに対して自分の地上権の存在を主張していける（物権は誰に対しても主張できるから，Cに対しても主張できる）。そして，地上権を有するBは，民法265条に従って，「他人の土地において工作物又は竹木を所有するため，その土地を使用する権利を有する」ことになるから，Cはせっかく購入した土地なのに，その土地が使えない，ということになる。Cがそれをわかったうえで購入しているのならともかく，知らないままに購入して思いがけない損害を受けることがあっては困る。したがって，ある物について誰がどんな物権を有しているかは，第三者にわかるように公示されなければならないのである。誰がその土地の買主になるかは，事前にはわからない。だから，誰にでもわかるようにしておく必要がある。

◆物権法定主義との結びつき

公示を可能にするためには，物権の種類を制限し，それぞれの物権の内容を法定しなければならない。というのは，こういうわけである。

物権の種類とその内容があらかじめ定まっていれば，たとえば，ある土地に

ついてAが所有権を有する，というときには，「所有権者＝A」ということだけを公示システムに載せればよい。それだけで他の人は「この土地については，Aがあの内容の権利をもっているんだな」ということがわかる。「あの内容」とは何か。民法206条は「所有者は，法令の制限内において，自由にその所有物の使用，収益及び処分をする権利を有する。」と規定しているから，結局，Aはその土地について「法令の制限内において，自由に……使用，収益及び処分をする権利」をもっていることがわかるのである。また，「地上権者＝B」となっていれば，こんどは民法265条を見て，「この土地については，Bが『工作物又は竹木を所有するため，その土地を使用する権利』をもっているんだな」ということがわかる。

　ところが，法律に定められている以外の物権の創設を許し，たとえば，ある土地についてCが「○×権」という物権を有することを認めるとどうなるか。公示システムにおいて，「○×権者＝C」と書いてあっても，それではCが具体的にいかなる権利を有するのかはわからない。「その内容まで公示システムに記載しておけばいいじゃないか」というかもしれないが，様々な物について様々な物権を各人が創設することになると，その記載の手間は大変である。また，そのための書類は膨大なものとなって，ある人がある特定の物について誰がどんな物権を有しているのかを知りたいと思っても，その情報検索・情報解読はずいぶんと骨の折れるものとなってしまう。これでは，公示の目的は達成できない。

　そこで，民法175条は「物権は，この法律その他の法律に定めるもののほか，創設することができない。」と定め，物権の種類を限定し，かつ，その内容を法定することによって，うまく公示を行おうとしているのである。

　物権法定主義には，歴史的な理由もあり，それについてはすでに述べた（→399頁）。それ以外にも，実際的な意義として，公示を可能にする，という理由が存在するのである。

◆意思主義・対抗要件主義

　さきほどは簡単に「公示が必要である」とだけ述べたが，たとえば，Aの土地の所有権がBに移転した，というときを考えると，A・Bはまさに所有権移転を行った者たちなのだから，所有権移転の事実は重々承知している。した

がって，この者たちの間では公示の必要はない。公示が必要なのは，物権移転の当事者でない者，すなわち第三者に対してである。

こういった考え方から，民法は，まず176条で「物権の設定及び移転は，当事者の意思表示のみによって，その効力を生ずる。」とし，しかし，177条で，不動産について，「不動産に関する物権の得喪及び変更は，不動産登記法（平成16年法律第123号）その他の登記に関する法律の定めるところに従いその登記をしなければ，第三者に対抗することができない。」と定め，178条で，動産について，「動産に関する物権の譲渡は，その動産の引渡しがなければ，第三者に対抗することができない。」と定めた。つまり，物権関係の変動自体は，A・Bの間で契約などによって生じるが，不動産に関しては**登記**，動産に関しては**引渡し**という方法によって公示されないかぎり，第三者に対してはその変動を主張できない，という構成をとっているわけである。当事者間では意思表示のみで物権の変動が生じるという仕組みを**意思主義**といい，登記などを第三者に主張するための要件とする仕組みを**対抗要件主義**という。

もっとも，それぞれについて，いろいろ考えておかなければならない問題がある。

2　意思主義

◆合意の中の意思表示

売買契約が締結された。そこにおいては，売主から買主に目的物の所有権を移転することが目的とされている。それならば，売買について合意されたということは，目的物の所有権移転について合意された，ということにほかならず，したがって，原則として，その時点で所有権移転の効果が発生するといってよい。

これが意思主義の考え方である。もっといえば，上記の事例で，売主から買主に所有権が移転していないとするならば，それは売主が移転義務の履行を怠っているからである。しかし，売主が，「私はまだ私のすべきことをしていない」という主張をするのを認めてやる必要はない。したがって，売買契約が締結されると，それで所有権が移転したことになるのである。

つまり，民法176条にいう「意思表示」とは，売買契約などの合意に含まれ

ている所有権の移転の「意思」を契約の締結というかたちで「表示」する，ということを意味することになる。

　地上権を設定する場合，抵当権を設定する場合なども同じであり，それぞれ地上権設定契約，抵当権設定契約といった合意の中に「意思表示」が含まれている結果，契約の締結によって，かつ，それだけで，その物権が設定されたことになる。

　ただし，思い出してほしいのは，物権の成立には，目的物の特定性が必要だったことである（→401～402頁）。たとえば，あなたが，1ダースのアサヒスーパードライを酒店に注文したとしよう。売買契約はそれで成立し，酒店はアサヒスーパードライ1ダースを引き渡す義務を負う。しかし，酒店は，自分の倉庫にあるアサヒスーパードライのうち，どの1ダースをあなたに引き渡しても売買契約上の義務を履行したことになるし，新たに仕入れたアサヒスーパードライを引き渡してもよい。このような状態のときには，あなたは，いまだアサヒスーパードライについて所有権を取得していない。

　このような不特定物について売買契約が締結された場合，所有権の移転が生じるのは目的物の特定が生じたときである。

　もちろん，以上のようなプロセスで，物権変動（物権が移転したり，設定されたり，取得されたり，消滅したりすること）が生じるのは，契約による変動の場合のみである。相続ならば，死亡という事実によって物権変動が生じるし，時効取得も一定の要件を満たした時間の経過という事実によって生じる。また，先取特権・留置権といって法定担保物権は，法律上の要件が満たされれば当然に生じるのであり，当事者の意思表示とは無関係である。

　しかし，現代社会において最も重要なのは，契約に基づく物権変動であり，これを民法176条が規定しているわけである。

◆原因行為との関係

　民法176条は，以上のように契約に基づく物権変動の条文である。そして，ここにいう「意思表示」は，一方的に，「所有権をあなたに移転する」と宣言することを意味するのではなく，有効に成立した契約における合意に含まれている「意思表示」を意味している。

　このことは，次の2点で重要な意味を有する。

第1に，契約が有効に成立していないときには，「意思表示」は存在しないことになり，物権変動は生じない，ということである。錯誤・詐欺・強迫や制限行為能力を理由に，契約成立にかかる一方当事者の意思表示が取り消されたときも，契約ははじめから存在しなかったことになるから（121条），物権変動は生じなかったことになる（→97頁）。

第2は，特約がある場合には，それに従う，ということである。たとえば，売買契約を締結したが，所有権は代金完済のときに移転するとか，引渡しのときに移転するとか，特別の定めをしていれば，そのような意思が表示されているのだから，その意思に従うことになる。とくに，動産売買において，代金債権を担保するために，所有権の移転時期を代金完済時と約定することがある。これについては後に述べる（→522〜523頁）。

3　対抗要件主義

◆ 「対抗できない」ということの意味

物権変動があっても，それだけでは，「第三者」に対して，「自分が○○権という物権をその物についてもっている」とは主張できない。すでにあげた民法177条・178条にあるとおり，「不動産に関する物権の得喪及び変更は，不動産登記法（平成16年法律第123号）その他の登記に関する法律の定めるところに従いその登記をしなければ」，また，「動産に関する物権の譲渡は，その動産の引渡しがなければ」，いずれも「第三者に対抗することができない」。

たとえば，AとBとの間で不動産の売買契約が締結されたが，Aは，その不動産につき，Cとの間でも売買契約を締結した。二重売買である。ところが，Cが，先に登記の移転を受けた，ということになると，Bは，先に

図 8-1　対抗できる・できないとは？

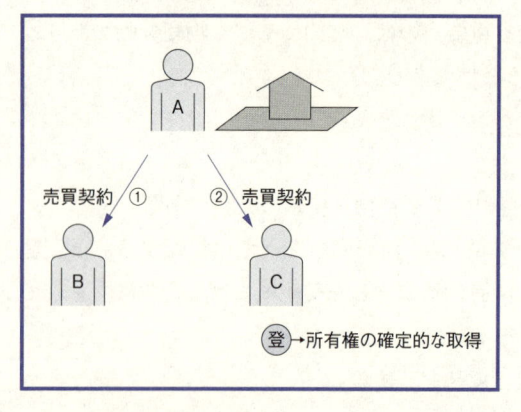

売買契約　①　　②　売買契約

登→所有権の確定的な取得

売買契約を締結したからといって，Cに対し，「私（B）こそが所有者だ」ということを「対抗できない」。これに対して，Cは，登記を備えているので，Bに対し，「私（C）こそが所有者だ」ということを「対抗できる」。その結果，この不動産の所有権はCが取得することになるのである（図8-1）。

このように「対抗できる」というのは，日常用語とは少し意味が違う。日常用語では，「競い合える」というように，その結果の勝敗を含まない意味の言葉だが（「阪神もやっと巨人に対抗できる戦力が整った」），ここで「対抗できる」というのは「競い合ったうえで勝つ」ということである。「対抗できない」というのは，同じく「競い合ったうえで負ける」という意味になる。

より細かな具体例，さらにはCがBの存在を知っていてよいか，という点は後に見ていくが，二重売買があったときは，先に登記を備えたほうが勝つ，すなわち，その目的物の所有権を確定的に取得することになる，という原則をまず理解してほしい。

◆なぜ物権取得が競い合う状態になるか

しかし，どうしてそうなるのか，ということが，もう少しよくわからないと，十分には納得できないだろう。そして，「どうしてそうなるのか」という点については，学説上，大きな争いが存在するのである。

すでに述べたように，たとえば所有者＝売主Aと買主Bとの特定物の売買契約が締結されると，特約がないかぎり，その時点でAからBへと所有権が移転する。その結果，Aは所有者ではなくなる。そうすると次の疑問が生じる。

その後にAとの間で売買契約を締結したCは，所有者でない人と売買契約をしたということになる。所有者でない人と売買契約をすること自体はできる（→131頁）。しかし，そのようなときにCが所有権を取得できるのは，自分に対する売主であるAが，ちゃんと所有者から所有権の移転を受けた場合にかぎられるはずである。そうすると，Bが，Aに再譲渡をしないかぎり，Cは所有者になれないはずだ。こういうわけである。

学説が争っているのは，この疑問に対して，どのような答えを与えるか，である。議論は続いているが，次のように考えるのがわかりやすいと思う。すなわち，たしかに，意思主義のもとでは，Bにすでに所有権は移転している。しかしながら，その所有権移転は，民法177条・178条によって制限された効力

しかもたない所有権移転であり，後から締結した譲渡契約の譲受人が先に対抗要件を備えれば，その者に確定的な所有権を得させることができる，というかぎりでは，Ａはまだ完全には所有権を失っていない。したがって，Ｃもまた所有権を取得できる。そして，このように，いちおう有効に所有権を取得できる地位を得ているＢとＣとの間の優劣が，対抗要件で決められるという制度になっている。この背後には，物権変動について公示が必要であるという要請がある。こういうわけである。

◆対抗要件の意味

しかし，登記とか引渡しとかは，あくまで対抗要件，すなわち，実際に存在する物権変動について，それを第三者に対して主張するための要件なのであり，物権変動自体を有効にするものではない。このことは時々誤解されているので注意を要する。

学生証や社員証を考えると，このことの意味はわかるだろう。大学や会社の様々な施設を利用するのに，学生証や社員証の提示が要求され，それを持っていなかったら，いくら自分が学生あるいは社員であることを主張・立証しても，その施設の利用は認められない。「身分証の提示がなければ利用は認められません」といって，追い返されてしまう。

この状態は，学生あるいは社員という地位にあるのに，それを主張して，利益の享受ができないという状態である。ただたんに学生・社員という地位にあるだけではたりず，身分証明書の提示という形式がなければ，自分に利用権があることを主張できないのである。

それでは，その大学や会社の身分証明書を拾った人がいたとするとき，この人は，正当に，大学や会社の施設を利用できるだろうか。たしかに身分証明書は提示することができる。しかし，実際には学生や社員という地位を有していないのであり，身分証明書だけを持っていても，その身分証明書の所持は有効なものとはいえない。「あなたは実際には学生（社員）ではないでしょ」といって，施設の受付の人は，その人を追い返してしまうことができる。

もちろん，受付の人はだまされてしまうかもしれない。身分証明書の所持が有効でないことに気が付かないかもしれない。しかし，そうだからといって，正当にその施設の利用が認められるわけではないのである。

対抗要件も以上の身分証明書と同じ性格をもつ。

　実際に物権を取得しても，対抗要件がなければ，第三者に物権の取得を対抗できない。しかし，そうだからといって，物権変動もないのに，登記所のミスなどで対抗要件を得ても，「物権を取得した」ということ自体がないのであり，その対抗要件は空っぽのものである。登記などがあったとしても，その登記はそもそも有効なものではない。したがって，第三者に，「私が物権をもっている」などとはいえない。ただし，その対抗要件を有効なものだと信じた者の保護が問題になる。こういうわけである。

Ⅲ　不動産物権変動の対抗要件

1　登記の仕組み

　ここまで，登記や引渡しについては具体的に説明しないまま，対抗要件の働きについて説明してきたが，そろそろ対抗要件の具体的な姿を見てみよう。

　まずは，不動産の物権変動の対抗要件である登記からである。

　登記は，各地の登記所に不動産ごとの登記簿を備え，それに権利変動を記載していく，というかたちで行われる（以下，表8-1を参照）。登記簿には，その登記簿がどの不動産のものなのか，を示すために，最初に「表題部」というところがある。履歴書でいえば，氏名欄・住所欄である。

　建物登記簿は建物ごとに，それが建築されると，まず所有権保存登記がされ，登記簿が作られる。これに対して，土地には境目がないから，ある単位ごとに土地を人為的に分割して，それぞれごとに地番を付け，地番ごとに土地登記簿を作ることになる（この1単位を《1筆》という）。これに「地番」というのを付けるのだが，この地番はいわゆる「住所」（住居表示に関する法律による）とは異なる。そもそも土地の区分の仕方が違うこともある。たとえば，かつて日本経済新聞社東京本社の郵便上の住所は，「東京都千代田区大手町1丁目7番3号」であったが，その土地の地番は，「東京都千代田区大手町1丁目5番8，16，17，18，19」である。5筆の土地にまたがっていることがわかる。

　そして，所有権に関する事項は「甲区」という欄に記載され，所有権以外の権利に関する事項は「乙区」という欄に記載される。たとえば，所有権を移転したという登記（所有権移転登記）は甲区，抵当権を設定したという登記（抵当権設定登記）は乙区に記載されるわけである。

　これら不動産ごとの登記簿が，バインダーに綴じられて，登記所に保管される。

もちろん，たんに保管するだけではない。公示を目的とするわけだから，ある不動産について，それにまつわる物権関係を知りたい者は，誰でも登記所に行って登記簿を閲覧することができる。

◆登記のコンピュータ化
　しかし，このような制度は，なかなかもって時代遅れであり，大幅な改革が行われた。背景にはいろいろなことがある。
　第1に，危険性である。登記所で登記簿の閲覧を申し出ると，バインダー綴じの登記簿原本が1冊渡される。そこで，登記簿原本を抜き取って持ち帰り，偽造登記の内容をタイプで書き込み，偽造登記印を押してから，登記所で元に戻す。こういったことをやる者もいる（地面師という。もっとも，地面師の手口のうち，改ざんは最も荒っぽい方法であり，もっと洗練された（？）方法も多々ある）。
　第2に，手間である。作成も和文タイプなどで打ち込んでいくことになるし，それに印鑑を押し，登記簿に綴じる。登記簿を閲覧させるときも，わざわざ現物を出す。これは面倒である。
　第3に，行政の簡素化の動きである。現物をその場に行って閲覧するからこそ，多数の登記所が必要となる。
　そこで，政府は，かなり速いペースで登記制度のコンピュータ化を進め，2008年には一応完成した。そして，並行して，インターネットを通じた登記閲覧システムを構築し，登記所数を減少させる措置を講じた（1995年に登記所の整理統合の方針が打ち出された時点と比較して，半数以下になっている）。
　登記用紙は電磁的な登記記録になり，閲覧に代えて「登記事項要約書の交付」（1件450円），抄本・謄本の交付に代えて「登記事項証明書の交付」（1件600円（オンライン請求では500円または480円））（表8−1）が行われる。電磁記録であるかぎり，それを閲覧することはありえないから（ハードディスクをにらんでいても，記録されている情報は見えない），閲覧に代えて要約書を交付する。謄本とは，国語辞典によれば，「原本の内容すべてを，そのまま写しとった文書」であるから，電磁記録の謄本はありえない。そこで，謄本の交付に代えて，登記事項証明書というものをプリント・アウトして，交付するのである。

表8-1　登記事項証明書の例

表　題　部	（主である建物の表示）	調製	余白		不動産番号	1020304050607

所在図番号	余白		
所　　在	丙山市富町一丁目　79番地5		余白
家屋番号	226番の6		余白

① 種　類	② 構　造	③ 床　面　積　　m²	原因及びその日付〔登記の日付〕
居宅	木造かわらぶき平屋建	98 97	昭和55年10月3日新築〔昭和55年10月6日〕
余白	余白	余白	昭和63年法務省令第37号附則第2条第2項の規定により移記　平成7年6月8日

権　利　部　（甲区）	（所 有 権 に 関 す る 事 項）		
順位番号	登 記 の 目 的	受付年月日・受付番号	権 利 者 そ の 他 の 事 項
1	所有権保存	昭和55年10月17日第31707号	所有者　丙山市昭和町一丁目19番26号　　　A　野　A　夫　順位1番の登記を移記
2	所有権移転	昭和62年7月7日第33089号	原因　昭和62年4月10日売買　所有者　丙山市寿町18番2号　　　B　山　B　男　順位2番の登記を移記
余白	余白	余白	昭和63年法務省令第37号附則第2条第2項の規定により移記　平成7年6月8日
3	所有権移転	平成14年8月7日第30790号	原因　平成14年7月19日売買　所有者　丙山市寿町18番2号　　　C　川　C　子

権　利　部　（乙区）	（所 有 権 以 外 の 権 利 に 関 す る 事 項）		
順位番号	登 記 の 目 的	受付年月日・受付番号	権 利 者 そ の 他 の 事 項
1	抵当権設定	平成20年7月9日第671号	原因　平成20年7月2日金銭消費貸借同日設定　債権額　金2,000万円　利息　年4・0%（年365日日割計算）　損害金　年14・5%（年365日日割計算）　債務者　丙山市松原町四丁目8番4号　　　C　川　C　子　抵当権者　丙山市新町五丁目5番　　　株　式　会　社　D　銀　行　　　（取扱店　新町支店）

これは登記記録に記録されている事項の全部を証明した書面である。

平成26年1月22日
丙山地方法務局丙山西出張所　　　　　　　　登記官　　　　　　○　○　○　○

＊下線のあるものは抹消事項であることを示す。

登記
官印

整理番号　D82488　　（1/1）　　　1/1

さらに，2000年9月から，オンライン登記情報提供制度が始まった。これは，登記事務がコンピュータ化された登記所が保有する登記情報を，インターネットを利用して，一般利用者が自宅や会社などのパソコンから確認することができるようにする制度であり，登記情報を確認するための時間と手間が大幅に縮減されることになると期待されている。

利用者は，あらかじめ，一般財団法人民事法務協会に利用者登録（登記情報提供契約の締結）をして，利用者識別番号（ID）およびパスワードの交付を受ける必要がある（登録費用は，個人で300円，法人で740円）。そして，インターネットにより協会のホームページにアクセスし，同協会を通して，登記所のコンピュータ・システムから送信された登記情報が，利用者に送信されるわけである。利用料金は，全部事項情報で1件335円である（決済は，個人の場合，クレジットカードにより，法人の場合，銀行預金口座からの引き落としによることとなる）。

◆登記の手続

それでは，実際の登記手続はどのようにして行われるのであろうか。Aが自己所有の家屋を建設し，それをBに売却し，Bはさらにその家屋をCに売却した。その後，Cは，その家屋に債権者Dのために抵当権を設定した。こういった場合を例に説明しよう。実は，この例が表8−1として掲げた登記簿の様子なのである。

まず，建物を新築したときは，その所有者は，1か月以内に，建物の**表示の登記**を申請しなければならない（不動産登記法47条1項）。これによって，表題部が作られるわけである。次に（または同時に），Aの**所有権保存登記**がされる（同法74条）。これは，所有権に関する事項の登記であるから甲区に記載される。この申請は，Aが単独で行うことができる。このとき，建物価格（固定資産税評価額）の0.4％の登録免許税がかかる。Aの名による保存登記が行われると，2004年の不動産登記法改正前においては，Aに対し，**登記済証**というものが交付されていた（改正前同法60条1項）。日常用語では「権利証」とよばれるものである。現在では，この制度は廃止されたのだが，その理由は後に述べる。

次に，AからBへの所有権移転があったら，新しい所有者Bへの**所有権移**

転登記がされることになる。これは，AとBとの共同で申請される（同法60条）。Bが勝手に「自分のものになった」と申し出てもダメなのは当然である。このとき，Bのために登記をBと共同で申請する義務を負う者という意味で，Aが**登記義務者**とよばれ，Bを**登記権利者**とよぶ。

実際の登記申請について，かつては出頭主義がとられていた。必要書類を持って，登記所に出向くことが必要だったわけである。もちろん，司法書士などに代理を頼むことはできた。しかし，表示の登記の申請といった例外を除き，生身の人間が窓口で手続を行い，受理されるというシステムだったわけである。実は，登記済証というのは，このとき，登記義務者として申請している者が本当にAなのか，を確かめるための手段として機能していた。Aであるならば，以前，所有者名義を自分とする登記をしたときに登記済証を交付されているはずであり，したがって，登記済証を持ってきている人はA，または，Aから代理権を与えられた者であろう，というわけである。

ところが，すでに述べたように登記事務のコンピュータ化も進み，また，国が提供する行政手続は実質的にすべてインターネット経由で可能にするという政府の方針（e-Japan戦略）もあり，不動産登記法の改正によって，オンラインでの申請が可能となった（同法18条）。こうなると，旧来の登記済証の制度は維持できない。オンライン申請において登記済証の提示を求めることはできないし，また，登記が完了したときも，旧来の登記済証を交付することはできない。そこで，改正法では，登記が完了すると，登記名義人となった申請者に対して，**登記識別情報**が通知されることとした（同法21条）。これは，具体的には，アルファベットと数字の組み合わせからなる12桁のパスワードであり（たとえば，174-A23-CBX-53Gといったようなもの），Aが所有権保存登記をするという例では，Aにこのパスワードが通知されることになる。そして，AからBへの所有権移転登記を申請するに際しては，このパスワードを申請にあたって示さなければならない。このパスワードを知っているのはAだけだから，正しいパスワードが示されれば，本人の意思に基づいて申請がされていると判断できるわけである。

そして，申請人の氏名や住所や登記内容（不動産登記令3条参照），また，登記原因を証明する情報（不動産登記法61条，不動産登記令7条および別表参照）を書面またはオンラインで提出する。そのとき，書面ならば記名押印

（印鑑証明書が必要），オンラインならば電子署名が必要となる（不動産登記令16条，12条，14条）。電子署名とは，2000年に制定された「電子署名及び認証業務に関する法律」（**電子署名法**）によるものであり，一定の要件を満たす電子署名，たとえば，暗号化された電子情報があれば，押印しているのと同様の効果が認められる。

いくつか生じうる疑問に答えておこう。

まず，Aが協力しないとどうなるか。このときは，売主としての債務の不履行である。Bはもちろん売買契約の解除もできるが，Aを相手取って，登記を移転せよ，と請求する訴訟を提起することができる。Bがこの訴訟に勝訴し，確定判決を得ると，その勝訴判決を添付して，単独で所有権移転登記の申請ができることになる（同法63条1項）。相続を原因とする所有権移転の場合も，単独でできる（同条2項）。前所有者は死亡しているのだから。

次に，パスワードを忘れてしまったらどうなるか。このときは，現在の登記名義人（登記義務者）に対して，郵便等（本人限定受取郵便など厳格な方法による）の方法で通知をし，本人確認を行うことにしている（同法23条1項）。また，司法書士や土地家屋調査士など，登記申請の代理人となる資格のある者によって，きちんと本人が申請しているということを示す適切な情報が提示されたならば，郵便等による確認も省略できる（同法23条4項）。危ない感じがするかもしれない。しかし，A以外の者がAになりすまして登記申請をしても，その申請に基づいてされた登記は効力をもたない。そして，虚偽の申請をして移転登記をした一味は，公正証書原本等不実記載罪として，5年以下の懲役または50万円以下の罰金に処せられる（刑法157条1項）。また，登記名義人の確認において虚偽の情報を提供した司法書士などは，2年以下の懲役または50万円以下の罰金に処せられるし（不動産登記法160条），登記申請の目的で他人の登記識別情報（パスワード）を取得した者も，2年以下の懲役または50万円以下の罰金に処せられる（同法161条）。

所有権移転登記がすむと，今度はBに新しい登記識別情報（パスワード）が交付される。また，たとえば，売買による所有権移転登記には，不動産価格の2％の登録免許税（住宅用家屋については0.3％，土地については2019年3月31日までは1.5％）がかかる。

BからCへの所有権移転登記も以上と同様である。そして，AからB，Bか

らCという2つの移転登記がされ，その建物の所有権移転の経過が登記簿に示されることになるのである。ただし，便法もあり，Bが自分への移転登記を行う前にCに転売してしまった場合には，AからCへの所有権移転登記を行うことがある。**中間省略登記**という。A，B，C3名がみんな同意をしているときには有効だと解されてきたが，不動産登記法改正後，その有効性に疑いがあるとして，新たに議論が生じている。

　Cが，Dのために抵当権を設定するときにも，ほぼ同様である。Cが登記義務者，Dが登記権利者となり，申請が行われる。抵当権は所有権以外の権利だから，乙区に抵当権設定登記がされる。

◆仮登記

　さきほど，AがBに対する所有権移転登記手続に協力しないときには，BはAを相手どって訴訟を提起して，最終的には単独で登記の申請ができる，と説明した。しかし，訴訟にはそれなりの時間がかかる。そして，時間をかけて訴訟を行っている間に，別の人が二重譲渡を受けて，先に移転登記をしてしまったら，その者に確定的に所有権を取得されてしまう。訴訟の決着が付くまでの間に，自分の地位を確保することができないと困る。

　このような場合，まず，Bは仮登記仮処分というものを申し立てることができる。そこにおいて，Bが，自分は仮登記を受ける権利があるということにつき，いちおう確からしいとの推測を裁判官に与えるだけの証拠を提出すれば，裁判所は仮処分命令を発する。そして，Bは，この仮処分命令の正本を添付して，単独で仮登記を申請することができる（不動産登記法108条，107条）。

　仮登記が行われると，その後，Bが実際に所有権移転登記（これを，「仮登記」に対して「本登記」という）を取得したとき，「本登記の順位は，当該仮登記の順位による」（同法106条）。どういうことかというと，表8-2の登記簿の例を見てほしい。Bに対する所有権移転登記の仮登記は，平成25年10月1日に行われている。その次に，Cが，平成26年1月10日に所有権移転登記を得ている。これにより，Cは，民法177条に従って，Bに所有権の取得を対抗できる地位を得たことになる。ちなみに，民法177条にいう「登記」には仮登記は含まれない。したがって，この時点では，Cが所有権を有していることをBに対抗できる状態にある。ところが，平成26年3月10日に至って，Bは，所有

権移転登記（本登記）を得た。このとき，Bの本登記は「仮登記の順位」を得る。つまり，時間的順序からすると，

　　　Bの仮登記→Cの本登記→Bの本登記

なのだが，Bの本登記がBの仮登記の順位を得るので，

　　　Bの本登記→Cの本登記

という順番で登記が行われたことになるのである。

　そして，Cの本登記は，先行したことになるBの本登記に矛盾する。なぜならば，Bの本登記がされたことによって，AからBに確定的に所有権が移転しているにもかかわらず，Cの本登記は，AからCに所有権が移転したということを示しているからである。そこで，Cの本登記は無効なものとなり，Bの所有権取得こそが対抗要件の具備された物権変動として第三者に対抗できることになるのである（なお，3番の所有権移転登記に下線が付されているのは，抹消されたことを示す）。

　そこで，まずは仮登記で順位を保全し，その後，本登記を求めて訴えを提起していくわけである。

表8-2　不動産登記事項証明書の例（仮登記）

権　利　部　（　甲　区　）	（所有権に関する事項）		
順位番号	登記の目的	受付年月日・受付番号	権利者その他の事項
1	所有権保存	平成23年10月28日 第31707号	所有者　丙山市昭和町一丁目19番26号 　　　A　野　A　夫
2	所有権移転仮登記	平成25年10月1日 第2535号	原因　平成25年9月1日売買 所有者　丙山市寿町18番2号 　　　B　山　B　男
	所有権移転	平成26年3月10日 第33421号	原因　平成25年9月1日売買 所有者　丙山市寿町18番2号 　　　B　山　B　男
3	所有権移転	平成26年1月10日 第32752号	所有者　丙山市松原四丁目8番4号 　　　C　川　C　子
4	3番所有権抹消	余　白	2番仮登記の本登記により 平成26年3月10日登記

仮登記は，以上のような場合以外でも，物権変動が条件付きで成立している
ときで，まだその条件が満たされない時点でもできるし，所有権移転登記だけ
でなく，抵当権設定登記や地上権設定登記などについても可能である。

◆処分禁止の仮処分

　もっとも，現在では，仮登記仮処分はほとんど用いられなくなっているとい
われる。かつては処分禁止の仮処分についてのルールが明確でなかったため，
完全に安心して，その手続を利用することができなかった。そこで，とくに，
抵当権の設定を受けたのに，その設定登記がされない場合には，抵当権者に
よって仮登記仮処分がかなり利用されていた。しかし，1989年に民事保全法
が制定され（施行は，1991年1月），同法に従った手続・効力がはっきりする
と，処分禁止の仮処分ばかりが用いられるようになったのである。仮登記仮処
分は無担保で発令されることから，債権者が「仮登記仮処分をしてくれ」と主
張しても，裁判所は厳格な審査をすることが多い。これに対して，処分禁止の
仮処分においては，担保（保証金）を立てさせるのが通常であるため，審査が
それだけ緩やかになっているようであり，これが原因で，処分禁止の仮処分が
好まれているといわれる。

　処分禁止の仮処分とは，簡単にいえば，相手方がその不動産の売却等の処分
をすることを禁止する命令を裁判所に出してもらうというものである。この処
分が認められると，裁判所は，その不動産について処分禁止の登記を行う（民
事保全法53条1項）。そうすると，その後にその不動産が処分されても，その
処分は，処分禁止の仮処分を得た債権者に対しては主張しえないものとなる
（同法58条1項）。その結果，債権者が後から登記を得ても，それらの者に勝
てることになるのである。抵当権などの設定登記請求権を確保するための処分
禁止の仮処分の場合にはもっと直接的であり，裁判所が，その権利について保
全仮登記というのをしてくれる（同法53条2項）。この場合は，その仮登記に
よって順位が保全されることになる（不動産登記法112条）。

2 登記をしなければ対抗できない「第三者」

◆「第三者」の制限

　物権の所在を公示するという要請からは，不動産に関するすべての物権変動が登記されることが望ましい。しかし，すべての物権のすべての物権変動について，すべての場面で対抗要件が必要とされているかというと，そうでもない。順に検討していこう。

　もっとも，どのような物権が登記を対抗要件とするかについては，それぞれの物権についての説明の箇所に譲る。さしあたっては，留置権など，登記がなくても第三者に対抗できる物権が存在することだけを心にとめておいてほしい。ここでは，どのような者との関係で登記が必要とされるかを考えてみることにする。

　民法177条では，「第三者に対抗することができない」とされている。まず，このことから，AがBに不動産所有権を譲渡したとき，Bが，「自分が所有者である」とAに対して主張するためには対抗要件である登記が不要なことがわかる。Aは，AB間の物権変動の一方当事者であり，「第三者」ではないからである。そして，なぜAに対してBが物権変動を主張するためには登記が不要であるのか，はすでに説明した（→416〜417頁）。それでは，このような「当事者」以外は，どのような第三者に対してでも，登記がないとBは物権変動を対抗できないのであろうか。そうではない。

◆「食うか食われるかの関係」

　自分が所有者だと主張するBに対して，「おまえはそういうけれど，対抗要件を備えていないじゃないか。俺はおまえを所有者だとは認めないね」といえる者は，そのように主張することによって（これを，「他者の登記の欠缺を主張する」という。欠は「くぼむ」こと，缺は「穴があく」こと。あわせて「欠けていること」），Bが取得したと主張している物権と両立しえない権利を取得することができる者でなければならない。そして，CがBの登記の欠缺を主張し，Bの物権取得がCに対抗できないことになると，Cの権利が確定的なものとなる結果，Bはみずからが主張している権利を取得することが妨げられる

わけである。これを，ある学説は，「食うか食われるかの関係」にある，と表現している。

　これに対して，「食うか食われるかの関係」にない者に対しては，対抗要件は不要である。

　たとえば，AがBに譲渡したが，Bがいまだ所有権移転登記を備えていない家屋に，Cが自転車の運転を誤って激突し，その家屋の一部が壊れたとする。Bからの損害賠償請求に対して，Cは，「おまえはそういうけれど，対抗要件を備えていないじゃないか。俺はおまえを所有者だとは認めないね。損害賠償は支払わないよ」とはいえない。Cは，Bとの間で両立しえない権利をもっているわけではない。Cは，いずれにせよ損害賠償を支払うべき立場にいるのであり，Bの権利を否定することによって，自己の権利が確保されるわけではないからである。「誰に対して損害賠償をすべきか，ということがはっきりCにわからないと困るじゃないか」と思われるかもしれないが，その点は，受領権者としての外観を有する者に対する弁済の問題として処理される（→248頁）。

　もっとも，誰が債権者か，という問題が重んじられる場合もある。具体的には，賃貸している不動産の譲渡があった場合であり，判例は，Bに対する不動産貸主であるAが，その不動産をCに譲渡したとき，新所有者Cが，借主Bに対して賃料を請求したり，債務不履行を理由に解除したりするには，Cが所有権移転登記を備えていることが必要だとしており，2017年改正により，その法理は明文化された（605条の2 改正点）。しかし，これは，Cがその家屋の所有権取得をBに対抗できないという話ではない。ただ，賃料を請求するための資格として何が必要か，という問題であり，民法177条の問題ではない。

　また，A所有の不動産につき，Bが，登記申請書類を偽造し，自分を所有者とする所有権移転登記をしたとする。Bは有効に所有権を取得していないわけだから，登記だけ取得しても，その登記には何らの効力も認められない（→420〜421頁）。このとき，Aが，Cにその不動産の所有権を譲渡した。Cが，Bに対して，「俺が所有者なんだから，おまえの登記を抹消しろ」と請求した。Bは，Cに対し，「おまえはそういうけれど，対抗要件を備えていないじゃないか。俺はおまえを所有者だとは認めないね」といえるか。これはいえない。Bは，いずれにせよ無権利者であり，Cの権利を否定することによって，自己の権利が確保されるわけではないからである。

　逆に，「食うか食われるかの関係」の代表例は，AからBとCとに同一不動産が二重に譲渡された場合である。

　しかし，問題になるのは所有権の二重譲渡の場面だけではない。

　Aが自分の所有している土地について，Bのために地上権を設定し（すなわちBを地上権者とする），さらに同一土地についてCのためにも地上権を設定したとする。地上権の二重設定である。このときも，BあるいはCは，地上権の登記を備えないうちは，他方に対して自分が地上権者となったことを対抗できず，BとCのうち先に登記を備えた者が，その不動産についての地上権を確定的に取得することになる。

　さらに，二重設定といっても，少し違った様相を呈するときもある。所有権や地上権は，BとCとの双方に帰属することはありえない。どちらかに帰属し，他方はその権利をまったく取得できなくなる。ところが，抵当権については，後に述べるように，第1順位の抵当権，第2順位の抵当権というように，順位が付いたかたちで同一不動産について複数の同種の物権が存在しうる（→489〜490頁）。Aが自分の所有している土地について，Bのために第1順位の抵当権を設定し，さらに同一土地についてCのためにも第1順位の抵当権を設定したとする。このとき，どちらが先に対抗要件を備えるかによって決まるのは，抵当権の順位である。Cが先に対抗要件を備えると，Cが第1順位の抵当権を取得し，その後にBが対抗要件を備えても，Bは第2順位の抵当権しか取得できない。

　また，Aが，同一不動産につきBに地上権を設定し，さらにCのために抵当権を設定した場合を考えると，Bの地上権が存在しようとしまいと，Cが抵当権を取得することは妨げられない。しかし，Bの権利の存否により，抵当権の権利内容に差が生じる。すなわち，Bの地上権がCに対抗できるものであれば，いざ抵当権の実行としての競売を行ったとき，Bの地上権が付いた土地が競売されることになる。抵当不動産を競売により取得した者は，Bの地上権という制限の付いた土地を取得することになるのである。これに対して，Bの地上権がCに対抗できないものであれば，Cが抵当権の実行としての競売を行うと，Bの地上権は消滅する。Bの地上権が，Cの抵当権が登記を備えた後に登記されたものであるときは，Bの地上権はCの抵当権に劣後する権利となるの

である。こうなると，ＢとＣとは，「食うか食われるかの関係」にあることがわかる。ＢとＣとは，それぞれ他方の登記の欠缺を主張できる地位を有するのである。Ｃが所有権の移転を受けた場合も同じである。

　さらに，よく問題になるのは，差押債権者や破産管財人・会社更生手続における更生管財人などとの関係である。具体的には，Ａが，自己所有の土地をＢに譲渡したが，Ｂへの移転登記がされない間に，Ａに対する債権者であるＣが，この土地を差し押さえたといった事例や，同じくＢへの移転登記がされない間に，Ａが破産手続開始決定を受け，破産管財人Ｄが選任されたといった事例である。Ｂの所有権取得がＣやＤに対抗できないものであれば，ＣやＤはＡをこの土地の所有者として扱うことができ，Ｃは，そこから自己の債権を回収できるし，Ｄは，破産債権者への配当の原資としてその土地を用いることができる。そして，Ｂは，Ａに対する損害賠償債権をもつだけになる。ところが，Ｂの所有権取得がＣやＤに対抗できるものであれば，Ｃの差押えは効力をもたないし，また，Ａが破産したとき，その土地は破産財団に組み込まれず，破産債権者への配当原資には用いられない。こうなると，Ｂは，ＣやＤと「食うか食われるかの関係」にあり，ＣやＤは，Ｂの登記の欠缺を主張できるということになる。

◆不動産登記法5条

　もっとも，「食うか食われるかの関係」に立つ者であっても，他人が登記を具備するのを妨げておいて，他方で，登記が欠けていることを主張することを認めるのは，どう考えても正義に反する。たとえば，Ａが同一不動産をＢとＣとに二重に譲渡したとする。このとき，Ｂが登記を申請することをＣが詐欺や強迫で妨げたならば，Ｂの登記が欠けていることをＣに主張させるべきではあるまい。そこで，不動産登記法5条1項は，「詐欺又は強迫によって登記の申請を妨げた第三者は，その登記がないことを主張することができない。」とする。

　また，Ａが，Ａ所有の不動産をＤに譲渡し，Ｄから登記申請の委任を受けたＥが，その後，自分もＡから譲渡を受け，先に自分あての移転登記を行って，Ｄの登記が欠けていることを主張することも許されない（同法5条2項）。たとえば，司法書士Ｅが，Ｄから書類一式を渡されて，登記手続を頼まれた。Ｅ

は，その書類を見ているうちに，「こりゃ，いい不動産だ。自分で買いたい」と思うようになって，Aに連絡を取り，「自分なら，もっと高い値で買いますよ」と持ちかけた。そして，Aと売買契約を結んで，Dのための登記手続はしないでおいて，自分のために移転登記手続をした。Dから先に頼まれていたのに，である。このようなEに，Dの登記の欠缺を主張することが認められるべきでないことは，明らかであろう。

◆単純悪意者

それでは，詐欺や強迫を用いた者や，登記申請の委任に反した行動をとった者だけが，ひどい奴なのだろうか。次のような場合はどうか。

Aは，自己所有の土地をBに売却したが，Bへの移転登記はまだ行われていなかった。Cは，自己の住居の敷地として適当な不動産を探していたところ，よいところに土地が見つかったので，登記簿を調べ，Aに連絡を取り，購入したい旨を告げた。ところが，Aは，その不動産はもうBに売却したものだから，すでに所有権はBに移転しており，さらに売却することはできない，と断った。ところが，どうしてもその土地が欲しいCは，Bへの売買代金額の1.5倍を支払うから，とAに持ちかけた。Aは，それを承諾して，その土地をさらにCに売却し，Cへの所有権移転登記が行われた。殺人の依頼の事例だが，本章扉の話を参照してほしい。

さて，対抗要件の具備だけを考えると，二重譲渡においてCが先に登記しているのであり，Cが勝ちそうである。しかし，ここまで述べてきたように，物権において公示が必要とされているのは，その存在を第三者に知らせるためであり，思いもよらぬ物権が存在していて，第三者が予想外の損害を受けないようにするためであった。ところが，Cは，Bの物権の存在，すなわちその土地の所有権がすでにBに移転していることを知っていた。悪意（＝事情を知っている）の第三者である。それならば，いくらBが登記を備えていなかったからといって，Bの登記がなかったことをCに主張させて，Cに所有権を取得させなくてもよいではないか，という気がする。Cが予想外の損害を受けるとはいえないのではないか，というわけである。

学説では，このように考えて，民法177条の「第三者」には，物権変動について悪意の者は含まれない，と考える説が有力になっている。

しかし，判例は，このような C が，B の物権の存在について悪意であったというだけでは，B の登記の欠缺を C が主張することは妨げられないとしている。もちろん，上記の事例において，A が，B に対して，債務不履行責任を負うことは当然である。A は，B に所有権をきちんと移転するという義務が履行できなかったからである。しかしながら，その不動産の所有権を確定的に取得するのは，先に登記を備えた C なのである。

　これはどうしてなのか。判例自体が明確に理由を述べているわけではないが，2 つの理由があると考えられている。

　1 つは，他人が先にたとえば所有権を取得していても，譲渡人と交渉し，自分が所有権を取得しようとすることは，取引社会における自由競争として容認されるべきだ，というものである。

　もう 1 つは，物権が取得されると登記がすみやかに行われ，不動産について誰がどのような物権を有しているかが，登記上なるべくきちんと公示されるようにすべきだが，そのことを促進するためには，登記を具備していない者に不利益を課すべきである，というものである。

　それぞれの理由に合理性があるかが問題になるが，ともあれ悪意であっても他者の登記の欠缺を主張できるというのが，現在の判例法理なのである。

◆背信的悪意者排除の法理

　このように，民法177条にいう「第三者」は，悪意者でもよいとされている。しかし，それにしてもひどい奴はいる。

　どうしてもその不動産の所有権を得たくて，譲渡人と何とか交渉するというのは，わからないではない。しかし，次のような例はどうか。

　A が自己所有の土地を B に譲渡したが，B はまだ登記を備えていなかった。このことを知った C は，自分はその土地は不要であるが，A から二重に譲渡を受け，先に対抗要件を備えることによって B を困らせれば，B にその土地を高く売りつけることができると考えた。そこで，C は，A と交渉し，その土地の譲渡を受け，早々に登記を備えた後，「おまえには登記がないから，先に譲渡を受けていても，所有権取得を私には対抗できない。どうしてもこの土地が欲しかったら，2 倍の値段で私から購入しろ」と B に持ちかけた。

　こういった事例はけっこう多い。また，A 自身が，その後になって安く売り

すぎたと考えるようになったため，親戚や友人のＣに頼んで買ってもらう場合もある。

このように，Ｃが悪意であるのみならず，Ｂの登記の欠缺をＣが主張することが信義則に反する事情のあるような場合は，Ｃのことを背信的悪意者とよび，**背信的悪意者**は民法177条にいう「第三者」にあたらない，とするのが判例法理となっている。このような判例法理を，**背信的悪意者排除の法理**という。

Case 18

東京高裁昭和53・12・21判決（判時922号56頁）

　Ｘは，Ｙ₁から本件土地を買い受け，代金も完済し，ゴルフ場に造成して，使用していた。しかし，所有権移転登記は行っていなかった。Ｙ₁は，その後，同土地をＹ₂にも売却し，Ｙ₂は所有権移転登記を経た。Ｘは，Ｙ₂は背信的悪意者であるとして，Ｙ₂に対しては所有権移転登記の抹消を求め，また，Ｙ₁に対しては所有権移転登記を求めて訴えを提起した。

　次の事実が認定されている。①Ｙ₁は，Ｘに対し，途中から，譲渡所得税（本来，売主Ｙ₁の負担すべきもの）の支払いを求め，これをＸが拒むと，登記移転に協力しないとの態度に出た。②Ｙ₂は，Ｙ₁との売買契約に先立ち，Ｘの担当者と会い，Ｙ₁とＸとの間の売買の経緯を聞いた。③Ｙ₁は当初，500万円でＹ₂に売却するという意向を示したが，結局，165万円を受領するにとどまった。④Ｙ₂は，本件土地が，Ｘのゴルフ場の中心にあり，芝生も植えられて，使用されていることを知っていた。⑤Ｙ₂は，Ｙ₁との契約の前後頃，Ｘに対し，本件土地を500万円で買わないか，と持ちかけた。

　判決は次のように述べる。

　「以上認定の事実からすれば，Ｙ₁は，本件売買契約により代金の完済をうけながらも，何ら契約上の義務でない譲渡所得税の負担に対するＸの非協力を裏切りと感じ，たまたま売買契約書もなく，登記も未了であることを奇貨として，本件土地を再び他に売却する意思を有していたところ，Ｙ₂は，右事情を知悉した上，売買ないし登記移転の手続一切をうけもつなど積極的にＹ₁に働きかけて本件土地を手に入れ，Ｘがその経営するゴルフ場内のほぼ中央部にある本件土地を取得できずに極めて困却する事態を現出させ，以てＸに高価に売りつけるなどして不当の利益を得べく，前記売買契約を締結したものとみることができる。してみれば，Ｙ₂は，いわゆる背信的悪意者として，Ｘの本件土地所有権取得につき登記の欠缺を主張する正当な利益を有する第三者にあたらないと解するのが相当であり，Ｘは登記なくして本件土地の所有権取得をＹ₂に対抗することができるといわなければならない。」

具体的には，

①ＣがＡの近親者など近接した立場にあること

②Ｃの権利取得が無償またはこれに近いこと

③ＣがいったんはＢへの物権変動を承認し，それを前提とする行動をとりながら，後にそれと矛盾する主張をしたこと

④Ｃが二重譲渡をするようＡに積極的に働きかけたこと

⑤Ｂの登記具備をＡが妨げることにＣが協力したこと

などの要素が考慮されて判断されている。

3　登記を要する物権変動

◆二重譲渡帝国主義

二重売買によって同じ不動産が二重に譲渡されたときのように，民法177条が適用されるのが明らかな場合もある。しかし，ＡからＢへ，ＡからＣへと2つの物権変動が生じているからといって，必ず民法177条が適用されるとはかぎらない。ある学者は，「どのような事実関係，利益状況のもとであろうと，二重譲渡の場合のような作図ができさえすれば，当然に二重譲渡的な処理をすべし（こういう作図ができる以上は，二重譲渡的な処理がなされるべきことにきまっている）という考え方」を，「二重譲渡帝国主義」（米倉明）とよび，いましめている。

よく問題となるのは，無効，取消し，解除，相続，取得時効である。これらそれぞれについて，民法177条が適用されるべきなのか，を考えていこう。

◆無効と登記

たとえば，ＡがＢに自己所有の不動産を売却し，Ｂへの所有権移転登記がされた。ＢはそれをＣに売却したが，AB間の売買契約を成立させる意思表示をＡがした時点では，Ａは意思能力を欠いており，その意思表示が無効であったとする（3条の2）（図8-2）。このときは，Ｃがすでに所有権の移転登記を受けていても，Ａはその不動産の所有権は自分にあるとして，Ｃに対して明渡しおよび所有権移転登記の抹消を請求することができる。

これは，すでに説明したルールの適用による。

対抗要件は，実際に存在する物権変動について，それを第三者に対して主張するための要件なのであり，物権変動自体を有効にするものではない。そうすると，AB 間の契約が無効である以

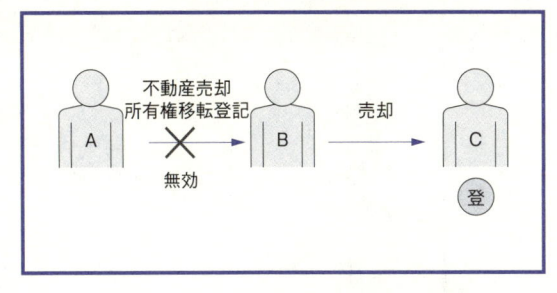

図 8-2　無効と登記

上，いくら B が所有権移転登記をしていても，B は所有者ではありえない。そしてその B から所有権譲渡を受けた C も所有者ではありえない。そうすると，C はいくら所有権移転登記を受けていても，その登記には何の意味もないことになるのである（→420〜421頁）。

　ただし，A が意思能力を回復した後に無効原因に気づき，B への所有権移転登記を抹消できる状態にあったにもかかわらず，そのまま放置していたとき，民法94条 2 項の類推適用によって C が保護される可能性はある。次に述べる取消しと登記に関して，取消し後の第三者の保護のために学説が説くところによるのである（→99〜100頁）。しかし，いずれにせよ，民法177条の問題ではない（無効の場合，復帰的な物権変動，つまり B から C へ所有権が復帰するという物権変動が生じると考える余地はない）。

◆取消しと登記

　次に取消しである。A から B に売買契約によって土地の所有権が譲渡され，B はその土地をさらに C に売却した。他方，AB 間の売買契約を成立させた A の意思表示には取消原因があり，A によって取り消された。このとき，B と C との関係がどのように処理されるかは，取消しが何に基づくものであるか，また，BC 間の売買契約が A による取消しの意思表示よりも前か後か，によって分かれてくる（図 8-3）。便宜上，取消し後の第三者から考えていこう。

　<u>取消し後の第三者</u>　A が，取消しを行った後，自分に登記を回復する前に，第三者 C が登場したときはどうか。

　判例は，民法177条を適用し，A と C とのいずれが先に登記を取得するかによって，いずれが確定的な所有者となるかが決まる，としている。

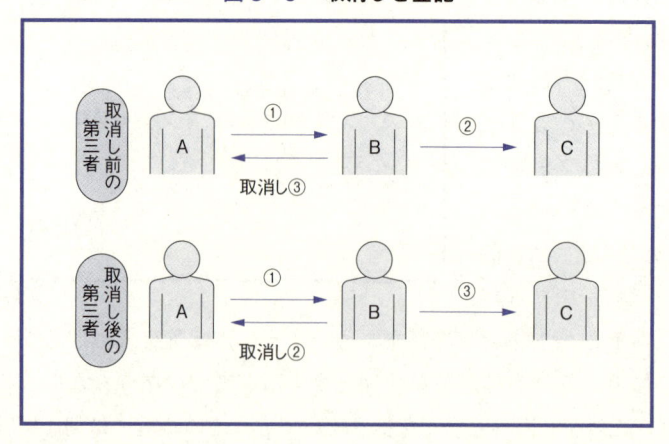

図 8 - 3　取消しと登記

　民法121条は，「取り消された行為は，初めから無効であったものとみな
す。」としている。そうであるならば，取り消したことにより，さきほど「無
効と登記」について述べたのと同じ状態になりそうである。しかし，判例は，
ここで，民法121条の文言にもかかわらず，取消しの場合には，その時点で，
BからAに復帰的な物権変動が生じると考える。このように考えれば，結
局，同一の不動産が，一方ではBからAに，他方ではBからCに二重に譲渡
されたことになり，まさに民法177条が適用される場面になるわけである。

　これに対して，学説では，民法121条の文言を重んじ，Cの保護は，無効な
登記という外観を信じた者の保護の問題としてとらえ，民法94条 2 項の類推
適用が主張されている。このことは，すでに述べた（→99〜100頁）。

　取消し前の第三者　Cが取消し前に登場している場合，取消しが錯誤や詐欺
を原因とするものであるときは，Cは，取消原因の存在について善意・無過失
であれば保護される。民法95条 4 項・96条 3 項は，「意思表示の取消しは，善
意でかつ過失がない第三者に対抗することができない。」としているのである
（→91〜93頁）。しかし，これは，あくまで民法95条 4 項・96条 3 項という特
別の規定があるからそうなるのであって，取消原因が，強迫であったり，Aの
行為能力制限（未成年，成年後見，保佐，補助）であったりするときには，C
は保護されないとするのが判例である。

　これはなぜか。判例のように，取消しによって復帰的物権変動が生じるとい

うのならば，第三者が取消し前に登場したときも同じではないか，1つの不動産が，まずBからCに，次にBからAに二重に譲渡されたことになるのではないか，と思うかもしれない。

次のような理由による。

Aは，取消しをした時点で，Bから登記を回復できる地位を得た。そして，取消しの後にCが登場すると，そのときから，AもCも，「登記をしようと思えばできた」という対等の地位にあったと評価できる。このような場合には，民法177条を適用して，先に登記を具えたほうが勝つ，というルールを当てはめることができる。

これに対して，取消し前にCが登場した場合は，状況が異なる。Aは，取消し前には，Bへの所有権移転登記の抹消を請求し，自分に所有権登記名義を回復する手段をもたない。取り消された行為は，取り消されるまでは有効に存在している。したがって，Aは，取り消さないかぎり，登記を回復することはできない。そうすると，C登場時では，Cは自分が登記を得ることは可能だが，Aが登記を回復することはできず，AとCは対等の地位にないことになる。したがって，民法177条という「早い者勝ちルール」を適用することはできない。こういうわけである。

つまり，判例には次のような隠れたルールが存在するのである。すなわち，民法177条の適用によって，ある者の物権取得を第三者に対抗できないというためには，その者が自分の取得した物権を登記できる状態にあるにもかかわらず，登記を怠っているという事情が必要である。両者とも登記できる状態にあるからこそ，機会平等であり，早い者勝ちルールを適用できるのである。

これに対して，学説には，取消し前の第三者を保護する規定のない場合，すなわち制限行為能力者の行為や強迫に基づく取消しについて，強迫がやみ，Aが自分の意思表示を取り消しうる状態になったのに，取消しもしないで登記名義を放置していたならば，民法94条2項の類推適用の余地があると主張するものもある。このことも，すでに述べた（→99～100頁）。

◆解除と登記

解除についても，取消しとほぼ同様の問題状況にある。

まず，解除前に登場した第三者を保護するために，民法545条1項ただし書

がある（→312〜314頁）。

　解除後に登場した第三者との関係については，判例は民法177条を適用する。判例は，解除の効果としても，復帰的物権変動が生じるととらえているのである。しかし，他方で，解除によって契約はさかのぼって存在しなくなるという効果が生じる，とするのが判例である（→311〜312頁）。そうすると，理論的には，民法94条２項の類推適用が妥当だと思われる。

◆相続と登記

　Aが何者かに殺害され，Aの唯一の子であるBが，相続財産である不動産について，相続を原因とする所有権移転登記を受けた。Bは，さらにそれをCに売却し，Cも所有権移転登記を受けた。ところが，その後になって，Bは相続人にはなれないことが判明した。Aを殺したのはBだったのであり，Bは相続欠格（891条）（→701〜702頁）だったのである。

　このようなとき，Bはそもそも相続人でなかったことになり，その結果，Cは，不動産の所有権を取得できない。「無効と登記」の例と同じであり，Bはまったく権利者ではないのに，登記名義だけもっていたと評価され，その結果，登記には何らの効果も与えられない。その登記が有効なものだと信じた者も保護されないのである。

図8-4　相続と登記

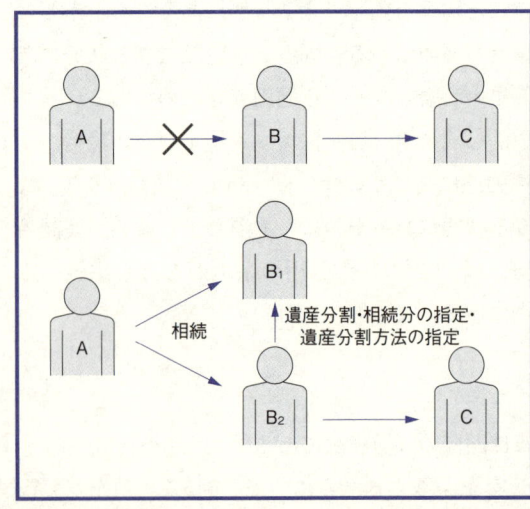

　Bが相続人であるが，相続を放棄した場合も同様である（939条）（→704頁）。

　また，Aが死亡し，Aの子であるB_1とB_2が共同でAを相続した。相続分は各２分の１であった。ところが，B_1は書類を偽造して，その不動産について，自分が単独の所有者である旨の登記をしたうえ，全体をCに売

却し，Ｃも所有権移転登記を受けた。

　このとき，Ｃは，その不動産のうち２分の１の持分を取得することはできる。しかし，残りの２分の１については，B_2は，Ｃに対して所有権移転登記の抹消を請求できる。B_2の相続分についてB_1はまったくの無権利者であったのだから，登記だけ得ても何らの効果も生じない。

　これに対して，上記の例で，B_1とB_2とが遺産分割協議（→739〜742頁）を行い，遺産に属する土地についてB_1が取得することになったとする。ところが，B_2は，その土地につきB_1とB_2の持分を各２分の１とする相続の登記をした上，自分の持分をＣに売却し，Ｃが所有権登記をしたとする。このときは，B_1は，いくら遺産分割協議でその土地がB_1の単独所有であるとされていても，その旨の登記しないままではＣに対抗できない。つまり，B_1とＣの間には民法177条が適用され，対抗関係に立つ。これは，判例が，まずすべての遺産は相続によってB_1とB_2の共有になった上で，遺産分割協議によって，その土地のB_2の持分がB_2からB_1に移転されているととらえているからである。そうなると，ここに「$B_2 \rightarrow B_1$」（遺産分割協議による）と「$B_2 \rightarrow C$」（売買による）という２つの物権変動があることになり，Ｃは，たんなる無権利者からの譲受人ではないと考えられるのである。

　これに対して，判例は，相続分の指定（→721頁）があったときについては，指定相続分によって直接に被相続人から当該相続人に対し相続が生じるとしていた。そうすると，B_1とB_2が，法定相続分（→697〜699頁）によれば２分の１ずつ相続するはずの場合に，遺言によって，「B_1が３分の２，B_2が３分の１」とされたときには，B_2は自己の指定相続分である３分の１を超える部分については無権利であるから，B_1は３分の２という持分を，B_2からの譲受人Ｃに対して登記がなくても対抗できることになる。また，特定の財産を特定の相続人に「相続させる」という内容の遺言による遺産分割方法の指定（→721〜723頁）があったときについても，判例は，他の相続人は，その不動産については無権利であるとして問題を処理していた。

　しかし，そういった遺言の存在は第三者にはわかりにくく，取引の安全を害する。第三者は，各共同相続人が法定相続分の割合で権利を承継したと考えてしまう。そこで，2018年改正により，「相続による権利の承継は，遺産の分割によるものかどうかにかかわらず，次条及び第901条の規定により算定した相

続分を超える部分については，登記，登録その他の対抗要件を備えなければ，第三者に対抗することができない。」（899条の2第1項）として，遺産分割と同様に共同相続人間での物権変動があると考えることにされた 改正点 。なお，「次条及び第901条の規定により算定した相続分」というのは，法定相続分のことである。

以上については，図8－4を見るとわかる。そもそも相続していないのであれば無権利である。したがって，民法177条の問題にならない。しかし，相続は生じているが，遺産分割協議や相続分の指定・遺産分割方法の指定によって，その内容が変更されるときには，共同相続人の間で権利移転があったと考えて，民法177条を適用するというわけである。

◆**取得時効と登記**

B所有の不動産を，2000年以来，Aが所有の意思をもって善意で占有していた。ところが，2006年にBはCにその不動産を譲渡し，Cは，所有権移転登記を受けた。2011年になって，Aは，取得時効（162条2項）により，この不動産の所有権を取得したとして，Cに対し，所有権移転登記を求めた（図8－5）。

このとき，判例は，Aは，自己の所有権取得をCに対して登記のないままに主張でき，したがって，Cは，Aに対して，所有権移転登記を行わなければならない，としている。

この判例法理を理解するためには，次のような例をあわせて考えてみなければならない。つまり，上記の例で，Cが，Bから所有権の移転を受けたのが，2013年であったときである。

このとき，判例は，AとCとの間には，民法177条が適用され，先に登記を取得したほうが確定的に所有権を取得するとしている。つまり，AとCとを，Bから所有権の二重譲渡を受けた者のように扱っているわけである（ただし，Aの多年にわた

図8－5　取得時効と登記

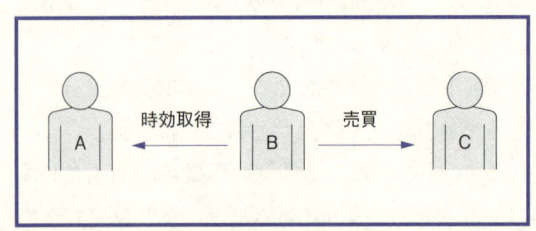

る占有をCが知っているときには，背信的悪意者とされる余地がある）。

　すでに説明したように，時効取得は原始取得の1つと理解されている（→408〜410頁）。したがって，AはBから所有権を取得するのではなく，新たにその不動産について所有権を取得し，他方，Bの所有権はその時点で消滅すると解される。ところが，判例法理は，Aを二重譲渡を受けた者の1人のように扱っている。つまり，ここでも，判例は，原始取得だという理論と少し異なり，取得時効に関しても，もとの権利者から時効取得者に対し「特殊な物権変動」があるかのように観念しているのである。

　さて，そうすると，取得時効完成前にCが登場した場合の判例法理も理解できる。2011年の段階で，Aは取得時効を完成させ，その時点で，その時点の所有者であるCから「特殊な物権変動」によって所有権の移転を受けたと考えるわけである。そうすると，Cは，まさにAとの間の物権変動の当事者そのものであり，CはAの登記の欠缺を主張できない。Cは移転登記の義務を負うのである。

◆ルールの整理

　ここまでで得られたルールをもう一度整理しておこう。何でもかんでも民法177条が適用されるわけではない。

①無権利者が登記名義のみをもっていても，有効な登記ではありえない。そのような登記名義をもっている者から物権を譲り受けても，無権利者からの譲り受けにすぎない。したがって，そのような者に対しては，真の権利者は登記がなくても自分が物権を取得していることを主張していくことができる。

②判例では，取消しや解除の効果として，「復帰的物権変動」が生じるととらえられている。したがって，取消し後・解除後の第三者と取消権者・解除権者との関係は，対抗問題になる。

③民法177条の適用によって，ある者の物権取得を第三者に対抗できないというためには，その者が自分の取得した物権を登記できる状態にあるにもかかわらず，登記を怠っているという事情が必要である。両者とも登記できる状態にあるからこそ，機会平等であり，早い者勝ちルールを適用できる。したがって，取消し前・解除前の第三者と取消権者・解除権者との関

係には，民法177条は適用されない。

④判例においては，取得時効に関しても，時効取得完成時点の権利者から，時効取得者に対する「特殊な物権変動」が観念されている。

以上である。もっとも，すべてが理解できなくても，悲観することはない。

Ⅳ　動産物権変動の対抗要件

1　引渡しによる公示

◆登記制度の不存在

　動産については，一般的には登記簿が存在しない（船舶とか自動車とか一部の動産については別）。きりがないからである。土地は日本全国に38万平方キロメートル分しかない。建物の数にもかぎりがある。ところが，みなさんがいま周りを見渡すかぎりにおいても，何冊もの本，何本かのボールペン・鉛筆，消しゴム，机，電気スタンド……，いくらでもあげることができるのであり，これらすべてについて登記簿を作ることは不可能なのである。そこで，民法は，その動産の「引渡し」をもって物権の変動が公示される，という方式を採用した。民法178条である。

　たしかに，かつてＡの手のもとにあったDVDが，現在はＢの手のもとにある，つまりＡからＢに引き渡されているということになれば，「ＢはＡから買ったのかな」と第三者は考える。公示が図れそうにも思われる。

Column 43

文言の微妙な違い

　民法177条は「不動産に関する物権の得喪及び変更」としているのに，178条では「動産に関する物権の譲渡」となっている。なぜ，このような違いがあるのだろうか。

　これは，譲渡以外の物権変動では，「引渡し」を独立して観念できないからである。たとえば，相続による所有権移転を考えると，死亡した被相続人から相続人に対しては，所有権の移転が即時に生じるとともに，引き渡された状態になる。したがって，あえて被相続人から相続人に対する「引渡し」を観念する必要がない。

　また，後に述べる質権の設定においても，そもそも「引渡し」がされることが質権の効力発生要件とされているので，対抗要件としての「引渡し」は観念できない。

　細かいことだが，気にし出すと，いろいろな問題がある。

◆**引渡しのいろいろ**

　ところが，「引渡し」を対抗要件としても，Ａのそばに物理的に存在していた動産が，Ｂのそばに物理的に存在している状態になるとはかぎらない。民法178条にいう「引渡し」は，占有を移転することであり，そして，占有移転には，民法182条から184条に規定する４つの方法がある，と考えられているのである。まず，それぞれにつき簡単に説明しておこう（図8-6）。

①**現実の引渡し**（182条１項）

　最も通常の意味における「引渡し」であり，物理的な所在が，ＡからＢへと移転すること。

②**簡易の引渡し**（182条２項）

　ＢがすでにＡからその動産を預かっているとき，ＡとＢとの合意により，Ｂの占有の性質を「Ａから預かっている」という状態から，「自分のために所持している」という状態に変えること。

③**指図による占有移転**（184条）

　Ｃが，Ａからその動産を預かっているとき，ＡがＣに対して，「これ以降，Ｂのために預かっておいてくれ」と指図し，Ｂがこのことを承諾すること。

図8-6　引渡しの方法

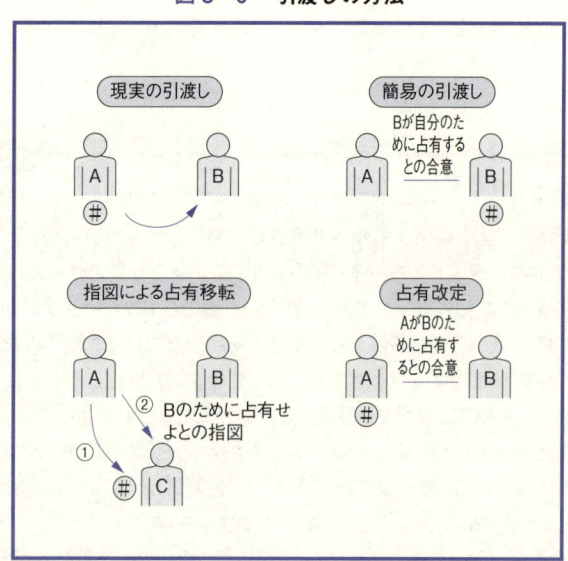

④占有改定（183条）

　Aがその動産を占有していたが，「これ以降，Bから預かっているという状態で占有するよ」ということ。

　このうち，物理的な移転が生じるのは，現実の引渡しだけである。簡易の引渡し，指図による占有移転，占有改定では，その動産の物理的な所在に変容は生じない。したがって，外部から見ても，物権が移転したことはまったくわからない。そうすると，これでは公示の役目を果たさないことになる。

◆簡易の引渡しなどが認められている理由

　それでは，民法は，なぜ公示の機能を果たさないような引渡し方法を認めているのだろうか。これはこういうわけである。

　簡易の引渡しを認めないとすると，BがすでにAからその動産を預かっているときでも，BからいったんはAに返還させて，AからBに現実の引渡しをすることを要求することになる。しかし，BからいったんAにその動産を返還させても，Aが再度Bに現実に引き渡すまでの時間が短ければどうなるか。すべての関係者が，BやAがどのような動産を所持しているかを常時チェックしているわけではないし，仮に，つねにチェックしていたとしても，一瞬，Aに物理的な占有が戻ったことを，みんなが認識できるわけではない。一瞬Aに戻して，再びBに引き渡されたなら，結局はずっとBにあるように見えるわけであり，あえて現実の引渡しを要求しても，やはり公示の機能が果たせないことは同じなのである。

　指図による占有移転についても，一度，CからAに戻させ，AがBに現実の引渡しを行い，さらにBがCにその動産を再び預けたならば，結局，Cのもとにほぼずっとあるという状態になるし，占有改定についても，現実の引渡しを受けたBがすぐにその動産をAに預けたならば，ずっとAのもとにあるように外部からは見える。

　結局，「預ける」，さらには「貸す」という制度があるかぎりは，動産が誰かのもとに所在しているからといって，その者に所有権が帰属していることは当然ではない。簡易の引渡し等の方法を認めず，あくまで現実の引渡しを要求したからといって，しょせん公示は不完全なのである。

　そうだとすると，現実社会の便宜を考えて，いったんAに返還させると

いった無駄なことはせず，簡易の引渡しなどの方法を認めることが妥当である。こういったわけなのである。

◆動産譲渡の登記制度

以上のかたちによる「引渡し」に加え，2004年に動産・債権譲渡特例法（→384頁）が改正され，動産譲渡の対抗要件として，新たに登記制度が導入された。

先ほど，動産は数かぎりなく存在するから登記制度を作ることはできない，と説明した（→447頁）。それなのに，なぜ，登記制度が導入できたのであろうか。それは，この動産譲渡登記制度が不動産登記制度とはかなり異質のものだからである。

不動産登記制度は，日本に存在している土地と建物の原則としてはすべてについて登記簿を作成し，その権利関係を記載するものである。これに対して，ここでいう動産譲渡登記制度では，ある動産について譲渡があったとき，譲渡人と譲受人と申請によって初めて登記ファイルが作られるのである。具体的には，譲渡対象となっている動産が，たとえば機械ならばメーカー・種類と製造番号などで特定され，その所有権がAからBに譲渡された，と法務局にある動産譲渡登記ファイルに記載されることになる。これが動産譲渡登記なのであり，それによって，当該動産については民法178条による引渡しがあったものとみなされることになる（動産・債権譲渡特例法3条1項）。

動産譲渡登記制度は，世の中にある様々な動産についての権利関係を，常に公示しておくという目的をもっていない。ただ，譲渡があったとき，申請に基づいて，その譲渡を公示しよう，というものであり，その意味で「引渡し」と同等のものである。そこで，登記がされても，「引渡し」と同等の効力を有するにとどまるし，逆に，動産譲渡登記制度ができても，従来どおり，「引渡し」という方法も対抗要件としての効力を有することになる。それでは，なぜ，このような制度が必要とされたのか。「引渡し」と同等の効力であるならば，「引渡し」によればよいのではないか。この点は後に説明する（→521頁）。

2 即時取得

◆即時取得の要件

　民法178条は，動産の譲渡について引渡しを対抗要件としている。この意味は，本来，民法177条で述べたところと同じであり，たとえば，二重譲渡があれば，先に引渡しを受けた者が確定的にその動産の所有権を取得できることになる。

　しかしながら，占有改定で引渡しがあったことにすると，不動産についての所有権移転登記と異なって，通常の場合には，売買契約と同時に引渡しがあったと観念されることになる。古書店で本を買い，「別の古書店も回って，他の本も探すから預かっておいて」と頼むときも，もはや占有改定がされている。引渡しは対抗要件だといいながら，形式的なものになっている。そうすると，動産の取引に関しては，物権関係の公示が不十分であることを踏まえ，現実にその動産を占有している者を，その動産の所有者（処分権者）だと信じた第三者を保護するシステムを用意すべきであると考えられる。そうしないと，危なくて取引ができない。そこで，民法192条，すなわち即時取得の制度が出てくる。これは，動産の占有者を所有者だと信じ，また，そう信じたことに過失がなかった第三者を保護し，その第三者が有効にその動産の所有権を取得できるようにした制度なのである。

　この条文はきわめてわかりにくい。

　　　取引行為によって，平穏に，かつ，公然と動産の占有を始めた者は，善意であり，かつ，過失がないときは，即時にその動産について行使する権利を取得する。

　これがなぜ上記のような制度だと理解されることになるのか。

　わかりにくいのは，「平穏に，かつ，公然と」と「即時にその動産について行使する権利を取得する」という言葉であろう。

　まず，「平穏に」とは，いくら相手方が所有者だと信じていても，その者から「強暴に」占有を取得しても保護されないということであり，即時取得が取引保護の制度であることと対応している。

　次に，「公然と」とは，「第三者からもわかるかたち」で，という意味であ

る。占有改定によって引渡しを受けたのではたりない。もっとも，相手方から物理的な所持を引き離すという行為が必要であり，それでたりると解されているため，簡易の引渡しや指図による占有移転によって引渡しを受けた場合にも，「公然と」という要件を満たすと考えられている。

最後に，「即時にその動産について行使する権利を取得する」である。「即時に」とは，取得時効（162条）のように一定の時間の経過が必要なわけではなく，占有を始めれば，そのときすぐに権利を取得するということである。取得するのは，「その動産について行使する権利」であり，多くの場合，「所有権」であるが，質権の設定を受けたのならば，質権である。つまり，「その動産について取得しようとしていた権利」ということになる。

以上から，民法192条の条文は，質権の場合を除いて書き直せば，結局，「取引行為によって，占有改定以外の方法によって動産の引渡しを受けた者は，相手方が所有者であると信じ，かつ，そう信じたことに過失がない場合には，即時にその動産の所有権を取得する」ということになるわけである。

物権は誰に対してでも主張できる権利である
⬇
公示の必要性
⬇
動産に関する公示の不十分性
⬇
即時取得

という一連の流れから自然に出てくるものであることに注意してほしい。

◆即時取得制度の範囲

次のような問題を考えてみよう。

　　未成年者Aは，友人から借りているノートパソコンを，Bに売却し，引き渡した。Aの親権者Cは，この売買契約を取り消す旨の意思表示をBに対して行い，Bにそのノートパソコンの返還を請求している。これに対して，Bは，そのノートパソコンの即時取得を主張している。B，Cいずれの主張が認められるべきか。

結論は，Ｃの主張が認められる，ということになる。学生はよく引っかかって，即時取得によってＢが保護されるなどという。しかし，即時取得は何のための制度であったか。動産に関しては「占有者≠所有者」のことも多いところ，「占有者＝所有者」だと信じ，かつ，信じたことに過失がなかった人に対しては，「占有者＝所有者」であることの効果を認めてあげよう，という制度であった。そうすると，即時取得の条文が適用されることによって変化するのは，「占有者≠所有者」という点だけである。

　他の点に関する問題点は，即時取得制度によっても解消されない。本件のＡのした契約が，未成年者が親権者（法定代理人）の同意を得ないものであること，という問題点は，決して即時取得制度によって解消されるものではないのである。したがって，当然，Ｃはこれを取り消すことができる。

　即時取得は何のために出てきたものなのか，どのような位置づけが与えられているか，を理解しておけば，引っかかったりしない。

　また，道路運送車両法により登録を受けた自動車，つまり陸運局に登録されている自動車（ちなみに軽自動車は登録されない）には，即時取得の規定の適用はないと解されている。登記制度がある不動産と同じように扱われるわけである。さらに，盗品・遺失物については即時取得が制限されている（193条，194条）。

Column 44

ネームプレート

　動産を他人に預けておくと，その他人がその動産を第三者に譲渡したとき，即時取得によって，真の所有者は所有権を失ってしまうこともある。そこで，真の所有者は，即時取得されないように予防策をとる。

　あるレストランで，そこのテーブル上にある灰皿やライターに，「この物品は○○設備の所有物です」というシールが貼られているのを偶然，発見したことがある。これは予防策の1つである。このような記名のある物品について，レストランの営業主の所有物であると第三者が信じたとしても，そう信じたことには過失があることになり，即時取得の要件が満たされないことになるのである。

　工事用のブルドーザーや発電機も，実は工事業者の所有でないことも多い。そして，これらには，即時取得されないように，しばしば，所有者の名前が書かれたプレート（ネームプレート）が貼り付けられている。

なお，金銭については，特別な考え方をするのが通説であり，この点は後に述べることにする（→460〜462頁）。

◆不動産における取引安全制度との比較

　自動車についてと同様に，不動産に関しては，登記という，かなり有効な公示方法がある。したがって，即時取得の制度は適用されない。しかし，登記も公示方法としてつねに完全なわけではない。たとえば，Aはその土地について所有権を移転するつもりはないのに，Bに脅されてむりやりに所有権移転登記をされてしまった場合など，真実の所有者はAのままなのに，登記簿上の所有者がBになってしまうこともある。このような場合でも，登記簿からは判断できないので，第三者はBこそがこの土地の所有者だと信じてしまうかもしれない。信じた第三者を保護するバックアップ装置を考えねばならない。

　ところが，動産の場合と異なって，不動産に関しては第三者保護の一般規定は用意されていない。個々の場合につき，いくつかの規定が用意されているにとどまる（心裡留保に関する93条2項，通謀虚偽表示に関する94条2項，錯誤に関する95条4項，詐欺に関する96条3項）。これでは不十分である，ということで，民法94条2項の類推適用という法理が展開されてくることになったわけである。具体的な例は，これまでいくつかのところで見てきた。

　この法理についても，即時取得と比較しながら，その位置づけに注意しておこう。つまり，

> 物権は誰に対してでも主張できる権利である
> ⬇
> 公示の必要性
> ⬇
> 不動産に関しても公示が不十分なときがある
> ⬇
> 一般規定の欠如
> ⬇
> 民法94条2項の類推適用

というわけである。

第9章
各種の物権

所有という語に最も広い意味を与えるならば，これは，物と，それが存在する社会共同体とのあいだの，しばしば非常に複雑な関係である。民族学においては，このことばを，この定義よりも狭い意味で使わないことが，きわめてたいせつである。というのは，世界各地にみられる所有形式は，はなはだ多様だからである。

——マリノフスキー（寺田和夫＝増田義郎訳）
「西太平洋の遠洋航海者」『世界の名著71』（中央公論社）

「支店の内容を全部洗い直しているけど，もう，ひどい貸金ばかりさ。しかも，大阪とは桁違いの額だ。売上年間数百万の個人事業主に十億円以上貸したり，自宅を担保に株買わす，別荘買わす，ヨット買わす。資産はあるけど，元本と金利をどうやって返すんだよ。あの当時，当行が力を入れて売っていた商品覚えているだろう？　自宅を担保に入れて使い道自由の金を貸すんだ。しかも，個人ならばまだ年収制限があるけど，会社となったら年収制限もない。中小企業の親父連中は一発さ。いざとなりゃ売ればいいと思っていた株も土地も全部値下がり，金利すら払えない」

——山崎洋樹『小説　バンカーズ』（日経ビジネス人文庫）

Ⅰ　占有権の効力

◆事実状態の保護

民法典では，まず，第180条以下に「占有権」という権利が規定されている。これは，これ以降に述べる物権とはかなり性質の異なる物権である。

民法206条以下に規定されている物権は，ある内容の権利を，その物権をもつ者に積極的に与えるものである。たとえば，地上権者には，地上権の内容として，「他人の土地において工作物又は竹木を所有するため，その土地を使用する権利」が与えられ（265条），抵当権者には，「債務者又は第三者が占有を移転しないで債務の担保に供した不動産について，他の債権者に先立って自己の債権の弁済を受ける権利」が与えられる（369条1項）。

これに対して，占有権を有する者は，そのこと自体では目的物について積極的な権利をもつわけではない。占有をしているという事実状態が一定限度において保護されるにすぎないのである。

具体例で考えてみよう。

◆占有訴権とは？

占有権は，「自己のためにする意思をもって物を所持する」ことによって取得される（180条）。ここには2つの要件が示されている。すなわち，「所持」と「占有意思」である。

まず典型例を考えてみると，あなたは，今，この本を物理的にもっている。そして，自分でこれを読んでいる。こういう状態にあれば，「自己のためにする意思をもって」，この本を「所持する」といえ，これによって，この本について占有権を取得していることになる。

そして，このとき，第三者が，あなたから勝手にこの本を取り上げようとしたら，あなたはどうするか。抵抗するだろうし，返せというだろう。それでは，その第三者がこの本の所有者で，あなたがその人からこの本を預かっていて，その間に読んでいたのだとするとどうか。

「そりゃ，たしかに，返せといわれれば返さなきゃならない立場にあるけれど，読んでいるところをむりやり奪うのはひどいじゃないか。返せといってくれればいいんだ」

これが，一般的な感想だろう。

そもそも，返してもらう権利がある人であっても，その人が自分の力でそれを実現できるようにするのは，近代法の理念に反する。近代法は，強制力の行使をもっぱら国家権力にゆだね，私人間で勝手に力を行使することは許さないことにしている。弱肉強食にならないためであり，社会の平穏を保つためである。返してもらう権利があるのに，返してもらえないときには，その権利を裁判手続で実現しなければならないのである。

しかし，他人の物を預かっているあなたの権利，すなわち私人によって強制的には取り上げられない，という権利をどのようにして保護すればよいか，が問題になる。そして，この保護のために，民法は，あなたに「占有権」という物権を与えるという技術を使うのである。

民法は，「自己のためにする意思をもって物を所持する」者に占有権という物権を与え，その物権の効力として，民法197条以下に規定する3つの訴えを起こす権限を認めている。すなわち，**占有保持の訴え**（198条），**占有保全の訴え**（199条），**占有回収の訴え**（200条）である。これらをまとめて，**占有訴権**という。

勝手に奪っていった人に対しては，「返せ」といえるし（占有回収の訴え），妨害する人には「やめろ」といえる（占有保持の訴え）。さらには，妨害するおそれのある人に対しても，「妨害するなよ」といえるのである（占有保全の訴え）。さらには，損害賠償請求もできる。

◆本権との関係

占有権の意義は，以上に述べたかぎりでは理解できるだろう。しかし，いろいろと疑問が生じてくる。

まず，疑問に思われるのが，勝手に本を奪っていったのが，その本の所有者だったとする。そして，あなたはたんにその本を預かっているだけで，期間を定めて借りていたのではないとする。このとき，あなたは，勝手に奪っていった所有者に対して，「返せ」といえるとしても，それに対して，所有者が，「返

せっていうけれど，私があなたに返したら，すぐにまた私に返しなさいよ。私の物なんだから」といったらどうなるだろうか。これはこれで正当そうである。しかし，そうであるならば，あなたは返してもらった瞬間に，もう一度所有者に戻さなければならないのであり，そもそも返してもらうことが無意味ではないか，ということになる。

実はそうなのである。そして，民法202条1項は，

　　　占有の訴えは本権の訴えを妨げず，また，本権の訴えは占有の訴えを妨げない。

と規定しており，ここにいう「本権」とは，所有権など，積極的に占有を基礎づける権利だと考えられている。そうすると，あなたから所有者に対する占有権に基づく返還請求訴訟と，所有者からあなたに対する所有権に基づく返還請求訴訟が同時に提起され，両方が勝訴する結果，本を奪っていった所有者がそのまま本を所持してよいという結果になることも，十分にありうる。

占有権という制度は認めたものの，そこにおける自力救済の禁止の趣旨は十分に達成できていないわけである。

◆取得時効などとの関係と占有の観念化

占有には，実はほかにも意義がある。動産の物権変動の対抗要件である「引渡し」は，占有が移転されたことを意味する。また，即時取得においても（→451〜453頁），取得時効においても（→409〜410頁），占有することが重要な意味をもっている。

実は，これらもすべて，事実状態の保護という占有権の理念と関係している。動産物権変動や即時取得においては，事実状態を作り上げたことに対して一定の評価が与えられていると考えることができるし，取得時効はまさに継続した事実状態を保護する制度である。

ところが，動産物権変動の対抗要件としての引渡しにおいては，現実の引渡し以外に，占有改定とか，指図による占有移転とかが認められていた。これらの場合には，引渡しを受けた人は，物理的に物を所持するに至るわけではない。また，取得時効においても，ずっとそれを物理的に所持していることが必要とされるわけではなく，自分の物として他人に貸しているときなども，取得時効の要件としての占有が継続していると考えられている。そうしないと，

20年の間の１日でもその場を離れると，取得時効が完成しなくなり，妙なことになるからである。

　このことからわかるのは，「占有」というのは，現実に物理的な所持をともなわなくても認められるはずだ，ということである。たとえば，賃貸人は，賃借人に物を貸していても，まだ占有を継続しているとされる。このとき，賃借人が**直接占有**を有し，賃貸人が**間接占有**を有するという。占有改定で引渡しを受けたときも同様である。

　また，取得時効に関しては，占有の相続という問題も多く生じる。すなわち，Ａが他人の不動産を所有の意思をもって占有し，すでに８年間が経過していた。ところが，その時点で，Ａが死亡し，ＢがＡの権利義務を承継した。Ｂは別のところに住んでいたから，すぐにＡの占有していた家屋を支配したわけではない。しかし，その時点で，占有がとぎれるというのも，たまたまＢがＡと同居していた場合とのアンバランスがすぎる。そこで，一般に占有は相続され，ＢはそのままＡの占有を引き継いだことを主張できると解されているのである。

　つまり，占有は事実状態であるといっても，かなり観念化されている。占有訴権と本権の訴との関係からもわかるように，占有権は事実状態の保護のためにある，とは簡単にはいえなくなっているのである。

Ⅱ 所有権の効力

1 所有権の対象と内容

◆使用・収益・処分

すでに見た占有権は少し毛色の違う権利であったが，それ以外の物権の中で最も基本となるのは，所有権である。民法206条によれば，所有権とは，法令の範囲内で物を自由に使用・収益・処分できる権利である。パソコンの所有者はそれを自由に「使用」することができ，また，他人に貸して賃料をもらうというかたちで「収益」することもできる。さらには，他人に売却するという「処分」もできる（壊すこともできる）。

当たり前だと思うかもしれないが，とりわけ土地についてはこのような自由な所有権が確立したことに歴史的な意義があることは，すでに説明した（→396〜398頁）。

また，所有権が，他の物権の基礎となっていることにも注意したい。すなわち，「処分」というなかには，地上権や抵当権などの物権を設定することも含まれる。所有者であるからこそ，みずからの完全な権利を制約することになる物権が設定できるのである（→411〜413頁）。

◆所有権の観念性と現実性

気をつけなければならないのは，「所有している」という状態と「占有している」という状態は異なることである。「えっ」と思うかもしれないが，そんなに難しい話ではない。動産の物権変動の対抗要件に即しても説明したように（→447〜450頁），レンタルDVDを借りて持っている場合には，占有していても所有しているわけではない。家を借りて住んでいる場合も同じである。

ところが，占有しているということと，所有しているということが分離しないと考えられている物もある。それは金銭である。

BがAから金銭10万円を借りて持っている。このときは，その金銭の所有

権はBに存し，Aはただ10万円を返せ，という債権だけをもっていると考えられている。もちろん，契約の趣旨として，そうなっている場合は当然であるが（金銭消費貸借契約。→162頁），より一般的に，金銭については「現実の占有＝所有」であるとされるのである。

その理由を抽象的にいえば，金銭が金銭としての機能をもっているときには，個々の紙幣・貨幣には個性が認められず，流通を前提とした価値の帰属だけを考えるべきことになるから，ということである。もう少していねいにいうと，金銭は，高度の流通性をもち，また，きれいな紙幣と汚れた紙幣，番号が「NF798467E」の１万円札と「AB618849L」の１万円札，あるいは，5000円札２枚は，まったく区別されず同じ価値で流通する（高度の代替性）。そうすると，一般的に，Bに対して「１万円を引き渡せ」と主張できる権利を有するAは，「『KE385763G』の１万円札を引き渡せ」ということはできず，強制通用力のある通貨によって「１万円の価値」が引き渡されれば，それで文句をいえないと考えるべきである。したがって，特定の金銭について，占有者以外の者の所有権を観念することはできない。こういうわけである。なお，日本銀行法46条２項によって紙幣は制限なく強制通用力をもつが，500円玉以下の貨幣はそれぞれ20枚までの強制通用力に限定される（通貨の単位及び貨幣の発行等に関する法律７条）。

もっとも，その理屈に注意してほしい。金銭がそのあらわす価値（１万円札ならば１万円）に着目されているときには，そうだ，というだけである。したがって，「AA000001A」という特別の価値があるナンバーの１万円札にはこれは当てはまらない。このときは，「その１万円札」であることに独自の価値がある。したがって，「現実の占有＝所有」という定式は当てはまらず，「その１万円札」の所有権は別個に観念できる。「AA000001A」の１万円札を借りた者は，「AA000001A」の１万円札を返さなければならない。また，銀行で100万円の束にされて，紙の帯でまかれているような札束を，AがBに「ちょっと出かけてくるから，保管しておいて」と預けたとする。このときは，Bが，それを使用することは予定されていない。すなわち，それを価値として利用し，流通させるためにBが占有しているという状況が欠けている。このときも，「現実の占有＝所有」という理屈の前提となった状況がなく，AはBにその札束の返還を求めることができるのである。

ただし，このような例外をどこまで認めるかは，学説上議論がある。たとえば，他人の財産として別個の金庫に入れて預かっている場合はどうか，泥棒が盗んできた金銭はどうかなど，なかなか難しい問題を含んでいる。

◆法律による制限

　さて，もう一度，民法206条に戻ろう。たしかに，「所有者は……自由にその所有物の使用，収益及び処分をする権利を有する。」とされているが，そこには，「法令の制限内において」という重要な制限が付いている。

　それでは，どのような「法令の制限」があるのだろうか。分譲地の広告を見ると，「建ぺい率60％，容積率100％，第1種低住専」などと書いてある。これはどういう意味だろうか。

　まず，建ぺい率とは，建築物の建築面積の敷地面積に対する割合のことである。それが60％というわけだから，この土地は，200平方メートルの広さがあったとしても，そのうち120平方メートルにしか建物を建築できないということを意味している。容積率とは，建築物の延べ面積の敷地面積に対する割合のことである。つまり，1階部分100平方メートル，2階部分100平方メートルの建物を建築すると，建物の延べ面積が200平方メートルということになり，200平方メートルの土地に対して容積率は100％となる。これ以上の延べ面積の建物は建築できない。

　この建ぺい率，容積率は，次の「第1種低住専」という言葉と密接に関係している。すなわち，都市計画法は，都市の健全な発展と秩序ある整備を図るため，各地で都市計画を定めることにしている。そして，とりわけ市街化区域については，第1種低層住居専用地域とか，近隣商業地域とか，準工業地域とかの区分を定めている（都市計画法8条1項）。「第1種低住専」は，ここにいう第1種低層住居専用地域の略称である。この地域は，低層住宅が建築されることになっており，都市計画では，具体的な事情に応じ，50〜200％（この間に6段階がある）の容積率，30〜60％（同じく4段階）の建ぺい率が定められる。

　建築基準法は，建物の建築を行おうとする場合に，建築主に建築計画書を市町村・都道府県の建築主事に提出させることにしている。そして，都市計画法に基づく容積率，建ぺい率に合致していない計画には，建築確認が与えられ

ず，建築工事に着手することができないのである（建築基準法6条1項，8項）。

　このような規制があることによって，所有者は，自分の土地だからといって，勝手気ままな建物を建築することはできなくなっている。まさに，「法令の制限」が存在するわけである。

　このような公法的規制はもちろんここに述べたものにとどまらない。地域開発，都市整備，工場立地，自然・文化財保護，物価安定，災害・危険防止など，様々な目的で様々な規制が，使用方法だけでなく，取引に関しても施されている。たとえば，農地法は，農地または採草放牧地について所有権を移転し，または，地上権などの使用収益権を設定・移転する場合には，各市町村の農業委員会（市町村議会の同意を要件とする市町村長の任命制の委員によって構成される）の許可を得なければならず（農地法3条1項），また，農地を農地以外のものにするときには，都道府県知事の許可を得なければならない（同法4条），と規定している。前者は取引制限，後者は使用制限である。

　民法にも，その209条以下に所有権に関する様々な制限がある。すでに述べた公法的制限との対比でいえば，私法的制限ということになる。簡単にいえば，ご近所との関係であり，たとえば，土地の所有者は，隣の土地との境界近くで建物の建築工事をするときには，隣の土地を使用させてもらえる，といった条文が置かれている。

◆大深度地下の公共的使用

　民法207条は，「土地の所有権は，法令の制限内において，その土地の上下に及ぶ。」としている。だからこそ，2階建てやそれ以上の建物が建築できるわけであり，井戸も掘れる。また，隣の家から庇（ひさし）が出てくれば，文句をいえるわけである。土地の表面だけを所有しているわけではない。

　しかし，どこまでも上下に及ぶわけではない。人工衛星が自分の土地の上を通過したからといって文句をいえるわけではないし，騒音問題はともかく，普通の飛行機レベルの高さでも文句はいえない。スイス民法は，「土地の所有権は，その行使について利益の存する限度において空中および地下に及ぶ。」とし，ドイツ民法は，「土地所有者は，これを禁止するに何らの利益のない高所または深所における侵害を禁ずることはできない。」としているが，わが国に

ついても同様であると理解されている。

1980年代末ごろから徐々に話題となったのは，大深度地下の公共的使用についてである。大都市では，これから鉄道を1つ増やそうとしても，その経費が大変なことになる。用地買収には時間もかかる。そこで，土地所有者等による通常の利用が行われないほど深い地下（大深度地下。地下40メートル以下。すでに杭が打たれているような場合，例外もある）については，国土交通大臣または都道府県知事の使用認可に基づいて，公益に関連した事業（鉄道，道路，河川，通信など）のために使用できる，という制度ができた。2000年に制定された**大深度地下の公共的使用に関する特別措置法**による。

もっとも，これは大深度地下には土地所有者の権利が及んでいない，と考えるものではない。通常の利用が行われないという特性にかんがみて，損失補償なく，公共的な目的のための使用権を取得できるようにしているのである。

2　所有権の効力

◆物権的請求権とは

すでに学んだ債権の効力について，もう一度簡単に考えてみよう。

債権というのは，特定の者に対して特定の行為（作為または不作為）を要求する権利である。債務者が行為して，はじめて効力が実現される。言い換えれば，債権は，債務が履行されるまで完全に実現された形態になく，債務が履行されてやっと円満な状況ができあがるといったタイプの権利なのである。したがって，そこでは，債務者にどのようにして債務を履行させるかが重要な課題になってくる。債務不履行として説明したところがそれである（→292〜304頁）。

これに対して，物権は，直接に物を支配する権利であり，債務者という助力者がいなくても，自分だけで完全に実現できるタイプの権利である。その物権に他の誰もかかわってこない，というのが円満な状態なのである。したがって，物権の円満な享受のために必要となるのは，誰かに何かを履行させることではない。物権の権利者による円満な享受を妨害する行為を排除することである。妨害さえ排除できれば，自分自身で物権の円満な享受ができる（図9-1）。

以上から，物権の権利者には，自分自身による物権の円満な享受に対する妨害を排除する権利が認められるべきことになる。これを**物権的請求権**とよんでいる。

　物権的請求権の具体的内容は，物権の種類ごとに異なる。これは当然のことである。物権ごとに，権利者がどのような内容の権利をもつかが違う。そうすると，どのような状態がその物権の円満な享受を妨げていることになるのかが，おのずから異なってくるのである。以下では，所有権に基づく物権的請求権の内容について，具体例に基づいて考えてみよう。

◆**所有権に基づく物権的請求権の現れ方**

　物権的請求権とは，すでに述べたように，物権の円満な享受に対する妨害を排除する権利である。したがって，その現れ方は，どのような妨害が存在するか，によって変わってくる。

　自分の所有物を誰かが勝手に持っていってしまった。このときは「返せ」といえる。これが物権的請求権の行使である。他人が占有していることによって自分の所有権の享受が妨害されているのであり，返してもらえれば妨害状況は除去される。自分の土地に他人が勝手に建物を建築したらどうなるか。このと

図 9 - 1　**権利実現方法の差―イメージ**

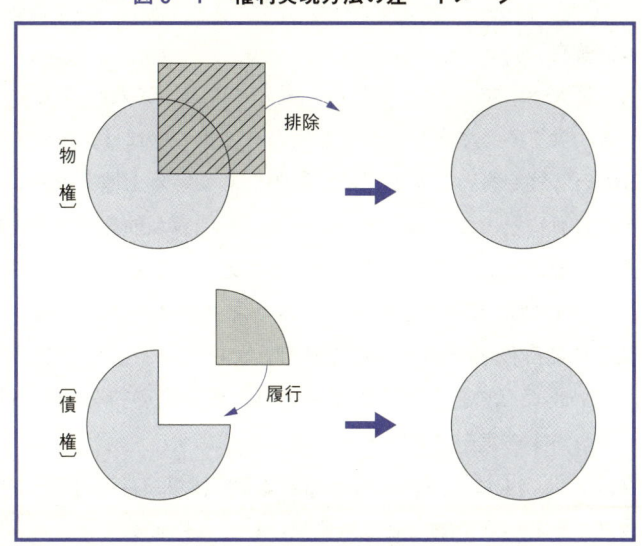

きは，建物収去・土地明渡請求ということになる。建物を壊して出ていけ，ということである。自分の土地の登記が勝手に第三者名義にされていたら，その名義人に対して登記抹消請求ができる。これも物権的請求権の行使である。

また，騒音や煤煙，さらには日照権侵害について，物権的請求権に基づいて差し止めや排除を請求することもある。これは，騒音や煤煙で自分の土地の円満な使用が妨げられたという論理である。

若干わかりにくいのが，貸した物を期限が来ても借主が返してくれないという事案である。これは2つのとらえ方ができる。1つは，借主は賃貸借契約終了時にその物を返還する義務を負っており（601条），その義務が履行されないわけだから，貸主は借主を相手取って義務の履行を求める訴えを提起すべきだ，というとらえ方である。しかし，もう1つ，貸主は所有者であり，その所有権の円満な享受がすでに使用権原（「ある行為をすることを正当とする法律上の原因」のことを「権原」という）を失った者により妨げられているのだから，所有権に基づく物権的請求権として返還を求める訴えを提起すべきだ，と考えることもできる。

この2つの訴えはどちらも認められる，というのが判例の立場である。

3　共有と区分所有

◆共有と単独所有

さて，ここまでは，ある土地にしろ，動産にしろ，AならAという1人が所有している場合を考えてきた。しかしながら，世の中には，複数の者による共有になっている物も多い。たとえば，私の住んでいる土地・家屋は，私と私の配偶者との共有になっている。というのも，配偶者が独身時代にためていた預金も使ったので，必然的に共有になったのである。しかし，私名義の預金も使ったし，ローンは私名義である。こういったときは，いくら共有だからといって，私と私の配偶者とがまったく同割合で権利をもっているわけではない。実際，だいたい私の持分割合が10分の9，配偶者の持分割合が10分の1というのが，わが家の実態である。

もちろん，2人以上による共有もある。不動産の共有持分権を小口化して投資家に販売するという金融商品の場合は，数百人による共有というのもあり

うる（→194頁）。

民法上の共有は，基本的にはいつでも各共有者が分割を請求できるものとされている（256条1項本文）。ABC 3 人の共有である土地を 3 分割して各人の単独所有にするといったわけである。分割方法について共有者の協議がまとまらないときは，裁判所に分割の請求ができる（258条1項）。裁判所は，現物を 3 つに分けたり，その土地を A と B との共有にし，A と B から C に対して価格賠償をさせたり，共有物の性質，形状，位置などを考慮して，かなり柔軟な対応ができる。実際，A と B とが住んでいる建物につき，A，B と並んで C が共有者である場合を考えると，C に対する価額賠償をさせたうえで，A，B に住み続けさせたほうがよい場合のあることがわかるだろう。

◆共有者の権利

すでに述べたところからわかるように，共有者の間には**持分割合**というものがある。しかし，2 分の 1 しか持分割合をもたないからといって，2 分の 1 しか使えないわけではない。パソコンが 2 人の共有であるとき，キーボードの左半分は A が使え，右半分は B が使えるというのでは，結局，誰もまともに使えないことになってしまう。共有者は，その持分に応じて共有物の全部について使用することができるのである（249条）。また，A の持分割合が 3 分の 2，B のそれが 3 分の 1 であるからといって，A は B の使用を排除できるわけではない。少数持分権者も持分に応じて全体を使用する権利を有するのである。

実際には，使用形態について協議がされる。A は奇数月，B は偶数月に使用できる，などといった合意がされるわけである。しかし，協議がうまくまとまらないときは，最終的には分割するほかない。

また，共有物に対する第三者の侵害を排除する行為は，各人が単独でできる（252条ただし書）。

◆区分所有とは？

共有とよく似ているが異なるものに，区分所有というのがある。分譲マンションを考えればよい。このとき，個々の居室（たとえば，203号室，306号室）は，その建物の他の部分と切り離されて，所有の対象となっている。こういった個々の居室の所有者のことを**区分所有者**といい，その権利を**区分所有権**

という。

　しかし，廊下や階段，管理人室・機械室などは共有である。そして，前者の個々の居室は，各人が自由に売却してよいが，廊下について分割請求されたり，廊下についての共有持分権をマンションの個々の居室を所有していない者に売却されたりすると困る。そこで，**建物の区分所有等に関する法律（区分所有法）**というものが1962年にでき，特別の規律を施すことになった。さらに，1983年に大改正が行われ，マンションの基本法となっている。

　内容を簡単に紹介しておこう。

　区分所有法は，まず，マンションの各部分を，**専有部分**と**共用部分**とに分ける（区分所有法1条，2条）。前者は各区分所有者の単独所有が成立しうる建物部分であり，構造上も利用上も独立していることが必要とされる。これに対して，廊下や階段などは共用部分とされ，この部分は区分所有権の対象とならない。専有部分の持分割合による共有となる（同法11条，14条）。細かい話だが，マンションの各専有部分の内部にある壁の多くは共用部分である。専有部分であれば，各区分所有者は模様替えの際，その壁を取り払うこともできるが，構造壁とよばれる壁は，取り払うと建物全体に影響を及ぼす。だから，共用部分となっているのである。専有部分の共有権は区分所有権と一体になっており，別個に譲渡することはできない（同法15条）。

　区分所有関係における管理・利用のために，法は，まず区分所有者全員による団体を構成させることにした（同法3条）。そして，区分所有者の集会による決議によって具体的ルール（規約）を決めることにしたのである（同法30条，31条）。規約は，最初に専有部分の全部を所有する者，すなわち分譲業者が決めておくことも多いが（同法32条），もちろん，分譲後，集会によって規約を変更することはできる。

　近時，しばしば問題となっているのは，建物の老朽化などによりマンションを建て替えるときの手続である。民法の原則によれば，共有建物の建て替えは，共有物の変更であり，全員一致がなければできない（民法251条）。しかし，それでは1人でも反対すれば建て替えができないことになる。そこで，1983年改正による区分所有法は，共用部分の変更については，区分所有者の頭数，議決権割合（専有部分の割合によって決まる）の双方で4分の3の多数が賛成すれば，建て替えについては，老朽化等により維持に過分の費用を要

するようになったときに5分の4の多数が賛成すれば，それぞれ可能となるようにしていた。

　ところが，昭和40年代以降のマンションブームの中で大量に建築されたマンションが老朽化の時期を迎え，大修繕，建て替えの必要性が増してきた。そこで，2002年に区分所有法の改正が行われ，外壁等の大修繕のためには2分の1の多数の賛成でよいことになり，建て替え決議についても，維持に過分な費用が必要であるといった要件は削除された。さらに，建て替えにあたって，隣接地を含めて利用する方法が定められ，また，複数のマンションが同一敷地内に建っている場合に，そのうち1棟を建て替える手続，すべての建物を一括して建て替える手続が定められた。

　そして，**マンションの建替えの円滑化等に関する法律**も制定され，建て替え時にマンション建替組合を設立し，その主導で建て替えを進めていく方法も整えられた。

Ⅲ　用益物権の効力

1　地上権・永小作権

◆地上権・永小作権（えいこさく）の存在理由

　地上権と永小作権は，いずれも他人の所有する土地を利用するための権利である。地上権とは，「他人の土地において工作物又は竹木を所有するため，その土地を使用する権利」（265条）であり，永小作権とは，「小作料を支払って他人の土地において耕作又は牧畜をする権利」（270条）である。

　このような物権を認めるならば，かつての封建制のように，ただ土地の所有権をもち，そこからの地代だけを得るという地主が誕生し，階層的な所有関係になってしまいそうである。しかし，他方で，実際，他人の土地を借りてそこを利用しようとする者にとっては，その利用権が安定したものであることが重要である。すでに見たように，他人の土地を利用する方法としては，所有者と賃貸借契約を締結するという方法がある。しかし，契約によるならば，その権利は契約の相手方である賃貸人に対してしか主張できない。所有者である賃貸

Column 45

ローマの香り

　民法265条は，地上権の目的を「工作物又は竹木を所有するため」にかぎっている。したがって，駐車場として土地を使うときには地上権の設定を受けることはできず，土地の賃貸借契約によらなければならない。使用権者の保護の必要性が高いのは，使っている土地の上に家屋など高価で，かつ，動かせないものが存在する場合だということもあるだろうが，実はローマの法制度とも関係している。

　ローマ法においては，建物や立木は土地と一体化し，土地の所有権に吸収される，とされていた。そうすると，他人の土地の上に建物をたてると，それは土地の所有者のものになってしまう。そのようなことでは他人の土地を借りて，建物をたてることができない。そこで，例外として，建物や竹木の所有権が土地の使用権者にとどまる制度としての地上権制度が必要とされたわけである。

　条文1つをとっても，歴史を感じることができる。

人が，その土地を第三者に売却してしまうと，新しい所有者に対しては契約上の権利を主張できないのが原則である（その例外を定めるのが，借地借家法である。→192〜194頁）。新所有者が登場しても，その人に対しても主張できる権利，すなわち物権として，利用権が確保されていれば安心である。

さて，フランス革命もわが国の明治維新も，実際に土地を耕作していた農民や，土地を実際に利用し住んでいた者たちに，土地の所有権を与えることはしなかった。地主階級が存在し続けることはあまり問題とされず，ただ，複雑な権利関係を単純化し，地代を徴収していた者に「所有権」を与え，利用者には適当な利用権を与えるにとどめたのである。そうすると，利用権者の権利を強化するために，賃借権という債権法上の権利だけでなく，地上権・永小作権という物権が認められるべきだということになる。

ただし，実際においては，徳川時代以来の権利関係を整理した明治期において，その当時の借地人や小作人に地上権や永小作権が与えられることは少なかった。借地人や小作人は賃借人としての地位しか認められず，また，民法制定後に利用権の設定がされる場合にも，もっぱら賃借権が用いられた。土地の所有者としては，借主になるべく強い権利を与えたくないと思うのは当然だからである。このことが，すでに述べた借地借家法につながってくる。しかし，理念的には，物権としての土地利用権，すなわち地上権・永小作権が認められるべきだとされるわけである。

◆地上権の現在

もっとも，最近では，大きなビルを建築するとき，その敷地利用権として地上権が設定されることも多いようである。

さらに，都市再開発法に基づいて，多数の家屋を取り壊し，ビルにするときには，従前の家屋所有者に地上権が与えられることになっている（都市再開発法88条1項）。これにかぎらず，再開発の過程で地上権が用いられる手法も増えてきている。

また，たとえば，大阪の阪神高速道路大阪池田線梅田出口の付近では，民間のビルの中を高速道路が通過している。これには区分地上権という制度が利用されている。1966年の改正で導入された制度であり，民法269条の2第1項前段は，「地下又は空間は，工作物を所有するため，上下の範囲を定めて地上権

の目的とすることができる。」としている。

　安定した敷地利用権としての地上権は，決して存在意義を失ったわけではないのである。

2　地役権

◆地役権の存在理由

　地役権とは，「設定行為で定めた目的に従い，他人の土地を自己の土地の便益に供する権利」（280条）である。

　自己の所有する土地を有効に使用しようとすると，どうしても同時に他人の土地を利用せざるをえないことがある。たとえば，自己の所有する水田に川から水を引くために，他人の土地に水路を通さざるをえなかったり，ぐるっと遠回りしなければ駅に行けない土地であるとき，便利に駅に行くためには他人の土地を通らせてもらう必要があったりする。そして，この権利は，安定したものでなければならない。土地の所有者が変更しても，そのまま存続する権利，すなわち物権であることが必要となる。

　もっとも，「他人の土地を使わせてもらう」という権利一般が物権とされているわけではない。自分の土地の利益のために用いる権利だけが物権として認められているのである。なぜ，自分の土地の利益のために他人の土地を用いる権利に限定されたかについては，いろいろ説明されているが，土地所有権の制限をなるべく少なくするという観点から，ある土地の所有権に一定のプラスがある場合にのみ，他の土地の所有権に制限を加えるべきだと考えられたのであろう。

◆地役権の現在

　地役権は，通行地役権を中心にかなり用いられているようである。

　おもしろいのは，送電線の設置のための地役権である。電力会社が山や田畑の上に送電線を通したいことがある。このとき，その電線の下の土地を全部買収していたのでは大変である。そこで，地役権を使う。地役権は，他人の土地を自分の土地の便益のために使う権利だから，まず，便益を受ける「自分の土地」を決めなければならない。これを**要役地**（地役権が必要な土地）という

が，ここに発電所を建設する。そして，電線の下の他人の土地を **承役地**（地役権の負担を承知している土地）とするわけである。

同じことは，すでに説明した区分地上権を設定することでも可能だと思われる（むしろそのほうが自然）。しかし，区分地上権の制度ができたのは1966年のことであり，それ以前は区分地上権は用いえなかったし，現在でも地役権を設定するという方式をとっているほうが多いといわれる。「承役地に建造物を設置し，又は送電線路に支障となる竹木を植栽するなど，経済産業省令の『電気設備に関する技術基準』及びその改定法令に適合しない行為を一切しないこと」という取り決めがされ，登記されることが通常のようである。

3　入会権と慣習上の用益物権

◆入会権とその解体

民法263条と294条とは，**入会権**という物権の存在を前提とし，それを土地を共同所有していると性質付けできる場合と，他人の土地に地役権をもっていると性質付けできる場合に分けている。しかし，いずれにせよ「各地方の慣習に従う」と定められているのであり，条文を読むかぎりではどのような権利なのかわからない。

この権利をイメージするためには，昔話の『桃太郎』を思い出すとよい。

「おじいさんは山へ柴刈りに行きました」

おじいさんは，絵本からは質素な暮らしをしているように見えるが，実は山を所有している金持ちだったのだろうか。そうではない。おじいさんの暮らしている村には，そこの住民が，柴を刈ったり，一定の割合で木を切ったりすることのできる共同の山があったのである。

江戸時代には，各地の村は，しばしばこういった共同の山や土地をもっていた。このような権利を否定してしまうと，農村の伝統的な生活は破壊されてしまう。そこで，このような江戸時代から続く慣習に基づく権利を入会権という物権として認めることにしたのである。

しかし，各地の慣習は様々である。したがって，「各地方の慣習に従う」としかいえないわけである。そして，伝統的な農村生活の解体にともない，各地の入会権はだんだんと消滅してきているといわれる。

◆国有地上の入会権

　入会権についてもう１つ重要なのは，国有地に入会権が成立するか，という問題である。明治時代，国は各地の入会地を国有地に編入した。そして，国有地には入会権は成立しない，という立場をとった。ずっと以前から，その山で下草をとったり，一定量の木を切ったりしていた農民からすれば，これは暴挙である。長い間，自分たちの生活を支えてきた入会地が，突然，国有地となって，そこにはもはや自分たちの権利は存在しないというのである。

　各地で，いろいろなトラブルが発生した。典型的なのは，農民がこれまでどおり木の伐採をしていたところ，警察に捕まり，裁判で窃盗犯として有罪にされる，というものである。農民としてはこれまで何百年にわたって行ってきたことを行ったにすぎない。

　入会地が国有地となっても，もとからあった入会権は消滅しない，という最高裁判所による画期的な判断がされたのは，1973年のことであった。

◆慣習法上の物権

　民法上，用益物権として認められているのは，以上の４種類であるが，入会権について説明したところからもわかるように，実は，江戸時代には農村を中心に土地にからんで様々な権利があり，それぞれが生活の重要な基盤を形成していた。民法が制定され，物権法定主義（→399頁，414〜415頁）のもとで物権の種類が整理されたからといって，生活が急に変わるわけではない。慣習に基づく物権はその後も長く残り続けた。

　しかし，物権法定主義とぶつかることはたしかである。そのうえ，明治時代に民法と同時に交付された民法施行法は，その第35条で，ていねいにも，「慣習上物権と認めたる権利にして民法施行前に発生したるものと雖も其施行の後は民法其他の法律に定むるものに非ざれば物権たる効力を有せず。」と規定したので，慣習に基づく権利は物権として存続させることが難しいように思われた。トラブル必至である。

　条文上は難しいが，判例は，温泉の湯口権（湧出地から自分の土地まで温泉を引く権利）や水利権（川などから水を引く権利）については，事実上，慣習法上の物権としての効力を認めてきた。物権法定主義の理念ばかり貫くと，実際上の不公正が生じてしまうのである。

しかし，判例も，たとえば上土権（うわっちけん）については否定している。これは，江戸時代，他人の荒れ地を開拓した人に与えられた権利であり，所有権に近いものであった。しかし，この権利は，まさに民法が否定しようとした階層的な所有関係をもたらすものであり，民法に採り入れられず，また，その後の判例でも慣習法上の物権として効力を与えられることがなかった。当然のような気もするが，実は，ここに民法典制定の陰の部分がある。上土権という権利が否定され，誰が所有権を有するかが明確にされ，利用権者はせいぜい地上権または永小作権が与えられるようになり，権利関係は単純になった。しかし，このことによって，江戸時代には，上土権という所有権類似の強い権利をもっていた開墾者は，地上権者や永小作権者とされ，権利が弱められたのである。そして，小作料徴収権だけをもっていた者（底地権者（そこち））が所有権者とされるようになった。地主—小作関係がかえって強固なものに固定されてしまったわけである。

Ⅳ　担保物権の効力

1　担保物権の存在理由

◆債権者平等の原則

　次に，担保物権の存在理由に移ろう。このためには，まず，第6章で説明したところを思い出してもらわなければならない。

　GはSに対して5000万円の貸金債権をもっているが，弁済期が到来してもSは任意に借金を返済しようとしない。このとき，Gが強制的にその債権を回収するためには，一般的には，貸金返還請求訴訟を提起し，その訴訟における勝訴確定判決を債務名義にして，Sの財産について強制執行手続をとることになる。裁判所に，Sの財産を差し押さえてもらい，それを競売手続で換価してもらい，そこで得られた換価金から債権を回収するわけである（→299～304頁）。ところが，差押えを受ける債務者の財産は，債務超過の状態にあることが通常である。つまり，Sには，G以外にも債権者がいて，それらの債権者の債権額を合計すると，Sの財産の額よりも多いのである。

　たとえば，Sに6000万円相当の差押え可能財産があり，Gがそのすべてにつき差押えを申し立てたが，Sには，G以外にも，債権者A（債権額3000万円），債権者B（債権額4000万円）がおり，A，Bが，自分にも換価金を配当せよと要求してきたとする。このとき，6000万円の換価金は，G・A・Bにそれぞれの債権額に比例して分配される。すなわち，Gに2500万円，Aに1500万円，Bに2000万円が配当されるのである（図9-2）。Gは，差し押さえた債権者だからといって優遇されない。すでに述べた債権者平等の原則である。その結果，Sの債務額がSの財産を超過しているときは，Gは完全な債権回収を望みえないことになる。

　このような法制度のもとで，Gが債権を全額回収しようとしたらどうすればよいか。まず考えつくのは，差押えのできる財産を増加させることである。上の例だと，差押え可能な財産が1億2000万円以上あれば，A・Bが配当を要求

してきても，Ｇは債権全額を回収できる。

　そのために，第１に，Ｓの財産をなるべく多くしておくことが考えられる。これが責任財産の保全である。債権者代位権（423条以下）・詐害行為取消権（424条以下）という２つの制度，さらには財産開示手続については，すでに説明した（→352〜353頁）。

　しかし，これらの方法では，債務者の財産を増やすことはできず，保全すべき財産すらＳにないときは，どうしようもない。

　そこで，第２に，Ｓの財産以外にも，強制執行の手を伸ばせるようにすることが考えられる。このための制度が保証（446条以下）であり，これもすでに説明した（→259〜263頁）。

　しかし，この手段の実効性も，最終的には，保証人の財産の量に依存する。保証人に十分な財産がなければそれまでなのである。

◆債権者平等の原則の回避

　ここまでは，債権者平等の原則が適用されることを前提に話を進めてきた。このときは，債権者が債権を回収できるかどうかが，どうしても債務者や保証人の財産の総量に依存してしまう。「みんなが債権を回収できるようにするからそうなるのだ。自分だけが優先的に債権を回収できないだろうか」──そういった考え方が出てくる。

　債権者代位権や詐害行為取消権，さらには相殺（→344〜345頁，350〜352

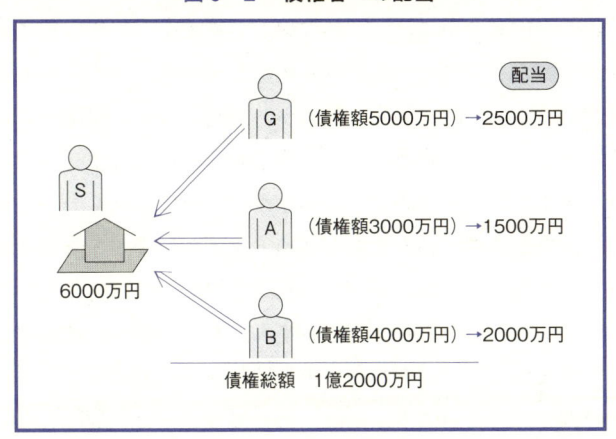

図９-２　**債権者への配当**

配当

Ｇ　（債権額5000万円）→2500万円

Ａ　（債権額3000万円）→1500万円

Ｓ　6000万円

Ｂ　（債権額4000万円）→2000万円

債権総額　１億2000万円

頁，357〜362頁）がこの目的に用いられることはすでに説明した。しかし，それはあくまで「抜け駆け」であった。あわてないですむようにしたい。そこで，Sの財産のうち，あるいは，S以外の第三者の財産のうち特定の物を，Gの債権回収のためにあらかじめ別扱いにしておくことができないか，が考えられることになる。

たとえば，Sの財産のうち，特定の土地について，その換価金はGへの弁済に優先して充当される，というふうにしておくわけである。このような権利は物権でなければならない。なぜならば，Sに対する他の債権者であるAやBに対して，「自分は優先権をもっているのだ」とGが主張できなければ意味がないからである。誰に対してでも主張できる権利であることが求められる。このような権利が，民法上いくつか認められており，これを**担保物権**という。

しかし，なぜ，こういったように，Gのみに優先権を与えるための物権が認められなければならないのだろうか。債権者平等の原則を貫いたほうが公平ではなかろうか。そして，そうであるならば，担保物権など認めないほうがよいのではないか。

◆法定担保物権の存在理由

ところが，日本法は，というよりも世界各国の法は，ある債権者が，債権者平等の原則を回避して，優先的に債権を回収する，という権利を認めている。理由は2つに分けて考えることができる。

まず，法の立場から見て優先的に扱われるべき種類の債権者が存在することである。多数の債権者の中には，法の立場から見て，とくに保護されるべき債権者が存在する。たとえば，ある会社が倒産したとき，取引先がもっている債権より，従業員の未払い給料債権のほうが，一般にはより保護されるべきである。給料債権は，それら従業員（＝給料債権の債権者）の生活基盤だからである。これは一例にすぎず，保護されるべき場合は他にもいくつか考えられる。

そこで民法は**先取特権**（さきどりとっけん）という物権を定め，保護されるべき債権者にそれぞれの保護されるべき理由に応じた範囲で優先的な債権回収権を与えている。すなわち，「この法律その他の法律の規定に従い，その債務者の財産について，他の債権者に先立って自己の債権の弁済を受ける権利」（303条）である。

また，次の例を考えてみよう。Aは，自分のパソコンが故障したので，B電

器店に修理に出した。1週間後，修理がすんだとの連絡を受けたAはBのもとに行ったが，修理代金の1万円を持ち合わせていなかった。このとき，常識的に考えて，1万円を支払ってくれるまでパソコンは引き渡せない，という権利がBに認められてよいだろう。民法は，たとえば，このようなB（＝修理代金債権の債権者）には，留置権（りゅうちけん）という物権を与え，保護している。すなわち，「その債権の弁済を受けるまで，その物を留置（りゅうち）することができる」という権利である（295条）。これも法の立場から見て保護されるべき債権者の一類型である。

以上述べた留置権・先取特権という2つの物権のことを，**法定担保物権**とよんでいる。法の定めによって生じる担保物権ということである。

◆約定（やくじょう）担保物権の存在理由

しかし，法の立場から見て保護されるべき債権者にだけ優先権を認めることは妥当でないと考えられた。なぜか。債権者平等の原則のもとでは，債務者が債務超過状態にあれば，債権者は自己の債権を全額は回収することができない。そうであるならば，債権者としては，少しでも債務超過の傾向のある債務者には，融資をしたり，掛け売りをしたりはしたくなくなる。しかし，これでは，金持ちしか融資を受けえないという皮肉な結果となる。

そこで，財産状態が十分でない債務者が信用の供与を受ける道を開くため，民法は，債権者が，その財産の保有者との合意により，特定の財産について物権たる優先権を取得することを認めた。たとえば，Sが，Gから金銭を借り受けるに際して，Sの有する特定の土地についてGの優先権を認める。こうしておけば，Gは，その土地が競売されたとき，その換価金から他の債権者に優先して自己の貸金債権を回収することができるのである。

このような合意によって設定される担保物権を**約定（やくじょう）担保物権**という。民法は，その財産を占有するとともに優先的な債権回収が認められる権利と，その財産を占有しないがいざというときに優先的な債権回収が認められる権利という2種類の約定担保物権を認めた。すなわち，「債務者又は第三者から受け取った物を占有し，かつ，その物について他の債権者に先立って自己の債権の弁済を受ける権利」（342条）である**質権**と，「債務者又は第三者が占有を移転しないで債務の担保に供した不動産について，他の債権者に先立って自己の債

権の弁済を受ける権利」（369条1項）である**抵当権**である。

◆慣習法上の担保物権

用益物権については，民法制定前に存在した慣習法上の物権との食い違いが問題になった（→474〜475頁）。担保物権についてはどうだろうか。

江戸時代には，動産担保としての「質」，不動産担保としての「田畑質」「家質」「書入」が存在していた。もちろん，細かくいえば，その効力などに違いがあるのだが，民法によって定められた「質権」は動産の「質」および「田畑質」，「抵当権」は「家質」および「書入」にだいたい相当する。つまり，この範囲では，民法は江戸時代の慣習法を根本的には変化させなかった。

ところが，これ以外にも，江戸時代には，「本物返」といわれる所有権移転型の担保方法があった。すなわち，いったん債務者から債権者に土地を譲渡し，債務者は一定の金銭を支払う（実質的には貸金を返済する）ことによって，その土地を買い戻す。期限までに借金が返済できなければ，債権者はその土地を確定的に自分のものにすることによって，債権を回収するわけである。明治になっても，土地所有権の所在の証として機能した「地券」を債権者に預けるというかたちでの担保方法が用いられた。地券預入担保という。

所有権という物権は，民法上も当然に存在する。したがって，所有権を移転するという方法を担保手段として用いても，物権法定主義には反しないといえる。しかし，実際には担保物権の代わりとして用いているのであるから，所有権移転の効力をそのまま認め，所有権の移転を受けた者を完全な所有者として扱ってよいかどうかは問題である。

このような所有権を用いた担保方法として，現在では，仮登記担保，譲渡担保，所有権留保といったものが用いられており，これらをどのように処遇するかが議論されることになる。くわしくは後に述べる（→510〜524頁）。

以下では，まず，民法上定められている約定担保物権としての質権と抵当権から見ていこう。

Ⅴ 質権と抵当権

1 質権とその効力

◆質権の意義

民法上定められている担保物権のうち，当事者間の契約により設定されるものが，質権と抵当権である。

まず，**質権**とは，債権者がその債権の担保として債務者または第三者から受け取った物を占有し，その物につき他の債権者に先立って自己の債権の弁済を受ける権利である（342条）。

たとえば，ＢがＡに対して10万円の借金があるとき，その担保のため，Ｂが質権の目的物として宝石をＡに引き渡す。厳密にいえば，まず，質権設定契約が結ばれ，その履行として目的物の引渡しがされることになる。そうすると，Ａは，Ｂから10万円の弁済を受けるまで，その宝石を自分のもとに留め置くことができるとともに，Ｂの債務不履行があるときは，それを裁判所の競売手続で換価し，換価金から優先的に自分の債権を回収できるのである（図9-3）。この例における「宝石」は「土地」あるいは「家屋」に置き換えてもよい。すなわち不動産も質権の目的物となりうる。

ここで若干言葉の説明をしておこう。以上の例で，Ａのことを**質権者**といい，Ｂのことを**質権設定者**という。質権という物権をその物について設定するのは，その物の所有者である（→411〜413頁）。また，上記の例でＡがＢに対して有する10万円の貸金債権のことを，**被担保債権**（担保される債権）という。Ｂの債務不履行時に，質権に基づいて目的物を換価することを，**質権の実行**という。これ以降，他の種類の担保についても，○○権設定者，○○権の実行といっ

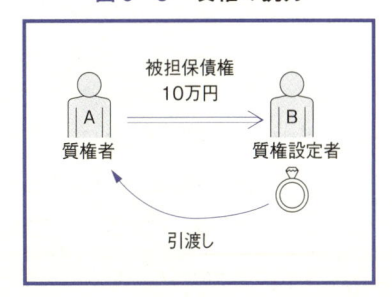

図9-3 質権の抗力

被担保債権
10万円

Ａ
質権者

Ｂ
質権設定者

引渡し

た言葉がしばしば出てくるので，ここで慣れておいてほしい。

　また，BがAに対して負う借金の担保として，Cが自己所有の宝石について，Aのために質権を設定し，Aにそれを引き渡すということもありうる。こういったCのことを，**物上保証人**という。保証という制度はすでに説明したが，ここでは，物によって保証をするので物上保証というのである。Bが借金を返済しなければ，Cの宝石がその借金の返済に用いられてしまうのであり，お人好しに過ぎると思われるかもしれないが，子会社のために親会社によって，会社のために社長によってなど，物上保証が行われることは多い。もちろん，その質権が実行され，物上保証人Cの財産がBの借金の弁済にあてられることになったら，保証のときと同じように，CはBに対して求償権をもつことになる（351条。→254～256頁）。

◆根質権とは？

　ここまで説明してきた質権では，被担保債権はある特定の債権であった。しかし，実は，質権の設定にあたって，不特定の債権を被担保債権とすることもできる。たとえば，売主Aと買主Bとが継続的な取引関係にあるとする。このとき，AからBに対しては取引ごとに売掛代金債権が発生し，また，Bの財務状況が健全であるかぎり，弁済期が到来すると，その売掛代金が支払われて債権は消滅していく。しかし，ある程度の未払い債権が，AB間にはつねに存在しているのである。わかりにくければ，クレジットカードを考えればよい。たとえば，私とVISAカードとの間では，刻々と債権が発生しているが，他方で，毎月ごと弁済もきちんとされている。しかし，5月末日までの債務は7月15日に払うといったように，債務を負う時期と弁済時期に間隔があるために，いつもVISAカードは私に対してある程度の債権を有しているのである。

　このように，たとえば継続的取引から発生する不特定の債権を被担保債権とすることもある。これを**根質権**という。

◆占有の移転のもたらす問題

　さて，質権のポイントは，その物の占有が，質権設定者から債権者へと移転されることにある（344条）。占有改定による引渡しではたりない。少なくとも質権設定者がその物を所持していない状況が作り出されなければならない

（345条）。このことによい点もある。具体的には，とくに，担保目的物の占有が債権者＝質権者にあることにより，それだけで質権の存在がある程度公示されることである。そこで，登記制度のない動産についても質権の設定が認められることになる。これに対して，不動産については，質権設定の対抗要件も登記であるが，農業社会では，不動産，とくに土地が債権者に引き渡されると，債権者はその土地を利用して，耕作ができるという大きな利益を享受したのである。

しかし，工場建物の占有が債権者に移転すると，工場主は操業を続けられなくなる。私だって，パソコンの占有を債権者に移転すると，原稿も書けなくなってしまう。生産手段となっている重要な財産には質権は設定しにくいのである。また，質権者自身にとっても不便さがある。たとえば，債権者である銀行が，質権目的物としての田畑の引渡しを受けたからといって，実際に耕作が行えるかというと，そうもいかない。

そういったわけで，現代社会において，動産や不動産を目的とする質権の役割は著しく減少している。かつて庶民金融において重要な役割を果たした質屋（債務者の動産につき質権を取得し，お金を貸す）も，消費者金融会社の隆盛により，その数は大幅に減っている（営業質屋としての許可は，1958年には2万1539件に与えられていたが，2017年には2865件となっている）。

◆債権質の機能

もっとも，質権は，動産・不動産といった有体物だけでなく，広く「財産権」一般を目的とすることができる。具体的には，金銭債権が質権の目的とされることが多い。債権については，物理的な占有が観念できないので，動産質・不動産質について述べたような不便はないのである。

もちろん単純に預金債権について用いられることも多いが，実務上，しばしば問題になるのは，保険契約から発生する種々の金銭債権についての質権やビルの賃貸借保証金返還請求権についての質権である。ビルの賃貸借契約においては，賃貸借開始時に賃借人から賃貸人に支払われる保証金（賃貸借終了後，ビル明渡時に返還される）が高額に及ぶ。たとえば賃料の12か月分の保証金ということもよくあるが，そうすると，ビジネス街の貸ビルの場合，簡単に1000万円以上の保証金となる。この返還請求権（債権）の価値は大きいので

ある。

　また，私自身，債権質の設定者である。私は住宅ローンを負って家屋を取得した。そのローンの担保方法の1つとして，取得した家屋に関して私が契約した火災保険契約から生じる火災保険金請求権について，債権者のために質権を設定した。もしも私の家屋が火災などによって焼失したら，火災保険金請求権が発生する。この将来の債権に質権が設定されているわけである。

　債権についての質権設定も合意によってされる。対抗要件については引渡しが観念できないので，その具備方法は，債権譲渡の対抗要件の具備方法と同じになっている。すなわち，質権の目的となる債権の債務者（第三債務者）に，その債権に質権が設定された旨を通知するか，第三債務者が質権設定を承諾するかしなければ，第三債務者その他の第三者にその質権を対抗できない（364条）。その趣旨は，債権譲渡について説明したところと同じである。すなわち，その債権について利害関係をもとうとする第三者は，債務者に，「あなたが債務者のこの債権は，まだ支払われないで残っていますか，誰かが質権をもっているなんてことはありますか」とたずねることが通常だと考えられるから，第三債務者に質権設定を知らせておくことをもって，第三者一般に対する対抗要件としてよい，というわけである。そして，第三債務者以外の第三者に対抗するためには，通知や承諾が確定日付のある証書で行われなければならない。第三債務者と質権者・質権設定者との通謀により質権設定や対抗要件具備の日付をさかのぼらせ，他の第三者の権利を害するおそれがあるからである（以上について→373〜375頁）。

　また，現在では，動産及び債権譲渡の対抗要件に関する民法の特例等に関する法律（動産・債権譲渡特例法）により，債権譲渡登記ファイルに質権設定の登記を行うことによって，第三債務者を除く第三者に対抗する方法も認められている（→384〜386頁）。

　債権譲渡に関して，2017年改正で，将来債権の譲渡が有効であることについて明文の規定が置かれたことは，すでに説明した（→386〜388頁）。債権質についても，将来債権を質権の目的とすることは以前から可能だと解されていたところ，2017年改正では，債権質の対抗要件を規定する民法364条に，「債権を目的とする質権の設定（現に発生していない債権を目的とするものを含む。）」と規定され，設定が有効であること，上記に述べた方法で対抗要件が具

備できることが明文で明らかにされた 。

◆債権質の効力——実行前

　さて，このようにして債権に質権が設定されると，被担保債権の債務者が債務不履行におちいったときにその質権が実行され，質権者の債権が優先的に回収されるわけだが，実行に至る前でもいくつかの効力は発生する。

　まず，せっかく質権者が質権を取得したのに，質権設定者が勝手に債権を放棄したり，自由に債権を取り立てたりすることができるならば，質権者の権利は不安定なものとなる。そこで，質権設定者は，質権の設定された債権について放棄したり，免除したり，他の債務と相殺したりはできないことになっている。そういったことを行っても質権者に対抗できず，したがって，質権者は放棄や免除がないものとして，その債権について質権を行使することができるのである。また，質権設定者は債権の取り立てができない。

　次に，質権の目的となった債権の債務者（第三債務者）も拘束を受ける。第三債務者が勝手に質権設定者に弁済して債権を消滅させることができるとすると，質権者はいつ権利を失うかわからなくなってしまう。そこで，第三債務者は，質権設定者や，質権設定者からその債権を譲り受けた者に対して弁済しても質権者にその弁済を対抗できず，さらに質権者からの弁済請求があればそれに応じざるをえないとされている。直接そのことを定める条文はないのだが，民法481条が類推されると考えられる。

　しかし，そのままでは，第三債務者は，質権者が質権の実行をするまで，いつまでも債務を免れることができなくなってしまう。たしかに，第三債務者は，質権が設定されたことを通知されているわけだが，自分のあずかり知らぬところで質権が設定されれば，それで自分が不利益を被るのではかなわない。そこで，第三債務者は，弁済を供託して債務を免れることができると解されている（供託については→303頁 **Column 37**）。すでに述べたように質権設定者は弁済を受領することはできないのだから，民法494条1項2号の「債権者が弁済を受領することができないとき」に該当するわけである。

　もっとも，動産・債権譲渡特例法によって第三債務者を除く第三者に対する対抗要件だけが備えられているときには，第三債務者は，質権の拘束を受けない。質権を対抗されないからである。

◆**債権質の実行**

　被担保債権の弁済期が到来したのに，債務者が債務の弁済をしないときには，質権者は質権を実行して，自らの債権の回収を図ることができる。具体的には，以下のようになる。

　目的債権が金銭債権の場合には，被担保債権の額に相応する部分にかぎり，質権者はそれを直接に取り立て，被担保債権に充当することができる（366条1項，2項）。すなわち，被担保債権額が500万円で，質権の目的となった金銭債権の額が1000万円の場合には，1000万円の債権のうち500万円分だけ直接に取り立てができるわけである。後に見ていくように，民法の規定する担保物権の基本的な実行方法は，裁判所の手によって担保目的物を換価してもらい，そこから手続に従って優先弁済を受ける，というものである。そして，債権質について，そのような方法をとることも可能である（民事執行法193条）。し

Column 46

有価証券への質権設定————————————————————

　有価証券とは，手形・小切手や株券などのことである。これらへの質権設定は，有価証券の種類ごとに方法が異なる。いくつか紹介しておこう。

　株式を質権の目的とする場合，質権者は株券の交付を受けることが原則である（会社法146条2項）。しかし，現在では，株券が発行されず，振替制度が利用されることが原則となっており，そのときは，社債，株式等の振替に関する法律に基づいて，株式が質権設定者の口座から質権者の口座の質権欄に移転されることによって，質権設定の効力が生じることになっている（同法141条）。

　国債・社債についても，同様に，口座管理機関・振替機関の口座に記載されている数値で決まってくるのであり，現実の国債券や社債券は存在しなくなりつつある。ペーパーレス化された国債・社債の質入れは，株券の保管振替の場合と同じように，加入者（国債権者，社債権者）による振替の申請により，口座管理機関・振替機関が，質権者の口座における質権欄に増額の記載を行うことにより効力を生じ，また，第三者に対抗できることになる。

　さらに，**電子記録債権**（→389～390頁）については，電子債権記録機関の記録原簿に質権設定記録がされることにより設定される（電子記録債権法36条1項）。記録自体が効力発生要件とされているため，別個に対抗要件は観念されていない。もっとも，電子記録債権の担保化にあたっては譲渡担保が用いられることが予想されており，電子債権記録機関は，業務規程によって，質権設定記録を行わないとすることや，その記録に一定の制限を置くことが認められている（同法7条2項）。

かし，金銭債権の場合，動産や不動産と異なり，その額が明確なので，いちいち裁判所の手を通さなくても，設定者の不利益（不当に安い値を付けられることなど）も生じないし，また，質権者にとっては直接取り立てにより手間と費用とを節約できて有利である。そこで，直接取り立てが認められるのである。

ところが，被担保債権の弁済期が到来しないうちに，質権の目的となっている債権の弁済が到来してしまうこともある。このときは，すでに述べたように，第三債務者は弁済の供託ができる。また，質権者も第三債務者に対して弁済の供託を求めることができ，そのときは，供託金還付請求権（供託所に対して，供託金を支払ってくれと請求する権利）の上に質権が存続することになる（366条3項）。質権者に早期回収の利益を与える必要はないが，第三債務者がきちんと支払ってくれることは確保しておくほうがよいからである。

◆質権の消滅

目的債権の消滅・被担保債権の消滅によって，質権は消滅する。目的債権がむやみに消滅しないようにするために目的債権の債権者・債務者にいくつかの制約が課されていることは，すでに説明した。

被担保債権が消滅すれば担保物権が消滅することは，すべての担保物権に共通のことであり，ここで理解しておいてほしい。担保物権は，ある債権の回収がきちんとできるように，それを担保する目的で存在している。したがって，担保されるべき債権が消滅すれば，担保物権は消滅するのである。たとえば，任意に弁済されれば，それで担保物権は消滅することになる。

根質権については，どのような事態になれば被担保債権が消滅したといえるかが問題になるが，根抵当権について説明するところに譲る（→507〜509頁）。

2 抵当権の設定

◆非占有移転型担保としての抵当権

抵当権とは，債務者または第三者（物上保証人）が債権者に占有を移さないまま債務の担保に供した一定の不動産について，債権者が自己の債権を優先的に回収する権利である（369条1項）。

抵当権は，質権とならんで，民法の規定する約定担保物権の1つである

が，目的物の占有を設定者から抵当権者に移転する必要がない，という大きな特徴がある。

すでに見たように，目的物の占有を質権者に移転しなければならないという性質は，金銭債権や有価証券などを目的とする場合を除き，質権を現代社会における担保手段としては不便なものとしていた。これに対して，抵当権では，設定者は目的物の使用をそのまま継続できる。したがって，設定者の生産手段である財産（工場・居住家屋）も目的とできる。また，抵当権者もふだんは目的物の管理を負担することなく，いざというときの優先弁済権のみを確保することができる。抵当権は，このようにして，現代社会における担保手段として最重要のものとなっている。

しかし，担保目的物の占有を移転しないということになると，今度は，抵当権をどのようにして公示するか，という問題が生じる。質権では目的物の占有が移転されているので，ある程度の公示はされているといえるが，抵当権では，占有移転以外の方法で完全な公示がされなければならないのである。これを可能にするのが登記制度であり，実際，登記制度自体，抵当権の公示を目的として発達してきた。そして，このことから，登記制度のある財産についてしか設定できない，という抵当権の性格が導き出される。民法典のレベルでは，不動産所有権（さらに地上権・永小作権）のみが抵当権の目的となりうるとされているのである。もっとも，いくつかの特別法で抵当権の目的となる財産は拡大されている。

なお，地上権・永小作権を目的とする抵当権はほとんど用いられないので省略する。したがって，以下では，もっぱら不動産所有権を目的とする抵当権を見ていくことになる。

◆抵当権の設定

抵当権も，債権者（**抵当権者**）と，債務者または第三者（**抵当権設定者**）との間の契約（**抵当権設定契約**）によって設定される。しかし，設定をしても登記をしなければ，そのことを第三者に対抗できない（177条）。抵当権は，いざというとき目的不動産から優先的に債権を回収する権利であるから，同じ債務者に対するほかの債権者など，第三者に対抗できなければ価値がない。

そこで，対抗要件としての登記がされるわけだが，このとき，抵当権には

1つの特徴がある。すでに抵当権が設定されている目的物に重ねて抵当権を設定し，登記することが可能だということである。このように同一目的物に複数の抵当権が設定されたときには，これら抵当権相互間の優劣が問題になる。これも登記の先後によって定まる（373条）。最初に登記されたものを**第1順位の抵当権**，次を**第2順位の抵当権**とよび，以下，第3順位，第4順位となっていく。実際に目的物が競売されるとき，その換価金は，まず第1順位の抵当権者の被担保債権に充当されるように配当され，残余があれば第2順位，さらに残余があれが第3順位というふうに，順に配当されていくことに

Column 47

抵当権の目的物の拡大

　民法典上の抵当権が不動産だけを目的としているのは，登記制度が原則として不動産にしか存在しない，ということから生じている制限である。しかし，経済社会の状況から別個の財産権の担保化も必要となってくるし，また，登記技術が発達し，かならずしも不動産でなくても抵当権の目的にできるようになってきた。

　最初は，1909年の「立木ニ関スル法律」が，樹木の集団を登記することにより，これを独立の不動産とみなして，抵当権を設定することを認めた。その後，特別の登記制度・登録制度を用意して，動産に抵当権の設定を可能とする法律も現れた。農業動産信用法（1933年），自動車抵当法（1951年），航空機抵当法（1953年），建設機械抵当法（1954年）がそれである。

　また，土地・工場建物・機械等が一体となった稼働しうる工場を，一括して担保化しえないかが問題となった。そのために，まず，工場敷地や建物に設定された抵当権の効力が，工場に備え付けられた機械・器具にも及ぶという制度が創設された。これが工場抵当法に基づく工場抵当権である。抵当権の効力の及ぶ範囲の物を，工場に抵当権が設定された場合には拡大したのである。

　しかしながら，工場抵当権では，特許権・意匠権や賃借権などの権利，また運送用自動車など工場に備え付けられているわけではない機械・器具については，担保の対象とならない。さらには，複数の工場を一括して担保化することも難しい。そこで，その企業の全体を包含する「財団」を創設し，それに抵当権を設定するという，財団抵当制度が生まれることになる。1905年に工場財団，鉱業財団，鉄道財団について認められ，1909年に軌道財団，運河財団，1925年に漁業財団，1951年に港湾運送事業財団，1952年に道路交通事業財団，1968年に観光施設財団が，それぞれの法律によって認められた。ある動物園に設定された観光施設財団抵当の目録を見ると，「キリン10頭アフリカ産」「カンガルー15頭オーストラリア産」といった調子で書いてあり，おもしろい。

なる（もっとも，担保不動産収益執行の局面では，順位に従った配当は確保されていない。→495頁）。そして，先順位の抵当権が消滅したときは，後順位の抵当権の順位は当然に上昇する。これを**順位昇進の原則**などとよんだりするが，別に大げさなものではない。1位が失格すれば，2位が金メダルになるのは，オリンピックでも同じである。なお，順位は後になって当事者の合意で変更することもできる（374条1項，2項）。

また，抵当権が実行されたとき，抵当権者の被担保債権に充当された後，まだ余りがある場合には，抵当権をもっていない債権者でも，その余り分からみずからの債権を回収することができる。

ということになると，抵当権の登記においては，たんに「Aがこの不動産に抵当権を有している」という情報だけが明らかにされているのではたりない。その抵当権によって，抵当権者がどれだけの額について優先的な回収ができることになっているのか，ということが，同一不動産について後順位の抵当権を有している者や，他の債権者の利害に大きくかかわってくるのである。

そこで，抵当権の登記においては，抵当権者の名前だけでなく，どういった契約に基づく債権が被担保債権になっているのか，被担保債権額はいくらか，誰が債務者なのか（抵当不動産所有者が債務者とはかぎらない。抵当不動産所有者は物上保証人かもしれない），利息や遅延損害金についてはどのような約定があるのか，などが記載されることになっている（不動産登記法83条，88条1項）（表9-1）。

3　抵当権の実行

◆優先弁済権の実現

抵当権は，通常では被担保債権の弁済が受けえない状況になったとき，すなわち，債務者が債務超過に陥ったときなどに，抵当権の目的不動産から優先弁済を受けるための権利である。民法369条1項が，「債務の担保に供した不動産について，他の債権者に先立って自己の債権の弁済を受ける権利」といっているのは，この意味である。

さて，こういった優先弁済権は，もちろん抵当権者みずからが抵当権の実行手続を開始することによっても実現される。しかし，それだけではなく，他の

表 9-1　抵当権登記 (登記事項証明書) の例

権　利　部　（　乙　区　）　(所 有 権 以 外 の 権 利 に 関 す る 事 項)			
順位番号	登記の目的	受付年月日・受付番号	権利者その他の事項
1	抵当権設定	平成14年7月9日 第671号	原因　平成14年7月2日金銭消費貸借同日設定 債権額　金3,000万円 利息　年7・0%（年365日日割計算） 損害金　年15・0%（年365日日割計算） 債務者　丙山市富町一丁目13番 　　S　川　S　子 抵当権者　丙山市新町六丁目7番 　　A　山　A　男
2	抵当権設定	平成16年5月14日 第891号	原因　平成16年5月11日金銭消費貸借同日設定 債権額　金2,000万円 利息　年9・0%（年365日日割計算） 損害金　年15・0%（年365日日割計算） 債務者　丙山市富町一丁目13番 　　S　川　S　子 抵当権者　乙島市光町七丁目9番 　　B　野　B　夫
3	抵当権設定	平成19年8月2日 第143号	原因　平成19年8月2日金銭消費貸借同日設定 債権額　金2,000万円 利息　年8・0%（年365日日割計算） 損害金　年19・0%（年365日日割計算） 債務者　丙山市松原四丁目8番4号 　　S　川　S　子 抵当権者　甲川市中町三丁目9番 　　C　河　C　助

債権者がその不動産について競売手続を開始したり，抵当不動産所有者が破産や会社更生に陥ったりしたときにも，優先弁済権の行使の機会が生じる。

　また，物上代位といって，抵当不動産そのものではない請求権に対して，抵当権者が優先弁済権を行使することもある。

　まず，抵当権者みずからが実行手続を開始する方法から見ていこう。

◆抵当権者による抵当権の実行1──競売

　抵当権者による抵当権実行手続には，目的不動産を競売する手続と，目的不動産につき管理人を選任し，そこから収益をあげる手続とがある。

　抵当権者が抵当権の実行としての競売を行い，被担保債権を回収しようとするときは，目的不動産所在地の地方裁判所に対して，その旨を申し立てることになる。そのとき，抵当権が存在することを，一般には抵当権が登記されている登記事項証明書を提出することによって明らかにする（民事執行法181条1

項3号）。被担保債権が履行遅滞に陥っていることも当然に要件となるが，競売申立てにあたって積極的に抵当権者が証明する必要はない。仮に，履行遅滞がないのに競売が申し立てられたら，債務者や抵当不動産所有者が執行異議（しっこういぎ）を申し立てることになる（民事執行法11条）。

　なお，このとき，競売の対象となるのは，厳密にいえば，抵当不動産だけではない。抵当不動産に「付加して一体となっている物」も対象となる（民法370条本文）。付加一体物とは，畳やエアコンなどを思い浮かべればよい。

　その後の手続は，通常の差押えのときの手続とほぼ同様である（→299〜300頁）。そして，抵当不動産が売却されると，その不動産に登記された担保権を有する債権者や配当要求をしてきた債権者に換価金が配当されるとともに，それらの担保権は消滅する。このとき，抵当権者を含む担保権者は優先的な配当を受けるわけである。抵当権相互の優劣は，もちろん順位によって定まる。

　配当の仕方について2つだけ例をあげておこう（図9-4）。

　S所有のある不動産につき，Aが第1順位の抵当権（被担保債権額3000万円），Bが第2順位の抵当権（同2000万円），Cが第3順位の抵当権（同2000万円）をもつとする。このとき，Aが抵当権を実行し，その不動産は4000万円でDに競落された。

　Dは，4000万円を裁判所に納付し，これは，まず手続費用（たとえば100万円）に充当された後，Aに3000万円，Bに残りの900万円が配当される。Bは，まだ1100万円の債権を有しているわけだが，これは無担保債権となって存続する。Dへの売却により抵当権は消滅するが，債権までなくなるわけではない。また，Cは，抵当権者ではあるが，Cまで配当が回らなかったわけであり，無配当のままCの抵当権は消滅する。もちろんCも2000万円の債権者としての地位はそのままもっているのであり，別途，他の財産を差し押さえていくことはできる。Cの債権が消滅するわけではない。

　もう1つ，この事例でB，Cの抵当権が存在しない場合を考えよう。このときは，Aに3000万円が配当された後，残りはSに返却される。しかし，この手続において，Sに対する他の債権者で，その不動産に抵当権をもたない者D（債権額1000万円）とE（債権額500万円）が配当要求をしてきていたとする。そうすると，残りの900万円はDとEに2対1の割合（債権額の割合）で配当

図9-4　配当の仕方

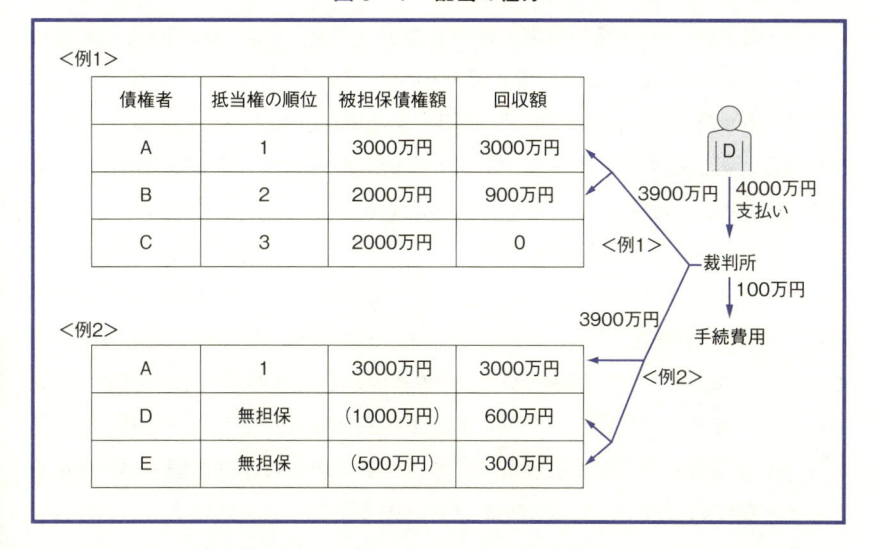

される。すなわち，Dが600万円，Eが300万円の配当を受けることになる。

◆抵当権者による抵当権の実行2——担保不動産収益執行

　抵当権は，被担保債権の不履行後は，抵当不動産の収益にも効力が及ぶ（371条）。その結果，目的不動産の換価価値から優先弁済を受けることができるだけでなく，不動産から生ずる収益を被担保債権の弁済に充てる方法によって，優先弁済権を実現することもできる。これを，**担保不動産収益執行**という（民事執行法180条2号）。2003年の民法・民事執行法の改正により導入された制度である。

　売ってしまった方がすっきりと，かつ，多額の弁済が一時に受けられそうなのに，なぜ，収益に対して執行するという手続を用意しなければならなかったのか，というと，理由はいろいろある。

　第1は，理論的なアンバランスを解消する，という理由である。実は，以前から一般債権者は，債務者の不動産を差し押さえ，選任された管理人が，その不動産を第三者に賃貸してあげた収益から債権を回収することが認められていた（強制管理手続）。ところが，抵当権者にはそのような権限がなく，アンバランスであるといわれていた。

第2は，売却が困難なことがある，という理由である。とくに抵当権の設定よりも先にその不動産の賃借を始めた者がいると，抵当権の実行としてその不動産を売却しても，その賃借人はそのまま賃借を続けることができるため（→503〜504頁），あまり高価には売却できない。後に述べるように，このような場合，抵当権者は，不動産所有者が賃借人に対して有する賃料債権に対して物 上 代位権を行使して，そこから優先弁済を受けることが認められているが（→498〜500頁），賃料債権をとられてしまうと，不動産所有者はその不動産について興味を失い（どうせ，そこからまったく収入が得られないのだから），きちんと管理をしなくなってしまう。ところが，物上代位権の行使をしても，抵当権者に，その不動産を管理する権限が与えられるわけではないので，結局，管理をする者がいなくなり，不動産は荒れ，まともな賃料収入もあがらなくなってくる。このような事態を避けるためには，抵当権者が主導権をもって不動産の管理をし，収益をあげるという制度が必要になる，というわけである。そして，これに不動産市場の停滞が加わると，抵当権に優先する賃借人がいなくても，不動産を売却するより，そこからの収益から債権を回収した方が有利である，という場合が出てくる。不動産の管理をしながら，その収益から優先弁済を受けるという一般的な制度が望まれることになる。

　第3に，売却前に占有関係を整理するニーズがある，という理由である。抵当不動産を売却するというかたちで抵当権を実行することを前提としても，その不動産を不法占拠する者がいたり，賃料の不払いを続けている賃借人がいたりすると，まともな値段では売却できない。そこで，抵当権者としては，その売却前に，その不動産の状況をきちんとしておきたいという要望があり，そのためには，抵当権者に管理権限を与えることが必要とされたのである。

　さて，担保不動産収益執行を開始する方法も，競売の場合と同じく，登記簿謄本や登記事項証明書を提出して，目的不動産所在地の管轄地方裁判所に申立てを行うことである。裁判所は，管理人を選任し（民事執行法94条1項（同法188条による準用。以下同じ）），管理人は，その不動産の管理および収益の受け取りができるようになる（同法95条）。その不動産を不動産所有者が占有していれば，管理人は，所有者を排除して，別の者に賃貸し，収益をあげる（同法96条）。すでにその不動産にいる賃借人は，管理人に賃料を支払わなければならなくなる（同法93条1項）。そして，取得した収益を債権者に配当す

るわけである（同法107条1項）。実際には，被担保債権額に比べ，月々の収益は少額であろうから，多くの場合，最優先の債権者にだけ配当されることになる。

ポイントは，このとき，収益からの配当を受けうるのは，担保不動産収益執行の申立てをした者，および，強制管理の申立てをしたか，配当要求をした一般債権者にかぎられることである（同法107条4項）。たとえば，第2順位の抵当権者が担保不動産収益執行を開始したとき，第1順位の抵当権者は，いくら上位の抵当権者であるからといって，当然には配当を受けられない。自分も配当を受けようと思えば，みずから不動産収益執行を開始しなければならない（このことは，第2順位の抵当権者がすでに担保不動産収益執行を開始していてもできる。二重にできるのである）。

なぜ，そうなっているのか，というのは，実は根抵当権について理解しなければわからないので，後に述べることにする（→509頁）。ここでは，そういうものか，と思ってもらえばよい。

◆他の債権者が開始した手続

図9-4の例からもわかるように，ある不動産に抵当権が設定されたからといって，ほかの債権者がその不動産に一切手出しができなくなるわけではない。第1順位の抵当権者に配当されて，余りがあれば後順位の抵当権者が配当を受けうるし，担保権をもっている者に配当された後，さらに余りがあれば，無担保の債権者も配当にあずかることができる。したがって，これらの者も，自分の債権を回収するために，その不動産を競売し，金銭に換える利益をもっている。これらの者には，抵当権の設定されている不動産であっても，差し押さえて，競売してもらう権利が認められなければならない。

他方，競売してもどうせ配当にあずかりえない場合もある。たとえば，価値が1億円であるS所有の不動産に，Aが第1順位の抵当権（被担保債権額7000万円），Bが第2順位の抵当権（同6000万円），Cが第3順位の抵当権（同5000万円）をもち，さらに，DとEとが無担保債権者としてSに対する債権をもっているとする。このとき，DやEは，いくらその不動産が競売されても分け前は得られない。また，抵当権者であるCですら，何らの配当も受けえない。そうすると，C，D，Eは，この不動産が競売され，金銭化されること

に利益を有しないことになる。これらの者には，この不動産についての競売手続を開始させる利益はないのである。

そこで，民事執行法は，差押債権者に優先する債権と手続費用とを弁済して，余りが生じる見込みがないとき，つまり，差押債権者にいくらかでも配当される見込みがないときには，そういった差押債権者のした差押えによって開始した競売手続は取り消される，という仕組みをとっている（無剰余措置。民事執行法63条，188条）。抵当権をもっているCですら，自分の抵当権を実行しようとすると，その手続は途中で取り消されることになるのである。

取り消されないで，競売手続が進行したときは，抵当権者はその手続において優先弁済権を実現する。登記がされていれば，とくに配当要求を行う必要もない（民事執行法87条1項4号，188条）。

以上に対して，他の債権者が強制管理手続を開始したり，他の担保権者が担保不動産収益執行を開始したりしたときについては，無剰余措置は適用されない。その理由は，競売手続と異なって，強制管理や担保不動産収益執行では，どれだけの額がその執行によって得られるかの予想が付きにくいところにある。また，剰余の有無といっても，1か月の予想賃料収入額が1000万円で，第1順位の抵当権者の被担保債権額が4000万円とするとき，第2順位の抵当権者の開始した担保不動産収益執行が無剰余と判断されるのか，それとも5か月後からは剰余があるので，無剰余でないと判断されるのか，どの期間で判断するのかが定まらないという問題もある。

さらに，強制管理や担保不動産収益執行が開始されている不動産についても，他の抵当権者は，抵当権の実行としての競売ができ，買受人が登場すると，強制管理や担保不動産収益執行の手続は取り消されることになる。その意味で，強制管理や担保不動産収益執行は弱い手続である。もっとも，このときはもちろん無剰余措置の適用があるから，目的不動産の価額よりも大きな額の被担保債権を有している抵当権者が担保不動産収益執行を開始していれば，他の債権者は目的不動産の競売手続をとることはできない。

◆目的不動産所有者の倒産

「倒産」という事態は，債権回収が最も困難になるときである。ただし，一言で「倒産」といっても，いくつかの手続がある。そして，それらは大きく，

清算を目的とする手続と再建を目的とする手続に分けられる。破産というのは前者の手続であり，会社更生・民事再生というのは後者の手続になる。これらの手続内で抵当権者はどのような権利を有するであろうか。

　目的不動産所有者が破産しても，抵当権者には**別除権**（破産法2条9項）が与えられる。別除権というのは，破産手続から除かれて，別に行使できる権利，ということであり，破産手続とは独立して抵当権の実行ができるのである。そして，〈債務者＝目的不動産所有者〉の場合には，破産法103条3項により被担保債権の弁済期が到来するので，抵当権者はそのまま抵当権を実行することになる。これに対して，〈債務者≠目的不動産所有者〉の場合には，当然には被担保債権の弁済期は到来せず，抵当権の実行はできない。しかし，別に除かれる点では変わりがなく，目的不動産上の抵当権は消滅しない。

　これに対して，会社更生手続や民事再生手続は財務危機に陥った債務者の経営を立て直すことを目的とする手続だから，それらの手続においては，抵当権者に自由に抵当権を実行させるわけにはいかない。重要な財産がなくなってしまうからである。そこで，会社更生手続では，抵当権者は，債権が担保されている範囲で**更生担保権者**という地位につき，他の債権者よりも有利な取扱いを受けるにとどまることにしている（会社更生法2条10項）。会社更生手続では，更生計画というものが立てられ，すべての債権者はその計画に従って債権の一部を時間をかけて回収することができるにとどまるのだが，そこにおいて他の債権者よりも有利な条件で弁済を受けるのである。

　民事再生手続は，ミニ会社更生手続といってよいものである。抵当権者には基本的には別除権が与えられる（民事再生法53条1項）。しかし，一定の期間は，抵当権実行の競売手続を中止する命令が裁判所によって発せられることがある（同法31条）。また，抵当不動産が債務者の事業の継続に欠くことができないものであるときは，その不動産の価額に相当する金銭を債務者が裁判所に納付して，その不動産上のすべての担保権を消滅させることが認められるときもある（同法148条）。そして，担保権者には，裁判所から配当が行われるのである。これを**担保権消滅請求制度**という。

　本来ならば，抵当権は，被担保債権の全額の弁済を受けないかぎり消滅しない（これを**不可分性**という）。したがって，価額1億円の不動産に被担保債権額2億円の抵当権が付いていたならば，2億円を支払わなければその抵当権

を消滅させることができない。さらには，第1順位の抵当権を消滅させても，後順位抵当権が存在すれば，その抵当権の順位が上昇するだけである。第2順位の抵当権を消滅させるためには，その被担保債権額全額を支払わなければならない。結局，債務者は，すべての抵当権の被担保債権額全額を目的不動産の価額にかかわらず支払わなければ担保権すべてを消滅させることはできないのである。

しかし，それでは債務者の事業の再建は著しく困難になる。そして，抵当権者は，仮に抵当権を実行すれば，目的不動産の価額分しか優先弁済を受けえないはずであり，それ以上の額については優先弁済権を否定しても不合理とはいい切れない。少なくとも，債務者の事業の再建という目的には譲歩すべきだと考えられたのである。

もちろん，被担保債権の総額よりも，目的不動産の価額が小さいときに意味がある。

同様の制度は，2002年の改正によって会社更生法にも導入された（会社更生法104条以下）。会社更生手続においては，民事再生手続と異なり，しょせん抵当権者の権利実行は制限されているのだが，更生計画が成功するかどうかがわからない段階では，抵当権を消滅させることはできなかった（失敗して，結局，破産になったとき抵当権者が困る）。しかし，これでは，再建に支障が出る。そこで，同じく裁判所に不動産の処分価額相当額を支払って，抵当権を消滅させ，その不動産の譲渡などができるようにしたのである。しかし，このときは，そのお金は裁判所が預かったままになる。すでに述べたように，会社更生手続では，抵当権者は更生計画に従って弁済を受けるのであり，すぐにはもらえないのである。会社更生手続が失敗したときには，その時点で配当がされることになる。

◆物上代位とは？

被担保債権について債務者が履行遅滞に陥ったとき，抵当権者が優先弁済を受ける手段は，実はもう1つある。もっとも，すべての場合に用いうる方法ではない。

民法372条によって準用される304条は，目的物の売却・賃貸・滅失・損傷により，あるいは，目的物に設定した物権の対価として，目的物所有者が金銭

その他の物を受け取ることになったとき，その請求権に対し，抵当権者は抵当権を行使できるとしている。これを**物上代位**という。金銭その他の物の上に目的物所有者がもつ地位に代わってつく，ということである。

　なお，条文では「債務者」となっているが，債務者以外が目的物所有者であるときも同じになる。また，条文では，「金銭その他の物」に対して権利を行使できるとなっているが，正確にはその引渡しあるいは支払いを求める請求権に対して権利を行使する。

　それでは，どうしてこのような権利が認められているのだろうか。これは，物上代位が認められる場面ごとに考えてみる必要がある。

　まず，滅失・毀損について考えよう。目的物が第三者の不法行為により滅失したとき，抵当権は目的物の消滅にともなって消滅し，抵当権者は損害を受ける。ところが，その不法行為者に資力があり実際に損害賠償を受けうるとすると，目的物所有者は損害の填補を受けることができるので，結局，所有者は抵当権の負担から逃れるという利益のみを得ることになる。これは抵当権設定の趣旨に反することであり，その損害賠償請求権について抵当権者の優先権を肯定してもおかしくない。そして，他の債権者は，しょせん，その不動産について抵当権者に優先弁済権を行使される地位にあったのだから，その損害賠償請求権について優先権を行使されても格別の不利益を受けない。したがって，物上代位が認められるのである（なお，損害保険が掛けられていたとき，その保険金請求権も物上代位の目的となるとされている）。つまり，滅失・毀損の場合に損害賠償請求権上に物上代位が認められるのは，この請求権が抵当不動産の代償物だからである。

　これに対して，賃料・設定された物権の対価に対して物上代位が認められる意味は少し異なる。抵当不動産に抵当権が行使できるか否か，という観点からすると，抵当権設定登記以降に賃借権・地上権等が設定されたとしても，それらは抵当権者に対抗できないから，賃貸・地上権の設定とは無関係に目的不動産に対して抵当権の実行ができる。しかし，抵当権は，被担保権の債務不履行後には，目的不動産の収益価値にも効力が及ぶものであるから（371条。→493頁），目的不動産そのものに対してだけでなく，賃料債権に対しても優先権を行使できるのである。

　ただし，目的不動産が売却されたときの代金債権については，抵当権は目的

不動産が第三者に売却されても，そのまま実行ができるのだから（→501〜502頁），条文の文言にもかかわらず物上代位を認めるべきではない。先取特権（けん）の物上代位に関する民法304条を抵当権に準用するにあたっては，抵当権の性質に応じて変容されると考えてもおかしくない。

物上代位権の具体的な行使のためには，「払渡し又は引渡し」の前に，対象である請求権を差し押さえなければならない（304条1項ただし書）。抵当権の存在を示す文書だけでなく，その請求権に物上代位ができることを示す文書の提出も必要となる。

◆抵当不動産が複数の場合

さて，ここまでの例では，抵当権の目的不動産が1つだけの場合を念頭に置いてきた。しかし，同一債権の担保として複数の不動産に抵当権が設定されることもある。これを**共同抵当権**という。このとき，抵当権者はどちらの不動産からでも被担保債権全額の優先的回収ができる。しかし，抵当権者が競売によって抵当権を実行するとき，完全な自由を与え，かつ，何らの手当も施さないとすると，とりわけ後順位抵当権者に不利益をもたらすことになる。

甲・乙両不動産にAが第1順位の共同抵当権をもち，甲不動産に第2順位の抵当権者Bがいて，乙不動産に第2順位の抵当権者Cがいるとする。このとき，B・Cは，Aが配当を受けた残りからしか優先弁済を受けえないわけだから，Aが自分の債権を「甲からいくら，乙からいくら」，と自由にその回収割合を決められるとすると，B・Cの権利は不安定なものになる。

そこで，民法は，Aの抵当権の被担保債権が，甲・乙両不動産からそれぞれの価額の割合で弁済され，残りがB・Cに配当されるように制度を整えている。つまり，甲不動産が価額6000万円，乙不動産が価額4000万円だとすると，Aの抵当権の被担保債権は甲から6割，乙から4割回収されるとするわけである。

共同抵当権者が複数の目的不動産につき一度に抵当権を実行したときなど，目的不動産のすべてが同時に競売され，配当手続が行われるときには（これを**同時配当**とよぶ），配当において，各不動産の価額に応じて抵当権者の被担保債権額を割り付ける（392条1項）。これに対して，Aが甲不動産だけを先に競売し，甲不動産の代価のみが配当されるときは（これを**異時配当**とよぶ），ま

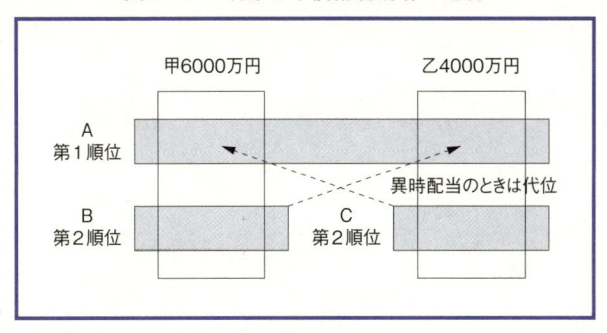

図9-5　双方とも債務者所有の場合

ず，Aにその不動産から被担保債権を全額回収することを認め，そのうえで，B・Cの公平を図るために，もし同時配当がされていればAが乙不動産から弁済を受けていたはずの額の限度で，乙不動産上のAの抵当権をBに行使させ，同時配当の場合と同じ状態になるようにする（392条2項）（図9-5）。

　もっとも，一方の不動産，たとえば甲不動産が物上保証人に属するときには，なるべく債務者所有の乙不動産からAの抵当権の被担保債権を回収させるべきだと考えられている。そこで，同時配当の場合は，Aはまず乙不動産の換価金から優先弁済を受け，不足するときのみ甲不動産の換価金からも配当を受ける。乙不動産が先に競売されたときも同じである。これに対して，甲不動産が先に競売されたときは，Aに甲の換価金から債権全額を回収することを認めるが，物上保証人が有する求償権（372条で準用される351条）・代位権（499条・500条）（→264〜269頁）に対して，Bがさらに代位する，という複雑な構成をとって，同時配当の場合と同じ状態になるようにしている（図9-6）。

　少し複雑であり，さしあたって完全に理解できる必要はない。しかし，不公平が生じないように手当がされているということだけは，わかっておいてほしい。

4　抵当権と第三者

◆譲受人に対する効力

　対抗要件の具備によって，他の債権者に対する優先権が確保されることはす

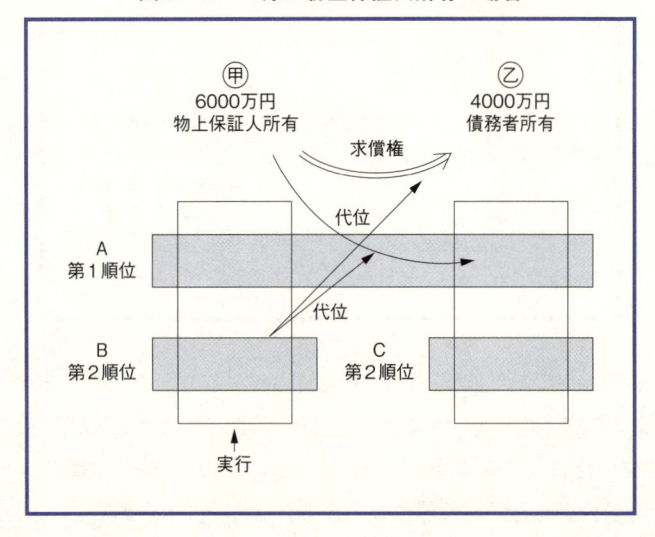

図9-6　一方が物上保証人所有の場合

でに述べた。ただし，もう1つ重要なことがある。それは，その不動産を譲り受けた者に対しても，抵当権の存在を主張できるようになることである。対抗要件制度の復習になるので，もう一度説明しておくと，B所有の不動産についてAが抵当権の設定を受けており，その旨の登記がされているとする。その後，Bがその不動産をCに売却した。このとき，Aは，自分の抵当権をCに対抗できることになるから，Cは抵当権の負担がついた不動産を取得することになる。したがって，被担保債権の債務不履行があったときは，AはC所有のその不動産について抵当権が実行できる。Cは物上保証人の地位につくわけである。

　ただし，民法は，抵当不動産の第三取得者に，抵当権を消滅させ，自分の所有権を確保する手段をいくつか認めている。

　まず，利害関係のある第三者として被担保債権を弁済し（474条1項），被担保債権を消滅させ，抵当権を消滅させるという方法である（**第三者弁済**。→251〜254頁）。これは，不動産の価値より，被担保債権額が小さいときに便利な方法であるが，不動産の価値のほうが低いときには，バカバカしいものである。つまり，1億円の価値の不動産を確保するために，1億5000万円支払わねばならないというのでは，お話にならない（不可分性。→497〜498頁）。

次に，不動産の価値の方が小さいとき，抵当権者と第三取得者Ｃとが合意できれば，本来はＣがＢに支払うべき売買代金を抵当権者に支払うことによって抵当権を消滅させることができる（378条。**代価弁済**）。しかし，これは合意が成立したときだけである。

　そこで，不動産の価値のほうが小さいが，抵当権者と合意が成立しないときのために，第三取得者が不動産の価値に対応する額を支払うことによって抵当権を消滅させることができる制度が認められることになる。これが**抵当権消滅請求制度**である。民法379条以下が規定している。しかし，少額を支払われただけで抵当権を消滅させられたのでは，抵当権者はたまらない。そこで，提示された額に不満な抵当権者は，申し出を受けて2か月以内に抵当権の実行としての競売を申し立てることができることになっている（384条）。このときは請求は空振りになり，競売が行われる。これに対して，抵当権者が第三取得者の申し出額を承諾したとき，あるいは，明示の承諾をしなくても，2か月の期間が経過したときは，第三取得者は申し出額を抵当権者に支払うか，供託するかすれば，抵当権は消滅する（386条）。

◆賃借人との関係

　対抗要件の具備は抵当不動産の賃借人との関係でも大きな意味をもつ。

　まず，抵当権の設定登記がされる前に，抵当不動産について対抗力を備えた賃借権が存在すれば，一方，抵当権者は自分の抵当権を賃借人に対抗できず，他方，賃借人は自分の賃借権を抵当権者に対抗できるから，結局，賃借権の負担のついた不動産に抵当権が設定されていることになる。その結果，抵当権が実行されても，賃借権はそのまま存続する。どのような場合に，賃借権が対抗力をもつかについてはすでに説明したが，たとえば，借家であれば，借家人が引渡しを受けていれば，それで第三者に自分の賃借権を対抗できることになる（→192〜194頁）。

　これに対して，抵当権の設定登記がされた後に登場した賃借人は，本来ならば抵当権が実行されると抵当不動産を明け渡さなければならないはずである。その賃借権は抵当権に対抗できないものだからである。しかし，そうなると抵当権が設定されている不動産を借り受けようとする者は，いつ追い出されるかわからないということになり，まったく安心できないことになる。このこと

は，結局，抵当不動産を借り受ける人がいなくなるという事態を引き起こしかねない。

そこで，抵当権者に対抗できない建物賃貸借の賃借人は，建物の競売があっても，買受人の登場時から6か月間は明渡しを猶予されることになっている（395条1項）。その間に引越しの準備をせよ，ということである。

ただし，抵当権設定後の賃借人であっても，抵当権者がその賃貸借に同意し，その同意の登記が賃貸借の登記とともに行われているときは，抵当権者に対抗できるものとなる（387条）。賃貸用の建物であると，優良な賃借人の存在は，その価値を高めることもある。しかし，抵当権が実行されると出ていかなければならないのでは，そのような優良な賃借人は現れにくい。そこで，抵当権者の判断に基づいて，優良な賃借人には抵当権実行後も居住し続けられることを保障できるようにしているのである。

◆法定地上権とは？

わが国の民法では，土地と建物は別個の不動産と観念されている。原則として一体と見る国も多いのだが，わが国では古くから別個だと理解されていた。このとき，土地と家屋の双方に共同抵当権を設定することも多いが，それでも，一方のみについて抵当権を実行することができるし，仮に双方を売却しても買受人が異なることがありえないではない。いわんや一方のみに抵当権を設定すれば，その抵当権が実行されると，土地と建物とは別個の所有者に属することになる。このとき，何らの手当も施さなければ，建物は取り壊さねばならない。土地と建物とが同一所有者に属していれば，建物所有者は約定の土地利用権をもっていない。自分の土地の上に建っていたのだから，当たり前である。そこで，土地と建物とが別個の所有者に帰属することになると，その建物は何らの利用権もなく他人の土地の上に存することになり，建物によって土地が不法占拠されている状態になる。土地の所有者は建物所有者に対して，建物を取り壊して出ていけ，といえる。しかし，これでは，建物保護の観点から妥当でない。

そこで，民法388条は，土地とその上の建物とが同一の所有者に属する場合に，その一方のみに抵当権が設定され，競売されたときは，建物所有者は地上権を取得する，と規定した。法律の定めによって生じる地上権なので，**法定地**

上権という。この地上権が，その建物のための利用権となるのである。

これは第1順位の抵当権設定時に土地の上に建物が存在し，かつ，それがその時点で同一の所有者に属していた場合のみである。たとえば，更地（その上に建物がない土地）に抵当権が設定され，その後に建物が建造されたときは，法定地上権が成立しない。更地の抵当権者は，その土地を更地として評価して，担保価値を判断しているのであり，あとになって「土地を売却しても法定地上権の負担付きになりますから，更地に比べるとかなり安くなります」と

Column 48

不法占有者の排除

2003年の改正以前は，たとえば建物について3年を超えない賃貸借（短期賃貸借とよばれる）にかぎり，抵当権設定時以降に対抗要件を具備した者であっても，その賃借期間内は賃借人はその賃借権を抵当権者に対抗できる（つまり，抵当権の実行としての競売が行われても，その期間内は賃借人は出ていかなくてよい）ということになっていた。これは，保護の期間を一定限度にすることによって抵当権者の利益に配慮しつつも，抵当不動産所有者の賃貸権限を確保しようとするものである。しかし，実際には，短期賃借人がいる不動産について抵当権を実行しても，なかなか買受人が現れず，抵当権者が大きな損害を被ることがあった。そして，そこにつけ込んで，抵当権が実行されそうになると，債務者と共謀し，短期賃貸借契約を締結し，退去するための解決金を抵当権者から得ようとする者もいた。裁判所は，妨害目的の賃借人については保護を与えないようにしてきたが，限界事例には対応できなかった。

そこで，2003年の民法改正により短期賃貸借制度は廃止されたのである。

だが，実は，短期賃貸借契約をわざわざ締結しなくても，抵当不動産を第三者が不法に占有しているだけで，抵当権の実行としての競売が行われても，なかなか買受人は出現しない。とりわけ，暴力団関係者などが占有していると，面倒に巻き込まれたくないので，誰も買わない。より一般的に，抵当不動産の不法占有者を退去させるために便利な制度が望まれることになる。そこで，1996年，98年の民事執行法改正により，不法占有者を退去させるための制度を充実し，さらに，2003年の同法改正では，これらの制度をさらに強化するとともに，誰が占有しているのかがわからない場合（実際，そのような例は多い。宮部みゆき『理由』を読むとよい）にも，相手方を特定しないまま明渡しのための措置がとれるようにした。また，判例は，無権原占有者に対して抵当権者が妨害排除請求ができることを明らかにした。抵当不動産の占有は抵当権設定者にとどめられ，抵当権者はそれに口出しできないのが原則であるが，不法占有により抵当権の実行が妨げられるときには，これを認めたのである（最高裁平成11・11・24判決（民集53巻8号1899頁））。

いわれたのではたまらない。また，抵当権が設定された時点で土地と建物との所有者が異なるときは，両者の間で何らかの約定利用権が設定されているはずである。そして，建物に抵当権が設定され，実行されたときには，買受人はその約定利用権も取得できるから，建物を取り壊さなくてよい。また，土地に抵当権が設定されたときは，対抗要件を備えた土地利用権は抵当権者に対抗できるのだから（→503頁），これまた建物は存続できる。したがって，抵当権設定時に土地と建物が別の所有者に属しているときには，法定地上権は成立させる必要がないのである。

5　根抵当権の仕組み

◆根抵当制度の存在理由

ここまで扱ってきた抵当権は，特定の債権を特定の不動産で担保する手段であった。たしかに，金融取引が1回かぎりのものであるときは，それで十分である。たとえば，私の所有する土地・家屋には，住宅ローン債務の担保のため銀行を抵当権者とする抵当権が設定されている。私は，これ以上，その銀行から借り入れをするわけでもないし，住宅ローンの残債務額は月々の返済により減少していくわけだから，通常の抵当権で十分なのである。しかし，たとえば，メーカーと商社との間の取引を考えてみると，両者間で，債権—債務が継続的に発生・消滅している。メイン・バンクと会社との関係でもそうであり，1回だけの取引だけがされるわけではない（根質についての説明参照。→482頁）。

このようなとき，そのつど抵当権を設定し，登記し，また，弁済があるたびに抹消登記を行わなければならないとすると，きわめて面倒である。そこで，将来にわたって継続的に発生する多数の債権を一括して被担保債権とする抵当権の設定が企図されることになる。これが**根抵当権**である。明治時代から慣習的に行われており，判例でその有効性が認められてきた。そして，1971年になって，民法398条の2以下に，合計21条の条文が用意されるようになった。

実際，金融実務においては，根抵当権が原則として用いられ，普通抵当権が用いられるのは，住宅ローンなどのかぎられた場面でしかないといわれる。

◆被担保債権の範囲と極度額

根抵当権は，被担保債権の具体的内容が変動する抵当権である。しかし，被担保債権の範囲がまったく不定であり，根抵当権者のもつ適当な債権を自由に被担保債権としてよい，ということではない。**被担保債権の範囲**が，設定契約によって特定されなければならない。

この範囲の定め方も自由ではない。民法398条の2第2項，第3項に掲げられている方法で定めなければならない。通常，第2項の方法，すなわち，取引に基づいて生じる債権について，債権発生原因である取引そのもの，あるいは，取引の種類を限定する方法によって特定される。たとえば，「手形割引取引」「銀行取引」「売買取引」といったかたちで特定するわけである。

しかし，これだけでは，被担保債権額はいくらかさっぱりわからない。抵当不動産を買い受けようとする者や，他の一般債権者からすると，被担保債権額の予想がつかないのは困る。そこで，根抵当権の設定にあたっては，根抵当権者が優先弁済を受ける限度額を定めさせることにしている（398条の2第1項）。これを**極度額**という。

たとえば，被担保債権の範囲が「銀行取引」とされ，極度額が1億円と定められているとする。根抵当権が実行され，目的不動産が1億5000万円で競売された。このとき，債権者と債務者との間の「銀行取引」によって生じた債権額が1億3000万円あったとしても，根抵当権者が優先弁済を受けうるのは，そのうち1億円までである。逆に，債権額が8000万円しかないときは，当然，優先弁済額も8000万円となる。このように，第三者は，根抵当権者が優先弁済権を行使することを，最大限，極度額まで覚悟しておけばよく，仮に抵当不動産の価値がそれ以上であれば，残余は当てにできるわけである。

◆元本確定前の状態

普通抵当権は被担保債権が消滅すれば，それにともなって消滅する（質権について，→487頁）。これに対して，根抵当権は，被担保債権の発生原因とされている取引が継続しているかぎり，途中でいったん被担保債権がゼロとなっても消滅しない。たとえば，銀行から継続的に与信を受けているとする。一時期はゼロになることがあるかもしれない。しかし，またどうせ被担保債権は発生するのだから，根抵当権はそのまま存続するのである。

また，根抵当権は事業者が継続的な与信を受けるときの担保として用いられていることも多い。そうすると，その事業者の事業形態の変化にも対応できるようにしなければならない。また，事業者間の与信取引の場合には，債権者のほうにも事業形態の変化が生じうる。そこで，債権者・債務者の相続，合併，会社分割のとき，取引が従来どおり継続されるのならば，根抵当権をそのまま用いうるようにする仕組みが整えられている（398条の8〜398条の10）。

◆元本の確定と実行

　根抵当権が実際に優先弁済的効力を発揮するにあたっては，どの債権をもって被担保債権とするのかが確定しなければならない。何となく，将来にわたっていろいろありそうだから，たくさんもらっておこう，などということが許されるわけはないのであって，被担保債権の範囲基準に含まれる債権として，現在，これこれのものがあります，だから，その分を優先的に回収します，というようにしなければならないわけである。

　また，根抵当権は，長期間にわたり多数の債権を担保する手段である。その間，目的物所有者は制限を受けるし，他の債権者もずっと根抵当権者に優先されることになる。だとすると，あまり長期間，それを存続させるのは，目的物所有者や他の利害関係人に酷であるともいえる。そこで，優先弁済の局面に至らなくても，ある時点で被担保債権を確定することによって，弁済して根抵当権を消滅させ，あるいは，根抵当権の被担保債権を減少させる権利を，設定者やその他の利害関係人に与えるべきだと思われてくる。

　そこで，民法は，一定の事由の発生により，**被担保債権元本の確定**が生じることにした。

　確定が生じるのは，まず，合意されている確定期日が到来したときである。これは，設定契約において5年以内のものとして定められるが（398条の6第3項），その後の変更もできるので（同条1項，2項），さらに長期にわたることもできる。確定期日の合意がないときは，目的物所有者は根抵当権設定後3年を経過すると，根抵当権者に対して元本の確定請求ができる（398条の19第1項本文）。根抵当権者の方は，確定期日の合意がなければ，いつでも確定請求ができる（同条2項）。

　期日が定められていれば，その間は元本確定請求はできないのだが，目的不

動産につき競売手続等が開始したとき，根抵当権者が根抵当権の実行のための差押えをしたとき，根抵当権者が物上代位権を行使したとき，債務者または設定者が破産手続開始決定を受けたとき，には元本が確定する（398条の20第1項）。これらは，優先弁済権が発動される場面であるから当然である。

　そして，元本が確定すれば，その元本を行使する普通の抵当権に転化するのである。したがって，実行はこれまで説明したところと同じになる。ただし，共同根抵当の場合は，普通抵当権の共同抵当の場合と少し異なる。根抵当権者は，とくに登記により別の定めをしていないかぎり，どちらの不動産からでもそれぞれに登記されている極度額まで優先権を行使しうるとされている（398条の18）。

　なお，このように根抵当権においては被担保債権元本の確定がないと，根抵当権者が優先弁済を受けられない，ということが，担保不動産収益執行において，登記された先順位の抵当権者であっても，当然には配当を受けられないことの理由ともなっている（→495頁）。先順位の根抵当権者に配当をしようと思うと，そのとき，被担保債権元本を確定させなければならない。しかし，根抵当権者としては，担保不動産収益執行があっても，いざとなれば抵当不動産を競売できる。それならば，この時点で元本を確定させないで，そのまま取引を継続しよう，と思うときもある。当然に元本を確定されたのでは，根抵当権者の利益・意思に反する事態ともなる。そこで，他の抵当権者が担保不動産収益執行を開始したり，他の債権者が強制管理手続を開始したりしたとき，登記された抵当権者であっても，当然には配当を受けえないことにしているのである。

VI 非典型担保の効力

1　非典型担保の留意点

◆所有権を基礎とする3つの類型

　これまで担保物権の中心として説明してきた抵当権において，抵当権者が優先弁済を受ける手段として認められているのは，物上代位と担保不動産収益執行の場面を除き，目的不動産を競売手続によって換価し，その換価金の配当において優先的な扱いを受けるということであった。しかし，競売手続には時間も費用もかかる。そこで，債権者としては何とか簡易な手続で実行できる担保手段を得たいと考えることになる。すなわち，債務者の債務不履行があるときには，目的物の所有権など特定の権利を，裁判所の手を借りることなく自分に直接に帰属させ，その利得（自分に帰属させたことによる価値，あるいは，第三者への処分によって得た金銭）によって被担保債権の回収を図ることのできる担保手段である。

　具体的には，債務不履行時に権利の移転を行うことを予約しておくもの（権利移転予約型），あらかじめ権利を債権者に移転しておいて債務が履行されたら再移転を行って債務者や物上保証人に返還するもの（権利移転型），さらにはとくに売買代金債権を担保する方法として，債務が履行されるまで売買目的物の権利を買主に移転しないもの（所有権留保）が考えられた。

　また，不動産以外については，いくつかの動産抵当制度は存在するものの，あまり使いよいものではなかった。ところが，上記の3つの方法は，動産などについても用いうる。

　そういったわけで，上記の3つの方法が担保手段として広く用いられるようになった。これらは，民法典その他の法律に定められた担保手段ではなく，変則的な担保手段であるので，**非典型担保**とよばれる。

　非典型担保の多くは，歴史的には，債権者が暴利を得るための手段として発達してきた。すなわち，権利移転予約型を例にとれば，融資にあたって，被担保債権額よりかなり高価な物について，債務不履行のときにはその物の所有権が債権者に移転されることを約しておいて，その差額を利得しようというわけである。1000万円の債務が不履行になったとき，1億円の不動産所有権が債権者に移転されることを約しておけば，債権者は9000万円の利得ができるわけである。

　もちろん，このような結論は認められえない。権利移転の予約が，債権を担保する目的にすぎないときには，債権者は被担保債権の回収ができればそれで満足すべきであって，差額は目的物の所有者に返還すべきである。しかし，権利移転予約のための契約としてしばしば用いられたところの代物弁済予約（→362〜364頁）にあたっては，原則として債務の履行に代わって給付される物の価値いかんにかかわらず，債務の消滅のみが生じると考えられていた。したがって，差額を返還せよという結論を導くためには，権利移転予約型担保としての代物弁済予約契約が本来の代物弁済予約契約とは異なるものであること，すなわち，担保のための契約であることが承認されなければならなかった。そして，このためには学説・判例の大きな努力が必要だったのである。

　上述した差額の清算義務の承認は一例にすぎない。担保としての取扱いが求められる局面は，これ以外にも多い。そして，法律それ自体が担保としての取扱いを定めている典型担保の場合と異なり，非典型担保においては，担保としての取扱いを，どのようにしてどう実現すべきか，また，どこまで実現すべきか，が問題になるのである。

　以下，順に見ていこう。

2　権利移転予約型担保＝仮登記担保

◆権利移転予約型担保のメリット

　たとえば，債務者が債務不履行に陥れば，債務者が所有している特定の不動産の所有権が債権者に移転する旨が約束されることがある。具体的には，その不動産を目的物とする**停止条件付き代物弁済**，**代物弁済予約**，**売買予約**の契約

が行われる。停止条件付代物弁済契約が用いられれば，債務者の債務不履行により停止条件が成就し，その不動産を目的物とする代物弁済（482条）がされたことになる。代物弁済予約・売買予約の契約が用いられれば，債務者の債務不履行があるときに，債権者が予約完結権を行使して，その不動産の所有権を取得することになるのである。

理論的には，動産についても用いられうるが，実際に行われるのは不動産についてである。不動産においては，権利移転請求権保全の仮登記（不動産登記法105条2号）ができる。これをしておけば，実際に所有権移転を受けた後，所有権移転登記を行えば，仮登記をした時点で後者の登記をしたのと同じ効果を得ることができる（→428～430頁）。そうすると，その仮登記以降にその不動産について第三者が出現していても，所有権移転登記時に，その第三者の権利はくつがえることになる。

より具体的に説明しよう。

目的物所有者をA，債権者をB，第三者をCとする。Aの不動産について，2012年10月にBが所有権移転請求権保全の仮登記を得ていた。その後，2013年5月に，CがAからこの不動産を購入し，所有権移転登記を受けた。ところが，2014年6月になって，Aが債務不履行に陥り，Bが所有権移転登記を得たならば，事前の仮登記の効力により，Bが所有権移転登記を得たのは2012年10月であるという効果が生じる。そうすると，Aの不動産は，BとCとに二重譲渡され，BがCよりも先に所有権移転登記を得た，ということになる。その結果，BがCに優先するのである（Bは，Cに対し登記の抹消を請求できる）。ここでは，仮登記が，権利移転予約型担保の対抗要件として機能していることに注意したい。

これに対して，動産については，仮登記を用いて第三者対抗要件を具備することができない。担保は第三者に対抗できてこそ意味があるのであり，そうなると，代物弁済予約などは目的物が不動産以外の場合にはあまり意味がないことになるわけである。

◆仮登記担保法の施行

すでに述べたように，このような権利移転予約型担保は，古くから暴利を得ようとする債権者によって悪用されてきた。「まさか，100万円借りるのに，

『不履行の際には，この不動産で代物弁済します』といって2000万円もの価値がある不動産を取られてしまう契約をする者がいるわけはないだろう」と思うかもしれない。しかし，そう思ったとすると，人生経験が足りない。どうしても金銭が欲しいときは，かなり不利な契約でも締結してしまうし，何よりも，お金を借りるときには，十分に返せると思っているのである。「どうせ返せるのだから，どんな物を取られる約束をしたってかまわないさ」と考えて，債務額とは不釣り合いな不動産を代物弁済に供する約束をしてしまう（→363〜364頁）。

　債務者の窮迫と希望的観測につけ込んで，このような契約をする債権者に，暴利を得させるべきではない。担保目的なのだから，債権者は被担保債権額が回収できればそれで満足すべきである。そう考えて，判例は，当事者の権利関係を調整しようとしたのだが，なかなかよい方法がない。そこで，初期は，目的物の価値が被担保債権額の３〜４倍を超える場合にかぎって，それを公序良俗違反（90条）（→115〜117頁）の契約だとして無効とする解決をとった。よほどひどい場合だけを契約を無効とするという方法で救ったのである。しかし，担保だとするのならば，1000万円を貸し付けて，2000万円の不動産を取得できるのはおかしい。そこで，判例は，昭和40年代に至り，公序良俗違反という構成ではなく，「担保だから，被担保債権額しか回収できないはずである」という論理によって，債権者に差額の清算義務を認めるようになった。それ以外にも，他の債権者が目的物を差し押さえたときはどうするか，といった点について判例が積み重なり，壮大な判例法理が形成された。判例の努力によって，代物弁済予約等は，担保の実質にあった内容をもつようになっていったのである。

　しかし，判例の積み重ねだけでは今ひとつはっきりしない。そこで，1978年に**仮登記担保契約に関する法律**（以下，**仮登記担保法**という）が制定され，仮登記を用いた権利移転予約型担保は，特別法による規制を受けるようになった。

　ところが，仮登記担保法が施行されると，今度は，権利移転予約型担保の利用そのものが減少してしまった。抵当権とほとんど同じ規律になってしまったので，利用のメリットがないというわけである。しかし，やはり実行にあたって競売手続を利用しなくてよいというメリットは大きい。そこで，最近では，

あらためて仮登記担保の利用の傾向が強まっているともいわれる。

◆仮登記担保の実行

以下，仮登記担保法の規律を見ていく。

まず，清算金がきちんと支払われる仕組みが必要である。そこで，仮登記担保法は，担保仮登記権利者が，代物弁済予約の予約完結権を行使するなどして債権回収のために目的物の所有権を譲り受けるにあたっては，まず**清算金見積額の通知**を債務者等（代物弁済予約等の契約の相手方）にあてて行わなければならないことにしている（仮登記担保法2条1項）。この通知が債務者等に到着した日から2か月間を**清算期間**とよぶ。この清算期間が経過しなければ担保仮登記権利者に目的物の所有権は移転しない。

この期間が経過すると，担保仮登記権利者は，清算金支払債務を負い（3条1項），他方で，本登記請求権・目的物引渡請求権をもつことになる。このとき支払われるべき清算金は，上記の通知における見積額ではない。債務者等は，清算金の額を争うことができる。また，清算金支払債務の履行と本登記・目的物の引渡債務の履行とは，同時履行の関係に立つ（3条2項）。つまり，債務者等は，正当な額の清算金の支払いを受けるまで，本登記に応じる必要はないし，目的物を引き渡す必要もないのである。このような権利によって，債務者等がもつ清算金請求権が確保されているわけである。

さらに，清算期間経過により担保仮登記権利者に目的物の所有権が移転した後であっても，債務者等は，清算金の支払いを受けるまで，被担保債権額に相当する金銭を支払って，目的物の所有権を回復することができる（11条本文）。これを**受戻権**という。抵当権においては，実際に目的不動産が競売される前に債務を弁済すれば，目的物所有者は所有権喪失を免れることができる。これとの均衡からすると，清算が終わり，実行手続が終了してはじめて，もはや債務者等は目的物の所有権を確保できなくなる，という規律が妥当だと考えられるのである。しかし，清算期間が経過したときから5年を経過したとき，または，第三者がその目的物の所有権を取得したときは，受戻権は消滅する，とされている（11条ただし書）。あまり長期間，事態を不安定にしておくのは妥当でないし，債務者は債務不履行状態にあるのだから，取引の安全に反してまで受戻権を保障する必要はないとされているのである。

以上のような仮登記担保の実行がされても，担保仮登記より早く対抗要件を備えている担保権は影響されない。たとえば，抵当権設定登記が担保仮登記に先んじているとき，担保仮登記権利者は私的実行の結果，抵当権付き不動産を取得するにすぎない。これに対して，担保仮登記に後れる担保権者は，担保仮登記が本登記になれば，対抗力を失わされる立場にある。担保仮登記が本登記になると，本登記を得た者が，第三者に対抗できる所有権を担保仮登記を得た時点で有していたことになる。そこで，担保仮登記に後れる担保権者は，所有者でない者から担保権の設定を受けていたことになり，効力が認められなくなるのである（→428〜430頁）。しかし，担保仮登記権利者としては清算金が最終的に誰に帰属しようと利害関係を有しないし，他方，債務者等としては担保仮登記権利者以外の担保権者にも優先弁済を約束したわけだから，清算金についてそれらの担保権者に優先権を行使されても文句をいう筋合いにない。そこで，仮登記担保法は，担保仮登記に後れる担保権者に，清算金から優先弁済を受ける権利を認めている。債務者等の取得する清算金請求権の上に物上代位（→498〜500頁）を行うことができるのである（4条1項）。

◆競売手続における優先弁済権の実現

　担保仮登記に後れる担保権者は清算金請求権から優先弁済を受けるわけだから，清算金の多い少ないには大きな利害関係をもつ。そこで，仮登記担保法は，担保仮登記に後れる担保権者が存在する場合には，担保仮登記権利者が債務者等に清算金の有無・その額を通知した後，それらの者にも，遅滞なく同様の通知をしなければならないとしている（5条1項）。

　それでは，この清算金の額に不満があるときはどうするか。これを争う方法が認められなければならない。そこで，仮登記担保法は，担保仮登記に後れる担保権者は，自分の被担保債権の弁済期の到来前であっても，清算期間内は目的物の競売を請求しうるとしている（12条）。そして，競売手続になると，担保仮登記権利者は，その手続内で優先弁済を受けることになる。そのときは，担保仮登記にかかる権利，つまり代物弁済予約などの権利は抵当権とみなされる（13条1項）。目的物の価格は競売手続で決定され，被担保債権額もその手続内で正当性が明らかにされるわけである。

　そして，このように担保仮登記にかかる権利が抵当権とみなされるのは，担

保仮登記に後れる担保権者が清算金の額の正当性を争うために競売手続を開始した場合にかぎられない。担保仮登記に先んずる担保権が実行されたとき，担保仮登記に後れる担保権が実行されたとき，他の債権者が目的物を差し押さえたとき，すべて同じである。仮登記担保は債権担保手段にすぎないから，担保仮登記権利者には競売手続内での優先弁済を認めれば十分であるとされているのである。

このように競売手続が開始すると，私的実行という仮登記担保のメリットはまったくなくなる。さきほど，仮登記担保の見直しの動きがある旨を述べたが，これも競売が行われない場合だけなのである。つまり，担保仮登記に先んずる担保権が存在せず，仮登記担保の被担保債権の額が目的物の価額を上回っているために，担保仮登記に後れる担保権者や一般債権者が競売手続を開始することができない場合だけである（仮登記担保の被担保債権額が目的物の価額より大きい場合，担保仮登記に後れる担保権者や一般債権者は，自分に配当が見込めないから，競売手続を追行できない（→495〜496頁））。私的実行のメリットが生かせる場合だけ，仮登記担保の意味があるわけである。

3　権利移転型担保＝譲渡担保

◆譲渡担保の存在理由

権利移転予約型担保においては，債務不履行が発生すると債権者が行動を起こし，予約を実現した。それも面倒だということになると，これを逆転しておこう，つまり，いったん債権者に権利を移転してしまって，債務が履行されたとき，それを再びもとの所有者に戻す，という約束にしておこう，ということになる。

不動産については，所有権移転登記をしてしまえばよい。それで，第三者には対抗できるし，占有を債権者に移転しなくてもよい。動産についても，占有改定による引渡しをすればよい。これで第三者対抗要件は具備したことになる（民法178条，183条）。

このような担保方法を**譲渡担保**といい，不動産や個別動産が譲渡担保に供される例は古くからきわめて多い。競売などの手続を回避できるだけでなく，動産に関しては，民法の定める質権が目的動産の現実の占有を債務者・設定者か

ら取り上げなければならないものであるため，たとえば工場の機械など生産手段として債務者や物上保証人がもっている動産は担保の目的とすることができないからである（→482〜483頁）。これに対して，譲渡担保によれば，債権者に対して占有改定による引渡しをすれば，現実の占有は債務者や物上保証人に残しておくことができる。

もっとも，担保目的物の所有権が債権者に移転されたとしても，その所有権移転はあくまで債権担保目的のものにすぎない。したがって，債務者・設定者が目的物を取り戻す権利を失う前は，債権者を完全な所有者として取り扱うべきではなく，また，債務者・設定者の権利を消滅させる際には，清算義務を課したり，他の債権者との公平に留意したりする必要がある。譲渡担保においては債権者に所有権が移転しているという形式に即してではなく，譲渡担保は債権担保手段であるという実質に即した規律が必要となるのである。

◆第三者との関係——被担保債権弁済期到来前

まず第三者との関係から見ていく。

不動産の譲渡担保においては，所有権の登記名義が譲渡担保権者にあるので，いまだ債務者が債務不履行に陥っていないのに，譲渡担保権者がその不動産を自己の完全な所有物として第三者に処分することがありうる。

債務者が債務不履行に陥っていないのに，目的不動産の処分をすることは，逆に，譲渡担保権者の債務不履行である。契約上も，譲渡担保設定者は，被担保債権の弁済期までは，債務を弁済し，目的物の所有権を回復することができることになっており，譲渡担保権者が目的物を第三者に処分することによって設定者の権利を失わしめるのは，その契約に違反することになる。しかし，仮に譲渡担保権者を完全な所有権者だと考えれば，契約違反の問題は生じるものの，第三者との間の処分契約は完全に有効なものとなる。設定者は，あくまで譲渡担保権者に損害賠償を請求できるだけであり，その不動産の所有権は失ってしまうのである。

これでは設定者の保護に欠ける。そこで，判例・学説は，譲渡担保権者が完全な所有者であるというところに疑義を差し挟む。たとえば，判例は，目的不動産の所有権は譲渡担保権者に移転しているのだが，それは担保の目的に限定されたものであり，完全なものではない，としている。

このような考え方からすると，不当処分の相手方は当然には目的不動産の完全な所有権を取得できない。譲渡担保権者は担保の目的に限定された所有権しかもっていなかったわけだから，その者から処分を受けた者も，同じく担保の目的に制限された所有権しか取得しえないのである。そうすると，たとえば，その後に被担保債権が弁済などによって消滅すれば，設定者は処分の相手方に対して目的不動産の返還を求めうることになる。

　もっとも，他方で，登記を信じた第三者も保護しなければ取引の安全を害する。譲渡担保権者のもっている所有権が担保の目的に制限されたものであることは，登記面上からはわからないのであり，第三者は譲渡担保権者のことを完全な所有者だと思って処分を受けているかもしれないのである。このようなときに活躍する法理は何であったか。民法94条2項である。譲渡担保権者は担保の目的に限定された所有権しかもたないのに，登記面上は完全な所有権をもつという外観を呈している。これは虚偽表示にほかならず，その外観を信頼したものは民法94条2項によって保護されるわけである（→82頁）。

　目的不動産の登記名義を信頼して，譲渡担保権者に対する債権者が目的不動産を差し押さえたときにも，同様の処理となる。

　以上に対して，動産の場合は，目的物の現実の占有が設定者にあるのが通常だから，譲渡担保権者による処分の問題は生じにくい。動産においては，逆に，譲渡担保設定者による不当処分が問題となる。譲渡担保設定者は目的動産を占有しているから，譲渡担保関係が継続しているのに（つまり，譲渡担保権が消滅していないのに），それを完全な自分の所有物として第三者に処分することがありうるわけである。このときは，第三者は，即時取得（192条）によって保護されうる（→451〜454頁）。つまり，第三者が譲渡担保権の存在につき善意であり，かつ，知らないときに過失がなかった場合（その結果，譲渡担保権によって制約されていない所有権が処分者にあると信じ，かつ，そう信じるにつき過失がなかった場合）には，その第三者は何らの負担のない所有権を取得するわけである。

◆譲渡担保権の実行

　譲渡担保においては，担保目的物の所有権が譲渡担保権者に移転しており，また，対抗要件も具備されているのだから，債務者の債務不履行があったとき

にも，とくに実行手続を考える必要はなさそうである。しかし，すでに述べたように，譲渡担保権者に所有権が移転しているとしても，それはあくまで担保目的に限定されていると考えるときには，やはり譲渡担保権者のもつ所有権を完全なものにする手続が必要となる。

　そして，ここでは，仮登記担保のときと同じく，第1に，目的物と被担保債権額との差額を設定者に対して支払わせること，すなわち清算義務を履行させることをどのようにして確保するか，第2に，被担保債権の弁済期が到来しても設定者が被担保債権を弁済して，目的物を取り戻す権利をどの程度認めるか，が問題となる。

　判例は，まず，被担保債権の弁済期が到来すれば，譲渡担保目的物を第三者に処分する権利が譲渡担保権者にある，としている。そして，処分が行われれば，もはや第三者が完全な所有権を取得し，債務者は被担保債権を弁済して目的物を取り戻すことはできなくなる。上記の「第2」の問題が気になるかもしれないが，判例は，被担保債権が債務不履行に陥った以上は，譲渡担保権者に目的物の処分権限があり，その権限が行使された以上は，もはや取り戻しを許さないほうが，処分を受ける相手方との関係で妥当だと考えたのである。

　しかし，それだけでは，清算義務の履行も確保されないので，設定者は清算金債権を被担保債権にして目的物について留置権を行使しうる。留置権については後に述べるが（→525〜528頁），簡単にいえば，ある債権の弁済を受けるまで，ある物の占有を相手に引き渡さなくてよい，という権利である。すなわち，設定者は，清算金の支払いを受けるまで，目的物の占有を第三者に移転する必要はなく，第三者は目的物の引渡しを受けようとすると，清算金を支払わなければならないのである。このようにして，設定者の清算金債権が確保されるわけである。もちろん，被担保債権額のほうが目的物の価額よりも大きく，清算金が発生しないときには，設定者は留置権を行使することはできない。引渡しに応じなければならないのである。以上のような実行方法を**処分清算方式**という（処分して清算する）。

　譲渡担保権者は，目的物を第三者に処分しないで，自分に完全な所有権を帰属させて，その帰属価値によって債権を回収するという方法も採用できる。これを**帰属清算方式**というのだが，このときには，処分の相手方の保護を考える必要がない。そこで，判例は，譲渡担保権者が，被担保債権額のほうが目的物

の価額よりも大きいので清算金が生じない旨を設定者に対して通知するか，あるいは，設定者に対して清算金を提供するまでは，設定者は被担保債権を弁済して目的物を取り戻すことができるとしている。また，清算金の支払いのないまま，譲渡担保権者が設定者に目的物の引渡しを求めてきたときは，設定者は清算金支払いと引渡しとの同時履行を主張できる（→287〜290頁）。やはり，清算金が提供されるまでは，設定者は目的物を引き渡さなくてよいのであり，このことによって清算金債権が確保されているわけである。

◆流動動産の譲渡担保

さて，ここまで説明してきた譲渡担保においては，特定の不動産や動産がその目的物とされてきた。しかし，たとえば，繊維問屋に金銭を貸し付ける場合を考えてみよう。債権者は何か担保を取ろうとするが，唯一の不動産である店舗はすでに抵当権の目的となっているし，工場と違って高価な機械があるわけではない。目に付くのは倉庫にいつも大量に所蔵されている反物だけである。これを担保の目的にできないか，ということになる。もし倉庫にある反物の内容が入れ替わらないならば，個別動産の譲渡担保を多数取得すればよい。しかし，倉庫の反物は日々内容が入れ替わっている。たしかに，つねに一定量は存在しているが，顧客から注文を受けた反物が毎日運び出され，逆に，毎日のように製造会社から製品が運び込まれている。これを一括して担保に取れないか，ということになる。

そこで，判例は，ここに1つの**集合物**（→406〜407頁）を観念し，それについて譲渡担保を設定することを認めている。内容の変動する動産の集合体を1つの物のように観念するのである。このような譲渡担保のことを，**集合動産譲渡担保**あるいは**流動動産譲渡担保**という。

集合物を観念するときには，実際に，どの動産が集合物を構成するのかを明確にするため，集合物の範囲が特定されなければならない。具体的には，「第1倉庫内にある反物一切」といったかたちで特定される。そうなると，第1倉庫内に現在ある反物はもとより，その後，第1倉庫内に入ってくる反物も当然に集合物に加わり，譲渡担保の目的になっていることになるのである。逆に，第1倉庫から運び出された反物は，譲渡担保の目的から当然に外れることになる。

もっとも，譲渡担保の実行にあたっては，内容が流動しているままでは不可能である。そこで，債務不履行があったとき，譲渡担保権者から設定者に対して実行通知を出させ，それにより流動状態は解消し，その時点で集合物に加わっている動産が個別動産譲渡担保の目的物になると考えられている（**集合物の固定化**）。そのうえで，個別動産譲渡担保として実行されるわけである。

◆動産・債権譲渡特例法による登記

　2004年の法改正によって，動産物権変動の対抗要件として，新たに登記制度が導入されたことは，すでに説明した（→450頁）。この登記制度は，いちおう通常の目的での動産所有権移転にも用いうるものになっているが，立法時に念頭に置かれていたのは，譲渡担保の設定を登記によって公示することであった。せっかく譲渡担保権を取得したのに，占有改定を行っているだけだと，第三者には譲渡担保権の存在が事実上わからない。そこで，設定者が譲渡担保目的物を不当に処分したとき，処分の相手方である第三者が当該目的物の所有権を即時取得（→451〜454頁）する可能性が高く，譲渡担保権者の利益は侵害されがちである。そこで，登記によって所有権の移転（譲渡担保権の設定）を公示できるようにしよう，というわけである。そして，動産・債権譲渡特例法は，登記の対象となる動産について，所在場所や種類で特定することも認めている（具体的には法務省令による。動産・債権譲渡特例法7条2項5号）。

　もっとも，動産譲渡登記ファイルに登記がされても，それは，当該動産について民法178条の引渡しがあったものとみなされるだけであり，占有改定より強い効力が登記に与えられているわけではない。したがって，第三者の即時取得は当然には妨げられない。しかし，登記の有無を調べなかった第三者は過失があるとされる可能性が出てくる。そして，在庫商品や工場機械などは，しばしば譲渡担保の目的物となっているのだから，今後の実務慣行の進展によっては，少なくともプロがその処分を受けるにあたっては，登記をチェックすべきであった，そうしないかぎり無過失とはいえない，ということになり，登記制度が威力を持ってくるかもしれない。登記があたかも公的なネームプレート（→453頁 **Column 44**）のような効果を持つわけである。また，譲渡担保が設定されていることの証明にも役に立つといわれている。

◆債権の譲渡担保

債権も譲渡担保の目的財産となりうる。担保提供者（主に債務者）が第三債務者に対して有する金銭債権を，担保目的で債権者に譲渡し，債務者の債務不履行があれば，債権者はその譲り受けた債権を行使し，第三債務者から回収した金銭をみずからの債権の弁済にあてるわけである。対抗要件は債権譲渡のそれになる（→369〜375頁，384〜386頁）。

近時，議論が多いのは，集合債権譲渡担保である。たとえば，クレジット会社を考えてみよう。このような会社は，資金需要が大きいにもかかわらず，資産としては多数の顧客に対する多数のクレジット債権しかないことも多い。そこで，クレジット会社が現在保有する，あるいは，将来保有することになる多数の債権を一括して譲渡担保の目的とすることが求められるのである。

ここには，将来の集合債権譲渡の問題があるが，これについてはすでに説明したので，もう一度読み返してほしい（→386〜388頁）。

4　その他の担保手段

◆所有権留保

動産売買において買主の代金完済以前に売買物件が買主に引き渡される場合，代金債権の担保のために，買主の代金完済まで売主が目的物件の所有権を自己に留保することがしばしば行われる。すでに例としてあげた動産売買契約書8条にもその具体例が見られる（→146〜147頁）。これを**所有権留保**という。売主は，買主が代金を支払わないとき，留保している所有権に基づいて売買目的物を取り戻し，そこから代金債権を優先的に回収しようというわけである。ほとんどが動産について用いられている。

それではなぜ動産売買においては，このような方法が用いられるのであろうか。民法典に定められている代金債権回収方法では，売主にどのような不満があるのだろうか。まず，たんに，代金支払請求訴訟を提起し，そこで得られた債務名義をもとに買主の財産に強制執行を行うのでは，優先的な債権回収ができないことは明らかである。しかし，これ以外にも民法典には次の2つの制度が用意されている。

第1に，買主の債務不履行を理由として売買契約を解除することである

（541条）。このとき，売主は買主から売買物件の返還を受け，さらにそれではまかなえない損害の賠償を買主に請求していくことになる（545条）。たんに代金支払いを請求していくときに比べ，返還された売買物件の価値分だけ，他の債権者より優先的な債権回収ができる。しかし，契約解除前にその物について権利関係をもった第三者が登場すると，その者との優劣は民法545条1項ただし書で決せられ，必ず売買物件を取り戻すことはできるわけではないし（→312〜314頁），また，第三者が解除後に登場した場合であっても，その第三者がその物件について先に対抗要件を備えると，もはや取戻しはできない（178条）（→442頁）。

第2に，まだ説明していないが，動産売買先取特権というものがある（311条5号）。買主の債務不履行時に売買物件を競売し，その換価金から売買代金債権を優先的に回収する権利が売主に与えられるというものだが，目的物につき第三取得者が登場すると消滅する（333条）。もっとも，転売代金債権上に物上代位権を行使することは認められるが，実際の行使にあたっては，一定の時期までに文書で自分の権利を明らかにして差押えをしなければならず，なかなか困難である（→498〜500頁）。また，そもそも本来の目的物に対する先取特権の実行方法にも問題があるし，やはり裁判所の手続を経なければならないのはやっかいである。

このように法定の諸手段で売主が優先的に代金債権を回収することは容易でない。そこに，所有権留保の価値が生まれるわけである。

実際の効力は，個別動産の譲渡担保とほぼ同様にとらえられている。担保手段であることに変わりはないからである。

ただし，売主が留保している所有権を第三者に対抗するにあたっては，とくに対抗要件を必要としない。対抗要件が必要なのは物権変動があったときであり，所有権留保の場合，物権変動はないからである。

◆代理受領・振込指定

金銭債権について譲渡担保が用いられることはすでに述べたが，次のような方法も用いられる。

まず，債務者Sが第三債務者Dに対して有する債権について，債権者GがSから取り立てないし受領の委任を受ける。そして，GはDから金銭を受領

する。受領した金銭はSに引き渡さなければならないが，Gはこの債務と自分がSに対してもつ債権とを相殺する。こうして，Gは，他の債権者に優先して債権を回収するわけである。これを**代理受領**という。GS間で委任契約がされるわけであり，Gのみが取り立てないし受領権限を有することについて，GとSの連名でDに承認を求めるのが通常である。もっとも，Gの優先権は第三者に対抗できるわけではないので，SがDに対して有する債権をSの他の債権者が差し押さえれば，それまでである。Gは，優先権を有しない。また，Sが破産したときも同じである。その意味で効力は弱いが，設定も簡単なので実務ではしばしば用いられる。

　また，Gが銀行の場合には，DのSに対する債務の弁済方法を，G銀行にSが有する預金口座への振込に限定することが行われる。これを**振込指定**という。Gは，Dからの振込を待って，SがGに対して有することになる預金債権と，GのSに対する債権とを相殺することにより（→355〜357頁），優先的な債権回収を受けようとするわけである。

Ⅶ　法定担保物権の効力

1　留置権

◆法定担保物権としての留置権

すでに説明したように（→478〜479頁），民法は，抵当権のような約定担保物権とは別に，法の立場から見て保護されるべき債権者に，一定の担保物権を当然に与えている。これを法定担保物権という。

その1つが **留置権**（りゅうちけん）である。

Ａは，自分のパソコンが故障したので，Ｂ電器店に修理に出した。1週間後，修理が済んだとの連絡を受けたＡは，Ｂのもとに行ったが，修理代金の1万円を持ち合わせていなかった。このとき，常識的に考えて，1万円を支払ってくれるまでパソコンは引き渡せない，という権利がＢに認められてよいだろう。Ｂが修理代金を受け取れないままにパソコンをＡに引き渡さねばならないことは，公平に反する。留置権とは，たとえばこのＢに認められる権利であり，民法295条がこれを規定する。同条1項本文によれば，留置権とは，他人の物を占有している者が，その物に関して生じた債権を有するとき，その債権の弁済を受けるまで，その物を自分のもとに留め置く権利である。修理代金を支払うまでそれを返してもらうことができないという不便をＡに強いることによって，間接的に債務の弁済を強制するのが妥当だと考えられたのである。

さらに，留置権を認めることによって，ＢはＡの信用状態をいちいちチェックしないでも，安心してパソコンの修理ができることになる。このように，留置権を認めることは，取引の迅速化・活発化にも役立つのであり，これも留置権の趣旨の1つと考えてよい。

◆商事留置権と民事留置権

留置権には，すでに述べた民法295条によって認められるそれのほか，商法

31条（557条によっても準用される），521条，562条，574条に定める留置権もある。民法で定められる留置権を**民事留置権**というのに対し，商法による留置権を**商事留置権**という。実は，債務者の倒産手続における効力に差があるが，この点は後に述べる。

　これらの留置権が成立するための要件として，債権者が目的物を占有していること，さらには，被担保債権の弁済期が到来していること（弁済期が到来していなければ，相手に対して弁済しろといえないのは当たり前である）は共通であるが，それ以外は，それぞれの趣旨に応じて異なっている。

　まず，民法295条による留置権は，目的物は「他人の物」であればよく，債務者所有の物に限られないが，被担保債権が留置目的物に関して生じたものであることが要件とされる。これを被担保債権と目的物の**牽連関係**という（牽引車の「牽」であり，「つらなる」という意味）。債権を回収できないまま，他方で物の引渡しをさせることが公平に反するのは，一方で，その物の価値を増加してもらったり，あるいは，その物によって損害を与えたり，費用を支出させておいて，他方で，その原因となった物の引渡しが求められている場合であると考えられているのである。とくに，修理などでその物の価値を増殖させた場合を考えると，このことは理解できるであろう。

　これに対して，商法521条による留置権は，目的物が，債権者と債務者との商行為によって債権者の占有に帰した「債務者所有の物」に限定されているが，その物と被担保債権との牽連関係は必要とされない。ただ，被担保債権が債権者・債務者間で双方にとって商行為である取引等によって生じたものであることが要求されるだけである。継続的な取引関係にある商人間においては，相手方の所有物が自分のもとにあると，「いざとなれば，これを担保とすればいいや」という期待が生じるし，この期待を保護するほうが迅速で円滑な商取引につながると考えられたのである。

　しかし，いくら債務者所有のものであっても，他所に送られることになっている物であり，その運送を債権者が引き受けているときには，むやみに「引き渡さない」という権利を認めることは妥当でない。とりわけ，受取人が第三者であるときには，その者の保護の要請もある。そこで，運送者が運送品を留置しうるのは，運送賃などが被担保債権であるときにかぎられる，としている（商法562条，574条）。しかし，逆に，「債務者所有」という要件は課されてい

ない。運送品は債務者所有の物でないことも多いが，運送費ももらっていないのに，運送品を引き渡せというのも公平に反すると考えられたためである。

代理商（取引の代理人，媒介人）や問屋についても，代理商の業務の性質から，債務者の所有となっていない物を第三者から得て，債務者に引き渡すべく占有することが多くなる。したがって，「債務者所有」という要件は課されていない。しかし，被担保債権は，債務者のための取引の代理や媒介によって生じたものに限定されている（商法31条，557条）。

◆同時履行の抗弁権との関係

さて，ここまでの説明を読んで疑問に感じたことはなかっただろうか。冒頭にパソコンの修理の話を出した。しかし，修理をさせ，それに対して修理代を支払うというのは双務契約である。そうであるならば，別に留置権といったことをいわなくても，修理業者には，民法533条に基づいて同時履行の抗弁権（→287〜290頁）があるのではないか。そして，この同時履行の抗弁権に基づいて，「修理代を支払ってくれるまで，このパソコンは引き渡せない」といえるのではないか，と思われる。

これはそのとおりである。

双務契約の当事者間では，留置権が認められなくても，同時履行の抗弁権でも用がたりる場合が多い。そして，この場合，当事者は，留置権の主張をしてもよいし，同時履行の抗弁権の主張をしてもよいと理解されている。

しかし，留置権は，別に双務契約の当事者間だけに成立するものではない。また，パソコンの修理の例において，Aが修理中のパソコンをCに譲渡し，CがBに対してパソコンの引渡しを求めてきた場合を考えると，このときには，BはCに対して同時履行の抗弁権を主張できない。Cは，双務契約の当事者でないからである。このように，留置権のほうが適用範囲が広いわけである。

◆留置権の効力

さて，留置権は，「被担保債権の弁済を受けるまで目的物を引き渡さない」という権利である。民法295条1項と抵当権に関する民法369条1項を比較してみよう。後者は，「他の債権者に先立って自己の債権の弁済を受ける権利」

と書いてある。質権に関する民法342条，まだ説明していないが，先取特権に関する民法303条にも同じ文言がある。これに対して，民法295条1項は，「その物を留置することができる。」と書いてあるだけで，優先的な弁済を受ける権利だとは書いていない。

したがって，留置権を実行し，目的物の換価金から優先的に債権を回収するといった権利は，留置権者には認められない。ただ，事実上，優先弁済を受けることはできる。

まず，留置権者は，その物を従前どおり使用して，そこから得られた利得を被担保債権に充当することができる（297条1項）。ただし，以前からの使用状態を継続できるだけであり，新たに勝手な利用を始めたり，他人に賃貸したりはできない（298条2項本文）。

次に，目的物が動産であるときには，目的物所有者に対する他の債権者は，事実上，留置権の目的物を差し押さえることができない。他者が占有している動産については，占有者が目的物を執行官に提出することを拒むかぎり，それを差し押さえられないのである（民事執行法124条，190条）。結局，他の債権者は，被担保債権に係る債務を弁済してからでないと，事実上，差押えができないことになる。

目的物が不動産の場合は，留置権者が目的物を占有していても，他の債権者はそれを差し押さえ，競売手続を進行させることができる。しかし，その手続において目的不動産を買い受けた者は，留置権の被担保債権に係る債務を弁済する責任を負う（民事執行法59条4項，188条）。その結果，事実上，最先順位の優先弁済を受けることができるのである。

優先弁済権は法的には認められていないが，事実上はかなり認められていることがわかる。

もっとも，債務者が破産したときには，民法に基づく留置権の効力は消滅する（破産法66条3項）。破産は破産債務者の財産の清算手続であり，したがって原則的に債務者の財産すべてが処分されることになるが，留置権者には優先弁済権がないので，その手続内での効力を認めることができないのである。これに対して，商法に基づく留置権は，破産手続においては，優先弁済権へと転化する（破産法66条1項，2項）。

2 先取特権

◆**先取特権の意義**

たとえば，動産の売買代金の債権者（売主）は，債務者（買主）が売買代金を支払わないときに，その動産を競売に付し，その換価金から優先的に売買代金債権を回収する権利を有する（民法311条5号，321条）。このように，法律の定める一定の債権者は，とくに債務者と合意をしなくても，債務者の一定の財産から他の債権者に優先して自己の債権を回収する権利を与えられる。この権利を**先取特権**という（303条）。

先取特権は，留置権と同じく法定担保物権であり，一定の債権者が当然に取得する権利である。当事者が合意により設定する権利ではない。

それでは，法律が，一定の債権者に先取特権という担保物権を付与して保護しようとした理由はどこにあるのだろうか。一般には，①債権者間の実質的公平の確保，②社会的弱者の債権を保護するという社会政策的考慮，③債権者の通常の期待の保護，④特定の産業の保護，などのうち1つまたは複数の目的を実現するためであるとされる。

たとえば，動産売主の場合には，売主が代金後払いで目的動産を買主に引き渡したからこそ，現在，その動産が買主の財産となっている。したがって，その動産の換価金については，売主に優先権を与えるほうが，債権者間の実質的公平を確保することになる，というのである（①の趣旨）。また，給料などに未払い分のある従業員等の労働者は，使用者（債務者）の全財産から雇用関係に基づいて生じた債権を優先的に回収する先取特権をもつが（306条2号，308条），これは②の趣旨によるわけである（→478頁）。

そして，それぞれの先取特権ごとに，債権者保護の理由が異なることと関連して，その目的物も先取特権の種類ごとに異なっている。すなわち，債務者の全財産を目的とするもの（これを**一般先取特権**という），債務者の財産のうち特定の動産を目的物とするもの（**動産先取特権**），債務者の特定の不動産を目的物とするもの（**不動産先取特権**）である。たとえば，動産売主の先取特権は，売買目的物である動産については売主の優先権を認めないと債権者間の実質的公平に反するというわけだから，その動産についてのみ認められる。これ

に対して，雇用関係の先取特権は，使用人，従業員といった社会的弱者を保護しようという趣旨であり，その給料債権などが債務者の特定の財産と結びつきを有しているわけではないので，債務者の全財産について認められるのである。

◆各種の先取特権

どのような債権・債権者について，どのような財産を目的物とする先取特権が認められるかについては，民法306条，311条，325条を見てほしい。しかし，実は，先取特権は民法に定められるものだけではない。各種の法律にきわめて多種多様な先取特権が定められている。社会関係の複雑化により，政策上，保護すべき債権が増加しているのである。

経済社会で最も大きな意味を有しているのは，国税債権等，税金徴収のための先取特権である。たとえば，国税徴収法 8 条は，「国税は，納税者の総財産について，この章に別段の定がある場合を除き，すべての公課その他の債権に先だって徴収する。」と規定している。地方税法14条にも，国税等の債権を除き，他の債権に先立って徴収する旨の規定がある。債務者の財産が差し押さえられたり，各種の担保物権が実行されたりする場面では，それ以前から債務者の財産状態が悪化しているのが通常であり，そうなると，税金が滞納されていることもよくある。国税債権等の先取特権は，国税等の徴収のために重要な意味を有するとともに，他の債権者にとっては脅威となることが多いのである。

第10章
不法行為など

「加害者は一度も見舞いにこない」

「保険屋には誠意が感じられない」

　これは，交通事故の被害者からしばしば聞かされる言葉である。保険会社と呼ばず保険屋と呼ぶところに，保険会社への怒りが込められている。

　交通事故の損害賠償の理念が被害者救済にあることは，おそらく誰も異論をはさまないであろう。……だが法律が予定している被害者救済は，あくまでも金銭的な補償による救済であって，精神的な救済ではない。

　　　　　──加茂隆康『交通事故賠償─被害者の心理，加害者の論理』（中公新書）

　しかしこの世の中には，もともと貨幣で評価できず，したがって貨幣と交換できないものがある。たとえば，新婚旅行の時に購入したペンダントとか，父親が残してくれた古い腕時計とかは，若いころの自分の，あるいは亡くなった父親の想い出だから，それを貨幣と交換することはできない。想い出は金銭では評価できないからである。

　まして，事故によって失われたのが人間の生命であったとすればどうだろうか。

　　　　　──二木雄策『交通死─命はあがなえるか』（岩波新書）

Ⅰ　不法行為の一般要件・効果

1　契約法・物権法のバックアップシステム

◆不法行為制度とは？

　世の中の人みんなが善意に満ち，また，十分に注意深い人たちだったら，法的な紛争は起こらない。ところが，悪意のある人もいるし，また，いくら緊張していてもどうしてもミスをしてしまうのが人間だから，いろいろな障害が生じ，紛争が起こってくる。ここまで見てきた契約法や物権法においても，障害が発生した場合における対処方法がいくつか定められていた。契約については「債務不履行」，物権法においては「物権的請求権」の制度がそれである。

　しかし，たとえば，Ａの所有している自動車がＢによって盗まれ，Ｂが事故を起こしたことによって，その自動車のフロント部分が大破した，という場合を考えてみると，物権的請求権だけでは後始末を付けることができない（ＡとＢとの間には契約がないので，債務不履行は問題にならない）。その自動車を返してもらう，ということは，所有権に基づく物権的請求権の行使によって可能である。しかし，それではＡの被った損害は完全には 償 われない。まず，盗まれてから返してもらうまで，さらには修理が終わるまで，Ａはその自動車を使うことができなかった。その代わりに電車やバスを使っていたならば，その運賃をＡは支払った。次に，その自動車は大破したのであり，その修理代金がかかる。少なくとも，こういった損害を償ってもらえなければＡは困る。しかし，物権的請求権ではその実現はできない。このとき，そのような損害についての賠償請求を可能にするのが，不法行為の制度である。ここでは，不法行為制度が，物権の帰属に関する紛争，すなわち物権的請求権の領域をバックアップしていることになる。

　同じことは債権である権利の侵害に対してもいえる。たとえば，Ａ会社が創立50周年を記念して，著名な文学者Ｃに講演を頼んでいたとする。ところが，創立記念式典にＣはやって来ない。「何てこった」と思っていると，何と

ライバル会社のB社の主催するパーティーで講演している。「そういえば，B社の総務部長に，『私のところでは，Cさんに講演をしていただくことになりまして』といってやったら，あいつ『何とかして横取りしてやる』と歯ぎしりしていたな」と思い出す。調べてみると，やはりA社の創立記念式典を台無しにする目的で，B社が，その後，Cとねばり強く交渉して，同じ日の講演契約を結ばせたのだということがわかった。もちろん，A社はCに対して債務不履行を理由とする損害賠償請求ができる。しかし，俗事に疎いCには財産がまったくない，ということになると，Cから賠償を受けることはできない。悪いのはB社だ，ということで，B社から損害賠償を取りたい。しかし，B社との間には契約関係がないからB社の債務不履行責任を問うことはできない。このような場合，B社の不法行為責任を問うことはでき，A社はB社に対して損害賠償を請求できる。ここでは，契約にまつわる紛争，すなわち債務不履行責任の領域を，不法行為制度がバックアップしているのである。

親族編に定められている権利に対する侵害，さらには物権・債権の二分制度から抜け落ちた権利に対する侵害についても，不法行為制度が救済手段として働く。たとえば，私は，私自身の生命・身体について当然に権利をもっているが，これは債権でないことはもちろん，物に対する権利ではないから物権でもない。しかし，Bの運転する自動車がBの不注意で私に怪我をさせたときには，私はBに対して損害賠償を請求できる。これも不法行為制度によるのであり，抜け落ちた部分のバックアップと考えることができよう。

◆どのようなことが問題になるか

それでは不法行為制度については，どのようなことが問題になるのであろうか。

まず，注意しなければならないのは，およそ何らかの利益が侵害されれば，つねに不法行為が成立するとはいえないことである。たとえば，Aがソバ屋を経営しているところ，近くにBがラーメン屋を開業した。おいしいラーメンだということになって，ソバ屋の売り上げはぐっと低下した。この場合，たしかにBの行為によってAが損害を被っている。しかし，だからといって，AがBに損害賠償を請求できるというのはおかしいであろう。そうなると，**どのような利益が侵害されたとき，賠償を請求できることになるのか**，を問題に

すべきことがわかる。

　次に，Bが自動車を運転していたところ，歩道橋の上を歩いていたAが誤って鞄をBの自動車の直前に落としてしまった。Bはびっくりしてブレーキを踏んだが，間に合わず，Aの鞄を踏みつぶしてしまった。このとき，Aの財産はBの行為によって壊されたわけだが，このとき，BがAに損害賠償を支払わなければならないとしたら，Bはたまらない。Bは十分に注意をして運転をしていたのだから。こうなると，**Bの行為がどのような態様（ありさま，ようす）にあるときに，不法行為が成立するのか，**を問題にしなければならなくなる。

　ここまでの例では，Aの損害がBの行為によって引き起こされたことは当然の前提としてきた。しかしながら，実際には，Aに損害が発生していても，それがBの行為によるものか否かが明確でない場合も多い。たとえば，公害事件などでは，周辺住民の健康被害が，本当に，工場の煤煙によって引き起こされたのかどうかが問題とされる。

　さらに，次のような例を考えてみよう。Aは，P社の株式を購入しようと思って，証券会社に向かって歩行中，Bの運転する自動車にはねられ，怪我をし，入院した。Bが不注意であることは明らかであり，AはBに対して損害賠償を請求できるが，Aは，入院費，その間の賃金などのほか，次のような損害について賠償しろ，と主張した。すなわち，P社の株式はその後暴騰した。これにより，自分は1000万円の利益をあげることができたはずなのに，証券会社に行く途中にはねられたことにより株式を買いそこね，値上がり利益を取得できなかった。だから，1000万円も賠償しろ，というわけである。さらに，Aは退院後，通院加療中の段階で，病院に行く途中でまた交通事故にあった。こんどは，Dが運転手なのだが，そこに通院していなければAが2度目の交通事故にあうこともなかったのであり，そして，Aの通院はBの行為によって引き起こされたのだから，Bは2度目の交通事故によるAの怪我についても賠償すべきである，とAは主張している。このような例からわかるように，Bの行為がなかったならば生じなかった損害だからといって，そのすべてをBに賠償させるべきかどうかは明らかではない。ここに，**賠償すべき損害の範囲はどこまでか，**という問題が出てくるわけである。

　これまで，BからAに対して金○○円が支払われるというかたちで損害賠

償がされることを前提としてきた。しかし，考えてみると，金銭の支払いだけでは，最終的な解決にならない場合もある。たとえば，ある工場がずっと煤煙を排出して，付近の住民に健康被害を与えているとすると，被害者を最終的に救済するためには，その工場に煤煙の排出をやめさせなければならない。そこで，**不法行為に対する救済として，一定の行為をやめさせることができるのか，**という問題が出てくる。

◆条文との関係

　これまで条文を引用しないで，不法行為について問題になりそうな点をあげてきた。そろそろ条文を見てみよう。民法709条が不法行為についての基本となる条文である。

　　　故意又は過失によって他人の権利又は法律上保護される利益を侵害した
　　者は，これによって生じた損害を賠償する責任を負う。

　これまで述べてきたところは，実は，この条文にあるそれぞれの文言についての解釈の問題として現れる。

　まず，Ａのどのような利益を侵害されたとき不法行為となるのか，というのは，「他人の権利又は法律上保護される利益」といえるのはどんな利益のことか，という問題となる。その利益が，この条文における「権利・法的保護利益」に該当する場合にだけ，不法行為は成立する。言い換えれば，不法行為は，**権利・法的保護利益侵害**があったときにのみ成立する。

　次に，Ｂの行為がどのような態様にあるときに，不法行為が成立するのか，というのは，「故意又は過失」の問題である。Ｂに「故意又は過失」があるといえる場合にだけ不法行為は成立するのであり，そこで，どのような場合にＢに「故意又は過失」があるといえるか，が検討されるべきことになる。「加害者に**故意または過失**のあること」——これが不法行為成立のための第2の要件である。

　Ａの権利侵害が本当にＢの行為によって引き起こされたものなのか，というのは，第1番目の「によって」の問題，権利侵害によって損害が生じたのか，その損害のうちどこまでを賠償させるべきかというのは，第2番目の「によって」の問題である。前者を**因果関係**の問題，後者を**損害**および**損害賠償の範囲**の問題ということが多い。因果関係が肯定されてはじめて不法行為は

成立し，損害賠償の範囲に含まれる損害だけが賠償の対象となる。

　以下，それぞれについて，くわしく見ていこう。

2　権利・法的保護利益侵害

◆桃中軒雲右衛門事件

　実は，かつての民法709条は，「他人の権利を侵害したる者は」と規定していた。それが，2004年の民法改正によって，「他人の権利又は法律上保護される利益を侵害した者」と変更されたのである。この背後には，なかなかおもしろい変遷がある。まず，1914年（大正3年）に大審院判決が下った，**桃中軒雲右衛門事件**を紹介することから始めよう（大審院大正3・7・4判決（刑録20輯1360頁））。

　桃中軒雲右衛門とは，明治末期から大正にかけて，絶大な人気を誇った浪曲師である。というよりも，浪曲というジャンルそのものを確立したのが雲右衛門なのであり，派手な青色のテーブルカバーを演台に掛け始めたのも彼である。さて，雲右衛門は，「赤垣源蔵」などの物語を浪曲にしており，それをレコードに吹き込んで，銀座の三光堂というところから発売していた。「赤垣源蔵」とは，歌舞伎の忠臣蔵に登場する赤穂浪士の1人であり，「徳利の別れ」で知られている。源蔵は討入りの前，兄の塩山伊左衛門を訪れた。しかし兄は不在であり，兄嫁も大酒飲みの源蔵を嫌って，胃痛を理由に面会を拒む。しかたなく源蔵は壁にかけた兄の羽織を相手に酒を酌み交わし，別れを惜しむ。こういった話であるが，そのようなことはここでは関係ない。少し関係あるのは，わが国で初めて国産レコードが製造されたのが1909年5月であり，雲右衛門のレコード吹き込みは，それから2年半後の1911年（明治44年）12月9日だということである。まだまだ，レコードなるものが登場して間もない時期であり，その権利を保護しようなどと考える人も少なかった時代だということがわかる。

　さて，ドイツ人のXは，このレコード販売の権利を譲り受けた。ところが，その後，Yは，このレコードを複製し，販売した。いわゆる海賊版である。そこで，XはYを相手取って，損害賠償を求める訴えを提起したのである。

　争点となったのは，浪曲のレコード複製が，当時の条文の文言であるところ

の「他人の権利を侵害したる」にあたるか否かであり，その判断に際して，判決は，浪曲が著作権法によって保護される著作権の対象となるか，という問題を立てた。そして，次のようにいったのである。なかなかおもしろい判決文なので，直接読んでみよう（句読点・ふりがなを補った）。

> 浪花節ノ如キ比較的音階曲節ニ乏シキ低級音楽ニ在リテハ，演奏者ハ多クハ演奏ノ都度，多少其音階曲節ニ変化ヲ与へ，因テ以テ興味ノ減退ヲ防キ聴聞者ノ嗜好ヲ繋クノ必要アルヲ以テ，機ニ臨ミ変ニ応シテ瞬間創作ヲ為スヲ常トシ，其旋律ハ常ニ必スシモ一定スルモノニアラスシテ，斯ル瞬間創作ニ対シ一一著作権ヲ認ムルカ如キハ断シテ著作権法ノ精神ナリトスルヲ得ス。而シテ本件雲右衛門ノ創意ニ係ル浪花節ノ楽曲ニシテ，前示ノ如ク確乎タル旋律ニ依リタルモノト認ムヘキ事蹟ノ存セサル以上ハ，瞬間創作ノ範囲ヲ脱スルコトヲ得サルモノニシテ，之ヲ目シテ著作権法ニ所謂音楽的著作物ト謂フコトヲ得ス。

簡単にいえば，浪曲は低級音楽で，語るたびに旋律の違うものだから，瞬間創作であって，著作権の保護の対象とはならない，というわけである。

浪曲の語りが著作権の保護の対象となるかという点については，1920年（大正9年）の改正により，著作権法における著作物の例示に「演奏歌唱」が加えられるまでは，ならない，という解釈もありえた。それはそれでよい。しかし，この判決のポイントは，民法709条にいわゆる「他人の権利を侵害したる」の要件を厳しく解釈して，「著作権」であれば保護されるが，そうでなければ保護されない，としたところにある。つまり，この判決は，「他人の権利を侵害したる」という要件を，法律上，「○○権」という名で保護されている権利が侵害された場合ととらえたわけである。

Yが海賊版を作る行為がほめられたものでないことは明らかであり，常識的にいえば，XからYに対する損害賠償請求は認められてよいはずである。判決自身も，海賊版製作が「正義ノ観念ニ反スルハ論ヲ俟タザル所ナリ」といっている。しかし，当時の民法709条が「他人の権利」といっている以上，法的に○○権という名前で保護されている権利以外は，それを侵害しても不法行為にはならないと考えるほかない，というのが判決の立場だったわけである。

◆大学湯事件

　この判決に見られた窮屈な立場が変更されたのは，1925年（大正14年）になってからであった。

　Xの先代Aは，大正4年，Y₁から同人所有の「大学湯」の建物を賃借し，「大学湯」という名称のままで銭湯を営んできた。京都大学に比較的近く，大学生が多く下宿する地域だったので，その名前が付けられたようである。Aがきちんとした経営をすれば，「『大学湯』は気持ちのいい銭湯だね」というふうに，近所の人たちに信用が生まれる。そうすると，知らないうちに，経営者が代わったとしても，そのあたりで「大学湯」という名の銭湯が営まれていれば，得意客が付いたままになる。このような利益を「老舗」といったり「暖簾」といったりする。

　その後，XがAを相続したが，この賃貸借契約は大正10年に終了した。ところが，Y₁はこの銭湯の建物を銭湯の諸設備とともにY₂に賃貸し，Y₂は同じ場所で「大学湯」という名前の銭湯を始めたのである。そこで，Xは，自分がもっている「老舗」「暖簾」の権利が害されたとして，Y₁・Y₂を相手取って，不法行為に基づく損害賠償を求めて訴えを提起したのである。

　大阪控訴院（現在の大阪高等裁判所）は，「老舗」と称される得意先関係または信用関係は，事実関係にすぎず，法律上，一種の権利とはいえない，として，Xの請求を棄却した。ここでも，「○○権」といえるか否かが重視されたわけである。しかし，Xはさらに不満で，大審院に上告した。そして，大審院は，桃中軒雲右衛門事件判決の論理を変更して，次のように述べたのである（大審院大正14・11・28判決（民集4巻12号670頁））。すなわち，不法行為の侵害対象は，所有権，地上権，債権，無体財産権，名誉権など，1つの具体的な権利である場合もあるが，そのような意味ではまだ「権利」とよべない程度のものであっても，法律上保護される1つの利益である場合もありうる。われわれの法律観念上，その侵害に対し不法行為に基づく救済を与えることが必要だと思われる1つの利益であればよい。

　　当該法条ニ『他人ノ権利』トアルノ故ヲ以テ，必ズヤ之ヲ夫ノ具体的権利ノ場合ト同様ノ意味ニ於ケル権利ノ義ナリト解シ，凡ソ不法行為アリト云フトキハ，先ヅ其ノ侵害セラレタルハ何権ナリヤトノ穿鑿ニ腐心シ，吾人ノ法律観念ニ照シテ大局ノ上ヨリ考察スルノ用意ヲ忘レ，求メテ自ラ不法

行為ノ救済ヲ局限スルガ如キハ思ハザルモ亦、甚シト云フベキナリ。

「○○権」にあたるかどうかなどと考えるのは、自分で不法行為の救済を限定しようというばかばかしい考え方である、というわけである。

実は、この事件そのものは、大阪控訴院に差し戻され、そこでの審理の結果、Ｘの敗訴に終わった。しかし、「権利侵害」という要件は、「○○権」という名前の付いた権利が侵害された場合にだけ満たされるわけではなく、「法律上保護されるべき利益の侵害」があれば、それでよい、という理論を明らかにした点で、重要な判決なのである。

すでに述べたように、2004年の民法改正により、「他人の権利」という文言は、「他人の権利又は法律上保護される利益」と変更された。これは、以上述べたような判例の変更を踏まえたものなのである。

◆法律上保護されるべき利益

さて、このように、民法709条の文言が、「他人の権利又は法律上保護される利益」となったとしても、次に、それでは、どのような利益がそれにあたるのか、という問題は残る。

身体・生命・健康や物に対する所有権が、「他人の権利又は法律上保護される利益」であることは明らかである。しかし、微妙なものも多い。また、保護されるべきか否かは、時代とともに変化もしていく。いくつかの例を見てみよう。

まず、婚姻関係にある者の一方、すなわち妻か夫かが、別の人と性的な関係を結んだときはどうか。現在の判例は、「夫婦の一方の配偶者と肉体関係を持った第三者は、故意又は過失があるかぎり、右配偶者を誘惑するなどして肉体関係を持つに至らせたかどうか、両名の関係が自然の愛情によって生じたかどうかにかかわらず、他方の配偶者の夫又は妻としての権利を侵害し、その行為は違法性を帯び、右他方の配偶者の被った精神上の苦痛を慰謝すべき義務があるというべきである」としている。かつては、夫の不貞は問題にされない時期もあった。これが、大正末期から夫にも貞操義務があり、夫の不貞行為が妻の権利侵害とされる結果、不貞行為の相手方である女性に対して、妻が被った精神的損害について賠償を求めることが認められるようになった。しかし、最近では、いずれにせよ当事者の自由意思の問題なのだから、浮気の相手方に対

して損害賠償を請求することは認めるべきではない，という説も有力になってきている。このように，道徳観の変化によって，「法律上保護される利益」であるか否かが変化していくわけである。

名誉が，「権利・法的保護利益侵害」という要件における「権利」に該当することは，古くから承認されてきた。ここでいう名誉とは，人の社会的評価のことであるとされる。このように定義された「名誉」は，人が一般的にもっている人格的利益であり，その利益の侵害は「他人の権利の侵害」にあたるとされているわけである。しかし，人の人格にかかわる事柄が，どこまで法的な保護の対象となるのかには，時代によって変化がある。かつては，「プライバシーの権利」という言葉すらなかった。しかし，社会的評価に関係しなくても，私事にわたる事実を公表されることは，やはり人格的利益を侵害するものととらえられるようになった。さらに，他人の氏名や肖像の無断使用も，権利・法的保護利益侵害となる。また，在日韓国人の氏名が，放送のなかで民族音ではなく，日本語読みされることも，人格的利益の侵害であり，不法行為の成立要件である権利・法的保護利益侵害がある，とされるようになっている。
（→618頁 Column 57 ）

もっとも，権利・法的保護利益侵害があったからといって，つねに不法行為となるわけではない。たとえば，ソバ屋で利益をあげるという営業権の侵害は，一般に権利・法的保護利益侵害である。したがって，「あのソバ屋は客の飲み残した汁をもう一度温めて使っている」という虚偽の風説を流すと，権利・法的保護利益侵害となる。しかし，近くでソバの安売りをするのはよいはずである。そうすると，権利・法的保護利益侵害だけでははっきりせず，権利・法的保護利益侵害の問題を侵害態様とあわせて考えなければならないことになってくる。

そこで，故意・過失について考えよう。

3　故意または過失

◆伝統的な定義の問題点 1

故意・過失は，伝統的には，心理状態だと定義されてきた。故意とは，自己の行為が他人の権利を侵害することを認識しながら，あえてこれを行う心理状

態であり，過失とは，その事実を不注意のために知らないこと，というわけである。

　しかしながら，すでに述べたように，駅前のソバ屋の隣に新しいソバ屋を出せば，以前からあったソバ屋の売り上げが減少するだろうとわかったうえで，新しいソバ屋を開店したからといって，不法行為が成立するわけではない。しかし，同じくそのソバ屋の売り上げが減少するだろうとわかっていて，「あそこのソバ屋は，お客が飲み残した汁をもう一度使っている」という風説を流せば，これは明らかに不法行為となる。

　ということは，同じ権利（ソバ屋の営業権）の侵害であって，同じように，ソバ屋の売り上げが減少するだろうとわかっていても，その侵害の態様で，不法行為になったりならなかったりすることになる。これをうまく説明できる枠組みが必要となる。

　この役割を「故意・過失」の要件に負わせることはできないであろうか。——ここに1つの問題が登場する。

◆伝統的な定義の問題点2

　過失の伝統的定義によれば，過失とは「うっかりしている」という心理状態である。きちんと注意すれば注意できたのに，それをしなかった。この点に責任が求められるわけである。

　これは本来，人ごとに異なる。一所懸命にやっていても，注意力自体が散漫な人もいる。こういった人は，「うっかりしていた」わけではない。本人の基準からは最大限の注意を払っていても，自己の行為が他人の権利を侵害することを認識できなかったわけだから，うっかりしていたわけではなく，責任は問えないことになりかねない。

　しかし，被害者の立場から見れば，相手が「うっかり者」であったからといって，救済を受けられないのでは困る。そこで，まず，過失があるかないかの判断は，その人がもつ実際の注意力を基準として行われるのではなく，「通常の注意力をもつ人」を基準とする，ということになってくる。

　そして，「通常の注意力をもつ人」といっても，職業ごと・状況ごとでの類型化が施される。たとえば，手術中の医師の行為について考えてみよう。この状況で血圧が一定以下に低下したら，これこれの薬を投与する。医師以外の人

にそれを期待するのは無理であるが，医師であれば，そういった判断は可能であり，期待されるところである。そうすると，「通常の注意力をもつ人」といっても，手術中の医師の行為を評価するにあたっては，「通常の注意力をもつ医師」を考えるべきことになる。法律相談に応じている弁護士の場合もそうである。

　ということになってくると，結局，過失とは，その状況にいるその類型にある者（医師とか弁護士とか自動車を運転している者とか）が，当然に期待される行動を行わなかった，あるいは，期待に反する行為を行った，ということにほかならず，行為者の心理状態とは異なるのではないか，という疑問が出てくる。——ここにもう1つの問題が登場する。

◆近時における故意・過失の定義

　そこで，現在の学説は，故意または過失とは，「行為をする者が，その種類の行為をする者に通常期待される結果回避の義務に違反すること」と定義するようになっている（もっとも，様々な学説が様々な定義を行っている）。

　そして，この**結果回避義務**の発生の共通要件として，**結果の予見可能性**があげられる。自分がある種の行為を行ったことによって，ある結果が発生することが予見不可能であるときには，結果を回避する手段を講じることは期待できないからである。たとえば，ある薬剤の投与が原因となって，ある病気が発生したとする。このとき，当時の科学水準でその薬剤の投与によってその病気が発生することが予見可能であるならば，結果を回避すべく，その薬を投与してはならないという義務を考えることができる。しかし，予見できないのならば，そもそも回避しようという意識が働く可能性はない。

　もっとも，通常の医師ならば，そのことを知っていたが，その医師が不勉強で知らなかった，ということは言い訳にはならない。そうすると，実際に予見していたことではなく，予見可能であったことでたりることになる。しかし，医師ならば当然に知っているべきであるといえても，通常の人ならばそうはいえない，ということはある。したがって，ここでも，その行為者の類型・その状況に照らして，**予見義務**があったかどうかが議論されることになる。

　このような予見義務があるか（そして，その義務を尽くしていれば現実の予見が可能であった），現実の予見があったかした場合には，次に結果回避義務

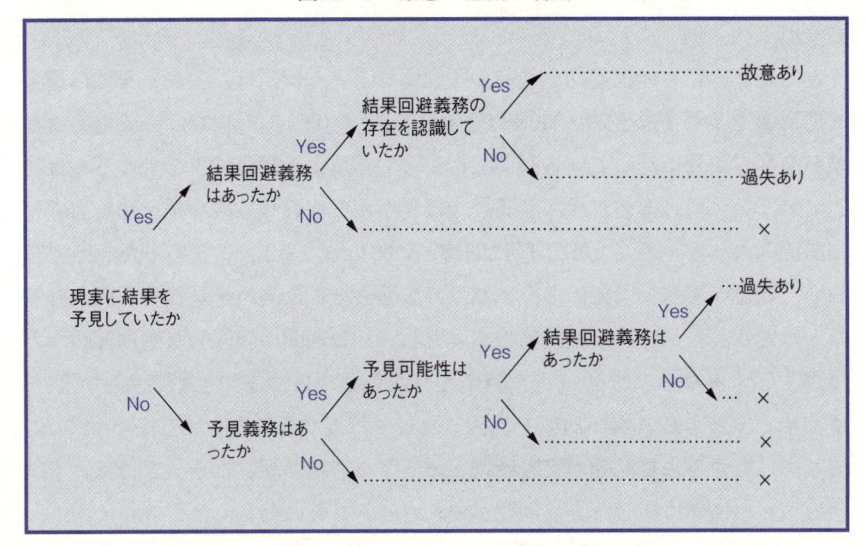
図10-1 故意・過失の判断

の存否が判断されることになる。

そして，結果回避義務が存在する場合で，行為者に現実の予見があり，かつ，結果回避義務の存在も行為者が認識していた場合には，故意ありと評価される。予見義務はあったが（そして，その義務を尽くしていれば現実の予見が可能であった），現実の予見がなかったときで，結果回避義務が存在している場合，または，現実の予見はあったが，結果回避義務の存在を認識していなかった場合には，過失あり，ということになる。

少しごちゃごちゃしているので，図にして整理しておこう（図10-1）。

◆予見義務の存否の判断

そうすると，予見義務や結果回避義務の存否をどのようにして判断するかが，問題となる。抽象論としては次のようにいうべきであろう。

まず，予見義務は，

①その種類の行為がもつ一般的・抽象的危険性

②その行為者の職業・地位など

③予見義務を課すことにより犠牲にされる利益

を総合考慮してその存否が決定される。

くわしくは後に述べることとして，ここでは，2，3の具体例を示しておこう。

たとえば，新しい医薬品を製造・販売するという行為は，生命・身体に重大な悪影響を及ぼす一般的・抽象的危険性が高い（①）。そして，一般消費者は製薬会社が薬局に卸している医薬品によって，重大な健康被害を受けるとは考えていない。言い換えれば，製薬会社はきちんと検査し危険な薬を消費者向けに販売しないということが一般に期待されている（②）。こういった判断過程から，新薬の製造・販売にあたっては，製薬会社には高い予見義務が課されることになる。しかし，予見義務の内容として，長期間の徹底的な動物実験などを課すとするならば，せっかく開発された新薬がいつまでも患者の手に渡らず，治せるかもしれない病気を放置しなければならなくなってしまう（③）。そこで，むやみに長期間の実験義務という予見義務が課されるべきではなく，治る病気の種類に応じた実験期間が要求されることになる。

これに対して，同じ新薬の販売についてであっても，街の薬局の薬剤師には，厚生労働省から認可され，市販の対象となっている薬の販売行為がもつ一般的・抽象的危険性（①），街の薬局の薬剤師の役割に対する一般的期待（②）から考えると，市販対象となっている薬剤について様々な実験をして副作用の発生を予見する義務は課されていないと考えるべきであろう。

◆結果回避義務の存否の判断

次に，結果回避義務は，

①結果（権利・法的保護利益侵害）の生じる蓋然性

②上記の結果が生じた場合の損害の重大性

③結果回避義務を課すことにより犠牲にされる利益

を総合考慮してその存否が決定される。

上で用いた薬害の例を続けると，副作用が生じることがわかっても，その発生率が問題となる。

たとえば，10人に1人の確率で副作用が生じるとしよう（①）。このとき，その副作用の具体的内容が，服用者の死亡であり（②），服用で治る病気が筋肉痛であるならば（③），その結果を回避すべく，その薬剤を製造・販売しないという義務が課されることになる。

しかし，10人に1人の確率で副作用が生じるとしても（①），このときの副作用の内容が身体のかゆみであり（②），服用で治る病気がガンであるならば（③），結果回避義務は生じない。

確率が10万人に1人ということならば（①），副作用の内容が服用者の死亡であっても（②），服用で治る病気がある程度重いものであるならば（③），結果回避義務なしということになるかもしれない。

また，③の判断にあたっては，代替手段との関係も問題となる。たとえば，ガンの治療にも様々な手段がある。ある薬aに副作用があるとき，別の薬bを使うことによって，どれだけ効果が落ちるのか，あるいは，プラスの費用がかかるのかが重要である。このときは，薬aを使うことと患者を放置しておくこととを比べて，③が判断されるのではない。薬aを使うことと薬bを使うことが比較され，aを用いることをやめ，bを用いることによって失われる利益を③の内容として判断するのである。

◆正当防衛など

Aは自分に殴りかかってきたBを突き倒し，怪我をさせた。このようなとき，正当防衛とよばれ，Aが不法行為責任を負わないことはよく知られているし，常識でもわかるだろう。このことも，すでに説明した結果回避義務の判断枠組みから説明することができる。つまり，結果回避義務を課されることに

Case 19

最高裁昭和41・6・23判決（民集20巻5号1118頁）

　衆議院議員総選挙に立候補し，落選したXにつき，Y新聞社は，殺人の前科等を指摘する記事を掲載したところ，Xが，Yに対して，慰謝料の支払いなどを求めて，訴えを提起。判決は次のようにいう。

　「民事上の不法行為たる名誉毀損については，その行為が公共の利害に関する事実に係りもっぱら公益を図る目的に出た場合には，適示された事実が真実であることが証明されたときは，右行為には違法性がなく，不法行為は成立しないものと解するのが相当であり，もし，右事実が真実であることが証明されなくても，その行為者においてその事実を真実と信ずるについての相当の理由があるときには，右行為には故意もしくは過失がなく，結局，不法行為は成立しないものと解するのが相当である（このことは，刑法230条の2の規定の趣旨からも十分窺うことができる。）」。

よって犠牲にされる利益は，Aが殴られるということであり，「結果回避義務を課すことにより犠牲にされる利益」が大きいので，Aに故意または過失はない，ということができるのである。

もっとも，Bが殴りかかってきたので，Aがもっていたナイフでめった刺しにしたというのでは，犠牲にされる利益（＝殴られないという利益）に比べ，生じる結果（＝相手の死亡）が大きすぎる。また，他に方法があるとき（たとえば逃げる），わざわざ相手方を傷つけることを容認しなくてもよい。

民法720条1項本文は，「他人の不法行為に対し，自己又は第三者の権利又は法律上保護される利益を防衛するため，やむを得ず加害行為をした者は，損害賠償の責任を負わない。」としているが，これは以上のような考えに基づくわけであり，Aの故意または過失の存在が否定される場合を類型化して示した

Case 20・21

高松高裁昭和34・11・10判決（民集16巻2号407頁）
東京地裁昭和45・2・27判決（判時594号77頁）

前者は，小学生の鬼ごっこ中の事故である。小学校2年生Aが友だちと鬼ごっこをしているとき，小学校1年生のBに，おんぶして走ってくれるよう頼んだところ，Bは，Aをおぶって走ろうとして転倒し，骨折した。Bの親Xが，Aの親Yに対し，監督責任を根拠に損害賠償を請求し，提訴した。

判決は次のように述べ，Xの請求を認めなかった。

「小学児童が遊放時間中に学友同士『鬼ごっこ』等の遊戯をしてよくふざけ合うことは公知の事柄であるが，Aも遊放時間中に『鬼ごっこ』をして他の学友から追っかけられたり逃げたりして遊んでいたものであるところ偶々逃げるに際しBに背負われて逃げようとしたところ，Bはこれを承諾して背負ったのであるから，B自身もその時右の遊戯に加わったものとみなければならない。しかるところ右のような遊び（「鬼ごっこ」）の性質上，背負われて逃げようとすれば普通の場合と違って背負われ方が多少乱暴になることは止むを得ないことであるし，またAがBに走るよう促したとしても右遊戯の性質上当然の事柄であるから，Bが右のように背負うことを承諾し遊戯に加わったものである以上，遊戯行為の一員としてAの右程度の行為による結果は甘受すべきであると解すべく，したがってAの右行為も客観的にみて，条理上是認しうべきものであって違法性を欠く」。

後者は，いわゆるママさんバレーの事例である。Xは，小学校のママさんバレーの練習中，スパイクを打ったあと転倒したYに，ぶつかられ怪我をしたので，Yに対し損害賠償を求めて，訴えを提起した。判決はXの主張を認めず，次のようにいう。

ものととらえることができる。これを**正当防衛**という。

　また，Bの犬に襲われたAが，Bの犬を傷つけたというとき，AがBに損害を賠償しなければならないというのも，結果回避義務に関する③の判断要素に照らして妥当でない。

　そこで，民法720条2項は，「他人の物から生じた急迫の危難を避けるためその物を損傷した場合」も同様に損害賠償義務を負わない，としている。これを**緊急避難**という。

　それ以外にも，不法行為の成立が否定される場合として，伝統的に，**正当業務行為**（医師が手術のため患者にメスを入れる場合や，警察官が犯人を取り押さえる場合など），一定範囲の**自力救済**（奪われた鞄を自分で取り戻す場合など）があげられる。しかし，これらもすでに述べた結果回避義務の存否につい

　「一般に，スポーツの競技中に生じた加害行為については，それがスポーツのルールに著しく反することがなく，かつ通常予測され許容された動作に起因するものであるときは，そのスポーツの競技に参加した者全員がその危険を予め受忍し加害行為を承諾しているものと解するのが相当であり，このような場合加害者の行為は違法性を阻却するものというべきである。」

　しかし，反則行為の場合は別であり，東京地裁平成28・12・26判決（裁判所ウェブサイト）では，サッカーの試合中（東京都社会人サッカーリーグ4部）の事故であっても，その行為は「競技規則12条に規定されている反則行為のうち，不用意，すなわち注意，配慮又は慎重さを欠いた状態で相手競技者を蹴る行為であるとか，相手競技者に飛びかかる行為であると判定され，あるいは著しく不正なファウルプレー，すなわちボールに挑むときに相手方競技者に対して過剰な力を加えたものであると判定され，退場処分が科されるということも考えられる行為であったと評価でき」，「本件行為は，社会的相当性の範囲を超える行為であって，違法性は阻却されない」として，約240万円の賠償を命じている。

　総じて，スポーツにおける事故について加害者に賠償が命じられる事例が増えていると指摘されており，たとえば，東京高裁平成30・9・12（裁判所ウェブサイト）では，バドミントンのダブルスで後衛のプレーヤーがバックハンドでラケットを振ったところ，それが前衛のプレーヤーの左目に当たり，負傷したという事件で，約1300万円の損害賠償を命じている。正式な試合ではないことも考慮されているかもしれない。

　スポーツに参加する際の保険加入の必要性が説かれている。

ての判断枠組みに照らして，結果回避義務なし，とされる場合にほかならない。とりたてて，特別のものだと考える必要はない。

　若干異なるのは，スポーツや遊戯中の事故の場合である。バレーボールでスパイクを打つ。強いスパイクを打てば，敵の選手は突き指をしてしまうかもしれない。スパイクを打つことをやめても，アマチュアバレーならば，損害が生じるわけではない。しかし，スパイクを打つことをやめて，相手選手の突き指の危険性を回避する義務が存在するわけではない。このときには，行為の社会的な正当性ゆえ，過失の存在が否定されると考えるべきであろう。公共の利害に関する事実に係る事柄を，もっぱら公益を図る目的で明らかにした際の名誉毀損の成否についても，同様である。

4　損害発生と因果関係

◆損害発生の必要性

　わが国の民法上，不法行為責任が発生するのは，損害が発生したときだけである。たとえば，Aが，Bの土地を勝手に横切ったとする。私も，オープンの駐車場になっているところを，勝手に横切ることはしばしばある。このAの行為はBの所有権を侵害する行為である。しかし，そのこと自体，すなわち無断侵入自体は一般的には不法行為にならない。Bに何らの損害も生じないからである。

　英米法では，このような場合，10ドルといった名目的な損害賠償を認める。Aの行為がBの権利を侵害する行為であることを判決手続において明らかにしてもらう，そのこと自体に訴えの意義を認めているのである。

　これに対して，わが国の民法における不法行為制度は，あくまで生じた損害を填補することを目的としており，Aの行為の違法性を裁判所に宣言してもらうということは，不法行為制度およびそれに基づく裁判の役割とはされていない。したがって，損害が発生しないと，不法行為自体が成立しないことになっているのである。

　もっとも，損害賠償を請求する側の主観的な目的が，生じた損害を賠償してもらうことではなく，相手の行為が違法であることを裁判所に宣言してもらう，という点にあることも多い。そして，そのような訴訟はだんだんと増えて

きているといわれる。しかし，そのような場合でも，生じた損害の賠償を請求するというかたちを形式的にはとるのである。

ここにいう損害には，精神的損害を含む。精神的ショックとか，悲しみとか，恐怖とか，そういったものを受けたことによる精神的なダメージである。

◆因果関係の必要性

民法709条の文言をもう一度振り返ってみよう。

　　故意又は過失によって他人の権利又は法律上保護される利益を侵害した者は，これによって生じた損害を賠償する責任を負う。

ここには，2つの因果関係（原因と結果の関係）の必要性が規定されている。1つは，「故意又は過失」と権利・法的保護利益侵害との因果関係であり，もう1つは，権利・法的保護利益侵害と損害との因果関係である。

たとえば，次のような例を考えてみよう。

医師Aは，一定の確率で心筋梗塞を起こすおそれのある薬剤を，他の方法があるにもかかわらず，心臓の弱いBに処方した。これは，過失のある行為である。そして，Bは実際に心筋梗塞を起こし，死亡した。生命・身体という権利の侵害が生じたわけである。ところが，解剖の結果，心筋梗塞の原因はまったく別のところにあることが判明した。

このときは，「故意又は過失」と死亡という権利・法的保護利益侵害との因果関係は存在せず，したがって，不法行為とはならない。たしかに，Aの行為はよくないことだが，自分が生じさせたわけではない結果について責任を負わなければならないわけではない。当然であろう。

また，Cが，Dというソバ屋について，「あそこは客の飲み残した汁をもう一度使っている」という虚偽の風説を流し，Dの営業権を侵害したとする。しかし，同時期に，Dの主人が賭博で逮捕され，営業ができず，売り上げをあげられなくなった。

たしかに，故意・過失があり，権利・法的保護利益侵害は生じた。しかし，損害はまったく別の理由から生じたのであり，このときも，Cは損害賠償責任を負わないことになる。

故意・過失ある行為

　　　　↓

　　権利・法的保護利益侵害

　　　　↓

　　損害発生

という因果の流れが必要なわけである。

　ただし，注意しなければならないのは，因果関係をもって生じた損害のすべてが賠償対象となるとはかぎらないことである。これは後にくわしく述べることにする。

5　証明責任

◆原則としての証明責任の分配

　ここまで，一般不法行為の成立要件について説明してきた。ここで，もう一点重要なことを述べておきたい。それは，損害賠償を求める側が，これら各要件の存在を裁判上証拠に基づいて証明していかなければならない，ということである。

　BがAに対して不法行為に基づく損害賠償を請求しようとすると，

　①Aが故意または過失による行為をしたこと

　②Bの権利・法的保護利益が侵害されたこと

　③Bに損害が生じたこと

　④Aの故意・過失ある行為とBの権利・法的保護利益侵害，Bの権利・法的保護利益侵害とBの損害，それぞれの間に因果関係のあること

これらすべての証明責任が，損害賠償を求める側に課されるのが原則である。

　このことの意味は，自分を損害賠償を求められる側に立たせて考えてみるとわかる（→22〜23頁）。

　ある人から，「あなたの行為のせいで私は損害を受けた」と主張されたとする。あなたは，「私が何をして，そのどこが悪いのか。それによってあなたにどんな損害が生じたのか，ちゃんと説明してほしい」と答えたいだろう。とくに，悪いことをしていたという意識がないときはそうである。そこで，損害賠

新潟地裁昭和46・9・29判決（下民集22巻9＝10号別冊1頁）──

　因果関係の証明責任を緩和した例として著名なのは，新潟水俣病に関する事件である。新潟県阿賀野川流域でとれた魚を食べていた付近の住民Ｘらが，有機水銀中毒症（いわゆる水俣病）となった。Ｘらは，その原因は，Ｙ会社が廃液を阿賀野川に放出したことにあるとして，Ｙ会社に対して損害賠償を求めて訴えを提起した。しかし，因果関係の証明は難しい。判決からその難しさをまず聞こう。

　「因果関係論で問題になる点は，通常の場合，①被害疾患の特性とその原因（病因）物質，②原因が被害者に到達する経路（汚染経路），③加害企業における原因物質の排出（生成・排出に至るまでのメカニズム）であると考えられる。ところで，①については，被害者側において，臨床，病理，疫学等の医学関係の専門家の協力を得ることにより，これを医学的に解明することは可能であるとしても，……そのためには，相当数の患者が発生し，かつ，多くの犠牲者とこれが剖検例が得られなければ，明らかにならないことが多く，②については，……化学物質には全く外観上確認できないものが多いため，当該企業関係者以外の者が排出物の種類，性質，量などを正確に知ることは至難であるばかりでなく，これが被害者に到達するまでには，自然現象その他の複雑な要因も関係してくるから，その汚染経路を被害者や第三者は，通常の場合，知り得ないといえよう（……）。そして，③にいたっては，加害企業の『企業秘密』の故をもって全く対外的に公開されないのが通常であり，国などの行政機関ですら企業側の全面的協力が得られない限り，立入り調査をして試料採取することなどはできず，いわんや権力の一かけらももたない一般住民である被害者が，右立入り等をすることによりこれを科学的に解明することは，不可能に近いともいえよう。」したがって，「因果関係の環の一つ一つにつき，逐次……被害者に右の科学的解明を要求することは，民事裁判における被害者救済の途を全く閉ざす結果になりかねない。」

　以上の事情から，判決は次のようにいう。「本件のような化学公害事件においては，被害者に対し自然科学的な解明までを求めることは，不法行為制度の根幹をなしている衡平の見地からして相当ではなく，前記①，②については，その状況証拠の積み重ねにより，関係諸科学との関連においても矛盾なく説明できれば，法的因果関係の面ではその証明があったものと解すべきであり，右程度の①，②の立証がなされて，汚染源の追求がいわば企業の門前にまで達した場合，③については，むしろ企業側において，自己の工場が汚染源になり得ない所以（ゆえん）を証明しない限り，その存在を事実上推認され，その結果すべての法的因果関係が立証されたものと解すべきである。」

　その後，最高裁も，「訴訟上の因果関係の立証は，一点の疑念も許されない自然科学的証明ではなく，経験則に照らして全証拠を総合検討し，特定の事実が特定の結果発生を招来した関係を是認しうる高度の蓋然性を証明することであり，その判定は，通常人が疑を差し挟まない程度に真実の確信を持ちうるものであることを必要とし，かつ，それで足りる」としている（最高裁昭和50・10・24判決（民集29巻9号1417頁））。

償を請求する側は，証拠に基づいて，上記の①から④を立証しなければならない。立証できなければ，あなたは，「ほら見たことか。言いがかりなんだよ」といいたい。これが，すべての証明責任が，損害賠償を求める側に課されるのが原則だということの意味であり，理由なのである。

ところが，大企業が関係してきたり，マスコミで広く（はっきりいえば一方的なかたちで）取り上げられた事件だったりすると，「工場の煤煙で健康被害が生じたことは明らかなのに，企業が責任を認めないのはおかしい」とか，「企業の側こそ，自分の責任ではないと立証すべきではないか」などといわれることがある。しかし，何かいわれたら，そのつど，自分で「やっていない」という証拠を出さなければならないという制度はまったくおかしい。原則としては，損害賠償を請求する側にすべての証明責任が課されるのである。

◆証明責任の緩和・転換

しかしながら，損害賠償を請求していく側に，厳格な証明責任を課すると，実際上，ほとんど救済を受けられないという事態も生じてしまう。

医療過誤を考えてみよう。手術室で手術がされた。このとき，どのような事態で，どのようなことがされたのか（あるいは，されなかったのか）を，手術室にいなかった者が証明していくのはきわめて困難である。

また，交通事故である人が死んでしまったとする。遺族が損害賠償を請求できるのだが，実際，どういった状況であったのかは，遺族にはなかなかわからない。

そこで，様々な分野で，被害者の証明責任を軽減する方策がとられている。あとで各種の不法行為に即して説明していく。しかし，これはあくまで例外であり，原則として，賠償を請求していく側にすべての証明責任があることは，確認しておいてほしい。

6　不法行為の効果

◆原則としての金銭賠償

民法709条は「損害を賠償する責任を負う」としており，722条1項は，「第417条……の規定は，不法行為による損害賠償について準用する。」としてい

る。そこで，417条を見てみると，「損害賠償は，別段の意思表示がないときは，金銭をもってその額を定める。」としている。以上から，不法行為の効果は，基本的には金銭による賠償であることがわかる。ある一定の価値をあらわすのに，金銭がもっとも普遍的だと考えられるからである。

したがって，ここに，損害の価値を金銭に評価するというプロセスが登場する。

その実際は，後に述べることにして，ここでは，もう1つ，賠償すべき損害の範囲を確定するというプロセスも必要であることを説明しておきたい。

たとえば，あなたが，P社の株式を1000万円分購入しようと思って，ある証券会社に向かっていたとする。ところが，そのとき，Aの運転する自動車に轢かれ，全治3か月の重傷を負って，病院に担ぎ込まれた。この事故はまったくAの過失によるものであった。ところが，P社の株式は，その後，急騰し，そのときに1000万円分を購入していたら，600万円の利益をあげるはずであった。また，あなたが病院に担ぎ込まれたと知った，あなたの家族は，あわてて自分で自動車を運転して病院に向かった。ところが，その自動車も交通事故を起こしてしまい，家族も怪我をした。

この例において損害はいろいろ生じている。あなたの治療費，休業にともなう所得の喪失だけでなく，P社の株式で利益が得られなかったのも，交通事故があったからである。あなたの交通事故がなければ，家族は病院へと自動車で

Case 23

東京地裁昭和61・9・16判決（判時1206号7頁）

　宣伝映画製作会社の従業員Xらは，Y会社のヘリコプターをチャーターし，コマーシャル・フィルムを撮影していたが，Y会社従業員の操縦ミスによりヘリが墜落。幸い怪我だけですんだが，墜落時にはもはやこれまでと思っていた。そこで，Xらは，怪我の治療費，休業補償だけでなく，「死の瞬間に直面してはかりしれない精神的ショックを受けたことに対する慰謝料各500万円」の支払いをYに求めた。

　判決は，「墜落に伴う死の恐怖感は瞬間的なものであるけれども，本件と同程度の通院加療期間を要する傷害を生ずる通常の交通事故の事例に比べても被害者に対しては深甚で重大な精神的苦痛を与えるものとして，受傷による通常の慰謝料とは別個にそれ自体として評価・算定されるべき」である，とした。

　死の恐怖に対する慰謝料を認めたものとして，注目されている。

向かわなかっただろうから，家族が交通事故を起こしたのも，あなたが交通事故にあったことと，原因と結果の関係にある。

　しかしながら，以上のような損害が，すべて賠償の対象となるのはおかしいだろう。たしかに，Aは交通事故を起こした。しかし，だからといって，買うはずであった株式の値上がり益や，いわんやお見舞い中の事故によって生じた損害まで賠償しろというのはAに酷である。

　それでは，いったいどこまでの損害が賠償の対象となるのであろうか。

◆損害賠償範囲の確定

　同じような話は，債務不履行における損害賠償の範囲についても存在した。そして，そこでは，民法416条が賠償範囲を定めており，結局，債務不履行をすれば生じるであろうことが債務者が予見すべき損害だけが賠償の対象とされていた（→328〜332頁）。

　ところが，不法行為については，民法416条のような明文の規定がない。しかし，因果関係だけを追っていくと無限にでも広がりかねない損害について，その賠償の範囲を適切なところにとどめるという点では同じことであるので，判例は，民法416条を不法行為についても類推適用するという立場をとっている。

　ただ，注意すべきなのは，民法416条で画されるのは，一定の権利・法的保護利益侵害から生じた損害のうちどれだけが賠償の範囲になるかという問題である。

　ここらあたりは理論的で難しい話だが，例をあげてみよう。

　Aが，自分の庭に農薬をまくことにした。一定の臭気が周りに漂うことは認識していたが，それは，短時間だし，近所との関係で許されることだろうと考えた。そして，法的な評価としても，かりに臭気だけならば，短時間であり，それによってもたらされる便益との関係でも結果回避義務ありとされるものではなかった。ところが，当日は風向きの関係で，農薬の一部がBの洗濯物にも飛んでいき，その洗濯物にシミを付けてしまった。これは，風向きを考えると，予見すべきものであり，別の日に行えば他所に散ることもなかったのだから，結果回避義務もあるとされるものであった。

　さて，このようなとき，不法行為は成立する。Aは，自分の行為により，B

の洗濯物にシミが付くことを予見すべきであり，その結果を回避すべき義務を負っていたから，過失があると評価される。そして，その過失ある行為から，Bの洗濯物の所有権が侵害されたわけである。この洗濯物の所有権の侵害という権利・法的保護利益侵害から発生した損害のうち，どれだけが賠償の範囲に入ってくるかは民法416条の類推適用により決せられる。

それでは，臭気が漂ったことによる権利・法的保護利益侵害（生活妨害）から生じた損害の賠償をBは請求できるだろうか。予見可能性だけいえば，農薬をまくと，臭気が漂うことはわかっていたのだから，悪臭による生活妨害から生じた損害も賠償されるべきもののように思われる。しかしながら，臭気の発生については，結果回避義務なしとされているのに，別の権利・法的保護利益侵害（洗濯物の所有権の侵害）が生じたときには，臭気による生活妨害から生じた損害についても賠償せよというのは妙である。臭気による生活妨害は回避しなくてよかったはずなのである。

そうであるならば，賠償の対象となる損害とは，行為との関係で結果回避義務が課される権利・法的保護利益侵害から生じた損害だけであり，その範囲が民法416条の類推適用によって画され，結果回避義務の課されていない，異なる権利・法的保護利益侵害から生じた損害については賠償の対象とならないと考えるべきだということになる。

結局，発生した損害を権利・法的保護利益侵害ごとに考えるということである。かなり理論的な話であるが，落ち着いて考えてみてほしい。

◆例外としての差し止めなど

しかし，金銭による損害賠償だけでは，十分に被害者を救済できないことがある。このうち，民法は，まず，名誉毀損について，損害賠償以外に，「名誉を回復するのに適当な処分」を裁判所が命じうることにしている（723条）。

具体的には，謝罪広告を載せるよう命じることがある。

しかし，名誉毀損やプライバシーの侵害があってから，謝罪広告を載せられたのでは，侵害された名誉は完全には元に戻らないし，プライバシーの侵害の事例ならば，私事が公表されてしまったという点はまったく元に戻らない。そこで，あらかじめ，名誉毀損やプライバシー侵害の記事を載せることをやめさせられないかが問題になる。これが差し止めである。

差し止めは，公害などでも問題になる。騒音が続いている。すでに生じた損害については賠償を求めることができるが，それによっては平穏な生活は回復できない。そこで，騒音を出すこと自体を差し止められないか，それが不法行為に対する救済として認められないか，が問題になってくるわけである。

差し止めが認められることもある。しかし，その要件はなかなか難しい。ここでは，名古屋新幹線訴訟（名古屋高裁昭和60・4・12判決（判時1150号30頁））を紹介しておこう。

事件としては単純であり，新幹線が通ることにより平穏が害されるとして，新幹線の走行差し止めを求めたものである。

判決は次のようにいう。

差止請求の場合の受忍限度は損害賠償請求の場合の受忍限度よりも更に厳格なものでなければならないと解すべきである。けだし，差止は，過去に生じた損害の賠償と異なり，加害事業に対する直接の規制を内容とするものであるから，それに対応した高い程度の違法性の存することが必要だからである。

（中略）

右受忍限度の判断については，Xらの拠って立つ法益が人身であるのに対し加害行為とされるYの列車運行も公共性のある行為であって，何れ

Case 24

東京高裁平成13・2・15判決（判時1741号68頁）

芥川賞受賞の著名作家Yのある小説は，知人Xをモデルとするものと考えられるものであり，その中で，Xの顔には大きな腫瘍があり，何回も手術を受けたが治癒しないことなどを記載するとともに，その腫瘍に関し，かなり苛烈な表現を重ねていた。

そこで，Xは，本件小説が，Xのプライバシーを侵害するとともに，Xの名誉感情を傷つけているとして，損害賠償とともに，出版の差し止めを求めて，Yおよび出版社を相手取って訴えを提起した。

判決は，Xが一学生にすぎず，本件小説の具体的叙述も公益にかかるものではないこと，Yが著名な作家であり，出版社もわが国有数のものであることを指摘し，出版がされると，Xの精神的苦痛を倍加させ，平穏な日常生活や社会生活を送ることが困難になるおそれがあり，その被害の防止のためには，事後的賠償ではたりず，出版等による公表を事前に差し止める必要性が極めて大きいとして，Xの請求を認めた。Yは，さらに上告したが，平成14年9月24日に上告棄却となり，判決は確定した。

か一方が社会的に非難排斥せられるべきものというのではないから，必然的に当事者双方の側の諸事情を考慮すべきこととなる。かかる考慮を要すべき主要な事項は次のとおりである。

　（一）侵害行為の態様・程度

　（二）被侵害利益の性質・内容

　（三）侵害行為の公共性

　（四）いわゆる発生源対策（減速を含む。）

　（五）いわゆる障害防止対策

　（六）いわゆる行政指針

　（七）地域性

　（八）他の交通騒音との比較

（中略）

　東海道新幹線が開通してから20年を経過し，新幹線はわが国社会に定着し，高速かつ安全な交通機関として年々1億以上の乗客に利用され，社会生活のうえに占めるその重要性はおおうべくもないのであり，その公共性は極めて高度のものであるといわざるを得ない。

（中略）

　当裁判所は，一方において，本件新幹線騒音振動の態様・程度，Ｘらの受けている被害の性質・内容，他方において，東海道新幹線のもつ公共性の内容・程度，Ｙに対する差止によって生ずる影響を比較衡量し，新幹線営業開始後の騒音振動暴露量の変動，Ｙがこれに対してとり来った発生源対策，障害防止対策及びその将来の予測，行政指針，Ｘらの居住地の地域性，新幹線騒音振動の他の交通騒音振動との比較等を総合考慮した結果，東海道新幹線の現在の本件7キロ区間における運行状況（従ってこれに基く騒音振動の暴露）は，差止との関係においてＸらが社会生活上受忍すべき限度を超えるものではない（違法な身体権の侵害にならない）と判断する。

7　特殊な不法行為

◆共同不法行為

さて，ここまで，1人の加害者が不法行為を行った例を前提に説明をしてきた。しかし，加害者が複数の場合もある。

この場合について，民法719条1項前段は，「数人が共同の不法行為によって他人に損害を加えたときは，各自が連帯してその損害を賠償する責任を負う。」としている。

そして，同条2項は，「行為者を教唆した者及び幇助した者は，共同行為者とみなして，前項の規定を適用する。」としている。

典型的には，共謀して不法行為を行った場合である。AとBとが，夜中こっそりとCの機械を壊そうとした。Aが見張りに立ち，BがハンマーでCの機械を壊した。このとき，Bの行為と，Cの機械が壊れたこととの間には因果関係がある。これに対して，Aの行為とCの機械の損傷との間には因果関係はない。いくら見張りをしていても，Cの機械は壊れない。

しかし，このような場合，AとBとに連帯責任を負わせるのが妥当であろう。このように，それぞれの当事者個人個人は完全にはすべての損害を引き起

Case 25

最高裁平成13・3・13判決（民集55巻2号328頁）

　Aは自転車に乗っているとき，タクシーに衝突したが，運び込まれたY病院の措置が悪く，死亡した。そこで，Aの両親Xが，Y病院に対して損害賠償を求め，訴えを提起した。これも，運転者と病院との共同不法行為となる。

　問題は，このとき，運転者と病院とは，どのような割合で責任を負うか，である。条文上からは，全額につき連帯責任となるはずだが，双方に全額の賠償義務を負わせるのは衡平に反するようにも思われる。

　しかし，判決は，「各不法行為者の結果発生に対する寄与の割合をもって被害者の被った損害の額を案分し，各不法行為者において責任を負うべき損害額を限定することは許されない。」とした。

　これが，交通事故と医療事故との競合（同時ではなく順次の不法行為であり，それぞれの過失内容がまったく異なる）についてのみの判断なのか，より一般的に，寄与の割合により責任額を分担するという考え方一般を否定するものかは，まだ不明である。

こしているわけではないが，共謀して行為を行っているときには，すべての損害についてそれぞれの当事者に賠償責任を負わせようというわけである。

　上述の例では「共謀」といったが，民法719条1項第1文にいう「数人が共同」したというためには，共謀にまで至らなくても，他人と共同して行為をしていることを認識して行為をすればたりる，と理解されている。

　また，同条2項は，教唆（そそのかし）および幇助（助ける）をした者は，共同行為者であるとしている。

　こういった場合を，**主観的関連共同性**がある場合，という。

◆客観的関連共同性

　問題となるのは，上記の事例のように，各人が意思に基づいて共同行為をしたわけではないが，各人の行為があいまって損害が生じた場合である。

　典型的には，工業地帯において，各工場が煤煙を排出しているが，その煤煙があいまって地域住民に健康被害を生じさせたという場合である。これら工場が，石油化学コンビナートを形成しており，一体となっていれば，すでに述べた主観的関連共同性がある場合だと考えることもできようが，まったく独立の工場が各自操業していたときはそうもいえない。しかし，これらの煤煙排出行為は，被害者の目から見れば一体をなしているものであり，一体として被害を生じさせたわけであるから，民法719条1項第1文に従って，連帯して損害賠償責任を負わせるべきであろう。このように各行為者に共同行為についての認識はないが，加害行為に客観的一体性がある場合を，**客観的関連共同性**のある場合という。

　もっとも，この条文をそのまま適用すると，ごくごく少量の煤煙しか排出していない工場も，健康被害すべてについて賠償責任を負うことになる。これは妙であるということで，客観的関連共同性しかない場合については，ある者の行為が，発生した損害の原因となった程度が著しく小さいときは，その者の損害賠償責任の範囲は縮減されるとする考え方もある（もっとも，〈Case 25〉では，そのような考え方が否定されている）。

◆使用者責任の根拠

　ある会社の従業員がセールス中，脅迫を行った。そのため，セールスを受け

た人が，精神的なダメージを被った。このとき，たしかに，過失ある行為をしたのは，その従業員である。しかし，従業員に行為をさせたのは，その会社であり，その会社は従業員がセールス活動をすることによって儲けている。このようなときには，会社が自らの営業行為の過程で相手方に損害を与えたととらえることもできる。

そこで，民法715条1項本文は，

> ある事業のために他人を使用する者は，被用者がその事業の執行について第三者に加えた損害を賠償する責任を負う。

としている。これを**使用者責任**という。

もちろん，被害者は，脅迫をした被用者（従業員）自身に対して損害賠償を求めていくこともできる。しかし，被用者より使用者は資力があることが多く，使用者に責任を追及していったほうが，実際の救済が受けられやすいという面がある。

もっとも，同項ただし書は，「ただし，使用者が被用者の選任及びその事業の監督について相当の注意をしたとき，又は相当の注意をしても損害が生ずべきであったときは，この限りでない。」としている。ここからすると，使用者が責任を負うべきなのは，選任・監督にあたって使用者自身に過失があったからという理由によるようでもある。しかし，判例上，ただし書に該当する場合はほとんど認められていない。選任・監督をしっかりやっていたという使用者の主張の正当性を認めないのである。そこで，使用者は被用者の不法行為（したがって被用者の行為が不法行為の要件を満たしていることが前提とされる）に基づいて責任を負うのであり，自己の行為，つまり選任・監督における過失に基づいて責任を負うのではないと考えられている。

◆外形理論

もっとも，民法715条1項が，「その事業の執行について」という制限を置いていることに注意したい。

たとえば，ある会社の従業員が，休みの日に遊園地に行っているときに，けんかをして，第三者に怪我をさせたとする。このようなときに使用者が責任を負うわけではない。あくまで，使用者は，被用者を介して行うみずからの事業の執行にあたって損害を生じさせたときのみ，賠償責任を負うのである。

ところが，「その事業の執行について」という要件を厳格に解釈すると，使用者責任の成立する余地はほとんどなくなる。不法行為そのものを事業にしている会社はないからである。ある会社の従業員がセールス中，脅迫を行ったという例でも，脅迫行為だけをとらえれば，事業執行そのものではありえない。とくに，脅迫によって，自分のために相手から金を巻き上げようとした場合はそうである。

　そこで，判例は，次のようにいう（最高裁昭和40・11・30判決（民集19巻8号2049頁））。

最高裁平成16・11・12判決（民集58巻8号2078頁）

　暴力団員の不法行為について，組長の責任を使用者責任に基づいて問えないか，については下級審にいくつかの判決が現れていたが，近時，最高裁判決が下された。

　広域暴力団であるＡ組は，総本部（一次組織），総本部員を組長とする直系団体（二次組織），二次組織組員が組長となる三次組織等からなるピラミッド型組織を形成している。このうちの三次組織のＢ組の組員Ｃは，対立する暴力団Ｄ組の組員を殺害しようとして，Ｄ組系暴力団のＥ組事務所前で警戒配備していた警察官Ｆを，Ｅ組組員と誤認し射殺してしまった。Ｆ警察官の妻子X₁らが，Ａ組の組長であるＹに対し，使用者責任に基づく損害賠償を求めて提訴。判決は次のようにいう。

　「Ｙは，Ａ組の下部組織の構成員を，その直接間接の指揮監督の下，Ａ組の威力を利用しての資金獲得活動に係る事業に従事させていたということができるから，ＹとＡ組の下部組織構成員との間には，同事業につき，民法715条1項所定の使用者と被用者の関係が成立していたと解するのが相当である。」そして，「上記の諸点及び①暴力団にとって，縄張や威力，威信の維持は，その資金獲得活動に不可欠のものであるから，他の暴力団との間に緊張対立が生じたときには，これに対する組織的対応として暴力行為を伴った対立抗争が生ずることが不可欠であること，②Ａ組においては，下部組織を含むＡ組の構成員全体を対象とする慶弔規定を設け，他の暴力団との対立抗争に参加して服役した者のうち功績のあった者を表彰するなど，その資金獲得活動に伴い発生する対立抗争における暴力行為を賞揚していたことに照らすと，Ａ組の下部組織における対立抗争においてその構成員がした殺傷行為は，Ａ組の威力を利用しての資金獲得活動に係る事業の執行と密接に関連する行為というべきであり，Ａ組の下部組織の構成員がした殺傷行為について，Ｙは，民法715条1項による使用者責任を負う者と解するのが相当である。」

　いくら暴力団でも殺傷そのものが事業とはいえない。しかし，殺傷行為が資金獲得活動に密接に関連することを，いろいろな事実から認定したのである。

民法715条にいわゆる「事業ノ執行ニ付キ」とは，被用者の職務執行行為そのものには属しないが，その行為の外形から観察して，あたかも被用者の職務の範囲内の行為に属するものとみられる場合をも包含するものと解すべきで……ある（……）。これを被用者が取引行為のかたちでする加害行為についていえば，使用者の事業の施設，機構および事業運営の実情と被用者の当該行為の内容，手段等とを相関的に斟酌し，当該行為が，(い)被用者の分掌する職務と相当の関連性を有し，かつ，(ろ)被用者が使用者の名で権限外にこれを行うことが客観的に容易である状態に置かれてい

最高裁平成27・4・9判決（民集69巻3号455頁）──
最高裁平成28・3・1判決（民集70巻3号681頁）──

前者は，小学校の校庭で，ゴールネットが張られたサッカーゴールに向かって，小学生Aが放課後，フリーキックの練習をしていたところ，サッカーボールがゴールの後ろの高さ1.3メートルの門を超えて，外の道路に出てしまい，その道路を自動二輪車で進行していた老人Bが，サッカーボールを避けようとして転倒して負傷し，その後，死亡。Bの遺族は，Aの父母に民法714条1項に基づく監督者責任を根拠に，損害賠償を求めて訴えを提起した。

第1審は，「Aは，漫然と，ボールを本件道路に向けて蹴ったため，当該ボールを本件校庭内から本件道路上に飛び出させたのであるから，このことにつき，過失がある」ところ，Aには責任能力がないから，両親が民法714条1項により損害賠償責任を負う，とした。第2審も，Aは，「逸れれば校庭外に飛び出す方向へ，逸れるおそれがある態様でボールを蹴ってはならない注意義務を負っていた」とし，同様の結論を示した。

これに対して，最高裁は，両親の責任を否定。「責任能力のない未成年者の親権者は，その直接的な監視下にない子の行動について，人身に危険が及ばないよう注意して行動するよう日頃から指導監督する義務があると解されるが，本件ゴールに向けたフリーキックの練習は，上記各事実に照らすと，通常は人身に危険が及ぶような行為であるとはいえない。また，親権者の直接的な監視下にない子の行動についての日頃の指導監督は，ある程度一般的なものとならざるを得ないから，通常は人身に危険が及ぶものとはみられない行為によってたまたま人身に損害を生じさせた場合は，当該行為について具体的に予見可能であるなど特別の事情が認められない限り，子に対する監督義務を尽くしていなかったとすべきではない」ところ，Aの父母は，「危険な行為に及ばないよう日頃からAに通常のしつけをしていたというのであり，Aの本件における行為について具体的に予見可能であったなどの特別の事情があったこともうか

るとみられる場合のごとときも，被害者の保護を目的とする民法715条の法意ならびに前示判例の趣旨にかんがみ，外形上の職務行為に該当するものと解するのが相当である。

　これを**外形理論**とよんでいる。簡単にいえば，厳密には職務行為でなくても，外形上，職務行為と見えるような行為の場合には，事業の執行について行ったとされる，というわけである。

がわれない」から，監督義務者としての義務を怠らなかった，とした。

　ゴールに向けてボールを蹴るな，蹴るときは必ず枠内に蹴れ，というのも無理な話であり，本来は，小学校の設置者である市の責任が問われるべき事案であろう。

　後者は，認知症で，独力で日常生活を送ることはほぼ不可能な状態になり，要介護4の認定を受けていたA（91歳）が，かねての徘徊癖から勝手に外出し，踏切に立ち入り，列車と衝突し，死亡。JR東海は，その事故によって被った損害の賠償を，妻のY_1および子のY_2からY_5に求めた。Y_1からY_5は，民法714条1項にいう監督義務者に該当するというわけである。

　第1審は，妻であるY_1と長男Y_2を監督義務者と認定し，賠償義務を負わせた。Y_2は，Aが徘徊するようになって，A宅に玄関センサーを設置していること，Aの遺族代表として対応していること，Aの財産の重要な部分を相続したこと，A死亡以前から，Aの介護方針や介護体制を決定し，妻をAの介護に従事させ，頻繁に報告を受けていたことから，監督義務者とされたのである。これに対して，第2審は，Y_2については監督義務者であることを否定したが，Y_1については，夫婦間には協力扶助義務（752条→617頁）の内容としてAを監督する義務を負うとし，また，事故当日，玄関センサーの電源を切っていたことから，監督義務の不履行があるとし，Y_1のみに責任を認めた。

　しかし，最高裁は，「精神障害者と同居する配偶者であるからといって，その者が民法714条1項にいう『責任無能力を監督する法定の義務を負う者』に当たるとすることはできない」とし，Y_1が「法定の監督義務者に準ずべき者に当たるということはできない」として，Y_1の責任をも否定した。

　Y_1も当時85歳であり，いわゆる老々介護である。たしかに，Y_1に責任を負わせるのは酷であるが，被害者をどのように救済すべきかという問題は残る。

◆監督者責任

すでに述べたように，過失とは，「行為をする者が，その種類の行為をする者に通常期待される結果回避の義務に違反すること」と定義される。

しかし，「その種類の行為をする者に通常期待される結果回避の義務」があるとされても，その義務を履行することが期待できない者もいる。幼児や精神障害者がそれである。

そこで，民法712条および713条は，未成年者および精神障害者について，「自己の行為の責任を弁識するに足りる知能を備えていなかったとき」（判例は，だいたい12歳くらいを基準としている），「自己の行為の責任を弁識する能力を欠く状態にある」ときには，不法行為責任を負わないとしている。もっとも，酒を飲んで前後不覚に陥り，自動車事故を起こしたというのでは，その時点で，「自己の行為の責任を弁識する能力を欠く状態にあ」ったからといって免責するのはおかしい。そこで，民法713条ただし書は，「故意又は過失によって一時的にその状態を招いたときは，この限りでない。」としている。当然であろう。

しかし，被害者から見ればたまったものではない。そこで，民法714条は，未成年者や精神障害者を監督する義務のある者，具体的には，親や後見人などが，かわって損害賠償責任を負うとしている。また，子に責任能力があっても，親の監督義務違反があれば，親は責任を負う。

もっとも，親や後見人の監督義務をあまり高度に設定するのも現実に合わない。しかし，逆に，被害者は泣き寝入りせざるをえないというのも困る。難しいバランスとりが要求される（→562頁〈Case 27・28〉）。

II　いくつかの具体例

1　薬　　害

◆要件判断の具体例

　ここまで，一般不法行為の成立要件・効果を，とくに特定の権利侵害事例に限定することなく，説明してきた。以下では，これまでの説明を踏まえて，いくつかの類型について，より具体的に検討していく。

　実は，たとえば過失相殺など，一般的に説明すべき事項のなかにも説明が終わっていないものがある。しかし，それらについての説明は，それぞれがよく問題となる類型のなかで行っていく。また，すでに説明したことも，それぞれの類型のなかでさらに展開して検討していく。

　最初に取り上げるのは，薬害であり，具体的には，東京スモン判決を見ていく。

　スモン病とは，キノホルムという胃腸薬が，脊髄・視神経・末梢神経障害を引き起こす病気であり，被害者が，各地で製薬会社と国とを相手取って損害賠償の請求訴訟を提起した。

　そのうち，東京で起こされた裁判の第一審判決は，昭和53年 8 月 3 日，東京地方裁判所で下された（判時899号48頁）。

　本当にキノホルムを服用することでスモン病へとつながるのか，いったい販売当時の科学水準で危険性をどこまで認識することができたのか。これらは，すべて化学の知識を十分に用いながら明らかにしなければならない事項であり，素人の被害者にとっても，そのようなことの立証は困難であるし，裁判官もその判断をするのは難しい。というわけで，本判決は，100万字以上の詳細なものである。これを手にするだけでも，薬害訴訟の難しさがわかる。

　さて，ここでは，過失の存否の判断についての具体例として本判決を見ておこう。

◆予見義務の存否・予見可能性

判決は，次のようにいう。

医薬品を製造・販売するにあたっては，なによりもまず，当該医薬品のヒトの生命・身体に及ぼす影響について認識・予見することが必要であるから，製薬会社に要求される予見義務の内容は，(1)当該医薬品が新薬である場合には，発売以前にその時点における最高の技術水準をもってする試験管内実験，動物実験，臨床試験などを行なうことであり，また，(2)すでに販売が開始され，ヒトや動物での臨床使用に供されている場合には，類縁化合物も含めて，医学，薬学その他の関連諸科学の分野での文献と情報の収集を常時行ない，もしこれにより副作用の存在につき疑惑を生じたときは，さらに，その時点までに蓄積された臨床上の安全性に関する諸研究との比較衡量によって得られる当該副作用の疑惑の程度に応じて，動物実験あるいは当該医薬品の症歴調査，追跡調査などを行なうことにより，できるだけ早期に当該医薬品の副作用の有無および程度を確認することである。

そして，次に予見義務を果たしていれば，実際に予見できたか否かを判断する。

前記のように，昭和31年（1956年）1月以前において，キノホルムのヒトに対する神経障害を疑わしめるに足る副作用報告は，グラヴィッツ，バロスの2例にとどまるとはいえ，(1)その後1964年のゴルツに至るまでの間に同様の報告が見当たらないことが，1日の投与量および投与期間の点から十分説明がつくうえに，(2)デーヴィッド警告をはじめとするキ剤投与のヒトに対する危険性の指摘，(3)キノホルムその他ハロゲン化8ハイドロキシキノリン製剤の動物への投与実験，in vitro 実験，右以外の8ハイドロキシキノリンおよびアミノキノリン類の動物に対する同様の実験，ヒトについての臨床資料などから窺われる右各薬剤に起因する神経毒性を疑わしめる報告および(4)脂溶性を有する腸内殺菌剤としてのキノホルムが相当量消化管から吸収されることによる（いわば抽象的な）危険性に鑑みれば，本件キノホルム製剤の製造・販売にかかわるY会社らは，同剤の製造を開始した昭和31年1月の時点において，前記の文献調査および他の関係製薬会社に対する副作用情報の提供依頼の措置等を講ずるこ

とにより，キ剤の投与によるヒトにおける「神経障害」の発生の危険性を予見することが可能であった（。）

◆結果回避義務の内容

それでは，結果回避義務は課されるか，課されるとすると，どのような義務であったか。次のように述べる。

およそ本件キノホルム製剤に限らず，その適応症が多岐にわたるとされるものに関し，いかなる結果回避措置を講ずべきかについては，適応症とされる各疾病(しっぺい)に対する当該薬剤の治療上の価値と製造開始時までまたはその後に判明した副作用の危険の度合（重篤度(じゅうとく)，頻度，回復可能性，副作用の疑いの程度）とを比較衡量して決すべきものといわなければならない。

そして，

前記キノホルムの投与による副作用発現の疑惑の程度，当時アメーバ赤痢に対する治療上の価値が高いと考えられていたこと，非アメーバ性下痢へのキ剤投与を行なうべきでない旨のデーヴィッド警告などを考慮すると，Y製薬会社らは，昭和31年（1956年）1月以降，本件キノホルム製剤の製造・販売を開始するにあたり，少なくとも，能書(のうがき)の記載，医師へのダイレクト・メール，プロパーが医師を個別に訪問した際の口頭での伝達あるいはマスコミなどの手段を通じて，本件キノホルム製剤の適応症をアメーバ赤痢に限定するとともに（……），バロスらによる両下肢(かし)の知覚・運動障害の認められた2症例を公表し（1日の投薬量，投与期間の制限およびそれ以上服用すればバロスらの報告例に見られるような神経障害を生ずる惧(おそ)れがある旨を明示し），併(あわ)せて右適応症以外の疾病の治療のための内用に供してはならない旨，また，もし右神経障害の徴表が発現したときは直ちに投薬の中止を考慮決定すべき旨の，指示・警告をなすことを要し，かかる指示・警告付でのみその製造販売が許され得たものといわなければならない。

ところが，Y製薬会社は，かえって，副作用はまったく見られない，小児や高年者にも使用できる，などと説明していたのであり，結果回避義務に違反しているとされた。

判断がきわめて専門的なものになること，また，結果回避義務といっても，もたらされる便益との関係で，必ずしも「売らない」という義務が課されるわけではないことに注意してほしい。どのような結果回避義務が課されるかも，その義務が課されることによって犠牲にされる利益との関係で判断されるわけである。

2 医療過誤

◆請求権の競合

医療ミスにより損害を被った，と主張する場合も，過失の立証，因果関係の立証等にあたって，高度の専門的な知識が必要になる。また，手術中の医療事故などでは，事実の問題としても，患者がどのような状態にあったのか，そのとき，どのような措置が行われたのか，を知ることすら難しい。

理論的にも興味深い問題がある。

病院に行って診療を受ける。これは，契約に基づくものである。準委任契約（656条。法律行為以外のことを相手に頼んでいるから）だと解されている。この診療契約においては，医師は，患者の病気を必ず治す義務を負っているわけではない。治らない病気だってある。ただ，医師として，きちんと注意して，適切な治療行為を行う義務を負っているのである。

たとえば，間違えた薬を注射するという医療過誤が生じたとすると，この診療契約上の義務に医師が違反したことになる。したがって，患者側は，契約違反，すなわち債務不履行に基づいて，医師に対して損害賠償を請求することができる。民法415条に基づくわけである（→321頁以下）。

ところが，医師の過失に基づいて，患者の生命・身体が毀損されたと考えれば，これを不法行為と見ることもできる。

判例は，このいずれの構成でも，損害賠償請求ができると解しているが，それでは，いずれが患者側にとって有利であろうか。

◆立証すべき内容

医療過誤訴訟においては，当初，医師の不法行為責任を問うという事例が多く見られた。ところが，これに対して，医師の債務不履行責任を問うべきだ，

という意見が出されてきた。

この意見は，次のような考えのもとに主張されたものであった。すなわち，不法行為に基づく損害賠償請求訴訟においては，被害者が，加害者の過失について証明責任を負う（→550〜552頁）。これに対し，債務不履行に基づく損害賠償請求訴訟においては，債権者が債務者の債務不履行の事実を立証すれば，債務者のほうでみずからの責めに帰すべき事情のないことを立証しないかぎり，債務不履行責任を免れないと理解されている。そうすると，債務不履行構成をとったほうが被害者に有利である，というわけである。

しかしながら，現在では，証明責任に関しては，債務不履行構成に有利な点はない，といわれている。医療過誤訴訟において，患者側が医師の不法行為責任を追及しようとすると，「こういった病気で，手術中に血圧が低下したら，こういった注射をすべきであったのに，それをしなかった」というように，具体的な行為義務とその違反を主張・立証していくことになる。ところが，債務不履行責任を追及する訴訟においても，それはまったく同じになる。具体的な債務内容が明らかにされなければ，債務不履行の事実を立証することはできない。そして，それは結局，「こういった病気で，手術中に血圧が低下したら，こういった注射をすべきであった」というかたちで債務内容をはっきりさせ，「しかし，それをしなかった」と義務違反の事実を主張する。まったく不法行為の場合と同じになってしまうのである。

というわけで，医療過誤訴訟においては，現在でも不法行為に基づく損害賠償請求のかたちがとられることが多い。

◆医療水準との関係

医療過誤においては，その当時の医療水準との関係が問題になることも多い。いわゆる未熟児網膜症訴訟で典型的に争点となった。

未熟児で出生すると，保育器に入れられる。未熟児は呼吸能力，肺能力とも不十分であるので，保育器の中は酸素濃度が濃くなっている。ところが，酸素濃度を濃くすると，網膜に異常が生じ，場合によっては失明に至ることがわかってきた。そして，それに対処する方法も，いろいろ研究されてきた。

しかし，その後は一般的な医療方法となったが，医療を行った時点では，学界の最先端で議論されていたにすぎない状態であったような場合，すべての医

師にその方法を行わなければならないという義務を課することはできない。もちろん，すでに一般的になっているという方法を，知らないで用いないならば，それは義務違反である。

最高裁の判決から引用しておく（最高裁平成7・6・9判決（民集49巻6号1499頁））。

> （診療契約を締結した医師は，）人の生命及び健康を管理すべき業務に従事する者として，危険防止のため経験上必要とされる最善の注意を尽くして，……（患者の）診療に当たる義務を負担したものというべきである（……）。そして，右注意義務の基準となるべきものは，診療当時のいわゆる臨床医学の実践における医療水準である（。）

さて，

> 当該疾病の専門的研究者の間でその有効性と安全性が是認された新規の治療法が普及するには一定の時間を要し，医療機関の性格，その所在する地域の医療環境の特性，医師の専門分野等によってその普及に要する時間に差異があり，その知見の普及に要する時間と実施のための技術・設備等の普及に要する時間との間にも差異があるのが通例であり，また，当事者もこのような事情を前提にして診療契約の締結に至るのである。したがって，ある新規の治療法の存在を前提にして検査・診断・治療等に当たることが診療契約に基づき医療機関に要求される医療水準であるかどうかを決するについては，当該医療機関の性格，所在地域の医療環境の特性等の諸般の事情を考慮すべきであり，右の事情を捨象して，すべての医療機関について診療契約に基づき要求される医療水準を一律に解するのは相当でない。そして，新規の治療法に関する知見が当該医療機関と類似の特性を備えた医療機関に相当程度普及しており，当該医療機関において右知見を有することを期待することが相当と認められる場合には，特段の事情が存しない限り，右知見は右医療機関にとっての医療水準であるというべきである。そこで，当該医療機関としてはその履行補助者である医師等に右知見を獲得させておくべきであって，仮に，履行補助者である医師等が右知見を有しなかったために，右医療機関が右治療法を実施せず，又は実施可能な他の医療機関に転医をさせるなど適切な措置を採らなかったために患者に損害を与えた場合には，当該医療機関は，診療契約に基づく債務不履行

責任を負うものというべきである。また，新規の治療法実施のための技術・設備等についても同様であって，当該医療機関が予算上の制約等の事情によりその実施のための技術・設備等を有しない場合には，右医療機関は，これを有する他の医療機関に転医をさせるなど適切な措置を採るべき義務がある。

この判決は，債務不履行について述べているが，不法行為を理由として損害賠償が求められているときも同様である。

◆インフォームド・コンセント

紀元前5世紀から4世紀にかけてのギリシャの医師，ヒポクラテスは，医聖とよばれ，現在の医学，医師倫理にも大きな影響を及ぼし続けている。ヒポクラテスは，患者には何も教えないほうがよいという立場をとっていた。悪い状況を教えると，患者は快方へと向かわないし，素人判断をしがちである。

こういった考え方は，かなり広く浸透していた。ところが，第二次世界大戦中にナチスが行った人体実験について，戦後，裁判が行われるにあたって，研究対象となる者の自発的承認が絶対的に必要であるとの立場が表明され（ニュールンベルク綱領），やがてこれが患者一般の権利の問題としてとらえられるようになった。そして，1973年，アメリカ病院協会が，「患者の権利章典」を採択・公表し，そこで，「患者は，自分の診断・治療・予後について完全な新しい情報を自分に十分理解できることばで伝えられる権利がある」とされた。

ここから，さらに議論は精緻化していき，患者は十分な説明を受け，それに同意したときのみ，その患者に対する医療行為をすることが認められるのであって，それ以外は，患者の身体に対する侵害になるとも考えられるようになったのである。

しかし，抽象論としてそのとおりだとはいえても，病名の告知が患者に悪影響を及ぼすことがあるのはたしかである。そして，それがうまく作用したときには，そもそも紛争にならないことが多い。ところが，胆のうガンの患者に対して，安心させるために，胆石症だと告げ，それがために，患者が病院に来なくなったということになれば，その後，争いが生じうる。きちんとガンだと告げてくれたならば，手術を受けたのに，というわけである。

この微妙な問題が争われた事件において，判例は，次のようにいっている

（最高裁平成 7 ・ 4 ・25判決（民集49巻 4 号1163頁））。

　A 医師にとっては，B は初診の患者でその性格等も不明であり，本件当時医師の間では癌については真実と異なる病名を告げるのが一般的であったというのであるから，同医師が，前記 3 月 2 日及び16日の段階で，B に与える精神的打撃と治療への悪影響を考慮して，同女に癌の疑いを告げず，まずは手術の必要な重度の胆石症であると説明して入院させ，その上で精密な検査をしようとしたことは，医師としてやむを得ない措置であったということができ，あえてこれを不合理であるということはできない。

　もっとも，B が A 医師の入院の指示になかなか応じなかったのは胆石症という病名を聞かされて安心したためであるとみられないものでもない。したがって，このような場合においては，医師としては真実と異なる病名を告げた結果患者が自己の病状を重大視せず治療に協力しなくなることのないように相応の配慮をする必要がある。しかし，A 医師は，入院による精密な検査を受けさせるため，B に対して手術の必要な重度の胆石症であると説明して入院を指示し， 2 回の診察のいずれの場合においても同女から入院の同意を得ていたが，同女はその後に同医師に相談せずに入院を中止して来院しなくなったというのであって，同医師の右の配慮が欠けていたということはできない。

また，

　B に対して真実と異なる病名を告げた A 医師としては，同女が治療に協力するための配慮として，その家族に対して真実の病名を告げるべきかどうかも検討する必要があるが，同医師にとっては，B は初診の患者でその家族関係や治療に対する家族の協力の見込みも不明であり，同医師としては，同女に対して手術の必要な重度の胆石症と説明して入院の同意を得ていたのであるから，入院後に同女の家族の中から適当な者を選んで検査結果等を説明しようとしたことが不合理であるということはできない。そして，前記認定事実によれば，B がその後に A 医師に相談せずに入院を中止したため，同医師が同女の家族への説明の機会を失ったというのであるから，結果として家族に対する説明がなかったとしても，これを同医師の責めに帰せしめることは相当でない。

　およそ患者として医師の診断を受ける以上，十分な治療を受けるために

は専門家である医師の意見を尊重し治療に協力する必要があるのは当然であって，そのことをも考慮するとき，本件において右の経緯の下においては，A 医師が B 及び X に対して胆のう癌の疑いがある旨の説明をしなかったことを診療契約上の債務不履行に当たるということはできない。

3　自動車事故

◆自動車損害賠償保障法の制定

「不法行為による損害賠償」と聞いて，最もピンと来るのは，交通事故の場合であろう。

交通事故による死傷者は，戦後，急速に増加した。一家の大黒柱が交通事故で死亡し，遺族が生活に困るという事態も続出した。

もちろん，不法行為に基づく損害賠償請求はとれるのだが，第1に，運転者の過失の立証は，被害者が死亡しているときにはなかなか困難であることも多かったし，また，少なくともしばしば時間がかかった。第2に，不法行為責任を問うことができても，加害者に資力がなく，結局，賠償を受けられないという事態も生じた。自動車台数が少ないとき，その保有者はしばしば金持ちではあったが，運転手はそうでもないこともある。

そこで，1955年に，**自動車損害賠償保障法（自賠法）**が制定されるに至った。上記の2点を解決しようとするものである。

第1の点については，同法3条1項が次のように規定した。

　　　自己のために自動車を運行の用に供する者は，その運行によって他人の生命又は身体を害したときは，これによって生じた損害を賠償する責に任ずる。ただし，自己及び運転者が自動車の運行に関し注意を怠らなかったこと，被害者又は運転者以外の第三者に故意又は過失があったこと並びに自動車に構造上の欠陥又は機能の障害がなかったことを証明したときは，この限りでない。

まず，第1文を民法709条と比較してみよう。民法709条は，「故意又は過失によって」としていた。ところが，自賠法3条1項1文には，そういった限定がない。運転者側に過失がなく，また，自動車に不良はなく，かえって，相手方に故意または過失があるときにかぎって責任を負わないことになっている

のである。実際には無過失責任に近い。

　そして，以上のように運転者側が責任を負わないための要件を立証する責任
は，運転者側に負わされる。「ただし」以下に書かれているということは例外
にあたるということだから，例外にあたることを主張する側に，その証明責任
が課されるのである。

　第2の点については，各自動車について，必ず**自動車損害賠償責任保険**
（または**責任共済**）に加入させることにし，加害者に資力がないときも，被害
者に最低限の補償が確保されるようにした。現時点で，死亡による補償は，
3000万円まではこの保険で確保されるようになっている（自動車損害賠償保
障法施行令2条1号イ）。いわゆる強制保険であり，車検のときに同時に契約
を締結する仕組みになっている。

　また，すでにあげた自賠法3条1項の文言を見ると，賠償責任を負う者
が，「自動車を運行の用に供する者」とされ，運転者とは区別される概念と
なっていることがわかる。たとえば，雇われの運転者は資力に乏しいが，その
雇い主には支払能力があるとする。このようなことが多いことは，『ちびまる
子ちゃん』の花輪クンちの「ヒデじい」と，花輪クンちの関係を考えればわか
る（あるいは，『謎解きはディナーのあとで』における宝生麗子と影山）。事故
自体は運転者の過失によって生じたものであっても，自分の利益のために自動
車を運転させている者は，その事故によって生じた損害について責任を負うべ

Column 49

製造物責任 —————

　同じく，被害者の立証責任の軽減を図ったものに，製造物責任法がある。「PL 法」
という言葉を新聞等で見かけたことのある人は多いであろう。PL とは，Product Lia-
bility の頭文字をとったものであり，製造物責任のことである。

　製品に欠陥があり，怪我をしたり，また，それが火災の原因になったりしたとき，
資力のあるメーカーの責任を問うためには，その製品に欠陥があることだけでなく，
その欠陥がメーカーの故意または過失により生じたものであることなど，様々な立証
責任が被害者に課される。これは，事実上困難であるとして，製造物責任法は，「当該
製造物の特性，その通常予見される使用形態，その製造業者等が当該製造物を引き渡
した時期その他の当該製造物に係る事情を考慮して，当該製造物が通常有すべき安全
性を欠いていること」のみを立証すれば，直接に故意または過失を立証しなくても，
製造業者等に対して損害賠償請求ができることを定めたのである。

きであるというわけであり，被害者の救済のためなのである。

◆過失相殺

　不法行為一般で問題になるのだが，実際に損害賠償額が算定されるにあたっては，被害者側の事情が考慮されることがある。1つは，過失相殺であり，民法722条2項がこれを規定している。

　　　被害者に過失があったときは，裁判所は，これを考慮して，損害賠償の
　　　額を定めることができる。

というわけである。

　たとえば，たしかに自動車を運転していたAの前方不注意はあった。しかし，Bも赤信号の横断歩道で飛び出したのであり，Bにも責められるべき点はある。このようなとき，Bの過失に応じて損害賠償額を減額するのである。

　ただし，ここでいう「過失」は，これまで説明してきた民法709条にいう「過失」とは異なる。被害者の「過失」の有無は，加害者の責任を軽減してもよい事情があるかどうか，という観点から判断される。したがって，幼児の飛び出しなどについても，幼児は飛び出してもその責任を追及することはできないが（それが原因で自動車どうしの衝突が生じても，幼児みずからは責任を負わない），飛び出しは危ないということがわかる程度の年齢に達していれば（「事理弁識能力がある場合」という。もの事の道理がわかる，ということである），過失相殺にいう「過失」ありとされる。

　さらには，厳密には「被害者に過失があったとき」にあたらなくても，過失相殺の法理が用いられ，損害賠償額が減額されるときがある。具体的には，まず，被害者そのものではないが，被害者サイドに過失がある場合である。たとえば，夫の運転する自動車に妻が同乗していたところ，第三者が運転する自動車と衝突し，妻が怪我をした。このとき，夫に過失があれば，妻に認められる損害賠償額は減額される。次に，被害者がくよくよしやすいタイプであるといった要因が，その後の回復を遅らせ，損害を拡大したときにも，判例では，過失相殺の法理の類推適用により，損害賠償額が減額されうるとされる。

◆死傷による損害賠償

　さて，それでは，損害賠償額は具体的にはどのようにして算定されるのであ

ろうか。

　これは，一言でいえば，治療費等に加え，怪我や死亡がなければ稼げたはずの金額分が，損害賠償額とされるのである。

　たとえば，年収800万円，年齢45歳の人が，怪我をしたことにより労働能力が衰え，年収400万円になってしまったとする。そうすると，年々400万円ずつの損失が生じる。事故前の職業に照らし，いつまで働けるかを考えたとき，67歳までだと判断されれば，

　　400万円×22＝8800万円

が失われた利益ということになる。しかし，これを一時に加害者に支払わせると，被害者のとりすぎになる。なぜならば，上記の8800万円は22年かけて徐々に取得できるはずなのに，それを一時に手にすることができると，運用利息分をも取得できるからである。そこで，中間利息を控除することになる。

　判例は，ここでの中間利息の控除を，法定利率に基づいて行う（最高裁平成17・6・14判決（民集59巻5号983頁））。しかし，すでに説明したように（→332〜333頁），2017年改正によって，法定利率は変動制とされた（404条）。そうなると，法定利率に従って将来得られるはずの運用利息分は，将来にならないと計算できないはずだが，賠償の際に中間利息を一度に控除する必

Column 50

収入による損害賠償額算定の問題点

　現実に収入のある者が死亡した場合についても，将来の収入額については本当は不明な点が多い。

　未就労者になると，ますます不明である。原則として全労働者の平均賃金で算定するとしても，被害者が大学に進学しそうであれば，大卒者の平均賃金となるのか（実際，その主張を認めた例もあるが，成績表を裁判において示して，「合格確実であった」などと主張することになる）。

　また，男女差別も問題である。実は，未就労者の逸失利益の算定は，男子は男子平均賃金，女子は女子平均賃金と，分けて算定される。しかし，女児だからといって，男児より損害賠償額が少なくなるのはおかしい。そこで，全労働者の平均賃金を基本とすべきだとの考え方があり，そのような裁判例もある。

　日本よりかなり所得水準の低い国から旅行にきている外国人が，交通事故で死亡したときも，その国における賃金を基本とすると，貨幣価値の違いから，著しく少ない損害賠償額となる。これも問題だとの意見もある。

要があり，将来を待っているわけにはいかない。そこで，民法417条の2第1項は，「将来において取得すべき利益についての損害賠償を定める場合において，その利益を取得すべき時までの利息相当額を控除するときは，その損害賠償の請求権が生じた時点における法定利率により，これをする。」としている。理屈の上ではおかしいともいえるが，仕方がないという判断である。

　死亡による損害賠償の場合も，基本的に同様である。しかし，死亡の場合には，まず誰が損害賠償を請求できるのかが問題になる。死亡した者自体は損害

相続構成への道のり

　判例は，死亡者の損害賠償請求権が，相続人に相続されるという構成をとっているが，死亡したことによる損害賠償請求権をいったんは死亡者が取得するというのも妙な話である。死亡したときにはもはや権利主体ではないはずなのである。

　判例は，まず，傷害を受け，10日後に死亡した事例につき，10日間の間，被害者が傷害に基づく損害賠償請求権を有し，それが相続されるという構成をとったが，これでは，即死のときは説明がつかない。しかし，即死のときとそうでないときと違う構成をとるのもおかしいので，即死のときにも，死亡直前に，致命傷による損害賠償請求権が一瞬発生し，その次の瞬間に相続人に相続されるなど，技巧的な説明をした。

　その後は，判例は，理論的な説明をしないまま，当然に相続されるとの立場を示しているが，問題は残っている。

　また，慰謝料については，当初，判例は，当然に相続されるという立場をとらず，被害者が慰謝料請求の意思表示をした後に死亡した場合にかぎり，被害者に発生した慰謝料請求権が相続人に相続されるとした。そこで，ここにいう「意思表示」はどのようなものであるべきかが争われ，被害者がうわごとで，「残念残念」「口惜しい」「向こうが悪い」といったときは意思表示ありとされ，「助けてくれ」といったときは，意思表示がないとされるというばかばかしい話になった。現在では，慰謝料についても，判例は，当然に発生し，相続されるという考え方をとっている。

　もっとも，相続構成をとらなくても，たとえば，親が死亡したときは，未成年の子は扶養を受ける権利が侵害されたとして，加害者に損害賠償を請求していくこともできそうである。実際，諸外国には，親や夫が死亡したときにかぎり，扶養請求権を侵害されたとして，子や妻に損害賠償請求権を認めるところもある。しかし，子の死亡のときには，親には扶養請求権侵害が生じないので，せいぜい慰謝料請求しか認められないことになる。ところが，そうなると，幼児を死亡させたときと，大きな怪我をさせたときとでは，後者のほうが支払うべき額が大きくなるという不均衡も生じる。これもまた妙である。

賠償請求ができない。そこで，判例は，死亡した者にいったん損害賠償請求権が生じ，それが相続人に相続される結果，相続人が損害賠償を請求できるという考え方をとっている。

　以上のような考え方は，ある意味では，人間をもって所得を稼ぐ機械だと見て，傷害によりその性能が劣化したり，死亡により使用不能になる，としていることにほかならない。そして，そのような考え方自体にも批判は強いし，そのような考え方に立つときには，所得の多い者ほど多くの損害賠償を請求できることになり，このことを問題視する見解も強い。人の命は同価値のはずだ，というわけである。本章の扉に記した指摘について考えてみてほしい。

◆示談と後遺症

　交通事故などでは，損害賠償について，示談がされることも多い。つまり，加害者が被害者に対して一定の賠償額を支払うとともに，被害者は，その額を超える損害について賠償請求権を放棄する，という合意がされるわけである。民法695条の和解契約にあたる。

　ところが，示談した後に後遺症が発する場合がある。頭を打ったりしているときには，なかなか被害はわからず，しばらくして頭痛が起こり，場合によっては死亡に至る。

　合意からすれば，そのときにも，もはや死亡による損害賠償請求はできないはずである。しかし，このことは，しばしば衡平に反する。被害者は，お金がなく，治療費を得るためにも早々にいくらかの金銭がほしいときもあろう。

　判例は，次のようにいって，被害者を救済している（最高裁昭和43・3・15判決（民集22巻3号587頁））。

　　　全損害を正確に把握しがたい状況のもとにおいて，早急に小額の賠償金をもって満足する旨の示談がされた場合においては，示談によって被害者が放棄した損害賠償請求権は，示談当時予想していた損害についてのもののみと解すべきであって，その当時予想できなかった不測の再手術や後遺症がその後発生した場合その損害についてまで，賠償請求権を放棄した趣旨と解するのは，当事者の合理的意思に合致するものとはいえない。

　当事者の意思の解釈として，示談の対象範囲を狭めて解釈したわけである。

Ⅲ 事務管理と不当利得

1 事務管理

◆事務管理の存在理由

　不法行為制度は，契約によらないで，当事者間に債権債務関係を発生させるものであった。このように，合意によらないで，法律の定めによって，発生する債権を，法定債権とよぶことがある。民法には，不法行為以外にも，**事務管理**と**不当利得**という2つの制度が置かれている。以下，これらを簡単に見ておこう。

　まず，事務管理は，義務がないのに他人の事務を行った者に，一定の義務を負わせるとともに，他方で，その費用等の償還を受ける権利を与えよう，とする制度である。

　本来，他人の所有物に勝手に手を出すことは不法行為である。誰だって，他人の家の瓦を勝手に取り替えてはいけないことは知っている。しかし，Ａが長期の海外旅行中に台風が来て，Ａの家の瓦が飛んでしまったときに，このままではＡ宅が水浸しになってしまうと思って，隣に住んでいるＢが，工務店に頼んで瓦をふき直してあげたときはどうか。これを不法行為というのはあんまりである。そこで，まず，こういった行為は不法行為にならないことをはっきりさせる必要がある。

　それでは，不法行為ではないというだけでよいか。後に見る不当利得の問題として処理して，Ｂの行為によってＡの受けた利得はＢに返還しなければならないとするだけでよいかというと，これではまだ不十分である。たとえば，ふき直した瓦が再び台風で飛んでいってしまったとすると，Ａは結局，利得をしていないことになって，不当利得制度によればＢは費用を払ってもらえなくなる。しかし，それではＢがかわいそうであり，支出した費用は払ってもらえるようにしなければならない（702条）。また，不法行為でないとしても，本質的には他人の物に勝手に手を出していることには変わりはないのだか

ら，なるべくAの意思にそうようにやりなさいとか（697条），一度手を出したらきちんと続けて管理しなさいとか（700条），Aに連絡がついたらすぐに何をやったかを知らせなさいとか（699条），Bにも一定の義務を負わせてよい。

そこで，いくつかの条文が用意されるわけである。

2　いろいろな不当利得

◆契約法・物権法のバックアップシステム2

たとえば，AとBとの間でAの所有する家屋の売買契約が締結され，BはAに代金5000万円を支払ったうえ，引渡しを受け，そこに1か月居住したとする。ところが，この契約は錯誤によるものであるとして取り消された。とすると，契約は最初から存在していなかったことになるので（121条），Bは無権原でそこに居住していたことになるし，Aが5000万円を受け取ったことにも根拠はないことになる。

AがBにその家屋の返還を求めることは，物権的請求権に基づいてもできる。売買契約がなかったことになったわけだから，その家屋の所有権はAからBへと移転していない。ずっとA所有のものだったのである。しかし，BだってAから5000万円を返してもらわないと困る。契約に基づいて代金として5000万円支払ったのに，契約がなかったのだからである。他方，Aだって，契約もないのに，自分の家屋にBが1か月住んだわけだから，家賃相当分としてそれなりの額は支払ってほしい。しかし，AB間に契約はないわけだから，債務不履行として処理することはできない。

そこで，こういった場合に，AがBから5000万円受け取ったことには「法律上の原因」がない，といって，また，BがA所有の家屋に1か月居住したことには「法律上の原因」がない，といって，それぞれが得た利益を返還させようとするのが，「不当利得」の制度である。

このように，不当利得の制度は，物権制度，契約制度のバックアップとして働いているのである。

◆公平の制度から類型論へ

もっとも，これ以外にも不当利得として処理すべき場合がある。たとえば，

AとBとが隣り合った水田をもっていたところ，境界が不明確になり，Bが
Aの水田の一部についても，自己の水田と間違えて稲刈りをし，収穫した米を
出荷したとする。

　もちろん，Bに故意または過失があれば不法行為として処理することもでき
る。しかし，Bが間違うのも無理のない事情があれば，不法行為にはならな
い。といっても，BがAの水田に生育した米についてまで売上金を取得でき
るのはおかしい。

　こういった場合にも，Bが，Aの水田に生育した米を取得するのには，「法
律上の原因」がないとして，利得分をBからAに返還させることになる。

　民法は，先に見た契約が取り消されたときの後始末の場合も，上記の水田の
場合も，民法703条以下により同じ規律に服させてきた。そして，不当利得制
度は，公平を確保するために，原因のない財貨の移転を調整する制度としてと
らえられた。

　しかしながら，現在では，法律上の原因なく給付がされた場合の返還の問題
と，他方の給付によらないで一方が法律上の原因なく利得した場合の返還の問
題とでは，あるべき処理方法が異なると解されている。民法の条文上は不当利
得という1つの制度であったが，いくつかの類型に分けて考えられてきたの
である。そして，これが後に述べるように2017年改正につながってくる。

　さて，どのような類型に分けるかには様々な学説があるが，ここでは，**他人
の財貨からの不当利得（非給付不当利得）**と**他人の給付による不当利得（給付
不当利得）**とに分けて考えていきたい。

◆他人の財貨からの不当利得（非給付不当利得）

　この場合は，民法703条，704条によって処理される。

　不当利得について知らなかった（善意の）受益者は，「利益の存する限度」
で返還すればよい。これを現存利益の返還という。いったん利益は受けたが，
それを浪費したような場合，もはや現存利益はないとされる。しかし，知って
いた（悪意の）受益者は，それが現存していようといまいとも，受けた利益に
利息を付して返還しなければならないし，それ以外に損害があるときは，それ
をも賠償しなければならない。

◆他人の給付による不当利得（給付不当利得）

　これに対して，給付不当利得の代表例として考えられてきた双務契約の無効・取消し・解除の場合は，かねて別の処理がされてきた。たとえば，すでにあげた AB 間の売買契約が取り消されたときを考えよう。このとき，民法703条をそのまま適用すると，受領した5000万円を，売買契約が取り消される前に，A がギャンブルですってしまっていれば，返還義務を免れることになりそうである。A は善意の受益者であり，現存利益がないからである。しかし，一方，B は家屋を返還しなければならないのに，他方，A からは金銭が返還されないというのでは，当事者間の公平に合致しない。このような場合，A は，いずれにせよ，全額の返還義務を負うというべきである。

　また，その家屋が B に責任のない火災で焼失したが，A は5000万円を保持しているという場合には，逆に，B だけが家屋の返還義務を免れることになる。これも妥当とはいえない。

　つまり，売買契約が取り消された場合の処理は，売買契約の巻き戻しであることを意識して，両当事者間にあたかも逆向きの売買契約が成立したときのように処理されるべきだ，と考えられてきたのである。

　2017年の改正で，このことは，民法121条の 2 として明文化された。その第 1 項は，「無効な行為に基づく債務の履行として給付を受けた者は，相手方を原状に復させる義務を負う。」というわけである（なお，取り消された行為は初めから無効であったことになるので（121条），取消しの場合にも上記の条文が適用される）改正点。もっとも，消費者が消費者契約法 4 条（→234〜235頁）に基づいて契約を取り消したときは，現存利益のみを返還すればたりることとしている（同法 6 条の 2 ）。使用してしまった分も返せ，ということになると，消費者は取消権の行使を妨げられてしまうからである。

　契約が解除された場合については，改正以前から，民法545条 1 項が，両当事者の原状回復義務を規定していた。無効や取消しの場合も，原則としては（例外は，無償行為の場合や意思能力の不存在や制限行為能力を理由とする取消しの場合），善意・悪意や現存利益の有無とは無関係に，原状回復義務を負うのである。

　もっとも，このような明文の規定ができたからといって，給付不当利得という類型のすべてが民法703条の適用外になったわけではない。他人の債務を自

分の債務と間違えて弁済した場合などが考えられる（「支出利得」という独自の類型を立てる見解もある）。

◆不法原因給付

給付不当利得については，もう1点，補足しておくべき点がある。**不法原因給付**である。

たとえば，麻薬の売買契約が行われ，買主から売主に100万円が支払われたとする。ところが，売主が麻薬を引き渡さないので，買主は売主に対し金銭の返還を求めた。このときは返還請求が認められない。

民法708条本文にあるとおり，「不法な原因のために給付をした者は，その給付したものの返還を請求することができない。」とされるのである。

このことの意味は，上記の例において，金銭の返還請求訴訟が提起された場合を考えればわかる。裁判所が，売主は買主に100万円を返還せよ，という判決を下すということは，まさに不法を行おうとした者に対して救済の手を貸すことにほかならない。不法を行おうとした者に対しては，裁判所は手を貸さないというのが，不法原因給付の返還請求は認めないという制度の理念なのである。

第11章
結婚と離婚

「二人の結婚は美しかつた。なぜなら，彼女は離婚する力を持つてゐたから。二人の離婚もまた美しかつた。なぜなら彼女は友だちとなれる心を持つてゐたから。」

——川端康成「離婚の子」『川端康成全集第1巻』（新潮社）

「薬指には銀色に輝く指輪が私を弾いてる」

——阿木燿子「絶体絶命」

Ⅰ　家族法を学ぶ前に

1　家族法の性格

◆財産法と家族法：違いのイメージ

　ここまでは，AがBに1000万円貸したとか，Cが債務を履行しなかったとか，いずれにせよ財産にかかわる事柄のルールについて述べてきた。これは，民法『第1編総則』，『第2編物権』，『第3編債権』にあるルールである。しかし，民法には，さらに，『第4編親族』，『第5編相続』がある。「親族」には，夫と妻の関係や親と子の関係などのルールが，「相続」には，ある人の死亡を原因とする財産承継についてのルールが規定されている。

　このように，民法は5編でできているのだが，第1編から第3編までと第4編・第5編とは，少し異なる感じがしないだろうか。具体的な内容に入る前に，まずは素朴なイメージを考えてみよう。

　AがBに対して100万円の債権を有している。逆にいえば，BはAに対して100万円の債務を負っている。このようなときは，AがBから100万円を支払ってもらえるようにルールが作られ，そして，実際に支払われれば，一件落着になる。AとBとは，多くの場合，ドライな取引関係にあるにすぎず，関係はそれで終わってしまう。

　これに対して，親子や兄弟姉妹で紛争が生じたときは，その紛争が解決しても，親子であり兄弟姉妹であり続ける。そうなると，ドライに割り切った解決をすればたりるわけではない。双方が納得し，関係を修復するようにしなければならないのである。

　少し補足しながら整理すると，次のようになる。

① 　親族間の紛争は，心理的なレベルでも解決されることが求められる。典型的には親子間の紛争であり，1つの紛争について，「法律によればこうなります」とばかりに強制的に解決しても，妥当な結果にはならない。親子であることには変わらないのだから，円満に，双方が納得したかたちで

解決されなければ，再び紛争が生じるし，没交渉の親子という悲しい事態
となる。離婚をするときにはどうでもよいと思うかもしれないが，子ども
がいれば，そうはいかない。父であること，母であることは，父母が離婚
をしても変わらない。そうであるならば，子の養育については協力できる
ようにしなければならない。

　さらに，とりわけ幼い子が関係するときは，その幸福を考えて解決が図
られなければならない。このためには，様々な事情を考慮できるルールが
必要になる。

② 　紛争がいったん解決しても，当事者の関係は継続する。そうすると，そ
の後の事情の変更にも対処することが必要になる。たとえば，離婚に際
し，夫は妻に月々8万円の養育費を支払うと合意されたとする。しか
し，その後，夫の給与が下がることもあれば，物価が上昇することもあ
る。そのときには適切な変更が必要になる。

③ 　また，以上のことに関連して，まずは話し合いが大切である。しかし，
親子であるか否かなどの紛争は，お互いで勝手に決めればよい問題ではな
いので，完全に当事者の自由に委ねるわけにはいかない。相対的な解決が
基本となる財産関係とは異なる。

　そういったわけで，民法の中でも，第4編・第5編は他とは区別して説明
されることが多い。そして，第1編から第3編までを**財産法**とよび，第4編・
第5編を**家族法**とよぶのである。

　そして，このような違いはイメージの問題にとどまらない。ルールそのもの
や紛争解決制度の違いがそこから導かれてくる。

◆家族法のルールの特徴

　まずは，協議の重視である。

　「協議」という言葉は，民法全体で19条にわたって登場するが，そのうち，
16条は第4編・第5編にある。当事者に話し合いをさせ，それがまとまらな
いとき，初めて裁判所が介入するのである。

　そして，協議をする，ということは，あらかじめ明確なルールが存在するわ
けではない，ということを意味する。明確なルールがあり，それに照らせば結
果が決まるのであれば，とくに協議をさせる必要はない。

例として，民法766条1項，2項を見てみよう。

① 父母が協議上の離婚をするときは，子の監護をすべき者，父又は母と子との面会及びその他の交流，子の監護に要する費用の分担その他の子の監護について必要な事項は，その協議で定める。この場合においては，子の利益を最も優先して考慮しなければならない。

② 前項の協議が調（ととの）わないとき，又は協議をすることができないときは，家庭裁判所が，同項の事項を定める。

もう1つ，民法768条をあげておこう。

① 協議上の離婚をした者の一方は，相手方に対して財産の分与を請求する

ことができる。

② 前項の規定による財産の分与について，当事者間に協議が調わないとき，又は協議をすることができないときは，当事者は，家庭裁判所に対して協議に代わる処分を請求することができる。ただし，離婚の時から2年を経過したときは，この限りでない。

③ 前項の場合には，家庭裁判所は，当事者双方がその協力によって得た財産の額その他一切の事情を考慮して，分与をさせるべきかどうか並びに分与の額及び方法を定める。

双方とも，まず協議である。協議がうまくいかないときは，家庭裁判所が定めるわけだが，その基準は曖昧である。民法766条の定める基準は，せいぜい「子の利益を最も優先」するというだけであり，民法768条では，「当事者双方がその協力によって得た財産の額その他一切の事情」となっている。

こういったわけで，家族法の規定は，客観的なルールが欠如しているという点で，財産法のルールとはかなり異なるものとなっている。

2 紛争処理制度の特殊性

◆家庭裁判所

紛争解決制度にも特殊性がある。

裁判制度の仕組み全般については，すでに説明した（→23〜26頁）。しかし，そこでも断ったように，家庭内の紛争や，相続などをめぐる親族間の紛争については，少し異なる裁判制度になっている。

異なる制度であることが最も端的に示されるのは，**家庭裁判所**の存在である。

家庭に関する紛争について専門の裁判所が必要であることは，大正時代から説かれていた。しかし，それが実現し，家庭裁判所が設立されたのは，1949年である（厳密にいえば，その前年に地方裁判所の支部として家事審判所が発足した）。地方裁判所ごとに存在するので，2016年7月現在で50が存在する。さらに，203の支部，77の出張所がある。

そして，家庭裁判所には，当事者・関係者の心身の状況について医学的な診断をする精神科・内科の医師（裁判所技官。**医務室技官**とよばれる）が配置さ

れ，さらに，**家庭裁判所調査官**として，心理学や社会学の専門的知識を有する者が登用され，家庭内の不和に悩む人々の安定や，子どもの幸福に資するように助力している。

特別なのは裁判所だけではない。そこでの手続も特別である。

◆人事訴訟

まず，人事に関する訴訟（**人事訴訟**）についてである。これは，ある人とある人が夫婦であるか，親子であるかなど（離婚の請求，親子関係の存否など）の争いのことであり，**人事訴訟法**が適用される。こういった争いについて訴えを起こそうとする者は，まず，家庭裁判所に**家事調停**の申立てをしなければならない（**調停前置主義**）。

家事調停では，多くの場合，裁判官1名と家事調停委員2名で**調停委員会**が作られる。そして，両当事者の言い分を聞きながら，双方が納得できる合意ができるよう努力するわけだが，ここで注意すべきなのは，事実の調査や必要な証拠調は，当事者の一方に証明責任を負わせるのではなく，裁判所が職権で，つまり裁判所の有している権限によって行うことである（ただし，当事者には協力義務がある）。通常の民事裁判では，当事者の一方に証明責任が負わされていた（→22〜23頁）。「たぶんこういった事実があるだろうなあ」と裁判官が思っても，当事者が主張し，それが存在することを立証しなければ，その事実は存在しないものとして扱われる。しかし，家事事件の場合は，なるべく真実に近づいて，それに基づいた解決を示す必要がある。そうしてこそ，心理的な解決にもつながるし，両当事者の公平にも資する。そこで，職権で事実を明らかにしようとするわけである。さらに，必要に応じて，家庭裁判所調査官による事実の調査や医務室技官による診断が行われることもある。また，調停の実際の様子としては，調停委員が両当事者と一度に会う場合（**同席調停**）と別々に会う場合（**別席調停**）がある。たとえば，配偶者から暴力を受け，避難している側が離婚調停を申し立てているとき，両当事者を会わせるのは危険である。控室も別室を用意し，顔を合わさないように，特別のエレベーターを使わせるなどの配慮がされることもある（1972年には福島家裁白川支部で夫が妻を刺殺した事件もあった。その後，夫が妻に切りかかり，怪我をさせた事件もある）。

離婚や養子の離縁は，そもそも当事者が合意すれば裁判手続を経ないでも可能である（763条・811条）。したがって，調停で合意に達すれば，それをそのまま認めてよい。合意が調書に記載され，確定した判決と同様の効果を持つことになる。合意にまで達しないときでも，家庭裁判所が判決を下す前に，さらに，マイルドな手続が用意されている。すなわち，家庭裁判所が判断を示せば双方ともこれに文句は言わないだろうと思われるときは，家庭裁判所は**調停に代わる審判**を行う。この審判は，2週間以内に当事者が異議を申し立てれば，効力を失う。その意味で，拘束力は弱いが，実際には異議の申立ては少ない。

　これに対して，親子関係の存否確認などは，勝手に「自分たちは親子だ」と合意したからといって，そのような合意の効力を認めることはできない。そこで，調停によって合意が成り立っても，その合意そのものに効力を与えることはできない。しかし，家庭裁判所が必要な事実を調査したうえで，合意をそのまま認めてもよいと考えたときにまで，あえて判決を下す必要はない。そのような場合には，合意内容通りの審判を行う。これを**合意に相当する審判**という。この審判も2週間以内に当事者が異議を申し立てれば，効力を失うが，合意が成立しているわけだから，異議が申し立てられることはほとんどない。

　調停が成立せず，かつ，調停に代わる審判，あるいは，合意に相当する審判で解決しないときには，調停手続は終了する。そして，不満な当事者は，あらためて人事訴訟法に従った訴訟を提起することになる。調停等がうまくいかないときには，自動的に訴訟に移行すればよいと思うかもしれない。しかし，なるべく話し合いで解決したい，訴訟までは起こしたくない，と考えている人もいる。そこで，もう一度考えるチャンスを与えているのである。

　次に述べる家事事件手続法による裁判と異なり，人事訴訟手続においては，**判決**というかたちで裁判所の判断が示される。また，判決に不服な当事者が高等裁判所に上訴するときの手続は，通常の民事訴訟と同じである（→24〜26頁）。しかし，「裁判所は，当事者が主張しない事実をしん酌し，かつ，職権で証拠調べをすることができる。」（人事訴訟法20条）とされる。**職権探知主義**という。また，その判決の効力は第三者に対しても及ぶ（同法24条）。家族法の関係する事件の特殊性はやはり存在するのである。

◆審判事件

次に，**審判事件**である。これは，家事事件手続法別表第1に掲げる事項に関する事件（**別表第1事件**）と家事事件手続法別表第2に掲げる事項に関する事件（**別表第2事件**）に分かれているが，いずれも，家事事件手続法が適用され，家庭裁判所で手続が行われる。

別表第1事件には，子の氏の変更許可，相続放棄，後見人の選任，養子縁組の許可などがある。これらの事件は，当事者間の合意による解決は考えられない。たとえば，養子縁組の許可（798条）は，その養子縁組が養子になる子の福祉に合致するか否かを裁判所が判断するのであり，当事者がよいといえば，それですむわけではないのである。

そこで，調停を経ずに，最初から審判が行われる。この審判にあたっては，養子とすることが，その子の福祉に合致するか否かといった判断を，その子のために行うべきことになる。職権探知主義がとられ，当事者にはそれへの協力義務が課される。また，必要に応じて，家庭裁判所調査官による事実の調査や精神科等の医師である医務室技官による診断を行うこともできる。人事訴訟における調停について述べたところと同様の規律となるわけである。

別表第2事件には，親権者の変更，養育料の請求，婚姻費用の分担，遺産分割などがある。これらの事件は，当事者間の話し合いによる解決が望まれる。そこで，まず調停手続が行われる。人事訴訟について述べたところと同様である。また，調停に代わる審判ができることも，同じである。そして，調停がうまくいかなかったり，調停に代わる審判に異議が申し立てられたことにより解決に至らなかったりしたときには，人事訴訟の場合とは異なり，あらためて家事審判を提起しなくても，家事調停の申立ての時に，当該事項について家事審判の申立てがあったとみなされることになっている。職権探知主義がとられることなどについては，別表第1事件と同様である。

別表第1事件・別表第2事件の審判に不服のある当事者は，高等裁判所に不服を申し立てることができる。この手続を**即時抗告**（そくじこうこく）という。判決に対する不服申立てを控訴とか上告とかといったが，審判（さらに，審判以外の決定や命令）に対する不服申立ては，抗告という。即時抗告には2週間という制限があり，また，誰がどのような場合に即時抗告ができるかは，細かく決められている。家事事件では，法律関係を早期に安定させる必要があるからだと説明さ

れている。そして，高等裁判所の手続で原則として終了である。

◆よいことばかりか

　以上のような客観的なルールの欠如や家庭裁判所の手続は，家族法の特徴を反映している。「客観的」というと聞こえはよいが，悪くいえば「硬直的」というわけであり，家族間の諸問題は，柔軟なルールと話し合いを中心とした手続で解決されるというのは，大変よいことのようにも思われる。

　しかし，実は，この点には批判もある。この批判を理解するためには，まず，戦前の制度について簡単にでも知っておく必要がある。

3　「家」制度とそのなごり

◆結婚披露宴の表示

　ホテルの玄関を入ると，その日の結婚披露宴の案内板がある。そこには，「甲山家・乙川家結婚披露宴」と書いてある。実際に結婚するのは，甲山昭男さんと乙川和子さんなのに，なぜ「甲山家・乙川家」と表示されることが習慣になっているのだろうか。披露宴になると，来賓の挨拶がある。「新郎・新婦ならびにご両家の皆様に心よりお祝いを申し上げます」という言葉から始まる。宴が進み，お開きの際には，新郎の父がしばしば挨拶をする。「両家を代表いたしまして，私より皆さま方へお礼の言葉を述べさせていただきます」と，ここでもまた「両家」という言い方が出てくる。どうしてなのだろうか。

　現行の憲法24条は，その第1項で，「婚姻は，両性の合意のみに基いて成立し，夫婦が同等の権利を有することを基本として，相互の協力により，維持されなければならない。」と規定し，さらに第2項で，「配偶者の選択，財産権，相続，住居の選定，離婚並びに婚姻及び家族に関するその他の事項に関しては，法律は，個人の尊厳と両性の本質的平等に立脚して，制定されなければならない。」としている。「当事者が合意すれば結婚できるだろう，誰を選んでもよいだろう，どこに住もうが自由だろう。このようなことは憲法に書くまでもない」——現在ではそう思うかもしれない。しかし，大日本帝国憲法になかったこのような条文があえて憲法に規定されたことには，それなりの理由が存在するのである。

◆ 「家」制度

民法のうち親族・相続の編については，1947年に大規模な改正が行われた。それまでの明治民法の規定が，1946年に公布された日本国憲法に適合的ではないと考えられたからである。

そのポイントは，「家」制度にある。

「家」とは，法的には，家督相続によって引き継がれる戸主権を有する戸主によって統率される家族集団である。女が戸主になることもあったのだが，以下では男が戸主である典型例だけを説明する。

すべての国民は，ある「家」に属する。そして，一体として戸籍に記載される。戸主とは，その戸籍の統括者である。

子は父の家に入るのが原則であり，婚姻により妻は夫の家に入るのが原則である。男でも婚姻したからといって新しい家を作るわけではない。だから，女が長男と結婚すると，夫の父親を戸主とする家に入るわけであり，まさに「他家に嫁ぐ」のである。

なお，長男以外の男が婚姻したからといって，分家（新しい「家」を作ること）するとはかぎらないが，分家が認められることが多かったようである。

さて，戸主は，戸主権を有する。具体的には，家の構成を統括する権利（家族の婚姻や養子縁組に対する同意権），家族の生活を監督する権利（居所指定権，家族の禁治産宣告についての請求権，後見人となる権利義務）がある。逆に，戸主は，その家に属する者に対して扶養義務を負う。先ほど，現行憲法24条の条文をあげたが，配偶者を自分の意思で自由に選択できたり，住居を自分で決めたりすることができるというのは，この戸主権を否定するという意味なのである。

相続に関しては，家督相続と遺産相続があった。家督相続というのは，戸主が死亡したり，隠居（生前に戸主の地位を譲ること）したりしたときに，戸主の地位と遺産とを引き継ぐことであり，長男が優先して単独で相続する仕組みになっていた。長男が「家を継ぐ」というのは，こういうことである。これに対して，戸主以外の者が死亡したときの遺産相続については，女や二男以下の男の地位がとくに低いわけではなかった。しかし，様々な財産は戸主に帰属するものがほとんどだったので，遺産相続の意味はあまり大きくなかった。日本国憲法24条が，「個人の尊厳と両性の本質的平等に立脚」した法律を定めるこ

とを求めるにあたって，わざわざ「財産権，相続」をあげているのは，長男が単独で家督を相続する，という仕組みを否定するものだったのである。

◆人々の意識と現実

　この「家」制度は，国家イデオロギーを支えるものとして機能したともいわれる。家制度により，一家の長である戸主は尊重されるべき対象となる。天皇と臣民との関係についても，この戸主と家族の関係に似て，忠を尽くし，孝なるべし，という論理が説かれ，それが「家」制度の大きな機能だったというのである。

　しかし，「家」制度が，当初から，天皇を中心とする国家イデオロギーのための装置であり，それを目的にしていたと考えるのには無理がある。様々な意味での家族共同体は，歴史的にも諸国において存在する。また，わが国でも，少なくとも武士階級，富裕層には存在した。「お家断絶」「跡継ぎ」などという話は，江戸時代でもいくらでもある。農民や商工業者も，幾代にもわたり祖先が遺した田畑・家屋敷を継ぎ，家名・家業を継いでいたのである。

　ともあれ，戦後の憲法改正にともなう民法改正によって，「家」制度は廃止され，かなり徹底した男女平等法となり，また，年長者が優先されるということもなくなった。しかし，めでたしめでたしとはいかない。

　まず，いくら民法が変わっても，人々の意識は簡単には変わらない。現在でも，「長男に跡を継がせたい」，「家が絶えないように養子をとる」といった話はしばしば聞く。少し古いが，2001年の内閣府調査でも，60歳代の3分の1，70歳代の半分は，「長男には，ほかの子どもとは異なる特別な役割がある」と考えていることが示されており，「男の子どもがいなかったら家が絶えないように養子をとるのがよい」との回答は10％になっている（おそらく，男子がいない家庭のみに回答を求めると，その割合はもっと上がるであろう）。そして，そのような意識を有しない人々も，結婚披露宴では，個人と個人の結びつきではなく，新婦が「家」を出て，新郎の「家」に入る，といった表現を違和感なく用いているのである。

　そして，このような人々の意識は，調停の場にも現れる。

　かつては，家事調停委員の選任は，「徳望良識のある者の中から選任しなければならない」とされていた。そして，定職を持っている人は活動しにくいの

で，どうしても高齢の人が増え，当事者と価値観のずれが生じる。

1974年の改正により，「弁護士となる資格を有する者，民事若しくは家事の紛争の解決に有用な専門的知識経験を有する者又は社会生活の上で豊富な知識経験を有する者で，人格識見の高い年齢40年以上70年未満のもの」（民事調停委員及び家事調停委員規則1条）となり，さらには，価値観の変化もあり，ひどい例は減少したともいわれる。しかし，1981年のある調査によれば，家事調停委員から，「女は我慢すべきだ」，「女のくせに気が強いから夫が嫌がる」と言われた例や，夫が家出して行方不明なので，離婚調停を申し立てたところ，「戦争中の出征兵士の妻を思えばガマンできるはず」と言われたといった例が報告されている。「『子どもの面倒は女が見るのが当たり前！』と言われました」という話は最近でもある。

2018年4月現在で，1万1671人の家事調停委員が活動している。その70%は60歳代以上である。そうすると，戦前の価値観を引きずっていなくても，他の年齢層との考え方の違いはどうしても生じる（なお，女性が差別されるだけではない。離婚に際して，夫が子どもの親権者となり，子どもと同居することを望んでも，「小さいときは母親といるのがよい」と決めつける家事調停委員もいるとされる）。

そして，客観的なルールは置かれず，基本的には当事者間の協議に委ねられ，裁判所に行っても，法の定めるルールによって判断されるのではなく，家事調停委員の価値観が出やすい調停手続を経由され，訴訟になっても，ルールはやはり不明確である。これでは，国家が適切に介入して，法の理念を実現することができない。

本書第1章「1 民法を学ぶ前に」では，実際の紛争は，背後に様々な事情，長い間のしがらみがあり，きわめてドロドロしたものであるところ，そこをドライに割り切り，法の適用に必要な事実のみから判断を下すのが，裁判制度だと説明した。そして，そのことの民主主義的な価値についても述べた（→18頁）。

さて，家族に関する紛争は，ドロドロしたものの典型である。そして，そこには様々な風習や社会意識があり，それは多くの場合，女性に不利に働いてきた。現在の法の内容が男女不平等だという話ではない。日本民法は，かなり徹底的な男女平等の法である。ヨーロッパ諸国の法律が，たとえば夫婦関係にお

いて，いまだ夫の優位を認めていた時期に，戦後の日本民法は完全に夫婦を平等とした。しかし，これは，逆にいえば，女性に対する保護規定がないことを意味する。形式的な男女不平等はなくなった。しかし，形式的に平等にされ，保護規定を置かず（保護規定を置くことは，その者を劣位者だと見ることになる），平等であるはずの当事者間の協議に委ねたため，多くの場合，かえって実質的な男女不平等となる危険性が生じている。

しかし，柔軟なルールによって，様々な事情を考慮し，当事者の納得を得て，円満な関係を修復するということの重要性も否定できない。家族法は，法の理念による国家の介入と当事者の事情に応じた解決とのバランスをどのようにとっていくかという問題を抱えているのである。

4　戸籍と親族

◆戸籍制度

予備的説明の最後として，戸籍制度と親族概念について簡単に触れておこう。まず，戸籍制度からである。

家制度のもとでは，「家」の単位で戸籍が作られ，そこに家の構成員が登録されたのであり，戸籍の意義は明確であった。ところが，現在でも戸籍制度はある。これはどうしてなのだろうか。

現行戸籍制度や，さらには住民票制度では，「家」との結びつきは切断されている。たしかに，夫婦と未婚の子（厳密にいえば，氏を同じくする子）は同一の戸籍に入る。しかし，婚姻をすれば新戸籍となる。

戸籍は本籍地で管理される。本籍地とは出身地のことではない。ある人の戸籍を他の人の戸籍から区別するための指標であるとともに（本籍地がないと，同姓同名の区別も付きにくい），その戸籍をどの役所が管理するかを決める基準であるにすぎない。そこで，本籍地は日本のどこに置いてもよいことになっている。ちなみに，最も多いのは，「東京都千代田区千代田１番」（＝皇居），次に，「大阪府大阪市中央区大阪城１番」（＝大阪城）。ここくらいまではわかるが，３番目は，「兵庫県西宮市甲子園町１番」（＝阪神甲子園球場）であり，阪神ファンはすごいと思う（残念ながら私はそうではない）。

そして，現行戸籍制度は，個々の者の身分関係を示すものである。子Ａは最

表11-1　戸籍全部事項証明書

	（6の1）　全部事項証明
本　　籍 氏　　名	東京都千代田区千代田１番 甲山　一郎
戸籍事項 　　戸籍編製 　　転　　籍	【編製日】平成４年１月10日 【転籍日】平成５年３月６日 【従前の記録】 　　　【本籍】東京都千代田区平河町一丁目４番地
戸籍に記録されている者	【名】一郎 【生年月日】昭和40年７月７日　　　【配偶者区分】夫 【父】甲山幸雄 【母】甲山松子 【続柄】長男
身分事項 　　出　　生	【出生日】昭和40年７月７日 【出生地】丙山市豊平 【届出日】昭和40年７月10日 【届出人】父
婚　　姻	【婚姻日】昭和63年１月10日 【配偶者氏名】丁原春子 【従前戸籍】東京都千代田区平河町一丁目４番地　甲野幸雄
養子縁組	【縁組日】平成28年４月１日 【共同縁組者】妻 【養子氏名】乙原英男 【送付を受けた日】平成28年４月４日 【受理者】乙山市長
認　　知	【認知日】平成３年１月７日 【認知した子の氏名】丙岡信子 【認知した子の戸籍】笹原市泉５番地　丙岡竹子
戸籍に記録されている者	【名】春子 【生年月日】昭和42年６月６日　　　【配偶者区分】妻 【父】丁原海男 【母】丁原湖子 【続柄】長女
身分事項 　　出　　生	【出生日】昭和42年６月６日 【出生地】東都市隅田川区 【届出日】昭和42年６月８日 【届出人】父
婚　　姻	【婚姻日】昭和63年１月10日 【配偶者氏名】甲山一郎 【従前戸籍】東都市鴨川４番地　丁原海男
養子縁組	【縁組日】平成28年４月１日 【共同縁組者】夫 【養子氏名】乙原英男
発行番号000001	以下次頁

戸籍に記録されている者	【名】太郎
除　籍	【生年月日】平成 4 年 8 月25日 【父】甲山一郎 【母】甲山春子 【続柄】長男
身分事項 　　出　　生	【出生日】平成 4 年 8 月25日 【出生地】丙山市桜が丘 【届出日】平成 4 年 8 月27日 【届出人】父
婚　　姻	【婚姻日】平成25年 2 月14日 【配偶者氏名】乙山花子 【送付を受けた日】平成25年 2 月18日 【受理者】丙山市長 【新本籍】丙山市富町一丁目13番 【称する氏】夫の氏
戸籍に記録されている者	【名】英男
	【生年月日】平成 2 年 7 月 1 日 【父】乙原虎勝 【母】乙原良子 【続柄】二男 【養父】甲山一郎 【養母】甲山春子 【続柄】養子
身分事項 　　出　　生	【出生日】平成 2 年 7 月 1 日 【出生地】丙山市湖南 【届出日】平成 2 年 7 月 9 日 【届出人】父
養子縁組	【縁組日】平成28年 4 月 1 日 【養父氏名】甲山一郎 【養母氏名】甲山春子 【送付を受けた日】平成28年 4 月 6 日 【受理者】丙山市長 【従前戸籍】西宮市甲子園町 1 番　乙原虎勝
	以下余白

発行番号000001
　これは、戸籍に記録されている事項の全部を証明した書面である。
　　　　平成28年10月 4 日

　　　　　　　　　　　　丙山市長　〇×●×　　　　　職印

第11章　結婚と離婚　599

初，親の戸籍に入るので，婚姻して新戸籍が作られるときは，元の戸籍（従前戸籍）の記載がされるので，親をたどることができる。Aに兄Bがいれば，すでに婚姻していても，親の戸籍にはBにつき「除籍」の表示がされているので，その存在がわかる。順々にたどれば，おじやおばもわかる。身分関係は戸籍だけでわかるようにしているのである。

しかし，戸籍という制度があること自体，「家」制度のなごりであるという批判は強い。これに対して，戸籍の便利さを強調する立場もある。たとえば，個人個人について登録簿を作り，それぞれに，親を書き，子を書き，兄弟姉妹を書いていると，たぐり寄せが大変だし，誤りも生じがちである。これに対し，それらを1つの戸籍に記載していれば明瞭である，というわけである。

なお，戸籍は，1994年からコンピュータ化が進められ，戸籍謄本を請求しても，表11-1にあげたような，戸籍全部事項証明書が交付されるようになっている。ただし，まだ完全に移行できているわけではない。

◆親族という考え方

「家」制度も廃止され，戸籍も夫婦単位が基準となった。家を中心とする団体主義的な規律から，かなり個人主義的な傾向は強まっているといえる。ところが，民法725条は「親族」という概念をあげ，その範囲を定めている。

もっとも，民法は，ある人とある人が親族だからといって，そのことから一直線に結論を決めているわけではない。たとえば，いとこ同士は親族だが，その間の婚姻は，禁止される近親婚にはあたらない（734条1項）。後に説明する特別養子（→684〜685頁）では，実親およびその血族と特別養子との間の親族関係はなくなるのだが（817条の9），実親との婚姻が認められるわけではない（734条2項）。「親族」というだけでは決まらないことが多く，各規定はそれぞれの趣旨に合わせて，関係者の範囲を決めているのである。

そうすると，「親族」の範囲を決める規定など不要だともいえるが，いろいろな関係で用いられる言葉を定義する意味はある。いくつか並べておこう。文章だけだと，読んでいてストレスがたまるだろうから，図を載せておく。

親等：図のように家系図を書いてみて，その線の数で決まる。たとえば，親子は1本でつながるから1親等，兄と弟は，まず兄から親に遡り，親から弟に降りてくるから2本であり，2親等。いとこは，たとえば母方のいとこで

図11-1　親族樹形図

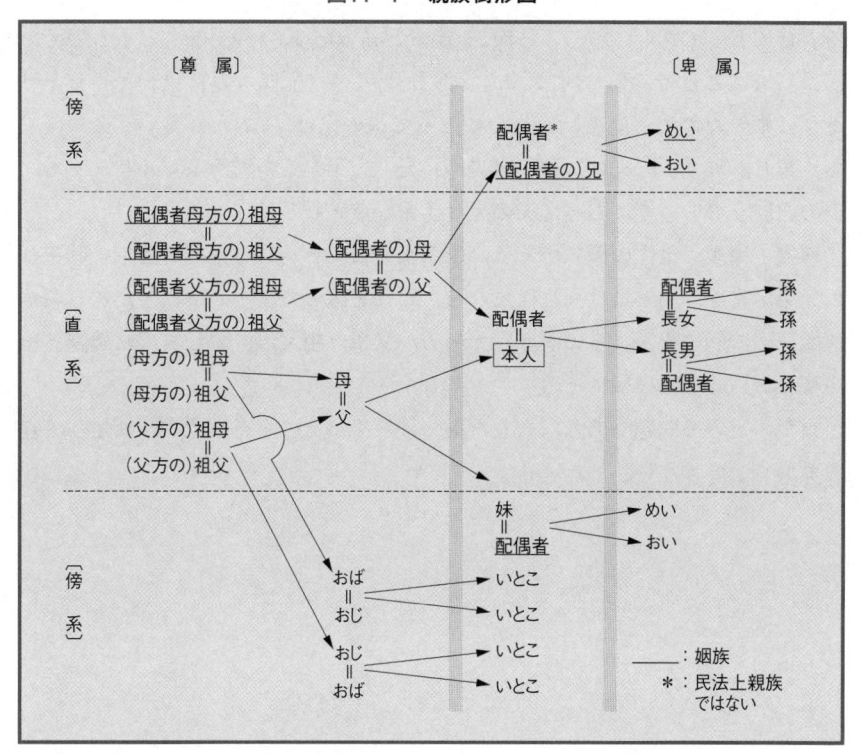

あると，「本人→母親→母方の祖父母→母親の兄弟姉妹の一人→いとこ」となるので，4親等となる。配偶者との関係はゼロ親等であり，一体となる。

　血族・姻族：出生と養子縁組によって生じるのが血族関係であり，夫婦の一方と他方の血族との関係が姻族関係である。養子が絡む場合を除いて考えると，血のつながりがある（とされている）かどうかである。子にとって親も，父方・母方の双方の祖父母は血族だが，夫にとって妻の親は姻族となる。また，血族の配偶者も姻族である（たとえば兄の妻。本人と血のつながりはない）。

　直系・傍系：家系図を書いたとき，ずっと昇っていくだけ，または，ずっと下っていくだけのときは直系，いったん昇ってから下るときは傍系。子にとって祖母は，「本人（子）→親→祖母」と昇っていくだけだから，直系。そして，祖母は血族だから直系血族となる。これに対して，おじは，「本人（子）

→親→祖父母」と昇っていた後に,「祖父母→おじ」と下る。だから傍系である。姉にとって妹も,「本人(姉)→親」と昇った後,「親→妹」と下るので,傍系。夫にとって,妻の親は,「本人=配偶者→(配偶者の)親」と昇るだけだが,姻族なので,直系姻族。妻にとって夫の兄は,「本人(妻)=夫→(夫の)親」と昇り,「(夫の)親→(夫の)兄」と下がるので傍系であり,また,夫の血族なので,妻にとって夫の兄は傍系姻族となる。

尊属・卑属:世代の概念である。家系図を書くと,自分や配偶者,それぞれの兄弟,また,いとこは同世代になる。これを除いて,上の欄に書かれるのが尊属,下の欄に書かれるのが卑属である。父母,祖父母,おじおばは尊属。子や孫やおいめいは卑属である。

言葉の定義の問題であり,大した話ではなく,そのとき確認すれば足り,覚えておく必要もない。

Ⅱ　婚姻の成立と効果

1　婚姻を規律する理由

◆婚姻についての条文の位置

　『民法第4編親族』は，親族の範囲などの条文の次に，「第2章　婚姻」として，婚姻（結婚）についての規定を置いている。

　これは考えてみると当然ではない。

　結婚していない人はたくさんいる。それに対して，誰かの子どもでない人はいない（生物は自然には発生しない）。それならば，親子関係から規定すべきだというのも1つの考え方としてありうる。ところが，民法は婚姻から規定している。

　また，次のような疑問も生じる。婚姻というのは，男女の1つの結びつきであるが，まったくの私事のはずである。であるならば，それを民法が規定し，いろいろな要件や効果を定めるのは妙ではないか，ということである。なぜ，法律が，そのような個人的な結びつきについて規定しなければならないのだろうか。

　結論からいえば，それは私たちの社会をどのように構成するか，の問題だからである。社会をまったく個々人の個別的な集まりとしてとらえるのであれば，婚姻について規定する必要はない。たとえば，外敵もいないし，食料も手近にふんだんにあるのならば，男性は自らの性的欲求を満たすときだけ女性と関係を持ち，妊娠・出産する女性も，自分で勝手に子どもを生んで，ふんだんに食料のある平和な環境で，誰の手も借りずに子どもを育てることができる（オランウータンはそうであるといわれる）。そのときは，せいぜい母子関係だけが規定されることになる。

　しかし，現実社会はそうはいかない。何らかの集団を作って，外敵と戦いながら，食料を維持していかなければならない。その際の集団の作り方にはいろいろありうる。ヒト以外を例にとると，複数の雄と複数の雌で集団を作り，そ

の中では一対一の関係が存在しないものもあるし（チンパンジー），単数の雄と複数の雌で集団を作るものもある（ゴリラ）。ヒトの社会でも，日本の民法が規定するような一夫一婦制だけではなく，一夫多妻制の種族も多いし，少ないが，多夫一妻制の種族もある。

その中で，日本では，一夫一婦制が社会の風俗・慣習として確立しているわけである。

これは1つの選択にすぎない。しかし，一夫一婦制を選択し，そのような婚姻関係にある男女から子どもが生まれ，育てられる，というかたちを社会の構成単位として選択しているのである。そして，これは国家が一方的に決めたものではなく，社会が長い時間をかけて選択してきた結果である。なお，すでに説明した「家」制度は（→593～595頁），そのような「一夫一婦制の夫婦＋子ども」という単位ではなく，より大きな単位である「家」を社会の構成単位として選択しているものということができる。

そして，そのような単位を社会の構成単位として選択すると，その単位として社会が認めるための基準を作成しなければならず，また，その単位を私たちの社会の単位として健全なものに維持することは，私事を超えたものとなる。そこで，「一夫一婦制の夫婦」が『民法第4編親族』の最初に規定されることになるのである。

Column 53

結婚と婚姻 ───────────

日常用語では「結婚」ということが多いが，法律上は，「婚姻」という。しかし，法律用語だから特殊なわけではない。いずれの言葉も，中国から来た言葉であり，平安時代から使われている。

718年の養老令（りょう）のなかの戸令（こりょう）には，「結婚条」というのがあり，結婚の約束をして3か月以内に成婚に至らないとき，妻側が希望すれば破談にできる，という規定などがある。

他方，藤原家伝（760年頃）には，中大兄皇子と蘇我 倉 山田石 川 麻呂（そ がのくらのやまだのいしかわの ま ろ）の政略結婚の話が出てくるが，そこには，「まず婚姻の昵（じつ）をなし，しかる後に心腹の策を」（まずは婚姻関係を結び，その後，秘密の計画を）とある。

江戸時代までは，婚姻という言葉のほうが多く用いられたが，明治期以降，結婚という言葉が一般的になったといわれる。

◆社会単位の変化

　日本社会においては，「一夫一婦制の夫婦＋子ども」という単位が現在でも多数であり，社会的な承認を受けているといえるかもしれない。日本は，婚姻関係以外から子どもが生まれる割合が著しく低い。

　しかし，日本においても，婚姻関係外の子どもの割合が1980年に比べると2.5倍程度になっている。また，50歳時点で一度も結婚していない人の割合は，1980年で男が2.6％，女が4.5％であったところ，2015年ではそれぞれ23.4％，14.1％と大幅に増加している。また，2017年の婚姻件数は60万6866件であるのに対し，離婚件数も21万2262件になっている。

　そうなると，婚姻関係にある男女から子どもが生まれ，育てられる，という家族像を中心に据えてよいのか，という問題が生じてくる。未婚の父子・母子，離婚家庭・再婚家庭も当然に重要であるし，さらに，同棲している男女のカップル，同性のカップルなども社会の構成単位として積極的に承認されるべきではないか，ということになる。

　これは，社会の変化だけの問題ではない。個人の尊重という理念的な問題とも関係する。つまり，社会の多数派が，社会の構成単位のあり方を決めてもよいのか，ということである。多数派が決めざるを得ない問題も数多くある。しかし，どのような生活集団・生活単位を作るかは，個々人の考え方が尊重され

Column 54

婚姻が選択されない国 —

　婚外子の出生割合は，2008年の統計で日本が2.1％であるのに対して，スウェーデンは54.7％，フランスは52.6％となっている。これは，スウェーデンなどにおける性関係が乱れていることを意味していない。

　お互いに愛し合って一緒に住み，子どもが生まれる。しかし，そのことと婚姻とが直結しないのである。出産・育児に対する国家の補助が行き届き，同棲に対する法的な保護や社会の認知が高まれば，婚姻する必要はない。スウェーデン語で同棲のことをサムボというが，サムボのカップルが子どもをもうけ，一緒に養育しているという例は多い。また，10年ほど前の調査だが，婚姻をしているカップルのうち9割以上が，サムボを経てから婚姻しており，また，サムボのカップルには，婚姻をする理由がない，と答えるものも多い。

　もはや婚姻は選択肢の1つにすぎないのである。

るべき領域ではないか，とも考えられる。また，いらぬお節介にならないようにしなければならない。社会の構成単位として承認するというのは，ある意味，法が介入するということである。どのような結びつきをしようと，自分たちの結びつきには法が介入してほしくない，と考える人々もいる。

このあたりになると，かなり深い考察が必要になるし，また，意見も分かれる。ただ，1人の男と1人の女が家庭を作ることを婚姻とよんで，それを中心とした規律を置くというのは，社会による1つの選択の結果であること，また1つの選択にすぎないことは理解しておいたほうがよい。

2　婚姻の成立

◆婚姻意思

さて，婚姻について，それが，社会において「婚姻である」と評価されるためには，当事者が，婚姻という1つの社会制度・法制度を選択する，という意思（**婚姻意思**）を有していることが必要である。男女が一緒に住むことを決めたとしても，婚姻をする意思がなければ同棲にすぎない。また，婚姻届を出す意思があればよいわけではない。虚偽表示の説明を思い出してほしい（→82頁）。Aは自ら所有する土地の所有権をBに移転する意思はないが，債権者からの差押えを免れるために，Bと示し合わせて，Bへの所有権移転登記をした。このとき，Bは，その所有権移転登記が真意に基づかないものであることを知っているので，その意思表示（所有権移転の意思表示）は無効である（94条1項）。同じように，「かたちのうえだけ婚姻届を出しましょう」と決めて，届出をしても，真意がなければ効力は生じないのである。

それでは，婚姻意思とはどのようなものだろうか。

判例は，「社会観念上夫婦であると認められる関係の設定を欲する効果意思」としており，たとえば，外国人に就労可能なビザを得させるために，かたちのうえだけ婚姻届を出しても，婚姻意思がないので，婚姻は成立しないとする。

しかし，どのようなものが「社会観念上夫婦であると認められる関係」なのかははっきりしない。

この点について，現在では，婚姻は法律上の制度であり，法制度としての婚姻の効果を発生させようとする意思が婚姻意思であるということが多い。もっ

とも，そうだからといって，民法が婚姻について定めている効果のすべてを当事者が理解し，それに従う意思をもたなければ婚姻意思ありとはされないのか，というと，そうではない。実際，法的効果の細かな点まで理解できて婚姻するわけではない。そこで，婚姻の効果のうち，婚姻を成立させるに意思の合致が必要な中心的・核心的部分はどこなのか，が問題になってくる（売買契約でも，細かな法的効果がわからなくても，核心部分について合意があれば，売買契約が成立する）。

　結論としては，婚姻意思とは，生活共同体の形成の意思であるとしかいえない。ただし，この意思は，抽象的なものであり，いわゆる臨終婚（死亡の直前に婚姻する）においても婚姻意思ありと考えられている。また，死刑囚との婚姻も有効とされる。そうすると，あえて生活共同体の形成を排除するという意思のないかぎり，生活共同体の形成の意思はあるとみなされ，婚姻意思はあると考えるべきことになろう。

　それでは，たとえば，性関係を一切持たないと合意して婚姻することは可能であろうか。これも実は単純な話ではない。まず，病気等の理由によって性関係を有しえない人との婚姻は可能かというと，これは可能だと解されている。先にあげた臨終婚もその一類型だし，一定の病気等の人を婚姻関係から排除することはおかしい。しかし，性関係を持ちうる状態にあるにもかかわらず，一切の性関係を有しないと特約して，婚姻できるか，というと，これは，婚姻関係の実体を形成する意思のないものと一般にはいわれている。結局，可能な性

Column 55

偽装結婚

　ときどき新聞を賑わすのが，偽装結婚である。外国人も日本人と結婚すると，在留許可がとりやすい。そこで，その外国人にも相手の日本人にも婚姻意思がないのに，婚姻届を出すという事例がけっこうある。

　警察庁の『来日外国人犯罪の検挙状況（平成26年）』には，フィリピンクラブを経営する日本人の男らが，ホステスであるフィリピン人の女に，日本人の男をあっせんして偽装結婚させており，電磁的公正証書原本不実記録・同供用罪で逮捕された，という事例も載っている。平成28年の偽装結婚検挙件数は93件，逮捕者は322人。

　直木賞作家の浅田次郎の小説である『ラブ・レター』も，偽装結婚を題材としており，結婚した吾郎と白蘭は会ったこともない。

関係をあえて排除する意思が存在するかどうか，が問題なのである。

◆ 届　出

　かつてヨーロッパでは，婚姻は，教会法の管轄とされていた（→588頁 Column 52）。そして，宗教的儀式を経て，初めて成立するものであった。その後，婚姻は教会法の手を離れるのだが，国家法の下でも，教会法の手続を国家法の手続としてなぞり，婚姻するためには一定の手続を踏まなければならないとされた。

　もう少しくわしくいうと，教会法の伝統では，司祭の前で2人が夫婦の誓いの言葉を述べることが行われていたが，戸籍吏の前で似たような儀式を行うことになったのである。そして，教会法においては，重婚等の問題を避けるため，教会の前に，婚姻した者の氏名が掲示され，それに異議のある者が申し出るという仕組みになっていた。こういった経緯からすると，きちんとした手続を踏むことが，まさに婚姻の成立のために必要とされることになるわけである。

　わが国の民法は，戸籍係の前で儀式を行うことは要求していない。結婚式もしなくてもよい。しかし，婚姻意思があっても，婚姻の届出がなければ，婚姻は成立しない（739条）（→表11-2）。届出と当事者以外の2人の証人の署名で，上記の儀式に代えたわけである。

　かつては，結婚式までしても，届出をしないままになっていることも多かったようである。実際，1950年でも，婚姻生活開始後1か月以内に婚姻届をした者は17.9％であった。しかし，2013年には68.3％になっている。68.3％というのは，一見少なそうだが，当事者の選択として妊娠や出産まで届出をしない者もいるし，届出をしない同棲が先行する者もいる。届出の必要性に対する認識はすでに広まっているといえよう。

　なお，婚姻届は，日曜祝日，時間外でも受け付けられる。また，新婚旅行先でも可能である（戸籍法25条1項の「届出人の所在地」にあたる）。前者については悲しい歴史がある。1966年11月13日，松山沖で全日空機が墜落し，50人の死者が出た。このうち，24名（12組）が新婚旅行のカップルであった。当日は，大安の日曜日だったのである。しかし，この当時，日曜日には婚姻届を受け付けていなかったので，誰も婚姻届を出しておらず，法的には他人同士

で死亡したことになった。これはおかしい，かわいそうだったということになり，法務省は，1967年3月の戸籍事務取扱準則において，各法務局に，休日・時間外の受理を求めたのである。

◆勝手な届出への対策

届出も意思に基づくものであることが必要であり，勝手に届出がされたからといって，婚姻が成立するわけではない。したがって，婚姻の成立のためには，

婚姻意思＋届出意思＋届出

が必要だということになる。

ただ，臨終婚のような場合には，届出書を作成した時点で婚姻意思と届出意思があっても，届出時には昏睡状態に陥っていることがある。こういった場合も，翻意したといった特別の事情がないかぎり，有効な届出となり，婚姻が成立するとされている（しかし，死亡した後に届け出ても無効）。

ところが，自分が思いを寄せる相手との婚姻届を勝手に出す人というのがたまにいる。もちろん婚姻は無効だが，勝手に出されると，原則として，裁判手続で無効を確定させなければならない。それは大変な手間である。

「受け付ける役所が悪いんだ」と思うかもしれない。しかし，戸籍担当窓口は，書類さえ整っていれば，届出を受け付ける。「本当に彼（彼女）でいいんですか」，「結婚といっても甘いことばかりじゃないよ。覚悟はあるの」などといわれたのではたまらないので，形式的な審査しかしないことにもよい点はある。窓口は責められない。

そこで，1952年にすでに離婚届について整備されていた**不受理申出制度**が，1976年になって婚姻届についても拡大されるに至った。この届出（→表11-3）を本籍地の市区村長に出しておけば，婚姻届が提出されても受理されない。表では，特定の人からの届出につき不受理を求めているが，複数の人を指定することも可能だし，「不特定」と書くこともできる。そうなると誰が婚姻届を出そうとも，受理されない。かつては効力期間に制限があったが，2007年改正により，届出を取り下げるまでは効力が存続することとされた。

また，婚姻無効とされると，戸籍における婚姻の記載が抹消されることになるが，実は，これは大きな×印が付される方式による（一度離婚をした人を

表11-2 婚姻届の例

婚姻届

平成 25 年 2 月 14 日届出

丙山市長 殿

	受理 平成 年 月 日	発送 平成 年 月 日
	第　　　　号	長　印
	送付 平成 年 月 日	
	第　　　　号	
	書類調査 戸籍記載 記載調査 調査票 附票 住民票 通知	

		夫 に な る 人	妻 に な る 人
	（よみかた）	こうやま　た　ろう	おつやま　はなこ
(1)	氏　名	甲 山 太 郎	乙 山 花 子
	生 年 月 日	平成 4 年 8 月 25 日	平成 5 年 4 月 24 日
(2)	住　所（住民登録をしているところ）	丙山市昭和町　2丁目1番地 号	丙山市寿町　18番地 2号
	世帯主の氏名	甲 山 一 郎	乙 山 二 郎
(3)	本　籍（外国人のときは国籍だけを書いてください）	東京都千代田区千代田 1 番地	大阪府大阪市中央区 大阪城 1 番地
	筆頭者の氏名	甲 山 一 郎	乙 山 二 郎
(4)	父母の氏名 父母との続き柄（他の養父母はその他の欄に書いてください）	父 甲 山 一 郎　母 春 子　続き柄 長男	父 乙 山 二 郎　母 夏 子　続き柄 二女
	婚姻後の夫婦の氏・新しい本籍	☑夫の氏 □妻の氏　新本籍（左の☑の氏の人がすでに戸籍の筆頭者となっているときは書かないでください）丙山市富町1丁目13番地	
(5)	同居を始めたとき	平成 25 年 2 月（結婚式をあげたとき、または、同居を始めたときのうち早いほうを書いてください）	
(6)	初婚・再婚の別	☑初婚 再婚（□死別 □離別 年 月 日）	☑初婚 再婚（□死別 □離別 年 月 日）
(7)	同居を始める前の夫妻のそれぞれの世帯のおもな仕事と	夫　妻　1.農業だけまたは農業とその他の仕事を持っている世帯 夫　妻　2.自由業・商工業・サービス業等を個人で経営している世帯 夫　妻　3.企業・個人商店等（官公庁は除く）の常用勤労者世帯で勤め先の従業者数が1人から99人までの世帯（日々または1年未満の契約の雇用者は5） 夫　妻　4.3にあてはまらない常用勤労者世帯及び会社団体の役員の世帯（日々または1年未満の契約の雇用者は5） ☑夫 ☑妻　5.1から4にあてはまらないその他の仕事をしている者のいる世帯 夫　妻　6.仕事をしている者のいない世帯	
(8)	夫妻の職業	（国勢調査の年…年…の4月1日から翌年3月31日までに届出をするときだけ書いてください）夫の職業　　　　妻の職業	
	その他		
	届出人署名押印	夫 甲 山 太 郎 ㊞	妻 乙 山 花 子 ㊞
	事件簿番号		

左側欄外：字訂正・字加入・字削除　届出印

住定年月日　夫 昭平 ・ ・　妻 昭平 ・ ・

鉛筆や消えやすいインキで書かないでください。

この届は、あらかじめ用意して、結婚式をあげる日または同居を始める日に出すようにしてください。その日が日曜日や祝日でも届けることができます。

札幌市内の区役所に届け出る場合、届書は1通でけっこうです。（その他のところに届け出る場合は、直接、提出先にお確かめください）

この届書を本籍地でない役場に出すときは、戸籍謄本または戸籍全部事項証明書が必要です。

	証	人	
署名 押印	丁川秋子 ㊞	戊谷冬彦 ㊞	
生年月日	昭和33年 6月 14日	昭和35年 7月 1日	
住所	青丘市緑町	丙山市松原	
	1丁目 24番地㊞ 6号	4丁目 8番地㊞ 4号	
本籍	青丘市谷町	北川市中町	
	1丁目19 番地㊞	5丁目 7番地㊞	

→ 「筆頭者の氏名」には、戸籍のはじめに記載されている人の氏名を書いてください。

父母がいま婚姻しているときは、母の氏は書かないで、名だけを書いてください。
養父母についても同じように書いてください。

→ □には、あてはまるものに☑のようにしるしをつけてください。
外国人と婚姻する人が、まだ戸籍の筆頭者となっていない場合には、新しい戸籍がつくられますので、希望する本籍を書いてください。

→ 再婚のときは、直前の婚姻について書いてください。
内縁のものはふくまれません。

届け出られた事項は、人口動態調査（統計法に基づく基幹統計調査、厚生労働省所管）にも用いられます。

婚姻によって、住所や世帯主が変わる方は、あらたに住所変更届、世帯主変更届の手続きが必要となりますので、ご注意ください。

なお、婚姻届と同時にこれらの届を出すときは、住所、世帯主欄は、変更後の住所、世帯主を書いてください。就業時間以外（土曜日、日曜日、祝日等）の住民異動届は受付できませんので後日届出ねがいます。

● 署名は必ず本人が自署してください。

● 印は各自別々の印を押してください。

● 届出のとき持参するもの
　① 夫・妻の戸籍謄本または戸籍全部事項証明書 各1通
　（札幌市内の区役所に届け出る場合、札幌市に本籍がある方については必要ありません。）
　② 夫・妻の印鑑

日中連絡のとれるところ

電話（010）1234-1234
自宅 勤務先 呼出（　　　　方）

表11-3　婚姻届不受理申出

婚 姻 届 不受理申出 平成 25 年 1 月 19 日申出 丙山市長 殿	受付 平成　　年　　月　　日 発収簿番号 第　　　　号 整理番号 第　　　　号	発送 平成　　年　　月　　日
	送付 平成　　年　　月　　日 発収簿番号 第　　　　号 整理番号 第　　　　号	長 印
	書類調査　　　　戸籍調査	

不受理申出の対象 となる届出	婚姻の届出	
	過去にした婚姻の届出の不受理申出　　□ 有　　☑ 無	
申出人の表示	申出人	夫又は妻になる人 （特定されている場合）
氏　　　名	乙 山 花 子	丁 谷 三 郎
生 年 月 日	平成5年　4 月　24 日	平成2年　7 月　1 日
住　　　所 （住民登録をして いるところ）	丙山市寿町 18 ㊞ 2 号 番地	丙山市谷町 2丁目7 ㊞ 6 号 番地
本　　　籍	大阪府大阪市中央区 大阪城 1 ㊞ 番地	番地 番
	筆頭者 の氏名 乙 山 二 郎	筆頭者 の氏名
その他		

上記届出がされた場合であっても，わたしが市区町村役場に出頭して届け出たことを確認することができなかったときは，これを受理しないよう申出をします。

申 出 人 署 名 押 印	乙 山 花 子　　　㊞

「バツイチ」というのは，ここから来ているともいわれる）。コンピュータ化された戸籍についての「戸籍全部事項証明書」でも，「消除」という記載がされ，「【消除事由】夫○○との婚姻無効の裁判確定」といった記載がされる。しかし，そうなると，変な奴に婚姻届を勝手に出されたということが，そのまま残ることになる。そこで，2002年12月に戸籍法が一部改正され，改ざんされた戸籍を再編し，抹消された記載を完全に削除してしまう制度ができた（戸籍法11条の2）。

　しかし，より根本的には，虚偽の届出を防止することが必要である。2008年5月から，戸籍窓口における本人確認のルールが強化された（同法27条の2）。ただし，本人でなくても受け付けられるし，いずれにせよ2人揃って役所に行かねばならないわけではない。窓口に来なかった者に「あなたについて婚姻届が出されました」という通知が行くだけである。

　いろいろと策は講じられているが，完全ではないのである。

◆婚姻の意思表示

　「結婚する」という合意も意思表示の合致である。そうすると，すでに説明した意思表示の規定，すなわち，錯誤，詐欺，強迫の規定が適用されそうである（→79〜95頁）。もっとも，民法747条は，詐欺・強迫による婚姻は，取消しを家庭裁判所に請求できるとしており，相手方に対して取消しの意思表示をするという民法96条とは異なる方式としている。他方，錯誤に関しては特別な規定はないが，その場合には，民法742条1号にいう「当事者間に婚姻をする意思がないとき」に該当し，婚姻は無効とされよう。

　そして，このうち，強迫が取消事由になることは当然であろう。しかし，詐欺や錯誤についてはどうか。

　「婚姻においては欺きうる者が欺く（En mariage, il trompe qui peut）」というのが，フランス法の諺である。自分をよく見せたり，蓄えもないのに預金があるように語ったり，きれい好きな振りをしたり，いろいろ目移りしているのに，「君のことしか眼に入らない」と言ってみたり，いろんな詐欺はある。また，結婚してみたら，思ったのと違ったというのはいくらでもある。

　そうすると，詐欺や錯誤を広く認めるのはおかしいということになる。

　次の例を考えてみよう。すなわち，A男は，B女と性関係を有していたが，

ある日，B女から「あなたの子どもを宿した」と言われたので，責任をとるという意識でB女と婚姻した。ところが，結婚後生まれた子の血液型から，その子は，別の男を父とする子であることがわかった。この場合，A男は，詐欺による婚姻取消しを主張したり，錯誤によって婚姻意思はなかったと主張したりすることができるだろうか。

　主張できるとする見解も強い。しかし，詐欺や錯誤が成立するためには，婚姻意思の内容についての誤解がなければならないはずである。たとえば，「婚姻」とは，「結婚」とは異なり，お互いに経済的にお金を出し合って暮らすということであり，それ以上のことではない，いつでも自由に別れることができるなどと考えていたということでなければ，つまり，婚姻生活共同体の形成の中身について誤解がなければ，婚姻そのものについての誤解があることにはならない。そして，上述の例では，婚姻生活共同体の中身について欺罔行為もなければ，思い違いもないのだから，取消原因・無効原因は存在しないというべきではないか。

　ただし，こうなると，妻が別の男の子を出産したという状態になるわけだが，これは離婚原因にはなるだろう。詐欺や錯誤はあまり広く認めず，それが原因で，夫婦関係が破綻したような場合に，離婚事由が存在するとして処理するのがよいと思う。

Case 29

東京家裁平成18・7・26判決（LEX/DB2813218）

　詐欺・錯誤が認められた数少ない例。日本生まれで日本人の両親から生まれたY女（52歳）は，ロシアで，ロシア人の父と日本人の母との間に生まれ，現在24歳であると述べて，X男（33歳）と婚姻。Xが詐欺を理由に，婚姻の取消しを求めた。

　判決は，「多少真実の年齢と差があってもそれだけでは婚姻取消を認めるわけにはいかないと思われるが，52と24では大変な違いであり，婚姻後の生活設計も土台から異なってくるような違いである。したがって，かかる錯誤は婚姻の取消しを認めるのに十分と思われる」として，取消しを認めたが，出自についての嘘は，「結婚の判断を左右するような重大な事項とは思われない」とした。高裁でも判断は維持。

　鯖の読みすぎだというだけでなく，「婚姻後の生活設計も土台から異なってくる」として，生活共同体のあり方についての錯誤としている点がうまい。

◆婚姻が禁止される場合

　婚姻は，誰でもできるわけではない。まず，憲法24条１項は，「婚姻は，両性の合意のみに基いて成立し，夫婦が同等の権利を有することを基本として，相互の協力により，維持されなければならない。」としており，男女の結びつきであることが前提になっている。

　そして，男は18歳，女は16歳にならなければ婚姻できないとされてきた（731条）。伝統的な社会慣習の面も強いが，婚姻している夫婦は独立の経済主体として自由に行動できることが求められるから，あまり判断能力がない段階で婚姻をすることは認められない，と説明すべきであろう。

　もっとも，そう考えると，男女で婚姻適齢が異なるべき理由はない。伝統的には，男は経済主体としての能力，女は生殖能力を考えることによって，違いが出てくるのだろうが，現在そのような考え方はとるべきではない。成年年齢を18歳とする法改正が行われたことはすでに説明したが（→73頁），これと同時に，婚姻が可能になる年齢について，両性とも18歳にする改正がされた（2022年４月施行） 改正点 。

　また，重婚は禁止（732条），一定の範囲内の近親婚は禁止（734条〜736条）。近親婚として禁止される範囲は各国で異なり，当該社会のもつ倫理観念から決まる面が強い。

Column 56

誤って受理された婚姻

　禁止される婚姻は届出が受理されないはずだが，たまにはある。

　「明石市は14日，元妻の連れ子だった女子高生（16）と結婚するため，明石市在住の元税理士の男（57）から提出された婚姻届を誤って受理したと発表した。親が離婚して親子関係がなくなっても，その子供との結婚を禁止する民法735条の規定に気がつかなかったという。」

　「市は神戸地方法務局明石支局に相談したうえで受理した。明石市の市民課は『離婚をしても，結婚相手の子供などの直系姻族とは結婚をすることができない，とする民法上の規定を見過ごしていた』と説明した。」（朝日新聞2010年５月15日朝刊（神戸）23面）

　偽造の書類による届出だったのであり，窓口に出向かなかった当該女子高生に通知がされたことにより（→613頁），発覚。禁止婚の虚偽届出という二重の話である。なお，ミスをした明石市は女子高生側に100万円の解決金を支払ったとのこと。

再婚禁止期間については，親子関係の決定に関係するので，後に説明する（→653～655頁）。

3　婚姻の効果

◆人格的効果と財産的効果

婚姻の効果は，人格的効果と財産的効果に分けて論じられるのが通常である。前者として，氏の共通，同居・協力扶助義務，貞操義務，後者として，婚姻費用分担義務，日常家事債務の連帯責任，契約取消権といったものがある（750条～762条）。もう1つ，ある意味で最も重要な効果として，妻から生まれた子が夫の子と推定されるということがあるのだが，これは子どもの問題として，後にとりあげる（→652～653頁）。残りを見ておこう。

◆氏の共通

夫婦は，婚姻の際に，夫または妻の氏のいずれかを共有の氏として選択する（750条）。婚姻届にも，その選択欄がある（→表11-2）。いずれかの氏であり，夫の氏ではないことに注意してほしい。しかし，2015年の統計では96%が夫の氏を選択している。

そこで，この規定は，実質的には，望まない改姓を妻に強要しているものであり，夫婦別氏（別姓）を認めるべきだとの立法論も強い。聞いたことがあるだろう。

夫婦別氏を可能にするルールのうち有力なのは，選択的夫婦別氏（同氏でもよいし，別氏でもよい）というものであり，1996年には法制審議会が，次のような改正要綱を法務大臣に諮問している。すなわち，

　　一　夫婦は，婚姻の際に定めるところに従い，夫若しくは妻の氏を称し，又は各自の婚姻前の氏を称するものとする。

　　二　夫婦が各自の婚姻前の氏を称する旨の定めをするときは，夫婦は，婚姻の際に，夫又は妻の氏を子が称する氏として定めなければならないものとする。

この方向での改正は，もはや時間の問題だと思う。

◆同居・協力扶助義務

「夫婦は同居し，互いに協力し扶助しなければならない」（752条）。

婚姻意思の中核は，生活共同体の構成であるところ，そこには，当然に同居が含まれていると考えるべきであろう。そして，だからこそ，その違反は，悪意の遺棄として離婚原因となる（770条1項2号。→630～632頁）。

それでは，夫の暴力に耐えかねて，妻が家を出て，別居しているとする。このとき，夫が妻に対して同居を求めて申立てをしたらどうなるか。別居を正当化する事由のあるときは，もちろん同居義務は存在しないから，その申立ては認められない。仕事の都合で単身赴任する場合なども同様である。

次に，協力・扶助義務というのは，皿洗いを分担するということではない。直接には金銭負担が問題になる。これについては，後に説明する（→620～621頁）。

◆貞操義務

消極的な効果として，貞操を求める権利がある。これに反すると不貞行為として離婚原因となる（770条1項1号。→631頁）。

問題は積極的効果であり，相手方に対して性行為をすることを強要できないことは明らかである。性関係の強要は，逆に，離婚事由になる。それでは，相手方からの性交拒否が離婚事由になるか。いろいろな事情・場合があるので，性交拒否そのものを問題とするのではなく，それを発端として夫婦関係が破綻したときに，「婚姻を継続しがたい重大な事由」（同項5号）があるかどうかを考えることになろう。

これとの関係で，AとBとが婚姻関係にあるとき，Bと婚姻外で性関係を結んだCに対して，Aが慰謝料を請求するケースがしばしばある。

判例は，「夫婦の一方の配偶者と肉体関係を持った第三者は，故意又は過失がある限り，右配偶者を誘惑するなどして肉体関係を持つに至らせたかどうか，両名の関係が自然の愛情によって生じたかどうかにかかわらず，他方の配偶者の夫又は妻としての権利を侵害し，その行為は違法性を帯び，右他方の配偶者の被った精神上の苦痛を慰謝すべき義務があるというべきである」とするが，それによって何が侵害されたのかについては，「BがCと肉体関係を持つことがAに対する不法行為となる……のは，それがAの婚姻共同生活の平和の

維持という権利又は法的保護に値する利益を侵害する行為ということができるからであ」る，としている（最高裁平成8・3・26判決（民集50巻4号993頁））。つまり，AのBに対する権利（貞操請求権）が第三者Cにより侵害されるという構成ではなく，Aの有する《婚姻共同生活の平和の維持という権利又は法的保護に値する利益》のCによる侵害だと考えるわけである。

◆財産の帰属

　婚姻の財産的効果は民法754条以下に規定がある。夫婦間の契約取消権の規定に続き，夫婦財産契約という夫婦の財産に関する契約について規定が置かれ

夫婦別氏に関する議論

　夫婦別氏の議論にあたっては，いくつかの注意が必要である。

　まず，別氏の国が男女平等に関して進歩しているわけではない。血族の意識が強い国では別氏になりやすい。フランスでは，妻は夫の氏の使用権を有するというのが伝統的な考え方である。血族でないから本来は使えないのだが，特別に使えるようにするというのである。韓国も，夫と子は夫の氏，妻は元の氏であるが，父系の血統を示すためである。

　自分をどう呼称されるかは人格権であるから，婚姻による変更を強制されるのはおかしいという主張もあるが，論理がおかしい。たしかに，ニュースにおいて自己の氏名を日本風に読まれた在日韓国人がNHKに慰謝料等を求めた事件において，最高裁は，「氏名は，……その個人からみれば，人が個人として尊重される基礎であり，その個人の人格の象徴であつて，人格権の一内容を構成する」とした（最高裁昭和63・2・16判決（民集42巻2号27頁））（ただし，請求は認めなかった）。しかし，自分の好きな氏名にしてよいとされたわけではない。法的に認められた氏名につき，その読み方を放送局によって変えられるのは，人格権の侵害となりうるとしているのであり，氏名そのものは法によって決まっておかしくない。そして，その法は，習俗を反映したものとなる。夫婦同氏制が憲法違反だと争われた事件においても，最高裁は，「氏は，婚姻及び家族に関する法制度の一部として法律がその具体的な内容を規律しているものであるから，氏に関する上記人格権の内容も，憲法上一義的に捉えられるべきものではなく，憲法の趣旨を踏まえつつ定められる法制度をまって初めて具体的に捉えられるものである」としている（最高裁平成27・12・16判決（民集69巻8号2586頁））。

　この事件で最高裁は，結論として，夫婦同氏制は違憲ではない，と判断した。「婚姻及び家族に関する事項は，国の伝統や国民感情を含めた社会状況における種々の要因

ているが，夫婦財産契約はほとんど用いられていない。契約がない場合には，法律の定めによる財産関係（**法定財産制**）となる。

　まず，民法762条は，

①　夫婦の一方が婚姻前から有する財産及び婚姻中自己の名で得た財産は，その特有財産（夫婦の一方が単独で有する財産をいう。）とする。

②　夫婦のいずれに属するか明らかでない財産は，その共有に属するものと推定する。

と規定している。「夫の物は夫の物，妻の物は妻の物，帰属不明の物は共有」というわけである。そして，民法760条は，「夫婦は，その資産，収入その他

を踏まえつつ，それぞれの時代における夫婦や親子関係についての全体の規律を見据えた総合的な判断によって定められるべきものである。特に，憲法上直接保障された権利とまではいえない人格的利益や実質的平等は，その内容として多様なものが考えられ，それらの実現の在り方は，その時々における社会的条件，国民生活の状況，家族の在り方等との関係において決められるべきものである」ところ，「氏は，家族の呼称としての意義があるところ，現行の民法の下においても，家族は社会の自然かつ基礎的な集団単位と捉えられ，その呼称を一つに定めることには合理性が認められ」，また，「婚姻前の氏を通称として使用することまで許さないというものではな」いから，「直ちに個人の尊厳と両性の本質的平等の要請に照らして合理性を欠く制度であるとは認めることはできない」というのである（15人中5人の裁判官が反対意見を述べている）。

　ただし，別氏が妥当でないというわけではなく，同氏制も憲法違反ではない，というだけである。

　私自身は，結論的には選択的夫婦別氏制度でよいと思う。それは習俗上，夫婦別氏は一部において十分に根付いていると思うからである（2017年12月の政府調査で42.5％が賛成）。憲法違反だからというのではなく，婚姻しても（通称としては）氏を変えない人も多くなり，男女の氏が異なっても婚姻共同体を結成したことを外部に表示できる，それが習俗となっているという認識による改正である。

　なお，一般に「夫婦別姓」といい，日常でも「氏」と「姓」は同一の意味で使われているが，法律上は「氏」で統一されている。かつて「姓」とは「かばね」と読み，朝廷から与えられるものであり，これに対して，「氏」は同族の呼称であった（地名や職業を用いることも多い）。藤原道長は「藤原朝臣道長」であり，藤原が「氏」，朝臣が「姓」である。歴史的には，いわゆる苗字は「氏」であり，「姓」ではないのである。

一切の事情を考慮して，婚姻から生ずる費用を分担する。」としている。

　一見，夫婦間は平等である。ところが，ここでも，形式的平等によって，実質的不平等が生じるという問題がある。とりわけ夫が給与生活者で妻が専業主婦であるという形態（主婦婚）では，給与は，夫宛に支払われ，夫の財産となる。そして，夫の財産で購入した物は夫の財産となるので，たとえば，夫婦で居住するために購入した家屋も，夫の所有となる。結局，妻にはほとんど財産がない状態になるわけである。

　もっとも，これが不公平か，という問題もある。妻には財産がないわけだから，婚姻中は夫が婚姻から生ずる費用を支払わざるをえない。そして，離婚になれば，後に述べるように財産分与がある（768条。→635〜638頁）。相続のときも，配偶者の相続権がある（890条，900条。→697〜701頁）。たしかに，家事労働が評価されないのはおかしいという主張には合理性があると思うが，バランスをとるための制度はいろいろある。

◆婚姻費用分担義務

　民法760条は，「夫婦は，その資産，収入その他一切の事情を考慮して，婚姻から生ずる費用を分担する。」と規定している。婚姻が円満に営まれているときにも適用される条文であるが，夫婦が円満なときは，何が「婚姻から生ずる費用」に該当するのか，どのような分担が妥当かは問題にならない。現実の支出状況そのものが，その夫婦の婚姻費用の分担形態である。妻が1日中パチンコをして，かなりの額を使っていても，夫が給与のほとんどを競馬につぎ込んでいても，円満に婚姻生活が営まれているのであれば，それはそれでよい。

　問題になるのは，婚姻関係の破綻による別居時と離婚のときである。離婚については後で検討することとして（→635〜638頁），ここでは，別居のときを考える。

　夫婦が別居したときは，一方の配偶者は，他方に対して，婚姻費用の分担を求めることができる。上にあげた主婦婚の事例で，夫が別の女性と同居するために自宅を出ていったとする。残された妻は生活ができない。このときは，まだ婚姻状態にあるわけだから，婚姻費用分担義務の履行として，妻は夫に金銭の支払いを求めうる。額の裁定には客観的な基準が用いられる。現在では，

2003年に，東京・大阪の裁判官たちがまとめた算定表が用いられることが多い。

　この表によれば，次のような算定となる。

　妻の収入がゼロで，13歳の子1人と17歳の子1人とがいるところ，給与生活者の夫が1人で出ていったとする。そのとき，まず，夫の総収入から，その収入を得るのに通常かかる費用（税金や職業費（通勤のための衣服費など））を差し引いた基礎収入を算出する。これがだいたい総収入の4割程度になる。これを，〔100（夫の生活費）〕対〔100（妻の生活費）＋55（13歳の子の生活費）＋90（17歳の子の生活費）〕に分ける。つまり，夫は，基礎収入のうち345分の245（約70％）を妻側に渡すことになるわけである。

　この算定表については批判もある。とりわけ，職業費の割合が高すぎるともいわれる。しかし，事件ごとに，いろいろな事情を当事者が細かく主張し，それを考慮しなければならないということでは，時間がかかりすぎ，現実に生活に困っている側を迅速に救済することができない。スピードを重んじた解決のための算定表なのである（なお，この算定表の問題点を改善するために，2016年11月には，日弁連によって新算定表が作成され，公表されたが，それが利用される事件は，まだ多くない）。

　もっとも，特殊な事情があれば，やはり考慮される。たとえば，浮気をしたうえ，子を連れて勝手に出ていった相手から婚姻費用分担が請求されてきたときは，請求が権利濫用にあたるなどの理由で，相当の減額をするのが通常である。ただし，子の養育費分については支払われねばならない。子に落ち度はない。

　婚姻費用分担の請求は，家事事件手続法の別表第2の事件である。その手続はすでに説明した（→592〜593頁）。このとき，「今後，毎月○○円支払え」というだけではなく，「これまで相手方が分担すべき額が支払われなかったのだから，その未払い分を払え」とも請求できる。過去の婚姻費用分担請求というが，実際に問題になるのは，別居以降のものである。

◆日常家事債務の連帯責任・代理権

　夫がネットを通じて着払いで本を注文した。夫の不在中に，宅配便業者が「代引きです」といって本を配達してきた。このとき，妻は支払う。私も，妻

が注文した品について宅配業者に代金を支払うことがある。

このような通常のときを考えると、民法761条本文が、「夫婦の一方が日常の家事に関して第三者と法律行為をしたときは、他の一方は、これによって生じた債務について、連帯してその責任を負う。」としていることは、「そりゃそうだろうなあ」という感じがすると思う。また、この条文から、一般的には、日常家事の範囲では、配偶者は他方の配偶者を本人とする代理権（→100〜102頁）をお互いに有すると解されている。とりわけ、夫との事前の明確な合意のないまま、妻が夫の代理人として契約をすることは多く、代理権があるというのも納得が行く。

しかし、法律の条文は、ノーマルな事態ではないときに意味を持つ。それでは、どういうときに問題になるのだろうか。

1つは、契約をし、債務を負った配偶者が破産したとき、そうでなくでも、支払いができない状態に陥ったときである。たとえば、夫が、夫名義の自動車を購入した後に、破産してしまったとする。妻には、婚姻前からの定期預金がある。このとき、仮にその自動車の購入契約が、「日常の家事に関して第三者と法律行為をした」といえるのであれば、自動車販売業者（通常は、自動車販売業者と提携しているファイナンス業者）は、妻に支払いを求めることができ、支払われない場合、妻の定期預金債権を差し押さえることができる。しかし、いえないのであれば、妻の財産にはかかっていけない。

もう1つは、最近、NHKの受信契約との関係で問題になった。妻が夫の了解をとらないまま、夫名義の受信契約をNHKと締結したとき、夫は受信料支払債務を負うか、ということである。NHKの受信契約の締結が、「日常の家事」の範囲内ならば、妻に代理権があるから、夫とNHKとの間には受信契約は成立しており、夫には支払義務があることになる。

どのようなものが、ここでいう「日常の家事」に該当するかについて、判例は、その夫婦の状況（「個々の夫婦の社会的地位、職業、資産、収入等」、さらには、「その夫婦の共同生活の存する地域社会の慣習」）と第三者の信頼（「客観的に、その法律行為の種類、性質等をも十分に考慮して」）をあわせて考慮して定めるとしている。NHK受信契約の締結については、テレビの普及度等に鑑み、日常家事の範囲だとする裁判例がある。自動車については、共同生活のためのものなのか、夫の趣味であるレーシングのためのものなのかで違って

くるであろう。

　ともあれ，紛争の生じる形態を理解することが重要である。

◆成年擬制

　日常家事債務についての規律も，夫婦が1つの生活共同体として，いろいろな契約をスムーズにするためのものである。もちろん，共同生活に用いるものが夫婦のうち一方だけの名義で購入されたときでも，双方が責任を負うだろう，という相手方の信頼を保護すべきだということもある。しかし，そういった信頼が保護されるので，一方の名義での契約締結に応じてもらえ，契約がスムーズに締結できるのである。

　さて，婚姻生活共同体の運営をスムーズにするために，もう1つ重要なのは，共同体の独立性を保証し，第三者が何かを押しつけるのではなく，夫婦が話し合って，自らの判断ができるようにすることである。そこで，民法753条は，「未成年者が婚姻をしたときは，これによって成年に達したものとみなす。」とし，もはや親が法定代理人として代理権や取消権を行使することができないようにしていた。

　もっとも，成年年齢が18歳とされ，男女とも18歳にならないと婚姻することができないとされるに至ったので（→73頁），近い将来，未成年者が婚姻をしているということはなくなった。そこで，民法753条は削除されることになった　改正点　。

◆契約取消権

　民法754条本文は，「夫婦間でした契約は，婚姻中，いつでも，夫婦の一方からこれを取り消すことができる。」とする。これも，紛争は，婚姻が破綻し，しかし，まだ離婚には至っていないときに生じる。

　そして，婚姻破綻後に，財産分与（→635〜638頁）の中身を有する贈与契約が締結されたときには，その契約を取り消しえないのはもちろん，破綻前にした契約も，破綻後には取り消しえないと解されている。

　そうすると，この条文はあまり意味を持っていないことになる。

III　離婚とその後

1　離婚の手続

◆離婚を認める理由

　婚姻をしても，いろいろな事情で関係が破綻することがある。このとき，離婚というかたちの解消を認めるか否かは，1つの判断である。

　「いや，合意に基づいて婚姻したのだから，合意がなくなれば離婚できるのは当たり前だろう」と思う人もいるかもしれない。しかし，合意に基づいて取引上の契約をしたとき，一方の当事者が「もうやめた」といえば契約を解消できるわけではない。合意だからといって当然に解消できることにはならない。

　「いや，契約のうちでも，委任のように，当事者の信頼関係が重要だとされているものについては，一方的な解約が認められている（651条1項。→204頁）。婚姻だって，当事者の信頼関係が重要なのだから，一方が相手方に対する信頼を失えば，自由に解約できるのではないか」——これは，かなり鋭い指摘である。しかし，委任は，あくまで財産上の契約であり，一方的な解約をすることによって相手方が被る損害は，金銭的に調整すればよいと考えられる（同条2項）。これに対して，婚姻には金銭には解消しきれない，心理的・社会的な要素がある。そうすると，金銭を払えばそれで自由に離婚できる，というわけにはいかない。

　とりわけヨーロッパの国々では，これにキリスト教の影響が加わる。

　「人は父母を離れてその妻と結ばれ，二人は一体となる。だから，二人はもはや別々ではなく，一体である。従って，神が結び合わせてくださったものを，人は離してはならない。」「不法な結婚でもないのに妻を離縁して，他の女を妻にする者は，姦通の罪を犯すことになる。」（マタイによる福音書）

　実際，1970年くらいまでは，ヨーロッパでは離婚は厳しく制限されていた。

　これに対して，わが国では，離婚は早くからかなり自由に認められていた。近時，離婚が増加しているといわれるが，明治時代は今よりも離婚率がずっと

高かったのである。こういった国では，離婚というものがありりること自体は疑われない。しかし，どのような場合にそれを認めるか，どのような条件が整ったときにそれを認めるか，はやはり問題となりうる。

　考慮すべきことには様々なものがある。

　夫婦の双方が，心から離婚を望んでいるのであれば，そのまま認めてもよいようにも思われるが，このときは，まず，①どのようにして**真意を確保するか**，が問題になるし，②**離婚によって生じる経済的な問題をいかにして調整するか**，も問題になる。婚姻をきっかけに妻が退職し，専業主婦になっている場合を考えると，働いて金銭を稼ぐ能力を妻はずいぶんと喪失している。離婚だからといって，もはやその男女は無関係だ，ということになると，妻は経済的な損失を被る。また，③上記のような事例では，婚姻生活の間，土地・建物を購入したり，預貯金をしたりしたとき，それが夫名義になっていることが多い。しかし，それは双方が協力して作り上げた財産だと考えられる。そこで，**財産の清算をどうするか**，も考えなければならない。さらに，④**離婚の原因を作った側が，他方に生じた精神的な損害を賠償しなければならないのではないか**，加えて，子がいるときは，⑤**子の福祉のためにどのような措置を講じればよいか**，も大問題である。その他，⑥**氏の問題**もある。

　もはや2人の間が破綻しているのに，一方が同意しないかぎり，夫婦という関係にあえてつなぎ止めておくのも他方に酷なことがある。そのような場合には，一方から他方に対する離婚の請求が認められてもよさそうである。しかし，このときも，上に述べた②から⑥のことは問題になるし，さらには，⑦**どのような場合に破綻していると認めるか**，も重要になる。夫婦の間には，いろいろなさざ波が立つ。乗り越えられるようなさざ波が立っているとき，簡単に，「あー，もう破綻だね」としてしまうと，当事者の利益にもならない。また，⑧いくら破綻しているからといって，**破綻の原因を作った者から離婚の請求ができるのは，債務不履行をした当事者が解除をするようなもので，おかしいのではないか**，が問題になる。

　さて，民法は，当事者の合意による離婚（**協議離婚**）と裁判手続を利用した離婚（**裁判離婚**）とを認めている。もっとも，すでに述べたように（→590〜591頁），裁判離婚を求めて訴えを提起するにあたっては，調停前置主義により調停が行われる。この調停で離婚が成立することもあるし，人事訴訟の途中

における和解で離婚がされることもある。これらについて考えていくとき，上記の①から⑧の課題に注意しなければならないのである。

◆**離婚の動態**

離婚件数は，1980年で14万200組であったものが，2017年で21万2262件と増加している。離婚に対する人々の意識も変わり，離婚に対してマイナス評価をしない人の割合も増加し，内閣府のアンケート調査では，女性の半数を超えた（2005年で52.0％。ちなみに男性は38.7％）。離婚率・離婚件数は，1960年くらいまでは減少していたが，そこからだいたい増加している。もっとも，2002年をピークに現在は減少中である（2015年は若干増加した）。90％以上が協議離婚であるとされる。

ただし，離婚の動態を正確につかむことは難しい。たとえば，熟年離婚が急増しているといわれる。たしかに，20年以上婚姻関係にあった夫婦の離婚数が全体に占める割合は，1970年には5.2％であったのに，2017年には18.0％になっている。しかし，それは，日本の人口における熟年者割合が急速に増加しているからであるともいえる。また，3組に1組が離婚するなどといわれることがある。これは，たとえば，2012年の婚姻件数は約67万件であるのに対し，同年の離婚件数が約24万件であることを根拠にするものであり，少子化により減少している婚姻件数と1970年だけで約110万件あった婚姻件数の累積のなかでの離婚件数を比較している。不適切な分析である。さらには，若年夫婦の離婚割合はとくに高いのであり，「熟年離婚，3組に1組の時代」などとあおるのは，週刊誌の見出しにすぎない。

協議離婚の割合も，合意によって離婚する割合を正確に示すものではない。双方とも離婚したいとは思っているが，条件が折り合わないために裁判になっている例もある。

また，離婚にはいろいろな理由がある。これも統計上は，「性格の不一致」というのが最も多いが，本当のことを答えないことも多いと予測され，真の原因はわからない。

とはいえ，全体として離婚が増加していることはたしかである。

◆協議離婚

すでに述べたように，離婚の90％以上は協議離婚であり，夫婦の合意に基づいて離婚がされることになる。

一方の意思に反する離婚届が勝手に出されたときには，合意がないのだから，いくら届出がされていても，その離婚は無効である。また，詐欺や強迫による離婚については，婚姻についての民法747条が準用される（764条。→613〜614頁）。さらには，離婚届が提出されなければ，「離婚する」と合意をしても離婚とはならないこと，離婚届について不受理申出制度があることも，婚姻届と同じである。そもそも不受理申出制度（→609〜613頁）は離婚届から始まった。むりやりに妻に離婚届に署名させ，それを提出することによって，夫が妻を追い出すという事件がしばしばあり，それに対処するために生まれたのである（なお，不受理申出は2017年度で3万7414件であるが，その大半は，離婚届の不受理申出である）。

さて，婚姻については，婚姻意思がないのに，男女が示し合わせて婚姻届を提出しても無効であるとされていた（→606〜608頁）。これに対して，離婚については，離婚届を出す意思さえあれば，生活共同体を解消する意思がなくても，離婚は有効に成立するとされている（判例）。婚姻については，法律に定められた様々な効果がある。この効果の一部または全部を享受しないと決めて

Column 58

三くだり半

江戸時代には，夫が妻に三くだり半という離縁状を渡せば，一方的に離婚できた，といわれることがある。しかし，現実には，妻が拒絶した場合には，妻の実家の承諾が必要とされたり，夫から離縁訴訟をしなければならなかったり，そう単純ではなかった。また，妻からの離婚請求も一定の要件で認められており，その要件の代表例が，3，4年，夫と妻との間で連絡がないことであった。そして，それを満たす方法の1つが，寺への避難であったのであり，一部の寺（有名なのは，鎌倉の東慶寺）への駆け込みだけが妻に許された方法だったわけではない。

また，離縁状には，再婚許可証という意味があった。離縁状があれば，妻はそれを示して再婚できるが，それなくして再婚すると刑罰を受けた。離縁状を渡さない夫も刑罰を受けた。離縁状の交付は，夫の義務でもあったのである（受取状（「返り一札」）をとることもあった）。

なお，離縁状は通常，三行半で書かれた。だから，「三くだり半」というのである。

表11-4　離婚届の例

離 婚 届

平成 28年 2月 1日届出

丙山市 長 殿

受理 平成　年　月　日	発送 平成　年　月　日
第　　　　号	長印
送付 平成　年　月　日	
第　　　　号	
書類調査	戸籍記載	記載調査	調査票	附票	住民票	通知

		夫	妻
(1)	氏　名	（よみかた）こうやま たろう　氏 甲 山　名 太 郎	こうやま はなこ　氏 甲 山　名 花 子
	生年月日	平成4年　8月　25日	平成5年　4月　24日
	住　所（住民登録をしているところ）	丙山市昭和町　2丁目1番地番　号	丙山市昭和町　2丁目1番地番　号
		世帯主の氏名 甲 山 太 郎	世帯主の氏名 甲 山 太 郎
(2)	本　籍（外国人のときは国籍だけを書いてください）	丙山市富町1丁目13　番地番	
		筆頭者の氏名 甲 山 太 郎	
	父母の氏名父母との続き柄（他の養父母はその他の欄に書いてください）	夫の父 甲 山 一 郎　続き柄	妻の父 乙 山 二 郎　続き柄
		母　　春 子　長 男	母　　夏 子　二 女

(3)(4)	離婚の種類	☑協議離婚　□調停　年　月　日成立　□審判　年　月　日確定	□和解　年　月　日成立　□請求の認諾　年　月　日認諾　□判決　年　月　日確定
	婚姻前の氏にもどる者の本籍	□夫 は　☑もとの戸籍にもどる☑妻　　□新しい戸籍をつくる	大阪府大阪市中央区
		大阪城1　番地番	筆頭者の氏名 乙 山 二 郎
(5)	未成年の子の氏名	夫が親権を行う子	妻が親権を行う子 甲 山 明 子
(6)(7)	同居の期間	平成25年　2月 から（同居を始めたとき）	平成27年　12月 まで（別居したとき）
(8)	別居する前の住所	丙山市昭和町2丁目1　番地番　号	
(9)	別居する前の世帯のおもな仕事と	□1．農業だけまたは農業とその他の仕事を持っている世帯□2．自由業・商工業・サービス業等を個人で経営している世帯☑3．企業・個人商店等（官公庁は除く）の常用勤労者世帯で勤め先の従業者数が1人から99人までの世帯（日々または1年未満の契約の雇用者は5）□4．3にあてはまらない常用勤労者世帯及び会社団体の役員の世帯（日々または1年未満の契約の雇用者は5）□5．1から4にあてはまらないその他の仕事をしている者のいる世帯□6．仕事をしている者のいない世帯	
(10)	夫妻の職業	（国勢調査の年…　年…の4月1日から翌年3月31日までに届出をするときだけ書いてください）夫の職業	妻の職業
	その他		

婚姻中の氏で署名押印してください。

届出人署名押印	夫 甲 山 太 郎 印	妻 甲 山 花 子 印
事件簿番号		

住定年月日	
夫	・　・
妻	・　・

字訂正字加入字削除

届出印

記入の注意

鉛筆や消えやすいインキで書かないでください。

筆頭者の氏名欄には、戸籍のはじめに記載されている人の氏名を書いてください。

札幌市内の区役所に届け出る場合、届書は1通でけっこうです。（その他のところに届け出る場合は、直接、提出先にお確かめください。）

この届書を本籍地でない役場に出すときは、戸籍謄本または戸籍全部事項証明書も必要です。

そのほかに必要なもの　調停離婚のとき→調停調書の謄本
　　　　　　　　　　　審判離婚のとき→審判書の謄本と確定証明書
　　　　　　　　　　　和解離婚のとき→和解調書の謄本
　　　　　　　　　　　認諾離婚のとき→認諾調書の謄本
　　　　　　　　　　　判決離婚のとき→判決書の謄本と確定証明書

証　　　人　　（協議離婚のときだけ必要です）	
署　名 押　印	丁 川 秋 子 ㊞ ・ 申 丘 夏 彦 ㊞
生 年 月 日	昭和 33 年 6 月 14 日 ・ 昭和 34 年 7 月 1 日
住　　所	青丘市緑町 1丁目　24 番地 6号 ・ 丙山市大正町 3丁目　26 番地 10号
本　　籍	青丘市谷町 1丁目 19 番地 ・ 丙山市富里 2丁目 7 番地

→ 父母がいま婚姻しているときは、母の氏は書かないで、名だけを書いてください。
　養父母についても同じように書いてください。
　□には、あてはまるものに☑のようにしるしをつけてください。

→ 今後も離婚の際に称していた氏を称する場合には、左の欄には何も記載しないでください（この場合にはこの離婚届と同時に別の届書を提出する必要があります。）。

→ 同居を始めたときの年月は、結婚式をあげた年月または同居を始めた年月のうち早いほうを書いてください。

届け出られた事項は、人口動態調査（統計法に基づく基幹統計調査、厚生労働省所管）にも用いられます。

> 未成年の子がいる場合は、次の□のあてはまるものにしるしをつけてください。
> （面会交流）
> 　□取決めをしている。
> 　☑まだ決めていない。
> （養育費の分担）
> 　□取決めをしている。
> 　☑まだ決めていない。
>
> 未成年の子がいる場合に父母が離婚をするときは、面会交流や養育費の分担など子の監護に必要な事項についても父母の協議で定めることとされています。この場合には、子の利益を最も優先して考えなければならないこととされています。

● 署名は必ず本人が自署してください。
● 印は各自別々の印を押してください。
● 届出人の印を御持参ください。

> 離婚によって、住所や世帯主が変わる方は、あらたに住所変更届、世帯主変更届の手続きが必要となりますので、ご注意ください。
> 　なお、離婚届と同時にこれらの届けを出すときは、住所、世帯主欄は、変更後の住所、世帯を書いてください。
> 　就業時間以外（土曜日、日曜日、祝日等）の住民異動届は受付できませんので後日届出ねがいます。

日中連絡のとれるところ
電話（010）1234-1234
㊞ 勤務先　呼出（　　方）

おくことは，まさに法の定めた婚姻をしない，ということにほかならず，法的には婚姻をしていないことになるのである。しかし，離婚によってもたらされる効果とは，法的な婚姻をしていない状態になる，というだけであり，そこに何らかの積極的効果が付与されているわけではない（もちろん，離婚にともなう財産の給付などはあるが。→635〜638頁）。婚姻をしていないという状況にあると，性関係を結ぶことができなくなるわけでもないし，同居し，お金を出し合って経済的に共同生活を営むことが法的に認められなくなるわけではない。婚姻しないで，同棲しているカップルを考えてみればよい。つまり，離婚とは，婚姻という法的な衣装を脱ぐというだけであり，婚姻関係の実体を消滅させることは必然ではない。だから，届出意思さえあれば足りるのである。

さて，協議離婚の届出書式（表11-4 →628〜629頁）を見るとわかるように，ここには未成年の子の親権者を誰にするか，という欄があり，当事者が書き込めばよいことになっている。また，民法768条は，協議離婚をした者は相手方に財産分与を請求できる，としているが，これを定める欄はそもそもない。つまり，子どもの親権者（→671〜673頁）を誰にするかも，財産分与（→635〜638頁）をいくらにするか（そもそも，分与しないか）も，当事者の自由に委ねられているのであり，公正な合意がされないおそれもある。

そこで，協議離婚についても，当事者の離婚意思をきちんと確認するとともに（①の問題），子の養育費の支払いや財産分与について公正な取り決めをしないかぎり受け付けない（前者は⑤の問題，後者は②〜④の問題。→625頁），言い換えれば，離婚するかどうかについて裁判所は関与しないが，それ以外の点については公正になるようにチェックするというシステムを作るべきではないか，と指摘されている。実際，そのような制度になっている国は多い。そのような改正がされるまでは，親権者の変更について，現在よりも容易に認められるようにする，さらには，合意された財産分与について，後に家庭裁判所が合理性を審査し，増額を認めるなどの方策をとる必要があろう。

◆裁判離婚

人事訴訟であり，その流れはすでに説明した（→590〜591頁）。調停が成立したり，調停に代わる審判に適する状況であったりしたときには，厳密な意味で，離婚の要件が満たされている必要はない。しかし，最終的に判決が下され

るときには，次に掲げる民法770条に照らして判断されることになる。

① 夫婦の一方は，次に掲げる場合に限り，離婚の訴えを提起することができる。

1 配偶者に不貞な行為があったとき。

2 配偶者から悪意で遺棄<ruby>遺棄<rt>いき</rt></ruby>されたとき。

3 配偶者の生死が3年以上明らかでないとき。

4 配偶者が強度の精神病にかかり，回復の見込みがないとき。

5 その他婚姻を継続し難<ruby>難<rt>がた</rt></ruby>い重大な事由があるとき。

② 裁判所は，前項第1号から第4号までに掲げる事由がある場合であっても，一切の事情を考慮して婚姻の継続を相当と認めるときは，離婚の請求を棄却することができる。

この条文については，1号から5号は並列であり，たとえば「配偶者に不貞な行為があったとき」は，それだけで離婚が認められるのか，それとも，1号から4号は5号に該当する場合の例示であり，結局，「婚姻を継続し難い重大な事由がある」かどうかで判断されるのか，といった議論がある。ただし，前者の考え方に立っても，「一切の事情を考慮して婚姻の継続を相当と認めるときは」離婚請求は棄却される。結論には大きな違いは出てこない。

気になるかもしれない点を補足しておくと，2号の悪意の遺棄<ruby>遺棄<rt>いき</rt></ruby>とは，同

別居・離婚と DV（ドメスティック・バイオレンス）

配偶者からの暴力・暴言に苦しむ人は多い。かつては，家庭内の問題に法は立ち入るべきではない，という考えも背景にあり，刑法の犯罪にあたる場合を除き，積極的な介入は避けられていた。しかし，1992年にはじめて調査が行われるとともに，1993年に国連で「女性に対する暴力撤廃に関する宣言」が採択されたことをうけて，2001年には「配偶者からの暴力の防止及び被害者の保護等に関する法律」が制定された。しばしば DV 防止法と略称される。

配偶者（事実上のものを含む）からの身体に対する不法な攻撃（言動を含む）であり，生命または身体に危害を及ぼすものについて，「配偶者暴力相談支援センター」が相談に応じるとともに，必要があれば，接近禁止命令などの保護命令を発する（この命令に違反すると犯罪になる）。

2017年度の相談件数は10万6110件（そのうち男からは2028件），同年度の保護命令は2293件である。

居・扶助義務の違反である（→617頁）。したがって，別の男を作って勝手に出ていった妻に対し，夫が経済的援助をしなかったということでは，離婚原因にならない。そのような理由で出ていった者を扶助する義務はない。4号は，精神病にかかり，夫婦の精神的交流がなくなれば破綻しているのと同じだから，離婚を認めるというものであり，これに，健康な配偶者に再婚の可能性を保証する，精神病者との婚姻にしばりつけておくのはかわいそうだ，という考え方が加味されている。しかし，病んだ相手方を放っておいてよいのか，という問題がある。判例は，「民法は単に夫婦の一方が不治の精神病にかかつた一事をもって直ちに離婚の訴訟を理由ありとするものと解すべきでなく，たとえかかる場合においても，諸般の事情を考慮し，病者の今後の療養，生活等についてできるかぎりの具体的方途を講じ，ある程度において，前途に，その方途の見込みのついた上でなければ，ただちに婚姻関係を廃絶することは不相当と認めて，離婚の請求は許さない法意である」としている。

5号の「その他婚姻を継続し難い重大な事由」としては，過度の宗教活動，暴力，性的異常，性交拒否などの事例がある。ただし，過度な宗教活動がそのまま離婚事由になるわけではなく，そのことによって夫婦関係が破綻したことがポイントとなる。

◆有責配偶者の離婚請求

自分で不貞行為をして，婚姻関係を破綻させておいて，そのうえで相手方に対して離婚が請求できるか（⑧の問題。→625頁）。破綻に責任のある配偶者なので，有責配偶者といわれるが，その者からの離婚請求である。

最高裁昭和27・2・19判決（民集6巻2号110頁）は，次のように述べた。

原審の認定した事実によれば，婚姻関係を継続し難いのはXが妻たるYを差し置いて他に情婦を有するからである。Xさえ情婦との関係を解消し，よき夫としてYのもとに帰り来るならば，何時でも夫婦関係は円満に継続し得べき筈である。即ちXの意思如何にかかることであつて，かくの如きは未だ以て前記法条にいう『婚姻を継続し難い重大な事由』に該当するものということは出来ない。」「XはXの感情は既にXの意思を以てしても，如何ともすることが出来ないものであるというかも知れないけれども，それも所詮はXの我侭である。結局Xが勝手に情婦を持ち，その為め

最早Yとは同棲出来ないから，これを追い出すということに帰着するのであって，もしかかる請求が是認されるならば，Yは全く俗にいう踏んだり蹴たりである。法はかくの如き不徳義勝手気儘を許すものではない。道徳を守り，不徳義を許さないことが法の最重要な職分である。総て法はこの趣旨において解釈されなければならない。論旨ではXの情婦の地位を云為するけれども，同人の不幸は自ら招けるものといわなければならない。妻ある男と通じてその妻を追い出し，自ら取って代らんとするが如きは始めから間違って居る，或は男に欺された同情すべきものであるかも知れないけれども少なくとも過失は免れない。その為め正当の妻たるYを犠牲にすることは許されない。戦後に多く見られる男女関係の余りの無軌道は患うべきものがある。本訴の如き請求が法の認める処なりとして当裁判所において是認されるならば右の無軌道に拍車をかける結果を招致する虞が多分にある。

「踏んだり蹴たり」判決とよばれる有名な判決である。かなり情緒的な論調だが，当時の最高裁の判決にはこのようなものも多い。そのような情緒的な面を除けば，言っていることはある程度納得が行く。自分で破綻させておいて，「破綻したからもはや婚姻を続けていけない」などというのは勝手にすぎる，というわけである。

しかし，このような考え方はだんだんと変化してくる。「離婚をした」ということが，社会的に強いマイナス評価を受けるのであれば，離婚を認めるか否かの判断を，経済的な問題だけに解消することはできない。しかし，社会的評価が変わってくれば，離婚を望まない側の不利益は金銭的な問題として処理することが可能になる。もちろん，子がいるときは，その子の福祉をどのようにして実現するかという問題は残るが，それらが解決されるときには，破綻した婚姻に縛り付けておかなくてもよいのではないか，とも思われてくる。

上記の判例から，35年間が経過し，離婚に対する社会的評価も変わってきたところ，最高裁は，ついに立場を変えた。最高裁昭和62・9・2判決（民集41巻6号1423頁）は，次のように述べるに至ったのである（下線は筆者による）。

離婚請求がその事由につき専ら責任のある一方の当事者（以下「有責配偶者」という。）からされた場合において，当該請求が信義誠実の原則

に照らして許されるものであるかどうかを判断するに当たっては，有責配偶者の責任の態様・程度を考慮すべきであるが，相手方配偶者の婚姻継続についての意思及び請求者に対する感情，離婚を認めた場合における相手方配偶者の精神的・社会的・経済的状態及び夫婦間の子，殊に未成熟の子の監護・教育・福祉の状況，別居後に形成された生活関係，たとえば夫婦の一方又は双方が既に内縁関係を形成している場合にはその相手方や子らの状況等が斟酌されなければならず，更には，時の経過とともに，これらの諸事情がそれ自体あるいは相互に影響し合って変容し，また，これらの諸事情のもつ社会的意味ないしは社会的評価も変化することを免れないから，時の経過がこれらの諸事情に与える影響も考慮されなければならないのである。

そうであってみれば，有責配偶者からされた離婚請求であっても，夫婦の別居が両当事者の年齢及び同居期間との対比において相当の長期間に及び，その間に未成熟の子が存在しない場合には，相手方配偶者が離婚により精神的・社会的・経済的に極めて苛酷な状態におかれる等離婚請求を認容することが著しく社会正義に反するといえるような特段の事情の認められない限り，当該請求は，有責配偶者からの請求であるとの一事をもって許されないとすることはできないものと解するのが相当である。けだし，右のような場合には，もはや五号所定の事由に係る責任，相手方配偶者の離婚による精神的・社会的状態等は更に重視されるべきものでなく，また，相手方配偶者が離婚により被る経済的不利益は，本来，離婚と同時又は離婚後において請求することが認められている財産分与又は慰藉料により解決されるべきものであるからである。

この判決では，まず，別居が相当の長期間に及ぶこと，を要件にしている。これは，先に述べた⑦の問題（→625頁）に対応する。完全に破綻し，そのような婚姻にむりやりしばりつけておくことが，かえって妥当でないときにかぎられる。次に，未成熟子の不存在があげられている。⑤の問題（→625頁）について考慮する必要がない，というわけである。さらに，相手方が精神的・社会的・経済的にきわめて苛酷な状況にならないことが要求されている。

この判決の事案では，別居期間が36年にも及んでいた。しかし，その後の裁判例には，8年でもこの要件が満たされるとするものもある。また，未成

熟子についても，18歳と16歳の子がいる例で離婚請求が認められた例もあり，他方では，重篤な身体障害がある成人の息子がいる例で，離婚請求が棄却された例もある。十分な金銭給付が確実にされると思われる例では，別居期間が短くても，未成年の子がいても，離婚が認められ，逆に，金銭給付が不確実である場合には，相手方が精神的・社会的・経済的に困窮するので離婚が認められない，とされる傾向にある。離婚を望まない相手方や2人の間の子にどこまでの不利益が生じるかが，総合的に考慮されているわけである。

2　離婚の効果

◆共有財産の精算

それでは，離婚をするとどうなるか。子に関連する事柄はきわめて重要だが，次章に譲ることとし（→671〜676頁），ここではそれ以外の効果を見ていこう。

すでに説明したように（→618〜620頁），民法762条は「夫の物は夫の物，妻の物は妻の物，帰属不明の物は共有」というルールを示している。しかし，たとえば，夫が給与生活者で主婦婚の形態であれば，給与は夫宛に支払われ，その給与で購入した物は，夫の名義の財産となる。しかし，夫婦間の役割分担として，夫が外で働き，妻が家事をすると決めているのに，夫だけが財産を取得することになるのはおかしい。それでも，婚姻が続いているときは大きな問題とはならない。心理的には妻は不満かもしれないが，夫名義の家屋であっても，居住にあたって妻が夫に家賃を支払っているわけではない。二人の財産として二人で使っているのである。

しかし，離婚になるとそうはいかない。妻は，本来の持分に見合うだけの額の支払いを夫に求めることができる（③の問題。→625頁）。もちろん，妻の稼ぎのほうが多いときには，夫が妻に請求できる。

このことを規定するのが，民法768条である（「協議上の離婚をした者の一方は，相手方に対して財産の分与を請求することができる。」）。その額は話し合いで決めるのが原則だが，解決が付かないときは，「家庭裁判所は，当事者双方がその協力によって得た財産の額その他一切の事情を考慮して，分与をさせるべきかどうか並びに分与の額及び方法を定める」。

「えっ，協議離婚のときだけ？」と思うかもしれないが，裁判離婚のときは，同条が771条によって準用されるので，同じである。

このような制度を，**財産分与**という。

話し合いで額を決めるときには，当事者の自由に委ねられているので，公正性が確保されないとの批判があることは，すでに説明した（→630頁）。家庭裁判所が決めるときには，原則として，財産の2分の1とし，いろいろな要素を加味して，そこから増減している。手続としては，家事事件手続法の別表第2の事件となる（→592～593頁）。また，離婚訴訟と同時に提起することもできる。

◆慰謝料・将来の扶養料

実質的に共有である物の精算だけでは満足できない。相手方の行為によって婚姻が破綻し，それについての慰謝料を取りたい（④の問題。→625頁）。「家庭にいてほしい」というから，婚姻時に退職したのに，離婚に至ってしまい，いまから再就職は難しいし，できたって給料は安い。少なくとも再就職ができるまでの間の生活を保障してほしい（②の問題。→625頁）。また，離婚に先立つ別居の間，夫は給料を独り占めにして，妻は実家から援助をもらって生活していた。その別居の間の生活費も払ってほしい（→625頁）。順番に，**離婚慰謝料，将来の扶養料請求，過去の婚姻費用分担請求**，ということになる。

これらは，実質上共有である財産の精算とは，かなり性格が異なる。したがって，財産分与とは別個に話し合いをし，また，裁判を起こすべきだとも考えられる。しかし，実務上は，財産分与に含めて請求ができるとされている。そのメリットは，紛争を一度に解決できる点にある。これは実際に重要なことであり，典型的には妻の側の負担を軽くする。費用的にもつらい。すべてを込みにして財産分与の中で請求できると便利である。

しかし，デメリットもある。まとめると少額になりがちだということである。また，財産分与に関しても，協議での決定が基本である。そのとき，「財産分与として○○円支払う」と合意すると，それ以外に一切もらえなくなってしまうのも困る。「そんなつもりではなかった。共有財産の精算だけのつもりだった」という場合もある。逆に，すべてを込みにして合意したつもりで支払ったのに，後から，「慰謝料は財産分与とは異なるから，別個に払え」とい

われたのでは困ることもある。

　実務では，一緒に請求してもよいし，別に請求してもよい，そして，合意がされたとき，そのいずれであるかは当事者の意思解釈の問題であるとされている。これは一度に請求できるというメリットを生かし，デメリットを減じようとするものだが，デメリットを真に減じるためには，合意された額が少額の場合には，実質的共有財産の精算以外の要素は原則として含まれていない，と解釈することが必要であろう。さらに，協議離婚に際して適切な額の財産分与が

Column 60

扶養義務等の履行強制 ─────

　夫Ａと妻Ｂとには子Ｃがいたが，離婚するに至り，ＡはＢに対し，Ｃの養育費として月々10万円を支払うと合意された。ところが，Ａは，これを支払おうとしない。このとき，履行強制を行おうとすると，7月分が支払われないとき，Ａの財産を差し押さえて，そこから10万円を取得する。そして，8月になって，またその月の分が支払われないということになると，再びＡの財産を差し押さえて，10万円を取得する。毎月毎月，差押えを繰り返すことになる。面倒だから，不履行分がたまってから差押えをすればいいじゃないかと思うかもしれないが，離婚したＢには経済的な余裕がない。1か月分でも支払ってもらえないと，Ｂは苦しい。

　たしかに，金銭債務の履行強制は，弁済期になっても債務者が支払わないときにのみ可能なのが原則である。しかし，養育費をケチっているＡは，どうせ次の月も支払おうとしないであろうし，他方，Ｂにとっては一度の手続である程度の期間にわたる養育費を確保する必要性は高い。

　そこで，2003年の民事執行法改正によって，月々支払われる定期金債権のうち，夫婦間の扶助料・婚姻費用分担金，子の養育費，扶養料については，その支払い期限が到来していなくても，その債権に基づいて強制執行を行うことが可能となった。しかし，7月の段階で，8月1日に期限の到来する養育費債権のために8月15日に支払われる給料債権を差し押さえ，9月1日に期限の到来する養育費債権のために9月15日に支払われる給料債権を差し押さえるといったように，各定期金債権の期限の到来後に弁済期が到来する給料債権などだけが差押え対象となる（民事執行法151条の2）。債務者の利益にも配慮して，弁済期よりも先に現実的にとられてしまうことはないようにしているわけである。また，このときは，給料債権のうち差押え禁止となる範囲（→300〜301頁）が小さくなっている（同法152条3項）。給料債権は，Ａの生活のためだけのものではなく，ＢやＣの生活のためのものでもあるからである。さらに，強制執行の方法として間接強制によることも認められるようになった（同法167条の15，16）。

　特別な保護が図られつつあるわけである。

されているかをチェックするシステムがないことの問題性はすでに指摘した（→630頁）。少額で合意した場合は，この合意をさしあたって一部について合意したものにすぎないと考えることが必要な場合もあろう。

なお，財産分与額は一度に支払われるとはかぎらない。頭金と月々の支払いといったかたちで合意されることもある。

◆年金分割

主婦婚の事例で，夫が厚生年金などに加入しているとする。夫の収入から掛金が支払われているのだが，すでに述べたように，それは夫婦間の役割分担の結果であり，その収入，そしてその結果である年金は夫だけのものではないはずである。

離婚時に年金をすでに取得している場合には，年金額を考慮して財産分与の額を定めることもできるし，分割することもできる。しかし，将来の年金については，どの程度の額が支払われることになるのかが明確ではないので，なかなか難しい問題があった。

そこで，2004年に厚生年金法などが改正され，離婚にあたって，配偶者が加入している厚生年金などについて，その一部を他方の配偶者に分割する制度が導入された（**年金分割**）。

分割割合について合意ができないときは，家庭裁判所の手続によることができる（家事事件手続法別表第2の16，厚生年金保険法78条の2第2項）。また，離婚訴訟とともに，年金分割の申立てをすることもできる（人事訴訟法32条1項）。

◆復氏または婚氏続称

婚姻にあたって，配偶者の一方は氏を改めている（→616頁）。これは婚姻の効果だから，離婚によって婚姻が解消すれば婚姻前の氏に戻るのが原則である（767条1項）。

ところが，未成年の子がいるとき，離婚後は母と同居することが多い（→672頁）。そして，婚姻時には夫の氏を選択していることがほとんどだから，子は夫の氏である。にもかかわらず，母は元の氏に戻ると，同居している母子の氏が異なることになる。何とか母子の氏を同じにしたい。また，婚姻後

の氏で社会的活動をしているとき，それが急に変わるのも不便である。

　そこで，1976年に，民法767条 2 項として，「離婚の日から 3 箇月以内に戸籍法 の定めるところにより届け出ることによって，離婚の際に称していた氏を称することができる。」という規定が置かれることになった。**婚氏続称**というが， 4 割程度の離婚で選択されている。

　いったん婚氏続称を選択すると，「やっぱり婚姻前の氏にしよう」と思っても，当然に可能なわけではではない。戸籍法107条 1 項は，「やむを得ない事由」があるとき，家庭裁判所の許可を得たうえでないと，氏の変更はできないとしている。もっとも，最近では，婚氏続称を必要とする事情が消滅したときで（たとえば，子どもが成年になった），申立てが恣意的なものではないときは（たとえば，金融業者のブラックリストから名前を消すという目的ではない），比較的広く認められるようになっている。

Ⅳ　婚姻以外の結びつき，婚約

1　結びつきの多様化

◆内縁からパートナーシップへ

　明治民法立法時には，法律上の手続を経ないで事実上の夫婦関係を続けている男女関係については，「私通」であって無効であるととらえていた。届出主義を徹底するという強い意識があったのである。

　しかし，伝統的な婚姻慣行のもとでは，試してみてダメな嫁を，離婚手続によらず，一方的に離別するということが行われていた。もっとも，この点では，入籍前は「不縁」といい，入籍後は「離縁」といい，「不縁」のほうが後の婚姻がスムーズであるので，内縁のままで解消することのメリットが女性の側にもあったようである。非届出状態は，やがて届出がされるか，「不縁」となって解消されるか，していた。

　他方で，法的な手続に対する意識の欠如等の理由により，さらには，両当事者が戸主であるために正式な婚姻が困難である等の理由により，長い間，夫婦の共同体の実体を持ちながら，届出がされていない事態が継続することもあった。**内縁**である。そして，このような場合に関係を一方的に破棄された者，主に女性の側に保護を与える必要性が説かれ，判例は，内縁を婚姻に準じるもの，**準婚**として扱い，保護を与えてきた。

　しかし，最近になって，婚姻届をしていない男女についての実態の変化を背景として，内縁を婚姻に準じるものとして保護することへの批判が登場してきた。以前は，女性から見ると，「届出をしてもらいたいのにしてもらえない」という関係が多かった。しかしながら，届出について国民の理解が浸透し，現在では，婚姻届を出さないのは，当事者の積極的選択の結果であることが多くなっている。「婚姻に縛られない自由な関係でいよう」，「子どもができたら結婚しよう」というわけである。そのように考えて，わざわざ婚姻ではない関係を選んでいるのに，破棄の場面になって保護を求めるのはおかしいというわけ

である。

　また，内縁を準婚と見るというのは，いずれにせよ男女の共同生活形態を対象とする話である。しかし，現在では，同性愛者の権利について理解が進み，同性のカップルをどのように扱うかも問題になっている。

◆パートナーシップをめぐる判決

　まず，男女のカップルについて，1つの判決を紹介しておこう。最高裁平成16・11・18判決（判時1881号83頁）である。

　X女は，大学4年生であった1985年11月に，Y男と結婚相談所を通じて知り合い，婚約したが，その1か月後には婚約を解消した。婚約解消に際し，XとYは，結婚する旨を報告していた関係者に対し，「お互いにとって大切な人であることにはかわりはないため，スープの冷めないぐらいの近距離に住み，特別の他人として，親交を深めることに決めました」という手紙を連名で出した。

　その後，お互いに他方の家に宿泊することはあったが，完全に同居していたわけではなく，生計も別であった。ところが，Xが妊娠し，平成元年に長女，平成5年に長男が生まれた。その際，Yが，出産費用および養育費を全面的に負担する旨の約束がされている。また，出産時には婚姻届をし，その後，協議離婚するということを繰り返している。

　しかし，関係は破綻するに至り，Yが別の女性と婚姻したところ，XはYに対して「パートナーシップ関係」の解消が不法行為だとして損害賠償を求めたのである。

　判決は次のようにいう。

　　　　以上の諸点に照らすと，YとXとの間の上記関係については，婚姻及びこれに準ずるものと同様の存続の保障を認める余地がないことはもとより，上記関係の存続に関し，YがXに対して何らかの法的な義務を負うものと解することはできず，Xが上記関係の存続に関する法的な権利ないし利益を有するものとはいえない。そうすると，Yが長年続いたXとの上記関係を前記のような方法で突然かつ一方的に解消し，他の女性と婚姻するに至ったことについてXが不満を抱くことは理解し得ないではないが，Yの上記行為をもって，慰謝料請求権の発生を肯認し得る不法行為と評価す

ることはできないものというべきである。

ポイントとなっているのは，まず，当事者の意思である。「経済的には助け合うけれど，お互いに異性関係に干渉せず，一方が嫌になれば自由に解消できることとしましょう」という意思で，あえて婚姻を選択しないのであれば，一方的解消によって他方に損害賠償請求権は発生しない。しかし，婚姻届を出していないからといって，お互いに自由な解消を認める意思であるとはかぎらない。そのときは，勝手に解消すると，約束違反になる。

ところが，恋人同士が「ずっと一緒にいようね」と語り合ったからといって，相手を振れば，慰謝料を請求されることになるか，というと，明らかにそうではない。まさに「よくある話じゃないか」である。そうすると，共同生活を送っているときに，勝手な解消にあたって損害賠償請求権が発生するタイプのものとしないタイプのものとの境目がどこかにあることになりそうであるが，その境目を明らかにすることは難しい。

同性間のパートナーシップでも問題の本質は変わらない。たしかに，異性間の関係に比べ，民法の定める婚姻に準じる，という考え方はとりにくい。しかし，まずどのような意思であるか，そして，勝手な解消にあたって損害賠償請求権が発生するタイプのもの，つまり，法的保護に値する利益があると認められるのか，を考えることはできる。そして，この検討にあたって，およそ同性間のパートナーシップについては保護に値する利益はない，と考える必要はない（→539〜540頁）。

◆問題になっている事柄による違い

婚姻の効果を思い出してみよう。そこでは，解消＝離婚そのものに対する制約や，その際の慰謝料の話もあったが，実質的には共有である財産の精算の問題もあった。また，婚姻が円満に営まれているときでも，取引相手との関係をどうするか，さらには，税金の問題，社会保障の問題などがある。一方が勝手にパートナーシップを解消したとき他方に損害賠償請求権が発生しないタイプだとされても，このような問題を適切に解決する必要はある。

婚姻以外のパートナーシップについて法律上正面から規定したものとして，1999年にフランスで制定されたパクス（民事連帯協約）法がよく取り上げられるが，この法律は，一緒に用いている財産（とくに居宅）や第三者との取引

関係について婚姻と同様の処理をすること，さらに，租税や社会保障その他について婚姻に順じた措置をとることを規定するものである。スウェーデンのサムボ（同棲）法（→605頁 **Column 54**）は，1987年に制定されたものだが，当事者間の財産関係が中心である。また，いずれにおいても相続は認められていない（遺言はできる）。

わが国でも，たとえば，厚生年金保険法3条2項は，「この法律において，『配偶者』，『夫』及び『妻』には，婚姻の届出をしていないが，事実上婚姻関係と同様の事情にある者を含むものとする。」としており，個別的な法律はある。しかし，正面からパートナーシップについて規律する法律はない。

◆同性婚

異性間の場合は，「婚姻はできるけれど，あえて別の方法を選択している」と見ることができる。だから，完全に婚姻と同様の効果を与えることは，かえって当事者の意思に反する可能性をもつのである。これに対して，同性同士は「婚姻できない」のであるから，少し異なる。

もちろん，財産関係などについての保護が得られるだけでも一歩前進である。スウェーデンでは，1987年から同性についてのサムボ法が別に存在していた。また，フランスのパクス法は，同性の結びつきも対象としている。

Column 61

性同一性障害 ―――

自分の生物学的な性別とは別の性別であると心理的に確信している人がいる。割合については諸説あるようだが，その存在については徐々に認識が形成されてきた。

2003年には，「性同一性障害者の性別の取扱いの特例に関する法律」が制定された。①自分の生物学的な性別とは別の性別であると心理的に確信し，自己を身体的および社会的に他の性別に適合させようとする意思を有すること，②必要な知識および経験を有する2人以上の医師の診断が①について一致していること，③20歳以上（2022年4月以降ならば18歳以上）であり，現時点で婚姻していないこと，④未成年の子がいないこと，⑤生殖腺がない，または，生殖腺の機能を永続的に欠く状態にあること，を要件にして，性別の取扱いの変更の審判を受け，戸籍の記載等を変更できることとなった。

男性とこのような性別変更を受けた元男性，女性と元女性の婚姻は，同性婚ではなく，法律上認められている婚姻である。

2015年3月末，東京都渋谷区は，全国で初めて同性のカップルを「結婚に相当する関係」にあると認め，証明書を発行する条例を区議会で可決し，翌日から施行。証明書の発行は，同年11月5日から開始した。これは，同性カップルの一方が病気のとき，他方が薬局で薬を受け取ろうとしたら，「名字が違う」と断られたとか，不動産屋で同居の部屋を借りようとしたら，書類に書いた「妻」を「友人」と書き直すよう求められたといった事例を踏まえ，2人の関係を公的な機関が示すことによって，日常生活をやりやすくするための施策である。

その後，東京都世田谷区，兵庫県宝塚市，三重県伊賀市，那覇市，札幌市，福岡市，大阪市，東京都中野区も同様の証明書を発行するようになった。

2　婚　　約

◆婚約の不当破棄

最後に**婚約**について触れておこう。

実は，婚約も，法律にない1つの契約である。かつては，男女の結びつきは，婚姻によって初めて保護されるようになるのであって，婚約しただけでは，まだその段階に至っていないのだから保護に値しないとされ，ただし，詐欺的な事情のあるときは別であるとされていた。

現在では，**婚姻の予約**として保護されうる。そこに，将来，婚姻するという契約があると見るわけである。したがって，婚姻しなければ債務不履行になる。しかし，この契約の趣旨をよく考えてみよう。婚約した以上，相手についてどんな事実が判明しても，相手からどのような仕打ちを受けようとも，絶対に婚姻するという趣旨の約束ではない。このまま順調にいくようにお互い努力し，婚姻しましょう，という契約なのである。したがって，不当な破棄だけが債務不履行となって損害賠償義務を発生させる（→322頁以下）。また，その債務を強制的に履行させることはできない。もはや相手との婚姻が嫌になっている側に，「婚姻意思を持て。そして，婚姻届を出せ」と裁判所が命じることはできないのである。

それでは，どのような場合が不当破棄で，どのような場合が不当破棄でない

か。

　まず，相手方の不貞行為があった場合には破棄できる。そして，逆に，婚姻に至ることができなかったことを理由に，破棄した側が破棄された側（＝不貞行為をした側）に損害賠償を求めることができる。不貞行為をするということは，「このまま順調にいくようにお互い努力しましょう」という義務の違反なのである。こういった事例は多い。次に，親の反対があるので婚姻しないことにするとか，ともかくも婚姻の意思を喪失したとかというのは，不当な婚約破棄になる。

　なお，「妻と別れて君と結婚する」という約束は，離婚を前提とするものであり，公序良俗に反し無効である（90条）（→115〜117頁）。約束に違反されても，損害賠償請求権は発生しない。

◆結納の扱い

　婚約が成立すると結納といって，金品を送る風習がある。婚約が解消された場合には，不当利得となって，受け取った側に返還義務が生じる。ただし，婚約解消に責任がある側が返還請求をしても，信義則（1条2項）に反し許されないといわれている。

　婚約指輪なども同様である。

第12章
子どもと高齢者

血縁はかなしくあらむ小夜ふけて産屋に生れし聲を耳に聞き

幼きより生みの母親を知らずしていゆくこの子の顔をながめつ

——斎藤茂吉＝久保田不二子選『赤彦歌集』（岩波文庫）

この母を母として来るところを疑ひき自然主義渡来の日の少年にして

この母あり父ありて吾ぞありたりし亢ぶり思ふべきことにもあらじ

——土屋文明自選『土屋文明歌集』（岩波文庫）

Ⅰ 親子関係の決定

1 母の決定

◆親子関係を決定する必要性

　子どもは弱い。何らかのかたちで保護しなければならない。そして，すべての動植物は，子孫を作ることにより，自らの種を存続させようとする。来るべき社会の担い手として，子どもの教育は重要である。

　ただし，この職務を誰が引き受けるべきかは，当然には決まらない。「スパルタ教育」という言葉を聞いたことがあると思う。スパルタとは古代ギリシャの都市国家の1つであり，そこでは，「生まれた子を育てる権利は父親にはなく（母親にはもちろんない）」，「リュクルゴス（スパルタの政治家）はスパルタ人の子供を，金で買える，あるいは賃金を出して雇える教師にあずけることを欲せず，個人がおのおの自分の欲するように教育することをよしとせず，子供が7歳になると直ちに，みな彼自身が連れてきて，いくつかの組に分け，互いに同じ規律，同じ食事を与えて，ともに遊びともに学ぶようにしつけた」（プルタルコス（柳沼重剛訳）『英雄伝Ⅰ』。ただし，かっこ内を補った）。こういう制度もありうる。

　しかし，スパルタでも7歳までは親のもとで育てられたわけだし，一般には，国家がすべての養育を行うことは，組織も費用も肥大化し，効率的ではない。——そこで，親の登場となる。

　もっとも，親に子どもの養育を委ねるとしても，母だけがその責務を負うというシステムもありうる。サルには，そういう種類のものも多く，子は母が育て，雄は自分の子を守るのではなく（というか，どれが自分の子かわからない），群れを守るのである。ヒトにおいても，伯父が子育ての中心となる社会など，いろいろある。このような中で，日本社会は，子について父と母とを定め，原則として父と母に子の養育に責任を負わせているのであり，それは1つの習俗であるにすぎないともいえる。

もっとも，それが原則だとしても，父が定まらない場合もあれば，死別する場合もある。ただし，父と母を決めるルールは，いずれにせよ必要である。

◆「分娩者＝母」ルールと代理母・卵子提供

　母と子の母子関係は分娩の事実によって当然に発生するというのが判例法理である。「分娩者＝母」ルールという。

　このことは当然のようにも思われる。通常であれば，分娩する女性は，自分の卵子が育っていった結果としての胎児を出産する。ところが，生殖補助医療が発展してくると，必ずしもそうではない場合が出てくる。他人の卵子による受精卵を子宮に着床させ，胎児が成長し，分娩に至る。このとき，遺伝上の母は卵子提供者であり，分娩者とは異なることになる。どう考えるべきか。

　この問題は，たんに母の決定の話にとどまらず，倫理的な面も含め，様々に議論されている。

　まず，**代理母**と**卵子提供**を区別しなければならない。そして，代理母は，さらに，**狭い意味での代理母**（サロゲートマザー）と借り腹（ホストマザー）の2種類に分かれる。夫婦にかぎられるべきか否かについても議論があるが，夫婦が子を希望する場合について考えると，前者（サロゲートマザー）は，病気などの理由で妻の卵子が使用できず，かつ，妻が妊娠できないときに，夫の精子を妻以外の女性の子宮に医学的な方法で注入して妻の代わりに妊娠・出産してもらうというものである。後者（ホストマザー）は，卵子はあるが，子宮摘出などによって妊娠できない場合に，夫の精子と妻の卵子とで体外受精を行い，できた胚を妻以外の女性の子宮に入れて，妻の代わりに妊娠・出産してもらうものである。以上に対して，卵子提供とは，他の女性から提供を受けた卵子と夫の精子を用いて体外受精を行い，できた胚を妻の子宮に入れるというものである。

　代理母について，2003年の厚生科学審議会生殖補助医療部会の公表した『精子・卵子・胚の提供等による生殖補助医療制度の整備に関する報告書』では，「第三者の人体そのものを妊娠・出産のために利用するものであり，『人を専ら生殖の手段として扱ってはならない』という基本的考え方に反するものである」として，禁止の方向を示したが，2008年の日本学術会議生殖補助医療の在り方検討委員会『代理懐胎を中心とする生殖補助医療の課題－社会的合

意に向けて－』は，営利目的の代理母を禁止するとともに，「母体の保護や生まれる子の権利・福祉を尊重し，医学的，倫理的，法的，社会的問題を把握する必要性などにかんがみ，先天的に子宮をもたない女性及び治療として子宮の摘出を受けた女性に対象を限定した，厳重な管理の下での代理懐胎の試行的実施（臨床試験）は考慮されてよい」とされた。

他方，卵子・胚提供については，前記の報告書で，「それによらなければ子を持つことができない場合のみに限られるべきであることから，受精及び妊娠可能な自己の精子・卵子を得ることができる場合には，精子・卵子の提供を受けることはできないこととする」とされた。

そして，誰が母になるか，という問題については，2003年11月に，法制審議会生殖補助医療関連親子法制部会が，「女性が自己以外の女性の卵子（その

Column 62

代理母海外事情

ときどき日本だけが代理母に制限的だなどというコメントを目にするが，そんなことはない。ドイツ，スイス，イタリア，フランスなどでは全面的に禁止であるし，年間2000人の代理出産があるとされるアメリカ合衆国でも，禁止されている州は多い。

胎児に病気があることがわかったとき，依頼者は中絶を求め，代理母がそれを拒絶する，生まれた後，代理母が子の引渡しを拒絶する，妊娠・出産に伴い代理母が障害を受けるなど，トラブルも多い。根本的には，妊娠・出産という，明らかに身体に一定の負担がかかることを他人に行わせてよいのか，について議論が分かれるし，また母体を商品化するものではないか，経済的に貧しい女性が身体を売っているにほかならないのではないか，という問題もある。無償でなければダメだという国もあるし，不妊女性の姉妹や母親だけが代理母になれるとすればよいという意見もあるが，周囲（親族）からの期待が生じ，依頼を断りにくくなることも懸念される（「お姉ちゃんのために引き受けてあげて！」）。

また，代理母契約が容認されるか，という問題と，生まれてきた子の母は誰になるか，という問題は分けて考える必要がある。あくまで「分娩者＝母」であり，せいぜい養子縁組が認められるだけだということもありうる。

さらに，代理母契約を認めるとしても，妻の子宮にトラブルのある夫婦にかぎられるのか，単身者でも，あるいは，同性のカップルでも依頼者になれるのか，も問題である。アメリカの一部の州では，その点についても規制がなく，また，独身の日本人男性が，タイで代理母契約を締結し，10人以上の子を得ていたことも問題になった。さすがに行き過ぎの感は否めない。

卵子に由来する胚を含む。）を用いた生殖補助医療により子を懐胎し，出産したときは，その出産した女性を子の母とするものとする」という内容の要綱中間試案を公表したが，結局，立法には至らなかった。また，厚生労働省は，前記の報告書の立場，すなわち，代理母は禁止し，行った場合には罰則を科す，という立場を法制化したかったようだが，それも実現しなかった。

そのようなわけで，国内では，代理母は禁止の方向が示されながら，法律上は明確でない状況が続いている。実際，代理懐胎を生殖補助医療として行っていることを明言している医師もいる。諏訪マタニティークリニックの根津八紘（やひろ）医師は，2014年 3 月末までに21例を試み，16人が誕生したと発表している（そのうち11例，10人の誕生が，妻の母が代理母になった例）。

ところが，外国では代理母契約が正面から認められているところもある。そこで，どうしても子がほしい日本人夫婦が，外国で代理母契約を結び，子を得ようとする例が出てくる。以前は，アメリカ合衆国が多かったようだが，費用が2000万円ほどかかるので，費用が安く，医学の水準が高いとされるタイでの事例が増えているとされる（もっとも，2015年 2 月，タイでは，代理母契約はタイ人夫婦のためのものに限定するとともに，営利目的の代理母契約を禁止する法律ができた。厳しい罰則がある）。

それでは，外国における代理母契約により出産された子の母は誰になるのであろうか。とりわけ，当該外国が，分娩者ではなく，依頼者が代理母によって生まれた子の母になると規定している場合に問題になる。

最高裁平成19・3・23決定（民集61巻 2 号619頁）の事件は，代理母を依頼した夫妻がいわゆる有名人であったので，とくに注目を集めた。この夫妻は，アメリカ合衆国のネバダ州で代理母契約を締結し，妻の卵子につき夫の精子によって体外受精を行い，できた胚を代理母の子宮に入れ，出産に至った。ネバダ州法は代理母契約を有効としており，依頼者が母になるとしている。そこで，その夫妻は，ネバダ州の裁判所で，自分たちが父母であることを確認する裁判を受けた後，住所地である品川区役所で出生届をしようとした。しかし，その受理が拒否されたので，出生届の受理を求めて訴えを提起したのである。

判決は次のように述べて，不受理が正当であると判断した。

　　実親子関係は，身分関係の中でも最も基本的なものであり，様々な社会生活上の関係における基礎となるものであって，単に私人間の問題にとど

まらず，公益に深くかかわる事柄であり，子の福祉にも重大な影響を及ぼすものであるから，どのような者の間に実親子関係の成立を認めるかは，その国における身分法秩序の根幹をなす基本原則ないし基本理念にかかわるものであり，実親子関係を定める基準は一義的に明確なものでなければならず，かつ，実親子関係の存否はその基準によって一律に決せられるべきものである。したがって，我が国の身分法秩序を定めた民法は，同法に定める場合に限って実親子関係を認め，それ以外の場合は実親子関係の成立を認めない趣旨であると解すべきである。以上からすれば，民法が実親子関係を認めていない者の間にその成立を認める内容の外国裁判所の裁判は，我が国の法秩序の基本原則ないし基本理念と相いれないものである。（中略）現行民法の解釈としては，出生した子を懐胎し出産した女性をその子の母と解さざるを得ず，その子を懐胎，出産していない女性との間には，その女性が卵子を提供した場合であっても，母子関係の成立を認めることはできない。

「分娩者＝母」ルールの例外を認めなかったわけである。なお，実際には，この夫婦は生まれた子と特別養子縁組（→684〜685頁）の許可を家庭裁判所に申し立て，その縁組は認められた。

2　父の決定

◆嫡出推定の制度

すでに述べたように，わが国では婚外子の出生率は低い（→605頁 **Column 54** ）。婚姻している女性が子を産むことが通常である。しかし，このときでも，父を定めることは，なかなかやっかいである。

まず，民法772条を見てみよう。

① 妻が婚姻中に懐胎した子は，夫の子と推定する。

② 婚姻の成立の日から200日を経過した後又は婚姻の解消若しくは取消しの日から300日以内に生まれた子は，婚姻中に懐胎したものと推定する。

ここでは，2段階の推定が用いられている。第2項により「婚姻中に懐胎した」と推定し，その推定がされるときは，第1項により「夫の子」と推定するわけである。この条文からわかるように，基準時は妊娠時である。出生時

ではない。このような推定を嫡出（ちゃくしゅつ）推定といい、「夫の子」と推定される結果，夫が父と推定されることになる。そして，法律上の婚姻関係にある男女を父母として生まれた子を**嫡出子**といい，そうでない子を**非嫡出子**という。

嫡出推定がされ，夫が父だとされると，夫は，子の出生を知った時から1年以内に家庭裁判所に**嫡出否認の訴え**を提起して，推定を覆す証拠を出さないと，父であることに確定してしまう（774条〜778条）。

しかし，いくつかの問題点が指摘される。

◆再婚禁止期間との関係

婚姻の成立について説明したとき，再婚禁止期間に簡単に触れたが（→616頁），2016年6月の改正まで，民法733条1項は，「女は，前婚の解消又は取消しの日から6箇月を経過した後でなければ，再婚をすることができない。」と規定していた。これは，嫡出推定の制度とつながっている。前婚が解消して，すぐに再婚できるとしてしまうと，再婚後250日目に子が生まれたとき，前婚解消から300日以内，再婚から200日経過後なので，前婚の婚姻中に懐胎したものとする推定と後婚の婚姻中に懐胎したものとする推定とが二重に係ってしまう。そこで，再婚禁止期間が定められるのである。

しかし，ここですぐに問題に気がつくだろう。

Column 63

嫡出とは ————

「嫡嫡」というのは，古くからある言葉であり，「正当の血脈」を意味する。したがって，嫡出子とは，「正当な血脈を引き継ぐ子」ということになる。「チャキチャキの江戸っ子」という言葉は，これがなまったものであり，「生粋（きっすい）の江戸っ子」という意味である。

そうなると，その対比として，非嫡出子は「正当でない」イメージを持ってしまう。そこで，法律用語として廃止すべきだとの意見もある（実際に廃止する国も増えている）。

なお，「嫡出子」は，学生の答案で誤字の多いものの代表例の1つであり，「適当に生まれた適子とか，摘まんで出す摘出子とか，ひどいのは滴（しずく）から出た滴出子などと書いたのを見ると，おかしいと同時に悲しくて涙が出そうになるよ」（加藤一郎「試験の答案と採点」法学教室18号64頁）という嘆きは，民法の教師に共通のものである。

第1は，推定の重複を避けるためには，再婚禁止期間は100日でよいはずだ，というわけである。101日目に再婚すると，再婚後200日以内に子が生まれると前婚の婚姻中に懐胎したものと推定され，201日以降なら懐胎は後婚の婚姻中であると推定され，推定は重複しない。しかし，このような計算は，明治の立法時にもできたはずで，にもかかわらず6か月にしたことに理由はないのかも考えてみる必要がある。「貞婦は二夫にまみえず」という封建的な倫理観を押しつけるものだとの見解があるが，それならば再婚は禁止するはずであり，理由にならない。どうも，女性のお腹が大きくなり，妊娠が外からわかるようにならないと，前婚で妊娠しているのを知らないで，男性が婚姻してしまうかもしれない，という理由があったようである。前婚の間に妊娠していないことが確実にわかるには6か月程度かかると考えられたのである。しかし，これは離婚原因として対処すれば足りるであろう。また，そのリスクは初婚でも同じである。

　第2は，推定が重複するのは，女性が，離婚の直前まで前夫と性関係を有していたことを前提としているが，これは常識に反するのではないか，むしろ，再婚後に生まれた子は，端的に後婚から生じた子と解すれば十分ではないか，ということである（もっとも，死亡による婚姻解消の場合は別に考える必要がある）。さらに言えば，夫婦関係が破綻してから，かなりの時間が経っているのに，懐胎時に婚姻しているかぎり，夫の子と推定され，それを覆す手段を夫しか有しないのは不公正であると主張される。

　第3に，これとも関係するが，婚姻の成立の日から200日以内に生まれた子については，嫡出推定がされないことである。これもまた常識に反する気もする。

　「第2」，「第3」の問題については，後に述べるように判例である程度の対処をしてきた。これに対して，「第1」の問題は，法解釈で対応することは難しく，放置されてきた。しかし，ついに，最高裁平成27・12・16判決（民集69巻8号2427頁）は，「夫婦間の子が嫡出子となることは婚姻による重要な効果であるところ，嫡出子について出産の時期を起点とする明確で画一的な基準から父性を推定し，父子関係を早期に定めて子の身分関係の法的安定を図る仕組みが設けられた趣旨に鑑みれば，父性の推定の重複を避けるため上記の100日について一律に女性の再婚を制約することは，婚姻及び家族に関する事項に

ついて国会に認められる合理的な立法裁量の範囲を超えるものではなく，上記立法目的との関連において合理性を有するものということができる」が，「本件規定のうち100日超過部分については，民法772条の定める父性の推定の重複を回避するために必要な期間ということはできない」として，憲法14条1項（法の下の平等）・24条2項（婚姻についての両性の本質的平等）に違反するものと判断した。

この判決を踏まえ，すぐに戸籍取扱事務が変更され，前婚の解消または取消しの日から100日が経過していれば，婚姻届が受理されることとされた。そして，翌年6月，民法733条は，次のように改正されたのである。

① 女は，前婚の解消又は取消しの日から起算して100日を経過した後でなければ，再婚をすることができない。

② 前項の規定は，次に掲げる場合には，適用しない。

    1 女が前婚の解消又は取消しの時に懐胎していなかった場合

    2 女が前婚の解消又は取消しの後に出産した場合

第1項は，最高裁判決に従うものである。加えて第2項が規定されているのは，100日の再婚禁止期間を置くのは，嫡出推定の重複を避けるためであり，「前婚の解消又は取消しの時に懐胎していなかった場合」には，前婚の夫の子であるという推定は働かず，また，「前婚の解消又は取消しの後に出産した場合」には，その後に懐胎した子について前婚の夫の子であるという推定が働かないから，100日の経過を待つ必要はない，という理由による。いずれも，医師の作成する書面によって証明される。

◆判例による工夫

以上の問題点のうち「第1」については以上述べたとおりであり，また，判例は，「第2」，「第3」の問題に対して，いくつかの工夫をしている。

①推定されない嫡出子

まず，「第3」の問題に関して，前婚の解消から300日以内でないかぎり，婚姻成立の日から200日以内に生まれた子についても嫡出子として扱い，夫の名前を父の欄に記載する。民法772条2項の要件を満たさないので，本来なら父の欄は空欄になり，後に述べる認知（→659〜661頁）があったとき記載されることになるはずである。しかし，最初から記載する。民法772条の嫡出推

定を受けていないのに嫡出子として扱われるので，**推定されない嫡出子**という
が，推定を受けていない嫡出子，といったほうがわかりやすいかもしれない。

　ところが，嫡出推定を受けている嫡出子とは1つ大きな違いがある。先
に，嫡出推定を覆すためには，1年以内に嫡出否認の訴えを提起しなければ
ならないと述べた（→653頁）。推定されない嫡出子については，この制限が
かからない。父とされた者は，**実親子関係の存否の確認の訴え**（人事訴訟法
2条2号）を，民法777条の期間制限なく提起しうる。推定規定が適用されな
いのに嫡出子として扱われているのは，一般的には夫の子であろうから，とい
う便宜上の取扱いにすぎないからである。

②推定が及ばない子

　「第2」の問題に関しては，法文上は嫡出推定の対象となるが，夫の子であ
る可能性がない場合のうち，一定の場合については，推定が及ばないことが認
められている。昭和44年の最高裁判決以来の考え方だが，最高裁平成26・
7・17判決（民集68巻6号547頁）を示しておこう。

　　民法772条2項所定の期間内に妻が出産した子について，妻がその子を
　　懐胎すべき時期に，既に夫婦が事実上の離婚をして夫婦の実態が失われ，
　　又は遠隔地に居住して，夫婦間に性的関係を持つ機会がなかったことが明

Column 64

藁（わら）の上からの養子

　夫婦の嫡出子として他人の子について出生届（しゅっしょうとどけ）を出すことがある。藁の上からの養
子という。出産の床に敷かれている藁の上から，そのまま養子にするからである。戸
籍上は実子として記載されるので，「もらい子」であることを隠すことができる。他
方，出産した女性にも出産したという事実を知られたくない事情があるときは，その
目的にも資する。古くから広く行われてきた。

　これは無効の届出であり，嫡出推定はもちろん働かない。利害関係人は親子関係不
存在確認請求訴訟によって親子関係を否定できる。しかし，他人の子を自分の子とし
ようとしたのだから，養子にする意思（→682〜683頁）があり，そのような届出にも
養子縁組届の効力をもたせるべきであるという主張もある。

　判例は，養子縁組届としての効力は否定している。しかし，親子関係が長く続いて
いるときに，金銭的な問題（たとえば相続資格を否定する目的）だけのために親子関
係不存在確認請求をすることが権利の濫用となり許されない場合があることを認めて
いる。

らかであるなどの事情が存在する場合には，上記子は実質的には同条の推定を受けない嫡出子に当たるということができるから，同法774条以下の規定にかかわらず，親子関係不存在確認の訴えをもって夫と上記子との間の父子関係の存否を争うことができる（。）

血縁こそが親子関係だ，という前提のもとに，事実と異なるときは広く親子関係を争わせればよい，という考え方もある。しかし，最高裁は，この考え方を排斥し，夫からの嫡出否認の訴えという方法以外で父子関係を争える場合を限定した。「妻がその子を懐胎すべき時期に，既に夫婦が事実上の離婚をして夫婦の実態が失われ，又は遠隔地に居住して，夫婦間に性的関係を持つ機会がなかったことが明らかであるなどの事情が存在する場合」以外は，父はもちろん，妻からも子からも，父子関係を争うことはできない。子の法的地位の早期安定の要請を重視したのである。

さらに，2007年の法務省民事局長通達により，離婚後，300日以内に子が生まれた場合でも，離婚後に妊娠したという医師の証明書を添えて出生届を提出すれば，前婚の夫の子とは扱われない。これは，民法772条の推定が覆されているからである。

全体として，なかなか微妙なバランスをとった解決ではないかと思う。

Column 65

科学の進展と親子関係

　嫡出推定の制度については，「なんでそんな面倒なことをするんだ。争いがあれば，現在では DNA 鑑定をすればわかるじゃないか。古い制度にしがみつく必要はない」という感想もあるだろう。

　実際，民法の規定構造に縛られず，なるべく広く親子関係を争わせ，そこでは DNA 鑑定を積極的に導入して決着を付けるべきである，という意見もある。

　これに対して，民法の制度を，親子関係の安定を第一義に考え，婚姻をもって，妻の産んだ子について，夫に養育等の責任を負わせる制度であると考える見解もある。法的な親子関係は，子の安全な成長を確保するために，法が定める制度であるから，血縁がないというのは大した問題ではない，という理解である。

　後者のいうような制度設計が，ヨーロッパの伝統的な制度だったのかもしれないが，血縁関係を重視するという国民意識は存在すると思うし，それが間違っているとまではいえないであろう。要はバランスをとることなのである。

表12-1 認知届の例

認　知　届

平成 26年　12月　3日届出

丙山市 長 殿

受理 平成　年　月　日	発送 平成　年　月　日
第　　　　号	長印
送付 平成　年　月　日	
第　　　　号	

書類調査	戸籍記載	記載調査	附 票	住民票	通 知

◎届出人の印を御持参下さい

		認 知 される 子	認 知 する 父
（よみかた）		てい の たいち	こう やま た ろう
氏　　名		丁 野 太 一	甲 山 太 郎
	父母との続き柄	□男 □女	
生 年 月 日		平成 26年 11月 3日	平成 4年 8月 25日
住　　所 （住民登録をしているところ）		丙山市桜町3丁目　6番地10号	丙山市昭和町2丁目　1番地　号
	世帯主の氏名	丁 野 冬 美	甲 山 太 郎
本　　籍 （外国人のときは国籍だけを書いてください）		兵庫県西宮市甲子園町　1番地	東京都千代田区千代田　1番地
	筆頭者の氏名	丁 野 冬 美	甲 山 太 郎
認 知 の 種 別		☑任意認知　□審判　年　月　日確定　□判決　年　月　日確定　□遺言認知（遺言執行者　年　月　日　就職）	

字訂正　字加入　字削除

届出印

子 の 母	氏名	丁 野 冬 美　平成7年 3月 3日生
	本籍	兵庫県西宮市甲子園町1　番地
	筆頭者の氏名	丁 野 冬 美

その他	☑未成年の子を認知する　□成年の子を認知する　□死亡した子を認知する □胎児を認知する

届出人	☑父　□その他（　　　　　　）
住 所	丙山市昭和町2丁目　1番地　号
本 籍	東京都千代田区千代田1　番地　筆頭者の氏名 甲 山 太 郎
署 名	甲 山 太 郎　㊞　平成4年 8月 25日生

記入の注意
1. 文字は正確に記載し、数字はアラビヤ数字を用いること。
2. □には、あてはまるものに☑のようにしるしをつけてください。
3. 住所はすべて住民登録をしてある住所を記載すること。

日中連絡のとれるところ
電話（010）1234-5678
自宅　勤務先　呼出（　　方）

◆**任意認知**

　嫡出が推定されない場合には，**認知**によって，認知者と認知された子との間に父子関係が生じる。嫡出推定制度が働くときには，まずはそちらで父子関係を決定し，それが働かないとき，認知という制度が登場するのである。嫡出推定が働かない，という場合には，「推定されない嫡出子」および「推定の及ばない子」の場合を含む。したがって，戸籍上，嫡出子として父の名が書かれて

Column 66

無戸籍問題

　子どもが生まれると，出生届が出され，戸籍に記載される。しかし，実際には届出もされず，無戸籍のままの子がいる。原因はいくつかあるが，その1つが嫡出推定の制度である。離婚が成立しない間に他の男性との間にできた子どもについて出生届を出すと，多くの場合，前婚の解消から300日以内に出生した子なので，前夫の子という推定を受けてしまう。嫡出否認には前夫の協力が必要だが，協力してくれない場合もあるし，そもそも連絡をとりたくないときもある。それでも，妊娠時に事実上の離婚状態にあったことが証明できれば「推定が及ばない子」になり，父子関係不存在確認の訴えを提起できるが，時間と費用がかかるし，前夫が訴訟の当事者になるために，訴えを起こしたことは前夫に通知される。女性が家庭内暴力の被害者であるときなどは，それも嫌である。そこで，出生届をせず，子は無戸籍になるのである。

　もっとも，判例は，便法も用意している。子が嫡出推定を受けるときには，他の男性は認知することができない。しかし，すでに説明したように，「妻がその子を懐胎すべき時期に，既に夫婦が事実上の離婚をして夫婦の実態が失われ，又は遠隔地に居住して，夫婦間に性的関係を持つ機会がなかったことが明らかであるなどの事情が存在する場合」には，嫡出推定が及ばない。そこで，実の父に対して強制認知を求める訴えを提起し，その訴えの中で，上記の事情の存在を主張する。そして，その事情の存在が認められれば，嫡出推定が及ばなくなるから，子として戸籍に記載されている場合でも，強制認知の請求が認められ，その裁判の結果として，戸籍の訂正がされるのである（最高裁昭和49・10・11判決（家月27巻7号46頁）など）。強制認知の訴えの中で，嫡出推定が外れることを認めるという方法は，子が戸籍に記載されていないときにもできる。これは以前から可能だったことなのだが，十分に理解が行き届いていないとして，最高裁判所は，2015年11月，この方法があることを当事者に説明するように，各家庭裁判所に文書で通知した。

　なお，2012年7月からフジテレビ系列で放映されたドラマ「息もできない夏」では，無戸籍に苦しむ女性を演じていた武井咲も可愛かったが，木村佳乃（家庭内暴力の被害者）もきれいだった。

いても，それ以外の者が認知することができる。認知の件数は，2017年度で約1万4000件となっている。

認知は「この子の父は自分です」という届出や遺言によって行う（781条）。真実として父子関係があっても，また，そのことを父が認めていても，届出がないかぎり父子関係は成立しない。

また，届出や遺言に際して，父子関係の証明は不要であるし，胎児を認知する場合や成年になっている子を認知する場合（それぞれ，母の同意，本人の同意が必要。783条1項，782条）以外は，誰の了解もいらない。そうなると，真実の父子関係のない者が認知してしまうこともありうる。

そこで，まず，認知される側の利益の保護（真実の父ではない者に認知されたくない）のために，「子その他の利害関係人」が認知の無効を主張できることになっている（786条）。「その他の利害関係人」には，認知によって相続権が侵害される者を含むと解されている。

次に，認知をした者の利益の保護である。問題は，血縁上の父子関係がない場合とある場合とに分かれる。

血縁上の父子関係がない場合には，認知者がその事実を知っていた場合でも，認知者も民法786条の「利害関係人」にあたり，認知の無効を主張しうるとするのが判例である（最高裁平成26・1・14判決（民集68巻1号1頁））。自分で認知をしておいて，後になって否定するのはおかしいとも思われるが，第三者であっても「利害関係人」であるかぎり，無効を主張できるのだから，事実と合致しない認知がされた場合の子の地位の安定は，しょせん図られていない，と考えられているのである。

血縁上の父子関係がある場合でも，勝手に認知届を偽造され，届け出られたときには無効である。また，血縁上の父子関係があるときに，詐欺または強迫に基づいて認知の意思表示をした場合については考え方が分かれるが，親子関係を創設する意思がないのだから，民法96条に基づく取消しを認めるべきであろう（ただし，次に述べる強制認知の請求は受けうる）。

◆強制認知

血縁上の父子関係があるのに，認知を拒否することもあるし，父子関係の存在を否定することもある。このときは，子は（子が未成年のうちは，親権

（→664頁）に基づいて母がその代理をして）認知の訴え（787条）を提起し，そこで勝訴すれば認知の効果が生じる。**強制認知**という。

　妊娠した時期に，その子の母と被告（認知を求められている者）との間に性交渉があることが明らかになると，裁判所は DNA 鑑定を求めることが多い（被告は，それを拒否することもできるが，そうなると裁判官の心証は悪い。「たぶん鑑定するとばれちゃうと思っているんだろうなあ」）。

　認知の訴えは，認知を求められている者が死亡した後でも，3年間は可能である。この制度は，認知をしないまま戦死した父の子のために，1942年，戦時緊急立法としてできたのだが，現在では，子か否かは，父（であるだろう者）が死亡したとき，その子が相続人になるかどうかというかたちで問題が生じることが多く，その時点で認知請求ができないのは，その子に酷であると説明されることになろう。このときは，検察官が被告となる。期間制限にはそもそも合理性がないという意見も強く，実際には，認知請求をしないことにやむを得ない事情のあったときには期間制限をはずしている。中国残留孤児などの例が裁判上現れている。

◆生殖補助医療

　生殖補助医療の進展は，父の決定にも影響を及ぼしている。

　以前からあるのは人工授精であり，いわゆる AIH と AID で分けて考えなければならない。AIH というのは，Artificial Insemination by Husband（夫による人工授精）の略であり，狭い意味での人工授精にせよ，体外受精にせよ，夫の精子によって受精するので，父が誰であるかについて問題はない。問題は，AID であり，この D は donner（提供者）を意味する。つまり，夫以外の第三者の精子で妊娠するわけである。

　日本において AIH がいつから行われているかには議論があるが，AID は，1949年，慶應義塾大学病院での出産例が最初のようである。これまでに1万人以上が AID によって誕生しているといわれる。

　このとき，夫との間には，血縁に基づく父子関係はない。そこで，夫が嫡出否認をしたらどうなるか，という問題が生じる。

　「夫婦で望んで，AID を受けたはずなのに，どうしてそんな問題が生じるのか」と思われるかもしれない。パターンは2つあり，第1は，妻が夫に無断

でAIDを受けた場合である。裁判例では，夫からの嫡出否認が認められている。第2は，夫婦がその後に離婚した場合である。いったんはOKを出していた元夫が，「自分の子でもないのに，養育できない」と言い出す，あるいは，親権者となりたい元妻が，「この子と元夫との間には血縁関係がない」と言い出すわけである。裁判例では，夫の同意を得てAIDが行われた場合には，子は推定の及ぶ嫡出子であると解するのが相当であり，元夫は嫡出否認ができず，元妻は親子関係不存在の主張はできない，とされている。

Case 30・31

最高裁平成25・12・10決定（民集67巻9号1847頁）————
最高裁平成18・9・4判決（民集60巻7号2563頁）————

　生殖補助医療の進展は，これまで予想されていなかった様々な問題を生じさせる。

　Case 30 では，性同一性障害により男性へと性別変更を受けたA（→643頁 **Column 61** ）がB女と婚姻し，Bが人工授精を受け，出産した例が問題となった。新宿区長は，Aは男性へと性別変更を行った者であり，生殖能力がないとして，Bの非嫡出子として戸籍に記載をした。この取消しが求められた裁判で，最高裁判所は，「妻との性的関係によって子をもうけることはおよそ想定できないものの，一方でそのような者に婚姻することを認めながら，他方で，その主要な効果である同条による嫡出の推定についての規定の適用を，妻との性的関係の結果もうけた子であり得ないことを理由に認めないとすることは相当でない」として，嫡出子としての記載に戸籍を変更することを命じた。

　Case 31 では，夫の死亡後に，冷凍保存されていた精子を用いて人工受精が行われた場合，嫡出子として出生届ができるかが問題となった。判決は，現行法上は懐胎時にすでに死亡している父親と「法律上の親子関係における基本的な法律関係が生ずる余地」はなく，「死亡した者の保存精子を用いる人工生殖に関する生命倫理，生まれてくる子の福祉，親子関係や親族関係を形成されることになる関係者の意識，更にはこれらに関する社会一般の考え方等多角的な観点からの検討を行った上，親子関係を認めるか否か，認めるとした場合の要件や効果を定める立法によって解決されるべき問題であるといわなければならず，そのような立法がない以上，死後懐胎子と死亡した父との間の法律上の親子関係の形成は認められない」としている。

　両者とも，懐胎時期に「夫婦間に性的関係を持つ機会がなかったことが明らかであるなどの事情が存在する場合」にかぎって，嫡出推定が働かないという考え方（→656～657頁）からくるものである。**Case 30** では，そのような事情は明らかではなく（ちなみに無精子症でも，この事情が存在するとはいえないとされる），**Case 31** では，夫が死亡した後の懐胎であるから明らかなのである。

逆に，精子提供者はどうか。この点で関係してくるのが，子の「自己の出自を知る権利」である。現在，日本では，精子提供は匿名で行われてきた。精子提供者は母についても子についても知りようがない（渡辺淳一『リラ冷えの街』では，提供した相手がわかってしまった）。しかし，子どもには，自分の遺伝上の父が（すでに説明した代理母や卵子・胚提供においては母が）誰であるかを知る権利があるのではないか，というわけである。実際，このような考え方から，子が遺伝上の父（や母）の情報を知りうることを法律上，明らかにしている国もある（スウェーデン，ニュージーランドなど）。このような流れを受けて，日本で最も多く AID の実施を行っている慶應義塾大学病院では，2017年6月からドナー（精子提供者）に対して，ドナー情報を生まれてきた子に開示することに，あらかじめ同意してもらう，という手続を採用した。しかし，そうしたところ，ドナーはゼロになってしまった。そして，同病院は2018年8月から，AID を望む新規患者の受け入れを当面中止することになったのである。以上に対しては，子の「知らされない権利」も重要であるという見解もあり，なかなか困難な問題が提起されている。

　また，日本産婦人科学会は，法律上の婚姻をした者にかぎって人工授精の依頼者となりうる，という見解を示しているが，レズビアンのカップルが人工授精によって子を持つことは認められないか，も議論される。

Ⅱ　親子関係の効果

1　婚姻家庭における嫡出子の養育

◆親　権

　親子関係の効果は，大きく養育に関わることと相続に関することとに分かれる。相続については次章で述べることとして，ここでは養育の面について考えよう。さらに，その具体的な内容は，夫婦が嫡出子を育てている場合，離婚した場合，非嫡出子の場合とで変わってくる。そこで，夫婦が嫡出子を育てている場合から始めることにする。

　さて，養育に関する事柄は，**親権**という概念を基礎としている。文字通り「親の権利」ではあるが，なぜ親に権利が与えられているかというと，きちんとした養育をするためである。民法820条は，次のように規定する。

> 　親権を行う者は，子の利益のために子の監護及び教育をする権利を有し，義務を負う。

　親権を有する者は，親権を適切に行使する義務を負っているのである。

　嫡出子が婚姻家庭で育てられる場合，成年に達しない子は父母の親権に服する。そして，親権は父母の共同で行使される（818条1項，3項）。共同行使だというと，「それじゃあ父母の意見が分かれたときはどうなるのか」という疑問が生じるだろうが，調整のための規定はない（→596〜597頁）。

◆人格的な内容

　親権の具体的な内容は，人格的なものと財産的なものとに分かれる。

　前者の1つとして，未成年者が婚姻するときは親権者の少なくとも一方の同意が必要であるとされていたが，成年年齢を18歳とする改正の結果（→73頁），婚姻可能年齢と成年年齢とが一致したので，その規定（737条）は削除されることになった。これに対して，認知には同意は不要であるし（780条），遺言は15歳以上ならばできる（961条）。

まず，認知について同意が不要であることについては，血縁上の父子関係があれば，強制認知も求められるのであり，逆に，血縁上の父子関係がなければ後になって認知無効を主張できるのだから（→660頁），任意認知に先立って親権者の同意を要求する意味がないということであろう。次に，15歳から単独で遺言ができるのは，遺言は本人の死後に効力が発生するものなので，本人の保護の必要性は低いからである。（また，「親がほとんどの財産を取得する，という内容の遺言しか認めない」と親権者がいえるのはおかしい）。

　また，教育をすること，教育を受けさせること（憲法26条2項）も親権者の権利であるとともに義務である。

　難しいのは，まず，**子の名前の決定**である。出生届には「子の氏名」という欄がある（表12-2→666〜667頁）。氏は父母の氏となるが（790条1項），名は出生届の届出義務者である「父又は母」（戸籍法52条1項）が，届出時に氏名欄に記載することによって定まる。漢字，ひらがな，カタカタしか用いることができず，漢字は，常用漢字表と人名用漢字表に掲げられたものしか使えない（法務省通達）。

　戸籍には漢字に読みかたが付されない（表11-1→598〜599頁）。したがって，漢字の読みかたに制限はないことになる。というか，私たちの名前に含まれる漢字はどう読まれるべきかは法的には決まっていないのである（なお，住民票にフリガナがある自治体もあるが，ない自治体も多い（政府は，オンラインでの手続を普及させるために，2018年度末までに各自治体に指針を示すことにしている））。

　これが，キラキラネーム（漢字が特殊な場合だけでなく，読ませ方も普通ではない場合もある）につながる。それでも，「愛理」と書いて「ラブリ」と読みます，「月」と書いて「あかり」と読みます，といっているくらいならばよいが（そういえば，武井咲（2度目の登場！）だって普通は読めない），当該漢字があまりに子の福祉に反するときは，命名権の濫用になる。

　有名なのは，「悪魔ちゃん」事件である（東京家裁八王子支部平成6・1・31審判（判時1486号56頁））。「悪魔」という名前が記載された出生届をめぐって，その扱いが問題となった事件において，裁判所は，「親（父母）の命名権は原則として自由に行使でき，従って，市町村長の命名についての審査権も形式的審査の範囲にとどまり，その形式のほか内容にも及び，実質的判断までも

表12-2 出生届の例

出生届

平成 26 年 1 月 4 日届出

丙山市 長 殿

	受理 平成 年 月 日		発送 平成 年 月 日
	第 号		長印
	送付 平成 年 月 日		
	第 号		
	書類調査	戸籍記載	記載調査	調査票	附 票	住民票	通 知

(1)	子の氏名 (よ み か た) 外国人のときは ローマ字を付記 してください	こうやまふゆこ 甲 山 冬 子 氏 名	父母との続き柄	☑嫡 出 子 □嫡出でない子	(長) □男 ☑女
(2)	生まれたとき	平成26年 1 月 2 日 ☑午前 □午後 10 時 30 分			
(3)	生まれたところ	丙山市丸の内2丁目 2 番地 5 号			
(4)	住 所 (住民登録をする ところ)	丙山市昭和町2丁目 1 番地 号 世帯主の氏名 甲 山 太 郎 世帯主との続き柄 長女			
(5)	父母の氏名 生 年 月 日 (子が生まれたと きの年齢)	父 甲 山 太 郎 母 甲 山 花 子 平成 4 年 8 月 25 日(満 21 歳) 平成 5 年 4 月 24 日(満 20 歳)			
(6)	本 籍 (外国人のときは 国籍だけを書い てください)	丙山市富町1丁目13 番地 筆頭者の氏名 甲 山 太 郎			
(7)	同居を始めたとき	平成25年 2 月 (結婚式をあげたとき、または、同居を始め たときのうち早いほうを書いてください)			
(8)	子が生まれたときの世帯のおもな仕事と	□1.農業だけまたは農業とその他の仕事を持っている世帯 □2.自由業・商工業・サービス業等を個人で経営している世帯 ☑3.企業・個人商店等(官公庁は除く)の常用勤労者世帯で勤め先の従業者数が1人から99人 までの世帯(日々または1年未満の契約の雇用者は5) □4.3にあてはまらない常用勤労者世帯及び会社団体の役員の世帯(日々または1年未満の契 約の雇用者は5) □5.1から4にあてはまらないその他の仕事をしている者のいる世帯 □6.仕事をしている者のいない世帯			
(9)	父母の職業	(国勢調査の年… 年…の4月1日から翌年3月31日までに子が生まれたときだけ書いてください) 父の職業 母の職業			
	その他				

字訂正
字加入
字削除

届出印

届出人	☑1.父 □2.母 □2.法定代理人( ) □3.同居者 □4.医師 □5.助産師 □6.その他の立会者 □7.公設所の長	
	住所	丙山市昭和町2丁目 2 番地 5 号
	本籍	丙山市富町1丁目13 番地 筆頭者の氏名 甲 山 太 郎
	署名	甲 山 太 郎 ㊞ 平成 4 年 8 月 25 日生

事件簿番号	日中連絡のとれるところ 電話(010)1234-1234 (自宅)勤務先 呼出(方)

鉛筆や消えやすいインキで書かないでください。

子供が生まれた日からかぞえて14日以内に出してください。

子の本籍地でない役場に出すときは、2通出してください。（札幌市内に提出する場合は、1通で結構です。）。2通の場合でも、出生証明書は、原本1通と写し1通でさしつかえありません。

子の名は、常用漢字、人名用漢字、かたかな、ひらがなで書いてください。子が外国人のときは、原則かたかなで書くとともに、住民票の処理上必要ですから、ローマ字を付記してください。

よみかたは、戸籍には記載されません。住民票の処理上必要ですから書いてください。

□には、あてはまるものに☑のようにしるしをつけてください。

筆頭者の氏名には、戸籍のはじめに記載されている人の氏名を書いてください。

子の父または母が、まだ戸籍の筆頭者となっていない場合は、新しい戸籍がつくられますので、この欄に希望する本籍を書いてください。

届け出られた事項は、人口動態調査（統計法に基づく基幹統計調査、厚生労働省所管）にも用いられます。

届出人の署名は届出義務者が自署してください。
届出人が署名したあと届書をお持ちになる方は、親族その他の方でもかまいません。
届出義務者は、嫡出子の場合は父または母、嫡出子でない子の場合は母です。

■母子手帳と届出人の印を持参してください。

出 生 証 明 書

| 子 の 氏 名 | 甲山冬子 | 男女の別 | 1男 ②女 |

夜の12時は「午前0時」、昼の12時は「午後0時」と書いてください。

| 生まれたとき | 平成 26 年 1 月 2 日 ㊤午前 午後 10 時 30 分 |

(10) 出生したところ及びその種別	出生したところの種別	①病院　2診療所　3助産所　4自宅　5その他
	出生したところ	丙山市丸の内2丁目　2番地（番）5号
	施設の名称（出生したところの種別1～3）	丸の内産婦人科医院

体重及び身長は、立会者が医師又は助産師以外の者で、わからなければ書かなくてもかまいません。

| (11) 体重及び身長 | 体重 3,200 グラム | 身長 49 センチメートル |

| (12) 単胎・多胎の別 | ①単胎　2多胎（　子中第　子） |

| (13) 母の氏名 | 甲山花子 | 妊娠週数 | 満39週 5日 |

この母の出産した子の数は、当該母又は家人などから聞いて書いてください。

| (14) この母の出産した子の数 | 出生子（この出生子及び出生後死亡した子を含む） | 1人 |
| | 死産児（妊娠満22週以後） | 胎 |

この出生証明書の作成者の順序は、この出生の立会者が例えば医師・助産師ともに立ち会った場合には医師が書くように1、2、3の欄に従って書いてください。

| (15) | 上記のとおり証明する。 平成 26 年 1 月 2 日 | |
| | 1 医 師　2 助産師　3 その他 | (住所) 丙山市丸の内2丁目　2番地（番）5号 (氏名) 丁田三郎 ㊞ |

許容するものとは解されないが，例外的には，親権（命名権）の濫用に亘（わた）るような場合や社会通念上明らかに名として不適当と見られるとき，一般の常識から著しく逸脱しているとき，または，名の持つ本来の機能を著しく損なうような場合には，戸籍事務管掌者（当該市町村長）においてその審査権を発動し，ときには名前の受理を拒否することも許される」と判断した。

さらに難しいのは，**医療的な決定**についてである。適切な医療を受けさせるのは，監護の内容として親権者の義務である。それには，手術への同意など，医的侵襲（医療によって身体を傷つけること。注射などもそうである）に対する同意を含む。親が判断の基準とすべきなのは，子の利益である。もちろん経済的に制約された中での話だが，子の利益を図らなければならない。

ところが，これと宗教上の信念とが衝突することがある。1985年6月の「大ちゃん事件」である。

大ちゃんは大けがを負い，救急車で病院に運ばれた。医師の指示で手術を受けることになったが，キリスト教の一宗派である「エホバの証人」の信者である父母が輸血を拒否。医師は説得を試みたが，拒み通した。このため，大ちゃんは大量の出血のため死亡した。

難しい問題を提起しているが，少なくとも子が一定年齢以上であれば，その子の意思を尊重する必要もある。子には自己決定権があり，それも尊重される，ということだが，それでは何歳からそうされるのか，といわれると答えようもない。アメリカ小児科学会のガイドラインでは，15歳以上の者からはインフォームド・コンセント（→571〜573頁）をとらなければならない，としている（この事件における大ちゃんは10歳であった）。

◆財産的な内容

親権者は，子を本人とする法定代理権を有する。民法824条は，「子の財産を管理し，かつ，その財産に関する法律行為についてその子を代表する。ただし，その子の行為を目的とする債務を生ずべき場合には，本人の同意を得なければならない。」と規定している。また，子が契約を締結するにあたって同意ができ，子が同意を得ないで契約をしたときは，取り消すことができる（5条。→72〜73頁）。このときも，子の利益を考えて，代理権・同意権・取消権を行使しなければならない。

しかし，人間は弱い。そして，祖父母からの相続などによって財産を有している未成年者は結構いる。そうなると，子の利益に反し，親の利益になるような契約を締結してしまうことがありうる。そこで，民法は，親と子，あるいは，親権に服する複数の子の利益が衝突する行為（利益相反行為）については，親権者が代理権を行使するのではなく，親権者にそのための**特別代理人**の選任を家庭裁判所に求めさせ，その特別代理人に中立的な判断をさせる仕組みにしている（826条）。これに反する行為は無権代理行為であり，効力を有しない。

　利益相反行為とは，たとえば，子の財産を親権者である父が購入するという契約を締結することである。これは，一方が得をするときは，他方が損をする関係にある。そこで，親権者は，自分を有利にするおそれがある。だから，特別代理人を選任する。2人の子がいる夫婦のうち夫が死亡し，相続が開始すると，妻と2人の子が共同相続人になる（→697〜699頁）。このとき，遺産分割が必要になるが（→724〜733頁），妻＝母がすべての子を代理すると，自分を有利にするおそれがあるとともに，子のうち特定の者をえこひいきするおそれもある。だから特別代理人を選任し，遺産分割に際して，子を代理させる。

　もっとも，「特別代理人候補者リスト」というのが家庭裁判所にあるわけではない。親権者の推薦した人が特別代理人となるのが通常である。そこで，特別代理人は親権者の影武者にすぎず，子の保護になっていない，とも批判されている。

◆親権の喪失など

　きちんとした親ばかりではない。子の財産を使い込む親，子に暴力をふるう親，まったく無関心になる親（ネグレクト）。こういった親については，民法上，**親権喪失**（834条），**親権停止**（834条の2），**管理権喪失**（835条）といった制度が用意されている。子の虐待に対して有益な規定である。迅速性が必要なときは，虐待している親の親権喪失を家庭裁判所に申し立てると同時に，家事事件手続法105条に基づく審判前の保全処分として，親権者の職務執行を停止し，職務代行者を選任してもらうこともできる。父による性的虐待のときに，とくに問題になるようである。

　しかし，親権喪失の審判は，親権者から一切の権限を剥奪するものであり，

思い切った措置である。そうなると，家庭裁判所も簡単には決められない。申立てを受け，審判となっても，虐待などの濫用的事実の証明はなかなか困難であり，また，親権者が真剣に反省の姿勢を示すと，裁判官も親権喪失の審判を躊躇するといった事情もある。また，子の親族は親権喪失の請求ができるが，逆恨みをされるのが嫌でそもそも申立てをしないこともある。児童相談所長にも申立権（児童福祉法33条の7）があるのだが，最終的には親子関係が修復してうまくいくようにしたいと考えるので，なかなか申立てをしない。そう

児童虐待，児童相談所，里親

　民法による以外にも，親権者による児童虐待への対応策がいくつか存在する。

　きっかけとなったのは，1989年に国連で採択された（日本は1994年に批准）児童の権利に関する条約である。その19条1項は，「締約国は，児童が父母，法定保護者又は児童を監護する他の者による監護を受けている間において，あらゆる形態の身体的若しくは精神的な暴力，傷害若しくは虐待，放置若しくは怠慢な取扱い，不当な取扱い又は搾取（性的虐待を含む。）からその児童を保護するためすべての適当な立法上，行政上，社会上及び教育上の措置をとる。」としており，これをうけて，2000年に児童虐待の防止等に関する法律が制定された。「学校，児童福祉施設，病院その他児童の福祉に業務上関係のある団体及び学校の教職員，児童福祉施設の職員，医師，保健師，弁護士その他児童の福祉に職務上関係のある者」に児童虐待の早期発見に努める義務を課すとともに，都道府県知事に立入り調査権を認め，その際，警察官の援助を求めることができることにしている。

　児童虐待を発見した者は，児童相談所などに通告しなければならない（児童福祉法による）。そして，児童相談所などの報告に基づき，必要な場合は，健全な養育のために，ファミリーホーム（小規模住居型児童養育事業）に入居させたり，里親（子どもを引き取って家庭の中で育てる者）に委託したりすることになる。保護者の同意があることが原則だが，それがないときは，家庭裁判所の許可（2年以下の期間を区切るが更新ができる）で代替可能である。同時に，保護者に面会や通信を制限したり，接近を禁止したりできる（児童虐待防止法による）。

　里親への委託は，児童虐待の場合以外にもされるが，2016年度末で，5190人の児童が4038世帯の里親のもとで育てられており，ファミリーホームは313か所，委託されている児童は1356人である。児童相談所への児童虐待の相談対応件数は，2017年度で13万3778件。25年前の98倍，10年前の3倍である。児童虐待が増加しているか否かは不明であるが，社会問題として意識される度合いは確実に高まっている。また，様々な子育て支援事業も虐待予防の意味をもっている。

いったわけで，2017年の申立て数は118件，同年に出された親権喪失の審判（2017年より前に申し立てられた事件で，2017年に審判があったものを含む）は28件となっている。

そこで，もう少し緩やかな措置ができないか，そうすると，措置が発動しやすくなるのではないか，ということでできたのが，親権停止の審判である。民法834条の2というように枝番号になっていることから，後で付け加えられたものだということがわかるが，2011年に追加された。2年の期間内で期間を定めて親権を停止するものであり，2017年の申立てが250件，同年中に出された親権停止審判は67件となっている。

管理権の喪失制度は，財産管理権だけを喪失させるものだが，あまり利用されていない。

また，民法766条を用いて，父母以外の第三者を監護権者に指定する，という処分がされることがある。親権は喪失させたり停止したりしないまま，別の人が子の実際の監護ができるようにするわけである。子の虐待があるときなどは，祖父母やおじおばなどを監護権者に指定する処分がされる。同条は，本来，離婚後の子の監護について定めるものであり，それを婚姻中にも使うというのは無理であるようにも思われるが，実務による工夫なのである。

2　離婚家庭における嫡出子の養育

◆離婚時の親権者の指定

次に，離婚時について考える。離婚にあたっては，親権者が誰であるかを定めることになっている（819条）。離婚届にその記入欄があることを確認してほしい（表11-4 →628〜629頁）。

離婚をしたからといって，それぞれ父母であることには変わりがない。しかし，一方だけが親権者になる。共同親権を認めるべきだ，諸外国ではその例が多い，という意見も有力だが，離婚した男女がうまく協力できるときは法の定めがなくても協力するし，協力できない場合に双方を親権者すると，トラブルが生じ，子の福祉に反するという意見も強く，改正はされていない。

協議離婚の場合は，協議で決定することが原則である。このとき，本当に子の福祉に合致した決定がされているかをチェックする制度がないことは問題で

あると指摘されている（→630頁）。協議がまとまらないときは，家庭裁判所が決定することになる。裁判離婚の場合も，家庭裁判所が定める。ただし，いったん親権者が決められ，親権者によって子の養育がされているときでも，子の利益に必要があるときは，家庭裁判所は，子の親族の請求によって親権者の変更ができる（819条6項）。

それでは，どのようにして定まるのであろうか。

一般には母親が重視される。2017年の離婚において，妻が全児の親権を行うとされたものが84.6％である（夫が全児の親権を行うのが11.8％，夫妻が分け合う例が3.6％）。さらに，「子の利益」が重視される。どちらが養育環境がよいか，ということである。家庭裁判所の審判例を見ると，当事者双方の事情がていねいに検討されている。しかし，その結果，金持ちの方が親権者になるということにもなりかねない。祖父母がいるとなると，その人が面倒を見ることができる，などとしてプラスに評価される。もちろん，父が毎晩飲酒して暴れる，というのでは困る。しかし，貧しくても暮らしていけ，親も真面目に働いているというのであれば，より楽な生活のほうをよいとするのは，問題があると思う。

さらに，子の意思も考慮される。家事事件手続法65条は，「家庭裁判所は，親子，親権又は未成年後見に関する家事審判その他未成年者である子（未成年被後見人を含む。以下この条において同じ。）がその結果により影響を受ける家事審判の手続においては，子の陳述の聴取，家庭裁判所調査官による調査その他の適切な方法により，子の意思を把握するように努め，審判をするに当たり，子の年齢及び発達の程度に応じて，その意思を考慮しなければならない。」としている。ただし，父と母とのどちらを選ぶかを選択させることは，子にストレスになる。うまく意思を把握するようにしなければならない（15歳以上であれば，子どもからの陳述を聴取しなければならない。同法169条2項）。また，弁護士が子の代理人として手続に積極的に参加して，子の意向や福祉の実現を行うという制度もある（**子どもの手続代理人**）。2013年に導入された制度だが，年間数件にとどまっているようである。

もっとも，母が有利になったり，子の意思が尊重されたりするのも，それが子の利益のためになることが多いからである。したがって，子の利益のためには子の意思に反する決定がされることもある。根本的には，子の利益が最優先

されるのである（766条1項は，親権者の指定にも適用されるはずである）。

◆子の奪い合い

　さて，このように，親権者が一方だけになること，さらに，子どもは物理的にどちらかにしか暮らせないことを考えると，子の奪い合いという問題が起こることがわかるだろう。

　これは，離婚後だけでなく，婚姻継続中も別居になると問題になる。紛争が起こるのは，たとえば，妻が夫と別居するにあたり，いったん子を置いて家出をした後に，子の引渡しを夫に求めたり，逆に，子を連れて家出し，夫が妻に子の引渡しを求めたりする場合である。

　婚姻継続中は，別居にあたり，仮に妻が子を連れて行っても，夫は親権に基づいて子の引渡し請求をすることができない。妻も親権を有しているからである。その逆も同じである。しかし，婚姻中でも別居に至っていれば，家庭裁判所によって夫婦の一方を監護権者に指定してもらうことができ（766条），監護権者となった者が監護権に基づいて子の引渡しを請求するということが考えられる。しかし，それにはそれなりの時間がかかる。

　離婚後においては，親権者として指定された側が監護しているとき，他方が子の幼稚園に迎えに行き，そのまま現在の自宅に連れて行ってしまうといった例がある。親権者が取り戻そうとして，子の引渡しを求めていくと，親権者の有する監護権が尊重され，親権者に監護させることが著しく不当でないかぎり，その請求が認容される。もっとも，親権も監護権もない親のもとで長く監護されているときなどは，親権者による引渡し請求が権利の濫用として認められないこともある。

　なお，現在，子の引渡しの手続を容易にするための法改正が予定されている。2017年の統計で，106件の申立てに対し，35件でしか引渡しの執行が実現されていないという状況を改善するためである。

◆親権者にならなかった者の地位1：面会交流権

　離婚時に，親権者とされなかった者に，子との間の**面会交流権**が認められるか，という問題がある。面会交流権が離婚に際して合意されることも多くなっているし，審判においても認められることがある。そして，2011年の民法改

正において，民法766条に「父又は母と子の面会及びその他の交流……について必要な事項は，その協議で定める。」というかたちで法律上も根拠をもつに至った。

　離婚して親権者になった親が，親子の関係を安定させるために，他方の親と会わせたくないと強く望む場合も多い。しかし，子の健全な成長のためには他方の親とも交流をもつことが重要であると認識されてきている。面会交流を求める調停申立ても2017年で1万1843件あり，着実に増加している。もちろん常に認められるわけではない。他方の親の暴力によって，別居したり，離婚したりしたとき，その親に子を会わせるのは危険ですらある。基準は，曖昧であるが，「子の利益」である（766条）。原則として認められ，子の福祉に反する特別の事情があるときだけ認められないという考えが実務でも主流であるが，子の利益に適合するかどうかをていねいに検討していくべきであるという批判もある。

　2011年の厚生労働省の調査によれば，面会交流についての合意のある場合は，母と子が同居している例で23.4％，父と子の同居の例で16.3％となっている。2012年4月から，離婚届の用紙に，面会交流について，「取決めをしている」，「まだ決めていない」のいずれかをチェックする欄が設けられたが（表11-4→628〜629頁），「まだ決めていない」にチェックしても離婚届は受理される。また，兵庫県明石市では2014年4月から，離婚や別居を検討している夫婦に「こどもの養育に関する合意書」の書式を交付し，取り決めの促進を図り始めた。その後，2017年12月になり，法務省が「子どもの養育に関する合意書」のひな形やパンフレットを作成・配布し，それが市区町村の窓口に置かれるようになっている。しかし，取り決めを行っても4割以上ではまったく履行されていないという調査結果もあり，なかなか難しい問題となっている。

　なお，取り決めを履行しないとき，監護している親の側にそれを強制するには，間接強制（→296〜297頁）によるほかない。しかし，面会交流に関する取り決めは，1か月に1回会う，といったかたちで曖昧に取り決められることが多い。子にも部活動があったり，親にも仕事があったり，柔軟な定めにせざるを得ないのである。ところが，間接強制をするときは，債務者（＝監護している親）が何をすれば債務を履行したことになるのかがはっきりしないと困る。そこで，判例は，「面会交流の日時又は頻度，各回の面会交流時間の長

さ，子の引渡しの方法等が具体的に定められているなど監護親がすべき給付の特定に欠けるところがないといえる場合」にかぎって間接強制ができるとしている（最高裁平成25・3・28決定（民集67巻3号864頁））。

◆親権者にならなかった者の地位2：扶養義務

親は子に対する扶養義務を負う（820条，877条1項）。婚姻時には，婚姻費用分担の中に溶け込んでいるともいえるが，離婚しても，また親権者にならなくても，子に対する扶養義務は影響を受けない。親子関係は続いているのである。

しかし，離婚時に養育費の取り決めがきちんとされる割合は少ない。2011年の統計では4割以下である。養育費の支払いについても，父母の協議によ

Column 68

国際的な子の奪取の民事面に関する条約（ハーグ条約）

日本の女性が国際結婚をし，夫の国で同居し，子が生まれたが，離婚に至った。このとき，子について父母の共同親権となる国も多く，そうでなくても親権者でない側に面会交流権が認められる。ところが，女性が育児をしながら外国で生活することは大変であり，日本に帰れば仕事もあるし，祖父母の援助も得られるということで，子を連れて日本に帰る。この行為は，父の親権あるいは面接交渉権を侵害する行為になる。

そこで，子を連れ去られた者が，自国（子が元いた国）の中央当局に申請を行い，申請の転送を受けた国（子が現在いる国）の中央当局がそれを援助する，具体的には，原則として元の国に子を戻す命令を司法当局が出し，引渡しの具体的手続につき中央当局が援助する，という制度が国際的に構築されている。国際的な子の奪取の民事面に関する条約（ハーグ条約）である。

条約発効後，約4年間で，外務省が受け付けた返還援助申請は188件で，うち68件で子の帰国や返還が実現した。外国へ連れ出された子を日本に帰国させたケースが32件，日本へ連れてきた子を外国に返したケースは36件。もっとも，話し合いの結果，不返還で合意できた事例も49件ある。また，子との面会を求める申請は131件あり，ビデオ通話による面会が実現したケースもあったという。

もっとも，2018年5月には，日本の手続には迅速性・実効性が欠けているとして，アメリカ国務省から条約不履行国に認定されてしまった。現在，国内の子の引渡しに関する法改正（→673頁）とともに，手続を実効化するように，若干の法改正が予定されている。

るのが原則であるが，わが国の離婚の9割を占める協議離婚において，その取り決めがされているかどうか，されているとしても公平な内容かどうかは離婚届の受理にあたって確認チェックされないのである。面会交流についてと同じく，2012年4月から離婚届に欄が設けられたが（表11-4→628～629頁），取り決めの存在は届出の要件ではない（立法論として裁判所の関与を求めることが説かれている。→630頁）。先に述べた明石市の「こどもの養育に関する合意書」や法務省作成のひな形には，養育費も取り決めの書式が載っており，合意を促進している。しかし，取り決めがあっても履行されない事例も多いことは，面会交流の場合と同じである。

　もちろん，取り決めがなくても，請求はできる。子の親権者が子を代理して請求することになる（824条）。そして，それが裁判手続によるときには，東京・大阪の裁判官たちがまとめた算定表が用いられる例が多い。婚姻費用分担請求の場合と同じである（→620～621頁）。

3　その他の場合の養育

◆非嫡出子の養育

　非嫡出子の場合，認知がなければ母しか定まっていない。そうすると，母が当然に親権者となる。父が認知したときは，父母の協議で父を親権者として定めたときにかぎり，父が親権者になる（819条4項）。いずれにせよ，一方だけが親権者になる。

　認知し，父になった者は，子の扶養義務を負う（877条1項）。父だから当然である。また，民法766条は，離婚の場合以外にも類推され，面会交流権もあると考えられる。

　なお，認知の有無にかかわらず，子の氏は母の氏となる（790条2項）。

◆親権者がいないときの養育

　親権を行う者がないときには，**未成年後見**が開始する（838条1号）。後見人の権利・義務は，だいたい親権者と同じであるが，財産目録を作らなければならないとか，善良な管理者の注意をもって後見事務をしなければならないとか，親権者よりも責任が重いともいえる。報酬は，未成年者の財産から支払わ

れるが，少額であり，そもそも財産がなければゼロになる。そこで，地方自治体などは未成年後見人の報酬援助の事業を行っているが，月額2万円程度であり，焼け石に水である。

　そうなると，父母とも死亡したり，親権喪失の審判があったりして，親権者がなくなっても，親戚が引き取り，未成年後見人になる場合を除いて，なかなか未成年後見人のなり手がいない。2010年の報道（毎日新聞）によれば，親権者がいない子で，児童養護施設などで暮らす子は，2008年時点で約5000人いるのに，そのような子についての未成年後見人の選任は，1989年からの20年間で134人にとどまるとのことである。里親（→670頁 Column 67 ）のもとで育てられている場合も，未成年後見人が付されていることは少ない。

　児童養護施設では，里子の場合も含め，児童福祉法47条1項に基づき，親権代行者となることによって対処しているが，不十分である。そのため，2012年から未成年後見人を複数にすることができるとともに（842条の削除），法人も未成年後見人になれることとし（840条3項），柔軟化を図っているが，根本的な解決には至っていない。

Ⅲ　養子──人為的な親子関係

1　普通養子

◆養子縁組の実態

　ここまで血縁上の親子関係について述べてきた。もちろん，本当は血縁がないこともあるが（AID はその典型），いちおう血縁関係があるものとして親子関係を考えている。これに対して，血縁がないところで，親子関係を人為的に作り出す制度もある。**養子縁組**である。縁組で親になる者を**養親**といい，子になる者を**養子**という。

　それでは，どうして人為的な親子関係を作るのだろうか。もちろん，親子関係から生じる効果を得るためであるが，生じる効果にはいろいろある。簡単に考えても，

　　①子が未成年であれば，親がその子を扶養し，監護しなければならない，

　　②子は親の氏になる，

　　③子は親を相続する，

　　④成年になった子は親の扶養義務を負う，

といったものがある。

　このうち，①を目的とする養子縁組だけが正しい，と論じる者も多い。養子縁組は子のための制度である，というわけである。しかし，そうとばかりは言い切れない。そもそも，民法の定める養子制度は，①を目的とするものにかぎるものとなっていない。成年者も養子にできる，養親は成年になっていなければならないが，養子より 1 日でも年長であればそれでよい，離縁もいろいろ認められる，といったものなのである。未成年者の養育のためだけではなく，他の目的の養子縁組も法が認めているのである。

　そして，養子縁組の届出件数は，2017年で 7 万5111件であるが，ほとんどが成年者を養子にするものであり，未成年者と養子縁組をする場合でも，自分の孫や配偶者の連れ子以外の未成年者を養子にするものは，全体の 1 ％未満

である。また，後に見るように，①の目的に特化した制度として1987年にできた特別養子制度があるが（→684〜685頁），この制度による特別養子縁組は，2017年で616件にすぎない。つまり，ほとんどは①の目的が欠けた養子なのである。

　それでは，どのような目的で養子縁組がされるかというと，家名の存続を含め，後継ぎを残すため，ということが多いようである。私の回りにも，いろいろな例がある。甲野Ａ夫には娘しかおらず，その娘である甲野Ｂ子は乙山Ｃ男と結婚し，氏が「乙山」になった。そこに生まれた２人の男子Ｄ男とＥ郎の氏はもちろん「乙山」である。このままでは，甲野という家名は絶えることになる。そこで，甲野Ａ夫は孫である乙山Ｅ郎と養子縁組をする。そうすると，「乙山Ｅ郎」は「甲野Ｅ郎」へと氏が変更され，Ｅ郎が結婚したとき夫の氏が選択されれば（そして，それが通常である。→616頁），甲野という家名が存続するのである。このようなとき，Ｅ郎は，そのまま実父母のもとで暮らし続ける。この養子縁組には，仮にＥ郎が未成年者であっても，①の目的はまったくない。

　また，娘しかいない家庭について，しばしば「婿養子をとる」といわれることがある。これには２つの方法がある。１つの方法は，上記の事例で，甲野Ｂ子と乙山Ｃ男が婚姻する際，まず，甲野Ａ夫が乙山Ｃ男と養子縁組をする。そうすると，乙山Ｃ男は甲野Ｃ男という名前になる。この時点では，甲野Ｃ男と甲野Ｂ子は兄妹（または姉弟）の関係になるわけだが，この２人の間の婚姻は近親婚として禁じられる範囲に含まれない（734条１項ただし書）。そこで，婚姻し，甲野Ｃ男・Ｂ子という夫婦となり，家名が存続されるのである。もう１つの方法は，上記と順番を逆にするものであり，甲野Ｂ子と乙山Ｃ男が婚姻し，そのうえで，甲野Ａ夫がＣ男と養子縁組をする。Ｂ子とＣ男の婚姻時に，「甲野」という氏が選択されていれば，そのままであるし，実は，「乙山」という氏が選択されていても，甲野Ａ夫との養子縁組により乙山Ｃ男は甲野という氏に代わり（810条本文），乙山Ｂ子も夫婦同氏の原則から甲野Ｂ子に変わる。

　「そんな面倒なことをしなくても，婚姻時に甲野姓を選択してもらえばいいだけじゃないか」と思うかもしれない。しかし，そう思う人は人生経験が足りない。甲野Ａ夫は，甲野という氏が残るだけでは満足できない。自分の息子に

表12-3　養子縁組届

養 子 縁 組 届

平成 28 年 1 月 4日届出

丙山市 長 殿

受 理 平成　年　月　日	発 送 平成　年　月　日
第　　　　　　号	長 印
送 付 平成　年　月　日	
第　　　　　　号	

書類調査	戸籍記載	記載調査	附 票	住民票	通 知

	養 子 に な る 人	
（よみかた）	おつはら　ひでお	（養女 氏　　　　　　名）
氏　　名	養子 氏 乙 原　英 男	
生 年 月 日	平成2 年 7 月 1 日	年　　月　　日
住　　所（住民登録をしているところ）	丙山市上町2丁目　　2 番地 6 号	
	世帯主の氏名 乙 原 虎 勝	
本　　籍（外国人のときは国籍だけを書いてください）	兵庫県西宮市甲子園町　　1 番地	
	筆頭者の氏名 乙 原 虎 勝	
父 母 の 氏 名父母との続き柄	父 乙 原 虎 勝　続き柄 父	続き柄
	母　　　良 子　2 男 母	女
入籍する戸籍または新しい本籍	☑養親の現在の戸籍に入る　□養子夫婦で新しい戸籍をつくる□養親の新しい戸籍に入る　□養子の戸籍に変動がない	
	東京都千代田区千代田　　1 番地	
	（よみかた）こうやま　いちろう	
	筆頭者の氏名 甲 山 一 郎	
監護をすべき者 の 有 無	（養子になる人が十五歳未満のときに書いてください）□届出人以外に養子になる人の監護をすべき □父 □母 □養父 □養母がいる□上記の者はいない	
届 出 人署 名 押 印	乙 原 英 男 ㊞　　　　　　　　　印	

字訂正字加入字削除

届出印

	届 出 人		
（養子になる人が十五歳未満のときに書いてください。届出人となる未成年後見人が3人以上のときは、ここに書くことができない未成年後見人について、その他欄又は別紙（様式任意、届出全員の署印が必要）に書いてください。）			
資　　格	親権者（□父 □養父）	□未成年後見人□特別代理	親権者（□母 ☑養母）□未成年後見人
住　　所		番地番　号	番地番　号
本　　籍		番地　筆頭者番　の氏名	番地　筆頭者番　の氏名
署　　名 押　　印		印	印
生 年 月 日		年　月　日	年　月　日
		住定年月日 ・ ・	

記入の注意

黒のボールペンまたは黒インキで書いてください。
札幌市内の区役所に届け出る場合、届書は1通でけっこうです。（その他のところに届け出る場合は、直接、提出先にお確かめください。）
この届書を本籍地でない役場に出すときは、戸籍謄本が必要ですから、あらかじめ用意してください。
養子になる人が未成年で養親になる人が夫婦のときは、一緒に縁組をしなければなりません。
養子になる人が未成年のときは、あらかじめ家庭裁判所の許可の審判を受けてください。
養子になる人が十五歳未満のときは、その法定代理人が署名押印してください。また、その法定代理人以外に監護をすべき者として父又は母（養父母を含む。）が定められているときは、その者の同意が必要です。
筆頭者の氏名欄には、戸籍のはじめに記載されている人の氏名を書いてください。

		養　親　に　な　る　人	
（よみかた）氏　名	養父　氏　　　名甲　山　一　郎	養母　氏　　　名甲　山　春　子	
生年月日	昭和40年7月7日	昭和42年6月6日	
住　所（住民登録をしているところ）	丙山市昭和町2丁目　　　1　番地㊞　号		
	世帯主の氏名　甲　山　一　郎		
本　籍（外国人のときは国籍だけを書いてください）	東京都千代田区千代田　　1　番地㊞		
	筆頭者の氏名　甲　山　一　郎		
そ の 他			

字訂正
字加入
字削除

届出印

新しい本籍（養親になる人が戸籍の筆頭者およびその配偶者でないときは、ここに新しい本籍を書いてください）

番地
番

届出人署名押印	養父　　　　　　　印	養母　　　　　　　印

	証　　　人	
署　名押　印	丁　川　秋　子㊞	戊　谷　冬　彦㊞
生年月日	昭和33年6月14日	昭和35年7月1日
住　所	青丘市緑町1丁目　24番地㊞　6号	丙山市松原4丁目　8番地㊞　4号
本　籍	青丘市谷町1丁目　19番地㊞	北川市中町5丁目　7番地㊞

跡を継がせたいのである。そのためには，C男を息子にする必要がある。

　以上は古めかしい話だと思うかもしれない。しかし，現在でも結構聞く話である。

　また，連れ子養子というのも多い（ある調査では，未成年者の養子の4分の3）。とくに，妻が前婚でもうけた子を後婚の夫が養子にする例が多い（妻が親権者になっている例が多いので（→672頁），再婚時に子を連れてくるのは妻が多い）。注意したいのは，妻の子であっても，前婚の子（あるいは未婚時に出生した子）と後婚の夫とは，当然には親子関係に立たないことである。しかし，親子の心理的な安定を求めて，妻の連れ子と後婚の夫とが養子縁組をし，親子関係を創設するのである。

　相続税を回避または減額するために養子縁組を用いることもある。子どもが増えれば，相続税の基礎控除額が増えるのである。しかし，国税側も手をこまねいているわけではない。いくら養子縁組をしても，被相続人に実子がいるときは養子1人まで，被相続人に実子がいないときは2人までしか基礎控除額の算定に加えない（相続税法15条2項）。また，孫を養子にしたとき，その養子の相続税は20％割り増されるので（同法18条2項），むしろ相続税が増えてしまう可能性がある。さらには，より一般的に，「養子の数を……相続人の数に算入することが，相続税の負担を不当に減少させる結果となると認められる場合」には，「当該養子の数を当該相続人の数に算入しない」とされている（同法63条）。

◆養子縁組の有効性

　以上のように，いろいろな目的で養子縁組がされるが，やはり親子関係を創設する制度だということは動かせない。そこで，尊属や年長者を養子にできないなど（793条），親子関係と真っ向から対立する養子縁組はそもそも認められていない。さらには，婚姻において《婚姻意思＋届出意思＋届出》が要求されていたように，養子縁組でも，《縁組意思＋届出意思＋届出》が要求される。

　実際，「親子関係を創設する意思（縁組意思）がない」とされた例も古くからかなりある。近時では，すでに借金漬けで，これ以上は金銭を借りられない人が，さらに借金をするために，養子縁組を行う例が多発しているといわれる。氏を変えて，ブラックリストをすり抜けるのである。もちろん，養親にな

る者の協力が必要であり，そのようなことをする者は何度もいろいろな人と養子縁組をし，短期間で離縁（養子縁組の解消）する。反対に，何度もブラックリストをすり抜けられるように，何度も養子になる人もいる。

　そこで，法務省では，2010年に通達を出し，「届出人のいずれかが，届出の前おおむね6か月以内に，養子縁組又は離縁を2回以上行っている場合」，「届出人のいずれかが，届出時までに，養子縁組又は離縁を3回以上行っている場合」については，縁組意思を慎重に調査すべきことを求めている。

◆養子縁組の効果

　養子縁組によって，簡単にいえば，養親と養子との間に親子関係が生じる。しかし，実親とその子との間の親子関係もそのまま存続する。したがって，養親が死亡すればもちろん，実親が死亡したときにも相続人になる。ただし，養子が未成年の間の親権は，養親に帰属する（818条2項）。

　これとの関係で，未成年者を養子にするときに，養親が婚姻していれば，配偶者といっしょに養親にならなければならない（795条）。逆にいうと，独身者が養親になるときは1人でもよいし，成年者を養子にするときは，養親側が婚姻していても，一方だけが養親になることができる。

Column 69

縁組意思がないとされる場合 ―

　古くから，養子縁組という制度を用いて，いろいろな効果を得ようとする例は多い。明治初期，戸主（あるいは戸主になるべき地位にある者）になれば兵役を免れたため，二男以下を男子のいない他家の養子にする例が見られた。兵隊養子というが，判例により無効とされている。また，芸娼妓養子（げいしょうぎ）というのは，売春のための人身売買にあたって養子縁組の形態をとることで，これも無効。

　ほかには，昔，千葉県の船橋で，漁師が人を雇ってバカ貝を乱獲していたので，それを防止するため，採取できる者を「家族」にかぎったところ，漁師と出稼ぎ者とが養子縁組をして「家族」になり，バカ貝をとった（船橋のバカ養子）。また，かつては，労働力の確保のため，南京小僧（なんきん）（山形県），梶子（かじこ）（山口県），桂庵小僧（けいあん）・国者（くにもの）・年期っ子（ねん）（き）（栃木県），名子（なご）（岩手県，青森県）といった人身売買が養子縁組のかたちをとって行われていた。さらには，学区制のある有名高校などに進学するために，学区内の親戚と養子縁組をするケースもあった。

2　特別養子

◆菊田医師事件

すでに藁の上からの養子という話をした（→656頁 **Column 64**）。夫婦の嫡出子として他人の子について出生届を出すものである。これは困った事態だとはいえるが，しかし，それすらもできないときはもっとまずい事態につながりうる。子捨て・子殺しである。

菊田医師事件が最初に報道されたのは，1973年のことである。宮城県石巻市の菊田医師は，自分の経営する産院を訪れる堕胎希望の女性に対し，生命がいかに大切なものであるかを説明し，堕胎を思いとどまらせる活動をしていた。しかし，堕胎を思いとどまっても，生まれた子を母が育てるのは事情があって無理なことがある。そのときには，育ててくれる親を探す必要があり，養子はそのための制度でもあるのだが，しかし，未婚の母の子であることが周囲に知られると，その子がいろいろな局面で不利益を受ける可能性がある。また，子を貰い受けて育てたい側としては，実の子として育てたいという希望をもつ。そこで，菊田医師は，子を貰いたいという人に生まれた子を斡旋し，その親の嫡出子として出生届をすることに助力していた。そうすると，未婚の母として出産したことは戸籍等に残らず，出産する女性も堕胎をやめやすい。

これは，虚偽の出生届である。出生届には医師の出生証明書が添付されるが，菊田医師の行為は虚偽の証明書を作成するという犯罪行為にあたる。実際，愛知県産婦人科医会が告発し，検察庁は，公判手続を経ない略式手続を選択し，医師法違反，公正証書原本不実記載罪，同行使として，菊田医師を略式起訴し，簡易裁判所は罰金20万円を科した。

中絶がダメか，という問題は，宗教上の問題もあり，簡単にはいえない。しかし，生まれた子を殺したり，捨てたりするのがいけないことは明らかである。これを何とか救おうとした菊田医師は，結局，罰金刑を受けたわけだが，これがきっかけとなって，真に子のための養子法・養子制度を作ろうという気運が盛り上がってきた。当初は，実子特例法の制定が主張された。これは，一定の要件があれば，完全に他人の子を自分の実子として届け出ることができ，それだけにする，というのである。こうしないかぎり，安心して出産すること

はできないし，安心して他人の子を貰い受けることもできない，そして，子ど
もが差別を受けないことも確保できない，と菊田医師は強く主張した。しかし
ながら，反対もあった。他人の子を自分の実子として届け出るのを認めると，
そもそも，法が正面から嘘を認めることになってしまう。また，近親婚の問題
も説かれた。その子が婚姻するとき，相手との間が近親婚の禁止に該当するか
どうかがわからなくなる。さらには，子の権利の問題もある。子は実親を知る
権利を有しているのであり，それを奪うことは許されない，何らかのかたちで
追跡可能にしなければならない，と反論されたのである。

◆特別養子制度の誕生と近時の改正

　その結果，817条の2以下に特別養子制度が定められた。特別養子は，届出
だけで成立するのではない。子に養育環境を与えるという目的のものだから，
実父母による監護が著しく困難であること等の事情のあることが必要であり
（817条の7），また，6か月以上の試験養育期間を考慮し，養親の養育能力や
養子との相性を家庭裁判所が審査することになっている（817条の8）。さら
に，夫婦（その一方は25歳以上）が共同で養親になる場合にかぎられる（817
条の3，4）。そして，特別養子縁組が成立すると，まず，子について単身戸
籍が作られ（戸籍法20条の3），それから養親の戸籍に入れられる。こうする
ことで，実親とのつながりが戸籍からは簡単にはわからなくなるが，子は，将
来，除籍簿を見ることによって，実親をたどることができる。

　ところが，特別養子縁組は年間数百件しか利用されてこなかった。そして，
その理由は，需要が少ないことではなく，要件が厳格で利用しにくいことにあ
ると指摘され，たとえば児童養護施設に入所中の児童等に家庭的な養育環境を
与えるためは，要件を緩和することが必要だと主張されるようになった。そこ
で，2019年6月に民法と家事事件手続法の一部が改正され，まず，養子にな
る者の年齢要件を原則として6歳未満から原則として15歳未満に引き上げ
（改正817条の5），さらに，家庭裁判所の判断を，実親による養育状況や同意
の有無等を判断する審判と養親子の相性等を判断する審判の二段階に分け，実
父母による監護困難といった事情の存否が決まらないまま，また，実父母によ
る同意が途中で撤回される可能性のある状況で，試験養育を行うという，養親
候補者にとって不安定な状況を改善した。利用の拡大が期待される。

Ⅳ　高齢者と扶養・成年後見

1　稼働能力の減退

◆高齢化社会の進展

わが国における65歳以上の高齢者人口は，2017年9月で3557万人である。総人口に占める割合は28.1％であり，これは，世界の中で最も高い数字である。そして，2035年には人口の3分の1を超えると推計されている。また，65歳からの平均余命は約20年であり，高齢者としての生活が20年間あるということになる。

このような高齢者はしばしば生活に問題を抱えている。生活のための資産がない，あっても管理できない，身の回りのこともできない。稼働能力，判断能力，身体的能力のすべてが衰えてくるのである。

以下，この順序で考えていこう。

◆高齢者世帯の収入

高齢者世帯（65歳以上の人のみで構成するか，またはこれに18歳未満の未婚の人が加わった世帯）の平均年間所得は2015年で308.1万円であり，1人あたりの所得はそれ以外の層とあまり変わらない。そして，このうち公的年金等が60％強を占めている。したがって，高齢者世帯の生活は，公的年金によっていちおうはまかなわれていることが多いといえる。

しかし，働いている間に必要な保険料を支払っていないこともあるし（本人が悪いとはかぎらない。勤務先が使用者負担部分を支払っていない場合もある），保険料を納めた期間が短いため，十分な額の年金が受け取れない場合もある。

このようなとき，生活保護の制度がある。実際，生活保護制度による受給者の4割は65歳以上の高齢者である。しかし，生活保護制度は，民法の扶養義務の補足として行われることになっており（生活保護法4条2項），さらに，

生活保護法による給付がされても，国は民法によって扶養義務を負う者から，その費用を徴収できることとなっている（同法77条１項）。だからこそ，2012年，複数の売れっ子お笑い芸人の母が生活保護法による給付を受けていたことが問題になったのである。

そこで，扶養義務とはどのようなものかが問題になる。

◆親族間の扶養義務

1964年に出版された川島武宜『家庭の法律』の中には，次のような話が載っている。

問　新憲法や新民法は家族制度を廃止したので，子に扶養してもらえなくなった，と言って嘆いている年寄りが多いようですが，そんな憲法や民法は早く改正すべきではないでしょうか。

答　それは，新憲法や新民法の誤解です。家族制度は廃止されましたが，親を扶養する義務は，はっきりと民法の中に書いてあります。新憲法や新民法が親を扶養する義務を否定しているというのは，誤解にもとづく善意のデマか，そうでなければ，家族制度の復活をねらう悪意のデマにすぎません。

実際，家制度（→594〜595頁）と親の扶養を結びつけて考える人は多くいたようであり，私自身，1988年にもなっているのに，高校時代の恩師に，「親の扶養義務があるように民法を改正してもらわなければ年寄りは困る」と言われたことがある。

民法877条１項は，「直系血族及び兄弟姉妹は，互いに扶養をする義務がある。」と規定しており，親子間は直系血族であるから，年齢にかかわらず，相互に扶養義務を負う。

ここにいう「扶養」とは，経済的給付のことであり，介護労働のことではない。したがって，経済的には大丈夫で，金銭的な給付の必要はなく，ただ介護労働のみが必要とされる場合は，要扶養状態にはない。このことは，親を老人ホームに入居させたからといって，扶養義務違反にならないことを考えるとわかる。寝たきり老人の身辺介護など長期かつ重度の面倒見を扶養義務者に課すと，その者自身の社会的活動は不可能になり，それは法的義務を超える。

要扶養状態とは，金銭給付を受けないと生活できない状態のことである。子

に2000万円，親に1000万円の年収があるとき，子が親に500万円を支払わなければならないわけではない。親子間で貧富の差があってはならないという意味ではなく，扶養を受ける権利者が，「要扶養状態」にあり，義務者が「扶養可能状態」にあるときのみ，具体的に扶養義務が発生するのである。

また，子の間に優劣があるわけではない。長男だけが親の扶養義務を負うのではなく，すべての子は平等に義務を負う。

夫と死別した長男の妻

　かつては，長男の嫁は夫の親と同居することが多かった。ところが，夫が若くして死亡することがある。このとき，そのまま夫の親と同居し，その世話をした女性は，「夫の死亡後にも夫の親に仕えた貞女」とほめられた。しかし，その女性にとってはたまったものではない。再婚もしにくい。

　成瀬巳喜男監督の1964年の映画『乱れる』では，高峰秀子が，まさに夫に先立たれた長男の妻を演じている。次のような台詞から状況はわかるだろう。

　亡夫の弟「姉さんはこの家の犠牲になったんだな，18年間」，「姉さんみたいに半年足らずの結婚生活で18年棒に振るような，そんな女いないよ」。

　義母「考えてみると，気の毒なことをしたと思って。静夫のところへ嫁に来たばっかりに」。

　亡長男の妻「私は長い間自分で自分を縛って生きてきました」，「でも，今頃，もういいんじゃないか。そう思うようになったんです」。

　もちろん，同居義務はない。しかし，夫が死亡した後も，妻と夫の親との姻族関係は変わらないし，民法877条2項は，「家庭裁判所は，特別の事情があるときは，前項に規定する場合のほか，3親等内の親族間においても扶養の義務を負わせることができる。」としているので，夫の親に対する扶養義務が発生する可能性もある。実際には，夫と死別した妻という事例で，「特別の事情がある」とされることはほぼ考えられないが，姻族関係の継続はプレッシャーにはなる。そこで，民法728条2項は，生存配偶者は死亡した配偶者との関係から生じる姻族関係を終了させることができるとしたのである。最近，この制度を死後離婚などとよび，不和だった配偶者との縁を切るもののように説明されることがあるが，正確ではない。死亡した配偶者の親・兄弟姉妹との縁を切るのである。

　「未亡人が姻族関係終了の意思表示という伝家の宝刀を抜けば，……およめさんは逃げられる」（我妻栄）。このことは，いまからは想像できないほど重要なことだったのである。

2 判断能力の減退

◆成年後見制度

判断能力の減退への対応策としては，すでに述べた成年被後見人，被保佐人，被補助人の制度がある（→73〜75頁）。それぞれ，「精神上の障害により事理を弁識する能力を欠く常況にある者」（＝事柄の当否を判断する能力が欠ける状態が通常である者），「精神上の障害により事理を弁識する能力が著しく不十分である者」（＝事柄の当否を判断する能力が欠けるとまではいえないが，かなり不十分である者），「精神上の障害により事理を弁識する能力が不十分である者」（つまり，著しく不十分であるわけではない者）が，家庭裁判所の審判を受けることによって，取引上，一定の保護を受けることになる。

これは，1999年の改正によってできた制度である。それまでは，「心神喪失ノ常況ニ在ル者」について，家庭裁判所により禁治産宣告がされ，禁治産者となり，後見人が付される，「心神耗弱者及ヒ浪費者」について，家庭裁判所により準禁治産宣告がされ，準禁治産者となり，保佐人が付される，という制度であったが，その制度が改正されたのである。保佐，補助と合わせ，**成年後見制度**とよばれる。親権者のいない未成年者について行われる後見と区別しているわけである。改正の理由には様々なものがあるが，根本的には，制度を3つにすることにより多様なニーズに対応できるようにし，高齢者等により適切な，より使いやすい保護制度を用意することにある。

成年後見・保佐・補助について，2017年の開始件数は3万3105件。2001年度が7815件であるから，着実に増加しているとはいえるが，高齢化の進展の度合いから考えると，十分に利用されていないと評価されている。

利用のために最も支障になっているのは，成年後見人（保佐人・補助人）のなり手の確保だといわれる。2001年度には85.9％で親族が成年後見人等になっていた。しかし，2017年には26.2％となっており，親族に任せるわけにはいかなくなっている。そうすると，専門職後見人（弁護士，司法書士，社会福祉士）や法人後見人（司法書士・司法書士法人を正会員とする公益社団法人成年後見センター・リーガルサポートや各地の社会福祉協議会，社会福祉士会等），さらには市民後見人（一般市民による社会貢献）に期待が寄せられる

が，費やす労力のわりに報酬が低い場合が多く，ボランティア精神に頼ることになり，急激な増加は難しい。

さらには，成年後見人による成年被後見人の財産の着服などの事件も多い。家庭裁判所は必要があるときは後見監督人を選任できることになっているし（849条），家庭裁判所自らが，後見人に事務報告を求めたり，調査をしたりすることができる（863条）。しかし，完全な監督は困難である。

◆成年後見人等の職務

先に，旧来の禁治産制度・準禁治産制度が改正された理由は様々だ，と述べたが，改正論議が活発になった時点では，次のようなことが説かれた。すなわち，高齢化社会において重要なのは，高齢者が契約をしても取り消すことができるといった取引上の保護ではなく，身の回りの世話である。制度を改正して，身の回りの世話をする人を選任できるようにしよう，というわけである。

一見もっともにも聞こえるが，事実行為としての介護そのものを後見人の義務にするのは無理である。それでは引き受け手は出てこないし，誰かにむりやり引き受けさせると，扶養義務者ですら負わない介護労働義務を後見人に課すことになっておかしい。ただ，取引行為をするといっても，高齢者にとって重要なのは，株式の投機的売買ではなく，ホームヘルパーの契約を締結したり，弁当宅配の契約を締結したり，きちんと生活できるようにするための取引行為である。そして，成年後見人は，成年被後見人の「財産に関する法律行為について被後見人を代表する」（859条1項）権限を有するのであり，その権限は成年被後見人の利益のために行使されなければならない。そうすると，成年後見人は，成年被後見人のために，必要なホームヘルパーの契約，弁当宅配の契約を締結する義務を負うと考えることはおかしくない。

こう考えられた結果としてできたのが，民法858条であり，

　　　成年後見人は，成年被後見人の生活，療養看護及び財産の管理に関する
　　事務を行うに当たっては，成年被後見人の意思を尊重し，かつ，その心身
　　の状態及び生活の状況に配慮しなければならない。

と規定する。

これだけを読むと，成年後見人は，財産管理以外に療養看護の義務を負うのではないか，と思われるかもしれないが，成年後見人は，その事務をするにあ

たって，考慮義務を負うことを規定しているにとどまる。そして，事務を行う権限としては，民法859条が存在するだけであり，成年後見人は財産管理権しか有しないのである。そうすると，財産管理権の行使にあたって，身上にも配慮せよ，というだけであり，事実行為をする義務や権限はないことがわかる。成年後見人は身上監護についてアレンジの義務を負う（ホームヘルパーを手配する義務等），といわれることがある。

もっとも，財産管理をするためには，成年被後見人に郵送される請求書などを，成年後見人が管理できなければならない。そこで，2016年10月に，家庭裁判所は，財産管理の一環として，成年被後見人の郵便物を受領し，開封することを成年後見人に認めることができることとされた（860条の2，3）。また，成年被後見人の死亡によって成年後見人の権限は終了するが，相続人が相続財産を管理することができるようになるまで，相続財産の保存行為，成年被後見人の債務の弁済，火葬・埋葬に関する契約の締結ができることが明記されるに至った（873条の2）。緊急の後始末である。

◆任意後見制度

さて，成年後見制度では，後見人（保佐人・補助人）は，家庭裁判所により選任される。とりわけ，成年後見の場合は，本人は「精神上の障害により事理

Column 71

医療に対する同意

医療に対するインフォームド・コンセントの問題はすでに述べたところだが（→571〜573頁，668頁），自分で説明を理解できず，同意もできない高齢者についてはどうするか。成年後見人に，同意権を与えるべきだという意見も強い。

しかし，意思表示ができない者に対して医療を施すべき場合は，高齢者や知的障害者の場合以外にもある。元気だった夫が突然に事故にあい，意識不明な状態になり，手術をするかどうかの判断が求められているとき，実際には妻が同意をする。しかし，妻に同意権があるのかというと，そのような法的根拠はない。子については，親権に基づく監護権から説明できそうだが，15歳の子については，その子の同意なしに勝手に手術はできないだろう。しかし，何歳からそうなのかははっきりしない。医療に対する同意権の問題は，様々な場合に未解決のままなのである。成年後見人にだけ明示に同意権を与えることはバランス上おかしい。しかし，いつまでも未解決のままでは困るのであり，検討すべき課題となっている。

を弁識する能力を欠く常況にある」わけだから，自分では選びようもない。

　しかし，自分の信頼する人に後見人になってもらいたいと思う場合もある。また，後見人にしてもらうことに制限を付けたい場合もある。そこで，自分に判断能力があり，契約を自力で締結できる時点で，一定の人との間で，「自分の判断能力が衰えてきた場合には，自分に代わって，財産を管理したり，必要な契約締結等をしてもらうための契約」を締結することが考えられる。

　もちろん，このような契約は自由にできる。通常の委任契約（→198頁）を用いるわけである。しかし，自分（＝委任者）に判断能力がなくなった後に，受任者がきちんと契約を履行してくれるか不安がある。そこで，このような契約を，公正証書（→179頁）で締結し，法務局に登記をしておくことによって，家庭裁判所が，受任者の職務のスタート時期を判断するとともに，受任者の行為を監督する者を選任し，本人の利益を図ろうとする制度が設けられた（**任意後見契約に関する法律**）。これも1999年のことであり，この契約を**任意後見契約**という。2017年で1万2045件の契約が締結されている。

　もっとも，実際には，このような任意後見契約だけが締結されることは少なく，通常の委任契約を締結したうえで，それに加えて，「精神上の障害により事理を弁識する能力が不十分」（任意後見契約に関する法律2条）になったときには法律上の任意後見が発効することを定めることが多いようである（通常の委任が途中で任意後見に変わるので，移行型任意後見契約という）。契約の時点で，必要な預金の払戻しや契約などの代理権限を与えてしまうのである。ところが，このような場合に，受任者が委任者の預金を費消する，その後，委任者が「精神上の障害により事理を弁識する能力が不十分」な状態になっても，受任者がそのことを家庭裁判所に申し出ず，任意後見監督人が選任されないままになる，といった問題が生じている。

　また，任意後見が開始しても，本人が締結した契約の取消権が任意後見人に与えられるわけではない。成年後見，保佐，補助では，本人の行為能力が制限され，成年後見人等に取消権が与えられるが，任意後見ではそうならない。本人の保護に不十分な面がある。十分な保護のためには本人の意思のとおりにさせてはならない。しかし，本人の意思をないがしろにすることもよくない。バランスをとるのはなかなか難しい。

3　身体的能力の減退

◆介護の実態

すでに述べたように（→690〜691頁），成年後見人等には，実際に排泄の世話をするといった事実行為の義務はない。アレンジをする義務があるだけである。しかし，そこでも述べたように，高齢者にとって，実際に身の回りの世話をしてもらう，ということはきわめて重要である。高齢者介護の問題である（→562〜563頁 ⟨Case 28⟩ も参照）。

「要介護者等」のうち主な介護者と同居しているのが58.7%であり，そのうち，4割強で配偶者が主な介護者となっている，というのが，2016年の統計数値であるが，この数字の読み方には注意を要する。

介護保険法では，手助けが必要な人につき，要支援1，2，要介護1〜5の7段階に分類しているが，「要介護者等」とは，そのすべての段階を含んでいる。そうすると，まだときどき手助けをすればよい，確認をすればよい，という段階の者もそこに含まれている。そして，婚姻している男女では，夫のほうが年齢が高いことが多く，かつ，夫のほうが平均寿命が短いので，夫が先に要介護等になり，妻は同居し，夫の介護を自宅で行うことになる。つまり，同

Column 72

高齢者の虐待 ―――――

児童虐待（→670頁 ⟨Column 67⟩），配偶者からの暴力（→631頁 ⟨Column 59⟩）についてはすでに説明したが，高齢者への虐待事例も多い。家族等によって行われる場合がほとんどだが，高齢者の養護施設の職員によって行われる場合もある。

2010年に高齢者虐待の防止，高齢者の養護者に対する支援等に関する法律が制定され，発見者は市町村に通報しなければならないこと，市町村は職員を立ち入らせることができ，警察の援助を受けうること，一時的な保護措置をとるべきこと等が定められたが，被害者が十分に意思表示ができない場合も多く，さらには，被害者に虐待について認識がない場合もある。さらには，被害者が，介護してくれる家族や職員について悪く言いにくい，自宅を離れたくないといった理由で，被害を訴えないケースも多い。

介護疲れによるものだと思われがちだが，加害者は男性が多く，被害者は女性が多い。加害者の性格の問題であるとの分析もある。

居かつ配偶者による介護が多いのは，夫の要介護状態が低いとき同居の妻が介護者となっている事例が多い，ということだろうと思われる。要介護度が上昇したとき，どれくらい自宅で面倒をみているのかは統計上はわからない。

また，同居の「要介護者」を主に介護する者として，「子の配偶者」が9.7％となっていることも注目される。「子」が夫であり，「配偶者」が妻であることがほとんどだと思われる。

いずれにせよ，女性に負担がかかっていることは明らかであるが，これが性差別に根ざしていると言い切れるかも問題である。たとえば，オムツ交換，入浴介助について，女性の要介護者は，男性が介護者であることをいやがる例が多い。そして，要介護者の7割近くが女性であり，夫はそのときには死亡していることが多いのである。

◆介護保険制度

このような状況を変えるために，老人ホームを増設すればよいわけではない。高齢者には，なるべく自宅に住み続けたいという希望があり，また，自宅にいるほうが認知障害も生じにくいといわれる。各地方自治体も徐々に在宅介護のためのサービスを充実してきている。

その費用負担の基礎となっているのが，**介護保険制度**であり，2000年から始まった。要介護認定を受けた者は必要なサービスを受けるにあたり，その費用の1割だけを負担すればよいようにするものである。

利用者は，市町村の窓口に申請をして，認定調査や医師の意見書をもとに要介護認定を受ける。そこで，日常生活に支援が必要であると認定されると，そのレベルに応じて，要支援1または2の認定を受ける。これらの者は，介護予防ケアプランにしたがって，予防のための給付（福祉施設で運動をする機会を付与するなど）を受ける。また，介護保険サービスが必要であるとされた者は，レベルに応じて要介護1〜5の認定を受ける。これらの者には介護給付がされる。その内容は，地域密着型サービス（必要なときにヘルパーが訪問するなど），居宅サービス（訪問入浴介護，デイサービス（福祉施設に行って，一日単位で介護を受ける），ショートステイ（短期入所による介護），施設サービス（老人福祉施設への入所など）などに分かれる。

今後，制度のさらなる充実が望まれるが，費用負担の問題は大きい。

第13章
相　続

身，死して，財，残る事は，智者の，せざる所なり。良からぬ物，貯へ置きたるも拙く，良き物は，心を留めけんと，はかなし。こちたく多かる，まして口惜し。「我こそ得め」など言ふ者ども有りて，後に争ひたる，様悪し。後は誰に，と志す物有らば，生けらん中にぞ譲るべき。

朝夕，無くて叶はざらん物こそ有らめ，その外は，何も持たでぞ，あらまほしき。

——吉田兼好『徒然草』第140段（ちくま学芸文庫）

Ⅰ　法定相続と相続財産

1　相続法の必要性

◆私有財産制における財産承継

　日本では，私有財産制がとられ，すべての財産はいずれかの者に帰属している。個人も財産が所有できるし，株式会社もできる。国や地方公共団体が有している財産もあるが，いずれにせよ誰かに帰属している。

　帰属主体は，権利・義務の主体となることのできる資格，すなわち権利能力（→50〜52頁）を有しなければならない。ところが，自然人の権利能力は死亡するとなくなってしまう。そうすると，死亡した人の財産を，次の誰かに帰属させなければならない。そのルールを定めるのが，民法『第5編相続』である。

　このことを当然だと思ってはならない。すでに述べたように，戦前の相続法は，財産承継法であるだけでなく，戸主という身分の承継を重要な要素とするものであった（→594頁）。また，人が死んだら，その財産はすべて国家に帰属するというシステムもありえないではない。死亡を原因として，死亡者の財産を，国家ではなく別の誰かに承継させるというのは，わが国の相続法がもつ1つの重要な特徴なのである。

◆相続法に必要なルール

　それでは，このような「死亡を原因とする財産承継法」には，どのようなルールが必要であろうか。

　まず，根本的には，**①どの時点を死亡ととらえるか**，である。より抽象的にいえば，**いつ相続が開始するのか**，ということである。

　次に，**②何を相続するのか**，が問題になる。「財産」といっても，相続の対象とならないものもありうる。また，「相続の対象となる」といっても，財産によって，その承継のされかたは異なりうる。これらについてのルールが必要

になる。

　そして，③**誰が相続するのか**，また，必ず1人だけが相続人となるという制度にしないかぎりは，④**各人はどれだけ相続するか**，ということについてもルールが必要である。

　さて，このようなことは，基本的には法律の定めによって決まる。そして，このような法律の定めに従ってされる相続のことを**法定相続**という。これに対して，**遺言**（読み方については，→710頁 Column 76 ）という制度もあることは知っていると思う。これは自分の財産が承継される者（このような者を**被相続人**という。「相続される者」という意味）の意思によって相続方法を決定することであり，これによるときを**遺言相続**という。この2つは対立するように説かれることが多いが，たとえば，「遺産のうち甲不動産をAに与える」という遺言があって，他の財産について記載がなければ，甲不動産以外については法定相続になるのだから，排他的であるわけではない。

　遺言相続については，⑤**どうやって遺言をするのか**，が問題になる。さらに，⑥**法定相続であれば得られた権利を遺言によって侵害される相続人は，何か文句がいえるのか**，といった問題が生じる。

2　相続人・原則的な相続分

◆誰が相続するのか

　相続は被相続人の死亡によって開始する（882条）。いつの時点をもって死亡と考えるかは，とりわけ臓器移植との関係で問題になるが，必ずしもはっきりしない。**死亡診断書**または**死体検案書**における医師による記載が事実上大きな意義をもっている。

　それでは，誰がどのくらい相続するのか。まずは法定相続の場合である。

・被相続人に配偶者がいるときは，必ず相続人になる（**配偶者相続人**）（890条）。

・それ以外の相続人は**血族相続人**といわれ，

　　まず，子が相続人となり（887条1項），

　　　↓

　　子がいないときは，直系尊属，すなわち父母，祖父母，曾祖父母がその

順序で相続人となる。

　　　↓

　そのいずれもいないときは，兄弟姉妹となる（889条1項）。

　法定相続分は，子および配偶者が相続人であるときは各2分の1，配偶者と直系尊属，たとえば被相続人の親が相続するときは，配偶者は3分の2，直系尊属が3分の1，配偶者と兄弟姉妹が相続するときは，配偶者は4分の3になる（900条）。そして，たとえば，子が複数いるときは，子の相続分である2分の1を複数の子で均等に分けることになる。年長だから，男子だからいって多くなるわけではない。以上から，たとえば，配偶者がいて，子が

死亡とその擬制 ─────────────────

　死亡に関連してはいろいろ問題がある。

　死亡は，脈拍の停止，呼吸の停止，瞳孔（どうこう）の拡大という3つの兆候で判断するのが伝統的である。しかし，臓器移植に関係して，脳の機能が元に戻らない状態で停止しているときには，死亡と認めて，その者からの臓器移植を可能にするべきだとの意見が強まってきた。そこで，1997年，**臓器の移植に関する法律**が成立したのだが，この法律は，「脳幹を含む全脳の機能が不可逆的に停止するに至ったと判定された者」を必ずしも死亡しているとは扱わず，移植術に使用されるための臓器を摘出することができる，としたにとどまる。死亡しているといえるかどうかの問題は不明確にされたのである。

　死体が確認できないため，死亡したかどうかがわからないこともある。その際，ずっと死亡しないままにされると，法律関係の処理ができない。そこで，「不在者の生死が7年間明らかでないとき」や戦地や沈没船にいた人などが戦争終了後または沈没後1年を経過しても生死がわからないときは，利害関係人は家庭裁判所に**失踪宣告**（しっそう）の請求ができ（30条），失踪宣告がされると，規定期間の満了時に死亡したものとみなされる（31条）。年間2000件程度の宣告がされている。ただし，生きていることもあるわけで，そうなると失踪宣告は取り消される。

　より簡易な制度として，戸籍法89条の**認定死亡**の制度がある。水難，火災などの事故により死亡した蓋然性が高い場合には，調査にあたった官公署からの報告に基づいて戸籍に死亡の記載がされ，相続などの効果も発生する。しかし，家族としては，「まだ生きているのではないか」，「どこかの島に流れ着いているのではない」，という望みを持ち続ける。そこで，官公署は，親族の願い出があって初めて死亡報告をすることにしているようである。遺族の心情に配慮しているわけである。

3人ということだと，配偶者が2分の1，各子は6分の1となる。

　また，相続に関しては，胎児はすでに生まれたものとみなされる（886条1項）。その実際の適用や理由については，すでに説明した（→52〜53頁）。

　それでは，上記のルールを適用するとき，相続人とされる者が被相続人より先に死亡していたときはどうなるか。被相続人の子が相続前に死亡したときはその者の子が「代襲して相続人となる」（887条2項）。**代襲相続**という（「世襲政治」などというように，「襲」には，地位を引き継ぐという意味があるので，「代襲」とは，「代わって地位を引き継ぐ」ということになる）。その子も死んでいれば，さらにその子と続いていく（同条3項）。被相続人の兄弟姉妹が相続人となるときも，代襲相続が生じる（889条2項）。おい・めいも相続人となるということだが，おいやめいが死亡しているときには，さらなる代襲相続は生じない。

◆なぜ相続人になるのか

　それでは，どうしてこのようなルールになっているのだろうか。これは，なぜ相続が認められるのか，ということと関係する。

　いろいろな議論がある。

　戦後，最初に有力になったのは，遺言をすることは財産保有者がその権利内容として有する譲渡権限の一内容であり，無遺言相続は死者の意思の推測に基づいて遺言を補充するルールである，とする考え方である。17世紀から存在する学説なのだが，戦後わが国で有力に支持されたのには理由がある。「家」制度（→594〜595頁）のもとでは，戸主は家産（＝「家」の財産）を承継していく代表者，いわば預かり人としての性格を有するものであった。「先祖代々の土地を人手に渡らないように管理する」というわけであり，その「家」の次世代へと承継していくのである。財産は「家」のものであり，戸主のものではない。

　ところが，戦後になって「家」制度が廃止されるとともに，財産保有者も「家」から解放され，財産を自分のものとして自由に管理・処分できるようになった。そのような中で，相続も財産保有者の意思に基づくという考え方は，新憲法の理念である個人の尊重に合致するとされたのである。

　ところが，「家」の観念は，法律上はなくなっても，人々の意識の中には生

き続ける（現在でも，「先祖代々の土地だから売れない」といったように，その意識は引き継がれている）。そのような意識が人々にあるとき，遺言とは，法律によって均分相続，つまり，配偶者に一定の相続分があり，子は男女長幼にかかわらず均分相続する，という仕組みになったことを何とか変容し，「家」の財産を守ろう，というものになりがちである。そうすると，遺言の自由を強

非嫡出子の相続分

現在の民法では，子は，嫡出子であろうと，非嫡出子であろうと（→652〜653頁），平等であり，同じ相続分である。しかし，これは，2013年の民法改正によるものであり，それまで，非嫡出子の相続分は嫡出子の半分であった。

改正の直接のきっかけとなったのは，最高裁平成25・9・4決定（民集67巻6号1320頁）であり，このような民法の規定を，憲法14条1項（法の下の平等）違反としたのである。「昭和22年民法改正時から現在に至るまでの間の社会の動向，我が国における家族形態の多様化やこれに伴う国民の意識の変化，諸外国の立法のすう勢及び我が国が批准した条約の内容とこれに基づき設置された委員会からの指摘，嫡出子と嫡出でない子の区別に関わる法制等の変化，更にはこれまでの当審判例における度重なる問題の指摘等を総合的に考察すれば，家族という共同体の中における個人の尊重がより明確に認識されてきたことは明らかであるといえる。そして，法律婚という制度自体は我が国に定着しているとしても，上記のような認識の変化に伴い，上記制度の下で父母が婚姻関係になかったという，子にとっては自ら選択ないし修正する余地のない事柄を理由としてその子に不利益を及ぼすことは許されず，子を個人として尊重し，その権利を保障すべきであるという考えが確立されてきているものということができ」，「遅くともAの相続が開始した平成13年7月当時においては，立法府の裁量権を考慮しても，嫡出子と嫡出でない子の法定相続分を区別する合理的な根拠は失われていた」というのがその理由である。

この最高裁決定をうけて，政府は，2か月後には法案を提出し，同年12月には民法改正が行われた。

ただし，婚姻を，そこから生まれた子に相続権を与える合意を含んでいるととらえたうえ，婚姻後に生まれた非嫡出子については，すでに発生している嫡出子の権利を侵害することができないから，取り分が少なくなるという考え方もありえたし，婚姻家族は縦の共同体を形成し，それを根拠として相続が生じると理解するならば，非嫡出子の相続権を完全に否定することができないわけではない。改正は妥当だと思うが，別の考え方もできるのである。

調することは，「家」を中心とする団体主義から個人主義への転換に適合的だとばかりはいえず，せっかく平等思想の下に作られた法制度を遺言によってすり抜け，事実上，「家」制度を復活させることを可能にしかねないという面を有していた。

そこで，財産保有者の意思のみを強調するのではたりないと考えられるようになり，さらにいろいろな議論がされたが，結局，合理的な説明は不可能である，とする意見も有力な状況である。しかし，少なくとも配偶者の相続権とその他の者の相続権は区別して考えるべきだと思う。

そして，その際，考慮されるべき事柄は，①配偶者には常に相続権が認められていること，②配偶者の相続権は，現行法が別産制をとっていることが不合理でないことの論拠としても援用されていること（→620頁），③子が相続人となり，子のいないとき，孫や親，さらには兄弟にまで相続人は広がりうるものであること，④遺言制度が認められており，さらには，廃除（→702〜704頁）という被相続人の意思により一定の者を相続人から除外する制度もあること，⑤しかし，他方で，遺留分（→734〜739頁）という制度があり，遺言の自由が制約されていること，であろう。

このうち，①，②を考えると，配偶者の相続権については，夫婦財産関係の精算および死亡後の生活保障を最重要の根拠とすると考えるべきである。もっとも，配偶者相続分も遺言によって浸食されることがあるし，また，婚姻後すぐに配偶者である夫が死んだ，といった例を考えると，夫婦財産の精算としてなぜ半分も渡さなければならないのか，という問題もある。しかし，ある程度，制度的割り切りも必要である。細かく考えていくと，時間もかかり，不安定になる。

これに対して，子その他の者の相続権については，《縦の共同体》における《血》を根拠とする相続であると考えるべきであろう。合理的には説明がつかないかもしれないが，それが古くからの人々の意識なのである。代襲相続は，血族相続人についてだけ認められている。《縦の共同体》における《血》を根拠とする相続であるからこそ，血のつながった子が代襲するのである。

◆相続欠格

以上のようなかたちで相続人が定まるのだが，例外もある。**相続欠格**と**廃除**

である。

　被相続人を殺したり，殺そうとしたりした者は，相続資格がない（相続欠格）。また，詐欺や強迫で遺言をさせたり，遺言を偽造したりした者もそうである（891条）。相続で得をしようと考えて，違法行為をしてはならないというわけであり，意味はわかるだろう。

　これに対して，廃除は，Ａが死んだら相続人になる者（**推定相続人**という。

相続回復請求権

　民法884条を見ると，相続人が相続権を侵害された事実を知った時から５年間，「相続回復の請求権」を行使しないと，当該請求権は時効によって消滅する，とされている。素直に読むと，この条文は，たとえば，被相続人に相続人として子Ａ・Ｂがいるとき，相続開始後，Ａが唯一の相続財産である土地・家屋を占有し，自己の単独名義で登記している，といった場合に適用されそうである。そして，Ｂが自己の「相続権の侵害」の事実を知った時から５年経過すると，その侵害の是正を求める権利は時効によって消滅する，というわけである。

　ところが，仮にＡとＢとが，ある土地・建物について通常の共有者であったとする。このとき，Ａが勝手にそこを単独で占有する事態が継続しても，また，Ａが単独名義で登記をしても，その是正を求めるＢの権利は通常の物権的請求権であり（→464〜466頁），時効にかからない。なぜ，相続に関してだけ短期の消滅時効が認められるのか，その理由は明白でない。

　実は，この制度は，戸主の地位の承継を中心とする戦前の相続制度の時代から存在していた。そこでは，戸主権を誰が有するかは重要な問題であり，ある人が戸主として行動する状態が５年以上経過しているときは，その事実を安定させたほうがよい，という考え方もありえた。そして，戸主としての地位の問題だとすれば，通常の所有権の場合とのバランスは問題にならない。ところが，戦後になり，相続法が財産承継法となると，制度の説明は難しくなった。

　こういった状況において，最高裁昭和53・12・20判決（民集32巻９号1674頁）は，「自ら相続人でないことを知りながら相続人であると称し，又はその者に相続権があると信ぜられるべき合理的な事由があるわけではないにもかかわらず自ら相続人であると称し，相続財産を占有管理することによりこれを侵害している者は，本来，相続回復請求制度が対象としている者にはあたらない」とした。

　これによって，相続回復請求権の適用対象はかなり小さくなった。しかし，この判決を裏からいえば，合理的な事由のもとで，自らに相続権があると信じた者は保護の対象とされることになる。

たとえばAの子）が，自分を虐待したり，重大な侮辱を加えたりしたとき，また推定相続人に著しい非行があったときに，Aの意思で相続権を失わせるという制度であり，家庭裁判所に請求することになる（892条）。年間30件程度が認められている。

しかし，あまり被相続人の意思ばかりを重んじることはできない。親と価値観が合わないということで，それが「重大な侮辱」だとか「著しい非行」だとかということになり，廃除されていてはたまらない。

東京高裁平成4・12・11決定（判時1448号130頁）は，次のような事実関係の下で，廃除の請求を認めた。

> 　Yは，小学校の低学年のころから問題行動を起こすようになり，中学校及び高等学校に在学中を通じて，家出，怠学，犯罪性のある者等との交友等の虞犯（ぐはん）事件を繰り返して起こし，少年院送致を含む数多くの保護処分を受け，更には自らの行動について責任をもつべき満18歳に達した後においても，スナックやキャバレーに勤務したり，暴力団員のAと同棲し，次いで前科のある暴力団の中堅幹部であるBと同棲し，その挙げ句，同人との婚姻の届出をし，その披露宴をするに当たっては，X₁ら（Yの父母）が右婚姻に反対であることを知悉（ちしつ）していながら，披露宴の招待状に招待者としてBの父Cと連名でX₁の名を印刷してX₁らの知人等にも送付するに至るという行動に出たものである。そして，このようなYの小・中・高等学校在学中の一連の行動について，X₁らは親として最善の努力をしたが，その効果はなく，結局，Yは，X₁ら家族と価値観を共有するに至らなかった点はさておいても，右家族に対する帰属感を持つどころか，反社会的集団への帰属感を強め，かかる集団である暴力団の一員であった者と婚姻するに至り，しかもそのことをX₁らの知人にも知れ渡るような方法で公表したものであって，Yのこれら一連の行為により，X₁らが多大な精神的苦痛を受け，また，その名誉が毀損され，その結果X₁らと相手方との家族的協同生活関係が全く破壊されるに至り，今後もその修復が著しく困難な状況となっているといえる。そして，Yに改心の意思が，X₁らに宥恕（ゆうじょ）の意思があることを推認させる事実関係もないから，X₁らの本件廃除の申立は理由があるものというべきである。

しかし，いくら親が気に入らない相手との婚姻だからといって，披露宴の案

内に親の名前を書いたことが「重大な侮辱」だというのは問題があるように思う。

◆相続の放棄

さて，廃除は被相続人の意思に基づいて，ある推定相続人を相続人でなくしてしまう制度である。それでは，相続人の側から相続人になるのを拒むことはできないか。相続開始前にはできない。たとえ，推定相続人間で書面により相続放棄をすることの合意をしても，効力はない。

これに対して，相続開始後は**相続放棄**が可能である（915条）。形式としては，真意を確保するために家庭裁判所への申し出が必要とされているが（938条），理由は何でもよい。実際，いろいろな理由で放棄がされている。以前は長男に全部を相続させるための相続放棄というのが多かったようだが，現在では「負債が多いので」という理由が増えている。後で述べるように，相続というのは，積極財産だけでなく債務も相続するので（→726頁），被相続人の借金が多ければ相続放棄をすることになる。いろいろな理由によるものの合計で，2017年で20万1287件の申立てが認められている。

相続放棄をすると，はじめから相続人でなかったことになる（939条）（→442頁）。権利も義務も承継しない。これに関連して，いくつか注意すべきことがある。

まず，相続放棄がいつまででもできるとなると，相続関係は長期間にわたって安定しない。そこで期間制限がかかる。「自己のために相続の開始があったことを知った時から」3か月以内である（915条1項）。この3か月以内に，相続するか放棄するかをじっくり考えるという意味で**熟慮期間**とよばれる。ところが，これがくせ者である。被相続人に対する債権者は相続放棄をされてしまうと，相続財産だけからしか債権が回収できなくなる。相続財産が十分でないときは，相続人の財産からも回収したい。そこで，借主が死亡して相続が発生しても，貸金があることを黙っておいて，3か月経過してから，借主の相続人に対して債務の履行を求めていくという事態が生じる。

判例は，「相続人が，……3か月以内に……相続放棄をしなかったのが，被相続人に相続財産が全く存在しないと信じたためであり，かつ，被相続人の生活歴，被相続人と相続人との間の交際状態その他諸般の状況からみて当該相続

人に対し相続財産の有無の調査を期待することが著しく困難な事情があって，相続人において右のように信ずるについて相当な理由があると認められるときには，相続人が前記の各事実を知った時から熟慮期間を起算すべきであるとすることは相当でないものというべきであり，熟慮期間は相続人が相続財産の全部又は一部の存在を認識した時又は通常これを認識しうべき時から起算すべきものと解するのが相当である」とし，知らなかった借金を負わないようにしている。法律関係の早期の安定と相続人の保護のバランスをとっているわけである。

　また，通常ならば3か月で判断できても，相続人自身の状況により判断や手続ができないときがある。2011年3月の東日本大震災にあたっては，相続人が一定地域の被害者であるときについて，熟慮期間の延長を行った（**東日本大震災に伴う相続の承認又は放棄をすべき期間に係る民法の特例に関する法律**）。

　次に，熟慮期間内でも，また，いったん相続放棄をしても，「相続人が相続財産の全部又は一部を処分したとき」（921条1号）や「相続人が，……相続財産の全部若しくは一部を隠匿し，私にこれを消費し，又は悪意でこれを相続財産の目録中に記載しなかったとき」（同条3号）には，相続を単純に承認したこととなる。このような行為は相続したことを前提とするものだから，ということだが（そうでなければ，処分は他人の物を勝手に処分したことになる），これを厳格に適用すると，被相続人の預貯金から葬儀費用を支払ったり，入院費用を支払ったりしてもダメだということになりかねない。「処分」とは自己の財産として用いることであり，被相続人の債務を被相続人の財産から支払うことは，一般に処分にあたらないと考えるべきであろう。葬儀代・入院費などは被相続人の債務だと考え，その支払いは「処分」にあたらないというべきだし，単純に消費しただけでは相続を承認したことにはならず，相続人が自分のために使うという意思が必要だと解すべきだと思う。

　また，相続放棄をした者は初めから相続人でなかったこととなる。そして，その結果，別の者が相続人になることがある。たとえば，夫の負債が多いからといって，妻と子が相続を放棄すると，夫の父母や兄弟が相続人になる（→697〜698頁）。被相続人の借金を誰も引き継がないようにするためには，みんなが相続放棄をしなければならないわけであり，注意を要する。

◆限定承認と特別縁故者

　さて，相続放棄をすると，被相続人の権利も義務も一切承継しない。そうなると，プラスの財産と負債とどちらが多いかわからないときは，相続放棄はギャンブルになる。「負債のほうが多ければ，相続を放棄し，余りがあればもらえる」という制度があれば便利である。そこで，民法922条は，「相続人は，相続によって得た財産の限度においてのみ被相続人の債務及び遺贈を弁済

Case 32

大阪高裁平成14・7・3決定（家月55巻1号82頁）

　共同相続人であるX₁とX₂は，被相続人Aに債務があるとは知らず，相続開始後3年半が経過したところで，B信用保証協会から債務の残高通知書の送付を受けたので，あわてて家庭裁判所に相続放棄の申述をした。その前に，X₁らは，Aの郵便貯金300万円を解約したが，葬儀費・仏壇購入費・墓石費用は全部で500万円であり，差額の200万円はX₁らが出費していた。問題は，貯金を解約して葬儀費等を支出したことが「相続財産の処分」にあたるか，相続開始後3年半が経過した後の相続放棄が認められるか，にある。

　京都家庭裁判所が相続放棄の申述を認めなかったので，X₁らが抗告した。抗告審は次のように述べて，相続放棄を認めた。すなわち，「被相続人に相続財産があるときは，それをもって被相続人の葬儀費用に充当しても社会的見地から不当なものとはいえない。また，相続財産があるにもかかわらず，これを使用することが許されず，相続人らに資力がないため被相続人の葬儀を執り行うことができないとすれば，むしろ非常識な結果といわざるを得ない」から，葬儀費の支出は，「相続財産の処分」にあたらない。また，「一家の中心である夫ないし父親が死亡した場合に，その家に仏壇がなければこれを購入して死者をまつり，墓地があっても墓石がない場合にこれを建立して死者を弔うことも我が国の通常の慣例であり，預貯金等の被相続人の財産が残された場合で，相続債務があることが分からない場合に，遺族がこれを利用することも自然な行動である」から，これも「相続財産の処分」にあたるとは断定できない。また，X₁らは，「被相続人には債務はないと信じていたものであって，債務があることを知ったのは，前記B信用保証協会からの残高通知書に接した時であり，……それはやむを得ないことというべきであ」り，「本件債務のように多額の債務があることを知っておれば，相続開始後すぐに相続放棄をしたはずであることは明らかである」から，熟慮期間は，「B信用保証協会からの残高通知書に接した時から起算すべき」である。

　本文で述べた2つの話が重複して出てきている例である。

すべきことを留保して，相続の承認をすることができる。」とする。債務については相続財産だけで弁済されるという条件のもとで相続を承認するので，**限定承認**という（これに対して，そのような留保なしで相続人となることを**単純承認**という）。

便利で合理的なようだが，その手続は面倒である。被相続人の債権者たちの保護のために，相続財産をきちんと管理して，適切に分配しなければならないからであり，財産目録を作ったり，債権者に公告したり，大変である。そこで，あまり利用されていない（2017年で713件）。

相続人が不存在のときもある。このとき，家庭裁判所は，「被相続人と生計を同じくしていた者，被相続人の療養看護に努めた者その他被相続人と特別な縁故があった者」に**特別縁故者**として相続財産の全部または一部を与えることができる（958条の3）。最近その数が増加しており，2017年には1696件の申立てがされている。内縁の配偶者，事実上の養子，付き添いの看護婦などにつき認められた例がある。

3 相続財産

◆包括承継の原則

相続により，被相続人の財産上の権利義務は，一切が相続人に承継されるのが原則である（896条本文）。すでに幾度か述べたところだが，プラスの財産だけが承継されるわけではなく，負債も承継される。プラスの財産だけが相続人に取られてしまうのでは，被相続人の債権者にとってはたまったものではない。金銭債務だけではなく，たとえば，売主として債務を負っていれば，それも引き継がれる。

しかし，被相続人が会社に勤めていたとき，相続人がその会社に勤めることができたり，あるいは，勤めなければならなかったりするわけでないのは当然である。民法625条2項は，「労働者は，使用者の承諾を得なければ，自己に代わって第三者をその労働に従事させることができない。」と規定しているが，これは，生きているとき，「今日は代わりに息子が勤めます」などといえないことだけでなく，相続されないことも意味している。また，扶養請求権（→687〜688頁）もそうである。その人が要扶養状態にあるから扶養請求権を

有しているのであり，その人ごとに判断されるものだからである。一言でいえば，その人だから持っているという権利・その人だから負っているという義務は，承継されない（896条ただし書）。**一身専属権・一身専属義務**という。

　また，遺骨，位牌，墓石，墓地などは，先祖をまつることを引き継ぐ者（祭祀承継者）に帰属するのであり，これは相続による承継ではない。そして，祭祀承継者が誰であるかは，慣習によって定まる（897条）。

　さらに，共同相続人の1人が被相続人の死亡を理由にして取得する権利であっても，相続というメカニズムではなく，直接に取得すると考えられているものもある。会社が内規によって，「勤務している者が死亡したときは，その配偶者に死亡退職金を支払う」と決めているときは，被相続人が退職金債権を取得して，それが相続されるのではなく，配偶者が直接に会社に対して権利を取得する。また，被相続人の死亡によって死亡保険金が発生する場合に，共同相続人の1人が受取人になっていても，受取人は保険契約によって権利を取得するのであり，相続によって取得するものではない，と解されている（→731頁 〈Case 34〉）。

　なお，被相続人が交通事故等で死亡したとき，加害者に対する損害賠償請求権は，死亡した者にいったん生じ，それが相続人に相続される結果，相続人が加害者に損害賠償を請求できると考えられていることは，すでに説明した（→577頁 〈Column 51〉）。

Ⅱ　遺言

1　遺言の方式

◆遺言の利用

　遺言とは，自己の財産に関する自分の死後の処理についての被相続人の意思表示である。ただし，遺言が認められることは当然ではない。

　法定相続の制度だけあり，被相続人の希望は一切考慮しない，という制度設計もありうる。また，遺言という制度があっても，現在のような制度であるとはかぎらない。

　ローマ時代の初期においては，遺言は，年2回開かれる民会（市民集会）に遺言の案を提出して，その承認を得なければならなかった。これが，その後，方式も緩和され，撤回も自由になり，遺言が広く認められるようになっていった。しかし，古代社会では，ローマ以外には遺言はあまりなかったようである。そこで，ローマ帝国の衰退とともに，遺言も衰退していった。それが復活するのは13世紀になってからだといわれ，それが近代法へと引き継がれていく。

　これに対して，日本では，少なくとも奈良時代には遺言が認められていた。江戸時代にも，財産のある者は遺言をした。ところが，ヨーロッパ法による遺言制度を導入した明治期から逆に遺言は衰退していく。家督相続（→594頁）が中心であったため，財産について遺言をする余地があまりなかったからであろう。戦後になって，相続は財産承継法となり，遺言をすることは財産保有者がその権利内容として有する譲渡権限の一内容であり，当然に認められるとの見解が強くなったが（→699頁），それでも遺言がされる例は少なかった。財産承継法になったからといって，人々の行動が急に変わるわけではない。

　ところが，近時，遺言は増加している。後に述べる自筆証書遺言が裁判所で検認される件数は，1989年には5262件であったのが，2017年には1万7315件になっている。公正証書遺言の作成も，1989年で4万935件が2017年には11万

191件と増えている。

　もっとも，遺言をする理由は，「自分の財産だから，自分で承継先を決めたい」というだけではない。「自分の死後，親族がもめないようにしたい」というところにもある。

◆遺言に方式が必要とされる理由

　さて，遺言は，どんな方法で行ってもよいわけではない。遺言は，その内容が意思表示者の死後に問題になる。これは通常の契約とは大きく異なるところである。通常の契約であれば，偽造された契約書で請求されてきたならば，「それは偽造だ」と本人が言うことができる。しかし，遺言の場合，そうはいかない。また，内容の解釈についても同じであり，死後に解釈されることになる。そうなると，当事者として，「そういうつもりではない」とか，「こういうつもりだった」とか，いろいろな証拠や口頭の意思表示などの証拠を提出して，合意内容を主張・立証していくことができない。

　そこで，方式がきちんと定められ，遺言者の真意に基づくものであることが確保されることになる。ところが，これをあまりに厳格に要求すると，せっかくの遺言が，つまらない形式的ミスによって無効になってしまうことにもなり

Column 76

ユイゴンかイゴンか ─────────

　遺言は，日常用語では，ユイゴンというが，法律家はイゴンと読むことが多い。これに対しては，「イ」は漢音で「ユイ」は呉音であるところ，「ゴン」は呉音であるから，遺言の「遺」を「イ」と読むならば，「言」も漢音で通し「イゲン」と読むべきであり，それがおかしいと思うならば，呉音で通し「ユイゴン」というべきだ，という意見もある（つまり，法律家がおかしい）。もっとも，呉音と漢音の組み合わせである単語はほかにもあり（「今月（こん・げつ）」は呉音＋漢音，「食堂（しょく・どう）」は漢音＋呉音），あまり決定的ではない。

　後に述べるように（→719〜720頁），民法上，遺言の対象になる事項は法定されている。しかし，ユイゴンで書かれることにはいろいろありうる（「兄弟仲良くせよ」）。そこで，法律上の効力を有する遺言はイゴンと読み，法的な効果が生じなくても，被相続人の最後の希望表明はユイゴンとよんで区別することにも意味はある，という意見もある。

かねず，遺言者の意思は実現できない。このバランスをどこでとるかがポイントとなる。

　方式は遺言の種類ごとに決められている。民法上，認められているのは，普通の方式として，**自筆証書遺言，公正証書遺言，秘密証書遺言**であり，そのほかに，**在船者遺言**などの特別の方式のものもある。しかし，ほとんどが，自筆証書遺言と公正証書遺言なので，以下，この2つだけを取り上げる。

◆自筆証書遺言

　自筆証書遺言とは，文字通り，自分で書く遺言である。「遺言者が，その全文，日付及び氏名を自書し，これに印を押さなければならない。」（968条1項）。自書と押印によって遺言者の真意に基づくものであることを確保するのだが，日付には別個の意味がある。後に述べるように，遺言は，その後に別の遺言をしたときは，その内容が矛盾・衝突するかぎりで撤回されたものとみなされる（→717頁）。そうすると，複数の遺言があるとき，その先後がはっきりしなければならない。だから，日付を書かせるのである。自書，押印，日付，いずれについても問題が生じる。

　まず，自書については，手がひどく震える被相続人が，相続人の1人に手を添えてもらって書いた，という事件がある。手を添えて震えを止めただけならよいが，習字の先生のように，その相続人が実際にはペンを動かして書いたのではダメである。最高裁昭和62・10・8判決（民集41巻7号1471頁）は，「添え手をした他人の意思が介入した形跡のないことが，筆跡のうえで判定できる場合には，『自書』の要件を充たす」という一般論を立てたうえで，その事案については，「本件遺言書には，書き直した字，歪んだ字等が一部にみられるが，一部には草書風の達筆な字もみられ，便箋4枚に概ね整った字で本文が22行にわたって整然と書かれており，前記のような太郎の筆記能力を考慮すると，花子が太郎の手の震えを止めるため背後から太郎の手の甲を上から握って支えをしただけでは，到底本件遺言書のような字を書くことはできず，太郎も手を動かしたにせよ，花子が太郎の声を聞きつつこれに従って積極的に手を誘導し，花子の整然と字を書こうとする意思に基づき本件遺言書が作成されたもの」であり，無効であるとしている。

　また，パソコンのワープロソフトを使いプリンタで作成した場合は，自書の

要件を満たさない。筆跡によって，本人が作成したものであることをはっきりさせることが重要だからである。

　ただし，そうなると，多数の財産に関する遺言を書こうとすると，なかなか面倒である。そこで，2018年の改正によって，自書である遺言に財産の目録を添付するときは，目録はワープロなどによって作成してもよいことにした（968条2項）。ただし，1枚ごとに署名・押印しなければならない 改正点 。

　押印に関しては，日本語は片言しかできず，交際相手もほぼヨーロッパ人にかぎられていた白系ロシア人女性が，遺言にサインだけをした場合につき，それによって押印の要件を満たすとされた。押印そのものにポイントがあるわけではなく，真意に基づいて作成したという意思を表す方法としての慣行に従っていればよいのであり，この遺言者の場合，サインがその役目を果たしているというわけである。

　日付については，「昭和四拾壱年七月吉日」とする日付はダメだとするのが判例である。「日付を書く」という要件は，複数の遺言書があるときどちらが有効かを決めるためのものであるから，「吉日」では足りない。

　このように，判例は，それぞれの要件が何のための要件か，ということを考えて結論を出している。

　また，自筆証書遺言は，遺言者の死亡後，家庭裁判所による**検認**（けんにん）の手続を経なければならない（1004条1項）。執行前に形式の具備を確認するとともに，他日における偽造変造などを防止するためである。具体的には，家庭裁判所は，遺言書のコピーを検認調書に添付し保管するとともに，検認済みの証明書を付して原本を返還する。

　自筆証書遺言は，検認までは表に出てこない。というよりも，おじいさんが自宅の机の引出しに入れておいたのに，相続人が誰も気がつかなかったり，また，最初に見つけた相続人が廃棄したりすることもあった。そこで，2018年に**法務局における遺言書の保管等に関する法律**が制定され，法務局が自筆証書遺言を保管するというサービスが実施されることになった。それまでも民間サービスはあったが，公のサービスも提供されることになったのである。

◆公正証書遺言

　公正証書遺言とは，遺言者が遺言の内容を公証人（→372頁 Column 40 ）に

伝え，公証人が公正証書のかたちで作成する遺言である。最もよく用いられている。検認も不要である。遺言者が自ら伝えたものを，きちんと公証人が書き写し，作成するから，形式も満たされているし，真実性にも問題はない，というわけである。作成手数料は，財産を承継する者ごとに，遺言により承継する財産の価額により目的価額を算出して決める。たとえば，妻に6000万円，1人の子に4000万円の財産を相続させる場合には，妻への分の手数料が4万3000円，その子への分の手数料が2万9000円となり，それに定額の加算（合計額1億円までの場合，1万1000円）がされ，合計8万3000円となる。

公正証書遺言については，民法969条が次のように要件を定めている。

① 証人2人以上の立会いがあること。
② 遺言者が遺言の趣旨を公証人に口授^{くじゅ}すること。

Case 33

宇都宮地裁平成22・3・1判決（金法1904号136頁）

Aは，平成20年9月に末期の肝臓ガンで入院。Aは，入院先で，自宅の土地建物をYに相続させる旨の書面を作成したが，これは自筆証書遺言としての要件を満たしていなかったので，Yは公証人役場に行き，Aは自宅の土地建物をYに遺贈すること，4口の預金債権をYに遺贈すること等を内容とする遺言公正証書の作成を依頼した。公証人Cは，平成20年10月22日，Aの入院先を訪れ，証人2名の立ち会いのもとで，上記の内容の遺言公正証書を作成した。しかし，Aの死後，Xは，この遺言がAの口授によるものではないとして遺言の無効を主張した。

判決は，「Aは，C公証人が上記のとおりAの病室を訪れたときには，病状が悪化し，塩酸モルヒネ注射液の点滴を受けており，そのため意識レベルが低下した状態にあり，また，酸素マスクを付けていて，これを外して会話を続けると，血中酸素濃度が低下し，ナースステーションの警報が鳴るようになっていたが，C公証人がAと会っていた時間帯にこの警報は鳴らなかった。Aは，上記のような状態にあったから，本件遺言公正証書に記載されている前記のような内容を自ら公証人に告げたとは考えがたく，また，酸素マスクを外して長時間会話したとは考えられない。Aは，このように，自ら本件遺言公正証書に記載されている内容をC公証人に話したのではなく，C公証人が問いかけたのに対し，声を出してうなずくのみであった。……（さらに，）Aは，C公証人に事前に遺言の内容を説明していない」のであり，AがC公証人に対し本件遺言の趣旨を口授したと認めることはできない，と述べて，本件遺言の効力を否定した。

公証人がもう少し慎重にすべきだった事例であろう。

表13-1　公正証書遺言

平成26年第43号

公正証書遺言

　本公証人は、遺言者甲野一郎の嘱託により、証人乙川三郎、証人丙山四郎の立会いをもって、遺言の趣旨の口述を筆記し、この証書を作成する。

　1　遺言者は、遺言者の有する下記の財産を遺言者の妻甲野花子（昭和15年2月4日生）に相続させる。

　　（1）所　　在　　東京都品川区××3丁目
　　　　　地　　番　　7番9号
　　　　　地　　日　　宅地
　　　　　地　　積　　140.21平方メートル

　　（2）所　　在　　東京都品川区××3丁目6番地
　　　　　家屋番号　　11番
　　　　　構　　造　　木造瓦葺2階建
　　　　　床　面　積　　1階

　　（3）みずえ銀行（恵比寿支店）の遺言者名義の定期預金（口座番号1245789）全部

　2　遺言者は、遺言者の有する下記の財産を、遺言者の長女丁原昭子（昭和41年3月22日生）に相続させる。

　　　　　四菱DNA銀行（五反田支店）の遺言者名義の定期預金（口座番号3356718）全部

　3　遺言者は、以上を除く残余の遺産はすべて長男甲野和夫（昭和39年6月1日）に相続させる。

　4　遺言者は、この遺言の執行者として前記甲野和夫を指定する。

　5　遺言執行者は、遺言者の不動産、預貯金、有価証券その他の債権等遺言者名義の遺産のすべてについて、遺言執行者の名において名義変更、解約等の手続をし、また、貸金庫を開扉し、内容物の収受を行い、本遺言を執行するため必要な一切の権限を有するものとする。なお、この権限の行使に当たり、他の相続人の同意は不要である。

　6　遺言執行者は、必要なとき、他の者に対してその任務の全部又は一部を行わせることができる。

（付言事項）
　遺言するに当たって一言申し述べておきます。
　この遺言は、妻花子の生活に不安がないようにすることを第一とし、また、長女昭子に対しては、結婚の際、かなりの援助を行ったことを考慮して決めています。以上の趣旨を理解して、皆が協力して手続きを行ってくれるようお願いします。

以　　上

本旨外要件

住　　所　　東京都品川区××３丁目６番４号
職　　業　　無職
遺言者　　甲野一郎
　　　　　　　生年月日　　昭和９年７月６日

　上記の者については、印鑑証明書の提出により、人違いでないことを証明させた。

住　　所　　東京都港区××１丁目１３番２４号
職　　業　　会社員
証　　人　　乙川三郎
　　　　　　　生年月日　　昭和１７年９月９日

住　　所　　東京都大田区××２丁目２番６号
職　　業　　会社員
証　　人　　丙山四郎
　　　　　　　生年月日　　昭和１５年１１月３日

　以上のとおり遺言者及び証人に読み聞かせたところ、各自その筆記に誤りがないことを承認し、下記に署名押印する。

　　　遺言者　　甲野一郎　　実印
　　　証　人　　乙川三郎　　印
　　　証　人　　丙山四郎　　印

　この証書は、平成２６年６月２日、民法第９６９条第１号ないし第４号に定める方式に従って作成し、同条第５号に基づき、本職が次に書名押印する。

　東京都品川区××３丁目２６番１０号
　　東京法務局所属
　公証人　　己海八郎　　職印

③　公証人が，遺言者の口述を筆記し，これを遺言者及び証人に読み聞か
　　せ，又は閲覧させること。

④　遺言者及び証人が，筆記の正確なことを承認した後，各自これに署名
　　し，印を押すこと。ただし，遺言者が署名することができない場合は，
　　公証人がその事由を付記して，署名に代えることができる。

⑤　公証人が，その証書は前各号に掲げる方式に従って作ったものである
　　旨を付記して，これに署名し，印を押すこと。

ところが，このように公証人が関与するにもかかわらず，その遺言が遺言者の真意に合致しているかが問題になることがある。公証人がきちんとした書面を作ろうとすると，あらかじめ，遺産の内容などを知っておく必要がある。そこで，事前の打ち合わせが行われるが，しばしば遺言者はかなりの高齢なので，打ち合わせは，公証人に実際に頼む人，すなわち，推定相続人の1人との間で行われることが多くなる。公証役場ではファックスでやりとりをすることが多いといわれるが，このファックスも遺言者だけが見るのではない。むしろ推定相続人が見て，必要な修正を施して送り返すことになる。もちろん，最終的には遺言者本人が公証役場に行くのだが，その際にはすでに書面はできており，形式的に読み聞かされ，よくわからないまま，「はい」とだけ答えると

Column 77

遺言執行者

　遺言によって子を認知したり相続人廃除またはその取消しをしたりする場合を除いて，遺言内容の執行は，相続人や受遺者が行うことができる。しかし，その遺言がスムーズに実現されるとはかぎらない。利害の対立する共同相続人が仲よく協力するのが困難なときもあるし，法律の知識に乏しいため，どのようにすればよいのかがわからないときもある。

　そこで，遺言者は，遺言執行者を指定することができることになっている（1006条）。遺言執行者は，相続財産の管理や，その他遺言の執行に必要な一切の行為をする権利義務を有し（1012条1項）遺言執行者が権限に基づいてした行為は，相続人に対して直接に効力を生じる（1015条）。そして，相続人は，遺言執行者による遺言の執行を妨げる行為はできず，違反行為は無効とされる（1013条）。なお，2018年で若干の改正がされ，規律が明確になった。

　遺言執行者は，弁護士，司法書士などの専門家に依頼することも多いが，共同相続人の1人を指定してもよい（表13-1にあげた公正証書遺言は，その例）。

いう状況になりがちである。

　実際，公正証書遺言においても，遺言者の意思能力の欠如が後になって指摘され，紛争になることは多い。そして，意思能力が欠如していれば，遺言はもちろん無効である（→718頁）。高齢者の真の意思を確認するのは，なかなか難しいのである。

◆契約との違い

① 撤回の自由

　遺言は，遺言によって財産を取得する者との間の契約ではない。契約であれば，勝手にはやめることができないが，遺言は，遺言者の最終意思が重要であり，いつでも撤回できる。自筆証書遺言でも公正証書遺言でも同じである。ただし，撤回されたか否かも遺言者の死亡後に問題になるので，その意思をはっきりさせるために，遺言と同じ方式で行わなければならないとされている（1022条）。

　また，いったん遺言をした後に，それと矛盾・衝突する遺言をすれば，前の遺言は後の遺言によって，矛盾・衝突するかぎりで撤回されたものとみなされる（1023条1項）。たとえば，「Aの相続割合を4分の1とする」という遺言がされた後に，「Aの相続割合を3分の1とする」という遺言がされれば，前の遺言は撤回されたことになる。「甲不動産をAに相続させる」という遺言の後に，「甲不動産をBに相続させる」という遺言がされれば，後の遺言のみが有効になる。「甲不動産をAに相続させる」という遺言の後に，遺言者が甲不動産を処分してしまうと，遺言は空振りになる。そこで，この場合も遺言が撤回されたことになる（1023条2項）。

　さらに，遺言者が故意に遺言書を破棄したときは，その破棄した部分については，遺言を撤回したことになる（1024条）。

　撤回の自由は重要なものであり，あらかじめ放棄できないものとされている（1026条）。また，民法975条は，「遺言は，2人以上の者が同一の証書ですることができない。」（**共同遺言の禁止**）としているが，これも，2人以上のものが同一の遺言状で共同の遺言をすると，それぞれの撤回の自由が確保されにくい，ということが理由の1つとなっている。

　遺言者の最終意思を尊重する制度になっているのである。

② 遺言能力

　契約との違いは，遺言能力にも現れている。すでに説明したように，未成年者が勝手に契約を締結すると，法定代理人（たとえば親権者）はこれを取り消すことができる（5条2項）。成年被後見人，被保佐人，被補助人についても，それぞれ範囲は異なるものの同様である（9条，13条，17条）（→72〜74頁）。これに対して，遺言は，15歳以上は単独でできるとされており（961条），成年後見，保佐，補助を理由とする取消しも認められない（962条）。

　もちろん，意思能力は必要である（→70〜72頁）。したがって，成年被後見人が遺言をするときには，医師が2人以上立ち会って，その時点では事理弁識能力を回復していることを遺言書に付記しなければならない（973条）。しかし，契約締結よりも，必要とされる判断能力が低くなっているのである。

　このような規律を，遺言が効力を生じるのは制限行為能力者が死亡した後であり，制限行為能力者の保護という要請が働かないから，と説明することはできる。しかし，遺言はかなり難しい行為である。また，認知症気味の高齢者による遺言の効力はしばしば争いになる。一部の推定相続人が自分の有利になる遺言を書かせる例は非常に多い。

　このようなことを踏まえると，「15歳に達した者は，遺言をすることができる。」という民法961条の規定は，15歳以上の場合には，未成年であることだけを理由にして無効とされることはない，ということを示した条文であり，成年被後見人等が遺言をするにあたっても15歳以上の判断能力を必要とすると考えるべきだと思う。

③ 遺言の解釈

　それでは，契約の解釈と遺言の解釈との関係はどうであろうか。判例は，「遺言の解釈にあたっては，遺言書の文言を形式的に判断するだけではなく，遺言者の真意を探究すべきものであり，遺言書が多数の条項からなる場合にそのうちの特定の条項を解釈するにあたっても，単に遺言書の中から当該条項のみを他から切り離して抽出しその文言を形式的に解釈するだけでは十分ではなく，遺言書の全記載との関連，遺言書作成当時の事情及び遺言者の置かれていた状況などを考慮して遺言者の真意を探究し当該条項の趣旨を確定すべきものであると解するのが相当である」（最高裁昭和58・3・18判決（家月36巻3号143頁）としており，契約の解釈に似た枠組みを示している。

しかし，問題は，ここにいう「遺言書作成当時の事情および遺言者の置かれていた状況などを考慮して」というところにある。これを推し進めると，遺言は，方式を遵守してなされなければならないというルールはなし崩しになる。極端にいえば，方式を遵守して作成された遺言書には，「常々申しているとおりにせよ」と書き，その内容は作成当時の事情を考慮するということにもなりかねない。これでは，遺言者の真意を確保し，争いを防止するという遺言の方式は意味を有しなくなる。

遺言の解釈は，あくまで遺言「文言」の解釈であり，その際，一定の外部資料を用いることはできるが，それは，たとえば，遺言者の財産状況がどのようなものであったのか，といったことにとどめるべきように思われる。山と海に1件ずつ別荘をもつ者が，「山の家はAに，海の家はBに」という遺言をすれば，山にある別荘と，海の近くにある別荘のことだと判断ができるのであり，別段，地番等で特定されていなくてもよい。しかし，「こういったふうに考えていたようだ」といった事情は考慮されるべきではないだろう。

2　遺言事項

◆遺言事項の限定

遺言において，何でもできるわけではない。できることの一覧は表13-2（→720頁）にまとめておいたが，限定されている。「子どもたちは母親の世話を怠らないように」と遺言に書いても，それは法的な効果をもたない。書いてはいけないわけではない。しかし，法律的な意味での遺言は，法律が，遺言者の最終意思に拘束力を認めるのが妥当だと判断した範囲でしか効力を認められないのである。このように遺言で定めることができるものを**遺言事項**という。

表13-2を見ればわかるように，遺言事項は財産の帰属に関することだけではない。認知なども可能である。しかし，以下では，遺産配分に関する遺言だけを考えていく。

まず，ざっといえば，遺産配分に関する遺言には，

遺贈（964条）

相続分の指定（902条）

遺産分割方法の指定（908条）

表13-2　遺言事項

①身分上の事項
- ・任意認知（781条2項）
- ・未成年後見人・未成年後見監督人の指定（839条1項・848条）

②相続に関する事項
- ・推定相続人の廃除または廃除の取消し（893条・894条2項）
- ・相続分の指定・指定の委託（902条1項）
- ・特別受益者に対する持戻しの免除（903条3項）
- ・遺産分割方法の指定・指定の委託（908条）
- ・遺産分割の禁止（908条）
- ・相続人の担保責任の定め（914条）
- ・遺留分侵害額の負担方法の指定（1047条1項2号）

③財産の処分に関する事項
- ・遺贈（964条）
- ・遺贈に関連する別段の意思表示（988条ただし書，992条ただし書，994条2項ただし書，995条ただし書，997条2項ただし書，1002条2項ただし書，1003条ただし書）
- ・一般財団法人の設立・財産の拠出（一般社団法人及び一般財団法人に関する法律152条2項，158条2項）
- ・信託の設定（信託法3条2号）

④遺言に関する事項
- ・遺言執行者の指定・指定の委託（1006条1項）
- ・遺言執行に関連する別段の意思表示（1016条1項ただし書，1017条1項ただし書，1018条1項ただし書）
- ・遺言の撤回（1022条）

⑤その他
- ・祭祀主催者の指定（897条1項ただし書）
- ・保険金受取人の変更（保険法44条・73条）

という種類がある。

　遺贈は，**特定遺贈**と**包括遺贈**とに分かれる。特定遺贈というのは遺産中の特定の財産について，遺言によって贈与することである。ただし，死因贈与契約（贈与契約（→157〜161頁）で，贈与者の死亡によって財産移転の効力が生じるもの）とは違って，受贈者との合意が必要なわけではない。包括遺贈とは，遺産の全部またはその一定割合を与えるという旨の遺贈である。

　相続分の指定・遺産分割方法の指定については，見当が付くだろう。

　もっとも，ある遺言が，いずれかだけに当てはまるとはかぎらない。たとえば，ある被相続人について，A，B，Cの3人が推定相続人であるところ，遺言において，Aには甲不動産，Bには乙不動産を与え，残りの財産は，1対1対2に分けるべし，という遺言がされると，その遺言には，甲・乙両不動産に関する遺贈あるいは遺産分割方法の指定と，残りの財産についての相続分の指定とが混ざっていることになる。

以下，順に説明していく。

◆相続分の指定

　相続分の指定から考える。比較的簡単だからであるが，**配偶者別格の原則**とよばれるものには注意が必要である。遺言者には，相続人として妻Wのほか，子A，Bがいるところ，Hは，遺言で，「Aの相続分は10分の4とする」とした。このとき，Wの法定相続分2分の1は影響を受けず，子2人の合計である2分の1（＝10分の5）のうち，Aに10分の4が行き，Cの相続分は10分の1になる，と解されている。

　これは，相続の根拠論と結びついている（→701頁）。配偶者相続権は，根拠が違うから，別に考えるというわけである。

　相続分指定があっても，具体的にどのような財産が誰に帰属するかは決まらない。後に述べる遺産分割が必要になる。また，この例で，相続分が10分の1になってしまうBは，遺留分侵害額請求ができる。これも後で述べる。

◆遺贈と「相続させる」遺言

　次に遺贈である。遺贈は，相続人に対しても，相続人でない者に対してもできる。

①　相続人に対してされる場合

　遺贈が，相続人に対してされるときは，それは本当に遺贈なのか，が問題になる。というのも，遺言で行われる処分においては，それ以外に，相続分の指定や遺産分割方法の指定がある。「遺産の3分の1をAに渡す」という遺言であると，それは包括遺贈とも見ることができるし，相続分の指定と見ることもできるわけである。また，「甲不動産をAに帰属させる」という遺言は，特定遺贈とも見ることができるし，遺産分割方法の指定と見ることもできる。

　まず，包括遺贈については，相続分の指定と見るのが一般の考え方である。

　次に，特定遺贈は，これまた負担付遺贈（**受遺者**（＝遺贈を受ける者）に一定の負担，たとえば滞納している地代の支払義務が付いた遺贈）を除き，遺産分割方法の指定となる，というのが判例の考え方である。

　実は，共同相続人の1人に対してされる特定遺贈と遺産分割方法の指定には，いくつかの違いがある。第1は，登記費用の違いである。遺贈は贈与扱

いになって，登記の際に支払うべき登録免許税が対象財産の課税標準額の1000分の25であるが，遺産分割方法の指定だと相続による承継だから1000分の6になっていた。この点は，2003年の登録免許税法の改正で双方とも1000分の4になったのだが，少なくともそれまでは違っていた。第2に，登記手続の違いである。不動産の特定遺贈があると，登記手続は，受遺者（＝遺贈を受ける者）と相続人の共同申請となる。遺贈は贈与のようなものであり，被相続人がそのような債務を負っているのを，相続人全員が引き継ぐわけだから，相続人全員が登記義務者となり，受遺者が登記権利者となって登記がされるのである（→426頁）。しかし，遺産分割方法の指定なら，指定を受けた者が単独で移転登記申請ができる。

Column 78

後継ぎ遺贈の有効性

　最高裁昭和58・3・18判決（家月36巻3号143頁）は，いわゆる後継ぎ遺贈が問題になった事件である。遺言者は材木店を経営していたが，この経営を自分が死亡した後も安定させることを望み，まず，その材木店が用いている不動産を妻のAに遺贈する，しかし，その不動産は，甲材木店の経営中はそのままとし，Aの死後は，X_1ら（Aの妹など）が一定割合で分割所有するが，それらの者は甲材木店に貸し続けて，賃貸収入を各自取得せよ，とした。

　遺言の有効性が認められないとした原判決に対し，最高裁は，確定的判断を示さず，負担付遺贈，不確定期限付遺贈など，いくつかの解釈の可能性があるとして原審に差し戻した。

　こういった遺言，つまり，まずAならAに与え，Aの死亡後は他の者に移転する，といった内容を定めた遺言のことを，後継ぎ遺贈（後継ぎに順々に帰属させるから）といい，ドイツ法やフランス法では認められている。しかし，Aの死亡前にAに対する債権者がそれを差し押さえたらどうなるのか，Aが処分したらどうなるのか，などの定めを欠く日本法のもとでは，有効性を承認できないのではないか，という意見も強い。

　議論すべきポイントは2つある。1つは，一定の時間に限定されている所有権を認めることができるか，という問題である。これを，Aが生きている間の利用権と考えると，物権法定主義に反することになる可能性もある。もう1つは，そもそも，政策上の問題として，自分の死後の財産の処遇について遺言者がコントロールすることを認めるべきか，ということである。結論は出ていないが，信託法では，信託（後継ぎ遺贈型受益者連続信託）という制度を通じて同様の効果を認めている。

そして，とくに前者，つまり節税を目的として，遺贈ではなく，遺産分割方法の指定のかたちをとった遺言が，公証実務で広く行われるようになった。「甲不動産をＡに相続させる」とか，「甲不動産はＡが相続するものとする」とかといった文言を使う遺言である。「Ａが甲不動産を取得するのは遺贈じゃないよ，相続だよ」といっているわけであり，**「相続させる」遺言**という。

　このような「相続させる」遺言について，いろいろと議論と混乱があったが，最高裁平成３・４・19判決（民集45巻４号477頁）が，遺贈ではなく，遺産分割方法の指定と見ることを原則にした。

　こう解すると，

　・相続人の１人に対する包括遺贈　　　　→　相続分の指定

　・相続人の１人に対して特定の財産を帰属

　　させる旨の遺言（「相続させる」遺言）　→　遺産分割方法の指定

となり，遺贈については，相続人以外に対する遺贈のみ論じればよいことになる。

②　共同相続人以外の者に対する遺贈

　それでは，共同相続人以外の者に対する遺贈はどうか。

　まず，包括遺贈のときは，受遺者は相続人と同一の権利義務を有することになる（990条）。債務も引き継ぐことになるし，また，プラスであっても，自分の意思に反して受益を強制されることはない。そこで，自由に遺贈の放棄ができる（986条）。

　特定遺贈のときは，結局，贈与がされているのと同じになるので，被相続人の贈与者としての債務を相続人が承継し，したがって，受遺者は相続人に対して遺贈の履行を求めていくという関係になる。

Ⅲ　遺産の分割

1　遺産分割の前提

◆遺産分割の必要性・分割の対象とならない財産

　遺産に属する財産は，相続が開始すると共同相続人の共有になる（898条）。たとえば，相続財産として甲土地・乙土地，株式とがあり，共同相続人が3人いるときは，いくら3分の1ずつ承継することが決まっていても，実際には，どの財産を誰に帰属させるのかを決める手続が必要になる。これが**遺産分割**である。

　もっとも，遺産ではあるが，分割の対象とならない財産もある。

　① **「相続させる」遺言によって遺産分割方法が指定された財産**

　たとえば，甲不動産を所有する被相続人Aが，「甲不動産をBに相続させる」という遺言をしていたとする。このときは，甲不動産はAの死亡とともにBに帰属するとされている。したがって，甲不動産については遺産分割は問題にならない。

　② **可分債権**

　可分債権とは，典型的には金銭債権であり，分割して実現できる給付を目的とする債権のことである。これについては，各共同相続人がその相続分に応じて権利を承継する，とされている。遺産分割までは権利行使ができないということになるのも変だし，全員がそろって行使しなければならないとするのも，面倒にすぎる。ただ，3点補足しておかねばならない。

　第1は，せっかく1人に対してだけ弁済すればすんだはずなのに，共同相続人間に分割されるとなると，債務者にとっては面倒なことになるのではないか，ということである。しかし，可分債権を分割して債権譲渡することはできるのであり，分割されないという債務者の権利は，しょせん守られていない。ただし，振込先が複数になって弁済費用が増加した，といった場合は，増加額は債権者の負担になると考えられる（485条ただし書）。

第2に，ここで「相続分」に従って分割される，というときの「相続分」は法定相続分である。後に述べる特別受益等によって具体的相続分が変化しても，法律の規定による当然分割は法定相続分に従ってされる。債務者にとってはこれが単純で便利である。問題は，遺言によって相続分の指定があった場合であるが，債務者の便宜を考えると，債務者との関係では法定相続分に従って当然に分割されるが，共同相続人の内部では，相続分指定に従って分割され，それ以上の割合で債権を回収した者は，不当利得返還義務を負うと考えるべきように思う。

　第3に，被相続人の預貯金債権は，このルールの例外とされ，遺産分割の対象となるとされていることである。預貯金債権も金銭債権であるから，かつては，遺産分割を経ないで分割され，各共同相続人は，自己の法定相続分について単独で銀行に払戻しを請求できるとされていた。しかし，このような取扱いについては，いろいろ問題も指摘されていた。

　まず，預貯金債権は，共同相続人間のバランス調整のために，とりわけ便利なものであり，これが遺産分割の対象とならないことは不便であった。Bが甲不動産，Cが乙不動産を取得するように分割し，両不動産の価額の差異を預貯金で調整するわけである。もっとも，共同相続人間の合意があれば，遺産分割対象財産に組み込まれると考えられていたが，合意に至らない場合も多い。

　次に，銀行にとっても，相続人が何人いて，それぞれの法定相続分はどうなっているかは，簡単にはわからず（とくに，婚外子がいる場合），共同相続人の1人からの払戻しに応じると，相続人間のもめ事に巻き込まれるおそれがあった。また，被相続人の死亡後に預金額が変動したような場合には，各共同相続人がどれだけの権利を有するかが不明確になることもあった。

　そこで，最高裁平成28・12・19決定（民集70巻8号2121頁）は，それまでの判例を変更し，「共同相続された普通預金債権，通常貯金債権及び定期貯金債権は，いずれも，相続開始と同時に当然に相続分に応じて分割されることはなく，遺産分割の対象となる」との判断をするに至った。上記に述べた事情のほか，預貯金債権が現金に近い性質を有していること（そして，現金は遺産分割の対象となる）が重視されている。

　もっとも，遺産分割前でも，葬儀費用や被相続人の入院費の支払いのため，さらには相続人の生活のために，その預貯金を使わなければならないことがあ

る。そこで，2018年の改正によって，遺産分割前でも各相続人が一定額（預貯金額×3分の1×当該相続人の法定相続分。ただし，150万円を上限とする）までは払い戻すことができるとされた（909条の2）改正点。

③ 債 務

　債務は遺産分割で勝手に分けることができない。たとえば，共同相続人の一人に財産が乏しいとする。このとき，「いや，僕はどうせ借金まみれで，いくら債務が増えたって，しょせん払えないものは払えないのだから，僕が全部債務を負うことにしよう」などとされたのでは，債権者はたまったものではない。

　そこで，金銭債務のように分割して実現できる給付を目的とする債務（可分債務）であれば，法定相続分に従って当然に分割される。債権については，遺言で相続分の指定があったときについてどう考えるべきかが問題になっていたが，2018年の改正によって，可分債務の相続のときは，債権者は各共同相続人に対し法定相続分の割合で権利行使できることが明記された（902条の2）改正点。資力のない共同相続人の相続分が遺言によって多くなり，それに債権者が拘束されるとなると，債権者に不利益が生じるからである。

　ただし，現実には，遺言によって，「○○に対する債務は，長男のAが支払うこと」などとされることや，遺産分割協議で，「△△に対する債務は，Bに帰属させる」といった取り決めがされることがある。このような遺言や協議は，債権者には対抗できず，債権者は，法定相続分に従って各共同相続人に対して請求できるが，遺言や協議に従ったとき以上の額を弁済した者は，他の共同相続人に不当利得返還請求ができると考えるべきであろう。債権の相続と同じである。

　これに対して，可分でない債務は，共同相続人全員で負担する債務になる。これも勝手に誰か1人に帰属させることはできない。

◆遺産分割前のトラブル1：賃借権の相続

　若干，問題になるのは賃借権の相続である。

　被相続人が土地や家屋について賃貸借契約を結び，賃借人になっているとする。賃借権を有しているわけだが，賃借権も財産権であり，相続の対象となる。そうなると，賃借人の死亡により相続人が賃借人の地位につくことにな

る。賃借人の死亡により賃貸借契約が終了するという特約がある場合でも，建物の賃貸借であれば，原則として借地借家法が適用され，その特約は同法26条等に反する特約で借家人に不利なものとして無効となる。また，建物の所有を目的とする借地については，そのような特約は，一代限りの借地とする明白な意思を有し，合理性があるときにかぎり，有効とされるので，やはり相続されることが多くなる。

さて，賃借権が相続された後，紛争が生じるのは，次の2つの形態においてである。

第1は，賃借している家屋に，相続人のうち1人が被相続人と同居していたところ，相続開始後，他の共同相続人から「自分たちも賃借権を相続し，賃借人になったのだから，おまえだけが住んでいるのはおかしい」という文句が出る場合である。このときは，同居していた者も賃借権を相続しているから，居住権原を有し，他の相続人は当然には明渡請求ができないとするのが判例である。

第2は，相続権のない者が被相続人と同居していたところ，相続開始後，相続人から「出ていけ」という文句が出る場合である。内縁の妻について問題となることが多い。賃貸人からの明渡請求に対しては，相続人が有する賃借権を援用できるとされているが，相続人からの明渡請求は否定するのがなかなか難しい。第1の場合と異なり，「自分にも賃借権がある」と主張できないからである。しかし，被相続人と内縁の妻が不動産を共有していたと認められる例について，判例は，「内縁の夫婦がその共有する不動産を居住又は共同事業のために共同で使用してきたときは，特段の事情のない限り，両者の間において，その一方が死亡した後は他方が右不動産を単独で使用する旨の合意が成立していたものと推認するのが相当である」としている。このような合意の存在が認定できるのであれば，賃借の場合も，被相続人の同居人に相続人から転貸がされるという合意があったと考えることができるように思う。

◆遺産分割前のトラブル2：不動産の相続

Aが死亡し，B，C，Dが共同相続人となった。そうすると，A所有だった不動産は，B，C，Dの共有になる。ところが，BはAと同居していたため，その不動産にそのまま住み続けている。さて，CとDは，Bに対して明渡しを

請求できるか。

　判例は，Ｂも共有者であり，使用権原を有するから，Ｃ，Ｄは明渡請求ができない，としている。もちろん，遺産分割によって，その不動産がたとえばＣに帰属することになれば，ＣはＢに明渡しを請求できる。しかし，それまではできない。

　しかし，Ｂの単独占有は，ＣとＤの使用権限を害していることも，たしかである。それならば，ＣとＤは，Ｂに対して，「共有不動産を１人で使うことによって，不当に利益を得ている」として，賃料相当額の不当利得返還請求（→580〜582頁）はできないだろうか。

　最高裁平成８・12・17判決（民集50巻10号2778頁）は，Ｃ・Ｄのこの請求も否定した。「特段の事情のない限り，被相続人と右同居の相続人との間において，被相続人が死亡し相続が開始した後も，遺産分割により右建物の所有関係が最終的に確定するまでの間は，引き続き右同居の相続人にこれを無償で使用させる旨の合意があったものと推定される」というのである。

　このようなトラブルは，しばしばＣ・ＤとＢの不仲によって生じる。Ｂが後妻であり，Ｃ・Ｄの母でないときが典型である。判例は，Ｂの居住権を保護する方向を示しているといえそうである。

◆配偶者の居住権 改正点

　このように配偶者の居住権は，判例上，だんだんと保護されてきたが，まだ問題が解決したわけではなかった。先に見た最高裁平成８年判決は，被相続人が同居の相続人に無償で使用させる意思を有していたと考えるわけだが，たとえば，被相続人が遺言によって第三者にその建物を遺贈していた場合には，さすがに，「被相続人は，配偶者に，無償でそのまま住ませるという意思であった」とはいえない。そこで，このような場合を含めて，配偶者の居住権を保障するために，2018年の改正によって，配偶者は，遺産分割が確定するか，相続開始時から６か月を経過するまでは，その家に無償で居住する権利を有することにされた。その家が第三者に遺贈されていた場合でも，第三者からの明渡し申入れから６か月間は，配偶者が居住を続けることができる（1037条）（**配偶者短期居住権**）。

　しかし，これだけでは，短期間の居住しか保障されない。そこで，遺言や遺

産分割によって，配偶者に終身の無償居住権（**配偶者居住権**）を与えることができることにした（1028条）。家庭裁判所の審判によって遺産分割がされる場合でも（→739頁），居住建物の所有者が受ける不利益を考慮してもなお配偶者の生活を維持するために特に必要があるときには，配偶者に配偶者居住権を与える内容の分割審判ができる（1029条）。

　もちろん，現在でも，配偶者にその建物の所有権を帰属させるという遺産分割はできる。しかし，相続人が妻と1人の子であり，遺産が自宅（2000万円）と預金（3000万円）だとする。そして，遺産分割でこの遺産を1対1で分けるとき，妻に自宅を与えると，預金は，妻に500万円，子に2500万円というように分割されることになる。しかし，すでに高齢になっている妻にとっては，これでは生活費が不足しそうで心配である。そこで，配偶者居住権を妻に与え，配偶者居住権という負担の付いた所有権を子に与えるという遺産分割にする。このとき，配偶者居住権の価値は負担なしの所有権より小さくなるが，これを1000万円とすると（配偶者居住権という負担付の所有権という子の得る財産の価値も，引き算の結果，1000万円となる），預金は妻と子に1500万円ずつ分割されることになり，高齢の妻も安心なのである。

　2018年改正の目玉の1つである。

2　遺産分割の基礎となる相続割合

◆法定相続分率と具体的相続分率

　遺産分割手続は，厳密に相続分率に従って行われるものではない。子A，B，Cが共同相続人で各3分の1が相続分率であるときに，甲・乙・丙の3つの不動産だけが相続財産であるとすると，多少価格にデコボコがあっても，甲不動産をA，乙不動産をB，丙不動産をCとする分割がされてよい。デコボコを金銭の支払いで調整してもよいのはもちろんだが，調整は必須ではない。これに対して，審判による分割などの場合には，厳密に行われる。

　また，ここにいう相続分率は法定相続分率とはかぎらない。相続分の指定がある場合は，指定相続分率となる。さらには，これから述べる特別受益の考慮や寄与分の考慮によって修正される。そのようにして定まる相続分率を**具体的相続分率**という。

◆特別受益

　親が死亡し，子A，B，Cが相続人となるとき，Aは，住宅取得に際して，親から1000万円の援助を受けているとする。このとき，A，B，Cが法定相続分率に従って分配を受けるとしたら，B，Cは黙っていない。「Aはすでに1000万円もらっているじゃないか」というわけである。

　そこで，民法903条1項は，「共同相続人中に，被相続人から，遺贈を受け，又は婚姻若しくは養子縁組のため若しくは生計の資本として贈与を受けた者があるときは，被相続人が相続開始の時において有した財産の価額にその贈与の価額を加えたものを相続財産とみなし，第900条から第902条の規定により算定した相続分の中からその遺贈又は贈与の価額を控除した残額をもってその者の相続分とする。」としている。

　具体的に例を出すと，夫Hが死亡したが，妻Wは遺言によって2000万円相当の家屋の遺贈を受け，子A・BのうちBは生前贈与として，住宅取得に際し1000万円の援助を受けている。そして，それ以外のHの財産は2000万円だとする。この例で，上記の条文に規定されている順序で計算を進めてみよう。

　まず，Wへの遺贈分は，本来的に相続財産である。遺贈とは，相続財産の中からの贈与であり，遺贈される財産は相続財産なのである。そこで，相続財産は，2000万円（Wに遺贈される家屋）＋2000万円＝4000万円だということになる。

　これに，「贈与の価額を加えたものを相続財産とみな」すわけだから，**みなし相続財産**（「相続財産とみな」される相続財産）は，これに，Bが生前に受け取っている1000万円を加えた5000万円となる。なお，住宅取得に際しての援助が「生計の資本として」の贈与であることには異論がない。

　次に，「第900条から第902条の規定により算定した相続分」を計算すると，W，A，Bの法定相続分率はそれぞれ2分の1，4分の1，4分の1なので，相続分は，Wが5000万円×1/2（法定相続分率）＝2500万円，子BとCは，5000万円×1/4＝1250万円になる。

　さらに次に，「遺贈又は贈与の価額を控除」するので，Wは，遺贈を受ける以外には，2500万円－2000万円＝500万円，Bは1250－1000万円＝250万円，Cは1250万円となる。これが最終的な相続分になるわけである。

　このような計算をすると，遺贈または生前贈与で多くもらっているために，

相続分がマイナスになることもある。そのときには，相続分はゼロになる（903条2項）。

それでは，Aへの贈与が大学進学費用であったときはどうか。903条1項は，「婚姻，養子縁組のため若しくは生計の資本として」という文言で限定しているが，兄弟のうち1人だけ大学に進学しているといった場合にはもめ事が生じることがある。以前は，特別受益になるという見解が強かったが，現在では，被相続人の生前の資産収入や社会的地位からすれば，その程度の教育をするのが普通であるという場合には，そのような学費の支出は親による扶養の範囲であり，特別受益にならないと解されている。

また，Aが住宅取得のために土地の贈与を受けている，といった場合には，その後の価格変動が問題になる。相続開始時の価値で評価するというのが判例

Case 34

最高裁平成16・10・29決定（民集58巻7号1979頁）

特別受益にあたるか否かがよく問題になるのは，共同相続人の1人が受取人になっている被相続人の死亡保険金である。この事件でもそれが問題となった。

判決は，「死亡保険金は保険金受取人が自らの固有の権利として取得するのであって，保険契約者又は被保険者から承継取得するものではなく」，「被保険者が死亡した時に初めて発生するものであり，保険契約者の払い込んだ保険料と等価関係に立つものではなく，被保険者の稼働能力に代わる給付でもないのであるから」，原則として，「取得した死亡保険金は，民法903条1項に規定する遺贈又は贈与に係る財産には当たらない」とする。

しかし，そのために多額の保険料が支払われ，被相続人の財産がそのためにかなり減少しているときには，他の共同相続人の不満は収まらない。そこで，「上記死亡保険金請求権の取得のための費用である保険料は，被相続人が生前保険者に支払ったものであり，保険契約者である被相続人の死亡により保険金受取人である相続人に死亡保険金請求権が発生することなどにかんがみると，保険金受取人である相続人とその他の共同相続人との間に生ずる不公平が民法903条の趣旨に照らし到底是認することができないほどに著しいものであると評価すべき特段の事情が存する場合には，同条の類推適用により，当該死亡保険金請求権は特別受益に準じて持戻しの対象となると解するのが相当である。上記特段の事情の有無については，保険金の額，この額の遺産の総額に対する比率のほか，同居の有無，被相続人の介護等に対する貢献の度合いなどの保険金受取人である相続人及び他の共同相続人と被相続人との関係，各相続人の生活実態等の諸般の事情を総合考慮して判断すべきである」とする。

であり，金銭の贈与を受けた後にインフレがあり，貨幣価値が変わったというときにも，贈与時の金額を相続開始時の貨幣価値に換算した価額で評価するとされている。

ただし，婚姻期間が20年以上の夫婦の一方が他方に対し，生前に，居住用建物や敷地を贈与していたり，遺言で与えたりしたときは，被相続人は，その贈与等を特別受益としないという意思を表示したものと推定される（903条4項）。こういった意思表示を**持戻し免除**といい，配偶者に対してされる場合にかぎらず，一般的に効力があるのだが（同条3項），20年以上連れ添った夫婦の一方が他方に与えるときは，とくに長年にわたる貢献に報い，老後の生活安定の趣旨で行われることが多いから，持戻し免除の意思表示を推定するのである。これも2018年改正で作られた制度であり，配偶者の居住権保護の一環である 改正点 。

◆相続開始後・遺産分割前の処分 改正点

以上は，相続開始前に利益が与えられた者がいる場合の規律であるが，共同相続人の1人が，相続開始後・遺産分割前に，遺産の一部を処分して，利益をあげることもある。このようなときは，処分された財産が，あたかも遺産として存在するとみなして，遺産分割をすることができる（906条の2）。

先取りしてしまったのだから，遺産分割のときは，その先取り分は，すでに処分者が取得したと考えるのである。多くの財産を処分したときは，遺産分割を受けるどころか，代償金を支払わされることにもなる。

これも，2018年改正で明確にされたところである。

◆寄与分

相続分が変わってくるもう1つの制度は，**寄与分**という制度である（904条の2）。これは1980年の改正で新設された。

農業や自営業の場合，相続人の1人が被相続人を手伝い，資産の維持・増加に貢献していることが少なくない。また，相続人である娘が，被相続人の療養看護を長年にわたって行い，そのために遺産が維持できたという場合もある。こういった場合に，当該相続人（**寄与相続人**）に一定の額のプラスを認めるため，寄与分額をあらかじめ相続財産から取り分けたうえで，各共同相続人

の相続分を算定し，その後，寄与相続人に取り分けた分を加える，ということにしている。

寄与分の額は協議で決まることが原則だが，協議で決まらないとき，家庭裁判所が，「寄与の時期，方法及び程度，相続財産の額その他一切の事情を考慮して，寄与分を定める」こととなっている。

当たり前のような話だが，そう簡単ではない。

被相続人Ａの子Ｂ，Ｃ，ＤのうちＢが被相続人と同居して世話をしていたとする。Ｂとしては，「入退院の付き添いなどいろいろ療養看護に力を注いだのであり，これをすべてヘルパーに頼っていたら，Ａの財産は減っていたはずだ。だから，私には寄与分がある」と主張する。ところが，Ｃ，Ｄは，「Ｂは，Ａと同居して，いろいろ買ってもらっていた。かえって特別受益があるんじゃないの」という。どちらが正当かはなかなかわからない。

また，上記と同様の事例で，実際にＡの世話をしていたのは，Ｂの妻Ｅである，という例も多い。しかし，寄与分は，相続人についてしか認められない。ＡとＥとの間に黙示の介護契約があったと認定する，不当利得（Ａの利得とＥの損失）（→580〜582頁）で解決するなどといった方法も考えられないではないが，なかなか困難である（少なくとも遺産分割手続の中では確定できない）。そこで，ＥをＢの補助者と見て，Ｂの寄与分として認める方法がとられることがある。苦肉の策である（Ｅは必ずしも納得が行かないと思う）。

◆特別の寄与 改正点

Ｅも納得できない，苦肉の策のままにしておくわけにはいかない。そこで，2018年改正では，新たに**特別の寄与**という制度が創設された。これは，相続人以外の親族が，被相続人の療養看護等を行うことによって，被相続人の財産の維持または増加について特別の寄与をしたときには，当該親族は，相続人に対し，金銭（特別寄与料）の支払いを要求できる，というものである（1050条1項）。ただし，その額の決定は難しい。原則として協議で決めるが，協議が成立しないときは，家庭裁判所が，「寄与の時期，方法及び程度，相続財産の額その他一切の事情を考慮して」定める，とされる（同条3項）。今後の運用によって，徐々に算定方法が確立することを望むほかはない。

3　遺留分侵害額請求権 改正点

◆遺留分の考え方

さて，以上によって具体的相続分が定まった。ここからさらに調整がある。**遺留分**の侵害額について侵害者に請求する権利である。

遺留分制度とは，法定相続人に法定相続分の一部を保証する制度であり，具体的には，被相続人が，ある法定相続人の遺留分を侵害するかたちで，遺贈または贈与をしたり，相続分の指定などの遺言をしたりした場合には，他者の遺留分を侵害するかたちで利益を受けた者に対して，遺留分権利者は，遺留分侵害額の支払を請求できるというかたちで効果を発揮する。その権利のことを**遺留分侵害額請求権**という。

2018年改正以前は，侵害行為となっている贈与などの効力を侵害割合だけ消失させる（これを「減殺する」といった）という権利（「遺留分減殺請求権」とよばれた）であったが，そのような制度であると，たとえば，不動産が贈与されたとき，遺留分権利者の権利行使によって，受贈者と遺留分権利者の共有が生じてしまう。それでかまわないときもあるが，経営者であった被相続人が，共同相続人の1人に会社を継がせたいという例では支障が生じる。また，被相続人の意思にも反することになる。もちろん，遺留分を侵害してもよいわけではない。しかし，金銭で解決すればよい。そう考えられたわけである。

それでは，なぜ法定相続人に一定の相続分を保証するのだろうか。ここでも配偶者相続人と子などの血族相続人とを区別して考えるべきであろう。

配偶者については，とりわけ，夫が先に死亡した場合を考えると，相続分には実質的な共有財産を精算するという意味がある（→701頁）。つまり，本来自分の財産であるものを相続としてもらう，ということである。そうであるならば，その権利は一定程度保護される必要がある。同時に遺言も尊重する必要があるが，妻の潜在的持分については，遺言者の自由にはできないのである。

次に，血族相続人については，現在では，「家」制度の廃止，個人の尊重との関係を考えるべきであろう。自由に遺言を認めることによって長男に財産を集中させることができるとすると，「家」制度を廃止した趣旨に反することに

なる。各血族相続人には，遺言の自由とのバランスをとりながらも，同順位の相続人と同等の権利を有することが保証されなければならないのである。

◆遺留分率の算定

それでは，各相続人は，遺留分としてどれくらいの権利を有するのだろうか。遺留分の具体的制度を適用するにあたっては，まず，**遺留分率**を算定しなければならない。遺留分とは，

遺留分の算定の基礎となる相続財産額×遺留分率

なのである。

たとえば，配偶者と2人の子が相続人であるという例を考える。このときは，被相続人の財産の2分の1が，遺留分権利者みんなを合わせたとき受け取れる割合になる（1042条1項2号）。これを「全部でどのくらいか」という意味で，**総体的遺留分率**という。

そして，この総体的遺留分率は，遺留分権利者が複数いるときは，共同相続人に法定相続分で分けられる（1042条2項）。そこで，

・配偶者が，1/2（総体的遺留分率）×1/2（法定相続分）＝1/4
・子が，それぞれ1/2×1/4＝1/8

になる。これが**個別的遺留分率**である。

被相続人の兄弟姉妹が相続人になることもあるが（→698頁），兄弟姉妹は遺留分権利者ではない。縦の相続（子や親が相続人になる場合）と違い，相続人になることの必然性が乏しいという判断である。

したがって，配偶者Aと弟Bとが存在し，子はおらず，被相続人の親も先に死んでいるといった例を考えると，Aだけが遺留分権利者となるので，Aの個別的遺留分率は総体的遺留分率のすべてであり，2分の1となる。

◆相続財産額の算定

遺留分の算定の基礎となる相続財産額は，民法1043条によって定まる。同条1項は，「遺留分を算定するための財産の価額は，被相続人が相続開始の時において有した財産の価額にその贈与した財産の価額を加えた額から債務の全額を控除した額とする。」としている。

ここにいう「贈与」については，第三者への贈与と共同相続人の1人に対

する贈与とで区別して考えなければならない。

第三者への贈与は，相続開始前の1年間にしたものにかぎり，相続財産額に組み入れられる（1044条1項第1文）。ずっと前にある人から贈与を受けたところ，贈与者が死亡したからといって，「いやー，あなたへの贈与は遺留分を侵害していますので，侵害額につき支払を請求します」などと言われたのではたまらない。贈与を受けた者の立場を安定させようとする趣旨である。しかし，そうであるならば，遺留分侵害となることを贈与者も受贈者も知っていたときには，受贈者の立場を安定させる必要はなく，相続財産額に組み入れてよい。そこで，同項第2文は，「当事者双方が遺留分権利者に損害を加えることを知って贈与をしたときは，1年前の日より前にしたものについても」，相続財産額に組み入れる，としている。

以上に対して，共同相続人の1人に対する贈与は，10年以内のものが相続財産に組み込まれる（同条3項）。相続財産の前渡しである性格を有するから，ある程度は長期にするが，あまりに前のものをいまさら問題とするのも妥当でない（相続財産の前渡しという性格がなくなる）からである。

これらの贈与は，相続開始時点を基準時として金銭的に評価される（同条2項）。特別受益について説明したのと同じ考え方による（→730〜732頁）。また，「債務の全額を控除した額」とされているのは，遺留分侵害においては最終的には価額が問題になり，相続人が現実にどれだけの額を取得できるかが重要になるからである。

そして，このように定まる「遺留分の算定の基礎となる相続財産額」に，個別的遺留分率を掛けると，各人の遺留分額が定まることになる。

◆侵害の主体と範囲

以上のようにして，各人の遺留分額が定まると，相続によって，このままでは遺留分額に満たない額の財産しか承継できない者は，遺留分侵害額請求権を有することになる。もっとも請求しなくてもよい。遺留分による侵害額請求が可能である，というだけである。

相手方には，受遺者・受贈者だけでなく，他の共同相続人の遺留分を侵害する内容の相続分の指定や遺産分割方法の指定を受けた者が含まれる。実は，2018年改正前は不明確だったのだが，改正により民法1046条1項に明記され

ることとなった。

次に，具体的に遺留分侵害額請求をするときには，誰に対して，どれだけ請求できるのか，が問題になる。

第三者への贈与等については簡単である。当該第三者は，当然には一切の財産を取得できないのであり，贈与を受けた全額まで支払を請求される可能性がある。

これに対して，共同相続人の1人が贈与を受けているときは，難しい問題が生じることがある。

共同相続人として被相続人の子A，B，Cがいるが，被相続人には内縁の妻Dがおり，死亡前1年以内にDに対し1.5億円の贈与がされていた。この贈与を合わせると，みなし相続財産は3億円ある（面倒なので，すべて金銭とする）。A，B，Cが，これを法定相続分どおりに相続をすると，各自1億円分の財産が取得できる。また，各人の遺留分額は各5000万円である。

ところが，遺言によって，「Dに贈与した残りの1.5億円についてはA，B，Cで4対1対1に分けよ」とされていた。その結果，Aは1億円，BとCは各2500万円を取得することになる。

Aは法定相続分以上には取得していない。そうすると，B・Cの遺留分を侵害しているのは，Dへの贈与だけだともいえそうである。しかし，B，Cが遺留分額に満たない額しか受け取れないのに，Aが遺留分を超過する額を取得するのは不公平にも思える。そうすると，Aも，B・Cの遺留分を侵害していると考えるべきかもしれない。

遺留分減殺請求という旧制度における判例は，遺留分を超えていれば，法定相続分以下の取り分しかなくても，遺留分減殺請求の対象となると考えていたようである。この背後には，各相続人が権利として有しているのは遺留分額の範囲にかぎられ，それを超えて取得する部分は，すべて被相続人の意思によるものだから，それを超える部分は調整の対象となるべきだ，という考え方があるように思われる。また，相続人でないDに対して贈与したという被相続人の意思をなるべく尊重しよう，という考慮もあるだろう。共同相続人は法定相続分を超えないかぎり減殺を受けないとすると，それだけ，相続人でない者に対する贈与等（上記の例ではDに対する贈与）が減殺される範囲が大きくなってしまうのである。

2018年改正でも，このような考え方がとられ，共同相続人は，遺留分額を上回る取得額まで，遺留分侵害額請求を受けることにしている（1047条1項）。

◆侵害額請求権の行使と負担の順序

侵害額請求の相手方についても順序がある。まず，遺贈や相続分の指定，遺産分割方法の指定によって遺留分を侵害する額の財産を取得した者が負担し，それでは不十分であるときだけ，受贈者が負担する（1047条1項1号）。

遺言で与えられている財産については，財産を受け取る者の期待が小さい。遺言が明らかになるまで知らないこともあるし，そうでなくても，被相続人が死亡するまでは，いつ撤回されてしまうかもわからない（→717頁）。これに対して，贈与契約によって贈与を受けていれば，期待が高い。

請求される額は，すでに述べたように，遺留分を超過した部分のみである。遺留分侵害額請求をされたら，された側が取得できる額が遺留分に満たなくな

Column 79

中小企業の事業承継と遺留分 ─────

たしかに，遺留分は，相続人の公平を図るために重要な制度であるが，そのために，中小企業の経営者が死亡したとき，その株式がバラバラに帰属し，その後の経営に支障が出たり，工場敷地を売却せざるを得なくなり，工場をやめざるを得なくなったりという弊害も生じていると指摘される。そして，日本の産業活力を支えているのは，実は独自の技術力・ノウハウをもつ中小企業であるともいわれる。そこで，2008年に中小企業における経営の承継の円滑化に関する法律が制定され，遺留分に関連した特例を認めることとなった。

遺留分は相続が開始する前に放棄することができる（1049条1項）。しかし，それには家庭裁判所に申し立て，許可を受けなければならず，なかなか面倒であるし，遺留分をすべて放棄してしまうことには，後継者以外の共同相続人にも抵抗がある。そこで，同法は，①後継者が現経営者から贈与等によって取得した自社株式について，遺留分の計算から除外すること（自社株式を取得した後継者が遺留分減殺請求を受けないようにする），または，②計算には組み入れるが，株式の評価額を合意時の時価に固定化すること（株式の価額上昇によって，後継者が思わぬかたちで遺留分減殺請求を受けないようにする），を共同相続人間で合意できるようにしたのである。

立法の過程では，そもそも遺留分制度などなくしてしまえ，という乱暴な意見もあったが，共同相続人間の合意を基礎とする制度にして，バランスをとったわけである。

るのでは，おかしい。

　また，A，B，C，Dという4人の相続人がいて，法定相続分が各4分の1であるとし，相続財産として，甲不動産（価額2.5億円），乙不動産（価額1.5億円）のみがあるとする。そして，「甲不動産はAに，乙不動産はBに相続させる」旨の遺言がある。このとき，各人の遺留分額は5000万円であるから，CとDは，AとBを相手にして遺留分侵害額請求をすることができるが，このとき，AとBの公平を考えなければならない。そこで，AとBとは，Aの遺留分超過額（2億円）と，Bの遺留分超過額（1億円）の割合で，つまり2対1の割合で侵害額請求を受けることになる。具体的には，Cは，Aに対し5000万円×2/3，Bに対し5000万円×1/3の侵害額請求ができるのである（同項2号）。

　以上，遺留分についてはいろいろ細かなことが多く，理解しきれないかもしれない。ただ，贈与や遺言によって，あまり不公平な事態が生じないようにしていることは覚えておいてほしい。

4　分割手続

◆協議・調停・審判

　やっと，実際の遺産分割手続に入ることができる。遺産分割は，協議によるのが原則であり（907条1項），まとまらないときは，審判による（まず，調停がされる。→590頁）。その際は，一切の事情を考慮するわけであるが，実際には，千差万別であり，これを読むと実態がわかる，というものを示すことはできない。

　協議は自由度がもちろん高いし，家庭裁判所の手続によるときも，現物で分割すること（現物分割），相続財産を売却して現金で分割すること（換価分割），一部の相続人に多く与えたうえで，他の相続人に対する債務を負担させること（代償分割），共有のままにすること（共有分割）を，適宜組み合わせながらされることになる。一例をあげておこう（表13-3）。

◆相続＝「争族」？

　協議がまとまるとは，共同相続人全員が「これでOK」といって，遺産分割

表13-3　遺産分割協議書

遺産分割協議書

被相続人　　　甲野一郎
戸籍　　　　　東京都品川区××3丁目26番地
生年月日　　　昭和9年7月6日
死亡年月日　　平成26年11月22日

　上記の者の死亡により開始した遺産相続の共同相続人である甲野花子、丁原昭子、甲野和夫は相続財産について次の通り遺産分割の協議を行った結果、下記の通り分割し取得することに合意した。

　1．下記遺産は甲野花子が取得する。
　　（1）土地
　　　　所　　在　　東京都品川区××3丁目
　　　　地　　番　　7番9号
　　　　地　　目　　宅地
　　　　地　　積　　140.21平方メートル
　　（2）家屋
　　　　所　　在　　東京都品川区××3丁目6番地
　　　　家屋番号　　11番
　　　　構　　造　　木造瓦葺2階建
　　　　床 面 積　　1階
　　（3）預貯金
　　　　みずえ銀行（恵比寿支店）の定期預金（口座番号1245789）全部

　2．下記遺産は丁原昭子が取得する。
　　（1）預貯金
　　　　四菱DNA銀行（五反田支店）の定期預金（口座番号3356718）全部

　3．下記遺産は甲野和夫が取得する。
　　（1）現金
　　　　金　300,000円
　　（2）預貯金
　　　　りそう銀行（渋谷支店）の定期預金（口座番号1243657）全部
　　（3）ゴルフ会員権
　　　　日経アルバトロスゴルフ倶楽部（会員番号NG0159）

（4）株式
　　　株式会社印刷のサカイ　　普通株式　　５０株
　　　佃製作所株式会社　　　　普通株式　２００株

　４．本協議書に記載なき資産及び後日判明した遺産については甲野和夫がこれを取得する。

　上記の協議を証するため、本協議書を３通作成して、それぞれに署名、押印し、各自１通保有するものとする。

平成２７年６月５日

　　住　　所　東京都品川区××３−６−４
　　生年月日　昭和１５年２月４日
　　相 続 人　甲野花子　　印

　　住　　所　東京都目黒区××３−８−１
　　生年月日　昭和４１年３月２２日
　　相 続 人　丁原昭子　　印

　　住　　所　東京都港区××７−３−１
　　生年月日　昭和３９年６月１日
　　相 続 人　甲野和夫　　印

協議書に署名・押印することである。1人でも「NO」といえば，協議は成立しない。

そこで，調停を申し立てることになるわけだが，このときには，すでに争いが深刻化している。調停委員は，最初は各相続人から別々に事情を聞く。そうしないで，最初から相続人同士を向かい合わせると，事態はさらに悪くなる。

そこでまとまらず，家庭裁判所の審判によるときには，人間関係は修復不可能な状態になっているともいわれる。

「うちは相続財産が少ないから大丈夫」——そうもいえない。2017年度の統計では，調停が成立し，または審判が行われた件数は7520。そのうち，相続財産が1000万円以下の事件が2413件，1000万円超・5000万円以下が3266件となっており，少なくても争いは生じる。

最後までなかなか難しいのである（本書も？）。

索　引

[著者略歴]

道垣内 弘人（どうがうち・ひろと）

1959年　岡山県生まれ
1982年　東京大学法学部卒業
　　　　東京大学法学部助手，筑波大学社会科学系講師，神戸大学法学部助教授，東京大学大学院総合文化研究科教授，同大学大学院法学政治学研究科教授を経て，
現　在　専修大学大学院法務研究科教授
著　書　『民法解釈ゼミナール〈2〉物権』（共著，有斐閣），『信託法理と私法体系』（有斐閣），『買主の倒産における動産売主の保護』（有斐閣），『民法解釈ゼミナール〈5〉親族・相続』（共著，有斐閣），『民法研究ハンドブック』（共著，有斐閣），『刑法と民法の対話』（共著，有斐閣），『信託法入門』（日本経済新聞出版），『信託法（現代民法別巻）』（有斐閣），『担保物権法（現代民法Ⅲ）[第4版]』（有斐閣），『プレップ法学を学ぶ前に[第2版]』（弘文堂），『典型担保法の諸相』（有斐閣），『非典型担保法の課題』（有斐閣），『条解信託法』（編著，弘文堂）

リーガルベイシス民法入門

2014年1月23日	1版1刷
2019年2月8日	3版1刷
2022年2月9日	5刷

著　者　道垣内　弘人
　　　　ⒸColour2014　Hiroto Dogauchi

発行者　白　石　賢

発　行　日経BP
　　　　日本経済新聞出版本部

発　売　日経BPマーケティング
　　　　〒105-8308 東京都港区虎ノ門 4-3-12

JASRAC 出 1814101-205
装幀　安藤剛史
藤原印刷／大口製本印刷　ISBN 978-4-532-13490-7

Printed in Japan